《四库全书》是中华传统文化的集大成之作，被誉为“中国文化的万里长城”。

四库全书

◎精华◎

（清）纪昀 主编　鸿雁 注解

中国華僑出版社

图书在版编目 (CIP) 数据

四库全书精华 /（清）纪昀主编；鸿雁注解 .—北京：中国华侨出版社，2015.2
ISBN 978-7-5113-5231-6

Ⅰ.① 四… Ⅱ.①纪… ②鸿… Ⅲ.①《四库全书》 Ⅳ.① Z121.5

中国版本图书馆 CIP 数据核字（2015）第 041476 号

四库全书精华

主　　编：（清）纪昀
注　　解：鸿　雁
出 版 人：方　鸣
责任编辑：岑　涛
封面设计：王明贵
文字编辑：李翠香
美术编辑：李丹丹
经　　销：新华书店
开　　本：720mm×1020mm　1/16　印张：28　字数：700 千字
印　　刷：北京鑫海达印刷有限公司
版　　次：2015 年 5 月第 1 版　2018 年 3 月第 4 次印刷
书　　号：ISBN 978-7-5113-5231-6
定　　价：29.80 元

中国华侨出版社　北京市朝阳区静安里 26 号通成达大厦 3 层　邮编：100028
法律顾问：陈鹰律师事务所
发 行 部：（010）58815874　　传　　真：（010）58815857
网　　址：www.oveaschin.com
E-mail：oveaschin@sina.com

前言

浩如烟海的中华文化典籍，是世界文明史上博大、宏伟的宝藏，而《四库全书》则可以称之为中华文化丰富、完备的集成之作。“四库”之名，源于初唐，初唐官方藏书分为经、史、子、集四个书库；又因经、史、子、集四部基本涵盖了古代所有的图书，故称“全书”。

《四库全书》是清代乾隆年间官修的规模庞大的百科丛书，共著录书籍3400多种，7.9万卷；存目书籍6700余种，9.3万卷；总计1万多种，17万卷，记录了文、史、哲、理、工、医等各学科的原本，基本囊括了中国传统学术文化的各个学科门类和各个专业领域。因此，《四库全书》素有“典籍总汇，文化渊薮”之誉。

《四库全书》按照传统的经史子集四部区分类聚，经部位列四部之首，收录的是儒家经典以及历代注经之作。史部收录了有关历史、地理、职官、政事、人物传记等方面的著述。子部书籍，源于春秋战国的诸子百家，正如《四库全书总目》所云：“儒家之外有兵家，有法家，有农家……叙而次之，凡十四类。”集部则主要收录历代文学家的总集、别集以及诗文评论一类的著述。它把历代文献井然汇聚于一堂，特别对中国古代学术文化主体的儒家学说，进行了较为完整的整理和总结，为弘扬民族文化、传播古代文化作出了重要贡献。可以说，《四库全书》作为国家正统、民族根基的象征，已经成为中国乃至东方读书人安身立命的圭臬。

《四库全书精华》在保留四库的风格、韵味的基础上，在卷帙浩繁的四库书海中细心拾撷，精选篇目，按照经、史、子、集的四部编排法，进行了有重点、有选择地收入，力求既突出四库的博大、精深，突出它的历史厚重感和凝重感，又基本上不遗漏各家代表作。经部立足于儒家的四书五经；史部收录了《史记》、《汉书》、《后汉书》、《资治通鉴》、《国语》、《战国策》中的部分章卷；子部选录了道家、兵家、儒家等派的代表性著作；集部由楚辞开头，继以诗、词、曲为代表的文艺创作。为了满足现代读者的阅读需求，编者尽力压缩“钦定”的内容，提高诸子及文学艺术作品的地位和分量，以期本书能成为中华文明的完整缩影。

同时，书中对原文的难解字词进行必要的注释，又增加了精准的译文，与文字相互对照，以更好地帮助读者对这些传统典籍进行理解。两百余幅精美插图，包括名人画像、历代名画、历史遗迹等，图文结合、相得益彰，在给读者以强烈的视觉感受的同时，使其充分享受阅读的乐趣。

全新的视角、简明的体例、注重文化底蕴和现代审美的设计理念，全面提升本书的欣赏价值和收藏价值，帮助读者从全新的角度和崭新的层面去领略传统文化的无穷魅力。

目录

经部

史部

经部

《大学》

《大学》虽然只有2000多字，但却讲了齐家、治国、平天下的大道理。孙中山先生称之为中国最有系统的政治哲学。

【原文】

大学之道①，在明明德②，在亲民③，在止于至善④。

知止而后有定⑤，定而后能静，静而后能安，安而后能虑，虑而后能得⑥。

物有本末⑦，事有终始。知所先后，则近道矣。

古之欲明明德于天下者，先治其国；欲治其国者，先齐其家；欲齐其家者，先修其身；欲修其身者，先正其心；欲正其心者，先诚其意；欲诚其意者，先致其知；致知在格物⑧。

物格而后知至，知至而后意诚，意诚而后心正，心正而后身修，身修而后家齐，家齐而后国治，国治而后天下平。

自天子以至于庶人，壹是皆以修身为本⑨。

其本乱⑩，而未治者，否矣。其所厚者薄，而其所薄者厚，未之有也。

古之欲明明德于天下者，先治其国。

【注解】

①道：指一定的人生观、世界观、政治主张和思想体系。②明明德：前一个“明”为动词，使……明显。明德，就是美德，光明的德行。③亲民：亲，当作“新”，动词，使……革旧更新。民，天下的人。④止：达到。至善：指善的最高境界。至，极。⑤止：所到达的地方，作用名词，指上文所说的“止于至善”。⑥得：获得。⑦本：树的根本。末：树梢。⑧致知：致，达到，求得。知，知识。格物：推究事物的原理。⑨壹是：一切。⑩乱：紊乱。这里指破坏的意思。

【译文】

大学的主旨，在于使人们的美德得以显明，在于鼓励天下的人革除自己身上的旧习，在于使人们达到善的最高境界。

知道所应达到的境界是“至善”，而后才能有确定的志向；有了确定的志向，而后才能心静不乱；心静不乱而后才能安稳泰然，安稳泰然而后才能行事思虑精详，行事思虑精详而后才能达到善的最高境界。

世上万物都有本有末，万事都有了结和开始，明确了它们的先后秩序，那么就与道接近了。

在古代，想要使美德显明于天下的人，首先要治理好他的国家；想要治理好自己国家，首先要整治好自己的家庭；想要整治好自己家庭，首先要努力提高自身的品德修养；想要提高自身品德修养，首先要使自己心正不邪；想要心正不邪，首先要自己意念诚实；想要意念诚实，首先要获得一定的知识；而获得知识的方法就在于穷究事物的原理。

只有将事物的原理一一推究到极处，而后才能彻底地了解事物；只有彻底地了解事物，而后才能意念诚实；只有意念诚实，而后才能心正不邪；只有心正不邪，而后才能提高自身的品德修养；只有提高了自身的品德修养，而后才能整治家庭；只有整治好家庭，而后才能治理好国家；只有治理好国家，而后才能使天下太平。

从天子到老百姓，都要以提高自身品德修养作为根本。

自身的品德修养这个根本被破坏了，却要家齐、国治、天下平，那是不可能的。正如我所厚待的人反而疏远我，我所疏远的人反而厚待我，这样的事情是没有的。

【原文】

《康诰》曰①：“克明德②。”

《太甲》曰③：“顾諟天之明命④。”

《帝典》曰⑤：“克明峻德⑥。”皆自明也。

【注解】

①《康诰》：是《尚书·周书》中的篇名。周公在平定三监（管叔、蔡叔、霍叔）武庚所发动的叛乱后，便封康叔于殷地。这个诰就是康叔上任之前，周公对他所作的训辞。②克：能够。明：崇尚。③《太甲》：是《尚书·商书》中的篇名。④顾諟天之明命：这是伊尹告诫太甲的话。顾，回顾，这里指想念。諟，是，此。明命，即明德，古人认为是天所赋予的，故称为明命。⑤《帝典》：即《尧典》，《尚书·虞书》中的篇名，主要记述尧、舜二帝的事迹。⑥峻：大。

【译文】

《康诰》中说："能够崇尚美德。"

《太甲》中说："经常想念上天赋予的美德。"

《尧典》中说："使大德能够显明。"这些都是说要使自己的美德得以发扬。

【原文】

汤之盘铭曰[①]："苟日新[②]，日日新，又日新。"

《康诰》曰："作新民。"

《诗》曰[③]："周虽旧邦[④]，其命维新[⑤]。"

是故，君子无所不用其极[⑥]。

【注解】

①汤：即商汤，商朝的建立者。盘：青铜制的盥洗器具。铭：是镂刻在器皿上用以称颂功德或申鉴戒的文字，后来成为一种文体。②苟：假如，如果。③《诗》：指《诗经》。是我国第一部诗歌总集。这里所引得两句诗，出自《诗经·大雅·文王》，这是一首歌颂周文王的诗。④周：指周国。邦：古代诸侯封国之称。⑤命：天命。⑥君子：这里指统治者。极：尽头，顶点。

【译文】

商汤在盘器上镂刻文字以警示，说："如果能在一天内洗净身上的污垢，那么就应当天天清洗，每日不间断。"

《康诰》中说："振作商的遗民，使他们悔过自新。"

《诗经》中说："周国虽是一个旧的诸侯国，但由于文王初守天命除旧布新，所以它的生命力还是旺盛的。"

所以，那些执政者在新民方面，没有一处不用尽心力，达到善的最高境界。

【原文】

《诗》云："邦畿千里[①]，维民所止[②]。"

《诗》云："缗蛮黄鸟[③]，止于丘隅[④]。"子曰："于止，知其所止，可以人而不如鸟乎[⑤]？"

《诗》云："穆穆文王，于缉熙敬止[⑥]。"为人君，止于仁；为人臣，止于敬；为人子，止于孝；为人父，止于慈；与国人交，止于信。

《诗》云："瞻彼淇澳[⑦]，菉竹猗猗[⑧]。有斐君子[⑨]，如切如

帮畿千里，维民所止。

磋[⑩]，如琢如磨[⑪]。瑟兮僩兮[⑫]，赫兮咺兮[⑬]。有斐君子，终不可諠兮[⑭]！”“如切如磋”者，道学也；“如琢如磨”者，自修也；“瑟兮僩兮”者，恂慄[⑮]也；“赫兮喧兮”者，威仪也；“有斐君子，终不可諠兮”者，道盛德至善，民之不能忘也。

《诗》云：“于戏[⑯]！前王不忘。”君子贤其贤而亲其亲，小人乐其乐而利其利，此以没世不忘也[⑰]。

【注解】

①邦畿（jī）：古代指直属于天子的疆域。即京都附郭地区，以后多指京城管辖地区。千里：方圆千里②维：犹“为”。止，居住。③缗（mín）蛮：鸟鸣声。缗。原诗为“绵”字。黄鸟：即麻雀。④止：栖息。丘：多树的土山。隅：原诗为“呵（ē）”字，即较大的丘陵。这两句诗引自《诗经·小雅·绵蛮》篇。⑤“子曰”一句：孔子这句话的意思是，鸟都知道在应该栖息的地方栖息，那么人更应当努力达到善的最高境界。⑥于：同“於”，乌的古字，叹词。缉熙：光明的样子。止：语气词。这两句诗引自《诗经·大雅·文王》篇。⑦淇：淇水，在今河南省北部。澳（yù）：水弯曲的地方。⑧猗猗：优美茂盛的样子。⑨斐：有文采的样子。君子：指卫武公。⑩如切如磋：切，用刀切断。磋，用锉锉平。指治学应如切锉骨器那样严谨。⑪如琢如磨：琢，用刀雕刻。磨，用沙磨光。指修身应如琢磨玉器那样精细。⑫瑟：庄重。僩（xiàn）：威严。⑬赫：光明。咺（xuān）：有威仪貌。⑭諠：忘记。⑮恂：惶恐。慄：恐惧。恂慄，即谦恭谨慎的样子。⑯于戏：音义同“呜呼”，叹词，相当于现代汉语的“哎呀”。⑰没世：终身，一辈子。

【译文】

《诗经》中说：“方圆千里的京都，那里都为许多百姓所居住。”

《诗经》中说：“缗蛮叫着的黄鸟，栖息在山丘多树的地方。”孔子说：“黄鸟在栖息的时候，都知道栖息在它所应当栖息的处所，难道人反而不如鸟么？”

《诗经》中说：“端庄美好的周文王啊，为人光明磊落，做事始终庄重谨慎。”做君主的要尽力施行仁政，做臣子的要尽力恭敬君主，做儿女的就要尽力孝顺父母；做父亲的就要尽力做到对儿女慈爱，与他人交往，要尽力做到诚实守信。

《诗经》中说：“看那淇水弯曲的岸边，绿竹优美茂盛。那富有文采的卫武公，研究学问如切磋骨器，修炼自身如琢磨美玉，认真精细。他的仪表庄重威严，他的品德光明显赫。这样的一位文采斐然的卫武公，真是令人难忘啊！”“如切如磋”，是说他研求学问的工夫；“如琢如磨”，是说他省察克治的工夫；“瑟兮僩兮”是说他戒慎恐惧的态度；“赫兮喧兮”，是说他令人敬畏的仪表；“有斐君子，终不可諠兮”，是说他盛大德性臻于至善的地步，人民所以不能忘记他啊。

《诗经》上说：“呜呼！前代贤王的德行我们不能忘记啊！”后世的贤人和君主，仰赖前代贤王的教化，尊敬他们所尊敬的贤人，亲近他们所亲近的亲人；后世的人民，也仰赖前代贤王的教化，享受他们赐予的安乐和福利。所以在他们没世以后永久也不会被人们忘记啊！

【原文】

子曰：“听讼，吾犹人也，必也使无讼乎[①]！”无情者不得尽其辞[②]。大畏民志[③]，此谓知本。

【注解】

①“子曰”一句：引自《论语·颜渊》。听：处理，判断。讼：诉讼，争讼。② 无情：情况不真实。辞：此处指虚诞之辩。③ 畏：作动词，让……敬服。意谓在上者之明德既明，自然能使人民的心志为之畏服。

听讼，吾犹人也，必也使无讼。

【译文】

孔子说：“听诉讼审理案子，我也和别人一样，最要紧的，在于使诉讼不再发生。”使隐瞒真实情况的人不敢陈说虚诞的言辞来控告别人，自然没有争讼。让人民敬服圣德，没有争讼，这才叫知道根本。

【原文】

此谓知本[①]。此谓知之至也[②]。

【注解】

① 此谓知本：这一句和上一章的末句相同，程子以为是“衍文”，就是多余的一句，应该删去。② 此谓知之至也：朱子以为这一句的上面有阙文，这是阙文结尾的一句。

【译文】

这才叫知道听讼的根本。这才叫了解得彻底。

【原文】

所谓诚其意者，毋自欺也[①]。如恶恶臭[②]，如好好色[③]，此之谓自谦[④]。故君子必慎其独也[⑤]。

小人闲居为不善[⑥]，无所不至。见君子而后厌然[⑦]，揜其不善[⑧]，而著其善[⑨]。人之视己，如见其肺肝然，则何益矣！此谓诚于中，形于外。故君子必慎其独也。

曾子曰：“十目所视，十手所指，其严乎[⑩]！”

富润屋，德润身[⑪]，心广体胖[⑫]，故君子必诚其意。

【注解】

① 自欺：自己欺骗自己。② 恶（wù）恶（è）：前一个“恶”字，动词，憎也。后一个“恶”字，形容词，不善也。③ 好（hào）好（hǎo）：前一个“好”字，动词，爱也。后一个“好”字，形容词，美也。④ 谦：同“慊（qiè）”，快也，足也。⑤ 独：独处也。⑥ 闲居：即独处。⑦ 厌然：闭藏貌。就是藏藏躲躲见不得人的样子。⑧ 揜：覆蔽也，就是遮掩的意思。⑨ 著：显明。⑩ 其严乎：严，敬畏也。其严乎，是说敬畏之甚也。⑪ 润身：谓润益其身，荣泽见於外也。可引伸为

修养身心之意。润，益也，泽也。⑫ 心广体胖（pán）：广，宽大之意。胖，舒坦。

【译文】

经文中所说“诚其意”的意思，是说不要自己欺骗自己。要使厌恶不好的事物如同厌恶腐坏的气味一样，喜爱善良如同喜爱美色一样，这就是求得满足，没有丝毫矫饰的意思。所以君子致力于自修，特别慎重在一个人独处，所行所为没有别人知道的时候。

小人在他一个人独处的时候做坏事，无所不为，见到君子便藏藏躲躲地掩盖他的坏处，彰显他的善良。可是别人看来，看到他的坏处如同看见他的肺腑一样清清楚楚，这样掩饰，又有什么益处呢？这就是说，一个人内心的真实，一定会表现于外的。所以君子致力于自修，特别慎重在一个人独处，所行所为没有别人知道的时候。

曾子说：“在一个人独处的时候，就像有十只眼睛在注视着自己，十只手在指着自己，这是多么严峻而可畏啊！”

财富可以修饰房屋，道德可以修饰人身，使心胸宽广而身体舒泰安康。所以，品德高尚的人一定要使自己的意念真诚。

【原文】

所谓修身，在正其心者。身有所忿懥[①]，则不得其正；有所恐惧，则不得其正；有所好乐，则不得其正；有所忧患，则不得其正。

心不在焉，视而不见，听而不闻，食而不知其味。

此谓修身，在正其心。

【注解】

① 身：程颐认为应为“心”。忿懥（zhì）：愤怒。

【译文】

所谓“修身在正其心”的意思，是说心里有了忿怒，于是心就不端正；有了恐惧，于是心就不端正；有了贪图，于是心就不端正；有了愁虑，心就不端正。

如果心不专注，心中有了忿怒、恐惧、贪图、愁虑而不知检察，为它们所支配，那么，眼睛看着东西却像没有看到，耳朵听着声音却像没有听到，口里吃着东西也不知道是什么滋味了。

所以说修身在于端正自己的心。

【原文】

所谓齐其家，在修其身者。人之其所亲爱而辟焉[①]，之其所贱恶而辟焉，之其所畏敬而辟焉，之其所哀矜而辟焉[②]，之其所敖惰而辟焉[③]。故好而知其恶，恶而知其美者，天下鲜矣！

故谚有之曰：“人莫知其子之恶，莫知其苗之硕[④]。”

此谓身不修，不可以齐其家。

【注解】

①之：同“于”，对于。辟：偏向。②哀矜：同情，怜悯。《诗经·小雅·鸿雁》：“爰及矜人，哀此鳏寡。”③敖：倨慢。惰：怠慢，不敬。④硕：本谓头大，引申为大，这里是茂盛的意思。

【译文】

所谓“齐其家在修其身”的意思，是说一般人对于自己所亲近爱护的人往往有过分亲近的偏向；对于自己所轻蔑厌恶的人往往有过分轻蔑厌恶的偏向；对于自己所畏服敬重的人往往有过分敬畏尊重的偏向；对于自己所哀怜悯恤的人往往有过分爱怜悯恤的偏向；对于自己所鄙视怠慢的人往往有过分鄙视怠慢的偏向。所以，喜爱一个人而又能了解他的坏处，厌恶一个人而又能了解他的好处，这种人真是天下少有了。

因此谚语有说：“人都不知道自己儿子的缺点，不满足自己禾苗的茁壮。”

这就叫作不提高自身的品德修养，就不能整治好家庭。

【原文】

所谓治国，必先齐其家者，其家不可教而能教人者无之。故君子不出家而成教于国。孝者，所以事君也；弟者，所以事长也；慈者，所以使众也。

《康诰》曰：“如保赤子①。”心诚求之，虽不中，不远矣，未有学养子而后嫁者也。

一家仁，一国兴仁；一家让，一国兴让；一人贪戾，一国作乱；其机如此。此谓一言偾事②，一人定国。

尧、舜帅天下以仁而民从之③。桀、纣帅天下以暴而民从之，其所令，反其所好，而民不从。是故，君子有诸己而后求诸人④；无诸己而后非诸人，所藏乎身不恕，而能喻诸人者，未之有也。

故治国，在齐其家。

《诗》云：“桃之夭夭，其叶蓁蓁。之子于归，宜其家人⑤。”宜其家人，而后可以教国人。

《诗》云：“宜兄宜弟⑥。”宜兄宜弟，而后可以教国人。

《诗》云：“其仪不忒，正是四国⑦。”其为父子兄弟足法，而后民法之也。

此谓治国，在齐其家。

桃之夭夭，其叶蓁蓁。之子于归，宜其家人。

【注解】

①赤子：初生的婴儿。孔颖达疏：“子生赤色，故言赤子。”《尚书·周书·康诰》原文作“若保赤子。”②偾（fèn）事：犹言败事。偾，覆盖。③帅：同“率”，率领，统帅。④有诸己：为自己所有的。这里指自己有了善的品德。诸，“之于”的合音。⑤“桃之”四句：这四句诗引自《诗经·周南·桃夭》的最后一段。《桃夭》这首诗是祝贺女子出嫁时所唱的歌。夭夭：草木茂

盛的样子。诗以桃树喻少女。蓁蓁（zhēn）：树叶茂盛的样子。之子：那个少女，指待嫁少女。于归：出嫁。⑥宜兄宜弟：这句诗引自《诗经·小雅·蓼萧》。《蓼萧》是一首感恩祝福的诗歌。宜兄宜弟意为使家中兄弟互相友爱。⑦“其仪”两句：这两句诗引自《诗经·曹风·鸤鸠》。仪：指礼仪。忒：差错。正是：亦作“是正”“整正”的意思。

【译文】

所谓“治理国家，必须首先治好家庭”，意思是说，如果连自己的家人都不能教育好而能教育好一国人民的人，那是没有的。所以君子能够不出家门，就把他的教化推广于全国。在家里孝顺父母，就是能侍奉君主的；在家里恭顺兄长，就是能侍奉尊辈长上的；在家里慈爱子女，就是能善于使用属下和民众的。

《康诰》中说：“（爱护百姓）如同爱护婴儿一样。”这就要求做父母的以诚恳之心去忖度婴儿的心情。虽然不能完全中意，但是也不会差得很远。爱子之心出于天性，人人都有。谁也没有见过女子先学会抚养孩子的方法而后再出嫁的。

国君的一家能够践行仁爱，仁爱就会在一个国家里盛行起来；国君的一家能够践行礼让，礼让就会在一个国家里盛行起来；要是国君自己贪婪暴戾，那么一国的人也会跟着起来作乱了。国君所作所为的关键作用竟有这样的重要。这就叫作一句话可以败坏事业，一个人的行为可以安定国家。

尧、舜用仁政统率天下，于是人民就跟随着仁爱；桀、纣以暴政统率治天下，那么人民也就跟他们不讲仁爱。他们要人民从善的政令，与他们喜好暴虐的本性是相违背的，于是人民不服从他们的政令。所以说，国君自己有了善的品德而后才能要求别人为善，自己身上没有恶习而后才能去批评别人，使人改恶从善。如果自己不讲恕道，却去开导别人要讲恕道，那是办不到的事。

所以君主要治理好国家，首先要治好他的家庭。

《诗经》中说：“桃花是那么娇嫩美好，叶子又是那么茂盛，像花一样美好的这个女子，嫁到夫家，一定会和他的家人和睦相处。”君主只有使一家人和睦相亲，而后才能教育全国的人民。

《诗经》中说：“家中兄弟和睦友爱。”君主只有使自家兄弟和睦相处，互相友爱，而后才能教育全国的人民。

《诗经》中说：“他的行为规范仪容端庄没有差错，才能整正好各国。”国君要使自己家中的人，做父亲的慈爱，做儿子的孝顺，做兄长的友爱，做弟弟的恭敬，只有使他们的言行足以成为全国人民的标准，然后全国人民才会效法。

这就是所说的治理国家在于先治好家庭。

【原文】

所谓平天下，在治其国者，上老老而民兴孝[①]，上长长而民兴弟[②]，上恤孤而民不倍[③]，是以君子有絜矩之道也[④]。

所恶于上，毋以使下；所恶于下，毋以事上；所恶于前，毋以先后；所恶于后，毋以从前；所恶于右，毋以交于左；所恶于左，毋以交于右，此之谓絜矩之道。

《诗》云：“乐只君子[⑤]，民之父母。”民之所好好之，民之所恶恶之。此之谓民之父母。

《诗》云："节彼南山，维石岩岩。赫赫师尹，民具尔瞻。"有国者不可以不慎，辟则为天下僇矣[⑥]。

《诗》云："殷之未丧师，克配上帝。仪监于殷，峻命不易[⑦]。"道得众，则得国；失众，则失国。

是故君子先慎乎德[⑧]。有德此有人，有人此有土，有土此有财，有财此有用。

德者，本也；财者，末也。

外本内末，争民施夺[⑨]。

是故财聚则民散，财散则民聚。

是故言悖而出者，亦悖而入；货悖而入者，亦悖而出。

《康诰》曰："惟命不于常[⑩]。"道善则得之；不善则失之矣。

《楚书》曰："楚国无以为宝，惟善以为宝。"

舅犯曰："亡人无以为宝[⑪]，仁亲以为宝。"

《秦誓》曰："若有一个臣，断断兮无他技[⑫]。其心休休焉[⑬]，其如有容焉。人之有技，若己有之。人之彦圣，其心好之，不啻若自其口出[⑭]。寔能容之[⑮]。以能保我子孙黎民，尚亦有利哉。人之有技，媢疾以恶之[⑯]。人之彦圣，而违之俾不通[⑰]。寔不能容，以不能保我子孙黎民，亦曰殆哉！"

唯仁人放流之，迸诸四夷[⑱]，不与同中国[⑲]。此谓"唯仁人为能爱人，能恶人。"

唯仁人为能爱人。

见贤而不能举，举而不能先，命也[⑳]。见不善而不能退[㉑]，退而不能远，过也。

好人之所恶，恶人之所好，是谓拂人之性，菑必逮夫身[㉒]。

是故君子有大道，必忠信以得之，骄泰以失之。

生财有大道，生之者众，食之者寡，为之者疾，用之者舒[㉓]，则财恒足矣！

仁者以财发身，不仁者以身发财。

未有上好仁，而下不好义者也；未有好义，其事不终者也[㉔]；未有府库财，非其财者也。

孟献子曰[㉕]："畜马乘[㉖]，不察于鸡豚[㉗]；伐冰之家[㉘]，不畜牛羊；百乘之家[㉙]，不畜聚敛之臣，与其有聚敛之臣，宁有盗臣。"此谓国不以利为利，以义为利也。

长国家而务财用者，必自小人矣。彼为善之[㉚]，小人之使为国家，菑害并至，虽有善者，亦无如之何矣。此谓国不以利为利，以义为利也。

【注解】

①老老：尊敬老人。②长长（zhǎng）：尊重长辈。③恤：体恤，怜爱。倍：同"背"，违

背。④絜：量度。矩：制作方形的工具。⑤只：犹“哉”，语气词。⑥“节彼”六句：节：高峻，雄伟的样子。维：发语词。岩岩：高峻的山崖。赫赫：显赫。师尹：太师尹氏的简称。师，太师，周王朝执政大臣之一。具：通“俱”。瞻：望。这里是“注视”的意思。僇（lù）：通“戮”，杀戮。⑦“殷之”四句：丧：丧失。师：众人。克：能。配：符合。仪监于殷：是说应以失败的殷商为借鉴。峻命：指天命。峻，大。⑧乎：在。⑨争民：使人民争斗。施夺：进行抢夺。⑩惟：只。命：指天命。不于常：没有一定常规。⑪亡人：流亡在外的人。⑫断断：诚恳的样子。⑬休休：平易宽容的样子。⑭不啻（chì）：不仅，不但。⑮寔：“实”的异体字。《尚书》为“是”，可以通用。是，“这”的意思。⑯媢（mào）疾：嫉妒。“媢”，《尚书》为“冒”。⑰俾：使。不通：即不达于君。通，《尚书》为“达”。⑱迸：通“屏”，驱除。四夷：古代泛指我国边境的少数民族。东夷、西戎、南蛮、北狄，谓之四夷。⑲中国：汉族多建都于黄河南北，故称其地为“中国”。⑳“举而”两句：先：尽早地使用。命：当作“慢”字，是怠慢的意思。㉑退：离去。引申为摈斥。㉒菑：“灾”的异体字，灾祸。逮：及，到。㉓舒：舒缓，适当。㉔终：完成。㉕孟献子：鲁国的大夫。姓仲孙名蔑。㉖乘（shèng）：古时一车四马为一乘。㉗察：细看。引申为计较。㉘伐：凿。㉙百乘之家：指诸侯之下的大夫，有封邑，可出兵车百辆。㉚彼为善之：朱注：“此句上下，疑有阙文误字。”

【译文】

所谓要使天下太平在于治理好国家，是因为国君尊敬老人，便会使孝敬之风在全国人民中兴起；国君尊敬长辈，便会使敬长之风在全国人民中兴起；国君怜爱孤幼，便会使全国人民照样去做。所以，做国君应当做到推己及人，在道德上起示范的作用。

我憎恶上面的人以无礼待我，我就不能以无礼对待我下面的人；我憎恶下面的人以不忠诚待我，我就不能以不忠诚来侍奉我上面的人；我憎恨前面的人以不善待我，我就不能把不善加在我后面人的身上；我憎恶后面的人以不善待我，我就不能以不善施于我前面的人；我憎恶右边的人以不善待我，我就不能以不善施于我左边的人；我憎恨我左边的人对我不善，我就不能以不善对待我右边的人。这就是所说的道德上的示范作用。

《诗经》中说：“快乐啊国君，你是全国人民的父母。”国君应当喜爱人民所喜爱的东西，憎恶人民所憎恶的东西。这才能称为人民的父母。

《诗经》中说：“雄伟高峻那南山，石崖高峻不可攀。权势显赫尹太师，人民目光把你瞻。”掌握了国家大权的人不可以不慎重，如有偏差，就会被天下人民所不容。

《诗经》中说：“殷代没有丧失众人拥护的时候，还能与上天的旨意相配合。今天我们周朝应以殷商的失败为借鉴，因为天命是不容易获得的。”国君能在道德上起模范作用，就会得到众人的拥护，也就会得到国家；否则，就会失去众人的拥护，也就会失去国家。

所以，国君首先要在道德修养上慎重从事，有了道德就会有人；有了人就会有国土；有了国土就会有财富；有了财富国家就好派用场。

道德像是树的根本，财富像是树的枝梢。

如果国君把道德和财富二者本末倒置，就会使人民相互争斗、抢夺。

所以，国君只是聚敛财富，就会使人民离散；国君把财富散发给人民，就会使人民归聚在他的周围。

所以，用违背情理的言语出口去责备别人，别人也将以违背情理的言语来回敬；用违背道理的手段聚敛来的财富，最终也会被别人用违背道理的手段掠夺去。

《康诰》中说：“只有天命的去留没有常规。”好的道德就能得到天命，没有好的道德就会失去天命。

《楚书》说：“楚国没有什么可以当作宝贝的，只有把‘善’当作宝贝。”

（晋献公之丧，秦穆公使人吊公子重耳）重耳的舅舅子犯教晋文公回答说：“逃亡在外的人没有什么可以当作宝贝，只有把热爱父亲当作宝贝。”

《秦誓》中说：“假如我有这样一个臣子，忠诚老实而没有其他本领，但是他品德高尚，胸怀宽广，能够容人，别人有才能，就像他自己有才能一样；别人具有美德，他从内心喜爱，不只是像从他口中说出来的那样，这种胸怀宽广的人如果加以重用，那是完全可以保住我子孙后代和人民的幸福的，是完全可以为我子孙后代和人民谋利益的。如果别人有才能，便嫉妒和憎恨他；别人有美德，便对人家进行压抑，使别人的美德不能被国君所了解，这种心胸狭窄的人如果加以任用，那是不能够保住我子孙后代和人民的幸福的，这种人也是太危险了啊！”

只有有仁德的人，才能把这种避贤忌才的人流放，驱逐他到边远蛮荒的地方，不许他们与贤能的人同留在中原地区。这就是说“只有有仁德的人，才懂得爱什么人，恨什么人。”

见到贤才而不能荐举，或是虽然推举却又不能先于己而重用，这是以怠慢的态度对待贤才；见到坏人而不能予以黜退，或是已予黜退却有不能驱之远离，这是政治上的失误。

如果你喜爱大家所厌恶的坏人，厌恶大家所喜爱的好人，这叫作违背了人的本性，灾祸必然会降临到你的身上。

所以国君要有在道德上起示范作用的大道理，必须以忠诚老实的态度才能获得它，如果傲恣放纵，那就会失掉它。

创造财富有个重要方法，这就是让众多的人投入到生产中去，减少消费的人数，并且要使生产加快，使用资财留有余地。这样才能使国家财富经常充足。

有仁德的国君会用散财使自身兴起，没有仁德的国君会用尽心机专门聚敛财富。

从来没有在上的国君爱行仁政，而在下的臣民不以忠义事君的事情；从来没有臣民都爱好仁义，而有什么事情做不成功的道理；没有听说过人民爱好忠义，而不能把国家府库中的财富当成自家财富那样给予保护的道理。

鲁国的贤大夫孟献子曾说：“有四匹马拉车的大夫之家，不应该去计较那些饲养鸡豚的微利；能够凿冰丧祭的卿大夫之家，不应该饲养牛羊以图利；有兵车百乘并有封地的卿大夫之家，不应该蓄养只懂得聚敛民财的家臣。与其有这种敛财的家臣，还不如有盗窃府库的家臣。”这就是说，一个国家不应该以财货为利，而应该以仁义为利。

见贤而不能举，举而不能先，命也。

治理国家的君主专门致力于财富的聚敛，这一定是受了来自小人好利心理的影响。那些小人想以此投其所好，以获得国君的喜爱。如果国君重用那些小人来治理国家，那么天灾人祸就会同时到来。到那时，虽然有善人贤才，也是无可奈何，挽救不了的。这说明治理国家的人不能以自己的私利为利益，而应当以仁义为利益。

《中庸》

宋代朱熹说,《中庸》是“孔门”传授心法。《中庸》的内容，论述了人性、社会、政治、哲学，提出了具有普遍意义的中庸之道。

【原文】

天命之谓性[①]，率性之谓道[②]，修道之谓教[③]。

道也者，不可须臾离也；可离，非道也。是故君子戒慎乎其所不睹，恐惧乎其所不闻。莫见乎隐[④]，莫显乎微[⑤]。故君子慎其独也。

喜怒哀乐之未发，谓之中[⑥]；发而皆中节[⑦]，谓之和。中也者，天下之大本也；和也者，天下之达道也。致中和，天地位焉，万物育焉。

【注解】

①天命之谓性：人的本性是上天所赐予的。命，令也。性，指天赋予人的本性。②率：循，遵循。道：是指事物运动变化所应遵循的普遍规律。③教：教化，政教。④见：通“现”，表现。隐：隐蔽，暗处。⑤微：细事。⑥中：指不偏不倚，过与不及之间。⑦发：表露。中（zhòng）：合乎，符合。节：法度。

【译文】

天所赋予人的就是本性，遵循着本性行事发展就是道，把道加以修明并推广于众就是教化。

道，是不可以片刻离开的，如果可以离开，那就不是道了。所以，君子就是在没有人看见的地方也是谨慎小心的，在没有人听见的地方也是有所戒惧的。要知道，最隐暗的地方，也是最容易发现的。最微细得看不见的事物也是最容易显露的。因此，君子要特别谨慎一个人独居的时候。

人们喜怒哀乐的感情没有表露出来的时候无所偏向，叫作中；表现出来以后符合法度，叫作和。中，是天下万事万物的根本；和，是天下共行的普遍标准。达到“中和”的境界，那么，天地一切都各安其所，万物也都各遂其生了。

【原文】

仲尼曰：“君子中庸[①]，小人反中庸，君子之中庸也，君子而时中[②]。小人之反中庸也，小人而无忌惮也。”

【注解】

①中庸：不偏不倚，无过不及。②时中：做事恰到好处。

【译文】

孔子说："君子的言行都符合中庸不偏不倚的标准，小人的言行违背了中庸的标准，君子之所以能够达到中庸的标准，是因为他们的言行处处符合中道。小人之所以处处违背中庸的标准，是因为他们无所顾忌和畏惧！"

【原文】

子曰："中庸其至矣乎！民鲜能久矣①。"

【注解】

①鲜：少。

【译文】

孔子说："中庸是最高的道德标准了吧！可是人民已经长时间不能做到了。"

【原文】

子曰："道之不行也①，我知之矣：知者过之②，愚者不及也。道之不明也，我知之矣：贤者过之，不肖者不及也③。人莫不饮食也，鲜能知味也。"

【注解】

①道：中庸之道。②知者：指智慧超群的人。知，通"智"，智慧，聪明。③不肖者：柔懦的庸人，与贤者相对。

子曰：人莫不饮食也，鲜能知味也。

【译文】

孔子说："中庸之道不能在天下实行，我知道原因了：聪明的人自以为是，实行的时候超过了它的标准，而愚蠢的人智力不及，不能达到它的标准。中庸之道不能为人所明了，我也知道原因了：有德行的人要求过高，因而把它神秘化了；没有德行的人要求又太低，因而把它庸俗化了。这正像人们没有谁不吃不喝，但却很少有人能够真正品尝滋味。"

【原文】

子曰："道其不行矣夫①！"

【注解】

①其：助词，表示推测。矣夫：感叹语，意犹未尽的意思。

【译文】

孔子说："中庸之道恐怕不能在天下实行了啊！"

【原文】

子曰："舜其大知也与！舜好问而好察迩言[1]，隐恶而扬善，执其两端，用其中于民。其斯以为舜乎！"

【注解】

①迩言：浅近的话。《诗经·小雅·小旻》："维迩言是听，维迩言是争。"

【译文】

孔子说："舜帝可算是一个拥有大智慧的人吧！他乐于向别人请教，而且喜欢对那些浅近的话进行仔细审察。他替别人包涵缺点而表扬优点，他度量人们认识上'过'与'不及'两个极端的偏向，用中庸之道去引导人们。这就是舜之所以成为舜的原因吧！"

【原文】

子曰："人皆曰'予知'，驱而纳诸罟擭陷阱之中[1]，而莫之知辟也。人皆曰'予知'，择乎中庸，而不能期月守也[2]。"

【注解】

①罟（gǔ）：网的总称。擭（huò）：装有机关的捕兽木笼。罟擭陷阱，这里比喻利的圈套。②期（jī）月：一整月。

【译文】

孔子说："人人都说：'我是明智的'，但是在利欲的驱使下，他们却都像禽兽那样落入捕网木笼的陷阱中，连躲避都不知道。人人都说：'我是明智的'，但是选择了中庸之道却连一个月也不能坚持下去。"

【原文】

子曰："回之为人也[1]，择乎中庸。得一善，则拳拳服膺[2]，而弗失之矣。"

【注解】

①回：即颜回，字子渊，鲁国人，孔子最得意的门生。②拳拳：奉持之貌，牢握不舍的意思。服膺：谨记在心。

【译文】

孔子说："颜回的为人，选择了中庸之道。他得到了这一善道，就牢牢地把它记在心中，丝毫不敢忘却。"

【原文】

子曰："天下国家可均也①，爵禄可辞也②，白刃可蹈也③，中庸不可能也。"

【注解】

①均：平治。②爵禄：爵位俸禄。辞：辞掉。③蹈：踩踏。

【译文】

孔子说："天下国家是可以平治的，官爵俸禄是可以辞掉的，利刃是可以踏上去的，只有中庸之道是不容易做到的。"

【原文】

子路问强。子曰："南方之强与？北方之强与？抑而强与①？宽柔以教，不报无道②，南方之强也，君子居之。衽金革③，死而不厌④，北方之强也，而强者居之⑤。故君子和而不流⑥，强哉矫⑦！中立而不倚，强哉矫！国有道，不变塞焉⑧，强哉矫！国无道，至死不变，强哉矫！"

子路问强。子曰：南方之强与？北方之强与？

【注解】

①抑：抑或，表示选择。而：同"尔""汝"，指子路。②报：报复。无道：横暴无礼。③衽金革：枕着武器、盔甲睡觉。衽，卧席，这里作动词用。金，指刀枪剑戟之类。革，指盔甲之类。④厌：悔恨。⑤居之：属这一类。⑥流：随波逐流，无原则地迁就。⑦矫：强盛的样子。⑧不变塞：不改变穷困时的操守。塞，原指堵塞，这里指穷困。

【译文】

子路问孔子要怎样才算得刚强。孔子回答说："你问的是南方人的刚强呢，还是北方人的刚强呢，还是像你这样的刚强呢？用宽容温和的态度去教化别人，即便别人对我蛮横无礼也不加以报复，这是南方人的刚强，君子就属于这一类。经常枕着刀枪、穿着盔甲睡觉，在战场上拼杀，战死而不悔，这是北方人的刚强，性格强悍的人属于这一类。所以，君子善于与人协调，又决不无原则地迁就别人，这才是真正的刚强啊！君子真正独立、不偏不倚，这才是真正的刚强啊！国家太平、政治清明时，君子不改变穷苦时的操守，这才是真正的刚强啊！国家混乱、政治黑暗时，君子到死坚持操守，这才是真正的刚强啊！"

【原文】

子曰："素隐行怪①，后世有述焉，吾弗为之矣。君子遵道而行，半途而废，吾弗能已矣。君子依乎中庸，遁世不见知而不悔[②]，唯圣者能之。"

【注解】

①素：据《汉书》，应为"索"，寻求。②遁世：避世。

【译文】

孔子说："世上有些人总爱去追求那些隐僻的道理，去做那些怪异荒诞的事情，虽然后代有人称道他们，但是我绝不会做这样的事。有些君子遵循中庸之道行事，却往往半途而废，但我是不会中途停止的。有些君子依着中庸之道行事，虽然避世隐居不为人们所了解，他们也不悔恨，这只有圣人才能做到。"

【原文】

君子之道，费而隐。

夫妇之愚可以与知焉[①]，及其至也[②]，虽圣人亦有所不能焉。夫妇之不肖，可以能行焉，及其至也，虽圣人亦有所不能焉。天地之大也，人犹有所憾[③]。故君子语大，天下莫能载焉；语小，天下莫能破焉。

《诗》云："鸢飞戾天，鱼跃于渊[④]。"言其上下察也。

君子之道，造端乎夫妇[⑤]，及其至也，察乎天地。

【注解】

①夫妇：非指夫妻之夫妇，而是指匹夫匹妇。②至：最，指最精微之处。③撼：不满意。④"鸢飞"两句：这两句诗引自《诗经·大雅·旱麓》。《旱麓》是一首赞扬有道德修养的人，求福得福，能培养人才的诗。戾：到达。⑤造端：开始。

【译文】

君子所持的中庸之道，作用非常广泛而且本体非常精微。

匹夫匹妇虽然愚昧，但是对于日常的道理他们也是可以知道的，若要论及这些道理的精微之处，那即使是圣人也会有不知道的奥秘。匹夫匹妇虽然不贤，但是对于日常的道理他们也是能够实行的，若是达到这些道理的最高标准，那即使是圣人也有不能达到的地方。天地可以说是十分辽阔广大的了，但仍然不能使人一切都感到满意。因此，君子所持的道，就大处来讲，天下没有什么能承载得了的；就小处来讲，天下没有谁能剖析得了的。

《诗经》中说："老鹰高飞上青天，鱼儿跳跃在深渊。"这两句诗是比喻持中庸之道的人能够对上对下进行详细审察。

君子之道，造端乎夫妇。

君子所持的中庸之道，开始于匹夫匹

妇之间，达到最高境界，便彰明于天地之间，到处存在。

【原文】

子曰："道不远人。人之为道而远人，不可以为道。

"《诗》云：'伐柯伐柯，其则不远①。'执柯以伐柯，睨而视之②，犹以为远。故君子以人治人，改而止。

"忠恕违道不远③，施诸己而不愿，亦勿施于人。

"君子之道四④，丘未能一焉⑤。所求乎子以事父，未能也；所求乎臣以事君，未能也；所求乎弟以事兄，未能也；所求乎朋友先施之，未能也。庸德之行⑥，庸言之谨，有所不足，不敢不勉，有余不敢尽。言顾行，行顾言，君子胡不慥慥尔⑦！"

【注解】

①"伐柯"两句：这两句诗引自《诗经·豳风·伐柯》。《伐柯》是一首描写关于婚姻的诗。伐：砍。柯：斧柄。②睨：斜视。③忠恕：儒家伦理思想。尽己之心为"忠"；推己及人为"恕"。④君子之道四：即孝、悌、忠、信。⑤丘：孔子自称其名。⑥庸德：平常的道德。⑦胡：何。慥慥（zào）：笃厚真实的样子。

【译文】

孔子说："中庸之道并不是远离人们的，假若有的人在行道时使它远离人们，那就不可以叫作中庸之道了。

"《诗经》中说：'砍斧柄啊砍斧柄，斧柄的样子在眼前。'拿着斧柄作样子来砍制斧柄，斜着眼睛瞧瞧就看得见，但对砍制斧柄的人来说，还算是离得远的。所以，君子以其人之道还治其人之身，直到他们改了为止。

"能够做到忠和恕，那就离中庸之道不远了。何为忠恕？心中不乐意别人加给自己的东西，也施加给别人。

"君子之道有四种，我孔丘一种也不能做到。做儿子的道理在于孝，我常要求做儿子的必须孝顺父母，但我却不能完全做到这一点；做臣子的道理在于忠，我常要求臣子必须忠于国君，但我自己却不能对国君尽忠；做弟弟的道理在于尊敬兄长，我常要求做弟弟的这样做，但我自己往往不能完全做到这一点；做朋友的道理在讲信用，我常要求别人这样做，但我自己往往不能首先这样做。在平常道德的实行上，在日常语言的谨慎上，我有许多做得不够的地方，这使我不敢不努力去加以弥补，有做得较好的地方，也不敢把话全部说尽。言语要照顾到行动，行动也要照顾到言语。如果能这样做，那么君子的心中还有什么不笃实的呢！"

【原文】

君子素其位而行①，不愿乎其外②。素富贵，行乎富贵；素贫贱，行乎贫贱；素夷狄，行乎夷狄；素患难，行乎患难；君子无入而不自得焉。

在上位，不陵下③。在下位，不援上④。正己而不求于人，则无怨，上不怨天，下不尤人。故君子居易以俟命⑤，小人行险以徼幸⑥。

子曰："射有似乎君子⑦，失诸正鹄⑧，反求诸其身。"

【注解】

①素：处在。位：地位。②愿：倾慕，羡慕。其外：指本位之外的东西。③陵：同“凌”，凌虐，欺压。④援：攀附，巴结。⑤居易：处在平易而不危险的境地。俟：等候。命：天命。⑥行险：即冒险。徼：“侥”的异形字。⑦射有似乎君子：这句是以射箭的道理来比喻君子“正己而不求于人”的道理。⑧失诸正鹄：指未射中靶子。失，这里指没有射中。正鹄，箭靶。

【译文】

君子在自己所处的低位上行使自己所奉行的道理，从来不会倾慕本位之外的东西。处于富贵的地位上，就做富贵地位上所应该做的事情；处于贫贱的地位上，就做在贫贱地位上所应该做的事情；处在夷狄的地位上，就做在夷狄地位上所应该做的事情；处于患难中，就做处在患难中应该做的事情。君子无论处于什么地位，都不会感到不安适的。

君子高居上位，不会去凌虐居于下位的人。君子居于下位，也不会去巴结居于上位的人。自己正直就不会去乞求别人，这样，就无所怨恨，对上不怨恨天命，对下不归咎别人。所以，君子按照自己现时所处的地位来等候天命的到来，而小人则企图以冒险的行为来求得偶然成功或意外地免除不幸。

孔子说：“射箭的道理与君子‘正己而不求于人’的道理有相似之处。比如没有射中靶子，应该回过头来从自己身上去找原因。”

【原文】

君子之道[①]，辟如行远，必自迩；辟如登高，必自卑。

《诗》曰：“妻子好合，如鼓瑟琴。兄弟既翕，和乐且耽。宜尔室家，乐尔妻孥[②]。”子曰：“父母其顺矣乎！”

妻子好合，如鼓瑟琴。

【注解】

①君子之道：指求取君子之道的方法。②“妻子”六句：这几句诗引自《诗经·小雅·棠棣》。《棠棣》是一首称述家庭和睦、兄弟友爱的诗。鼓：弹奏。琴瑟：是古代两种拨弦乐器的名称，比喻夫妻感情和谐。翕：聚合。耽：久。原诗为“湛”字。妻孥：妻子儿女的统称。孥，儿子。

【译文】

求取君子之道的方法，就像走远路一样，一定要从近处开始；就像登高一样，一定要从低处开始。

《诗经》中说：“你和妻子很和好，就像琴瑟声调妙；兄弟相处极和睦。团聚快乐实在好。组织一个好家庭，你和妻儿感情深。”孔子赞叹说：“像这样，父母就能安乐无忧、心情舒畅啊！”

【原文】

子曰："鬼神之为德①，其盛矣乎！视之而弗见；听之而弗闻；体物而不可遗。使天下之人，齐明盛服②，以承祭祀③，洋洋乎如在其上④，如在其左右。

"《诗》曰：'神之格思，不可度思，矧可射思⑤。'夫微之显⑥，诚之不可揜，如此夫！"

鬼神之为德，其盛矣乎。

【注解】

①鬼：古代迷信者认为人死后精灵不灭，称之为鬼。一般指已死的祖先。神：宗教及古代神话中所幻想的主宰物质世界，超乎自然，具有人格和意识的精灵。②齐明：在祭祀之前必须斋戒沐浴，以示虔诚。齐（zhāi），同"斋"。盛服：衣冠穿戴整齐华美。③承：奉。祭祀：指祭鬼祀神。④洋洋：舒缓漂浮的样子。⑤"神之"四句：这几句诗引自《诗经·大雅·抑》。《抑》主要写的是规劝周朝统治者修德守礼，指责某些执政者的昏庸。格：至，来。思：语助词，无意义。矧（shěn）：况且。射（yì）：厌弃。⑥微：这里指鬼神的事情隐匿虚无。显：指鬼神可将祸福显现于人间，所以又是明显的。

【译文】

孔子说："鬼神的德行可真是大得很啊！看它也看不见，听它也听不到，但它却体现在万物之中使人无法离开它。天下的人都斋戒净心，穿着庄重整齐的服装去祭祀它，无所不在啊！好像就在你的头上，好像就在你左右。

"《诗经》说：'神的降临，不可揣测，怎么能够怠慢不敬呢？'从隐微到显著，真实的东西就是这样不可掩盖！"

【原文】

子曰："舜其大孝也与！德为圣人，尊为天子，富有四海之内，宗庙飨之①，子孙保之。故大德，必得其位，必得其禄，必得其名，必得其寿。故天之生物，必因其材而笃焉，故栽者培之，倾者覆之。

"《诗》曰：'嘉乐君子，宪宪令德。宜民宜人，受禄于天。保佑命之，自天申之②。'故大德者必受命。"

【注解】

①宗庙飨之：指在宗庙里受祭献。飨，祭献。②"嘉乐"六句：这是《诗经·大雅·假乐》中的第一章。《假乐》是一首为周成王歌功颂德的诗。嘉乐：喜欢，快乐。嘉，原诗为"假"字。宪宪：原诗为"显显"，意同，即盛明的样子。令德：美德。令，善，美。民：泛指庶人。人：不包括庶人的"民"在内，一般指士大夫以上的人，即在位的人。这句意为，周成王既能与在下之民相处得好，又能与在位之人相处得好。

【译文】

孔子说："舜帝可以说是个大孝子吧！他有圣人的崇高品德，有天子的尊贵地位，普天下都是他的财富，世世代代在宗庙中享受祭献，子子孙孙永保祭祀不断。所以，像舜这样有大德大仁的人，必然会获得天下至尊的地位，必然会获得厚禄，必然会获得美好的名声，而且必然会获得高寿。所以，天生万物，必定要由各自资质的本身来决定是否给予厚施，能够栽培的就一定会去栽培它，而要倾覆的也就只能让它倾覆。

"《诗经》中说：'欢喜快乐周成王，美德盛明放光芒。善处庶人百官中，获得天赐厚禄长。上帝保佑周成王，使他福禄能长享。'所以说，有崇高道德品质的人，一定会受到上天的命令而成为天下的君主。"

【原文】

子曰："无忧者，其惟文王乎①！以王季为父②，以武王为子③，父作之④，子述之⑤，武王缵大王、王季、文王之绪⑥，壹戎衣而有天下⑦，身不失天下之显名，尊为天子，富有四海之内，宗庙飨之，子孙保之。

"武王末受命，周公成文武之德⑧，追王大王、王季⑨，上祀先公以天子之礼。斯礼也，达乎诸侯大夫，及士庶人。父为大夫，子为士，葬以大夫，祭以士；父为士，子为大夫，葬以士，祭以大夫。期之丧⑩，达乎大夫；三年之丧，达乎天子；父母之丧，无贵贱，一也。"

【注解】

① 文王：指周文王。② 王季：名季烈，周太王子，周文王之父。③ 武王：周武王，西周王朝的建立者。④ 父作之：指父亲王季为文王开创了基业。作，开创，创始。⑤ 子述之：指儿子武王继承文王的遗志，完成统一大业。述，循、继承。⑥ 缵：继承。大王："大"古读"太"。大王，即王季之父古公亶父。绪：事业，这里指前人未竟的功业。⑦ 壹戎衣：即歼灭大殷。壹，同"殪"，歼灭。戎，大。衣，"殷"之误读。⑧ 周公：西周初年的政治家。姓姬名旦，武王之弟，故又称"叔旦"，因采邑周地，又称"周公"。⑨ 王：第一个"王"为动词，即尊……为王。⑩ 丧：丧礼。

【译文】

孔子说："自古帝王中，无忧无虑的大概只有周文王吧！因为他有显明的王季做父亲，有英勇的武王做儿子，父亲王季为他开创了基业，儿子武王继承了他的遗志，完成了他所没有完成的事业。武王继承了太王、王季、文王的未竟功业，灭掉了殷朝，取得了天下。周武王这种以下伐上的行动，不仅没有使他自身失掉显赫天下的美名，反而被天下人尊为天子，普天下都是他的财富，世世代代在宗庙中享受祭献，子子孙孙永保祭祀不断。

"周武王直到晚年才受上天之命而为天子，因此他也有许多没有完成的事业。武王死后，周公辅助成王才完成了文王和武王的功德，追尊太王、王季为王，用天子的礼节来追祭祖先，并且把这种礼节一直用到诸侯、大夫以及士和庶人中间。周公制定的礼节规定：如果父亲是大夫、儿子是士的，当父亲亡故时，那就必须以大夫的礼节来安葬他，在祭祀时儿子只能用士的礼节。父亲是士、儿子是大夫的，当父亲亡故时，那就必须以士的礼节来安葬他，在祭祀时儿子用大夫的礼节。为期一年的丧礼，只能在大夫中使用；为期三年的丧礼，就只有天子才能使用；至于父母的丧礼，没有贵贱之分，天子、庶人都是一样的。"

【原文】

子曰："武王周公其达孝矣乎！夫孝者，善继人之志；善述人之事者也。春秋①，修其祖庙，陈其宗器②，设其裳衣，荐其时食③。

"宗庙之礼，所以序昭穆也④；序爵，所以辨贵贱也；序事，所以辨贤也；旅酬下为上⑤，所以逮贱也⑥；燕毛⑦，所以序齿也⑧。

"践其位，行其礼，奏其乐；敬其所尊，爱其所亲；事死如事生，事亡如事存，孝之至也。

"郊社之礼⑨，所以事上帝也；宗庙之礼，所以祀乎其先也。明乎郊社之礼，禘尝之义⑩，治国其如示诸掌乎⑪！"

【注解】

①春秋：四季的代称。这里指祭祖的时节。②陈：陈列。宗器：古代宗庙祭祀时所用的器物。③荐：进献。时食：指古代祭祀祖先所进献的时鲜食品。④昭穆：是古代一种宗法制度。宗庙的次序是有规定的，始祖庙居中，以下是父子（祖、父）递为昭穆，左为昭，右为穆。昭穆，在这里指祭祀的时候，可以排出父子、长幼、亲疏的次序。⑤旅：众。酬：以酒相劝为酬。⑥逮：及。⑦燕毛：指祭祀完毕，举行宴饮时，以毛发的颜色来区别老少长幼，安排宴会的座次。燕，同"宴"，宴会。毛，头发。⑧序齿：即根据年龄的大小来定宴会的席次或饮酒的次序。齿，年龄。⑨郊社：周代于冬至的时候，在南郊举行祭天的仪式，称为"郊"；夏至的时候，在北郊进行祭地的仪式，称之为"社"。⑩禘尝：在此应为宗庙四时祭祀之一，每年夏季举行。尝，也是四时祭祀之一，在秋季举行。《礼记·王制》："天子诸侯宗庙之祭，春曰礿，夏曰禘，秋曰尝，冬曰烝。"⑪示：同"视"。

【译文】

孔子说："周武王和周公，他们可以算达到孝的最高标准吧！所谓孝的标准，就是要像周武王和周公那样，善于继承前人的遗志；善于完成前人所未完成的事业。在春秋祭祀的时节，及时整修祖宗庙宇；陈列祭祀要用的祭器，摆设先王遗留下来的衣裳；进献时鲜食品。

"按照宗庙的礼节，就能把父子、长幼、亲疏的次序排列出来；把官职爵位的秩序排列出来，就能将贵贱分辨清楚；排列祭祀时各执事的秩序，就能分辨清楚才能的高低；在众人劝酒时，晚辈必须为长辈举杯，这样就能使爱抚之情延伸到地位低下的人身上；以毛发的颜色来决定宴席的座次，就能使老老少少秩序井然。

"站立在先前排定的位置上，行使祭祀的礼节；奏起祭祀的音乐；尊敬那些理应尊敬的人；爱护那些理应亲近的人；侍奉死去的人就像侍奉活着的人一样；侍奉亡故的人就像侍奉生存着的人一样，这才是孝的最高标准。

"制定了祭祀天地的礼节，是用来侍奉上天；制定了宗庙的礼节，是用来祭祀祖先。

明白了郊社的礼节和夏祭秋祭的意义，那么治理天下国家的道理，也就像看着自己手掌上的东西那样明白容易啊！”

【原文】

哀公问政[①]。子曰：“文武之政，布在方策[②]。其人存，则其政举；其人亡，则其政息。人道敏政[③]，地道敏树[④]。夫政也者，蒲卢也[⑤]。

为政在人，取人以身。

“故为政在人，取人以身，修身以道，修道以仁。仁者，人也[⑥]，亲亲为大[⑦]。义者，宜也，尊贤为大。亲亲之杀[⑧]，尊贤之等，礼所生也[⑨]。

“在下位不获乎上，民不可得而治矣[⑩]。故君子不可以不修身；思修身，不可以不事亲；思事亲，不可以不知人；思知人，不可以不知天。

“天下之达道五，所以行之者三。曰：‘君臣也；父子也；夫妇也；昆弟也[⑪]；朋友之交也’。五者，天下之达道也。‘知、仁、勇’三者[⑫]，天下之达德也。所以行之者一也[⑬]。

“或生而知之，或学而知之，或困而知之，及其知之一也。或安而行之，或利而行之，或勉强而行之，及其成功一也。”

子曰：“好学近乎知，力行近乎仁，知耻近乎勇。

“知斯三者，则知所以[⑭]修身；知所以修身，则知所以治人；知所以治人，则知所以治天下国家矣。

“凡为天下国家有九经[⑮]，曰：修身也；尊贤也；亲亲也；敬大臣也；体群臣也；子庶民也[⑯]；来百工也[⑰]；柔远人也[⑱]；怀诸侯也[⑲]。

“修身，则道立；尊贤，则不惑；亲亲，则诸父昆弟不怨；敬大臣，则不眩[⑳]；体群臣，则士之报礼重[㉑]；子庶民，则百姓劝；来百工，则财用足；柔远人，则四方归之；怀诸侯，则天下畏之。

“齐明盛服[㉒]，非礼不动，所以修身也；去谗远色[㉓]，贱货而贵德，所以劝贤也；尊其位，重其禄，同其好恶，所以劝亲亲也；官盛任使[㉔]，所以劝大臣也；忠信重禄，所以劝士也；时使薄敛[㉕]，所以劝百姓也；日省月试，既禀称事[㉖]，所以劝百工也；送往迎来，嘉善而矜不能，所以柔远人也；继绝世[㉗]，举废国，治乱持危，朝聘以时[㉘]，厚往而薄来，所以怀诸侯也。凡为天下国家有九经，所以行之者一也。

“凡事豫则立，不豫则废。言前定，则不跲[㉙]；事前定，则不困；行前定，则不疚；道前定，则不穷。

“在下位不获乎上，民不可得而治矣；获乎上有道，不信乎朋友，不获乎上矣；信乎朋友有道，不顺乎亲，不信乎朋友矣；顺乎亲有道，反诸身不诚，不顺乎亲矣；诚身有道，不明乎善，不诚乎身矣。

“诚者，天之道也；诚之者，人之道也。诚者，不勉而中，不思而得，从容中道㉚，圣人也。诚之者，择善而固执之者也㉛。

“博学之，审问之，慎思之，明辨之，笃行之。有弗学，学之弗能弗措也；有弗问，问之弗知弗措也；有弗思，思之弗得弗措也；有弗辨，辨之弗明弗措也；有弗行，行之弗笃弗措也。人一能之，己百之；人十能之，己千之。果能此道矣，虽愚必明，虽柔必强。”

【注解】

① 哀公：即鲁哀公，名蒋。春秋时鲁国国君，在位二十七年，谥号哀公。② 布：陈列。方策：指典籍。方，方版，古时书写用的板。策，同“册”，竹简。③ 人道：是我国古代哲学中与“天道”相对的概念。这里指以人施政的道理。敏：迅速。④ 地道：谓以沃土种植的道理。⑤ 蒲卢：即芦苇。⑥ 仁者，人也：意思是说，所谓仁就是人民之间相亲相爱。⑦ 亲亲为大：意思是说，人们虽然相互亲爱，但都是以爱自己的亲属为主要方面。亲亲，前一个“亲”为动词，意为“爱”。后一个“亲”指亲属。⑧ 杀（shài）：降等。⑨ 礼所生也：这句是说“亲亲之杀，尊贤之等。”都是从礼仪中产生。礼，泛指奴隶社会或封建社会贵族等级制的社会规范和道德规范。⑩ 此句疑误印，与下文重复。⑪ 昆弟：兄弟。昆，兄长。⑫ 知、仁、勇：这三种是儒家的伦理思想，被誉为通行于天下的美德。⑬ 一：专一，诚实。⑭ 所以：怎样。⑮ 经：常规。⑯ 子：动词，即爱……如子。庶民：众民，指一般的人民。⑰ 来：招来，招集。百工：西周时对工奴的总称，春秋时沿用此称，并作为各种手工业工匠的总称。⑱ 柔：安抚，怀柔，引申为优待。远人：这里指远方的来客，即外族人。⑲ 怀：安抚。⑳ 眩：眼花，引申为迷惑。㉑ 报：报答。礼：这里是敬意。重：深厚。㉒ 齐明：这里专指内心虔诚。盛服：衣冠穿戴整齐，这里指外表仪容端庄。㉓ 去谗：摒弃谗佞小人的坏话。去，摒弃。谗，谗佞小人的坏话。远色：远离女色。㉔ 官盛：官属众多。任使：听任

有弗问，问之弗知弗措也。

差使。㉕时使：使用百姓要适时。薄敛：减轻赋税的征收。㉖既禀：与“饩廪”同。饩廪，古代指月给的薪资粮米。称：相称。事：工效。㉗绝世：指卿大夫子孙中已经失去世禄的人。㉘朝聘：古代诸侯定期朝见天子。《礼记·王制》：“诸侯之于天子也，比年一小聘，三年一大聘，五年一朝。”㉙跲（jiá）：窒碍。㉚从容：举止行动。㉛固执：坚守不渝。执，握住。

【译文】

鲁哀公向孔子询问政事。孔子回答说：“周文王和周武王的政治理论都记载在典籍上。如果今天有像周文王和周武王那样的人存在，那么他们的政治理论便能实施；如果今天没有像周文王和周武王那样的人存在，那么他们的政治理论也就也就废弛了。以人施政的道理在于使政治迅速昌明；以肥沃土地种植树木的道理在于使树木迅速生长。以人施政最容易取得成效，就像种植蒲苇那样容易生长。

“所以国君处理政事的方法就在于获得贤才，而获得贤才的方法，就在于国君努力提到自身的品德修养；要提高自身的品德修养，就在于使自己的言行符合道德规范；要使自己的言行符合道德规范，就在于树立仁爱之心。所谓仁，就是人与人之间相互亲爱，而以爱自己的亲属最为重要。所谓义，就是说人们相处应该适宜得当，而以尊敬贤人最为重要。爱自己的亲属有等级，尊敬贤人有级别，这些都是从礼仪中产生出来的。

“处在下位的人不能够得到上面的信任和支持，那么他就不可能管理好人民。所以，君子不能不努力提高自身的品德修养；想提高自身的品德修养，就不能不侍奉好自己的亲人；想侍奉好自己的亲人，就不能不知道尊贤爱人；想知道尊贤爱人，就不能不了解和掌握自然的法则。

“天下普遍共行的大道有五种，而实行这些大道的美德有三种。就是说：‘君臣之道，父子之道，夫妇之道，兄弟之道，交朋友之道。’这五种就是天下共行的大道。‘智慧，仁爱，勇敢’这三种，就是天下共行的美德。而实行这些大道和美德的方法只能是诚实专一。

“有的人生来就知道这些道理，有的人通过学习才知道这些道理，有的人是在遇到困难后去学习才知道这些道理。虽然人们掌握这些道理有先有后，但是到了真正知道这些道理，他们又都是一样的了。有的人心安理得去实行这些道理，有的人是看到了它们的益处才去实行这些道理，有的人则是勉强去实行这些道理。虽然人们实行这些道理有差别，但是当他们获得了成功的时候，却又都是一样了。”

孔子说：“爱好学习的人接近智，努力行善的人接近仁，知道羞耻的人接近勇。

“知道这三项的人，就知道怎样提高自身的品德修养；知道怎样提高自身的品德修养，就知道怎样治理别人；知道怎样治理别人，就知道怎样去治理天下国家了。

“大凡治理天下国家有九条常规，那就是努力提高自身的品德修养，尊重贤人，爱护自己的亲人，敬重大臣，体恤众臣，像爱自己的儿子那样去爱人民，招集各种工匠以资国用，优待远方的来客，安抚四方的诸侯。

“能够提高自己的品德修养，就能树立一个良好的道德典范；能够尊重贤人，就不会被事物的假象所迷惑；能够爱自己的亲人，就不会使叔伯、兄弟产生怨恨；能够尊敬大臣，在处理事情时就不会感到迷惑不定；能够体恤众臣，那些为士的人就会重重报答恩德；能够做到爱民如子，百姓们就会更加勤奋努力；能够招集各种工匠，就可以使国家财务充足；能够优待远方的来客，四方的人都会归顺；能够安抚各国诸侯，全天下的人都会自然敬畏。

“必须内心虔诚外表端庄，不符合礼节的事绝不要去干，这才是提高自身品德修养的方法；摒弃那些谗佞小人的坏话，远离那些诱人的女色，轻视钱财货物，珍视道德品质，这才是劝勉贤人最好的方法；加升他们的爵位，重赐他们的俸禄，与他们的喜好厌恶相同，这才是劝勉人们去爱自己亲人的好方法；为大臣多设属官，这才是奖励大臣的好方法；对待士要讲究‘忠’‘信’，并以厚禄供养他们，这才是劝勉士为国效力的好方法；役使百姓要适时，赋税征收要减轻，这才是劝勉百姓努力从事生产的好方法；天天省视工匠的工作情况，月月考查他们的技术本领，发给他们的粮米薪资要与他们的工效相称，这才是劝勉各种工匠努力工作的好方法；对于远方的客人，要盛情相迎、热情相送，对其中有善行的人要给予嘉奖，对其中能力薄弱的人要给予同情，这才是招待远方来客的好方法；延续已经绝禄的世家，复兴已经废灭的国家，整顿已经混乱的秩序，扶救处于危难之中的国家，让诸侯各自选择适当的时节来朝聘，贡礼薄收，赏赐厚重，这才是安抚四方诸侯的好方法。大凡治理天下国家有九条常规，但是，实行这些常规的方法只是一条，即诚实专一。

“无论做什么事情，如能预先确立一种诚实态度，就一定能成功，不能这样，就不能成功。人们在讲话之前能规定自己必须诚实，讲起话来就会流畅而无障碍；做事以前规定自己必须诚实，做事时就不会感到有什么困难；行动之前规定自己必须诚实，行动之后就不会产生内疚；实行道德之前规定自己必须诚实，实行时就不会有什么行不通的地方。

“处在下位的人不能得到上面的信任和支持，那就不可能治理好人民。要想得到上面的信任和支持，有一定的道理，这就是在交朋友时要讲信用，如果连朋友都不信任自己，那么就不能得到上面的信任和支持；要使朋友信任自己，有一定的道理，这就是要孝顺父母，如果不能孝顺父母，那么就不能得到朋友的信任；要孝顺父母，有一定的道理，这就是要使自己内心诚实，不能使自己内心诚实，就不能孝顺父母；要使自己内心诚实，有一定的道理，这就是要显出自己善的本性来，如果不能使自己善的本性显出来，那么就不能使自己的内心诚实了。

“诚，是上天赋予人们的道理；实行这个“诚”，那是人为的道理。天生诚实的人，不必勉强，他为人处世自然合理，不必苦苦思索，他言语行动就能得当，他的举止不偏不倚，符合中庸之道。这种人就是我们所说的“圣人”，要实行这个诚，就必须选择至善的道德，并且坚守不渝才行。

“要广泛地学习各种知识，详尽细密地探究事物的原理，对自己所学的东西要谨慎思考，辨清是非，当获得了真理之后，就要坚决地去实践它。有的东西不学习也就罢了，学了，就一定要能掌握它，如果还不能掌握，那就不要停止学习；有的东西不问也就罢了，问就得问一个清楚，如果还没有弄清楚，那就不要罢休；有的问题不思考也就罢了，要思考就要有切身体会，如果不能获得什么体会，那就不要停止思考；有的事情不辨别也就罢了，要辨别就一定要把是非辨清，如果不能辨清，那就不要停止辨别；有的措施不实践也就罢了，要实践就一定要做到彻底，如果不彻底，那就不要停止实践。别人一遍能做好的，我做它一百遍也一定能做好；别人十遍能做好的，我做它一千遍也一定能做好。一个人如果能够按照这个道理去做，那么即使是愚蠢的人，也一定会变得聪明；即使是柔弱的人，也一定会变得刚强。”

【原文】

自诚明[1]，谓之性；自明诚，谓之教；诚则明矣，明则诚矣。

【注解】

①自：由于。

【译文】

由于内心诚实而明察事理，这叫作天赋的本性；由于明察事理后达到内心真诚，这叫作后天的教育感化。凡心真诚也就会自然明察事理，而明察事理也就会做到内心诚实。

自诚明，谓之性。

【原文】

唯天下至诚，为能尽其性[1]；能尽其性，则能尽人之性；能尽人之性，则能尽物之性；能尽物之性，则可以赞天地之化育；可以赞天地之化育，则可以与天地参矣[2]。

【注解】

①尽其性：即尽量发挥自己的天赋本性。②与天地参：与天地并列为三。参，并立。

【译文】

只有天下至诚的圣人，才能尽量发挥自己天赋的本性；能尽量发挥自己天赋的本性，就能尽量发挥天下人的本性；能尽量发挥天下人的本性，就能尽量发挥万物的本性；能尽量发挥万物的本性，就可以帮助天地对万事万物进行演化和发展；能帮助天地对万事万物进行演化和发展，就可以与天地并立为三了。

【原文】

其次致曲[1]，曲能有诚，诚则形，形则著，著则明，明则动，动则变，变则化，唯天下至诚为能化。

【注解】

①致曲：推究出细微事物的道理。致，推致。曲，郑玄注："犹小小之事也。"

【译文】

那些次于圣人的贤人，如果能通过学习而推究一切细微事物的道理，那么由此也能达到诚；内心诚实了就会表现出来，表现出来了就会日益显著，日益显著就会更加光明，更加光明而后能使人心感动，就会使人发生转变，使人发生了转变，就可以化育万物，只有天下至诚之人才能做到化育万物。

【原文】

至诚之道，可以前知。国家将兴，必有祯祥；国家将亡，必有妖孽。见乎蓍龟[①]，动乎四体[②]。祸福将至：善，必先知之；不善，必先知之。故至诚如神。

【注解】

① 见乎蓍（shī）龟：从蓍草、龟甲的占卜中发现。蓍龟，即蓍草和龟甲，古代用来占卦。② 动乎四体：即从人们的仪表、行动中察觉。四体，四肢。

至诚之道，可以前知。

【译文】

掌握了至诚之道，就可以预知未来的事。国家将要兴旺，一定有吉祥的征兆；国家将要衰亡，必然会有妖孽出来作祟。这些或呈现在蓍草龟甲上，或表现在人的仪表上。祸福即将要来临时，是吉兆，是一定可以预先知道的；是凶兆，也一定可以预先知道。所以说掌握了至诚之道的人就像神灵一样。

【原文】

诚者，自成也；而道，自道也。诚者[①]，物之终始，不诚无物。是故君子诚之为贵。诚者，非自成己而已也，所以成物也。成己，仁也；成物，知也。性之德也，合外内之道也，故时措之宜也。

【注解】

① 诚：此处的诚，是从广义上讲，指的是贯穿于一切事物中的实理，即事物的本质和发展规律。

【译文】

诚，就是完成自身道德修养的要素；道，就是知道自己走向完成品德修养所应该走的道路。诚，是天地自然之力，它贯穿在世界上万事万物之中，而始终不能离开，没有“诚”就没有世界上的万事万物。所以，君子把“诚”看作是一种高贵的品德。所谓诚，并不仅仅是完成自身的品德修养就算到头了，而是要使万物都得到完成。完成自身的品德修养便是“仁”；使万物得到完成便是“智”，“仁”和“智”都是人们天性中所固有的美德，它们内外结合，便是“成己”“成物”的道理，所以经常实行就没有不适宜的地方。

【原文】

故至诚无息，不息则久，久则征[①]，征则悠远，悠远则博厚，博厚则高明。博厚，所以载物也；高明，所以覆物也；悠久，所以成物也。博厚配地，高明配天，悠久无疆。如此者，不见而章，不动而变，无为而成。

天地之道，可一言而尽也：其为物不贰[②]，则其生物不测。天地之道：博也，厚也，高也，明也，悠也，久也。今夫天，斯昭昭之多[③]，及其无穷也，日月星辰系焉[④]，万物覆焉。今夫地，一撮土之多，及其广厚，载华岳而不重[⑤]，振河海而不泄[⑥]，万物载焉。今夫山，一卷石之多[⑦]，及其广大，草木生之，禽兽居之，宝藏兴焉。今夫水，一勺之多[⑧]，及其不测，鼋鼍蛟龙鱼鳖生焉，货财殖焉。

《诗》云："维天之命，於穆不已[⑨]。"盖曰天之所以为天也[⑩]。"於乎不显[⑪]，文王之德之纯[⑫]。"盖曰：文王之所以为文也，纯亦不已。

【注解】

①征：验证，证明。②不贰：无二心。③斯昭昭之多：这句是指天由小小的明亮所积累。昭昭，小小的光明。④星辰：星系的总称。系：悬系。⑤华岳：即西岳华山，为五岳之一。⑥振：郑玄注"振，犹收也。"此处引申为"收容"的意思。泄：同"泄"，泄露。⑦一卷石之多：山由小小石堆积累而成。⑧勺：古代舀酒用的器具。⑨"维天"两句：这两句诗引自《诗经·周颂·维天之命》。《维天之命》这首诗是祭祀周文王的乐歌。於：叹词。穆：庄严，肃穆。不已：不止。⑩盖：推原之词。⑪于乎：与"呜呼"同。显：光明。⑫纯：纯洁无瑕。

【译文】

所以，至诚的道理是从来不会止息的。不止息就会长久流传，长久流传就会得以验证，得以验证就会悠远，悠远就会广博深厚，广博深厚就会精明高妙。广博深厚，所以能承载天下万物；精明高妙，所以能覆盖天下万物；悠远长久，所以能生成天下万物。广博深厚可以与地相比，精明高妙可以与天相比，悠远长久则是永无止境。像这样，虽然不加以表现，却自然彰明；虽然不去行动，却自然可以感人化物；虽然无所作为，却自然会获得成功。

天地的道理用一句话就可以全部概括：它自身诚一不贰，而化生万物，形形色色，难以测知其中奥秘。天地的道理还在于，广博，深厚，高妙，精明，悠远，长久。现在就拿天来说吧，它只不过是由点点光明所积累，可是论到天的整体，那真是无穷无尽，日月星辰都靠它维系，世界万物都靠它覆盖。现在拿地来说吧，地，不过是由一撮土一撮土聚积起来的，可是论及地的全部，那真是广博深厚，承载像华山那样的崇山峻岭也不觉得重，容纳那众多的江河湖海也不会泄漏，世间万物都由它承载了。再说山吧，不过是由拳头大的石块聚积起来的，可等到它高大无比时，草木在上面生长，禽兽在上面居住，宝藏在上面储藏。再说水吧，不过是一勺一勺聚积起来的，可等到它浩瀚无涯时，蛟龙鱼鳖等都在里面生长，珍珠珊瑚等值价的东西都在里面繁殖。

《诗经》中说："只有那天命啊，肃穆庄严，运转不停！"这大概就是天之所以为天的原因吧。"多么显赫光明啊，文王之德大而且纯！"这大概就是文王之所以被称为"文"王的原因吧，就是因为它纯洁无瑕的品德常行不止。

【原文】

大哉圣人之道！洋洋乎发育万物，峻极于天[①]。优优大哉[②]，礼仪三百[③]，威仪三千[4]。待其人而后行。故曰：苟不至德，至道不凝焉。故君子尊德性而道问学，致广大而尽精微，极高明而道中庸，温故而知新，敦厚以崇礼。是故居上不骄，为下不倍[5]。国有道，其言足以兴；国无道，其默足以容[6]。《诗》曰："既明且哲，以保其身[7]。"其此之谓与！

【注解】

①峻极：极其高峻。于：至②优优：宽裕充足的样子。③礼仪：经礼，典礼制度。④威仪：曲礼，指礼的细节。⑤倍：同"悖"，违背。⑥其默足以容：谓缄默不语，足以为执政者所容，因而也就可以远避灾祸。⑦"既明"两句：这两句诗引自《诗经·大雅·烝民》。《烝民》是一首歌颂仲山甫（周宣王的臣子）的诗。

【译文】

伟大啊，圣人的道德！充满于天地之间，使万物生长发育，它高及苍天，无所不包。真是充裕而又伟大啊，礼的大纲多到三百天，礼的细节有三千多条。一定要等那有才德的圣人出来才能够实行。所以说，假如不是像伟大的圣人那样具有最高的德行，那么伟大的道理就不会凝聚在他心中。因此君子一定要恭敬奉持天生的德行，广泛学习，探究事理，使学问和天赋德行日臻广大，达到精深高妙的境界，不偏不倚，遵循中庸之道。在学习方面，要做到温习已有的知识从而获得新知识；在道德修养方面，要使专诚之心更加充实，用以崇尚礼仪。所以身居高位不骄傲，身居低位不自弃，国家政治清明时，他的言论足以振兴国家；国家政治黑暗时，他的沉默足以保全自己。《诗经》说："既明智又通达事理，可以保全自身。"大概就是说的这个意思吧！

【原文】

子曰："愚而好自用[1]；贱而好自专[2]；生乎今之世，反古之道[3]；如此者，灾及其身者也。"

非天子，不议礼，不制度[4]，不考文[5]。今天下，车同轨[6]，书同文[7]，行同伦[8]。虽有其位，苟无其德，不敢做礼乐焉[9]；虽有其德，苟无其位，亦不敢作礼乐焉。

子曰："吾说夏礼[10]，杞不足征也[11]；吾学殷礼[12]，有宋存焉[13]。吾学周礼，今用之，吾从周。"

【注解】

①自用：只凭自己的主观意图行事。②自专：按自己的主观意志独断专行。③反：同"返"，引申为恢复，④制：制定。度：法度。⑤考：考订。文：指文字的笔画和形体。⑥轨：车子两轮间的距离。古代制车，两轮之间的距离都有定制。⑦书同文：书写的是同样的文字。⑧伦：指伦理道德。⑨乐：音乐。古代天子治理作乐，以治天下。⑩说：解说。一说为"悦"，喜爱。夏礼：夏代的礼法。⑪杞：古国名。⑫殷礼：殷代礼法。⑬宋：古国名，开国君主是商纣的庶兄微子启。

【译文】

孔子说："愚昧的人往往喜欢凭自己的主观意图行事；卑贱的人却常常喜欢独断专行。他们生于现在的时代不遵守当今的法律，却一心想去恢复古代的法律。这样的人，灾祸一定会降到他们的身上。”

不是天子，不敢议论礼制，不敢制订法度，不敢考订文字的笔画形体。现在天下车子的轮距一致，文字的字体统一，实行的伦理道德相同。虽然处在天子的地位，如果没有圣人的德行，是不敢制作礼乐制度的；虽然有圣人的美德，如果没有天子的地位，也是不敢制作礼乐制度的。

孔子说：“我解说夏朝的礼制，但是夏的后代已经衰败，现在只有一个杞国存在，所以不足以验证；我学习殷朝的礼制，现在还有它的后代宋国存在；我学习周朝的礼制，它正是当今所使用的，所以我遵从周礼。”

【原文】

王天下有三重焉，其寡过矣乎！上焉者①，虽善无征；无征不信；不信民弗从。下焉者②，虽善不尊③；不尊不信；不信民弗从。故君子之道，本诸身，征诸庶民，考诸三王而不缪④，建诸天地而不悖，质诸鬼神而无疑⑤，百世以俟圣人而不惑。质诸鬼神而无疑，知天也；百世以俟圣人而不惑，知人也。

是故，君子动而世为天下道，行而世为天下法，言而世为天下则。远之则有望，近之则不厌。

《诗》曰：“在彼无恶，在此无射。庶几夙夜，以永终誉⑥。”君子未有不如此，而蚤有誉于天下者也⑦。

【注解】

① 上焉者：指远于当今之世的礼仪制度，如前文所说的夏礼、商礼。② 下焉者：指虽为圣人，而地位在下，他主张的礼仪制度虽善却不能实施。③ 不尊：没有尊贵的地位。④ 三王：指夏禹、商汤、周文王。缪：通“谬”，错误。⑤ 质：证实，保证。一说为质问。⑥“在彼”四句：这四句诗引自《诗经·周颂·振鹭》。《振鹭》这首诗是周王设宴招待来朝的诸侯时，在宴席上唱的乐歌。在彼无恶：彼，诸侯所在国。无恶，无人憎恨。这句是说，诸侯勤于政事，本国无人憎恨。在此无射：此，指周王所在地，即朝廷。无射，不厌恨。这句是说，诸侯来到朝廷朝见天子，朝廷里没有人厌恨他。庶几夙夜：庶几，差不多。夙夜，早晚，犹言早起晚睡。这句是说，各诸侯早起晚睡，勤于政事。以永终誉：永，长。终，“众”的假借字。誉，赞誉。这句是说，各诸侯能长受众人的称赞。⑦ 蚤：通“早”。

【译文】

君王治理天下要做好议订礼仪，制订法度，考订文字规范这三件大事。

君王治理天下能够做好议订礼仪、制订法度、考订文字规范这三件重要的事，他的过失就会减少了。离当今社会很远的礼仪制度，虽然好，但由于年代相隔太远，因而得不到验证，得不到验证就不能取信于民，不能取信于民，老百姓就不会听从。身为圣人而身处下位的人，他所主张的礼仪制度虽然好，但由于没有尊贵的地位，也不能取信于民；不能取信于民，老百姓就不会听从。所以君子治理天下的道理，应该以自身的品德修养为根本，并从老百姓那里得到验证和信任，用夏、商、周三代的礼仪制度来考察而没有谬误，建立于天地自然之间而没有违背之处，得到了神明的证实而没有疑问，这样就是等到百世以后的圣人来实行也不会有什么疑惑之处了。得到神明的证实而没有疑误不明的地方，这是因为了解和掌握了天理；等到百世以后的圣人来实行也不会有什么疑惑之处了，这是因为知道了人的情理。

所以君王的言语行动能世世代代成为天下共行的道理，君王的所作所为能世世代代成为天下遵循的法度，君王言谈话语能世世代代成为天下必守的准则。隔得远的则有仰慕之心，离得近的也不会有厌恶之意。

《诗经》说："诸侯在国没有人憎恶，在朝同样没有人厌烦，早起晚睡政事勤，众人称赞美名存。"君王中没有不这样做而能够早早在天下获得名望的。

【原文】

仲尼祖述尧舜[①]，宪章文武[②]，上律天时[③]，下袭水土[④]。辟如天地之无不持载[⑤]，无不覆帱[⑥]。辟如四时之错行，如日月之代明[⑦]。万物并育而不相害[⑧]，道并行而不相悖[⑨]，小德川流，大德敦化，此天地之所以为大也。

【注解】

①祖述：遵循前任的行为或学说。这句是说孔子遵循尧舜二帝的道统。②宪章文武：宪章，效法。这句是说效法周文王和周武王的典章制度。③上律天时：律，效法。天时，谓自然变化的时序，或言节气、气候或言阴晴寒暑的变化。"天时"在古时用意很广。④袭：合符。水土：犹言地理环境。⑤"辟如"句：这句是说天地广博深厚没有什么不能承载。⑥无不覆帱：没有什么不能覆盖。覆帱，覆盖的意思。⑦代：交替的意思。⑧并育：即同时生长。相害：互相妨害。⑨道：指天地之道，即四季更迭，日月交替之道。悖：违背。

【译文】

孔子遵循尧舜二帝的道统，效法文王、武王所定制的典范，上依据天时变化规律，下符合地理环境。譬如天地广博深厚，没有什么不能承载，没有什么不能覆盖。又譬如四季的更迭运行，日月的交替照耀。天地间万物同时生长而互不妨害，天地之道同时并行而互不冲突。小的德行如河水一样长流不息，大的德行使万物敦厚淳朴，无穷无尽。这就是天地之所以盛大的原因。

【原文】

唯天下至圣，为能聪明睿知，足以有临也[①]；宽裕温柔，足以有容也[②]；发强刚毅，足以有执也[③]；齐庄中正[④]，足以有敬也；文理密察[⑤]，足以有别也[⑥]。

溥博渊泉[⑦]，而时出之[⑧]。溥博如天，渊泉如渊。见而民莫不敬，言而民莫不信，行而民莫不说[⑨]。

是以声名洋溢乎中国，施及蛮貊[⑩]；舟车所至，人力所通，天之所覆，地之所载，日月所照，霜露所队[⑪]，凡有血气者，莫不尊亲[⑫]，故曰配天。

【注解】

①临：本指高出朝向低处，后引申为上对下之称。②容：包容，容纳。③执：操持决断天下大事。④齐庄：庄重恭敬。中正：不偏不倚。⑤文理：条理。密察：详察细辨。⑥别：分别是是非邪正。⑦溥博渊泉：溥博，普遍广博。溥，普遍。渊泉，深潭。《列子·黄帝》："心如渊泉，形如处女。"后引申为思虑深远。⑧而时出之：出，溢出。这句是说，至圣的人的美德就像渊泉外溢一样，常常表现出来。⑨说：同"悦"，喜悦。⑩施：传播。及：到。蛮貊：谓南蛮北狄等边远少数民族。⑪队：同"坠"，坠落。⑫尊亲：尊重亲近。"尊、亲"二字后面省略了宾语。

【译文】

只有天下最圣明伟大的人，才能做到聪明智慧，足以居上位而临下民；宽博优裕，温和柔顺，足以包容天下的人和事；奋发图强，刚强坚毅。足以操持决断天下大事；庄重恭敬。处事中正，足以获得人民的尊敬；条理清晰，详辨明察，足以分辨是非邪正。

唯天下至圣，为能聪明睿知。

圣明伟大的人，他们的美德广博而深厚，并常常会表露出来。他们的美德就像天空一样广阔，就像潭水一样幽深。这种美德表现在仪容上，老百姓没有谁不敬佩；表现在言谈中，老百姓没有谁不信服；表现在行动上，老百姓没有谁不喜悦。

因此，他们美好的名声充满了整个中原地区，并且传播到边远少数民族的地方；凡是船只车辆所能到达的，人所能通行的，苍天所能覆盖的，大地所能承载的，天阳和月亮所能照耀着的，霜露所能坠落到的地方，凡是有血气生命的人，没有不尊重和不亲近他们的；所以说圣人的美德可以和天相配。

【原文】

唯天下至诚，为能经纶天下之大经[①]，立天下之大本[②]，知天地之化育。夫焉有所倚？肫肫其仁[③]，渊渊其渊[④]，浩浩其天[⑤]。苟不固聪明圣知[⑥]，达天德者[⑦]，其孰能知之？

【注解】

①经纶：原指整理丝缕，这里引申为创制天下的法规。大经：指常道，法规。②大本：根本大德。③肫肫：诚挚，与"忳忳"同。忳，恳诚貌也。④渊渊其渊：意思是说圣人的思虑如潭水一般幽深。渊渊，水深。⑤浩浩其天：圣人的美德如苍天一般广阔。浩浩，原指水盛大的样子。⑥固：实。⑦达天德者：通达天赋美德的人。

【译文】

只有天下达到诚的最高境界的人，才能创制天下的法规，才能树立天下的根本大德，掌握天地化育万物的道理，这怎么会有偏向呢？他的仁心是那样的真诚，他的思虑像潭水般幽深，他伟大的美德像苍天一样广阔。假如不是具有真正聪明智慧而通达天赋美德的人，谁又能真正了解他呢？

【原文】

《诗》曰：“衣锦尚䌹①。”恶其文之著也。故君子之道，闇然而日章②；小人之道，的然而日亡③，君子之道，淡而不厌，简而文，温而理，知远之近④，知风之自⑤，知微之显⑥，可与入德矣。

《诗》云：“潜虽伏矣，亦孔之昭⑦。”故君子内省不疚⑧，无恶于志⑨。君子之所不可及者，其唯人之所不见乎！

《诗》云：“相在尔室，尚不愧于屋漏⑩。”故君子不动而敬，不言而信。

《诗》曰：“奏假无言，时靡有争⑪。”是故君子不赏而民劝⑫，不怒而民威于铁钺⑬。

《诗》曰：“丕显惟德，百辟其刑之⑭。”是故君子笃恭而天下平。

《诗》云：“予怀明德，不大声以色⑮。”子曰，“声色之于以化民，末也。”《诗》曰：“德輶如毛⑯。”毛犹有伦⑰，“上天之载，无声无臭⑱。”至矣。

【注解】

①“衣锦”句：这句诗引自《诗经·卫风·硕人》。《硕人》写的是庄姜初嫁庄公为妻时的场景。衣：动作词，穿。锦：这里指色彩华美的丝绸服装。尚：加在上面。䌹：用麻纱制作的单罩衣。尚䌹：即加上麻纱罩衣。②闇然：暗淡的样子。闇，“暗”的异体字。日章：日渐彰明。章，同“彰”。③的然：鲜艳的样子。的，鲜艳，显著。④知远之近：意思是要往远去必从近开始。⑤知风之自：风，谓教化。这句是说，教化别人必须从自己做起。⑥知微之显：微，隐蔽之处。这句是说，隐蔽之处对明显之处也有一定的影响。⑦“潜虽”两句：这两句诗引自《诗经·小

君子之道，淡而不厌。

雅·正月》。《正月》是一首揭露现实的诗。潜：潜藏。伏：隐匿。孔：很，甚。昭：明。⑧内省（xǐng）：经常在内心省察自己。疚：原意为久病。引申为忧虑不安。⑨无恶：引申为“无愧”。志：心。⑩“相在”两句：这两句诗引自《诗经·大雅·抑》。相：看。在尔室：你独自一个人在室。尚：当。不愧于屋漏：意指内心光明，不在暗中做坏事或者起坏念头。屋漏，指古代室内西北角阴暗处。⑪“奏假”两句：这两句诗引自《诗经·商颂·烈祖》。《烈祖》是商的后代宋在祭祀祖先时唱的乐歌。奏假：祷告。无言：默默无声。⑫不赏而民劝：不需赏赐就能使人民受到鼓励。⑬铁钺：古代执行军法时用的斧子，与“斧钺”同。这里引申为刑戮。⑭“丕显”两句：这两句诗引自《诗经·周颂·烈文》。《烈文》是周王在举行封侯仪式上所唱的乐歌。丕显，充分显扬。丕，大。百辟，谓诸侯。刑，同“型”，法则。⑮“予怀”两句：这两句诗引自《诗经·大雅·皇矣》。《皇矣》是一首史诗，叙述周朝祖先开国创业的历史。⑯“德𬨎”句：这句诗引自《诗经·大雅·烝民》。德，指德的微妙。𬨎，古时候一种轻便车辆，引申为轻。毛，羽毛。⑰毛犹有伦：这句是说羽毛虽然轻微，但还是有东西可以类比的。⑱“上天”两句：这两句诗引自《诗经·大雅·文王》。载，事。臭（xiù），气味。这句诗的大意是说，上天化育万物的道理，没有声音和气味，世上没有什么东西可以形容它的高妙。

【译文】

《诗经》说：“身穿锦绣衣服，外面罩件套衫。”这是为了避免锦衣花纹太鲜艳。所以，君子为人的道理在于，外表黯然无色而内心美德才日益彰明；小人的为人之道在于，外表色彩鲜艳，但是随着时间的推移便会日渐黯淡。君子为人的道理还在于，外表素淡而不使人厌恶，外表简朴而内含文采，外表温和而内有条理，知道远是从近开始，知道感化别人是从自己做起，知道微小隐蔽的地方会影响到显著的地方，能够掌握以上这些道理的，就可以进到圣人崇高的美德中去了。

相在尔室，尚不愧于屋漏。

《诗经》说：“即使鱼潜藏很深，但仍然会看得明显的。”所以君子经常在内心省察自己，就不会有过失和内疚，就不会有愧心。由此可知，人们之所以不能超越君子的原因，大概就是因为君子在这些不被人看见的地方也严格要求自己。

《诗经》说：“看你独自在室内的时候，应当也无愧于神明。”所以，君子就是在没做什么事的时候也是怀着敬畏谨慎的心理，在没有言语的时候就已经诚信专一了。

《诗经》说：“默默无声暗祈祷，今时不再有争斗。”所以，君子不用赏赐而老百姓也会受到鼓励；不用发怒而老百姓畏惧他就会胜过刑戮的威严。

《诗经》说：“弘扬好的德行，诸侯们便会来效法。”所以，君子笃实恭敬，就能使天下太平。

《诗经》说：“怀念文王光明的美德，从不用厉声厉色。”孔子说：“用厉声厉色去感化老百姓，这是没有抓住根本。”《诗经》说：“美德轻如羽毛。”羽毛虽轻微细小，但还是有东西可以类比。《诗经》中说“化育万物上天道，无声无息真微妙”，这才是达到了最高的境界啊。

《论语》

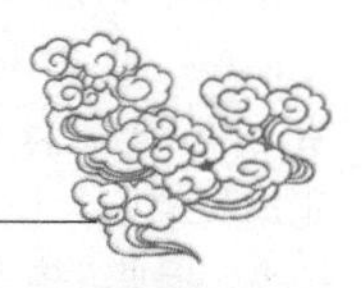

《论语》是记载孔子和他的弟子们言行的典籍，全书20篇508章，一万余字。一般认为，《论语》是由孔子弟子所辑录。

学而篇第一

【原文】

子曰[①]：“学而时习之[②]，不亦说乎[③]？有朋自远方来，不亦乐乎[④]？人不知而不愠[⑤]，不亦君子乎[⑥]？”

学而时习之，不亦说乎？

【注解】

①子：中国古代对有学问、有地位的男子的尊称。《论语》中“子曰”的“子”都是指孔子。②习：“习”字的本意是鸟儿练习飞翔，在这里是温习和练习的意思。③说（yuè）：同“悦”，高兴、愉快的意思。④乐（lè）：快乐。⑤愠（yùn）：怒，怨恨，不满。⑥君子：《论语》中的“君子”指道德修养高的人，即“有德者”；有时又指“有位者”，即职位高的人。这里指“有德者”。

【译文】

孔子说：“学到的东西按时去温习和练习，不也很高兴么？有朋友从很远的地方来，不也很快乐么？别人不了解自己，自己却不生气，不也是一位有修养的君子么？”

【原文】

子曰：“巧言令色[①]，鲜矣仁[②]！”

【注解】

①巧言令色：巧，好。令，善。巧言令色，即满口说着讨人喜欢的话，满脸装出讨人喜欢的

脸色。②鲜：少的意思。

【译文】

孔子说："花言巧语，伪装出一副和善的面孔，这种人是很少仁德的。"

【原文】

曾子曰[①]："吾日三省吾身[②]：为人谋而不忠乎？与朋友交而不信乎？传不习乎[③]？"

【注解】

①曾子：孔子晚年的学生，名参（shēn），字子舆，比孔子小四十六岁。生于公元前505年，鲁国人，是被鲁国灭亡了的鄫国贵族的后代。曾参是孔子的得意门生，以孝著称，据说《孝经》就是他撰写的。②三省（xǐng）：多次反省。③传：老师讲授的功课。

【译文】

曾参说："我每天从多方面反省自己：替别人办事是不是尽心竭力了呢？与朋友交往是不是诚实守信了呢？对老师传授的功课，是不是用心复习了呢？"

【原文】

子曰："弟子入则孝[①]，出则弟[②]，谨而信[③]，泛爱众，而亲仁[④]。行有余力[⑤]，则以学文[⑥]。"

【注解】

①弟子：有二义，一是指年幼之人，弟系对兄而言，子系对父而言，故曰弟子；二是指学生。此处取前义。入：古时父子分别住在不同的居处，学习则在外舍。入是入父宫，指进到父亲住处；或说在家。②出：与"入"相对而言，指外出拜师学习。出则弟，是说要用悌道对待师长，也可泛指年长于自己的人。③谨：寡言少语称之为谨。④仁：指具有仁德的人，即温和、善良的人。此形容词用作名词。⑤行有余力：指有闲暇时间。⑥文：指诗、书、礼、乐等文化知识。

【译文】

孔子说："小孩子在父母跟前要孝顺，出外要敬爱师长，说话要谨慎，言而有信，和所有人都友爱相处，亲近那些具有仁爱之心的人。做到这些以后，如果还有剩余的精力，就用来学习文化知识。"

【原文】

子夏曰[①]："贤贤易色[②]；事父母，能竭其力；事君，能致其身[③]；与朋友交，言而有信。虽曰未学，吾必谓之学矣。"

【注解】

①子夏：姓卜，名商，字子夏，孔子的高足，以文学著称。比孔子小四十四岁，生于公元前

507年。孔子死后，他在魏国宣传孔子的思想主张。②贤贤：第一个“贤”字作动词用，尊重的意思。贤贤即尊重贤者。易：有两种解释，一是改变的意思；二是轻视的意思，即尊重贤者而看轻女色。③致其身：致，意为“奉献”、“尽力”。这里是要尽忠的意思。

【译文】

子夏说：“一个人能够尊重贤者而看轻女色；侍奉父母，能够竭尽全力；服侍君主，能够献出自己的生命；同朋友交往，说话诚实、恪守信用。这样的人，即使他自己说没有学过什么，我也一定要说他已经学习过了。”

【原文】

子曰：“君子不重则不威①，学则不固②，主忠信③。无友不如己者④。过则勿惮改⑤。”

【注解】

①重：庄重、自持。②学则不固：所学不牢固。与上句联系起来就可理解为：一个人不庄重就没有威严，所学也不牢固。③主忠信：以忠信为主。④无：通“毋”，不要的意思。不如己者：指不忠不信的人，“不如己者”是比较委婉的说法。⑤过：过错、过失。惮（dàn）：害怕、畏惧。

【译文】

孔子说：“一个君子，如果不庄重，就没有威严；即使读书，所学也不会牢固。行事应当以忠和信这两种道德为主。不要和不忠不信的人交朋友。有了过错，要不怕改正。”

【原文】

有子曰：“礼之用，和为贵。先王之道①，斯为美，小大由之。有所不行，知和

礼之用，和为贵。

而和，不以礼节之，亦不可行也。”

【注解】

①先王之道：指的是古代圣王治国之道。

【译文】

有子说：“礼的功用，以遇事做得恰当和顺为可贵。以前的圣明君主治理国家，最可贵的地方就在这里。他们做事，无论事大事小，都按这个原则去做。如遇到行不通的，仍一味地追求和顺，却并不用礼法去节制它，也是行不通的。”

【原文】

子曰：“君子食无求饱，居无求安，敏于事而慎于言，就有道而正焉①，可谓好学也已。”

【注解】

①有道：指有道德、有学问的人。正：匡正，端正。

【译文】

孔子说：“君子饮食不追求饱足；居住不追求安逸；对工作勤奋敏捷，说话却谨慎；接近有道德有学问的人并向他学习，纠正自己的缺点，就可以称得上是好学了。”

【原文】

子贡曰：“贫而无谄，富而无骄，何如？”子曰：“可也。未若贫而乐、富而好礼者也。”子贡曰：“《诗》云：‘如切如磋，如琢如磨①’，其斯之谓与②？”子曰：“赐也③，始可与言《诗》已矣，告诸往而知来者④。”

【注解】

①如切如磋，如琢如磨：出自《诗经·卫风·淇奥》篇。意思是：好比加工象牙，切了还得磋，使其更加光滑；好比加工玉石，琢了还要磨，使其更加细腻。②其：表测度语气，可译为“大概”。③赐：子贡的名。孔子对学生一般都称名。④来者：未来的事，这里借喻为未知的事。

【译文】

子贡说：“贫穷却不巴结奉承，富贵却不骄傲自大，怎么样？”孔子说：“可以了，但还是不如虽贫穷却乐于道，虽富贵却谦虚好礼。”子贡说：“《诗经》上说：‘要像骨、角、象牙、玉石等的加工一样，先开料，再粗锉，细刻，然后磨光’，那就是这样的意思吧？”孔子说：“赐呀，现在可以同你讨论《诗经》了。告诉你以往的事，你能因此而知道未来的事。”

【原文】

子曰：“不患人之不己知，患不知人也。”

【译文】

孔子说："不要担心别人不了解自己，应该担心的是自己不了解别人。"

为政篇第二

【原文】

子曰："为政以德，譬如北辰，居其所而众星共之[①]。"

【注解】

① 北辰：北极星。共（gǒng）：同"拱"，环绕。

【译文】

孔子说："用道德的力量去治理国家，自己就会像北极星那样，安然处在自己的位置上，别的星辰都环绕着它。"

【原文】

子曰："《诗》三百[①]，一言以蔽之[②]，曰：'思无邪'。"

【注解】

①《诗》三百：《诗经》中共收诗305篇。"三百"是举其整数而言。② 蔽：概括。

子曰：《诗》三百，一言以蔽之，思无邪。

【译文】

孔子说："《诗经》三百多篇，用一句话来概括它，就是'思想纯正'。"

【原文】

子曰："吾十有五而志于学[①]，三十而立[②]，四十而不惑，五十而知天命，六十而耳顺[③]，七十而从心所欲不逾矩。"

【注解】

① 有（yòu）：同"又"。古文中表数字时常用"有"代替"又"，表示相加的关系。② 立：站立，成立。这里指立身处世。③ 耳顺：对于外界一切相反相异、五花八门的言论，能分辨真伪是非，并听之泰然。

【译文】

孔子说："我十五岁立志学习，三十岁在人生道路上站稳脚跟，四十岁心中不再迷惘，五十岁知道上天给我安排的命运，六十岁听到别人说话就能分辨是非真假，七十岁能随心所欲地说话做事，又不会超越规矩。"

【原文】

子曰："温故而知新，可以为师矣。"

【译文】

孔子说："在温习旧的知识时，能有新的收获，就可以当老师了。"

【原文】

子贡问君子，子曰："先行其言而后从之。"

【译文】

子贡问怎样才能做一个君子。孔子说："对于你要说的话，先实行了，然后说出来。"

【原文】

子曰："君子周而不比①，小人比而不周。"

【注解】

①周：团结多数人。比：勾结。

【译文】

孔子说："德行高尚的人以正道广泛交友但不互相勾结，品格卑下的人互相勾结却不顾道义。"

【原文】

子曰："学而不思则罔①，思而不学则殆②。"

【注解】

①罔：迷惘，没有收获。②殆：疑惑。

【译文】

孔子说："学习而不思考就会迷惘无所得；思考而不学习就不切于事而疑惑不解。"

【原文】

子曰："攻乎异端①，斯害也已②！"

【注解】

①攻：做。异端：中庸的两端，指“过”和“不及”。②斯：连词，这就、那就的意思。也已：语气词。

【译文】

孔子说：“做事情过或不及，都是祸害啊！”

【原文】

子曰：“由①！诲女，知之乎②？知之为知之，不知为不知，是知也。”

【注解】

①由：孔子的高足，姓仲，名由，字子路，卞（故城在今山东泗水县东五十里）人。②知：作动词用，知道。

知之为知之，不知为不知，是知也。

【译文】

孔子说：“由啊，我教给你的，你懂了吗？知道就是知道，不知道就是不知道，这才是真正的智慧！”

【原文】

子曰：“人而无信①，不知其可也。大车无輗②，小车无軏③，其何以行之哉？”

【注解】

①而：如果。信：信誉。②大车：指牛车。輗（ní）：大车辕和车辕前横木相接的关键。③小车：指马车。軏（yuè）：马车 辕前横木两端的木销。

【译文】

孔子说：“一个人如果不讲信誉，真不知他怎么办。就像大车的横木两头没有活键，小车的横木两头少了关扣一样，怎么能行驶呢？”

【原文】

子张问：“十世可知也①？”子曰：“殷因于夏礼②，所损益可知也；周因于殷礼，所损益可知也；其或继周者，虽百世，可知也。”

【注解】

①世：古时称三十年为一世，一世为一代。也有的把“世”解释为朝代。也：表疑问的语气

词。②殷：殷朝，即商朝，商王盘庚迁都于殷（今河南安阳西北），后来就称商朝为“殷”。因：因袭，沿袭。

【译文】

子张问：“今后十代的礼制现在可以预知吗？”孔子说：“殷代承袭夏代的礼制，其中废除和增加的内容是可以知道的；周代继承殷代的礼制，其中废除和增加的内容，也是可以知道的。那么以后如果有继承周朝的朝代，就是在一百代以后，也是可以预先知道的。”

【原文】

子曰：“非其鬼而祭之，谄也。见义不为，无勇也。”

【译文】

孔子说：“祭祀不该自己祭祀的鬼神，那是献媚；见到合乎正义的事而不做，那是没有勇气。”

八佾篇第三

【原文】

孔子谓季氏[①]，“八佾舞于庭[②]，是可忍也[③]，孰不可忍也？”

孔子闻季氏舞八佾于庭曰：是可忍也，孰不可忍也。

【注解】

①季氏：季孙氏，鲁国大夫。②八佾（yì）：古代奏乐舞蹈，每行八人，称为一佾。天子可用八佾，即六十四人；诸侯六佾，四十八人；大夫四佾，三十二人。季氏应该用四佾。③忍：忍心，狠心。

【译文】

孔子谈到季孙氏时说：“他用天子才能用的八佾在庭院中奏乐舞蹈，这样的事都狠心做得出来，还有什么事不能狠心做出来呢？”

【原文】

三家者以《雍》彻[①]。子曰：“‘相维辟公，天子穆穆[②]’，奚取于三家之堂？”

【注解】

① 三家：鲁国当政的三家大夫孟孙、叔孙、季孙。《雍》:《诗经·周颂》中的一篇，为周天子举行祭礼后撤去祭品、祭器时所唱的诗。彻：同“撤”，古代祭礼完毕后撤祭馔，乐人唱诗以娱神。②“相维辟公，天子穆穆”两句：诸侯都在助祭，天子恭敬地主祭。见《雍》诗。相（xiàng），助祭的人。维，用于句中的助词，可以译为“是”。辟（bì）公，诸侯。穆穆，庄严肃穆。

【译文】

孟孙、叔孙和季孙三家祭祖时，唱着《雍》这首诗歌来撤除祭品。孔子说：“《雍》诗说的‘诸侯都来助祭，天子恭敬地主祭’怎么能用在三家大夫的庙堂上呢？”

【原文】

子曰：“人而不仁，如礼何[①]？人而不仁，如乐何？”

【注解】

① 如礼何：怎样对待礼仪制度。

【译文】

孔子说：“做人如果没有仁德，怎么对待礼仪制度呢？做人如果没有仁德，怎么对待音乐呢？”

【原文】

子夏问曰：“‘巧笑倩兮[①]，美目盼兮[②]，素以为绚兮[③]’。何谓也？”子曰：“绘事后素。”曰：“礼后乎？”子曰：“起予者商也[④]！始可与言《诗》已矣。”

【注解】

① 倩：笑容美好。② 盼：眼睛黑白分明。③ 绚（xuàn）：有文采。这三句诗前两句见《诗·卫风·硕人》，第三句可能是逸诗。④ 起：阐明。

巧笑倩兮，美目盼兮，素以为绚兮。

【译文】

子夏问道：“‘轻盈的笑脸多美呀，黑白分明的眼睛多媚呀，好像在洁白的质地上画着美丽的图案呀。’这几句诗是什么意思呢？”孔子说：“先有白色底子，然后在上面画画。”子夏说：“这么说礼仪是在有了仁德之心之后才产生的了？”孔子说：“能够发挥我的思想的是卜商啊！可以开始和你谈论《诗经》了。”

【原文】

子贡欲去告朔之饩羊[①]。子曰：“赐也！尔爱其羊，我爱其礼。”

【注解】

①去：去掉，废除。告朔之饩（xì）羊：告朔，朔为每月的第一天。周天子于每年秋冬之交向诸侯颁布来年的历书，历书包括指明有无闰月、每月的朔日是哪一天，这就叫“告朔”。诸侯接受历书后，藏于祖庙。每逢初一，便杀一头羊祭于庙。羊杀而不烹叫“饩”（烹熟则叫“飨”）。告朔饩羊是古代一种祭礼制度。

【译文】

子贡想把每月初一告祭祖庙的羊废去不用。孔子说：“赐呀！你爱惜那只羊，我则爱惜那种礼。”

【原文】

子曰：“事君尽礼，人以为谄也。”

【译文】

孔子说：“按照礼节去侍奉君主，别人却认为这是在讨好君主哩。”

【原文】

定公问[①]：“君使臣，臣事君，如之何？”孔子对曰：“君使臣以礼，臣事君以忠。”

【注解】

①定公：鲁国国君，姓姬名宋，“定“是谥号。

【译文】

鲁定公问：“国君役使臣子，臣子服侍君主，各应该怎么做？”孔子答道：“君主应该按照礼节役使臣子，臣子应该用忠心来服侍君主。”

【原文】

子曰：“《关雎》乐而不淫[①]，哀而不伤。”

【注解】

①《关雎（jū）》：《诗经》中的第一篇。

【译文】

孔子说：“《关雎》这首诗快乐而不放荡，悲哀而不悲伤。”

【原文】

哀公问社于宰我[①]。宰我对曰：“夏后氏以松，殷人以柏，周人以栗，曰：使民战栗。”子闻之，曰：“成事不说，遂事不谏[②]，既往不咎。”

【注解】

①社：土地神，祭祀土神的庙也称社。宰我：名予，字子我，孔子的学生。②遂事：已完成的事。

【译文】

鲁哀公问宰我，做土地神的神位应该用什么木料。宰我回答说："夏代人用松木，殷代人用柏木，周代人用栗木，目的是使百姓战战栗栗。"孔子听到这些话，告诫宰我说："已经过去的事不用解释了，已经完成的事不要再劝谏了，已过去的事也不要再追究了。"

【原文】

子曰："管仲之器小哉[①]！"或曰："管仲俭乎？"曰："管氏有三归[②]，官事不摄[③]，焉得俭？""然则管仲知礼乎？"曰："邦君树塞门[④]，管氏亦树塞门。邦君为两君之好，有反坫[⑤]，管氏亦有反坫。管氏而知礼，孰不知礼？"

【注解】

①管仲：名夷吾，齐桓公时的宰相，辅助齐桓公成为诸侯的霸主。②三归：三处豪华的公馆。③摄：兼任。④树：树立。塞门：在大门口筑的一道短墙，以别内外，相当于屏风、照壁等。⑤反坫（diàn）：古代君主招待别国国君时，放置献过酒的空杯子的土台。

【译文】

孔子说："管仲的器量太小啦！"有人问："管仲节俭吗？"孔子说："管仲有三处豪华的公馆，他手下的人从不兼职，怎么能称得上节俭呢？""那么管仲懂礼仪吗？"孔子说："国君在宫门前立了一道影壁，管仲也在自家门口立了影壁；国君设宴招待别国君主、举行友好会见时，在堂上设有放置空酒杯的土台，管仲宴客也就有这样的土台。如果说管仲知礼，那还有谁不知礼呢？"

【原文】

子语鲁大师乐[①]，曰："乐其可知也：始作，翕如也[②]；从之[③]，纯如也[④]，皦如也[⑤]，绎如也[⑥]，以成[⑦]。"

乐其可知也：始作，翕如也；从之，纯如也，皦如也，绎如也。

【注解】

①语（yù）：告诉，作动词用。大（tài）师：太师，乐官名。②翕（xī）：意为合，聚，协调。③从（zòng）：放纵，展开。④纯：美好、和谐。⑤皦（jiǎo）：音节分明。⑥绎：连续不断。

⑦ 以成：以之而成，即以从之纯如、皦如、绎如三者而成。

【译文】

孔子给鲁国乐官讲奏乐过程："奏乐过程是可以了解的：开始演奏时，各种乐器合奏，声音宏亮而优美，听众随着乐声响起而为之振奋；乐曲展开后美好而和谐，节奏分明，连续不断，如流水绵绵流淌，直至演奏结束。"

【原文】

仪封人请见[①]，曰："君子之至于斯也，吾未尝不得见也。"从者见之[②]。出曰："二三子何患于丧乎[③]？天下之无道也久矣，天将以夫子为木铎[④]。"

【注解】

① 仪：地名。封人：镇守边疆的小官。请见：请求会见孔子。② 从者：随从之人。见之：让他被接见。③ 二三子：你们这些人。患：忧愁，担心。丧（sàng）：失掉官位。④ 木铎：以木为舌的铜铃，古代用以宣布政教法令。

【译文】

仪地的一个小官请求会见孔子，说："凡是到这个地方的君子，我没有不求见的。"孔子的学生们领他去见孔子。出来以后，他说："你们几位为什么担心失去官位呢？天下无道已经很久了，因此上天将以孔夫子为圣人来教化天下。"

【原文】

子谓《韶》[①]："尽美矣[②]，又尽善也[③]。"谓《武》[④]："尽美矣，未尽善也。"

【注解】

①《韶》：相传是舜时的乐曲名。② 美：指乐曲的声音言。③ 善：指乐曲的内容言。④《武》：相传是周武王时的乐曲名。

【译文】

孔子评论《韶》，说："乐曲美极了，内容也好极了。"评论《武》，说："乐曲美极了，内容还不是完全好。"

【原文】

子曰："居上不宽，为礼不敬，临丧不哀，吾何以观之哉！"

【译文】

孔子说："居于统治地位的人，不能宽宏大量，行礼的时候不恭敬，遭遇丧事时不悲伤哀痛，这个样子，我怎么看得下去呢？"

里仁篇第四

【原文】

子曰："里仁为美①。择不处仁，焉得知②？"

【注解】

①里：可作名词讲，居住之地；也可以作动词讲，居住。均通。今从第二义。②知：同"智"。

【译文】

孔子说："居住在有仁风的地方才好。选择住处，不居住在有仁风的地方，怎能说是明智呢？"

【原文】

子曰："不仁者不可以久处约①，不可以长处乐。仁者安仁，知者利仁②。"

【注解】

①约：穷困之意。②知（zhì）：同"智"。

【译文】

孔子说："没有仁德的人不能够长久地安于穷困，也不能够长久地处于安乐之中。有仁德的人长期安心于推行慈爱精神，聪明的人认识到仁对他有长远的利益而实行仁。"

【原文】

子曰："唯仁者能好人①，能恶人②。"

【注解】

①好（hào）：爱好。②恶（wù）：厌恶。

【译文】

孔子说："只有讲仁爱的人，才能够正确地喜爱某人、厌恶某人。"

【原文】

子曰："苟志于仁矣，无恶也。"

【译文】

孔子说："如果立志追求仁德，就不会去做坏事。"

【原文】

子曰："富与贵，是人之所欲也，不以其道得之，不处也。贫与贱，是人之所恶也，不以其道得之，不去也。君子去仁，恶乎成名[①]？君子无终食之间违仁，造次必于是[②]，颠沛必于是[③]。"

【注解】

①恶（wū）乎：怎样。②造次：急促、仓猝。③颠沛：用以形容人事困顿，社会动乱。

【译文】

孔子说："金钱和地位，是每个人都向往的，但是，以不正当的手段得到它们，君子不享受。贫困和卑贱，是人们所厌恶的，但是，不通过正当的途径摆脱它们，君子是不会摆脱的。君子背离了仁的准则，怎么能够成名呢？君子不会吃一顿饭的时间离开仁德，即使在匆忙紧迫的情况下也一定要遵守仁的准则，在颠沛流离的时候也和仁同在。"

富与贵是人之所欲也，不以其道得之，不处也。

【原文】

子曰："朝闻道[①]，夕死可矣。"

【注解】

①道：道理，指真理。

【译文】

孔子说："早晨能够得知真理，即使当晚死去，也没有遗憾。"

【原文】

子曰："君子怀德，小人怀土；君子怀刑，小人怀惠。"

【译文】

孔子说："君子心怀的是仁德；小人则怀恋乡土。君子关心的是刑罚和法度，小人则关心私利。"

【原文】

子曰："不患无位，患所以立。不患莫己知，求为可知也。"

【译文】

孔子说："不愁没有职位，只愁没有足以胜任职务的本领。不愁没人知道自己，应该追求能使别人知道自己的本领。"

【原文】

子曰："参乎！吾道一以贯之[①]。"曾子曰："唯。"子出。门人问曰："何谓也？"曾子曰："夫子之道，忠恕而已矣[②]。"

【注解】

①贯：贯穿，贯通。如以绳穿物。②忠恕：据朱熹注，尽己之心以待人叫作"忠"，推己及人叫作"恕"。

子曰：参乎！吾道一以贯之。

【译文】

孔子说："曾参呀！我的学说可以用一个根本的原则贯通起来。"曾参答道："是的。"孔子走出去以后，其他学生问道："这是什么意思？"曾参说："夫子的学说只不过是忠和恕罢了。"

【原文】

子曰："君子喻于义[①]，小人喻于利。"

【注解】

①喻：通晓，明白。

【译文】

孔子说："君子懂得大义，小人只知道小利。"

【原文】

子曰："见贤思齐焉[①]，见不贤而内自省也[②]。"

【注解】

①贤：贤人，有贤德的人。齐：看齐。②省：反省，检查。

【译文】

孔子说："看见贤人就应该想着向他看齐；见到不贤的人，就要反省自己有没有类似的毛病。”

【原文】

子曰：“事父母几谏①。见志不从，又敬不违，劳而不怨②。”

【注解】

①几（jī）：轻微，婉转。②劳：劳心；担忧。

【译文】

孔子说：“侍奉父母，对他们的缺点应该委婉地劝止，如果自己的意见没有被采纳，仍然要对他们恭敬，不加违抗。只在心里忧愁而不怨恨。”

【原文】

子曰：“父母在，不远游，游必有方。”

【译文】

孔子说：“父母活着的时候，子女不远游外地；即使出远门，也必须要有一定的去处。”

【原文】

子曰：“三年无改于父之道，可谓孝矣。”

【译文】

孔子说：“如果能够长时间地不改变父亲生前所坚持的准则，就可说做到了孝。”

【原文】

子曰：“父母之年，不可不知也。一则以喜，一则以惧。”

【译文】

孔子说：“父母的年纪不能不知道，一方面因其长寿而高兴，一方面又因其年迈而有所担忧。”

【原文】

子曰：“君子欲讷于言而敏于行①。”

【注解】

①讷（nè）：说话迟钝。

【译文】

孔子说：“君子说话应该谨慎，而行动要敏捷。”

公冶长篇第五

【原文】

孟武伯问："子路仁乎？"子曰："不知也。"又问。子曰："由也，千乘之国，可使治其赋也。不知其仁也。""求也何如？"子曰："求也，千室之邑，百乘之家，可使为之宰也①，不知其仁也。""赤也何如②？"子曰："赤也，束带立于朝，可使与宾客言也。不知其仁也。"

【注解】

①宰：古代县、邑一级的行政长官。卿大夫的家臣也叫宰。②赤：公西赤，字子华，孔子的学生。

【译文】

孟武伯问："子路算得上有仁德吗？"孔子说："不知道。"孟武伯又问一遍。孔子说："仲由呵，一个具备千辆兵车的大国，可以让他去负责军事。至于他有没有仁德，我就不知道了。"又问："冉求怎么样？"孔子说："求呢，一个千户规模的大邑，一个具备兵车百辆的大夫封地，可以让他当总管。至于他的仁德，我弄不清。"孟武伯继续问："公西赤怎么样？"孔子说："赤呀，穿上礼服，站在朝廷上，可以让他和宾客会谈。他仁不仁，我就不知道了。"

【原文】

子谓子贡曰："女与回也孰愈①？"对曰："赐也何敢望回？回也闻一以知十，赐也闻一以知二。"子曰："弗如也，吾与女弗如也②。"

【注解】

①愈：胜过，超过。②与：有两种解释：其一，同意、赞成；其二，和。此处取后一种说法。

子谓子贡曰：女与回也孰愈？

【译文】

孔子对子贡说："你和颜回相比，哪个强一些？"子贡回答说："我怎么敢和颜回相比呢？颜回他听到一件事就可以推知十件事；我呢，听到一件事，只能推知两件事。"孔子说："赶不上他，我和你都赶不上他。"

【原文】

宰予昼寝。子曰："朽木不可雕也，粪土之墙不可杇也[①]。于予与何诛[②]？"子曰："始吾于人也，听其言而信其行；今吾于人也，听其言而观其行。于予与改是。"

【注解】

①杇（wū）：同"圬"，指涂饰，粉刷。②与（yú）：语气词。诛：意为责备、批评。

【译文】

宰予在白天睡觉。孔子说："腐朽了的木头不能雕刻，粪土一样的墙壁不能粉刷。对宰予这个人，不值得责备呀！"孔子又说："以前，我对待别人，听了他的话便相信他的行为；现在，我对待别人，听了他的话还要观察他的行为。我是因宰予的表现而改变了对人的态度的。"

【原文】

子贡问曰："孔文子何以谓之'文'也[①]？"子曰："敏而好学，不耻下问，是以谓之'文'也。"

【注解】

①孔文子：卫国大夫，姓孔，名圉（yǔ），"文"是谥号。

【译文】

子贡问道："孔文子为什么谥他'文'的称号呢？"孔子说："他聪明勤勉，喜爱学习，不以向比自己地位低下的人请教为耻，所以谥他'文'的称号。"

敏而好学，不耻下问。

【原文】

子谓子产[①]："有君子之道四焉：其行己也恭，其事上也敬，其养民也惠，其使民也义。"

【注解】

①子产：姓公孙，名侨，字子产，郑国大夫。做过正卿，是郑穆公的孙子，为春秋时郑国的贤相。

【译文】

孔子评论子产说："他有四个方面符合君子的标准：他待人处世很谦恭，侍奉国君很负责认真，养护百姓有恩惠，役使百姓合乎情理。"

【原文】

季文子三思而后行[①]。子闻之，曰："再，斯可矣。"

【注解】

① 季文子：鲁国的大夫，姓季孙，名行父，"文"是谥号。

【译文】

季文子办事，要反复考虑多次后才行动。孔子听到后，说："考虑两次就可以了。"

【原文】

子曰："巧言、令色、足恭，左丘明耻之[①]，丘亦耻之。匿怨而友其人，左丘明耻之，丘亦耻之。"

【注解】

① 左丘明：鲁国史官，姓左丘，名明。一说姓左，名丘明。相传是《春秋左氏传》和《国语》的作者。

子曰：巧言、令色、足恭，左丘明耻之，丘亦耻之。

【译文】

孔子说："花言巧语，面貌伪善，过分恭敬，这种人，左丘明认为可耻，我也认为可耻。把仇恨暗藏于心，表面上却同人要好，这种人，左丘明认为可耻，我也认为可耻。"

【原文】

颜渊、季路侍[①]。子曰："盍各言尔志？"子路曰："愿车马衣轻裘与朋友共，敝之而无憾。"颜渊曰："愿无伐善[②]，无施劳。"子路曰："愿闻子之志。"子曰："老者安之，朋友信之，少者怀之[③]。"

【注解】

① 季路：即子路。② 伐善：夸耀功劳。伐，夸耀。③ 怀：关怀，照顾。

【译文】

颜渊、季路在孔子身边。孔子说："你们为什么不各自谈谈自己的志向？"子路说："我愿意拿出自己的车马、穿的衣服，和朋友们共同使用，即使用坏了也不遗憾。"颜渊说："我愿意不夸耀自己的长处，不宣扬自己的功劳。"子路说："我们希望听听老师的志向。"孔子说："我愿老年人安度晚年，朋友之间相互信任，年幼的人得到照顾。"

雍也篇第六

【原文】

哀公问："弟子孰为好学？"孔子对曰："有颜回者好学，不迁怒[①]，不贰过[②]。不幸短命死矣[③]。今也则亡[④]，未闻好学者也。"

【注解】

①不迁怒：不把对此人的怒气发泄到彼人身上。②不贰过："贰"是重复、一再的意思。这是说不犯同样的错误。③短命死矣：颜回死时年仅三十一岁。④亡：同"无"。

【译文】

鲁哀公问："你的学生中谁最爱好学习？"孔子回答说："有个叫颜回的最爱学习。他从不迁怒于别人，也不犯同样的过错。只是他不幸短命死了。现在没有这样的人了，再也没听到谁爱好学习的了。"

【原文】

子华使于齐[①]，冉子为其母请粟[②]，子曰："与之釜[③]。"请益，曰："与之庾[④]。"冉子与之粟五秉[⑤]。子曰："赤之适齐也，乘肥马，衣轻裘。吾闻之也，君子周急不继富。"

【注解】

①子华：孔子的学生，姓公西，名赤，字子华，鲁国人。②冉子：姓冉，名求，字子有，鲁国人。粟：小米。③釜：古代量器，六斗四升为一釜。④庾（yǔ）：古代量器，二斗四升为一庾。⑤秉（bǐng）：古代量器，十六斛为一秉。一斛为十斗。

【译文】

子华出使齐国，冉有替子华的母亲向孔子请求补助一些小米。孔子说："给她六斗四升。"冉有请求再增加一些，孔子说："再给她二斗四升。"冉有却给了她八百斗。孔子说："公西赤到齐国去，乘肥马拉的车，穿着又轻又暖和的皮袍。我听人说：君子应该救济有紧急需要的穷人，而不应该给富人添富。"

【原文】

子曰："贤哉，回也！一箪食[①]，一瓢饮，在陋巷，人不堪其忧，回也不改其乐。贤哉，回也！"

【注解】

①箪（dān）：古代盛饭的竹器。

【译文】

孔子说："真是个大贤人啊，颜回！用一个竹筐盛饭，用一只瓢喝水，住在简陋的巷子里。别人都忍受不了那穷困的忧愁，颜回却能照样快活。真是个大贤人啊，颜回！"

【原文】

子曰："谁能出不由户？何莫由斯道也？"

【译文】

孔子说："谁能够走出屋子而不经过房门呢？为什么没有人走这条必经的仁义之路呢？"

【原文】

子曰："质胜文则野，文胜质则史。文质彬彬[1]，然后君子。"

【注解】

①文质彬彬（bīn）：文质配合适当。

【译文】

孔子说："质朴多于文采就难免显得粗野，文采超过了质朴又难免流于虚浮，文采和质朴完美地结合在一起，这才能成为君子。"

【原文】

子曰："人之生也直，罔之生也幸而免[1]。"

【注解】

①罔：诬罔不直的人。

【译文】

孔子说："人凭着正直生存在世上，不正直的人也能生存，那是靠侥幸避免了祸害啊。"

【原文】

子曰："知之者不如好之者，好之者不如乐之者。"

【译文】

孔子说："（对于任何学问、知识、技艺等）知道它的人，不如爱好它的人；爱好它的人，又不如以它为乐的人。"

【原文】

子曰："中人以上，可以语上也[1]；中人以下，不可以语上也。"

【注解】

①语（yù）：告诉，讲说，谈论。

【译文】

孔子说："中等以上资质的人，可以给他讲授高深的学问；而中等以下资质的人，不可以给他讲授高深的学问。"

【原文】

樊迟问知①，子曰："务民之义，敬鬼神而远之②，可谓知矣。"问仁，曰："仁者先难而后获，可谓仁矣。"

【注解】

①樊迟：孔子的学生，姓樊，名须，字子迟。②远（yuàn）：作及物动词，疏远、避开。

【译文】

樊迟问怎么样才算聪明，孔子说："努力从事人民认为合理的工作，尊敬鬼神，但要疏远它们，这样可以称得上是聪明了。"樊迟又问怎么样才叫作有仁德，孔子说："有仁德的人先付出艰苦的努力，然后得到收获，这样可以说是有仁德了。"

樊迟问知。子曰：务民之义。

【原文】

子曰："知者乐水①，仁者乐山。知者动，仁者静。知者乐，仁者寿。"

【注解】

①乐（lè）：喜爱。

【译文】

孔子说："聪明的人乐于水，仁德的人乐于山。聪明的人爱好活动，仁德的人爱好沉静。聪明的人活得快乐，仁德的人长寿。"

【原文】

子曰："齐一变，至于鲁；鲁一变，至于道。"

【译文】

孔子说："齐国的政治一有改革，便可以达到鲁国的这个样子；鲁国一有改革，就可以达到合符大道的境界了。"

【原文】

子曰："觚不觚，觚哉！觚哉！"

【译文】

孔子说："觚不像个觚的样子，这还叫觚吗！这还叫觚吗！"

【原文】

子曰："君子博学于文，约之以礼，亦可以弗畔矣夫[①]！"

【注解】

①畔：通"叛"。矣夫：语气词，表示较强烈的感叹。

【译文】

孔子说："君子广泛地学习文化知识，再用礼来加以约束，这样也就不会离经叛道了。"

述而篇第七

【原文】

子曰："述而不作，信而好古，窃比于我老彭[①]。"

【注解】

①比于我老彭：把自己比作老彭。我，表示亲近。老彭，商代的贤大夫彭祖。

【译文】

孔子说："阐述而不创作，相信并喜爱古代文化，我私下里把自己比作老彭。"

【原文】

子曰："默而识之[①]，学而不厌，诲人不倦，何有于我哉？"

【注解】

①识（zhì）：通"志"，记住。

【译文】

孔子说："把所见所闻默默地记在心上，努力学习而从不满足，教导别人而不知疲倦，这些事我做到了多少呢？"

子曰：默而识之，学而不厌，诲人不倦，何有于我哉？

【原文】

子曰："德之不修，学之不讲，闻义不能徙，不善不能改，是吾忧也。"

【译文】

孔子说："不去培养品德，不去讲习学问，听到义在那里却不能去追随，有缺点而不能改正，这些都是我所忧虑的。"

【原文】

子曰："不愤不启①，不悱不发②。举一隅不以三隅反，则不复也。"

【注解】

①愤：思考问题时有疑难想不通。②悱（fěi）：想表达却说不出来。发：启发。

【译文】

孔子说："教导学生，不到他冥思苦想仍不得其解的时候，不去开导他；不到他想说却说不出来的时候，不去启发他。给他指出一个方面，如果他不能由此推知其他三个方面，就不再教他了。"

【原文】

子在齐闻《韶》①，三月不知肉味②。曰："不图为乐之至于斯也！"

【注解】

①《韶》：相传是大舜时的乐章。②三月：很长时间。"三"是虚数。

【译文】

孔子在齐国听到《韶》这种乐曲后，很长时间内即使吃肉也感觉不到肉的滋味，他感叹道："没想到音乐欣赏竟然能达到这样的境界！"

【原文】

子曰："饭疏食①，饮水，曲肱而枕之②，乐亦在其中矣。不义而富且贵，于我如浮云。"

【注解】

①饭：吃。名词用作动词。疏食：糙米饭。②肱（gōng）：胳膊。

【译文】

孔子说："吃粗粮，喝清水，用胳膊当枕头，这其中也有着乐趣。而通过干不正当的事得来的富贵，对于我来说就像浮云一般。"

【原文】

子曰："加我数年①，五十以学《易》②，可以无大过矣。"

【注解】

①加：这里通"假"字，给予的意思。②《易》：《易经》，又称《周易》，古代一部用以占筮（卜卦）的书，其中卦辞和爻辞是孔子以前的作品。

【译文】

孔子说："给我增加几年的寿命，让我在五十岁的时候去学习《易经》，就可以没有大过错了。"

【原文】

叶公问孔子于子路①，子路不对。子曰："女奚不曰②：其为人也，发愤忘食，乐以忘忧，不知老之将至云尔③。"

【注解】

①叶（shè）公：楚国大夫沈诸梁，字子高。封地在叶邑，今河南叶县南三十里有古叶城。②奚（xī）：何，为什么，怎么。③云尔：云，如此。尔，同"耳"，而已。

【译文】

叶公问子路孔子是个怎样的人，子路没有回答。孔子说："你为什么不这样说：他的为人，发愤用功到连吃饭都忘了，快乐得忘记了忧愁，不知道衰老将要到来，如此等等。"

【原文】

子曰："三人行①，必有我师焉。择其善者而从之②，其不善者而改之。"

【注解】

①行：行走。②善：优点。从：顺从，学习。

【译文】

孔子说："三个人同行，其中必定有人可以作为值得我学习的老师。我选取他的优点而学习，如发现他的缺点则引以为戒而加以改正。"

【原文】

子以四教：文，行①，忠，信。

【注解】

①行（xìng）：作名词用，指德行。

【译文】

孔子以四项内容来教导学生：文化知识、履行所学之道的行动、忠诚、守信。

【原文】

子钓而不纲①，弋不射宿②。

【注解】

①纲：动词，用大绳系住网，断流以捕鱼。②弋（yì）：用带生丝的箭来射鸟。宿：归巢歇宿的鸟。

【译文】

孔子只用鱼竿钓鱼，而不用大网来捕鱼；用带绳的箭射鸟，但不射归巢栖息的鸟。

子钓而不纲，弋不射宿。

【原文】

子曰："奢则不孙①，俭则固②。与其不孙也，宁固。"

【注解】

①孙（xùn）：同"逊"，恭顺。不孙，即为不逊，这里指"越礼"。②固：简陋、鄙陋，这里是寒酸的意思。

【译文】

孔子说："奢侈豪华就会显得不谦逊，俭省朴素则会显得寒碜。与其不谦逊，宁可寒碜。"

【原文】

子曰："君子坦荡荡，小人长戚戚。"

【译文】

孔子说："君子的心胸宽广，小人却总是心胸狭窄，带着烦恼。"

泰伯篇第八

【原文】

子曰："泰伯①，其可谓至德也已矣。三以天下让，民无得而称焉。"

【注解】

①泰伯：又叫太伯，周朝祖先古公亶父的长子。古公有三个儿子：泰伯、仲雍、季历。季历的儿子就是姬昌（周文王）。传说古公预见到姬昌的圣德，想打破惯例把君位传给幼子季历。长子泰伯为使父亲愿望实现，便偕同仲雍出走他国，使季历和姬昌顺利即位，后来姬昌之子统一了天下。

【译文】

孔子说："泰伯，那可以说是道德最崇高的人了。他多次把社稷让给季历，人民简直都找不出恰当的词语来称颂他。"

【原文】

子曰："恭而无礼则劳，慎而无礼则葸①，勇而无礼则乱，直而无礼则绞②。君子笃于亲③，则民兴于仁，故旧不遗，则民不偷④。"

【注解】

①葸（xǐ）：拘谨、畏惧的样子。②绞：说话尖刻，出口伤人。③笃：厚待，真诚。④偷：淡薄，不厚道。

【译文】

孔子说："一味恭敬而不知礼，就未免会劳倦疲乏；只知谨慎小心，却不知礼，便会胆怯多惧；只是勇猛，却不知礼，就会莽撞作乱；心直口快却不知礼，便会尖酸刻薄。君子能用深厚的感情对待自己的亲族，民众中则会兴起仁德的风气；君子不遗忘背弃他的故交旧朋，那民众便不会对人冷淡漠然了。"

【原文】

曾子有疾，召门弟子曰："启予足①，启予手，《诗》云：'战战兢兢，如临深渊，如履薄冰②。'而今而后，吾知免夫！小子！"

曾子有疾，召门弟子。

【注解】

①启：通“瞀”，看。②“战战兢兢”三句：见《诗经·小雅·小旻》。

【译文】

曾子生病，把他的弟子召集过来，说道：“看看我的脚！看看我的手！《诗》上说：‘战战兢兢，好像面临着深渊，好像走在薄薄的冰层上。’从今以后，我才知道自己可以免于祸害刑戮了！学生们！”

【原文】

曾子有疾，孟敬子问之[①]。曾子言曰：“鸟之将死，其鸣也哀；人之将死，其言也善。君子所贵乎道者三：动容貌，斯远暴慢矣；正颜色，斯近信矣；出辞气，斯远鄙倍矣[②]。笾豆之事[③]，则有司存[④]。”

【注解】

①孟敬子：鲁国大夫仲孙捷。②鄙倍：鄙陋，错误。倍，通“背”，背理，错误。③笾豆：祭礼中使用的器皿，笾是竹制的，豆是木制的。笾豆之事，在此代表礼仪中的一切具体细节。④有司：主管祭祀的官吏。

【译文】

曾子生病了，孟敬子去探望他。曾子说：“鸟将要死时，鸣叫声是悲哀的；人将要死时，说出的话是善意的。君子所应当注重的有三个方面：使自己的容貌庄重严肃，这样就可以避免别人的粗暴和怠慢；使自己面色端庄严正，这样就容易使人信服；讲究言辞和声气，这样就可以避免粗野和错误。至于礼仪中的细节，自有主管部门的官吏负责。”

【原文】

曾子曰：“士不可以不弘毅[①]，任重而道远。仁以为己任，不亦重乎？死而后已，不亦远乎？”

【注解】

①弘毅：弘大刚毅。

【译文】

曾子说：“士人不可以不弘大刚毅，因为他肩负的任务重大而路程遥远。把实现仁德作为自己的任务，难道不是重大吗？到死方才停止下来，难道不是遥远吗？”

【原文】

子曰：“兴于诗[①]，立于礼[②]，成于乐[③]。”

【注解】

①兴：兴起，开始。②立：成立，建立。③成：完成。

【译文】

孔子说："从学习《诗经》开始，把礼作为立身的根基，掌握音乐使所学得以完成。"

【原文】

子曰："不在其位，不谋其政。"

【译文】

孔子说："不在那个职位上，就不考虑它的政务。"

【原文】

子曰："学如不及，犹恐失之。"

【译文】

孔子说："学习就像追赶什么似的，生怕赶不上，学到了还唯恐会丢失。"

子罕篇第九

【原文】

子绝四：毋意[①]，毋必[②]，毋固[③]，毋我[④]。

【注解】

①意：通"臆"，主观地揣测。②必：绝对。③固：固执。④我：自以为是。

【译文】

孔子杜绝了四种毛病：不凭空臆测，不武断绝对，不固执拘泥，不自以为是。

【原文】

颜渊喟然叹曰[①]："仰之弥高[②]，钻之弥坚，瞻之在前，忽焉在后。夫子循循然善诱人[③]，博我以文，约我以礼，欲罢不能。既竭吾才，如有所立卓尔[④]。虽欲从之，末由也已[⑤]。"

夫子循循然善诱人。

【注解】

①喟（kuì）然：叹气的样子。②弥：更加，越发。③循循然：有步骤地。

④卓尔：高高直立的样子。尔，相当于“然”。⑤末：无。

【译文】

颜渊感叹地说：“我的老师啊，他的学问道德，抬头仰望，越望越觉得高；努力钻研，越钻研越觉得深。看着好像在前面，忽然又像在后面了。老师善于有步骤地引导我们，用各种文献来丰富我们的知识，用礼来约束我们的行为，我们想要停止学习都不可能。我已经用尽自己的才力，似乎有一个高高的东西立在我的前面。虽然我想要追随上去，却找不到可循的路径。”

【原文】

子疾病，子路使门人为臣[①]。病间[②]，曰：“久矣哉，由之行诈也！无臣而为有臣。吾谁欺？欺天乎？且予与其死于臣之手也，无宁死于二三子之手乎？且予纵不得大葬[③]，予死于道路乎？”

【注解】

①为臣：臣，指家臣，总管。孔子当时不是大夫，没有家臣，但子路叫门人充当孔子的家臣，准备由此人负责总管安葬孔子之事。②病间（jiàn）：病情减轻。间，空隙，引申为有时间距离，再引申为疾病稍愈。③大葬：指大夫的隆重葬礼。

【译文】

孔子病重，子路让孔子的学生充当家臣准备料理丧事。后来，孔子的病好些了，知道了这事，说：“仲由做这种欺诈的事情很久啦！我没有家臣而冒充有家臣。我欺骗谁呢？欺骗上天吗？况且我与其死在家臣手中，也宁可死在你们这些学生手中啊！而且我纵使不能按照大夫的葬礼来安葬，难道会死在路上吗？”

【原文】

子在川上曰：“逝者如斯夫！不舍昼夜。”

【译文】

孔子站在河边，说：“消逝的时光就像这河水一样呀，日夜不停地流去。”

【原文】

子曰：“吾未见好德如好色者也。”

【译文】

孔子说：“我没有见过像好色那样好德的人。”

【原文】

子曰：“譬如为山，未成一篑[①]，止，吾止也。譬如平地，虽覆一篑，进，吾往也。”

【注解】

①篑（kuì）：盛土的筐子。

【译文】

孔子说："好比堆土成山，只差一筐土就完成了，这时停下来，是我自己要停下来的。又好比平整土地，虽然只倒下一筐土，如果决心继续，还是要自己去干的。"

【原文】

子曰："语之而不惰者[①]，其回也与[②]！"

【注解】

①语（yù）：告诉。②与：同"欤"。

【译文】

孔子说："听我说话而能始终不懈怠的，大概只有颜回吧！"

【原文】

子谓颜渊，曰："惜乎！吾见其进也，未见其止也。"

【译文】

孔子谈到颜渊，说："可惜啊！我看到他不断地前进，没有看到过他停止。"

【原文】

子曰："苗而不秀者有矣夫[①]！秀而不实者有矣夫[②]！"

【注解】

①苗：庄稼出苗。秀：吐穗开花。②实：结果实。

【译文】

孔子说："有只长苗而不开花的吧！有开了花却不结果实的吧！"

【原文】

子曰："后生可畏，焉知来者之不如今也？四十、五十而无闻焉，斯亦不足畏也已。"

【译文】

孔子说："年轻人是可敬畏的，怎么知道他们将来赶不上现在的人呢？一个人如果到了四五十岁的时候还没有什么名望，这样的人也就不值得敬畏了。"

【原文】

子曰："三军可夺帅也①，匹夫不可夺志也②。"

【注解】

① 三军：古代大国三军，每军一万二千五百人。② 匹夫：男子汉，泛指普通老百姓。

【译文】

孔子说："一国的军队，可以强行使它丧失主帅；一个男子汉，却不可能强行夺去他的志向。"

【原文】

子曰："岁寒，然后知松柏之后凋也①。"

【注解】

① 凋：凋零。

【译文】

孔子说："寒冷的季节到了，才知道松柏的叶子是最后凋零的。"

岁寒，然后知松柏之后凋也。

【原文】

子曰："知者不惑，仁者不忧，勇者不惧。"

【译文】

孔子说："聪明的人不疑惑，仁德的人不忧愁，勇敢的人不畏惧。"

【原文】

子曰："可与共学，未可与适道；可与适道，未可与立①；可与立，未可与权②。"

【注解】

① 立：立于道而不变，即坚守道。② 权：本义为秤锤，引申为权衡轻重、随机应变。

【译文】

孔子说："可以和自己一同学习的人，未必可以和自己走共同的道路；可以和自己走共同的道路，未必可以和自己事事依礼而行；可以和自己事事依礼而行，未必可以和自己一起变通灵活处事。"

乡党篇第十

【原文】

入公门，鞠躬如也[①]，如不容。立不中门[②]，行不履阈[③]。过位，色勃如也，足躩如也，其言似不足者。摄齐升堂[④]，鞠躬如也，屏气似不息者[⑤]。出，降一等，逞颜色，怡怡如也。没阶，趋进，翼如也。复其位，踧踖如也。

【注解】

①鞠躬：此不作曲身讲，而是形容谨慎恭敬的样子。②中门：中于门，表示在门的中间。“中”用作动词。③阈（yù）：门限，即门坎。④摄齐（zī）：提起衣裳的下摆。齐，衣裳的下摆。⑤屏（bǐng）气：憋住气。

【译文】

孔子走进朝堂的大门，显出小心谨慎的样子，好像没有容身之地。他不站在门的中间，进门时不踩门坎。经过国君的座位时，脸色变得庄重起来，脚步也快起来，说话的声音低微得像气力不足似的。他提起衣服的下摆走上堂去，显得小心谨慎，憋住气，好像不呼吸一样。走出来，下了一级台阶，面色舒展，怡然和乐。走完了台阶，快步向前，姿态好像鸟儿展翅一样。回到自己的位置，显得恭敬而不安。

【原文】

执圭[①]，鞠躬如也，如不胜。上如揖，下如授。勃如战色，足蹜蹜[②]，如有循。享礼[③]，有容色。私觌[④]，愉愉如也。

【注解】

①圭（guī）：一种玉器，上圆下方。举行典礼时，君臣都拿着。②蹜（sù）蹜：脚步细碎紧凑，宛如迈不开步一样。③享礼：使者向所访问的国家献礼物的礼节。④觌（dí）：会见。

【译文】

（孔子出使到别的诸侯国，行聘问礼时）拿着圭，恭敬而谨慎，好像拿不动一般。向上举圭时好像在作揖，向下放圭时好像在交给别人。神色庄重，战战兢兢；脚步紧凑，好像在沿着一条线行走。献礼物的时候，和颜悦色。私下里和外国君臣会见时，则显得轻松愉快。

【原文】

食不厌精，脍不厌细[①]。食饐而餲[②]，鱼馁而肉败[③]，不食。色恶，不食。臭恶[④]，不食。失饪[⑤]，不食。不时，不食。割不正，不食。不得其酱，不食。肉虽多，不使胜食气[⑥]。唯酒无量，不及乱。沽酒市脯[⑦]，不食。不撤姜食，不多食。

【注解】

①脍（kuài）：切过的鱼或肉。②饐（yì）：食物经久发臭。餲（ài）：食物经久变味。③馁（něi）：鱼腐烂。败：肉腐烂。④臭：气味。⑤饪（rèn）：煮熟。⑥食气（xì）：饭料，即主食。气，同“饩”。⑦脯（fǔ）：肉干。

【译文】

粮食不嫌舂得精，鱼和肉不嫌切得细。粮食腐败发臭、鱼和肉腐烂，都不吃。食物颜色难看，不吃。气味难闻，不吃。烹调不当，不吃。不到该吃饭时，不吃。切割方式不得当的食物，不吃。没有一定的酱醋调料，不吃。席上的肉虽多，吃它不超过主食。只有酒不限量，但不能喝到神志昏乱的地步。从市上买来的酒和肉干，不吃。吃完了，姜不撤除，但吃得不多。

【原文】

祭于公，不宿肉[①]。祭肉不出三日。出三日，不食之矣。

【注解】

① 不宿肉：从公家分回的祭肉（胙），不要留着过夜。

【译文】

参加国家祭祀典礼，分到的祭肉当天就食用，不放过夜。一般祭肉的留存不超过三天。放超过了三天，就不吃了。

祭于公，不宿肉。

【原文】

食不语，寝不言。

【译文】

吃饭的时候不谈话，睡觉的时候不言语。

【原文】

厩焚。子退朝，曰："伤人乎？"不问马。

【译文】

马厩失火了。孔子退朝回来，说："伤到人了吗？"没问马怎么样。

先进篇第十一

【原文】

季康子问："弟子孰为好学？"孔子对曰："有颜回者好学，不幸短命死矣，今也则亡。"

【译文】

季康子问："你的学生中哪个好学用功呢？"孔子回答说："有个叫颜回的学生好学用功，不幸短命早逝了，现在没有这样的人了。"

季康子问：弟子孰为好学？

【原文】

季路问事鬼神，子曰："未能事人，焉能事鬼？"曰："敢问死[1]。"曰："未知生，焉知死？"

【注解】

① 敢：冒昧之词，用于表敬。

【译文】

季路问服侍鬼神的方法。孔子说："人还不能服侍，怎么能去服侍鬼神呢？"季路又说："敢问死是怎么回事。"孔子说："对生都知道得不清楚，哪里能知道死呢？"

【原文】

子贡问："师与商也孰贤？"子曰："师也过，商也不及。"曰："然则师愈与？"子曰："过犹不及。"

【译文】

子贡问："颛孙师（即子张）与卜商（即子夏）谁更优秀？"孔子说："颛孙师有些过分，卜商有些赶不上。"子贡说："这么说颛孙师更强一些吗？"孔子说："过分与赶不上同样不好。"

【原文】

季氏富于周公①，而求也为之聚敛而附益之②。子曰："非吾徒也，小子鸣鼓而攻之可也。"

【注解】

①周公：泛指周天子的卿士。一说为周公旦。②聚敛：积聚和收集钱财，即搜刮。

【译文】

季氏比周天子的卿士还富有，可是冉求还为他搜刮，再增加他的财富。孔子说："冉求不是我的学生，你们大家可以大张旗鼓地去攻击他。"

【原文】

子路问："闻斯行诸？"子曰："有父兄在，如之何其闻斯行之？"冉有问："闻斯行诸？"子曰："闻斯行之。"公西华曰："由也问'闻斯行诸'，子曰'有父兄在'；求也问'闻斯行诸'，子曰'闻斯行之'。赤也惑，敢问。"子曰："求也退①，故进之；由也兼人②，故退之。"

【注解】

①求也退：冉有性懦弱，遇事退缩不前。②由也兼人：子路好勇过人。

【译文】

子路问："一听到就行动吗？"孔子说："父亲和兄长都在，怎么能一听到就行动呢？"冉有问："一听到就行动吗？"孔子说："一听到就行动。"公西华说："仲由问'一听到就行动吗'，您说'父亲和兄长都在，怎么能一听到就行动呢'；冉求问'一听到就行动吗'，您说'一听到就行动'。我有些糊涂了，斗胆想问问老师。"孔子说："冉求平日做事退缩，所以我激励他；仲由好勇胜人，所以我要压压他。"

【原文】

子路、曾皙、冉有、公西华侍坐①。子曰："以吾一日长乎尔②，毋吾以也。居则曰③：'不吾知也！'如或知尔，则何以哉？"

莫春者，春服既成。冠者五六人，童子六七人，浴乎沂，风乎舞雩，咏而归。

子路率尔而对曰[④]：“千乘之国，摄乎大国之间[⑤]，加之以师旅，因之以饥馑[⑥]，由也为之，比及三年[⑦]，可使有勇，且知方也[⑧]。”夫子哂之[⑨]。

“求，尔何如？”对曰：“方六七十，如五六十[⑩]，求也为之，比及三年，可使足民。如其礼乐，以俟君子。”

“赤，尔何如？”对曰：“非曰能之，愿学焉。宗庙之事，如会同，端章甫[⑪]，愿为小相焉[⑫]。”

“点，尔何如？”鼓瑟希[⑬]，铿尔，舍瑟而作[⑭]，对曰：“异乎三子者之撰[⑮]。”子曰：“何伤乎？亦各言其志也。”曰：“莫春者[⑯]，春服既成，冠者五六人，童子六七人，浴乎沂[⑰]，风乎舞雩[⑱]，咏而归。”夫子喟然叹曰[⑲]：“吾与点也[⑳]！”

三子者出，曾皙后。曾皙曰：“夫三子者之言何如？”子曰：“亦各言其志也已矣。”曰：“夫子何哂由也？”曰：“为国以礼，其言不让，是故哂之。”“唯求则非邦也与[㉑]？”“安见方六七十如五六十而非邦也者？”“唯赤则非邦也与？”“宗庙会同，非诸侯而何？赤也为之小[㉒]，孰能为之大？”

【注解】

①曾皙：名点，字子皙，曾参的父亲，也是孔子的学生。②以：认为。尔：你们。③居：平日。④率尔：轻率，急切。⑤摄：迫近。⑥因：仍，继。饥馑（jǐn）：饥荒。⑦比及：等到。⑧方：方向，指道义。⑨哂（shěn）：讥讽的微笑。⑩如：或者。⑪端：玄端，古代礼服的名称。章甫：古代礼帽的名称。⑫相（xiàng）：傧相，祭祀和会盟时主持赞礼和司仪的官。相有卿、大夫、士三级，小相是最低的士一级。⑬希：同“稀”，指弹瑟的速度放慢，节奏逐渐稀疏。⑭作：站起来。⑮异乎：不同于。撰：具，述。⑯莫（mù）春：夏历三月。莫，同“暮”。⑰沂（yí）：水名，发源于山东南部，流经江苏北部入海。⑱风：迎风纳凉。舞雩（yú）：地名，原是祭天求雨的地方，在今山东曲阜。⑲喟（kuì）然：长叹的样子。⑳与：赞许，同意。㉑唯：语首词，没有什么意义。㉒之：相当于“其”。

【译文】

子路、曾皙、冉有、公西华四人陪同孔子坐着。孔子说：“我比你们年龄都大，你们不要因为我在这里就不敢尽情说话。你们平时总爱说没有人了解自己。如果有人了解你们，那你们怎么办呢？”

子路轻率而急切地回答说：“如果有一个千乘之国，夹在几个大国之间，外面有军队侵犯它，国内又连年灾荒，我去治理它，只要三年，就可以使那里人人有勇气、个个懂道义。”孔子听后讥讽地笑了一笑。

又问："冉求，你怎么样？"冉求回答说："方圆六七十里或五六十里的小国家，我去治理它，等到三年，可以使人民富足。至于礼乐方面，只有等待贤人君子来施行了。"

孔子又问："公西赤，你怎么样？"公西赤回答说："不敢说我有能力，只是愿意学习罢了。宗庙祭祀或者同外国盟会，我愿意穿着礼服，戴着礼帽，做一个小傧相。"

孔子接着问："曾点！你怎么样？"曾点弹瑟的节奏逐渐稀疏，"铿"的一声放下瑟站起来，回答道："我和他们三位所说的不一样。"孔子说："那有什么妨碍呢？也不过是各人谈谈志愿罢了。"曾皙说："暮春三月的时候，春天的衣服都穿在身上了，我和五六位成年人，还有六七个儿童一起，在沂水岸边洗洗澡，在舞雩台上吹风纳凉，唱着歌儿走回来。"孔子长叹一声说："我赞赏你的主张。"

子路、冉有、公西华三个人都出来了，曾皙后走。他问孔子："他们三位同学的话怎么样？"孔子说："也不过各人谈谈自己的志愿罢了。"曾皙说："您为什么讥笑仲由呢？"孔子说："治理国家应该注意礼仪，他的话一点也不谦逊，所以笑他。"曾皙又问："难道冉求所讲的不是有关治理国家的事吗？"孔子说："怎么见得方圆六七十里或五六十里的地方就算不上一个国家呢？"曾皙再问："公西赤讲的就不是国家吗？"孔子说："有宗庙、有国家之间的盟会，不是国家是什么？公西华只能做小傧相，谁能做大傧相呢？"

颜渊篇第十二

【原文】

颜渊问仁，子曰："克己复礼为仁[①]。一日克己复礼，天下归仁焉。为仁由己，而由人乎哉？"

颜渊曰："请问其目。"子曰："非礼勿视，非礼勿听，非礼勿言，非礼勿动。"

颜渊曰："回虽不敏，请事斯语矣。"

【注解】

① 克己复礼：克制自己，使自己的行为归到礼的方面去，即合于礼。复礼，归于礼。

【译文】

颜渊问什么是仁。孔子说："抑制自己，使言语和行动都走到礼上来，就是仁。一旦做到了这些，天下的人都会称许你有仁德。实行仁德是由自己，难道是靠别人？"

颜渊说："请问实行仁德的具体途径。"孔子说："不合礼的事不看，不合礼的事不听，不合礼的事不言，不合礼的事不动。"

颜渊说："我虽然不聪敏，请让我照这些话去做。"

【原文】

仲弓问仁，子曰："出门如见大宾，使民如承大祭。己所不欲，勿施于人。在邦无怨①，在家无怨②。”

仲弓曰：“雍虽不敏，请事斯语矣。”

【注解】

①邦：诸侯统治的国家。②家：卿大夫的封地。

【译文】

仲弓问什么是仁。孔子说：“出门好像去见贵宾，役使民众好像去承担重大祀典。自己所不想要的事物，就不要强加给别人。在邦国做事没有抱怨，在卿大夫之家做事也无抱怨。”

仲弓说：“我冉雍虽然不聪敏，请让我照这些话去做。”

在邦无怨。

【原文】

司马牛问仁，子曰：“仁者，其言也讱①。”曰：“其言也讱，斯谓之仁已乎？”子曰：“为之难，言之得无讱乎？”

【注解】

①讱（rèn）：说话谨慎，不容易出口。

【译文】

司马牛问什么是仁，孔子说：“仁人，他的言语显得谨慎。”司马牛说：“言语谨慎，这就可以称作仁了吗？”孔子说：“做起来难，说话能不谨慎吗？”

【原文】

司马牛问君子，子曰：“君子不忧不惧。”曰：“不忧不惧，斯谓之君子已乎？”子曰：“内省不疚①，夫何忧何惧？”

【注解】

①疚（jiù）：内心痛苦，惭愧。

【译文】

司马牛问怎样才是君子。孔子说：“君子不忧愁，不恐惧。”司马牛说：“不忧愁，不恐惧，这就叫君子了吗？”孔子说：“内心反省而不内疚，那还有什么可忧虑和恐惧的呢？”

【原文】

司马牛忧曰："人皆有兄弟，我独亡。"子夏曰："商闻之矣：'死生有命，富贵在天。'君子敬而无失，与人恭而有礼，四海之内皆兄弟也。君子何患乎无兄弟也？"

【译文】

司马牛忧愁地说："别人都有兄弟，唯独我没有。"子夏说："我听说过：'死生由命运决定，富贵在于上天的安排。'君子认真谨慎地做事，不出差错，对人恭敬而有礼貌，四海之内的人，就都是兄弟，君子何必担忧没有兄弟呢？"

【原文】

子张问明。子曰："浸润之谮[①]，肤受之愬[②]，不行焉，可谓明也已矣。浸润之谮，肤受之愬，不行焉，可谓远也已矣。"

【注解】

①浸润之谮（zèn）：像水浸润物件一样逐渐传播的谗言。谮，诬陷。②肤受之愬（sù）：像皮肤感受到疼痛一样的诬告，即诽谤。愬，同"诉"。

【译文】

子张问什么是明智。孔子说："暗中传播的谗言、切身感受的诽谤，在你这儿都行不通，就可以称得上明智了。暗中传播的谗言、切身感受的诽谤，在你这里都行不通，就可以说是有远见了。"

【原文】

子贡问政。子曰："足食，足兵[①]，民信之矣。"子贡曰："必不得已而去，于斯三者何先？"曰："去兵。"子贡曰："必不得已而去，于斯二者何先？"曰："去食。自古皆有死，民无信不立。"

【注解】

①兵：武器，指军备。

【译文】

子贡问怎样治理政事。孔子说："粮食充足，军备充足，民众信任。"子贡说："如果迫不得已要去掉一些，三项中先去掉哪一项呢？"孔子说："去掉军备。"子贡说："如果迫不得已，要在剩下的两项中去掉一项，先去掉哪一项呢？"孔子说："去掉粮食。自古以来，人都是要死的，如果没有民众的信任，那么国家就站立不住了。"

【原文】

棘子成曰[①]："君子质而已矣[②]，何以文为[③]？"子贡曰："惜乎，夫子之说君子也[4]！驷不及舌[5]。文犹质也，质犹文也。虎豹之鞟犹犬羊之鞟[6]。"

【注解】

①棘子成：卫国大夫。古代大夫尊称为"夫子"，故子贡以此称之。②质：质地，指思想品德。③文：文采，指礼节仪式。④说：谈论。⑤驷（sì）不及舌：话一出口，四匹马也追不回来，即"一言既出，驷马难追"。⑥鞟（kuò）：去毛的兽皮。

【译文】

棘子成说："君子有好本质就行啦，要文采做什么呢？"子贡说："可惜呀！夫子您这样谈论君子。一言既出，驷马难追。文采如同本质，本质也如同文采，二者是同等重要的。假如去掉虎豹和犬羊的皮毛，那这两样皮革就没有多大的区别了。"

【原文】

哀公问于有若曰："年饥，用不足，如之何？"有若对曰："盍彻乎[1]？"曰："二，吾犹不足，如之何其彻也？"对曰："百姓足，君孰与不足[2]？百姓不足，君孰与足？"

【注解】

①盍（hé）彻乎：盍，何不。彻，西周时流行于诸侯国的一种田税制度。旧注曰："什一而税谓之彻。"②孰与：与谁，同谁。

【译文】

鲁哀公问有若说："年成歉收，国家备用不足，怎么办呢？"有若回答说："何不实行十分抽一的税率呢？"哀公说："十分抽二，尚且不够用，怎么能去实行十分抽一呢？"有若回答说："如果百姓用度足，国君怎么会用度不足呢？如果百姓用度不足，国君用度怎么会足呢？"

【原文】

子张问崇德辨惑[1]。子曰："主忠信[2]，徙义[3]，崇德也。爱之欲其生，恶之欲其死，既欲其生，又欲其死，是惑也。'诚不以富，亦祇以异[4]'。"

【注解】

①崇德：提高道德修养的水平。惑：迷惑，不分是非。②主忠信：以忠厚诚实为主。③徙义：向义靠扰。徙，迁移。④诚不以富，亦祇以异：见《诗经·小雅·我行其野》。这两句诗引在这里，颇觉费解。有人认为是错简。今按朱熹《四书集注》中解释译出。

【译文】

子张向孔子请教怎样去提高品德修养和辨别是非。孔子说："以忠厚诚实为主，行为总是遵循道义，这就可以提高品德。对于同一个人，爱的时候希望他长期活下去；厌恶的时候，又希望他死去。既要他长寿，又要他短命，这就是迷惑。'这样对自己实在是没有益处，也只能使人感到奇怪罢了'。"

【原文】

齐景公问政于孔子，孔子对曰："君君，臣臣，父父，子子。"公曰："善哉！信如君不君，臣不臣，父不父，子不子，虽有粟，吾得而食诸？"

君君，臣臣，父父，子子。

【译文】

齐景公向孔子询问政治。孔子回答说："国君要像国君，臣子要像臣子，父亲要像父亲，儿子要像儿子。"景公说："好哇！如果真的国君不像国君，臣子不像臣子，父亲不像父亲，儿子不像儿子，即使有粮食，我能够吃得着吗？"

【原文】

子曰："片言可以折狱者[①]，其由也与？"子路无宿诺[②]。

【注解】

①折狱：即断案。狱，案件。②宿诺：拖了很久而没有兑现的诺言。宿，久。

【译文】

孔子说："根据单方面的供词就可以判决诉讼案件的，大概只有仲由吧？"子路没有说话不算数的时候。

【原文】

子曰："听讼，吾犹人也。必也使无讼乎！"

【译文】

孔子说："审理诉讼案件，我同别人一样。重要的是必须使诉讼的案件根本不发生！"

【原文】

子张问政，子曰："居之无倦，行之以忠。"

【译文】

子张问怎样治理政事，孔子说："居于官位不懈怠，执行君令要忠实。"

子路篇第十三

【原文】

子路问政。子曰："先之，劳之。"请益，曰："无倦。"

【译文】

子路问为政之道。孔子说："自己先要身体力行带好头，然后让老百姓辛勤劳作。"子路请求多讲一些，孔子说："不要倦怠。"

【原文】

仲弓为季氏宰，问政，子曰："先有司，赦小过，举贤才。"曰："焉知贤才而举之？"子曰："举尔所知。尔所不知，人其舍诸？"

【译文】

仲弓做了季氏的总管，问怎样管理政事。孔子说："自己先给下属各部门主管人员做出表率，原谅他人的小错误，提拔贤能的人。"仲弓说："怎么知道哪些人是贤能的人而去提拔他们呢？"孔子说："提拔你所知道的，那些你所不知道的，别人难道会埋没他吗？"

【原文】

子路曰："卫君待子而为政，子将奚先？"子曰："必也正名乎！"子路曰："有是哉，子之迂也！奚其正？"子曰："野哉，由也！君子于其所不知，盖阙如也①。名不正则言不顺，言不顺则事不成，事不成则礼乐不兴，礼乐不兴则刑罚不中②，刑罚不中则民无所措手足。故君子名之必可言也，言之必可行也。君子于其言，无所苟而已矣③。"

【注解】

①阙：通"缺"。缺而不言，存疑的意思。②中（zhòng）：得当。③苟：随便，马虎。

【译文】

子路说："卫国国君要您去治理国家，您打算先从哪些事情做起呢？"孔子说："首先必须正名分。"子路说："有这样做的吗？您真是太迂腐了。这名怎么正呢？"孔子说："仲由，真粗野啊。君子对于他所不知道的事情，总是采取存疑的态度。名分不正，说起话来就不顺当合理。说话不顺当合理，事情就办不成。事情办不成，礼乐也就不能兴盛。礼乐不能兴盛，刑罚的执行就不会得当。刑罚不得当，百姓就不知怎么办好。所以，君子一定要定下一个名分，必须能够说得明白，说出来一定能够行得通。君子对于自己的言行，是从不马虎对待的。"

【原文】

子曰："其身正，不令而行；其身不正，虽令不从。"

【译文】

孔子说："（作为管理者）如果自身行为端正，不用发布命令，事情也能推行得通；如果本身不端正，就是发布了命令，百姓也不会听从。"

其身正，不令而行。

【原文】

子适卫[①]，冉有仆[②]。子曰："庶矣哉[③]！"冉有曰："既庶矣，又何加焉[④]？"曰："富之。"曰："既富矣，又何加焉？"曰："教之。"

【注解】

①适：往，到……去。②仆：动词，驾御车马。亦作名词用，指驾车的人。③庶：众多。④加：再，增加。

【译文】

孔子到卫国去，冉有为他驾车。孔子说："人口真是众多啊！"冉有说："人口已经是如此众多了，又该再做什么呢？"孔子说："使他们富裕起来。"冉有说："已经富裕了，还该怎么做？"孔子说："教育他们。"

【原文】

子曰："苟正其身矣，于从政乎何有？不能正其身，如正人何？"

【译文】

孔子说："如果端正了自己的言行，治理国家还有什么难的呢？如果不能端正自己，又怎么能去端正别人呢？"

【原文】

叶公问政，子曰："近者说[①]，远者来。"

【注解】

①说：同"悦"。

【译文】

叶公问怎样治理国家。孔子说:“让近处的人快乐满意,使远处的人闻风归附。”

【原文】

子夏为莒父宰[1],问政,子曰:“无欲速,无见小利。欲速则不达,见小利则大事不成。”

【注解】

①莒(jǔ)父:鲁国的一个城邑,在今山东省莒县境内。

【译文】

子夏做了莒父这个地方的长官,问怎样治理政事。孔子说:“不要急于求成,不要贪图小利。急于求成,反而达不到目的;贪小利则办不成大事。”

【原文】

子曰:“君子和而不同[1],小人同而不和。”

【注解】

①和:和谐,协调。同:人云亦云,盲目附和。

【译文】

孔子说:“君子追求与人和谐而不是完全相同、盲目附和,小人追求与人相同、盲目

君子和而不同,小人同而不和。

附和而不能与人和谐。”

【原文】

子曰：“君子泰而不骄，小人骄而不泰。”

【译文】

孔子说：“君子安详坦然而不骄矜凌人；小人骄矜凌人而不安详坦然。”

【原文】

子曰：“刚、毅、木、讷，近仁。”

【译文】

孔子说：“刚强、坚毅、质朴、慎言，具备了这四种品德的人便接近仁德了。”

宪问篇第十四

【原文】

子曰：“士而怀居①，不足以为士矣。”

【注解】

①怀居：留恋家室的安逸。怀，思念，留恋。居，家居。

【译文】

孔子说：“士人如果留恋安逸的生活，就不足以做士人了。”

【原文】

子曰：“邦有道，危言危行①；邦无道，危行言孙②。”

【注解】

①危：直，正直。②孙（xùn）：通“逊”。

【译文】

孔子说：“国家政治清明时，言语正直，行为正直；国家政治黑暗时，行为也要正直，但言语应谦逊谨慎。”

【原文】

子曰：“有德者必有言，有言者不必有德。仁者必有勇，勇者不必有仁。”

【译文】

孔子说："有德的人一定有好的言论，但有好言论的人不一定有德。仁人一定勇敢，但勇敢的人不一定有仁德。"

【原文】

子路曰："桓公杀公子纠[1]，召忽死之，管仲不死。"曰："未仁乎？"子曰："桓公九合诸侯[2]，不以兵车，管仲之力也！如其仁[3]！如其仁！"

【注解】

①公子纠：齐桓公的哥哥。齐桓公曾与其争位，杀掉了他。②九合诸侯：指齐桓公多次召集诸侯盟会。③如：乃，就。

【译文】

子路说："齐桓公杀了公子纠，召忽自杀以殉，但管仲却没有死。"接着又说："管仲是不仁吧？"孔子说："桓公多次召集各诸侯国盟会，不用武力，都是管仲出的力。这就是他的仁德！这就是他的仁德！"

【原文】

子曰："古之学者为己，今之学者为人。"

古之学者为己。

【译文】

孔子说："古代学者学习是为了充实提高自己，现在的学者学习是为了做给别人看。"

【原文】

子曰："不在其位，不谋其政[1]。"曾子曰："君子思不出其位。"

【注解】

①这两句重出，见《泰伯篇第八》。

【译文】

孔子说："不在那个职位上，就不去谋划那个职位上的政事。"曾子说："君子所思虑的不越出他的职权范围。"

【原文】

子曰："君子耻其言而过其行[1]。"

【注解】

①而：用法同“之”。

【译文】

孔子说：“君子把说得多做得少视为可耻。”

【原文】

子曰：“君子道者三，我无能焉：仁者不忧，知者不惑，勇者不惧。”子贡曰：“夫子自道也。”

【译文】

孔子说：“君子所遵循的三个方面，我都没能做到：仁德的人不忧愁，智慧的人不迷惑，勇敢的人不惧怕。”子贡说道：“这是老师对自己的描述。”

【原文】

子贡方人①，子曰：“赐也贤乎哉？夫我则不暇。”

【注解】

①方人：讥评、诽谤别人。

【译文】

子贡议论别人。孔子说：“你端木赐就什么都好吗？我就没有这种闲暇。”

【原文】

子曰：“不患人之不己知，患其不能也。”

【译文】

孔子说：“不担心别人不知道自己，只担心自己没有能力。”

【原文】

子曰：“骥不称其力①，称其德也。”

【注解】

①骥：千里马。

【译文】

孔子说：“对于千里马不是称赞

子曰：骥不称其力，称其德也。

它的力气，而是要称赞它的品德。”

【原文】

或曰：“以德报怨，何如？”子曰：“何以报德？以直报怨，以德报德。”

【译文】

有人说：“用恩德来回报怨恨，怎么样？”孔子说：“那用什么来回报恩德呢？用正直来回报怨恨，用恩德来回报恩德。”

【原文】

子曰：“莫我知也夫！”子贡曰：“何为其莫知子也？”子曰：“不怨天，不尤人①，下学而上达。知我者其天乎②！”

【注解】

①尤：责怪。②其：前句中“其”字是用于句中的助词，无义。本句中“其”字用于拟议不定，可以译为“大概”或“恐怕”。

【译文】

孔子说：“没有人了解我啊！”子贡说：“为什么没有人了解您呢？”孔子说：“不埋怨天，不责备人，下学人事而上达天命。了解我的大概只有天吧！”

【原文】

子曰：“贤者辟世①，其次辟地，其次辟色，其次辟言。”子曰：“作者七人矣②。”

【注解】

①辟（bì）：通“避”，逃避。②七人：即伯夷、叔齐、虞仲、夷逸、朱张、柳下惠、少连。

【译文】

孔子说：“贤人逃避恶浊乱世而隐居，其次是择地方而住，再其次是避开不好的脸色，最后是避开恶言。”孔子说：“这样做的人有七位了。”

子曰：贤者辟世，其次辟地，其次辟色，其次辟言。

【原文】

子路宿于石门①。晨门曰②："奚自？"子路曰："自孔氏。"曰："是知其不可而为之者与？"

【注解】

①石门：地名，鲁国都城的外门。②晨门：早上看守城门的人。

【译文】

子路在石门住了一夜。早上守城门的人说："从哪儿来？"子路说："从孔子家来。"守门人说："就是那位知道做不成却还要做的人吗？"

【原文】

子击磬于卫，有荷蒉而过孔氏之门者①，曰："有心哉，击磬乎！"既而曰："鄙哉，硁硁乎②！莫己知也，斯己而已矣③。深则厉，浅则揭④。"子曰："果哉！末之难矣⑤。"

【注解】

①蒉（kuì）：土筐。②硁（kēng）硁：抑而不扬的击磬声。③斯己而已矣：就相信自己罢了。④深则厉，浅则揭：穿着衣服涉水叫厉，提起衣襟涉水叫揭。这两句是《诗经·卫风·匏有苦叶》中的诗句。这里用来比喻处世也要审时度势，知道深浅。⑤末：无。难：责问。

【译文】

孔子在卫国，一次正在击磬，有一个挑着筐的人经过孔子门前，说："这个磬击打得有深意啊！"过了一会儿又说："真可鄙呀，磬声硁硁的，没有人知道自己，就自己作罢好了。水深就索性穿着衣服趟过去，水浅就撩起衣服走过去。"孔子说："说得真果断啊！真这样的话，就没有什么难的了。"

【原文】

子张曰："《书》云：'高宗谅阴①，三年不言。'何谓也？"子曰："何必高宗，古之人皆然。君薨②，百官总己以听于冢宰三年③。"

【注解】

①高宗：殷高宗武丁，是商朝中兴的贤王。谅阴：古时天子守丧之称。②薨（hōng）：古时诸侯或大官死叫薨。③冢宰：官名。听于冢宰是说百官都听命于冢宰。

【译文】

子张说："《尚书》上说：'殷高宗守丧，三年不谈政事。'这是什么意思？"孔子说："不只是殷高宗，古人都是这样。国君死了，所有官员都各司其职，听从冢宰的命令长达三年。"

卫灵公篇第十五

【原文】

子曰："志士仁人，无求生以害仁，有杀身以成仁。"

【译文】

孔子说："志士仁人，不会为了求生损害仁，却能牺牲生命去成就仁。"

【原文】

子贡问为仁，子曰："工欲善其事，必先利其器。居是邦也，事其大夫之贤者，友其士之仁者。"

【译文】

子贡问怎样培养仁德，孔子说："工匠要想做好工，必须先把器具打磨锋利。住在这个国家，就要侍奉大夫中的贤人，结交士中的仁人。"

子贡问为仁，子曰：居是邦也，事其大夫之贤者，友其士之仁者。

【原文】

颜渊问为邦，子曰："行夏之时①，乘殷之辂②，服周之冕③，乐则《韶》、《舞》④，放郑声，远佞人⑤。郑声淫，佞人殆⑥。"

【注解】

①夏之时：夏代的历法，便于农业生产。②辂（lù）：天子所乘的车。殷代的车由木制成，比较朴实。③冕（miǎn）：礼帽。周代的礼帽比以前的华美。④《韶》：舜时的乐曲。《舞》：同《武》，周武王时的乐曲。⑤佞人：用花言巧语去谄媚人的小人。⑥殆：危险。

【译文】

颜渊问怎样治理国家。孔子说："实行夏朝的历法，乘坐殷朝的车子，戴周朝的礼帽，音乐就用《韶》和《舞》，舍弃郑国的乐曲，远离谄媚的人。郑国的乐曲很淫秽，谄媚的人很危险。"

【原文】

子曰："人无远虑，必有近忧。"

【译文】

孔子说："人没有长远的考虑，一定会有眼前的忧患。"

【原文】

子曰："已矣乎！吾未见好德如好色者也。"

【译文】

孔子说："罢了罢了！我没见过喜欢美德如同喜欢美色一样的人。"

【原文】

子曰："臧文仲其窃位者与[①]？知柳下惠之贤而不与立也[②]。"

【注解】

① 窃位：身居官位而不称职。② 柳下惠：春秋中期鲁国大夫，姓展名获，又名禽，他受封的地名是柳下，"惠"是他的谥号，所以被人们称为柳下惠。立（wèi）：同"位"。

【译文】

孔子说："臧文仲大概是个窃据官位（而不称职）的人吧！他知道柳下惠贤良，却不给他官位。"

【原文】

子曰："躬自厚而薄责于人[①]，则远怨矣。"

【注解】

① 躬自：亲自。

【译文】

孔子说："严厉地责备自己而宽容地对待别人，就可以远离别人的怨恨了。"

【原文】

子曰："不曰'如之何，如之何'者，吾末如之何也已矣[①]。"

【注解】

① 末：无。

【译文】

孔子说："不说'怎么办，怎么办'的人，我对他也不知道该怎么办了。"

【原文】

子曰："群居终日，言不及义，好行小慧，难矣哉！"

【译文】

孔子说："整天聚在一起，言语都和义理不相关，喜欢卖弄小聪明，这种人很难教导。"

【原文】

子曰："君子义以为质，礼以行之，孙以出之，信以成之。君子哉！"

【译文】

孔子说："君子把义作为本质，依照礼来实行，用谦逊的言语来表述，用诚信的态度来完成它。这样做才是君子啊！"

【原文】

子曰："君子病无能焉，不病人之不己知也。"

【译文】

孔子说："君子担心自己没有才能，不担心别人不知道自己。"

【原文】

子曰："君子疾没世而名不称焉。"

【译文】

孔子说："君子担心死后自己的名字不被人称道。"

【原文】

子曰："君子求诸己，小人求诸人。"

【译文】

孔子说："君子要求自己，小人苛求别人。"

【原文】

子曰："君子矜而不争[1]，群而不党。"

【注解】

①矜（jīn）：庄重的意思。

君子求诸己，小人求诸人。

【译文】

孔子说："君子矜持庄重而不与人争执，合群而不与人勾结。"

【原文】

子曰："君子不以言举人，不以人废言。"

【译文】

孔子说："君子不因为一个人的言语（说得好）而推举他，也不因为一个人有缺点而废弃他好的言论。"

【原文】

子贡问曰："有一言而可以终身行之者乎[①]？"子曰："其恕乎[②]！己所不欲，勿施于人。"

【注解】

①一言：一个字。言，字。②恕：推己及人，即"己所不欲，勿施于人"。

【译文】

子贡问道："有一个可以终身奉行的字吗？"孔子说："大概是'恕'吧！自己不想要的，不要施加给别人。"

【原文】

子曰："吾之于人也，谁毁谁誉？如有所誉者，其有所试矣。斯民也，三代之所以直道而行也。"

【译文】

孔子说："我对于别人，毁谤了谁？赞誉了谁？如果有所赞誉的话，一定对他有所考察。有了这样的民众，夏、商、周三代所以能直道而行。"

【原文】

子曰："吾犹及史之阙文也。有马者，借人乘之[①]。今亡矣夫[②]！"

【注解】

①有马者，借人乘之：有人认为此句系错出，难以索解，存疑而已。②亡（wú）：无。

【译文】

孔子说："我还能够看到史书中存疑空阙的地方。有马的人（自己不会调教）先借给别人骑，现在没有这样的了。"

【原文】

子曰："巧言乱德。小不忍，则乱大谋。"

【译文】

孔子说：“花言巧语会败坏道德。小事上不忍耐，就会扰乱了大的谋略。”

【原文】

子曰：“众恶之，必察焉；众好之，必察焉。”

【译文】

孔子说：“众人都厌恶他，一定要去考察；大家都喜爱他，也一定要去考察。”

【原文】

子曰：“人能弘道，非道弘人。”

【译文】

孔子说：“人能够把道发扬光大，不是道把人发扬光大。”

【原文】

子曰：“过而不改，是谓过矣。”

【译文】

孔子说：“有了过错而不改正，这就真叫过错了。”

【原文】

子曰：“吾尝终日不食，终夜不寝，以思，无益，不如学也。”

【译文】

孔子说：“我曾经整天不吃、整夜不睡地去思索，没有益处，不如去学习。”

【原文】

子曰：“当仁，不让于师。”

【译文】

孔子说：“面临仁时，对老师也不必谦让。”

【原文】

子曰：“有教无类。”

【译文】

孔子说：“人人都教，没有高低贵贱

有教无类。

的等级差别。”

【原文】

子曰：“道不同，不相为谋①。”

【注解】

①为（wèi）：与，对。

【译文】

孔子说：“志向主张不同，不在一起谋划共事。”

【原文】

子曰：“辞达而已矣。”

【译文】

孔子说：“言辞能表达出意思就可以了。”

季氏篇第十六

【原文】

季氏将伐颛臾①。冉有、季路见于孔子②，曰：“季氏将有事于颛臾。”孔子曰：“求！无乃尔是过与③？夫颛臾，昔者先王以为东蒙主④，且在邦域之中矣，是社稷之臣也。何以伐为⑤？”冉有曰：“夫子欲之，吾二臣者皆不欲也。”孔子曰：“求！周任有言曰⑥：‘陈力就列，不能者止。’危而不持，颠而不扶，则将焉用彼相矣⑦？且尔言过矣。虎兕出于柙⑧，龟玉毁于椟中，是谁之过与？”

冉有曰：“今夫颛臾，固而近于费⑨。今不取，后世必为子孙忧。”孔子曰：“求！君子疾夫舍曰欲之而必为之辞。丘也闻有国有家者，不患寡而患不均，不患贫而患不安⑩。盖均无贫，和无寡，安无倾。夫如是，故远人不服，则修文德以来之。既来之，则安之。今由与求也，相夫子，远人不服，而不能来也；邦分崩离析，而不能守也；而谋动干戈于邦内。吾恐季孙之忧，不在颛臾，而在萧墙之内也⑪。”

【注解】

①颛（zhuān）臾（yú）：鲁国的附属国，在今山东省费县西。②见于：被接见。③无乃：岂不是。尔是过：责备你。“过”用作动词，表示责备。“是”用于颠倒动宾之间，无义。④东蒙主：东蒙，蒙山。主，主持祭祀的人。⑤为：用于句末的语气词。这里表诘问语气。⑥周任：人名，周代史官。⑦相（xiàng）：搀扶盲人的人叫相，这里是辅助的意思。⑧兕（sì）：雌性犀牛。⑨费：季氏的采邑。⑩不患寡而患不均，不患贫而患不安：当作“不患贫而患不均，不患寡而患

不安”。据俞樾《群经平议》。⑪ 萧墙：照壁屏风，指宫廷之内。

【译文】

季氏准备攻打颛臾。冉有、子路去拜见孔子，说：“季氏准备对颛臾用兵了。”孔子说：“冉求！难道不是你的过错吗？颛臾，以前先王让它主持东蒙山的祭祀，而且它在鲁国的疆域之内，是国家的臣属，为什么要攻打它呢？”冉有说：“季孙大夫想去攻打，我们两人都不同意。”孔子说：“冉求！周任说过：‘根据自己的才力去担任职务，不能胜任的就辞职不干。’盲人遇到了危险不去扶持，跌倒了不去搀扶，那还用辅助的人干什么呢？而且你的话说错了。老虎、犀牛从笼子里跑出来，龟甲和美玉在匣子里被毁坏了，是谁的过错呢？”

冉有说：“现在颛臾，城墙坚固，而且离季氏的采邑费地很近。现在不攻占它，将来一定会成为子孙的祸患。”孔子说：“冉求！君子痛恨那些不说自己想那样做却一定要另找借口的人。我听说，对于诸侯和大夫，不怕贫穷而怕财富不均；不怕人口少而怕不安定。因为财富均衡就没有贫穷，和睦团结就不觉得人口少，境内安定就不会有倾覆的危险。像这样做，远方的人还不归服，那就再修仁义礼乐的政教来招致他们。他们来归服了，就让他们安心生活。现在，仲由和冉求你们辅佐季孙，远方的人不归服却又不能招致他们；国家分崩离析却不能保全守住；反而谋划在国内动用武力。我恐怕季孙的忧患不在颛臾，而在他自己的宫墙之内呢。”

【原文】

孔子曰：“天下有道，则礼乐征伐自天子出；天下无道，则礼乐征伐自诸侯出。自诸侯出，盖十世希不失矣①；自大夫出，五世希不失矣；陪臣执国命②，三世希不失矣。天下有道，则政不在大夫。天下有道，则庶人不议。”

【注解】

① 希：少。② 陪臣：大夫的家臣。

【译文】

孔子说：“天下政治清明，制礼作乐以及出兵征伐的命令都由天子下达；天下政治混乱，制礼作乐以及出兵征伐的命令都由诸侯下达。政令由诸侯下达，大概延续到十代就很少有不丧失的；政令由大夫下达，延续五代后就很少有不丧失的；大夫的家臣把持国家政权，延续到三代就很少有不丧失的。天下政治清明，国家的政权就不会掌握在大夫手中；天下政治清明，普通百姓就不会议论朝政了。”

【原文】

孔子曰：“禄之去公室五世矣①，政逮于大夫四世矣②，故夫三桓之子孙微矣。”

【注解】

① 禄：俸禄，这里指政权。公室：诸侯的家族。② 逮（dài）：及。四世：指季孙氏文子、武

子、平子、桓子四世。

【译文】

孔子说："国家政权离开了鲁国公室已经五代了，政权落到大夫手中已经四代了，所以鲁桓公的三家子孙都衰微了。"

【原文】

孔子曰："益者三友，损者三友。友直，友谅①，友多闻，益矣。友便辟②，友善柔，友便佞③，损矣。"

益者三友，友直，友谅，友多闻。

【注解】

①谅：诚信。②便（pián）辟：逢迎谄媚。③便（pián）佞：用花言巧语取悦人。

【译文】

孔子说："有益的朋友有三种，有害的朋友有三种。同正直的人交友，同诚信的人交友，同见闻广博的人交友，是有益的。同逢迎谄媚的人交友，同表面柔顺而内心奸诈的人交友，同花言巧语的人交友，是有害的。"

阳货篇第十七

【原文】

阳货欲见孔子①，孔子不见，归孔子豚②。孔子时其亡也③，而往拜之。遇诸途。谓孔子曰："来！予与尔言。"曰："怀其宝而迷其邦，可谓仁乎？曰："不可。""好从事而亟失时④，可谓知乎⑤？"曰："不可。""日月逝矣，岁不我与。"孔子曰："诺，吾将仕矣。"

【注解】

①阳货：又叫阳虎，季氏的家臣。把持季氏的权柄时，曾经将季桓子拘禁起来而企图把持鲁国国政。后篡权不成逃往晋国。见：用作使动词，"见孔子"为"使孔子来见"。②归（kuì）：通"馈"，赠送。豚：小猪。古代礼节，大夫送士礼品，士必须在大夫家里拜受礼物。③时：通"伺"，窥伺，打听。④亟（qì）：屡次。⑤知（zhì）：通"智"。

【译文】

阳货欲见孔子，孔子不见，遇诸途。

阳货想要孔子去拜见他，孔子不去拜见，他便送给孔子一头蒸熟了的小猪。孔子打听到他不在家时，前往他那里去回拜表谢，却在途中遇见阳货。阳货对孔子说："来！我同你说话。"孔子走过去，阳货说："一个人怀藏本领却听任国家迷乱，可以叫作仁吗？"孔子说："不可以。""喜好参与政事而屡次错失时机，可以叫作聪明吗？"孔子说："不可以。""时光很快地流逝了，岁月是不等人的。"孔子说："好吧，我将去做官了。"

【原文】

子曰："性相近也，习相远也。"

【译文】

孔子说："人的本性是相近的，后天的习染使人们之间相差甚远。"

【原文】

子曰："唯上知与下愚不移。

【译文】

孔子说："只有上等的智者与下等的愚人是改变不了的。"

【原文】

子之武城[①]，闻弦歌之声[②]。夫子莞尔而笑[③]，曰："割鸡焉用牛刀？"子游对曰："昔者偃也闻诸夫子曰：'君子学道则爱人，小人学道则易使也。'"子曰："二三子！偃之言是也。前言戏之耳。"

【注解】

① 武城：鲁国的一个小城，当时子游是武城宰。② 弦歌：弦，指琴瑟。以琴瑟伴奏歌唱。③ 莞（wǎn）尔：微笑的样子。

【译文】

孔子到了武城，听到管弦和歌唱的声音。孔子微笑着说："杀鸡何必用宰牛的刀呢？”子游回答说：“以前我听老师说过：‘君子学习了道就会爱人，老百姓学习了道就容易使唤。’”孔子说：“学生们，言偃的话是对的。我刚才说的话是同他开玩笑罢了。”

【原文】

子张问仁于孔子，孔子曰：“能行五者于天下，为仁矣。”“请问之。”曰：“恭，宽，信，敏，惠。恭则不侮，宽则得众，信则人任焉，敏则有功，惠则足以使人。”

【译文】

子张向孔子问仁。孔子说：“能够在天下实行五种美德，就是仁了。”子张问：“请问是哪五种？”孔子说：“恭敬，宽厚，诚信，勤敏，慈惠。恭敬就不会招致侮辱，宽厚就会得到众人的拥护，诚信就会得到别人的任用，勤敏则会取得功绩，慈惠就能够使唤人。”

【原文】

子曰：“色厉而内荏[①]，譬诸小人，其犹穿窬之盗也与[②]！”

【注解】

①荏（rěn）：软弱。②窬（yú）：同“逾”，爬墙。

【译文】

孔子说：“外表严厉而内心怯懦，用小人作比喻，大概像个挖洞爬墙的盗贼吧。”

【原文】

子曰：“道听而途说，德之弃也。”

【译文】

孔子说：“把道路上听来的东西四处传说，是背弃道德的行为。”

【原文】

子曰：“巧言令色，鲜矣仁。”

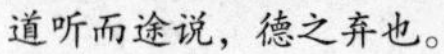

道听而途说，德之弃也。

【译文】

孔子说：“花言巧语，伪装和善，这种人很少有仁德。”

【原文】

子贡曰：“君子亦有恶乎[①]？”子曰：“有恶：恶称人之恶者，恶居下流而讪上

君子恶称人之恶者，恶居下流而讪上者，恶勇而无礼者，恶果敢而窒者。

者②，恶勇而无礼者，恶果敢而窒者③。”曰：“赐也亦有恶乎？”“恶徼以为知者④，恶不孙以为勇者，恶讦以为直者⑤。”

【注解】

①恶（wù）：厌恶。②流：晚唐以前的本子没有“流”字。③窒（zhì）：阻塞，不通事理，顽固不化。④徼（jiāo）：偷袭。⑤讦（jié）：攻击、揭发别人。

【译文】

子贡问：“君子也有憎恶的人或事吗？”孔子说：“是有所憎恶的。憎恶宣扬别人过错的人，憎恶身居下位而毁谤身居上位的人，憎恶勇敢而无礼的人，憎恶果敢而顽固不化的人。”孔子问：“赐，你也有憎恶的人和事吗？”子贡说：“我憎恶抄袭他人之说而自以为聪明的人，憎恶把不谦逊当作勇敢的人，憎恶揭发别人的隐私却自以为直率的人。”

【原文】

子曰：“唯女子与小人为难养也，近之则不孙，远之则怨。”

【译文】

孔子说：“只有女子和小人是不容易相处的。亲近了，他们就会无礼；疏远了，他们就会怨恨。”

【原文】

子曰："年四十而见恶焉①，其终也已②。"

【注解】

①见：被。②已：止，尽。

【译文】

孔子说："一个人到了四十岁还被众人所厌恶，他这一辈子也就算完了。"

微子篇第十八

【原文】

楚狂接舆歌而过孔子曰①："凤兮，凤兮，何德之衰？往者不可谏，来者犹可追。已而，已而，今之从政者殆而！"孔子下，欲与之言。趋而辟之，不得与之言。

【注解】

①接舆：楚国的隐士。一说他姓接名舆，一说因他接孔子之车而歌，所以称他接舆。

【译文】

楚国的狂人接舆唱着歌经过孔子的车子，说："凤凰啊，凤凰啊！为什么道德如此衰微？过去的已经不能挽回，未来的还来得及改正。算了吧，算了吧！现在那些从政的人危险呀！"孔子下车，想要同他说话。接舆快走几步避开了孔子，孔子没能同他交谈。

【原文】

长沮、桀溺耦而耕①，孔子过之，使子路问津焉②。长沮曰："夫执舆者为谁③？"子路曰："为孔丘。"曰："是鲁孔丘与？"曰："是也。"曰："是知津矣④。"问于桀溺，桀溺曰："子为谁？"曰："为仲由。"曰："是鲁孔丘之徒与？"对曰："然。"曰："滔滔者天下皆是也，而谁以易之⑤？且而与其从辟人之士也⑥，岂若从辟世之士哉？"耰而不辍⑦。子路行以告。夫子怃然曰⑧："鸟兽不可与同群，吾非斯人之徒与而谁与？天下有道，丘不与易也。"

【注解】

①长沮、桀溺：两位隐士，真实姓名和身世不详。耦而耕：两个人合力耕作。②津：渡口。③执舆：执辔（揽着缰绳）。本是子路的任务。因为子路下车去问渡口，暂时由孔子代替。④是知津矣：这话是认为孔子周游列国，应该熟悉道路。⑤谁以易之：与谁去改变它呢。以，与。⑥而：同"尔"，你，指子路。辟：通"避"。⑦耰（yōu）：播下种子后，用土覆盖上，再用耙将土弄平，使种子深入土里，鸟不能啄，这就叫耰。⑧怃（wǔ）然：失意的样子。

【译文】

长沮和桀溺并肩耕地，孔子从他们那里经过，让子路去打听渡口在哪儿。长沮说："那个驾车的人是谁？"子路说："是孔丘。"长沮又问："是鲁国的孔丘吗？"子路说："是的。"长沮说："他应该知道渡口在哪儿。"子路又向桀溺打听，桀溺说："你是谁？"子路说："我是仲由。"桀溺说："是鲁国孔丘的学生吗？"子路回答说："是的。"桀溺就说："普天之下到处都像滔滔洪水一样混乱，和谁去改变这种状况呢？况且你与其跟从逃避坏人的人，还不如跟从逃避污浊尘世的人呢。"说完就不停地用土覆盖播下去的种子。子路回来告诉了孔子。孔子怅然若失地说："人是不能和鸟兽合群共处的，我不和世人在一起又能和谁在一起呢？如果天下有道，我就不和你们一起来改变它了。"

【原文】

子路从而后，遇丈人，以杖荷蓧[①]。子路问曰："子见夫子乎？"丈人曰："四体不勤，五谷不分[②]，孰为夫子？"植其杖而芸[③]。子路拱而立。止子路宿，杀鸡为黍而食之，见其二子焉[④]。明日，子路行以告。子曰："隐者也。"使子路反见之，至，则行矣。子路曰："不仕无义。长幼之节，不可废也；君臣之义，如之何其废之？欲洁其身而乱大伦。君子之仕也，行其义也。道之不行，已知之矣。"

子路从而后，遇丈人。

【注解】

①蓧（diào）：古代在田中除草的工具。②五谷：古书中有不同的说法，最普通的一种指稻、黍、稷、麦、菽。稻麦是主要粮食作物；黍是黄米；稷是粟，一说是高粱；菽是豆类作物。③芸：通"耘"。④见其二子：使其二子出来见。

【译文】

子路落在孔子后面，遇到一个老人，用手杖挑着除草用的工具。子路问道："您看见我的老师了吗？"老人说："四肢不劳动，五谷分不清。谁是你的老师呢？"说完，把手杖插在地上开始锄草。子路拱着手站在一边。老人便留子路到他家中住宿，杀鸡做饭给子路吃，还叫他的两个儿子出来相见。第二天，子路赶上了孔子，并把这事告诉了他。孔子说："这是个隐士。"叫子路返回去再见他。子路到了那里，他已经出门了。子路说："不出来做官是不义的。长幼之间的礼节，不可以废弃；君臣之间的道义，又怎么可以废弃呢？本想保持自身纯洁，却破坏了重大的伦理道德。君子出来做官，是为了实行君臣之义。至于我们的政治主张行不通，是早就知道的了。"

子张篇第十九

【原文】

子夏曰："日知其所亡，月无忘其所能，可谓好学也已矣。"

【译文】

子夏说："每天知道自己以前所不知的，每月不忘记以前所已学会的，可以说是好学了。"

【原文】

子夏曰："博学而笃志，切问而近思，仁在其中矣。"

【译文】

子夏说："广泛地学习并且笃守自己的志向，恳切地提问并且常常思考眼前的事，仁就在这中间了。"

【原文】

子夏曰："百工居肆以成其事，君子学以致其道。"

【译文】

子夏说："各行各业的工匠在作坊里完成他们的工作，君子则通过学习来掌握道。"

【原文】

子夏曰："小人之过也必文①。"

【注解】

①文（wèn）：掩饰。

【译文】

子夏说："小人犯了错误一定会加以掩饰。"

【原文】

子夏曰："君子有三变：望之俨然①，即之也温②，听其言也厉。"

【注解】

①俨然：庄严的样子。②即：接近。

小人之过也必文。

【译文】

子夏说："君子会使人感到有三种变化：远远望去庄严可畏，接近他时却温和可亲，听他说话则严厉不苟。"

【原文】

子夏曰："君子信而后劳其民，未信，则以为厉己也；信而后谏，未信，则以为谤己也。"

【译文】

子夏说："君子在得到民众的信任之后才去役劳他们，没有得到信任就去役劳，民众就会认为是在虐害他们。君子得到君主的信任之后才去进谏，没有得到信任就去进谏，君主就会以为是在诽谤自己。"

【原文】

子夏曰："大德不逾闲，小德出入可也。"

【译文】

子夏说："大的道德节操上不能逾越界限，在小节上有些出入是可以的。"

大德不逾闲，小德出入可也。

【原文】

子游曰："子夏之门人小子，当洒扫应对进退则可矣，抑末也[①]。本之则无，如之何？"

子夏闻之，曰："噫！言游过矣！君子之道，孰先传焉？孰后倦焉[②]？譬诸草木[③]，区以别矣。君子之道，焉可诬也？有始有卒者，其惟圣人乎！"

【注解】

①抑：连词，表示转折。这里是"可是"的意思。②倦："诲人不倦"的"倦"。这里指教诲。③譬诸草木：譬之于草木。比喻学问有深浅，应当分门别类，循序渐进。

【译文】

子游说："子夏的学生们，做洒水扫地、接待客人、趋进走退一类的事，是可以的，不过这些只是细枝末节的事。根本的学问却没有学到，这怎么行呢？"

子夏听到这话，说："咳！言游说错了！君子的学问，哪些先传授、哪些后传授，就好比草木一样，可区分为各种类别。君子的学问，怎么能歪曲呢？有始有终地循序渐进，大概只有圣人吧！”

【原文】

子夏曰：“仕而优则学，学而优则仕。”

【译文】

子夏说：“做官仍有余力就去学习，学习成绩优异就去做官。”

【原文】

子贡曰：“君子之过也，如日月之食焉：过也，人皆见之；更也，人皆仰之。”

【译文】

子贡说：“君子的过失，就像日食和月蚀一样：有过错时，人人都看得见；他改正了，人人都仰望他。”

尧曰篇第二十

【原文】

尧曰：“咨[①]！尔舜！天之历数在尔躬，允执其中[②]。四海困穷，天禄永终。”舜亦以命禹。

曰：“予小子履敢用玄牡[③]，敢昭告于皇皇后帝：有罪不敢赦，帝臣不蔽，简在帝心[④]。朕躬有罪，无以万方；万方有罪，罪在朕躬。”

帝尧授命于舜。

周有大赉[⑤]，善人是富。“虽有周亲，不如仁人。百姓有过，在予一人[⑥]。”

谨权量[⑦]，审法度[⑧]，修废官，四方之政行焉。兴灭国，继绝世，举逸民，天下之民归心焉。

所重：民，食，丧，祭。

宽则得众，信则民任焉[⑨]，敏则有功，公则说。

【注解】

①咨：即“啧”，感叹词，表示赞美。②允：诚信。③履：商汤的名。④简：有两种解释：一、阅，计算，引申为明白的意思；二、选择。⑤赉（lài）：赏赐。⑥“虽有”四句：是周武王伐纣之辞。周亲，至亲。⑦权：秤锤，指量轻重的标准。量：斗斛，指量容积的标准。⑧法度：量长度的标准。⑨信则民任焉：汉行经无此五字，有人说是衍文。

【译文】

尧说：“啧啧！你舜啊！按照上天安排的次序，帝位要落到你身上了，你要真诚地执守中正之道。如果天下的百姓贫困穷苦，上天给你的禄位也就永远终止了。”舜也这样告诫禹。

商汤说：“我小子履谨用黑色的公牛作为祭品，明白地禀告光明伟大的天帝：有罪的人我不敢擅自赦免。您的臣仆的罪过我也不敢掩盖隐瞒，这是您心中知道的。我本人如果有罪，不要牵连天下万方；天下万方有罪，罪责就在我一个人身上。”

周朝实行大封赏，使善人都富贵起来。周武王说：“虽然有至亲，也不如有仁人。百姓有罪过，罪过都在我一人身上。”

谨慎地检验并审定度量衡，恢复废弃了的职官，天下四方的政令就会通行了。复兴灭亡了的国家，承续已断绝的宗族，提拔被遗落的人才，天下的百姓就会诚心归服了。

所重视的是：民众，粮食，丧礼，祭祀。

宽厚就会得到众人的拥护，诚恳守信就会得到民众的信任，勤敏就能取得功绩，公正则大家心悦诚服。

【原文】

子张问于孔子曰：“何如斯可以从政矣？”子曰：“尊五美，屏四恶，斯可以从政矣。”子张曰：“何谓五美？”子曰：“君子惠而不费，劳而不怨，欲而不贪，泰而不骄[①]，威而不猛。”子张曰：“何谓惠而不费？”子曰：“因民之所利而利之，斯不亦惠而不费乎？择可劳而劳之，又谁怨？欲仁而得仁，又焉贪？君子无众寡，无小大，无敢慢，斯不亦泰而不骄乎？君子正其衣冠，尊其瞻视，俨然人望而畏之，斯不亦威而不猛乎？”子张曰：“何谓四恶？”子曰：“不教而杀谓之虐；不戒视成谓之暴；慢令致期谓之贼；犹之与人也，出纳之吝，谓之有司[②]。”

【注解】

①泰：安宁。②犹之与人：犹之，同样的意思。与，给予。犹之与人，同样是给人。出纳：出和纳两个意思相反的字连用，其中“纳”的意思虚化而只有“出”的意思。有司：古代管事者之称，职务卑微。

【译文】

子张向孔子问道：“怎样才可以治理政事呢？”孔子说：“推崇五种美德，摒弃四种恶政，这样就可以治理政事了。”子张说：“什么是五种美德？”孔子说：“君子使百姓得到好处却不破费，使百姓劳作却无怨言，有正当的欲望却不贪求，泰然自处却不骄傲，

子曰：尊五美，屏四恶，斯可以从政矣。

庄严有威仪而不凶猛。”子张说：“怎样才使百姓得到好处却不破费呢？”孔子说：“顺着百姓想要得到的利益就让他们能得到，这不就是使百姓得到好处却不破费吗？选择百姓可以劳作的时间去让他们劳作，谁又会有怨言呢？想要仁德而又得到了仁德，还贪求什么呢？无论人多人少，无论势力大小，君子都不怠慢，这不就是泰然自处却不骄傲吗？君子衣冠整洁，目不斜视，态度庄重，庄严的威仪让人望而生敬畏之情，这不就是庄严有威仪而不凶猛吗？”子张说：“什么是四种恶政？”孔子说：“不进行教化就杀戮叫作虐，不加申诫便强求别人做出成绩叫作暴，起先懈怠而又突然限期完成叫作贼，好比给人财物，出手吝啬叫作小家子气。”

【原文】

子曰：“不知命，无以为君子也①；不知礼，无以立也；不知言②，无以知人也。”

【注解】

① 无以：“无所以”的省略。② 知言：善于分析别人的言语，辨别是非善恶。

【译文】

孔子说：“不懂得天命，就没有可能成为君子；不懂得礼，就没有办法立身处世；不知道分辨别人的言语，便不能了解别人。”

《孟子》

《孟子》一书虽然只有 7 篇 34000 余字。但是对中国社会、中国人有着极其深远的影响，而且它早已是世界文化遗产的一部分。孟子不仅在哲学论理上发展了孔子的思想，而且建立了以“民本”为基础的政治思想体系——“仁政”学说。

梁惠王章句上

【原文】

孟子见梁惠王①。王曰：“叟②，不远千里而来，亦将有以利吾国乎？”孟子对曰：“王何必曰利？亦有仁义而已矣③。

“王曰，何以利吾国，大夫曰④，何以利吾家，士庶人曰⑤，何以利吾身，上下交征利⑥，而国危矣。

“万乘之国⑦，弑其君者⑧，必千乘之家⑨；千乘之国，弑其君者，必百乘之家。万取千焉，千取百焉，不为不多矣。苟为后义而先利⑩，不夺不餍⑪。

“未有仁而遗其亲者也，未有义而后其君者也。王亦曰仁义而已矣，何必曰利？”

【注解】

①子：对人的一种尊称，和现在称“先生”差不多。梁惠王：即魏惠王，名蓥（yīng），公元前（后面一律简称“前”）370 年即位，前 334 年死。魏与韩、赵三家春秋时本是晋国的大夫，后来逐渐吞灭晋国其他世族，三分晋国，到前 403 年，东周威烈王正式承认他们为诸侯，史书多是把这一年作为战国时代的开始。魏惠王因避秦兵威胁，从安邑（今山西安邑）迁都大梁（今河南开封），所以魏国又称梁国。王本是天子的称号，但随着周室衰微，战国时，魏、齐、秦、韩、赵、燕、楚也都称王。②叟（sǒu）：年老

孟子见梁惠王，谈“义”与“利”。

的男人，这里是对长老的尊称。③仁义：仁，爱，重在思想；义，宜（指应做的事），重在行为。④大夫：周代官制分卿、大夫、士三个等级。⑤庶人：古时候称小官吏为庶人。⑥上下：指从王到庶人。交：互相。征：取，求。⑦万乘（shèng）之国：古代兵车一辆称一乘，国家的大小强弱可以根据拥有兵车的数量来衡量。万乘之国，指拥有兵车万乘的国家。⑧弑（shì）：古代臣杀君、子女杀父母叫弑。⑨千乘之家：古代卿大夫大都有一定的封邑，这种卿大夫统治的封邑称之为家。有封邑当然也有兵车。卿大夫的封邑大，拥有兵车千乘；卿大夫的封邑小，拥有兵车百乘。⑩苟为：如果真是。⑪不夺不餍：夺，篡夺。餍（yàn），满足。

【译文】

孟子谒见梁惠王。惠王说："老先生，不辞千里而来，也将有什么有利于我国吗？"孟子回答道："大王何必讲利？有仁义也就够了。

"大王说，有什么有利于我国；大夫们说，有什么有利于我家；士和庶人们说，有什么有利于我自身，（这样）上下交相追逐私利，那么，国家就危险了。

"能出兵车万乘的国家，谋杀那个国家的君主的，必然是能出兵车千乘的卿大夫之家；能出兵车千乘的国家，谋杀那个国家的君主的，必然是能出兵车百乘的卿大夫之家。（卿大夫）在拥有万乘兵车的国家中获得兵车千乘，在拥有千乘兵车的国家中获得兵车百乘，不能说不多。假如真个是轻义而重私利，那就非闹到篡夺君位的地步是不能满足的。

"从来没有讲'仁'的人会遗弃他的双亲的，从来没有讲'义'的人而对他的君主有所怠慢的。大王您也只要讲仁义就够了，何必讲利呢？"

【原文】

孟子见梁惠王，王立于沼上①，顾鸿雁麋鹿②，曰："贤者亦乐此乎？"孟子对曰："贤者而后乐此，不贤者虽有此不乐也。《诗》云③：'经始灵台④，经之营之⑤，庶民攻之⑥，不日成之。经始勿亟⑦，庶民子来。王在灵囿⑧，麀鹿攸伏⑨，麀鹿濯濯⑩，白鸟鹤鹤⑪。王在灵沼，於牣鱼跃⑫。'文王以民力为台为沼，而民欢乐之，谓其台曰'灵台'，谓其沼曰'灵沼'，乐其有麋鹿鱼鳖。古之人与民偕乐，故能乐也。

"《汤誓》曰⑬：'时日害丧⑭，予及女皆亡。'民欲与之偕亡，虽有台池鸟兽，岂能独乐哉？"

【注解】

①沼（zhǎo）：水池。②顾：望着。③《诗》云：《诗》指《诗经》。下面的十二句诗，引自颂扬周文王建造灵台，享受苑囿钟鼓之乐的《大雅·灵台》诗。④经：测量。灵台：台名，故址在今陕西西安西北。旧说文王所造，由于百姓的共同操作，落成很快，如有神帮助，所以叫灵台（下"灵囿""灵沼"同）。⑤营：筹划。⑥庶民：众民。攻：建造。⑦亟（jí）：急。"勿亟"是说文王不加督促。⑧囿（yòu）：古代帝王豢养禽兽、种植花木的园林。⑨麀（yōu）鹿：母鹿。攸：在上古文献里同"所"。"攸伏"是说（母鹿）安于它原来所在的地方，没有被惊动。⑩濯濯（zhuó）：肥大而毛有光泽的样子。⑪鹤鹤：《诗经》作翯翯（hè），羽毛洁白的样子。⑫於（wū）：感叹词。牣（rèn）：充满。这句是赞叹鱼儿充满水池，蹦蹦跳跳。⑬《汤誓》：《尚书》篇名，是伊尹辅佐商汤伐夏桀时的誓词。⑭时：是，这个。害：读（hé），同"曷"，何时。

丧（sānɡ）：灭亡。夏朝的暴君桀曾说过，“我有天下，就如同天上有太阳一样；太阳毁灭了，我才会灭亡呢。”老百姓对他的暴虐怨恨到了极点，所以冲着他说：“这个太阳什么时候毁灭呢？要是它会毁灭，那我们即使跟它一块儿灭亡也在所不惜。”

【译文】

孟子谒见梁惠王，惠王站在池塘边，望着（那许多）鸿雁麋鹿，（问孟子）说：“贤德的人也喜欢享受这些东西吗？”孟子回答说：“贤德的人才能享受到这些东西，不是贤德的人，尽管拥有这些东西也享受不到。《诗》里面说：‘开始筹建灵台，又是测量又是筹划。百姓齐来建造它，不几天便落成。动工不用多督促，百姓都如子女自动来。文王偶来游灵囿，母鹿伏地自悠悠。母鹿肥大毛色润，白鸟素洁世无俦！文王来到灵沼旁，啊！满池鱼儿蹦得欢！’文王用百姓的劳力建台开池，百姓却欢欢喜喜，称他的台为‘灵台’，称他的沼为‘灵沼’，为他能享受到麋鹿鱼鳖的奉养而感到快乐。古时的贤者能够与民同乐，所以能得到快乐。

“《尚书》里的《汤誓》（记载着百姓诅咒暴君夏桀的话）说：‘这个太阳何时灭亡呢？我宁愿跟你一同灭亡。’百姓要跟他一同灭亡，那他即使有台池鸟兽，难道能够独自享受么？”

【原文】

梁惠王曰：“寡人之于国也，尽心焉耳矣①！河内凶，则移其民于河东②，移其粟于河内；河东凶亦然③。察邻国之政，无如寡人之用心者。邻国之民不加少，寡人之民不加多④，何也？”

孟子对曰：“王好战，请以战喻：填然鼓之⑤，兵刃既接，弃甲曳兵而走⑥，或百步而后止，或五十步而后止，以五十步笑百步，则何如⑦？”

曰：“不可；直不百步耳⑧，是亦走也。”

曰：“王如知此，则无望民之多于邻国也。不违农时，谷不可胜食也；数罟不入洿池⑨，鱼鳖不可胜食也；斧斤以时入山林⑩，材木不可胜用也。谷与鱼鳖不可胜食，材木不可胜用，是使民养生丧死无憾也⑪。养生丧死无憾，王道之始也⑫。

“五亩之宅，树之以桑，五十者可以衣帛矣⑬；鸡豚狗彘之畜，无失其时⑭，七十者可以食肉矣；百亩之田，勿夺其时，数口之家，可以无饥矣；谨庠序之教⑮，申之以孝悌之义⑯，颁白者不负戴于道路矣⑰。七十者衣帛食肉，黎民不饥不寒；然而不王者⑱，未之有也⑲。

“狗彘食人食而不知检⑳，涂有饿莩而不知发㉑；人死，则曰：‘非我也，岁也。’是何异于刺人而杀之，曰：‘非我也，兵也。’王无罪岁，斯天下之民至焉。”

【注解】

①“寡人”两句：寡人：古时王侯自我的谦称。焉耳矣：三个语气词叠用，在于加重语气，表示恳切的情感。②“河内”两句：河内：魏地，在今河南济源一带。凶：发生灾荒。河东：也是魏地，在今山西安邑一带。③亦然：也是这样做。④加：在这里作“更”字解。⑤填然：鼓声冬冬的样子。鼓：击鼓，名词动用。之：语气词，没有实际意义。古时击鼓出兵，鸣金退

兵。⑥“兵刃”两句：兵：兵器。既：已经。曳（yè）：拖着。走：奔逃。⑦何如：怎么样。⑧直：只是。耳：语气词，表限止，有“罢了”的意思。⑨数（cù）：密。罟（gǔ）：网。洿（wū）：低洼的地方。⑩斤：斧。时：指草木零落的季节。⑪养生：养活生者。丧（sāng）死：安葬死者。憾（hàn）：恨。⑫王道：指古代政治哲学中君主以仁义治天下，以德政安抚臣民的政策，与凭借武力、刑法、权势等进行统治的霸道是对立的。⑬衣（yì）：穿，名词动用。帛（bó）：丝织品的总称。⑭“鸡豚”两句：豚（tún）：小猪。彘（zhì）：猪。畜：牲畜。时：指交配、繁殖和饲养的适当时机。⑮谨：认真办好。庠（xiáng）序：古代乡学，商代叫序，周代叫庠，这里泛指学校。⑯申：反复陈述。孝悌（tì）：尽心侍奉父母为孝，敬爱兄长为悌。⑰颁（bān）白：同“斑白”，头发花白。负戴：负是背东西，戴是用头顶东西。⑱王（wàng）：使天下归服，名词动用。⑲未之有也：是“未有之也”的倒装。⑳检：制约。㉑涂：同“途”，路上。莩（piǎo）：同“殍”，饿死的人。发：指发放仓里的存粮以赈救饥民。

【译文】

梁惠王说：“我对于治理国家，（真是）尽心竭力了呀！河内发生了灾荒，就将那里的灾民移往河东，将河东的粮食运送到河内。当河东发生了灾荒时，我也是这样做。看看邻国的君主办理政事，没有一个像我这样尽心的。可是，邻国的人民并不见减少，而我的人民并不见增多，这是什么缘故呢？”

五亩之宅，树之以桑，五十者可以衣帛矣。

孟子回答道：“大王您喜欢打仗，就让我拿战争来打比方吧。战鼓冬冬地敲响了，兵刃已经相接，（打了败仗的）就丢下盔甲，拖着武器，狼狈逃窜，有的逃了上百步停下来，有的逃了五十步住了脚，逃了五十步的拿自己只逃了五十来步这点去讥笑逃了上百步的（胆子小），（您觉得）怎么样呢？”

梁惠王说：“不行；只不过没有跑到百步罢了，可这也是逃跑呀。”

孟子说：“大王您既然懂得了这个道理，就不必去巴望您国家的人民比邻国多啦。（治理国家的人）只要不去剥夺农民耕种的时间，那粮食就会吃不尽；不拿过于细密的鱼网到池塘中去捞鱼，那鱼类水产便吃不完；砍伐林木有一定的时间，那木材便用不尽。粮食和鱼类水产吃不完，木材用不尽，这样便使老百姓供养生人、安葬死者都不感到有什么不满。老百姓对养生送死没有什么不满，这便是王道的开端。

“五亩大的宅园，种上桑树，上了五十岁的人就可以穿上丝绵袄了；鸡和猪狗一类家畜，不耽误它们饲养繁殖的时间，上了七十岁的人就可以有肉吃了。一家人百亩的耕地，农事不失其时，几口人的家庭就不会挨饿。认真地搞好学校教育，反复地阐明孝顺父母、敬爱兄长的重要意义，须发花白的老人们就不再会肩背着、头顶着（重物件）出现在道路上了。七十岁上的人有丝绵衣穿、有肉吃，一般老百姓饿不着、冻不着，这样还不能使天下归服，是从来不曾有过的事。

“（现在）猪狗一类家畜吃着人吃的粮食却不设法制止，路上出现了饿死的人却不知道开仓赈济饥民。老百姓死了，却说：‘（致他们于死的）不是我，是凶年饥岁。’这和拿刀把人刺杀，却说‘杀人的不是我，是兵器’有什么不同呢？大王您要是能够不归罪于凶年饥岁，这样，普天之下的老百姓便会涌到您这儿来了。”

【原文】

齐宣王问曰[①]：“齐桓、晋文之事[②]，可得闻乎？”

孟子对曰：“仲尼之徒，无道桓文之事者，是以后世无传焉，臣未之闻也。无以[③]，则王乎？”

曰：“德何如则可以王矣？”

曰：“保民而王，莫之能御也。”

曰：“若寡人者，可以保民乎哉？”

齐宣王问曰：齐桓、晋文之事，可得闻乎？

曰：“可。”

曰：“何由知吾可也？”

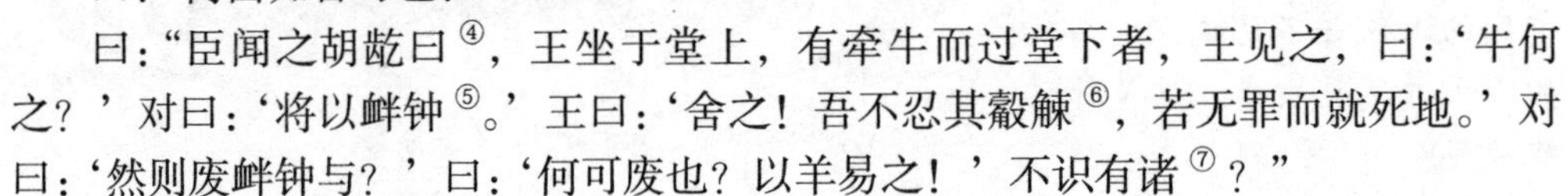

曰：“臣闻之胡龁曰[④]，王坐于堂上，有牵牛而过堂下者，王见之，曰：‘牛何之？’对曰：‘将以衅钟[⑤]。’王曰：‘舍之！吾不忍其觳觫[⑥]，若无罪而就死地。’对曰：‘然则废衅钟与？’曰：‘何可废也？以羊易之！’不识有诸[⑦]？”

曰：“有之。”

曰：“是心足以王矣。百姓皆以王为爱也，臣固知王之不忍也。”

王曰：“然，诚有百姓者，齐国虽褊小[⑧]，吾何爱一牛？即不忍其觳觫，若无罪而就死地，故以羊易之也。”

曰：“王无异于百姓之以王为爱也。以小易大，彼恶知之？王若隐其无罪而就死地[⑨]，则牛羊何择焉？”

王笑曰：“是诚何心哉？我非爱其财而易之以羊也，宜乎百姓之谓我爱也。”

曰：“无伤也，是乃仁术也[⑩]，见牛未见羊也。君子之于禽兽也，见其生，不忍见其死；闻其声，不忍食其肉。是以君子远庖厨也[⑪]。”

王说曰[⑫]：“《诗》云：‘他人有心，予忖度之[⑬]。’夫子之谓也[⑭]。夫我乃行之，反而求之，不得吾心。夫子言之，于我心有戚戚焉[⑮]。此心之所以合于王者何也？”

曰：“有覆于王者曰[⑯]：‘吾力足以举百钧[⑰]，而不足以举一羽；明足以察秋毫之末[⑱]，而不见舆薪[⑲]。’则王许之乎？”

曰：“否。”

“今恩足以及禽兽，而功不至于百姓者，独何与？然则一羽之不举，为不用力焉；舆薪之不见，为不用明焉；百姓之不见保，为不用恩焉。故王之不王，不为也，非不能也。”

曰：“不为者与不能者之形何以异？”

曰：“挟太山以超北海[20]，语人曰：‘我不能。’是诚不能也。为长者折枝[21]，语人曰：‘我不能。’是不为也，非不能也。故王之不王，非挟太山以超北海之类也；王之不王，是折枝之类也。

【注解】

①齐宣王：姓田，名辟疆，齐威王的儿子，在位十八年。据推测，孟子在见了梁襄王之后便离开魏国到了齐国，这时齐宣王即位不过两年。②齐桓、晋文：齐桓公，姓姜，名小白；晋文公，姓姬，名重耳。他们先后称霸于春秋时代。③以：通“已”。无以，犹言“如果一定要说下去”。④胡龁（hé）：齐宣王左右的近臣。⑤衅（xìn）钟：衅，是古代血祭新制的器物衅的一种仪式。衅钟就是宰杀牲口，血祭新铸成的钟的仪式。⑥觳（hú）觫（sù）：因恐惧而浑身发抖。⑦诸：“之乎”二字的合音。⑧褊（biǎn）：狭小。⑨隐：哀怜之义。⑩“无伤”两句：无伤：不妨事，没有关系。仁术：行仁政的方法。⑪远（yuàn）：使远离。⑫说（yuè）：通“悦”，高兴。⑬“他人”两句：这两句诗引自《诗经·小雅·巧言》。忖（cǔn）度（duó）：推测，揣想。⑭夫子：古代对人的敬称，和称先生、长者差不多，后沿用为对老师的专称。⑮戚戚：心动的样子；由于切合本意而感到心动。⑯覆：报告。⑰钧：古代三十斤为一钧。⑱秋毫之末：鸟兽到秋天换毛，新长的毛细，尖端尤其锐小，叫作秋毫。秋毫之末，比喻极细微的东西。⑲舆薪：车子装着的木柴。⑳挟：用腋夹着东西。太山：即泰山。超：跳过。北海：即渤海。㉑折枝：古来有三种解释，一说折取树枝，一说弯腰行礼，一说按摩肢体，这里取第一种解释。

【译文】

齐宣王问（孟子）道：“（您先生可以把）春秋时齐桓公和晋文公称霸于诸侯的事迹讲给我听听吗？”

孟子回答说：“孔子的学生们没有谈到齐桓公和晋文公的事迹，所以后世不曾传下来，我没有听说过。如果一定要我说下去，就谈谈（君主以仁义治天下，以德政安抚臣民）使天下归服的王道好吗？”

齐宣王问道：“要具备怎样的道德才能够使天下归服呢？”

孟子答道：“通过护育百姓（让他们安居乐业）的方法使天下归服，那是没有谁能阻挡得了的。”

齐宣王又问：“像我这样的人，可以护育百姓吗？”

孟子答道：“可以。”

齐宣王又问：“您怎么知道我可以呢？”

孟子回答说：“我听您的近臣胡龁说，有一次大王坐在堂上，有个牵着牛走过堂下的人，您问他道：‘牵牛上哪儿去？’那人答道：‘要把它杀了去祭钟。’您说：‘放掉它吧！我实在不忍心看它吓得发抖的样子，没有罪过却被往死里送。’那个人回问道：‘那么，就废止祭钟的仪式吗？’您说：‘怎么可以废止呢？拿只羊去换吧！’不知有没有这回事？”

齐宣王说：“有这回事。”

孟子说："有这样的好心就足以（施行王道）使天下归服了。百姓都以为大王吝啬，我本来就知道您是于心不忍哩。"

齐宣王说："对，假如真个是像百姓所想的，齐国地方虽不大，我怎么会舍不得一头牛呢？就是因为不忍心看到它吓得发抖，这样毫无罪过却要往死里送，所以才用羊去换它。"

孟子说："百姓以为您吝啬，大王也不必奇怪。拿小小的羊去换下头大牛来，他们又怎么知道您的用意呢？您要是哀怜牲畜没有罪过却往死里送，那么在牛羊两者之中又有什么区别呢？"

齐宣王不禁发笑道："这真个是什么心理呢？我并不是吝惜钱财才拿只羊去替换它（牛），（您这么一说）百姓要说我吝啬是理所当然的了。"

孟子说："（百姓这样误解）没有关系，（大王这种不忍之心）正是仁爱之道，因为您只见到牛而没有见到羊。一个有仁爱之心的人对于那些家禽家畜，看见它们活着，就不忍心看到它们死去；听到它们悲鸣哀号，便不忍心吃它们的肉。因此君子总是要把厨房安排在远离自己的地方。"

齐宣王听了高兴地说："《诗经》里面讲过：'别人有想法，我能猜中它。'说的就是夫子这样的人。我自己做了这件事，回过头来反问自己（为什么要这样做），却说不出所以然来。经您老先生这样一讲，我心里感到有些触动了。这种心理为什么就能与王道相合呢？"

孟子说："有人向大王报告道：'我的力气能够举起三千斤重的东西，却拿不起一根羽毛；（我的）视力能够看清秋天里刚换过的兽毛的末梢，却看不见一大车木柴。'那么，您大王会相信他这种说法吗？"

齐宣王说："不会。"

孟子（马上接着）说："现在您大王一片仁心使禽兽沾恩，却不能使百姓得到好处，这是什么原因呢？这样看来，一根羽毛拿不起来，是因为不愿用手力；一车木柴看不见，是因为不愿用目力；百姓不被爱护，是因为不愿广施恩泽。所以大王不能（通过行王道）使天下归服，是不肯做，并不是不能做。"

齐宣王问道："不肯做和不能做从现象上说来有什么不同？"

孟子说："要一个人将泰山挟在腋下跳过渤海，他告诉别人说：'我不能做。'这的确是不能做。叫一个人替年迈力衰的长辈折取树枝，他告诉别人说：'我不能做。'这是不肯做，不是不能做。所以大王的不能（通过行王道）使天下归服，不是属于将泰山挟在腋下跳过渤海一类事情；大王的不能（通过行王道）使天下归服，是属于替年迈力衰的长辈折取树枝一类的事情。

【原文】

"老吾老，以及人之老；幼吾幼，以及人之幼[①]，天下可运于掌。《诗》云：'刑于寡妻，至于兄弟，以御于家邦[②]。'言举斯心加诸彼而已。故推恩足以保四海，不推恩无以保妻子。古之人所以大过人者，无他焉，善推其所为而已矣。今恩足以及禽兽，而功不至于百姓者，独何与？

"权[③]，然后知轻重；度[④]，然后知长短。物皆然，心为甚[⑤]。王请度之[⑥]！

“抑王兴甲兵，危士臣，构怨于诸侯，然后快于心与？”

王曰：“否，吾何快于是？将以求吾所大欲也。”

曰：“王之所大欲，可得闻与？”

王笑而不言。

曰：“为肥甘不足于口与？轻煖不足于体与？抑为采色不足视于目与[⑦]？声音不足听于耳与？便嬖不足使令于前与[⑧]？王之诸臣皆足以供之，而王岂为是哉？”

老吾老，以及人之老。

曰：“否，吾不为是也。”

曰：“然则王之所大欲可知已。欲辟土地，朝秦楚[⑨]，莅中国而抚四夷也[⑩]。以若所为[⑪]，求若所欲，犹缘木而求鱼也。”

王曰：“若是其甚与？”

曰：“殆有甚焉[⑫]。缘木求鱼，虽不得鱼，无后灾；以若所为，求若所欲，尽心力而为之，后必有灾。”

曰：“可得闻与？”

曰：“邹人与楚人战[⑬]，则王以为孰胜？”

曰：“楚人胜。”

曰：“然则小固不可以敌大，寡固不可以敌众，弱固不可以敌强。海内之地，方千里者九，齐集有其一[⑭]。以一服八，何以异于邹敌楚哉？盖亦反其本矣[⑮]。

【注解】

①老吾老，以及人之老：第一个“老”字是动词，指敬爱、敬重；第二、三个“老”字是名词，指先辈、年长者。幼吾幼，以及人之幼：第一个“幼”字是动词，指爱护；第二、三个“幼”字是名词，子弟。②“刑于寡妻”三句：这三句诗出自《诗经·大雅·思齐》篇。刑：典范，榜样。这里作动词用。御：治理。③权：本指秤锤，这里作动词，称量。④度：本指计量长短的标准，这里作动词，测量。⑤心为甚：意思是说物的轻重长短难齐，一定要称一称、量一量然后才知道。心的轻重长短，和物相比较就更难齐一了。⑥度（duó）：衡量，斟酌。⑦采色：即“彩色”。⑧便（pián）嬖（bì）：受宠爱的人。⑨朝（cháo）：使之来朝见，使动用法。⑩莅（lì）：临。中国：指当时的中原。莅中国，是说君临（即统治）中原。抚四夷：安抚四方边远少数民族。⑪若：第二人称代词，你。⑫殆（dài）：副词，表示不肯定。可译为“几乎”“可能”“大概”。⑬邹：当时小国，在今山东邹县一带。楚：当时大国，原在今湖北和湖南北部，后来扩展到今河南、安徽、江苏、浙江、江西和四川。⑭齐集有其一：是说齐国的土地加起来，占到天下土地的九分之一。⑮盍（hé）：同“盍”，何不。

【译文】

“尊敬自家的长辈，推广开去也尊敬别人家的长辈；爱护自家的儿童，推广开去也爱护别人家的儿童，那么，治理天下便可以像把一件小东西放在手掌上转动那么容易了。《诗经》里面说：‘在家先为妻子立榜样，然后兄弟也照样，再行推广治家邦。’这不过是说拿自己的一片仁爱之心加到别人的身上罢了。所以推广恩泽就足以能保有天下，不推广恩泽连自己的老婆孩子也护育不了。古代那些圣明的国君之所以能远远超过一般人，没有别的什么秘诀，只不过善于推行他们的好行为罢了。现在大王的恩泽能够沾被禽兽，而百姓们却得不到点滴好处，这是为什么呢？

“称一称，然后才知道轻重；量一量，然后才知道长短。凡是物体，没有不是这样的，心的长短轻重就较一般物体更难齐一，尤其需要衡量。请您大王细加衡量吧！

“难道您大王要动员军队，使您的臣下和士兵冒生命的危险，和诸侯结下深仇大恨，然后心里才感到快活吗？”

齐宣王说：“不，我怎么会对这个有快感呢？我之所以这样做，是想借此得到我所十分希望得到的东西。”

孟子问道：“大王所十分希望得到的东西，可以说给我听听吗？”

齐宣王笑而不言。

孟子（先故意用试探的口吻）问道：“是因为肥美的食物不够味吗？轻暖的衣着不够舒适吗？还是因为文采美色不中看吗？美妙的音乐不中听吗？左右侍奉的宠臣不够役使吗？大王的臣子这些方面都能充分供给，您难道为的是这些么？”

齐宣王说：“不，我不是为这些。”

孟子说：“那么，您所十分希望得到的东西可以知道了，您是想扩张国土，使秦、楚等大国都来朝贡，统治整个中原，安抚四方边远部族地区。凭您现在的所作所为，去追求您所想得到的东西，简直像是爬到树上去抓鱼一样。”

齐宣王问道：“竟然有这样严重吗？”

孟子说：“恐怕还要更严重哩。爬到树上去抓鱼，尽管抓不到鱼，却不会有什么后患；凭您的所作所为，去追求您所希望得到的东西，要是尽心竭力地去做，必然会留下灾祸在后头。”

齐宣王说：“（这是什么道理呢？）可以讲给我听听吗？”

孟子反问道：“假如邹国人跟楚国人开战，那么您大王认为谁会得胜呢？”

齐宣王回答道：“当然楚国人会得胜。”

孟子说：“这样说来，小国本来就不可以抵挡大国，人数少的本来就不可以抵挡人数多的，势力弱的本来就不可以抵挡势力强的。现在天下拥有千里见方的土地的一共只有九个，齐国的土地加起来也不过只占九分之一。拿九分之一的地方去征服九分之八的地方，这跟邹国去和楚国对敌又有什么分别呢？您为什么不回到根本上去求得问题的解决呢？

【原文】

“今王发政施仁，使天下仕者皆欲立于王之朝，耕者皆欲耕于王之野，商贾皆欲藏于王之市，行旅皆欲出于王之涂，天下之欲疾其君者，皆欲赴愬于王[①]。其若是，孰能御之？”

王曰：“吾惛[2]，不能进于是矣。愿夫子辅吾志，明以教我。我虽不敏，请尝试之。”

曰：“无恒产而有恒心者[3]，惟士为能。若民，则无恒产，因无恒心。苟无恒心，放辟邪侈[4]，无不为已。及陷于罪，然后从而刑之，是罔民也[5]。焉有仁人在位，罔民而可为也？是故明君制民之产，必使仰足以事父母，俯足以畜妻子，乐岁终身饱，凶年免于死亡；然后驱而之善，故民之从之也轻。

“今也制民之产，仰不足以事父母，俯不足以畜妻子，乐岁终身苦，凶年不免于死亡。此惟救死而恐不赡，奚暇治礼义哉？

“王欲行之，则盍反其本矣：五亩之宅，树之以桑，五十者可以衣帛矣。鸡豚狗彘之畜，无失其时，七十者可以食肉矣。百亩之田，勿夺其时，八口之家，可以无饥矣。谨庠序之教，申之以孝悌之义，颁白者不负戴于道路矣。老者衣帛食肉，黎民不饥不寒，然而不王者，未之有也。”

【注解】

①愬（sù）：同“诉”，申诉。②惛（hūn）：同“昏”，昏乱。③恒产：恒，常，一定；产，产业。恒心：人们所常有的善心。④放：放荡。辟：同“僻”，邪僻是说不走正路，搞歪门邪道。侈：不守法制，胡作非为。⑤罔：同“网”，名词动用，是说像捕鱼一样张开网让人民陷入犯罪的罗网中。

【译文】

“现在大王如果发布命令，施行仁政，使天下想做官的人都愿意在大王的朝中做官，耕田的人都愿意在大王的田野里种地，经商的人都愿意到大王的街市上做生意，旅行的人都愿意到大王的国土上来游历，天下那些对自己的国君不满的臣僚都愿来到您大王跟前申诉。要是真能做到这样，又有谁能跟您对敌呢？”

齐宣王说：“我的脑子不大好使了，对您的构想不能有进一步的体会。希望先生辅佐我达到目的。我虽然缺乏才干，请让我试试看。”

孟子道：“一个人没有一定的维持生计的产业，却能坚持一贯向善之心，这只有读书明理的人才做得到。至于一般老百姓，只要失去一定的维持生计的产业，就会动摇一贯的向善之心。假使没有一贯的向善之心，就会放荡不走正路、胡作非为，没有什么干不出来的。等到因此犯了罪，然后对他们施加刑罚。这等于设下网罗陷害人民。哪有仁爱的国君在位，却可以干出陷害人民的事的呢？所以贤明的国君规定

行旅皆欲出于王之涂。

老百姓的产业，一定要使他们上足够奉养他们的父母亲，下足够养活他们的老婆孩子。遇上好年成尽可丰衣足食，凶年饥岁也不至于饿死；然后要求他们走上向善的道路，所以老百姓也就容易听从了。

“现在规定老百姓的产业，上不够奉养父母亲，下不够养活老婆孩子，即使年成好也是艰难困苦，遇上凶年饥岁，就更是免不了要饿死。这样连救自家人的性命都来不及，哪有空闲时间去讲究礼义呢？

“大王您既然想成就统一天下的大业，何不从根本上着手呢？五亩大的宅园，种上桑树，上了五十岁的人就可以穿上丝绵袄了；鸡和猪狗一类家畜，不耽误它们饲养繁殖的时间，上了七十岁的人就可以有肉吃了。一家人百亩的耕地，农事不失其时，八口人吃饭的人家，就可以不闹饥荒了。认真地搞好学校教育，反复地阐明孝顺父母、敬爱兄长的重要意义，须发花白的老人们就不再会肩背着、头顶着（重物件）出现在道路上了。七十岁上的人有丝绵衣穿、有肉吃，一般老百姓饿不着、冻不着，这样还不能使天下归服，是从来不曾有过的事。”

梁惠王章句下

【原文】

庄暴见孟子[1]，曰：“暴见于王，王语暴以好乐[2]，暴未有以对也。”曰：“好乐何如？”

孟子曰：“王之好乐甚，则齐国其庶几乎[3]！”

他日，见于王曰：“王尝语庄子以好乐[4]，有诸？”

王变乎色[5]，曰：“寡人非能好先王之乐也，直好世俗之乐耳。”

曰：“王之好乐甚，则齐其庶几乎。今之乐，由古之乐也[6]。”

曰：“可得闻与？”

曰：“独乐乐[7]，与人乐乐，孰乐？”

曰：“不若与人。”

曰：“与少乐乐，与众乐乐，孰乐？”

曰：“不若与众。”

“臣请为王言乐。今王鼓乐于此[8]，百姓闻王钟鼓之声，管籥之音[9]，举疾首蹙頞而相告曰[10]：‘吾王之好鼓乐，夫何使我至于此极也？父子不相见，兄弟妻了离散？’今王田猎于此，百姓闻王车马之音，见羽旄之美[11]，举疾首蹙頞而相告曰：‘吾王之好田猎，夫何使我至于此极也？父子不相见，兄弟妻子离散？’此无他，不与民同乐也。

“今王鼓乐于此，百姓闻王钟鼓之声，管籥之音，举欣欣然有喜色而相告曰：‘吾王庶几无疾病与，何以能鼓乐也？’今王田猎于此，百姓闻王车马之音，见羽旄之美，举欣欣然有喜色而相告曰：‘吾王庶几无疾病与，何以能田猎也？’此无他，与民同乐也。今王与百姓同乐，则王矣。”

【注解】

①庄暴：齐国的臣子。②乐（yuè）：音乐。③庶几："差不多"的意思，但只用于积极方面。④子：是古代对有学问、道德或爵位的人的尊称。⑤王变乎色：齐王变色是由于对自己的爱好不正当感到惭愧的缘故。⑥由：通"犹"。⑦独乐乐：前一个"乐"字读lè，是动词，爱好、欣赏的意思。后一个"乐"字读yuè，是名词，作音乐解。⑧鼓乐：奏乐。⑨管籥（yuè）：古代吹奏器，如今天笙箫之类乐器。⑩举：副词，都。疾首：头痛。蹙（cù）頞（è）：皱着鼻梁发愁的样子。頞，鼻梁。⑪羽旄（máo）：本指用鸟的五彩羽毛和旄牛的尾巴装饰的旗帜，这里作为仪仗的代称。

【译文】

庄暴见到孟子，说："齐王召见我庄暴，告诉我他喜欢音乐，我（一时）想不到用什么话来回答他。"（稍停一会儿）接着问孟子道："（一个做国君的人）喜欢音乐，究竟应不应该呢？"

孟子说："齐王要是非常喜欢音乐，那么齐国差不多就可以治理好了啊！"

后来有一天，孟子被齐宣王召见时，说："大王曾经告诉过庄暴您喜欢音乐，有这回事吗？"

王鼓乐而百姓闻之。

齐宣王一听，（惭愧得）脸都变了颜色，说："我并不是爱好先代帝王遗留下来的古乐，只不过是一些世俗流行的音乐罢了。"

孟子说："大王您要是非常喜欢音乐，那么，齐国就会治理得差不离了呢！时下流行的音乐和古代的音乐都一样嘛。"

齐宣王说："这个道理可以说给我听听吗？"

孟子（没有正面回答齐宣王，却反问）道："一个人单独享受听音乐的快乐，和跟别人一道享受听音乐的快乐，哪一种更快乐些呢？"

齐宣王说："当然跟别人一道听音乐更快乐。"

孟子（继续问）道："跟少数人一道享受听音乐的快乐和跟多数人享受听音乐的快乐，哪一种更快乐些呢？"

齐宣王说："当然跟多数人听音乐更快乐。"

孟子（紧接着）说："请让我为您陈述一下应该怎样来享受欣赏音乐的乐趣吧。假如现在大王在这里演奏音乐，老百姓一听到大王鸣钟击鼓的声音和箫管吹出的曲调，大家全都觉得头痛，皱着鼻梁互相诉苦道：'我们大王光顾自己爱好鼓乐，为何把我们弄到父子不能相见，兄弟、妻子和孩子流离失散这样困苦不堪的地步呢？'现在大王在这里打猎，老百姓听到大王车马的声音，看见华丽的仪仗，大家全都觉得头痛，皱着鼻梁互相诉苦道：'我们大王光顾自己打猎开心，为何把我们弄到父子不能相见，兄弟、妻子和孩子流离失散这样困苦不堪的地步呢？’这没有别的原因，只是由于不与老百姓一同娱乐的缘故。

“假如现在大王在这里奏乐，老百姓一听到您鸣钟击鼓的声音和箫管吹出的曲调，大家都喜形于色地奔走相告道：‘我们大王大概没有什么疾病吧，（要不然）怎么能够奏乐呢？’现在您大王在这里打猎，老百姓一听到大王车马的声音，看见华丽的仪仗，大家都喜形于色地奔走相告道：‘我们大王大概没有什么疾病吧，（要不然）怎么能打猎呢？’这没有别的原因，只是由于与老百姓一同娱乐的缘故。现在只要大王能跟老百姓一同娱乐，（就能够使人民归附于您）就可以使天下归服了。”

【原文】

齐宣王问曰：“文王之囿[①]，方七十里，有诸？”

孟子对曰：“于传有之[②]。”

曰：“若是其大乎？”

曰：“民犹以为小也。”

曰：“寡人之囿，方四十里，民犹以为大，何也？”

曰：“文王之囿，方七十里，刍荛者往焉[③]，雉兔者往焉[④]，与民同之。民以为小，不亦宜乎？臣始至于境，问国之大禁[⑤]，然后敢入。臣闻郊关之内有囿方四十里，杀其麋鹿者，如杀人之罪，则是方四十里为阱于国中。民以为大，不亦宜乎？”

郊关之内有囿方四十里，杀其麋鹿者，如杀人之罪。

【注解】

①囿（yòu）：古代帝王豢养禽兽、种植花木的园林。②传（zhuàn）：这里泛指古书。③刍（chú）荛（ráo）：刍，本指饲料；荛，本指柴火。这里的“刍荛者”，指割牧草和打柴的人。④雉（zhì）：野鸡。“雉兔者”指猎取野鸡和兔子的人。⑤大禁：重大的禁令。

【译文】

齐宣王问孟子道：“传说周文王豢养禽兽种植花木的园子有七十里见方，有这回事吗？”

孟子回答说：“在古书上是有这样的记载。”

齐宣王说：“真有这样大么？”

孟子说：“老百姓还觉得小了呢。”

齐宣王说：“我的园子，只有四十里见方，老百姓还认为大了，这是为什么呢？”

孟子说：“周文王的园子，周围七十里见方，割草的打柴的人可以到那里去，打野鸡、兔子的人也可以到那里去，文王与老百姓一同享有园子。老百姓认为小了，难道不是应该的吗？我刚到齐国边界的时候，先打听一下齐国有哪些重大的禁令，然后才敢进入国境。我听说齐国首都的郊外，有一个四十里见方的园子，射杀园子里的麋鹿，就等于犯了杀人罪，这是在国土上设下了个四十里见方的大陷阱来坑害老百姓。老百姓嫌它大了，难道不是应该的吗？”

公孙丑章句上

【原文】

公孙丑问曰：“夫子加齐之卿相①，得行道焉，虽由此霸王不异矣。如此则动心否乎？”

孟子曰：“否。我四十不动心。”

曰：“若是，则夫子过孟贲远矣②。”

曰：“是不难。告子先我不动心③。”

曰：“不动心有道乎？”

曰：“有。北宫黝之养勇也④：不肤桡⑤，不目逃⑥，思以一豪挫于人，若挞之于市朝⑦；不受于褐宽博⑧，亦不受于万乘之君；视刺万乘之君，若刺褐夫；无严诸侯⑨，恶声至，必反之。孟施舍之所养勇也⑩，曰：‘视不胜犹胜也。量敌而后进，虑胜而后会，是畏三军者也。舍岂能为必胜哉？能无惧而已矣。’孟施舍似曾子⑪，北宫黝似子夏⑫。夫二子之勇，未知其孰贤，然而孟施舍守约也。昔者曾子谓子襄曰⑬：‘子好勇乎？吾尝闻大勇于夫子矣：自反而不缩⑭，虽褐宽博，吾不惴焉；自反而缩，虽千万人，吾往矣。’孟施舍之守气，又不如曾子之守约也。”

曰：“敢问夫子之不动心与告子之不动心，可得闻与？”

“告子曰：‘不得于言，勿求于心；不得于心，勿求于气。’不得于心，勿求于气，可；不得于言，勿求于心，不可。夫志，气之帅也；气，体之充也。夫志至焉，气次焉；故曰：‘持其志，无暴其气⑮。’”

“既曰‘志至焉，气次焉’；又曰‘持其志，无暴其气’者，何也？”

曰：“志壹则动气，气壹则动志也。今夫蹶者趋者⑯，是气也，而反动其心。”

【注解】

①加：和“居”字的意思差不多。②孟贲（bēn）：卫国人，古代著名勇士。③告子：名不害。根据《墨子·公孟篇》的记载，他可能曾到墨子的门下受教。④北宫黝（yǒu）：北宫是姓，黝是名，齐国人。⑤不肤桡（náo）：桡，这里是退却的意思。不肤桡，是说不因肌肤被刺而退却。⑥不目逃：不因眼睛被刺而转开。⑦市朝：市，进行集市贸易的地方。朝，朝廷。因为上古绝无在朝廷上鞭笞打人的事，所以“市朝”二字是偏义复词，只有“市”义，而无“朝”义。⑧不受：指不接受挫辱。褐：毛布。宽博：这里指穿粗布制的宽大衣服的人（即卑贱之人）。⑨无严诸侯：严，畏。这句是说心中没有可敬畏的诸侯。⑩孟施舍：这个人的生平事迹已经无法考究。⑪曾子：即孔子的弟子曾参。⑫子夏：孔子弟子，姓卜，名商。⑬子襄：曾子的弟子。⑭缩：直。⑮持其志，无暴其气：持，保持。暴，乱。⑯蹶（jué）者：失足摔倒的人。趋者：奔跑的人。

【译文】

公孙丑问道：“老师要是官居齐国卿相的高位，能有机会实现自己的主张，哪怕从此成就霸者王者的大业，也不足为怪了。在这种情况下，那么，您会不会（感到恐惧怀疑）而动心呢？”

孟子说：“不。我四十岁时就已做到不动心了。”

公孙丑说：“照这样说来，那老师远远地超过孟贲了。”

孟子说：“做到这个并不难，告子的不动心便比我还要早。”

公孙丑又问：“做到不动心有诀窍吗？”

孟子说：“有。北宫黝培养勇气的方法是：人家刺他的皮肤他一动也不动，刺他的眼睛他一眨也不眨，他认为哪怕只是一点点为人挫败，就像在大街上鞭打了他一顿一样的奇耻大辱。他不愿受普通平民的挫辱，也不愿受大国君主的挫辱。在他看来，刺杀大国的君主，就像刺杀普通平民一样；在他心目中，没有什么国君侯王让他敬畏，谁骂了他一句，他就一定要回击。另一个叫孟施舍的培养勇气的方法又有所不同，他说：‘我对待不能战胜的敌人和对待能够战胜的敌人没有两样。如果先估量敌人的力量这才前进，先考虑胜败这才交锋，这种人若碰到数量众多的军队一定会害怕。我孟施舍难道能够稳操胜算吗？我只是能够无所畏惧罢了。’孟施舍的方法有点像曾子，北宫黝有点像子夏。两个人到底谁比谁强，我也说不准。可是，我认为孟施舍能够抓住培养勇气的要领。从前，曾子对他的学生子襄说：‘你爱好勇敢吗？我曾经从老师孔子那里听到过关于什么是大勇的论述：自己反躬自问，正义不在我，哪怕对方是个普通平民，我也不能让人家恐惧我；自己反躬自问，正义在我这一边，那怕面对千军万马，我也将勇往直前哩。’孟施舍虽说有点像曾子，但他所守的是无所畏惧的勇气，到底赶不上曾子的原则简要可行。”

公孙丑说：“我大胆问问您：老师的不动心和告子的不动心，可以讲给我听听吗？”

孟子说：“告子说：‘对于对方语言的意思有弄不清的地方，不必在自己心上去琢磨他的话有没有道理；对于一件事的道理心里未能明了，不必因此而触动意气。’对于一件事的道理心里未能明了，不因此触动意气，是对的。对于对方所说的意思有弄不清的地方，不在自己心里去琢磨他的话有没有道理，那就不对了。思想意志是意气感情的将帅，意气感情是充满人的身体的力量。思想意志到了哪里，意气感情也就在哪里表现出来；所以我说：‘一个人应该谨慎掌握自己的思想意志，不要随便感情用事。’”

公孙丑又问道：“您既然说‘思想意志到了哪里，意气感情也就在哪里表现出来’，又说‘一个人应该谨慎掌握自己的思想意志，不要随便感情用事’，这是什么道理呢？”

孟子回答说：“这是因为一个人的思想意志专注于某一个方面，他的意气感情也会受到影响从那个方面表现出来，相反，一个人的感情专注于某一个方面，他的思想意志也会受到影响被牵引到那个方面去。现在我们看看那些摔倒和奔跑的人，这只是体气在专注于他们的行动，然而也不能不影响到思想，造成心的浮动。”

【原文】

（公孙丑曰：）“敢问夫子恶乎长？”

曰：“我知言，我善养吾浩然之气。”

"敢问何谓浩然之气？"

曰："难言也。其为气也，至大至刚，以直养而无害，则塞于天地之间。其为气也，配义与道；无是，馁也。是集义所生者，非义袭而取之也。行有不慊于心[1]，则馁矣。我故曰告子未尝知义。以其外之也。必有事焉而勿正心，勿忘，勿助长也。无若宋人然：宋人有闵其苗之不长而揠之者[2]，芒芒然归，谓其人曰：'今日病矣！予助苗长矣！'其子趋而往视之，苗则槁矣。天下之不助苗长者寡矣。以为无益而舍之者，不耘苗者也；助之长者，揠苗者也——非徒无益，而又害之。"

宋人有闵其苗之不长而揠之者。

"何谓知言？"

曰："诐辞知其所蔽[3]，淫辞知其所陷，邪辞知其所离，遁辞知其所穷。生于其心，害于其政；发于其政，害于其事。圣人复起，必从吾言矣。"

【注解】

①慊（qiè）：足。②闵：忧虑。揠（yà）：拔高。③诐（bì）：偏颇，不正。蔽：遮隔、壅蔽。

【译文】

公孙丑问道："我大胆地请问您老师长于什么？"

孟子说："我善于分析理解别人的言辞，我善于培养我的浩然之气。"

公孙丑又问道："我再斗胆问一句，什么叫作浩然之气？"

孟子说："这就难以说明白了。它作为一种气，是最伟大、最刚劲的，如果用正义去培养而不伤害它的话，它就会充塞于天地之间，无所不在。它作为一种气，必须与'义'和'道'配合，否则，就会显得软弱乏力。这是由正义的经常积累所产生的，不是凭偶然的正义行为所取得的。只要你行为中有一件事自己心里感到欠缺时，那种气会变得软弱乏力。我之所以说告子从来不懂得什么是义，就因为他把'义'看成心外之物（我们必须把'义'看成心内之物）。一定要培养你的浩然之气，但不要有特定的目的，每时每刻都不要忘记养气的事，但也不要不按它成长的规律去帮助它成长。千万别像宋国人那样：宋国有个担心他的禾苗长不快而把苗拔高的人，拖着疲惫不堪的身子回到家中，对家里的人说：'今天可累坏了！我帮助禾苗长高了呢！'他的儿子赶快跑去地里一看，禾苗都干枯了。其实世上不帮助禾苗生长的人是很少。认为培养工作没有好处而抛弃它的人，那就等于是不耘苗去草的懒汉；那些违背规律地去帮助它生长的人，就是拔苗助长的人——不但没有好处，而且还害了它。"

公孙丑又接着问道："什么叫作知言呢？"

孟子说："听了偏颇不正的话，我便知道说话的人有所壅蔽；听了放荡的话，我便知道说话的人有所陷溺；听了邪僻的话，我便知道说话的人偏离了正道；听了躲躲闪闪的话，我便知道说话的人理屈词穷。这四种言辞由心里（思想上）产生出来，必然会在政治上产生危害；如果从政治方面体现了出来，便要妨害国家的各项具体工作。当今或后世即使有圣人再度出现，也必然会赞成我所说的这些话的。”

【原文】

孟子谈到从前子贡向孔子提问的事情。

公孙丑曰：“宰我、子贡善为说辞[①]；冉牛、闵子、颜渊善言德行[②]；孔子兼之，曰：‘我于辞命，则不能也。’然则夫子既圣矣乎？”

曰：“恶[③]！是何言也？昔者子贡问于孔子曰：‘夫子圣矣乎？’孔子曰：‘圣则吾不能，我学不厌而教不倦也。’子贡曰：‘学不厌，智也；教不倦，仁也。仁且智，夫子既圣矣。’夫圣，孔子不居，是何言也？”

“昔者窃闻之：子夏、子游、子张皆有圣人之一体[④]，冉牛、闵子、颜渊则具体而微[⑤]，敢问所安。”

曰：“姑舍是[⑥]。”

曰：“伯夷、伊尹何如[⑦]？”

曰：“不同道。非其君不事，非其民不使；治则进，乱则退，伯夷也。何事非君，何使非民；治亦进，乱亦进，伊尹也。可以仕则仕，可以止则止，可以久则久，可以速则速，孔子也。皆古圣人也，吾未能有行焉。乃所愿，则学孔子也。”

“伯夷、伊尹于孔子，若是班乎[⑧]？”

曰：“否。自有生民以来，未有孔子也。”

曰“然则有同与？”

曰：“有。得百里之地而君之，皆能以朝诸侯、有天下；行一不义、杀一不辜而得天下，皆不为也。是则同。”

曰：“敢问其所以异。”

曰：“宰我、子贡、有若[⑨]，智足以知圣人，汙不至阿其所好[⑩]。宰我曰：‘以予观于夫子，贤于尧舜远矣。’子贡曰：‘见其礼而知其政，闻其乐而知其德，由百世之后，等百世之王，莫之能违也。自生民以来，未有夫子也。’有若曰：‘岂惟民哉？麒麟之于走兽，凤凰之于飞鸟，太山之于丘垤[⑪]，河海之于行潦[⑫]，类也。圣人之于民，亦类也。出于其类，拔乎其萃[⑬]。自生民以来，未有盛于孔子也。’”

【注解】

①宰我、子贡善为说辞：宰我，孔子弟子宰予。子贡，孔子弟子端木赐。说辞，言语。宰我、子贡是孔子言语科中的高足，《论语》中有“言语：宰我、子贡”这样的记述。②冉牛、闵

子、颜渊善言德行：冉牛，孔子弟子冉耕，字伯牛。闵子，孔子弟子闵损，字子骞。颜渊，孔子弟子颜回，字子渊。三个人在孔子门下都是列在德行科。③ 恶：读 wū，叹词，表示惊讶不安的神情。④ 子夏、子游、子张皆有圣人之一体：子游，孔子弟子言偃。子张，孔子弟子颛（zhuān）孙师。有圣人之一体，是比喻的说法，说上述三个弟子都只得了圣人四肢中的一个肢体。⑤ 具体而微：是说具备了圣人的全体（即四肢都具备了），但是还不广大。⑥ 姑舍是：姑，暂且；舍，放下，抛开。孟子是个很自负的人，曾经说过“当今之世，舍我其谁”的豪言壮语，所以对孔门的许多弟子，他都不放在眼里，但是又不便明说，只好用“姑舍是”一语搪塞过去。⑦ 伯夷、伊尹：伯夷，商朝末年孤竹君的大儿子，跟他弟弟叔齐因互让王位而出逃。周武王伐纣时，二人曾扣住马头劝谏，武王不听，于是一同隐居在首阳山，立志不吃周朝的粮食而活活地饿死了。伊尹，有莘的处士，辅佐商汤王出兵攻打夏桀。⑧ 班：齐，等。⑨ 有若：孔子弟子，鲁国人，比孔子小十三岁。⑩ 汙：本作“洿”，孟子可能用为“洿”字的假借字。⑪ 垤（dié）：蚂蚁堆土做的窝。⑫ 行潦（lǎo）：路上的积水。⑬ 萃（cuì）：聚集。这里指聚在一起的人或事物。

【译文】

公孙丑又问道：“宰我、子贡长于言辞，冉牛、闵子和颜渊以德行见称；孔子则兼有他们的长处，但他还是说：‘我对于说话，就并不擅长。’老师您（既善于分析别人的言辞，又善养浩然之气，）已经是圣人了么？”

孟子（不禁惊诧地）说：“哎！你这是什么话呢？从前子贡向孔子问道：‘老师您已经成了圣人吗？’孔子说：‘圣人，我还不能做到，我能做到的，不过是学习不感厌倦、教诲别人不知疲劳罢了。’子贡说：‘学习不厌倦，这是智的表现；教诲别人不知疲劳，这是仁的表现。具备了仁和智这两种高尚的品德，老师您已经称得上是圣人了啊。’圣人，孔子都不敢当，你这是什么话呢？”

公孙丑又问道：“从前我听说过，子夏、子游和子张，都学得了孔圣人一方面的特长，冉牛、闵子和颜渊大体上具备孔子的才德，但不如他那样博大精深。请问老师，您在上面这些人中间与哪一个更接近呢？”

孟子说：“暂且抛开这些不谈吧。”

公孙丑又问：“伯夷和伊尹怎么样呢？”

孟子说：“他们处世之道并不相同。不是其认可的君主不侍奉，不是其认可的人民不役使，天下太平就进到朝廷去做官，天下不太平便退而隐居在野，这是伯夷处世的态度。什么君主都可以侍奉，什么人民都可以役使，天下太平也做官，天下不太平也做官，这就是伊尹的处世态度。应该做官就做官，应该辞官就辞官，应该久干下去就久干下去，应该赶快离开就赶快离开，这就是孔子的处世态度。他们都是古代的圣人。我没能做到他们那样。至于我所希望的，便是要学习孔子。”

公孙丑又问：“伯夷、伊尹对于孔子来说，是同等的吗？”

孟子答道：“不。自有人类以来没有能比得上孔子的。”

公孙丑问：“那么他们有相同的地方吗？”

孟子说：“有。如果他们得到百里见方的土地而以他们为君王，他们都能使诸侯来朝，统一天下。要他们做一件不合道理的事，杀一个无辜的人，因而得到天下，他们都不会做的。这就是他们相同的地方。”

公孙丑问道：“请问他们不同的地方在哪里呢？”

孟子说：“宰我、子贡和有若，他们的智慧足以了解孔子，即使夸张一点，也不至虚加赞扬他们喜爱的人。宰我说：‘依我宰予对老师的看法，他比尧舜高明得多。’子贡说：‘见到一个国家的礼制，就可以了解这个国家的政治；听了人家的音乐，便可以了解这个人的道德。那怕从百世以后，用同等标准（办法）依次去评价百世以来的君王，没有一个能背离孔子之道的。自有人类以来，没有出过一个像孔子这样（伟大）的人。’有若说：‘难道只有人民有高下之分么？麒麟对于走兽，凤凰对于飞鸟，泰山对于小土堆，河和海对于路上的积水，是同类；圣人对于人民，也是同类。孔子大大地超过了他的同类，在他的那一群中冒着尖儿。自有人类社会以来，没有比孔子伟大的人了。’”

【原文】

孟子曰：“人皆有不忍人之心。先王有不忍人之心，斯有不忍人之政矣。以不忍人之心，行不忍人之政，治天下可运之掌上。所以谓人皆有不忍人之心者，今人乍见孺子将入于井，皆有怵惕恻隐之心[①]——非所以内交于孺子之父母也[②]，非所以要誉于乡党朋友也[③]，非恶其声而然也。由是观之，无恻隐之心，非人也；无羞恶之心，非人也；无辞让之心，非人也；无是非之心，非人也。恻隐之心，仁之端也[④]；羞恶之心，义之端也；辞让之心，礼之端也；是非之心，智之端也。人之有是四端也，犹其有四体也[⑤]。有是四端而自谓不能者，自贼者也[⑥]；谓其君不能者，贼其君者也。凡有四端于我者，知皆扩而充之矣，若火之始然[⑦]，泉之始达。苟能充之，足以保四海；苟不充之，不足以事父母。”

【注解】

①怵（chú）惕（tì）：吃惊害怕。恻隐：伤痛不忍。②内交：即结交。内，同“纳”。③要（yāo）誉：求得好名声。要，求，谋取。④端：开始。⑤四体：四肢。人的四肢，是必不可少的。⑥贼：残害。⑦然：同“燃”。

【译文】

孟子说：“人都有一颗见人遭遇不幸而有所不忍的心。古代帝王由于有这种怜悯别人的心，这样才有了怜悯下面百姓的仁政。拿这种怜悯别人的好心，去施行怜悯百姓的仁政，治理天下就可以像运转小物件于手掌上那么容易了。我所以说每个人都有见人遭遇不幸而有所不忍的心的缘故，譬如人们突然看见无知的小孩将要爬跌到井里去，都会立即产生一种惊骇、伤痛不忍的心情——这不是为了想跟这孩子的爹娘攀交情，不是为了要在邻里朋友中博得个好名声，也不是由于厌恶孩子的啼哭声才这样做的。从这里看来，没有同情之心，算不了人；没有羞耻的心，算不了人；没有推让之心，算不了人；没有是非之心，算不了人。同情之心，是仁的开端；羞耻之心，是义的开端；推让之心，是礼的开端；是非之心，是智的开端。一个人有这四个开端，就如同他的身体有四肢一样（是他本身所固有的）。有这四个开端却自认无所作为的人，是自己害自己的人；说他的君主无所作为的人，是戕害他的君主的人。凡是在自身具有这四个开端的人，如果懂得把它们扩充起来，那就会像火刚开始点着、泉水刚开始流出（前景是无可限量的）。（一个从事政治的人）假使能够扩充这四个开端，就可以护育天下的人民；假使不扩充的话，那就连自身的爹娘也无法奉养了。”

公孙丑章句下

【原文】

孟子曰：“天时不如地利，地利不如人和①。三里之城，七里之郭②，环而攻之而不胜。夫环而攻之，必有得天时者矣；然而不胜者，是天时不如地利也。城非不高也，池非不深也，兵革非不坚利也，米粟非不多也；委而去之③，是地利不如人和也。故曰：域民不以封疆之界④，固国不以山谿之险⑤，威天下不以兵革之利。得道者多助，失道者寡助。寡助之至，亲戚畔之⑥；多助之至，天下顺之。以天下之所顺，攻亲戚之所畔，故君子有不战，战必胜矣⑦。”

【注解】

①天时：李炳英《孟子文选》【注解】说：“古代作战，以‘天干’（甲、乙、丙、丁、戊、己、庚、辛、壬、癸）、‘地支’（子、丑、寅、卯、辰、巳、午、未、申、酉、戌、亥）所标志的时日（例如：甲子日、乙卯日等）和攻守地点的方位（东、南、西、北、中央）的适当配合为条件（某日攻某方、守某方为有利），来掌握胜败、吉凶的成数，这叫作天数。”天数即是天时。②三里之城，七里之郭：古代都邑四周用作防御的高墙一般分两重，里面的叫城，外面的叫郭，也就是内城和外城。③委：弃。④域民：限制人民，使他们居住在一定的区域内，为自己所统治。⑤固国：使国防坚固，牢不可破。⑥畔：同“叛”。⑦君子有不战，战必胜矣：句中的“有”字相当于口语的“要么”。

【译文】

孟子说：“得天时不如得地利，得地利不如得人和。内城三里、外城七里的城邑，包围攻打却无法取胜。包围而攻打，一定有合乎天时的战机。可是却无法取胜，这说明得天时不如占地利呀。城墙并不是筑得不高，护城河并不是挖得不深，兵器和盔甲并不是不锐利、不坚固，粮食也并不是不多呀；可是，（当敌人一来进犯，）守兵们竟弃城而逃，这说明得地利不及得人和呀。所以说，限制人民不必靠国家的疆界，巩固国防不必凭山河的险要，威服天下不必恃武力的

地利不如人和也。

强大。行仁政的人帮助他的便多，不行仁政的人帮助他的便少。少助到了极点时，连亲戚都会背叛他；多助到了极点时，全天下都愿意顺从他。拿全天下顺从的力量去攻打连亲戚都背叛的人，那么，仁德之君要么不用战争，若用战争，是必然胜利的了。”

【原文】

孟子将朝王，王使人来曰：“寡人如就见者也[①]，有寒疾，不可以风；朝将视朝[②]，不识可使寡人得见乎？”

对曰：“不幸而有疾，不能造朝。”

明日，出吊于东郭氏[③]。公孙丑曰：“昔者辞以病[④]，今日吊，或者不可乎？”

曰：“昔者疾，今日愈，如之何不吊？”

孟子与景丑谈仁义。

王使人问疾，医来。孟仲子对曰[⑤]：“昔者有王命，有采薪之忧[⑥]，不能造朝；今病小愈，趋造于朝，我不识能至否乎？”使数人要于路[⑦]，曰：“请必无归而造于朝！”

不得已而之景丑氏宿焉[⑧]。景子曰：“内则父子，外则君臣，人之大伦也[⑨]；父子主恩，君臣主敬。丑见王之敬子也，未见所以敬王也。”

曰：“恶，是何言也！齐人无以仁义与王言者，岂以仁义为不美也？其心曰，‘是何足与言仁义也’云尔[⑩]，则不敬莫大乎是。我非尧舜之道不敢以陈于王前，故齐人莫如我敬王也。”

景子曰：“否，非此之谓也。《礼》曰：‘父召无诺[⑪]；君命召，不俟驾[⑫]。’固将朝也，闻王命而遂不果[⑬]，宜与夫礼若不相似然[⑭]。”

曰：“岂谓是与？曾子曰：‘晋、楚之富，不可及也。彼以其富，我以吾仁；彼以其爵，我以吾义，吾何慊乎哉[⑮]！’夫岂不义而曾子言之？是或一道也。天下有达尊三[⑯]：爵一，齿一，德一。朝廷莫如爵，乡党莫如齿，辅世长民莫如德。恶得有其一以慢其二哉！

“故将大有为之君，必有所不召之臣，欲有谋焉则就之。其尊德乐道，不如是不足与有为也。故汤之于伊尹，学焉而后臣之，故不劳而王；桓公之于管仲，学焉而后臣之，故不劳而霸。今天下地丑德齐[⑰]，莫能相尚[⑱]。无他，好臣其所教，而不好臣其所受教。汤之于伊尹，桓公之于管仲，则不敢召。管仲且犹不可召，而况不为管仲者乎！”

【注解】

①如：将。②朝将视朝：第一个“朝”字读zhāo，早晨。第二个“朝”字读cháo。视朝，上朝视事（办事）。③东郭氏：齐国的大夫之家。④昔者：昨日。⑤孟仲子：是孟子的堂兄

弟。⑥ 采薪之忧：是说有病不能上山打柴；这是当时士大夫交往中用来指代疾病的习惯语。⑦ 要（yāo）：拦阻。⑧ 景丑氏：齐大夫景丑家。⑨ 伦：伦常，中国传统礼教规定的人与人之间正常关系，特指尊卑长幼之间的关系。⑩ 云尔：表示必然无疑的语助词。⑪ 召：呼唤。诺：慢条斯理的应答声。⑫ 君命召，不俟驾：是说国君呼唤，不等待车辆驾好马，立即先步行。⑬ 不果：中止，没有真的实行。⑭ 宜：相当于“殆（dài）”，几乎、差不多的意思。⑮ 慊（qiàn）：憾，恨。⑯ 达尊：普天下所尊敬的事。⑰ 地丑德齐：丑，类似。整句是说现在天下的人君，土地的大小相类似，德教的好坏差不多。⑱ 莫能相尚：互相不能超过。

【译文】

孟子正打算去朝见齐王，却碰上齐王打发人来传话说：“我本是应当来看望您的，但是感冒了，不能吹风。今早我将临朝视事，不知道可不可以让我见到您？”

孟子回答说：“我也不幸得了点病，不能上朝来。”

第二天，（孟子）到齐国的大夫东郭氏家里去吊唁。公孙丑说：“昨天托病不上朝，今天却又出门去吊唁，（这样做）也许不大合适吧？”

孟子答道：“昨天有病，今天病好了，怎么不去吊唁呢？”

齐王派人来探看孟子的病，医生也同来了。孟仲子（应付）说：“昨天王命召见，恰好（先生）病了，不能上朝。今天病稍好了点，已上朝去了，我不知道他能不能到达朝中？”（孟仲子接着）打发几个人到路上拦住孟子，说：“请您一定别回家，上朝去走一趟吧！”

（孟子）没有办法，只有躲到景丑的家借住一晚。景丑（知道这种情况后）说：“在家庭内就得讲父子之亲，在家庭外就得讲君臣之义，这是人与人之间重大的伦常关系。父子之间以恩爱为主，君臣之间以尊敬为主，我只看到齐王对你的尊敬，却没有看到你对齐王是怎样尊敬的。”

孟子说：“哎！这是什么话！齐国人没有一个拿仁义之道跟齐王谈的，难道真的是认为仁义不好吗？他们心里是这样想的：‘这个王哪配跟他谈论什么仁义之道呢？’我看，再没有什么行为比这更不尊敬齐王了。我不是尧舜之道不敢拿到齐王前面陈述，所以齐国人对齐王的尊敬是谁也比不上我的。”

景丑说：“不，我说的不是这个。《礼》上说：‘父亲召唤儿子时，（儿子应立即起身回应，）决不可以慢条斯理地应答。君主召唤，应该立即动身，不等待车辆驾好马。你本来准备上朝，听到齐王召唤反而不去了，恐怕跟《礼》上说的不大相合吧。”

孟子说：“难道你说的是这个吗？曾子说过：‘晋国和楚国的豪富，是无法与之相比的。不过，他们凭借的是他们的财富，

孟子曰：故将大有为之君，必有所不召之臣，欲有谋焉则就之。

我凭借的是我的仁；他们仗的是他们的爵位，我凭借的是我的义，（和他们比起来，）我心里又有什么遗憾呢！’这话没有道理曾子会说吗？大概是有点道理的。天下有三个为人们普遍尊敬的东西：一个是爵位，一个是年龄，一个是德行。在朝廷没有比得上爵位的，在乡里没有比得上年龄的，在辅佐君主统治百姓方面就没有比得上德行的。怎能仗着自己占着一面（爵位）却去怠慢占着两面（年龄与德行）的人呢！

“所以将要大有作为的君主，一定有他不敢召唤的臣子，有什么事情要谋划，就亲自去他家里请教。他（国君）重视德行、乐于行仁政，如果不是这样，便不足和他有所作为。因此商汤王对于伊尹，先向伊尹学习，然后用他为臣，因此，不大费力气就使天下归服；桓公对于管仲，也是先向他学习，然后用他为臣，因此，不大费力气而建立霸主的事业。现在（天下的大国）土地大小差不多，君主们的道德品行也不相上下，谁也没能超过谁，这没有别的原因，就是他们欢喜以听从他们教导的人为臣，而不欢喜以有能力教导他们的人为臣。商汤王对于伊尹、齐桓公对于管仲，就不敢召唤。管仲这样的人还不可以召唤，何况不愿做管仲的人呢！”

【原文】

陈臻问曰[①]：“前日于齐，王馈兼金一百而不受[②]；于宋，馈七十镒而受；于薛[③]，馈五十镒而受。前日之不受是，则今日之受非也；今日之受是，则前日之不受非也。夫子必居一于此矣。”

孟子曰：“皆是也。当在宋也，予将有远行，行者必以赆[④]；辞曰馈赆，予何为不受？当在薛也，予有戒心[⑤]；辞曰闻戒，故为兵馈之，予何为不受？若于齐，则未有处也[⑥]，无处而馈之，是货之也[⑦]。焉有君子而可以货取乎？”

【注解】

①陈臻（zhēn）：孟子的弟子。②馈（kuì）：赠送。兼金：好金，它的价格比一般金价高出一倍，所以叫兼金。一百：百镒。古时以一镒为一金。镒（yì），二十两，一作溢，或误以一镒为二十四两。古代所说的金，多是指黄铜，并不是现在的黄金。③薛：是齐国靖郭君田婴的封邑，不是春秋的薛国，故城在今山东滕县西南。④赆（jìn）：临别时赠送的财物。⑤戒心：戒备不测的心。据说当时有人想暗害孟子，孟子为防不测，所以做了必要的戒备。⑥处：用途。⑦货：名词动用，跟下文“货取”的意思差不多，是说用财物收买。

【译文】

陈臻问孟子道：“前些日子在齐国，齐王赠送给您质好价高的黄金一百镒您却不接受。近来在宋国，（宋君）赠送七十镒黄金您接受了；在薛地，（薛君）赠送五十镒黄金您也接受了。如果前些日子的不接受是对的，那么，今天的接受就不对了。如果今天的接受是对的，那么，前些日子的不接受就不对了。您先生在这两个截然相反的做法中，一定有一个是做错了的。”

孟子说：“都是对的。在宋国的时候，我将要远出旅行，（按照惯例）对出门旅行的人一定要送点程仪，宋君当时说是送程仪，我为什么不接受呢？在薛地时，（听说有人想暗害我，）我得有所戒备，薛君当时听说我要有所戒备，因此送点钱给我购置武器，我又为什么不接受呢？至于在齐国，就没有说明是什么用途，不说明用途却要（无缘无故地）送钱给我，这无异是想收买我。哪有贤德君子可以用钱财收买的呢？”

滕文公章句上

【原文】

滕文公问为国。

孟子曰：“民事不可缓也。《诗》云：‘昼尔于茅，宵尔索绹。亟其乘屋，其始播百谷[①]。’民之为道也，有恒产者有恒心，无恒产者无恒心。苟无恒心，放辟邪侈，无不为已。及陷乎罪，然后从而刑之，是罔民也[②]。焉有仁人在位罔民而可为也？是故贤君必恭俭礼下，取于民有制。阳虎曰[③]：‘为富不仁矣，为仁不富矣。’夏后氏五十而贡，殷人七十而助，周人百亩而彻[④]。其实皆什一也。彻者，彻也[⑤]；助者，藉也[⑥]。龙子曰[⑦]：‘治地莫善于助，莫不善于贡。’贡者校数岁之中以为常[⑧]。乐岁粒米狼戾[⑨]，多取之而不为虐，则寡取之；凶年粪其田而不足，则必取盈焉。为民父母，使民盻盻然[⑩]，将终岁勤动，不得以养其父母，又称贷而益之[⑪]，使老稚转乎沟壑，恶在其为民父母也？夫世禄，滕固行之矣。《诗》云：‘雨我公田，遂及我私[⑫]。’惟助为有公田。由此观之，虽周亦助也。

滕文公问为国。

“设为庠序学校以教之[⑬]。庠者，养也；校者，教也；序者，射也。夏曰校，殷曰序，周曰庠；学则三代共之，皆所以明人伦也。人伦明于上，小民亲于下。有王者起，必来取法，是为王者师也[⑭]。《诗》云：‘周虽旧邦，其命维新[⑮]’，文王之谓也。子力行之，亦以新子之国[⑯]！”

使毕战问井地[⑰]。

孟子曰：“子之君将行仁政，选择而使子，子必勉之！夫仁政，必自经界始[⑱]。经界不正，井地不钧[⑲]，谷禄不平[⑳]。是故暴君汙吏必慢其经界。经界既正，分田制禄可坐而定也。

“夫滕，壤地褊小，将为君子焉[㉑]，将为野人焉。无君子，莫治野人；无野人，莫养君子。请野九一而助，国中什一使自赋。卿以下必有圭田[㉒]，圭田五十亩；余夫二十五亩[㉓]。死徙无出乡，乡田同井，出入相友，守望相助，疾病相扶持，则百姓亲睦。方里而井，井九百亩，其中为公田。八家皆私百亩，同养公田；公事毕，然后敢治私事，所以别野人也。此其大略也；若夫润泽之，则在君与子矣。”

【注解】

①“昼尔”四句：这几句诗出自《诗经·豳风·七月》。尔：语助词。于：取。索：搓绳。亟：同“急”。乘：升。②罔：同“网”，名词动用，“罔民”是说像捕鱼一样张开网让人民陷入犯罪的罗网中。③阳虎：即阳货，鲁国季氏的家臣。④“夏后氏五十而贡”三句：这里不过是孟子假托古史来阐述自己的理想，当时的事实可能不一定是这样。⑤彻：通。这里是说周朝这种税制是天下通行的税制。⑥藉：同“借”，指借民力来耕种公田。⑦龙子：古代贤人。⑧挍（jiào）：计量，比较。⑨粒米：犹言米粒，泛指粮食。狼戾：犹狼藉。⑩盻盻（xì）然：勤苦不休息的样子。⑪称贷：借债。益：补足。⑫雨（yù）我公田，遂及我私：诗句引自《诗经·小雅·大田》。《大田》是西周记述农事的诗。当时助法全部废除了，典籍也不存在，唯有从这首诗中还可见到周朝也是用助法，所以孟子引来作为证明。⑬设为庠（xiáng）序学校以教之：庠，养老；序，习射；学，国学；校，教民。庠、序、校都是乡里学校的名称。⑭为王者师：滕国土地少，即使行仁政，也未必能兴王业，但是却可以充任王者师。⑮周虽旧邦，其命维新：引自《诗经·大雅·文王》。《文王》是歌颂文王的诗。命，天命。⑯新：作动词，使动用法，是说使他的国家焕然一新。子：指文公，因为他年岁不大，所以孟子这样称呼他。⑰毕战：滕国的臣子。井地：即井田。⑱经界：这里经、界同义，经界即指井田的界限。⑲钧：通“均”。⑳谷禄：即俸禄，古人用谷物为俸禄，所以又称俸禄为谷禄。㉑为：有。㉒圭（guī）田：士由于德行高洁而升官，便给与田亩，以供祭祀，这种田称圭田。㉓余夫：本指农夫家还没有到成家年龄而又有一定劳动能力的剩余劳动力。

【译文】

滕文公（向孟子）询问治国的方法。

孟子说：“老百姓生产的事是刻不容缓的。《诗经》里说过：‘白天出外割茅草，晚上要把绳索搓好，急急忙忙盖屋顶，播种的时间转眼到。’老百姓的一般情况是这样，有一定的维持生计的产业便能坚持一贯的向善之心，没有一定的维持生计的产业便不能坚持一贯的向善之心。假使没有了一贯的向善之心，那就会放荡不走正路、胡作非为，没有什么干不出来的。等到因此犯了罪，然后对他们施加刑罚。这等于设下网罗陷害人民。哪有仁爱的国君在位，却干出陷害人民的事的呢？所以贤良的君主务必恭谨俭朴、礼贤下士，向老百姓征收赋税有定规。阳虎说过：‘想发财就别讲仁爱，要讲仁爱就别想发财。’夏朝每家授田五十亩，赋税行的是贡法；商朝每家授田七十亩，赋税行的是助法；周朝每家授田百亩，赋税行的是彻法，实际上征的税率都是十分之一。彻有通的意思；助有借的意思。龙子说：‘经

夫世禄，滕固行之矣。

营土地的税制没有比助法更好的，没有比贡法更不好的。’所谓贡法就是比较若干年的收成得出一个税收的定数（即不管丰年、歉年都得按这个定数征税）。丰收年景粮食到处抛置，就是多征收一点也不算苛暴，却并不多征；凶年饥岁，田里的收成甚至连第二年肥田的费用都不够，却非征满那一定数不可。一国的君主号称老百姓的父母，使老百姓整年地辛勤劳动，却没法养活自己的爹妈，还得借高利贷来凑足纳税的数字，以至使老弱辗转流亡于沟壑之中，为民父母的意义又在哪里呢？对做大官的人子孙世代享有田租收入的制度，滕国早就实行了。（但有利于老百姓的税制——助法却始终没有被采用。）《诗经》里面说：‘（希望）雨先下到公田里，然后再落到私田。’只有实行助法才会有公田，从这篇周朝的诗来看，虽是周朝，也是实行助法的。

“（人民生活有了着落，还要）设立‘庠’、‘序’、‘学’、‘校’来教育他们。‘庠’是教养的意思，‘校’是教育的意思，‘序’是习射的意思。（即地方学校）夏朝叫校，殷朝叫序，周朝叫庠，至于国家办的学校（也就是大学），三代都共用了‘学’这个名称，（无论乡学和国学）都是用来向学生阐明并教导他们明确（‘父子有亲、君臣有义、夫妇有别、长幼有序、朋友有信’这五种）社会伦常观念的。上面的诸侯卿大夫士明确并承认社会的伦常关系，小百姓们在下面自然也就亲密无间了。只要圣王兴起，便一定要来向您模仿学习的，这样您就做了圣王的老师了。《诗经》里说过：‘岐周虽是个古老的国家，但承接天命而不断革新。’这是就文王创建帝业而说的。您努力干下去，也可以使您的国家为之气象一新。”

（滕文公）又派毕战来（向孟子）询问有关井田制的问题。

孟子说：“你的国君将要实行仁政，经过精心挑选才派遣你来问我，你努力完成使命吧！实行仁政，必须从划分和理清田界着手。田界没有划分理清，井地的大小就不能做到均匀，作为俸禄的田租就不能做到合理公平。所以那些暴君和贪吏总是（千方百计）搞乱正确的田界。田界既然已经划分理清了，分田地给百姓，制定官吏的俸禄，便可以不费力作决定了。

“滕国，国土狭窄，但也有官吏，也有百姓。没有官吏，便不能治理百姓；没有百姓，便不能养活官吏。我建议你们在郊野实行九分抽一的助法，城邑使用十分抽一的贡法。卿以下的官吏各分给他们供祭祀用费的圭田，圭田规定为五十亩；对于那些被称为‘余夫’的剩余劳动力，就每人另给田二十五亩。（这样，）埋葬或搬家都不用离开本土本乡，共一井田的各家，平日出入相亲相爱，防守盗贼互助互帮，谁家有了病人，大家共同照顾，那么百姓间就做到真正的亲爱团结了。（井田制）将每一方里的土地划为一个井田单位，一个井田单位共有田九百亩，中间的百亩是公田，八户人家各耕私田一百亩，八家须得共同耕种公田。公田里的农活完毕了，然后大家才能去料理私人的事务，这样做就是为了老百姓跟官吏有所区别。这里所说的只是井田制大概情况，至于怎样修饬调整而使之完善，那就得靠你们的君主和你了。”

【原文】

有为神农之言者许行[①]，自楚之滕，踵门而告文公曰[②]：“远方之人闻君行仁政，愿受一廛而为氓[③]。”文公与之处[④]。其徒数十人，皆衣褐[⑤]，捆屦、织席以为食[⑥]。

陈良之徒陈相与其弟辛负耒耜而自宋之滕[⑦]，曰：“闻君行圣人之政，是亦圣人也，愿为圣人氓。”

陈相见许行而大悦，尽弃其学而学焉。

陈相见孟子，道许行之言曰：“滕君则诚贤君也；虽然，未闻道也。贤者与民并耕而食，饔飧而治[8]。今也滕有仓廪府库，则是厉民而以自养也[9]，恶得贤？”

孟子曰：“许子必种粟而后食乎？”

曰：“然。”

“许子必织布而后衣乎？”

曰：“否；许子衣褐。”

“许子冠乎[10]？”

曰：“冠。”

曰：“奚冠？”

曰：“冠素。”

曰：“自织之与？”

曰：“否，以粟易之。”

曰：“许子奚为不自织？”

陈相见孟子。

曰：“害于耕。”

曰：“许子以釜甑爨，以铁耕乎[11]？”

曰：“然。”

“自为之与？”

曰：“否；以粟易之。”

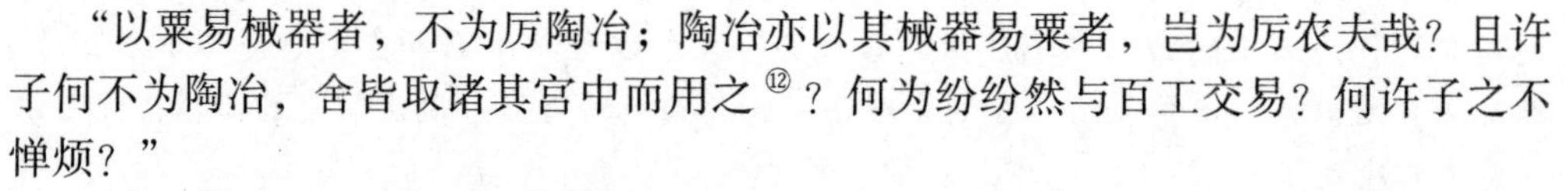

“以粟易械器者，不为厉陶冶；陶冶亦以其械器易粟者，岂为厉农夫哉？且许子何不为陶冶，舍皆取诸其宫中而用之[12]？何为纷纷然与百工交易？何许子之不惮烦？”

曰：“百工之事固不可耕且为也。”

“然则治天下独可耕且为与？有大人之事，有小人之事[13]。且一人之身，而百工之所为备，如必自为而后用之，是率天下而路也[14]。故曰，或劳心，或劳力；劳心者治人，劳力者治于人；治于人者食人[15]，治人者食于人，天下之通义也。

【注解】

①神农：炎帝神农氏，相传他第一个制造农具，教老百姓种田，是中国农耕的发明者。许行：是孟子时研究神农学说的学者。②踵：本指脚后跟，这里作动词，解作“到，登”。③廛（chán）：百姓的住宅。④处：即住所。⑤褐（hè）：本指粗布，这里指贫苦百姓穿的衣服。⑥捆（kǔn）屦（jù）：捆，织。屦，古时用麻、葛等织成的鞋。⑦陈良：楚国的儒者。耒（lěi）耜（sì）：古代一种像犁的翻土农具。⑧饔（yōng）飧（sūn）：早餐叫饔，晚餐叫飧，这里是说自己做饭吃。⑨厉：损害。⑩冠（guàn）：戴帽。⑪许子以釜（fǔ）甑（zèng）爨（cuàn），以铁耕乎：釜，古代用来煮食物的炊事用具，相当于现在的锅。甑（zèng），古代用来蒸食物的陶土炊具。爨（cuàn），烧火煮饭。铁，指铁制耕具。⑫舍：同“啥”，什么。⑬有大人之事，有小人之事：大人，与“君子”相似，有时指有德者，有时指有位者。小人，指被统治者。⑭路：名词动用，有“奔走于路上，得不到休息”的意思。⑮食（sì）人：养活。

【译文】

有位学习神农学说的学者名叫许行，从楚国来到了滕国，登门告诉文公说："远方的人听说您实行仁政，愿意接受一个住所做您的老百姓。"文公给了他住所。他的门徒几十个，都穿着粗麻布衣，靠编草鞋、织麻席子过活。

儒者陈良的门徒陈相和他的弟弟陈辛一道背着农具从宋国走到滕国，（见了文公）说："听说您实行圣人的政治，这样说来您也是圣人了，（我们）愿意做圣人的老百姓。"

陈相见到许行后十分高兴，完全抛弃他原来所学的东西，转而向许行学习。

陈相去见孟子，转述许行的话说："滕君的确是个贤明的君主；不过，还不懂得（做贤君的）道理。贤君应该跟老百姓一同种地获取口粮，还要自己弄饭吃，兼理国事。现在滕国有的是粮仓财库，那就是损害老百姓来养肥自己了，又怎算得贤德呢？"

孟子说："许子一定要自己种庄稼然后才吃饭么？"

（陈相）说："是这样。"

"许子一定要自己织布然后才穿衣服么？"

（陈相）说："不；许子穿粗麻布衣。"

"许子戴帽子么？"

（陈相）说："戴帽子。"

（孟子）说："戴什么帽子？"

（陈相）说："戴白绢帽子。"

（孟子）说："是自己织的吗？"

（陈相）说："不；用粮食换来的。"

（孟子）说："许子为什么不自己织呢？"

（陈相）说："那会妨碍做庄稼活。"

（孟子）说："许子用锅甑弄饭、用铁器种地么？"

许行之徒数十人，捆屦、织席以为食。

（陈相）说："对。"

"（这些炊具和农具）是自己制造的么？"

（陈相）说："不是；是用粮食换来的。"

"（农夫）用粮食换炊具和农具，不能算是损害泥瓦工和冶铁工；泥瓦工和冶铁工也用他们的炊具和农具换粮食，难道能说是损害了农夫吗？而且许子为什么不自己烧窑炼铁，无论什么东西都储备在家中随时取用呢？为什么要这样忙碌地跟各种工匠去交换？为什么许子这样不怕麻烦呢？"

（陈相）说："各种工匠的活儿本来就不可能在种地的同时又去兼着干。"

"那么治理天下的事难道独独可以在种地的同时去兼着干么？做官的有做官的应做的事情，当百姓的有当百姓的应做的事情。况且一个人身上（所需用的东西），是所有工匠给做的，如果一定要自己制造的东西才用，这简直是率领普天下的人全都奔忙于路途之上，永无停息了。所以说，有的人动脑筋，有的人卖力气，动脑筋的人统治别人，卖力气的人受别人统治；受人统治的人得养活别人，统治人的人受别人供养，这是天下通行的法则。

【原文】

"当尧之时，天下犹未平，洪水横流，泛滥于天下，草木畅茂，禽兽繁殖，五谷不登，禽兽偪人①，兽蹄鸟迹之道交于中国②。尧独忧之，举舜而敷治焉③。舜使益掌火，益烈山泽而焚之④，禽兽逃匿。禹疏九河⑤，瀹济漯而注诸海⑥，决汝汉，排淮泗而注之江⑦，然后中国可得而食也。当是时也，禹八年于外，三过其门而不入，虽欲耕，得乎？

"后稷教民稼穑⑧，树艺五谷；五谷熟而民人育。人之有道也⑨，饱食、煖衣、逸居而无教⑩，则近于禽兽。圣人有忧之⑪，使契为司徒⑫，教以人伦——父子有亲，君臣有义，夫妇有别，长幼有序，朋友有信。放勋曰⑬：'劳之来之⑭，匡之直之，辅之翼之，使自得之，又从而振德之⑮。'圣人之忧民如此，而暇耕乎？

"尧以不得舜为己忧，舜以不得禹、皋陶为己忧⑯。夫以百亩之不易为己忧者⑰，农夫也。分人以财谓之惠，教人以善谓之忠，为天下得人者谓之仁。是故以天下与人易，为天下得人难。孔子曰：'大哉尧之为君！惟天为大，惟尧则之，荡荡乎民无能名焉！君哉舜也！巍巍乎有天下而不与焉⑱！'尧舜之治天下，岂无所用其心哉？亦不用于耕耳。

"吾闻用夏变夷者，未闻变于夷者也。陈良，楚产也，悦周公、仲尼之道，北学于中国。北方之学者，未能或之先也。彼所谓豪杰之士也。子之兄弟事之数十年，师死而遂倍之⑲。昔者孔子没，三年之外，门人治任将归⑳，入揖于子贡，相向而哭，皆失声，然后归。子贡反筑室于场，独居三年，然后归。他日，子夏、子张、子游以有若似圣人，欲以所事孔子事之，强曾子。曾子曰：'不可；江汉以濯之，秋阳以暴之㉑，皜皜乎不可尚矣。'今也南蛮鴃舌之人㉒，非先王之道，子倍子之师而学之，亦异于曾子矣。吾闻出于幽谷迁于乔木者，未闻下乔木而入于幽谷者。《鲁颂》曰：'戎狄是膺，荆舒是惩㉓。'周公方且膺之，子是之学，亦为不善变矣。"

"从许子之道，则市贾不贰㉔，国中无伪；虽使五尺之童适市，莫之或欺。布帛长短同，则贾相若；麻缕丝絮轻重同，则贾相若；五谷多寡同，则贾相若；屦大小同，则贾相若。"

曰："夫物之不齐，物之情也；或相倍蓰㉕，或相什伯，或相千万。子比而同之㉖，是乱天下也。巨屦小屦同贾，人岂为之哉？从许子之道，相率而为伪者也，恶能治国家？"

【注解】

①偪（bī）人：偪，古逼字。②中国：指中原地区（黄河流域一带）。③敷治：分治。④益：舜的臣子，起初做火正，后来做掌管山林沼泽的虞官。⑤九河：指徒骇、太史、马颊、复釜、胡苏、简、絜、钩盘、鬲津等九条河。⑥瀹（yuè）济漯（tà）：瀹，疏通。济，水名，源于河南济源县西的王屋山。漯，水名。古漯水当出于今山东朝城县境。⑦决汝汉，排淮泗而注之江：汝、汉、淮、泗是水名。这些水不一定都流入长江，孟子不过是借此讲述大禹治水之功，未必字字实在。⑧后稷：相传名"弃"，为周朝的始祖，帝尧时为农师。⑨有：犹"为"。⑩饱食、煖（xuān）衣、逸居而无教：意思是说衣、食、住三者俱全，只是没有教育。⑪有：同"又"。⑫契（xiè）：

相传为商朝的祖先。⑬放(fǎng)勋:帝尧之名。⑭劳之来之:“劳”“来”二字意义近似,都有慰劳、慰问意思。“来”现作“徕”。⑮振德:振,救。德,对人施恩德。⑯皋(gāo)陶(yáo):虞舜时的司法官。⑰易:治。⑱“孔子曰”以下数句:是孟子引孔子赞颂尧舜的话。与,作私有、享受解。⑲倍:同“背”。⑳任:挑在肩上或是装在车上的东西,实指行李。㉑秋阳以暴(pù)之:阳,阳光。因为周历的七、八月相当于今日农历的五、六月,所以周之所谓秋阳,实为今夏日之太阳。暴,同“曝”,晒。㉒南蛮鴃(jué)舌之人:指许行。鴃,即伯劳鸟,人们讨厌它的鸣叫声,所以孟子用来比喻语言不中听的许行。㉓《鲁颂》:指歌颂鲁僖公的《閟宫》篇。膺:攻打。荆:楚的本号。舒:附楚的邻近小国。㉔贾:同“价”。㉕蓰(xǐ):五倍。㉖比(bì):有强合在一起的意思。

【译文】

“当唐尧在位的时候,天下还不安定,洪水乱流,到处泛滥,草木生长茂盛,禽兽成倍地增长,谷物没有收成;恶禽猛兽危害人类,它们的足迹遍布中原各地。尧对这种情况感到忧虑,所以选拔舜来分管治理工作。舜又派伯益掌管火正,伯益放火焚烧山林和草泽地带,禽兽奔逃躲避。(舜又派)禹疏浚九河,疏通济水、漯水,让河水流入海中,开凿汝水、汉水,疏通淮水、泗水,引导入江中。然后中原地带的人们得以耕种。禹在外面奔忙了八年,三次经过家门都不进去,(在这种情况下)即使他想耕种,又哪能成呢?

当尧之时,天下犹未平,禽兽繁殖,五谷不登。

“后稷教导百姓耕种收割,栽培谷物;谷物成熟了,百姓也就得到了养育。人类的生活规律(往往是这样),吃得饱、穿得暖、住得舒适,要是没有教育,那就会跟禽兽差不多。圣人对此又深感忧虑,便派契做(掌管教育的)司徒官,教给人们以人与人之间的道德关系——父子之间得相亲爱,君臣之间得有礼义,夫妇之间得有内外之别,长幼之间得有尊卑次序,朋友之间得有信用。放勋说:慰劳他们,纠正他们,帮助他们,使他们各得其所,(发生困难)又赈救他们,对他们施以恩德。圣人这样(辛勤)地为百姓操劳,还有空余时间去耕田吗?

“尧把得不到舜这样的人作为自己的忧虑,舜也把得不到禹和皋陶这样的人作为自己的忧虑。那些把分管的百亩田地没有耕种好作为自己的忧虑的,是农夫。把财物分送给人叫作惠,把好的道理交给别人叫作忠,替天下人找到出色的人才叫作仁。把天下让给别人容易,为天下挑选到(有能力治理天下的)人才却是难事。孔子说:‘尧作为帝王的确是伟大啊!(世上)只有天最伟大,(从古以来)只有尧能够效法天,对尧的无边圣德,百姓们简直找不到适当的词语来形容它!了不起的帝王舜呀!他那么使人敬服地坐拥天下,自己却不享受它!’尧、舜治理天下,难道不要用心思吗?只是不用到耕田上罢了。

“我只听说拿中原的文化习俗去改变边远落后民族，没有听说用过边远落后民族的一切改变中原的。陈良，原是在楚国生长的，他喜爱周公和仲尼的学说，所以跑到北方来向中原学习。北方的学者，还没有哪个能够超过他的。他真算得上个杰出的人物。你们兄弟俩向他学习了几十年，可是（你们的）老师一死便立即背叛他。从前孔子的去世，（守孝）三年已满，弟子们整理好行李担子将要各自回去，进去向子贡行礼告别，彼此望着号啕痛哭，声音都嘶哑了，然后才回去。子贡回到墓地建了一间屋子，在那里独个儿住了三年，这才回去。后来，子夏、子张和子游认为有若有点像圣人（孔子），想用侍奉孔子的礼节去侍奉他，强要曾子同意。曾子说：‘使不得；譬如用江汉的水洗濯过，在盛夏的太阳里曝晒过，真是洁白得无以复加了。（谁能再比得上孔子呢？）’现在（许行）这个来自南蛮满口方言的人，指责、反对我们古圣先王的法规，你们却背叛你们的老师反过来向他学习，这也就跟曾子完全不同了。我只听说鸟儿总是愿意从幽暗的山谷迁移到高树上去栖息的，却没有听说过从高树上迁下来到幽暗的山谷中去安家的。《鲁颂》说：‘要攻击戎狄，痛惩荆舒。’周公正是要攻击他们，你们却向这样的人学习，可算是向不好的方面改变了。”

陈相说：“按照许子的办法去做，就可以使市面上物价一律，国家里面没有欺假；哪怕是身高不满五尺的孩子上街去（买东西），也不会有谁欺骗他。棉布和丝绸长短一样，价钱也就差不多；麻线和丝绵的轻重相同，价钱也就差不多；各种谷物的多少一样，价钱也就差不多；鞋子大小相同，价钱也就差不多。”

孟子说：“各种货物的品种质量不一致，这是客观情况。有的相差一倍到五倍，有的相差十倍到百倍，有的相差千倍到万倍。你把它们强拉在一起，这是要造成天下的混乱。制作粗糙的鞋子和制作精细的鞋子卖同一价钱，人们难道会干（这样的傻事）吗？按照许子的办法去做，是带着大家一同弄虚作假，怎么能治理好国家呢？”

离娄章句上

【原文】

孟子曰：“桀纣之失天下也，失其民也；失其民者，失其心也。得天下有道：得其民，斯得天下矣。得其民有道：得其心，斯得民矣。得其心有道：所欲与之聚之①，所恶勿施，尔也②。民之归仁也，犹水之就下、兽之走圹也③。故为渊驱鱼者，獭也④；为丛驱爵者，鹯也⑤，为汤武驱民者，桀与纣也。今天下之君有好仁者，则诸侯皆为之驱矣。虽欲无王，不可得已。今之欲王者，犹七年之病求三年之艾也⑥。苟为不畜，终身不得。苟不志于仁，终身忧辱，以陷于死亡。《诗》云：‘其何能淑，载胥及溺⑦。’此之谓也。”

【注解】

①与：犹“为”，替。②尔：如此，这样；也同“耳”，解作“罢了”。这里兼有这两重意思。③圹：同“旷”，旷野。④獭（tǎ）：像小狗，栖于水中，吃鱼，有水獭、旱獭、海獭之分，通常

多指水獭。⑤ 为丛驱爵者，鹯（zhān）也：丛，密茂的树林。爵，同“雀”。鹯，古书中指鹞子一类的猛禽。⑥ 七年之病求三年之艾：艾，是一种可以用来治病的中草药。中医用燃烧的艾绒熏烤病人某一穴位来治某种病，叫作灸。这句话中的“七”和“三”不一定是实数，是年深日久的意思。⑦ 其何能淑，载胥及溺：这二句诗出自《大雅·桑柔》篇。淑，善。载，语助词。胥，皆，都。

【译文】

孟子说：“桀、纣之所以会丧失天下，是由于失去了百姓的拥护；失去了老百姓拥护的，是由于失去了民心。得到天下有办法：得到百姓的拥护，就能得到天下。得到百姓拥护有办法：得到民心，便能得到百姓的拥护。得到民心有办法：他们所需要的替他们收聚起来，他们所憎恶的不强加给他们。如此而已。百姓的归向于仁政，就像水往低处流，兽朝旷野跑。所以替深水赶来游鱼的是水獭，替森林赶来飞鸟的是鹞鹰，替汤王和武王赶来百姓的是夏桀和商纣。如果现在天下的国君中有爱好仁德的，那么诸侯们就都会替他把百姓赶来。（这样的国君）哪怕他不想称王于天下，也是办不到的了。现在妄想称王于天下的人，好比是患了七年的病而需要找到数年的陈艾来医治一样，如果平时不积蓄，那就终身也得不到。（一个国君）如果对施仁政没有兴趣，那他就要终身忧愁受辱，直到他死亡。《诗经》里说：‘（这样胡作非为）怎能把事情办好？最后终究会沉下深渊。’说的就是这种人。”

【原文】

孟子曰：“自暴者[①]，不可与有言也；自弃者，不可与有为也。言非礼义[②]，谓之自暴也；吾身不能居仁由义，谓之自弃也。仁，人之安宅也；义，人之正路也。旷安宅而弗居，舍正路而不由，哀哉！”

自暴者，不可与有言也。

【注解】

① 暴：犹“害”。② 非：毁坏。

【译文】

孟子说：“一个自暴的人，不可能跟他谈有价值的话；一个自弃的人，不可能跟他有所作为。一个人说话诋毁礼义，叫作‘自暴’；自认为不能怀仁行义，叫作‘自弃’。仁是人们最舒坦的住所；义是人们最正确的道路。一个人放着最舒坦的住所不住，丢下最正确的道路不走，真是可悲呀！”

【原文】

孟子曰：“道在迩而求诸远，事在易而求诸难。人人亲其亲、长其长，而天下平。”

【译文】

孟子说："治理天下的道理就在眼前，却要向远处去寻找；治理天下的事本是轻而易举的，却要向难处去寻找。如果人人都爱各自的父母、尊敬各自的长辈，天下自然就能够治好了。"

【原文】

孟子曰："居下位而不获于上[①]，民不可得而治也。获于上有道，不信于友，弗获于上矣。信于友有道，事亲弗悦，弗信于友矣。悦亲有道，反身不诚，不悦于亲矣。诚身有道，不明乎善，不诚其身矣。是故诚者，天之道也；思诚者，人之道也。至诚而不动者，未之有也；不诚，未有能动者也。"

【注解】

①获于上：从"居下位"至"不诚其身矣"，见《礼记·中庸》篇。获于上，是说得到上司的信任。

【译文】

孟子说："身处在下面的职位却不能得到上司的信任，便不可能治理好百姓。获得上司的信任有方法，一个人不被朋友所信任，便得不到上司的信任了。得到朋友信任有方法，一个人侍奉父母却不能得到父母的欢心，便不会被朋友信任了。得到父母的欢心有方法，一个人反省自身，缺乏诚意，便得不到父母的欢心了。要使本身具备诚心有方法，一个人不懂得什么是善，本身也就不会具备诚心了。所以诚心善性是天所赋予人的优良本质；考虑保持和发扬这种诚心善性是人为的努力。一个人做到了至诚无伪而人们却不被感动，是绝对没有的事；缺乏诚心的人是不能感动别人的。"

【原文】

淳于髡曰[①]："男女授受不亲，礼与？"

孟子曰："礼也。"

曰："嫂溺，则援之以手乎？"

曰："嫂溺不援，是豺狼也。男女授受不亲，礼也；嫂溺，援之以手者，权也[②]。"

曰："今天下溺矣，夫子之不援，何也？"

曰："天下溺，援之以道；嫂溺，援之以手——子欲手援天下乎？"

男女授受不亲。

【注解】

①淳（chún）于髡（kūn）：战国时

齐国人，先后在齐威王、宣王朝做过官。为人滑稽善辩论，机智善讽。屡次奉命出使诸侯国，从不曾受辱。② 权：凡对事情衡量得失利弊，以变通处理便叫权。

【译文】

淳于髡问（孟子）道：“男女之间不能亲手递接东西，这是礼法的规定吗？”

孟子说：“是礼法的规定。”

淳于髡又问：“如果嫂子掉河里了，那么用手去拉她呢？”

孟子说：“嫂子掉进河里而不用手去拉，这简直是豺狼了。男女之间不亲手递接东西，这是礼法的规定；嫂子掉进河里，用手拉她上岸，这是变通的办法。”

淳于髡说：“如今天下的人都像掉进了深渊中，先生您却不去援救，为什么呢？”

孟子说：“天下的人都掉进深渊，要用道去援救；嫂子掉进了河里，要用手去拉她——难道您想用手去救援掉进深渊里的天下人吗？”

【原文】

孟子曰：“不孝有三，无后为大[①]。舜不告而娶，为无后也，君子以为犹告也。”

【注解】

① 不孝有三，无后为大：在古代被封建礼教看作是不孝的三件事，除了孟子这里所说的无后外，还有所谓“阿意曲从，陷亲不义”和“家贫亲老，不为禄仕”两件事。

【译文】

孟子说：“不孝的事有三件，其中以没有子孙后代为最大。（娶妻本应先禀告父母，）帝舜没有禀告父母就娶老婆，就是因为担心没有后代。所以君子认为他这样和禀告了是一样的。”

离娄章句下

【原文】

孟子告齐宣王曰：“君之视臣如手足，则臣视君如腹心；君之视臣如犬马，则臣视君如国人；君之视臣如土芥，则臣视君如寇仇。”

王曰：“礼，为旧君有服[①]，何如斯可为服矣？”

曰：“谏行言听，膏泽下于民；有故而去，则君使人导之出疆，又先于其所往[②]；去三年不反，然后收其田里。此之谓三有礼焉。如此，则为之服矣。今也为臣，谏则不行，言则不听；膏泽不下于民；有故而去，则君搏执之，又极之于其所往[③]；去之日，遂收其田里。此之谓寇仇。寇仇，何服之有？”

【注解】

① 礼，为旧君有服：礼，指《仪礼》。旧君，过去曾侍奉过的君主。服，指穿丧服。齐宣王

觉得孟子的话说得过重了，所以故意提出这个问题来问他。② 先：先派人去。所往：所要去的国家。③ 极：这里是使穷困、走投无路之意。

【译文】

孟子告诉齐宣王说：“君王看待臣下犹如自己的手足，臣下看待君王就犹如自己的腹心；君王看待臣下犹如狗马，臣下看待君王就会如一般百姓；君王看待臣下犹如泥块草芥，臣下看待君王就会如仇敌。”

宣王（听了这番话，觉得有些过分，就故意）问道：“礼制规定：离了职的臣下要为旧日的君主服孝，在怎样的情况下他们才会为旧日的君主服孝呢？”

孟子说：“如果臣下的规劝他照办了，好的意见他听取了，恩惠遍及了百姓；臣下因故必须离开国家时，君主就派人引导他出境，并且事先派人到他所去之地布置妥当；离开三年还没回国，才收回他的封地跟房屋。这叫作三有礼。君王能做到这样，臣下（在他死了后）就会为他服孝。如今做臣下的，规劝的话不被接受，正确的意见不被采纳，所以恩惠也不曾遍及百姓；臣下因故离国时，君王就派人捉拿他，又在他所去之地故意制造种种困难；刚一离开，便没收他的封地跟房屋。这就叫作仇敌。对于仇敌，还为他服孝干嘛呢？”

【原文】

齐人有一妻一妾而处室者，其良人出[①]，则必餍酒肉而后反。其妻问所与饮食者，则尽富贵也。其妻告其妾曰：“良人出，则必餍酒肉而后反；问其与饮食者，尽富贵也，而未尝有显者来。吾将瞷良人之所之也。”

蚤起，施从良人之所之[②]，遍国中无与立谈者。卒之东郭墦间[③]，之祭者，乞其余；不足，又顾而之他——此其为餍足之道也。

其妻归，告其妾曰：“良人者，所仰望而终身也。今若此！”与其妾讪其良人，而相泣于中庭[④]，而良人未之知也，施施从外来[⑤]，骄其妻妾。

由君子观之，则人之所以求富贵利达者，其妻妾不羞也，而不相泣者，几希矣。

齐人有一妻一妾而处室者。

【注解】

① 良人：丈夫。② 施：古“斜”字。③ 墦（fán）：坟墓。④ 中庭：即庭中。⑤ 施施：得意洋洋的样子。

【译文】

齐国有户有一妻一妾的人家，她们的丈夫每次外出，就一定要吃饱酒肉才回来。他的妻子问跟他一道喝酒吃饭的是些什么人，他就说都是有钱有地位的人。他的妻子告诉他的妾说："丈夫外出，一定要酒醉饭饱之后才会回来；问跟他一道饮酒吃饭的人，个个都是有钱有地位的人，可是，从来不曾有显贵体面一些的人到家里来。我打算窥探一下丈夫所去的地方。"

清早起来，（妻子）便拐弯抹角地紧跟往丈夫所去的地方，（发现）整个都城中并没有谁跟他站着交谈的。最后（丈夫）走到东门城外的坟墓中间，向那些扫墓的人乞讨些残羹剩饭；不够，又四面望望然后走到别的扫墓的人那里去——这就是他天天醉饱的方法。

他的妻子回去，（把看到的情况）告诉他的妾，并且说："丈夫，是我们指望倚靠度过整整一生的人，现在丈夫却是这个样子！"于是跟他的妾一道在庭中咒骂丈夫，哭成一团，丈夫却一点也不知情，得意洋洋地从外面进来，在妻妾面前大耍威风。

从君子的观点看来，（现实生活中）一些人用来追求升官发财的手段，能够使他们的妻妾不感到羞耻而一块儿哭泣的，几乎是很少的。

告子章句上

【原文】

告子曰："性犹杞柳也[①]，义犹桮棬也[②]；以人性为仁义，犹以杞柳为桮棬。"

孟子曰："子能顺杞柳之性而以为桮棬乎？将戕贼杞柳而后以为桮棬也。如将戕贼杞柳而以为桮棬，则亦将戕贼人以为仁义与？率天下之人而祸仁义者，必子之言夫！"

【注解】

① 杞柳：即榉柳。② 桮（bēi）棬（quān）：是杯盘一类的用器。桮，同"杯"。

【译文】

告子说："人性好比榉柳，仁义好比杯盘；使人性具备仁义，犹如把榉柳树做成杯盘（要靠人为的力量）。"

孟子说："你能顺着榉柳的本性把它做成杯盘吗？还是得毁伤榉柳的本性，然后才能做成杯盘吧。假如是毁伤榉柳的本性才能做成杯盘，那么（你）也要毁伤人的本性以使它具备仁义么？率领天下人一同来祸害仁义的，一定就你这种论调啊！"

【原文】

告子曰："性犹湍水也，决诸东方则东流，决诸西方则西流。人性之无分于善不善也，犹水之无分于东西也。"

孟子曰："水信无分于东西。无分于上下乎？人性之善也，犹水之就下也。人无有不善，水无有不下。今夫水，搏而跃之，可使过颡；激而行之，可使在山。是岂水之性哉？其势则然也。人之可使为不善，其性亦犹是也。"

【译文】

告子说："人性就像急流的水一般，在东方冲开了缺口便向东方流去，在西方冲开了缺口便向西方流去。人性不分善和不善，就好像水流本不分东西流向一个样。"

孟子说："水的确本不分东西流向，但是水也不分上下一定的流向么？人性的向善，便和水的爱向低处流相仿佛。人（的本性）是没有不善良的，水（的本性）是没有不向下流的。那水，你一拍打它使它跳跃起来，当然，一时也可以使它高出你的额头，你设法挡它，一时也可以使它飞流上山。这难道是水的本性么？这是形势逼着它如此。人可以使之干坏事，他本性的变更也和（用外力）改变水的本性一样。"

【原文】

告子曰："生之谓性[①]。"

孟子曰："生之谓性也，犹白之谓白与？"

曰："然。"

"白羽之白也，犹白雪之白，白雪之白犹白玉之白与？"

曰："然。"

"然则犬之性犹牛之性，牛之性犹人之性与？"

【注解】

①生之谓性：告子的意思，大概是说人生之初，自然即赋给他以性，性都相同，无善恶之别。孟子即抓住告子"生之谓性"这句话，用"犬牛也是生而禀性，难道与人性没有区别吗"以驳之，借以证明自己人性善的主张完全正确。

【译文】

告子说："天生的禀赋就叫性。"

孟子说："天生的禀赋就叫性，就像白色的东西就叫白吗？"

告子说："是。"

"白羽毛的白，和白雪的白一样，白雪的白和白玉的白一样吗？"

告子说："是。"

"那么狗的天性和牛的天性一样，牛的天性和人的天性一样吗？"

【原文】

告子曰："食色，性也[①]。仁，内也，非外也；义，外也，非内也[②]。"

孟子曰："何以谓仁内义外也？"

曰："彼长而我长之，非有长于我也；犹彼白而我白之，从其白于外也，故谓之外也。"

曰："异于白马之白也，无以异于白人之白也[③]；不识长马之长也，无以异于长人之长与？且谓长者义乎？长之者义乎？"

曰："吾弟则爱之，秦人之弟则不爱也，是以我为悦者也，故谓之内。长楚人之长，亦长吾之长，是以长为悦者也，故谓之外也。"

曰："耆秦人之炙[④]，无以异于耆吾炙，夫物则亦有然者也，然则耆炙亦有外与？"

【注解】

① 食色，性也：告子这句话是说食色出自本身之所需，不是外加的，是内而不是外。下章孟子说："口之于味也，有同耆焉；耳之于声也，有同听焉；目之于色也，有同美焉；至于心，独无所同然乎？"《礼记·礼运》篇也说："饮食男女，人之大欲存焉。"语意与告子同。②"仁，内也"六句：在告子看来，仁由内出，为性中所本有，义外非内，则为性中所本无。早于孟子的墨翟在《墨子·经说下》中对仁内义外之说就曾作过有力的批驳。可见关于仁内义外之争，由来已久。③ 异于白马之白也，无以异于白人之白也：上句"异于"二字可能是多出的。④ 耆：同"嗜"。

【译文】

告子说："饮食和男女两件事，是人的本性。仁，存在于人本身之内，不是在本身之外；义，存在于人本身之外，不是在本身之内。"

孟子说："为什么说仁在身内义在身外呢？"

告子答道："因为他年长所以我将他看作长者加以尊敬，年长在他不在于我，就好像它是白色的东西因而我认为它白，这是由于外在物的白色所决定的，（并不是我脑子里先存有白色的观念，）所以说它是外在的东西。"

孟子问道："白马的白和白人的白固然没有多少不同，但不知对老马的尊敬跟对年长的人的尊敬是不是也没有多少区别呢？而且你所说的义，是指长者呢，还是指尊敬长者的心呢？（如果义不在于他的年长，而在于我尊敬长者之心，那么，义就还是在内不是在外哩。）"

告子说：食色，性也。

告子（继续辩解）说："对于我自己的的弟弟就爱，对于秦人的弟弟就不爱，这就可见爱不爱在于我自己，所以我（把仁）叫作内在的东西。尊敬楚人的长者，也尊敬我的长者，这可见爱不爱决定于他人的年长，所以我（把义）叫作外在的东西。"

孟子（继续反驳）说："爱吃秦人的烧肉和爱吃我们自己的烧肉是没有多少区别的，看来各种事物也都有相类似的情况，那么喜爱吃烧肉的心思难道也是存在于身外吗？（这样，'食色'还能称之为'性'么？）"

【原文】

孟子曰："鱼，我所欲也；熊掌，亦我所欲也；二者不可得兼，舍鱼而取熊掌者也。生，亦我所欲也，义，亦我所欲也；二者不可得兼，舍生而取义者也。生亦我

鱼，我所欲也；熊掌，亦我所欲也。

所欲，所欲有甚于生者，故不为苟得也；死亦我所恶，所恶有甚于死者，故患有所不辟也。如使人之所欲莫甚于生，则凡可以得生者，何不用也？使人之所恶莫甚于死者，则凡可以辟患者，何不为也？由是则生而有不用也，由是则可以辟患而有不为也，是故所欲有甚于生者，所恶有甚于死者。非独贤者有是心也，人皆有之，贤者能勿丧耳。一箪食，一豆羹[①]，得之则生，弗得则死，嘑尔而与之[②]，行道之人弗受；蹴尔而与之[③]，乞人不屑也。万钟则不辩礼义而受之[④]；万钟于我何加焉？为宫室之美、妻妾之奉、所识穷乏者得我与[⑤]？乡为身死而不受，今为宫室之美为之；乡为身死而不受，今为妻妾之奉为之；乡为身死而不受，今为所识穷乏者得我而为之，是亦不可以已乎？此之谓失其本心。”

【注解】

①豆：古代用来盛羹汤或肉食的器皿。②嘑：同“呼”，呵叱声。③蹴（cù）：踢。④辩：同“辨”。⑤得：与“德”通。

【译文】

孟子说：“鱼，是我所喜爱的；熊掌，也是我所喜爱的，如果两者不能都得到，我就舍弃鱼而要熊掌。生命是我所珍爱的，义也是我所珍爱的；如果两者不能都得到，我就放弃生命而要义。生命也是我所珍爱的，但我所珍爱的东西中有超过了生命的，所以就不干苟且偷生的事；死亡也是我所讨厌的，但我所讨厌的东西中有超过了死亡的，所以有的祸灾就不躲避。假如人们所珍爱的东西中没有超过生命的，那么凡是能够保命的手段，哪样不采用呢？假如人们所讨厌的东西中没有超过死亡的，那么凡是能够躲避祸患的事，哪件不会做呢？通过这种手段就能够保命，然而有的人却不采用；只要这样做就能够躲避祸患，然而有的人却不做。所以，（这样看来，）人们所喜爱的东西有超过生命的，所厌恶的东西有超过死的。不仅是贤德的人有这种想法，人人都有，只是贤人不会丧失它罢了。一筐饭，一碗汤，得到就能活命，得不到就可能死亡，但如果呵叱着施舍给别人，哪怕是过路的饿汉也不会接受；拿脚踢着施舍给别人，那就连乞丐也会不屑一顾。可如今万钟的俸禄，有的人连问也不问是否合乎礼义就接受了它。万钟的俸禄到底能给我增加些什么呢？是为了居室的华丽、妻妾的侍奉和所认识的穷人（因获得我的周济）而感激我吗？以前就算是死也不肯接受，现在却为了能住上华丽的居室而甘心这样做；以前就算是死也不肯接受，现在却为了能得到妻妾的侍奉而甘心这样做；以前就算是死也不肯接受，现在却为了让所认识的穷人（因获得我的周济）感激我而甘心这样做，这些行径难道不也是可以停止的么？这就叫丧失了他的本性。”

告子章句下

【原文】

任人有问屋庐子曰[①]：“礼与食孰重？”

曰：“礼重。”

“色与礼孰重？”

曰：“礼重。”

曰：“以礼食，则饥而死；不以礼食，则得食，必以礼乎？亲迎[②]，则不得妻；不亲迎，则得妻，必亲迎乎？”

屋庐子不能对，明日之邹，以告孟子。

孟子曰：“于答是也何有？不揣其本，而齐其末，方寸之木可使高于岑楼[③]。金重于羽者，岂谓一钩金与一舆羽之谓哉[④]？取食之重者与礼之轻者而比之，奚翅食重[⑤]？取色之重者与礼之轻者而比之，奚翅色重？往应之曰：‘紾兄之臂而夺之食[⑥]，则得食；不紾，则不得食，则将紾之乎？逾东家墙而搂其处子[⑦]，则得妻；不搂，则不得妻，则将搂之乎？’”

【注解】

①任（rén）：国名，在今山东济宁县境内。屋庐子：孟子弟子。②亲迎（yìng）：新郎亲自去新娘家迎娶。③岑（cén）楼：高楼。岑，山小而高。④一钩金：钩指带钩，一钩金是说作成一带钩所需的金，言金的数量之小。⑤奚翅：岂是。“翅”与“啻”同。⑥紾（zhěn）：扭转。⑦处子：处女。

【译文】

任国有人问屋庐子道：“礼和食哪样更重要？”

屋庐子答道：“礼重要。”

这个人（紧接着）问道：“色和礼哪样重要？”

屋庐子答道：“礼重要。”

这个人又问道：“要是按照礼节去找食物，就得饿死；不按照礼节去找食物，就能得到食物，是不是一定要按照礼节行事呢？要是行亲迎礼，便得不到妻子；不行亲迎礼，就能得到妻子，是不是一定得行亲迎礼呢？”

屋庐子不能回答，第二天便跑到了邹国，把这些问题告诉了孟子。

孟子说：“对于回答这些问题又有什么难处呢？如果不去度量基地的高低是否一致，却只顾去比它们上面的高低，那么即使仅是一寸厚的木块，（把它搁在高地方，）你也可以使它比尖顶的高楼还要高。我们说金子比羽毛更重，难道是说一个小小金带钩的重量比一大车子羽毛还要重么？拿关系重大的吃的问题与无足轻重的礼的细微末节去相比，岂是吃的问题重要吗？拿有关男女结合的重要问题与无足轻重的礼的细微末节去相比，岂是男女问题重要吗？你去回答他说：‘扭伤哥哥的胳膊夺去他的食物，就可以得到吃的；不扭伤，就得不到吃的，那你会去扭伤他的胳膊吗？跳过东家的墙去搂抱他家的姑娘，就可以得到老婆；不搂抱，就得不到老婆，那你会去搂抱她吗？’”

【原文】

曹交问曰[1]：“人皆可以为尧舜，有诸？”

孟子曰：“然。”

“交闻文王十尺，汤九尺，今交九尺四寸以长，食粟而已，如何则可？”

曰：“奚有于是？亦为之而已矣。有人于此，力不能胜一匹雏，则为无力人矣；今曰举百钧，则为有力人矣。然则举乌获之任[2]，是亦为乌获而已矣。夫人岂以不胜为患哉？弗为耳。徐行后长者谓之弟，疾行先长者谓之不弟。夫徐行者，岂人所不能哉？所不为也。尧舜之道，孝弟而已矣。子服尧之服，诵尧之言，行尧之行，是尧而已矣。子服桀之服，诵桀之言，行桀之行，是桀而已矣。”

人皆可以为尧舜。

曰：“交得见于邹君，可以假馆，愿留而受业于门。”

曰：“夫道若大路然，岂难知哉？人病不求耳。子归而求之，有余师！”

【注解】

① 曹交：春秋曹君的后裔。② 乌获：古时有名的大力士。

【译文】

曹交问孟子道：“人人都可以成为尧舜，有这个说法吗？”

孟子说：“是的。”

（曹交又问：）“我听说文王身长十尺，汤身长九尺，如今我身长九尺四寸多，（可是每天）只知道吃饭罢了，要怎样才能够（成为尧舜）呢？”

孟子说：“这有什么呢？也无非是要去做而已。假如这里有个人，自认为力气不如一只小鸡，那他就是没有力气的人了；现在他说他能举起三千斤重的东西，那他就是有力气的人了。那么，要是能举起乌获所举过重量的，这也就成为乌获了。人所害怕的难道是在于不能胜任吗？在于不去做罢了。慢慢地跟在长者的后边走，叫作孝顺，快快抢在长者的前面走，叫作不教顺。慢点儿走，难道是人不能做到的吗？只是不去做罢了。尧舜之道，也只是孝悌而已。你穿尧穿的衣服，说尧说的话，做尧做的事，就成为尧了。你穿桀穿的衣服，说桀说的话，做桀做的事，就成为桀了。”

曹交说：“我能见到邹君，可以借个馆舍，我愿意留下来在您的门下受教。”

孟子说：“尧舜之道就像大路一样，难道很难懂吗？就怕人自己不去探求罢了。你回去自己好好探求，老师有的是。”

【原文】

孟子曰："舜发于畎亩之中[①]，傅说举于版筑之间[②]，胶鬲举于鱼盐之中[③]，管夷吾举于士[④]，孙叔敖举于海[⑤]，百里奚举于市[⑥]。故天将降大任于是人也，必先苦其心志，劳其筋骨，饿其体肤，空乏其身，行拂乱其所为，所以动心忍性，曾益其所不能[⑦]。

"人恒过，然后能改；困于心，衡于虑[⑧]，而后作；徵于色，发于声，而后喻。

"入则无法家拂士[⑨]，出则无敌国外患者，国恒亡。然后知生于忧患而死于安乐也。"

【注解】

①畎（quǎn）：田间小沟。畎亩，田间，田地。②傅说举于版筑之间：版筑，在夹版中填土，再用杵夯实以成墙。傅说原是判了刑的人，殷高宗武丁从苦役中起用了他。③胶鬲（gé）举于鱼盐之中：胶鬲是从卖鱼盐的商贩子中被举用起来的。胶鬲，商朝贤臣，起初贩卖鱼和盐，周文王把他举荐给纣。后来又辅佐周武王。④管夷吾：即管仲。士：主管监狱的官。⑤孙叔敖举于海：孙叔敖隐居在海滨，楚庄王起用他为令尹。⑥百里奚举于市：百里奚是春秋时期虞国大夫，虞王被俘后，他由晋入秦，又逃到楚，后来秦穆公用五羖（gǔ，黑色公羊）羊皮把他赎出来，任其为大夫。市，市场，做买卖的地方。⑦曾：同"增"。⑧衡于虑：思想堵塞。衡，通"横"，堵塞，指不顺。⑨拂（bì）：辅佐。

【译文】

孟子说："舜是在田野中发迹的，傅说是从筑墙的苦役中被提拔的，胶鬲是从贩卖鱼和盐的行业中被推举上来的，管夷吾是从狱官手中选拔出来充任国相的，孙叔敖是从海边僻远的地方拔用的，百里奚是从畜牧业主那里赎买来的。所以上天要把治国治民的重任加在这人肩上，一定先要（给他降临种种困难，）使他心烦意乱，筋骨疲乏，肚肠饥饿，身无分文，以干扰他做事，从而令他从心意竦动中得到锻炼，性格变得坚韧，由此而增加他的能力。

管夷吾是从狱官手中选拔出来充任国相的。

"一个人，经过了多次错误和失败，然后才能改过自新；经过了艰苦的思想斗争，然后才能有所作为；憔悴的脸色和慷慨的悲歌表现出来了，然后才能得到人们的了解。

"一个国家，要是内没有通晓法度的大臣和足以辅佐国君的士子，外又缺乏对敌国侵扰的远虑，这样的国家常常是要灭亡的。从这里，我们可以懂得人为什么在忧患中能够生存，而在安乐中却反会遭到毁灭的道理了。"

尽心章句上

【原文】

孟子曰：“尽其心者，知其性也。知其性，则知天矣。存其心，养其性，所以事天也。夭寿不贰，修身以俟之，所以立命也。”

【译文】

孟子说：“能够竭尽他的善心的，便是真正了解了人的本善的天性。懂得了人的本善的天性，就是懂得了天命。（一个人）保存他的善心，培养他本善的天性，目的就在于正确对待天命。无论短命或是长寿，都毫不怀疑动摇，只是修身养性以等待天命，这便是安身立命的方法。”

【原文】

孟子曰：“莫非命也[①]，顺受其正！是故知命者不立乎岩墙之下[②]。尽其道而死者，正命也；桎梏死者，非正命也。”

【注解】

① 莫非命：这句是警戒之辞，警戒一个人不可非命而死。莫，即不要。② 岩墙：将要倒坍的墙。

【译文】

孟子说：“不要去非命而死，而要顺理而行，接受正常的天命吧！所以懂得天命的人不会站到就要倒塌的墙壁下面。一切完全按照正道行事而死的人，他所接受的是正常的天命，那些因为犯罪坐牢而死的人，他们所接受的就不是正常的天命。”

【原文】

孟子曰：“求则得之，舍则失之，是求有益于得也，求在我者也。求之有道，得之有命，是求无益于得也，求在外者也。”

求之有道，得之有命。

【译文】

孟子说：“（有的东西）追求它就能得到，放弃它就会失掉，这种追求对获得（这个东西）有益处的，因为所追求的东西就存在于我本身之内，（能否获得它，就看我自己而已。）（有的东西）追求它要有一定的原则，能否得到它得看命运的安排，这种追求对获得（这个东西）是毫无益处的，因为所追求的东西存在于我的身外，（能不能得到它就由不得自己了）。”

【原文】

孟子曰：“万物皆备于我矣。反身而诚，乐莫大焉。强恕而行，求仁莫近焉。”

【译文】

孟子说：“世间的一切，我都具备了。如果我反躬自问，发现自己是诚实的，就没有什么比这更使我快乐的了。凡事努力推行推己及人的恕道，达到仁德的道路就没有比这更近的了。”

【原文】

孟子曰：“行之而不著焉，习矣而不察焉，终身由之而不知其道者，众也。”

【译文】

孟子说：“（人人都有仁义之心，）如果仅仅这样做下去，却不明白为什么要这样做，天天习以为常，却不问个所以然，终生终世打这条道路走，却不考察一下这是条什么道路，这种人便是一般的人。”

【原文】

孟子曰：“无为其所不为，无欲其所不欲，如此而已矣。”

【译文】

孟子说：“不干那些自己不愿干的事，不要那些自己不该要的东西，这样就足够了。”

尽心章句下

【原文】

孟子曰：“不仁哉梁惠王也！仁者以其所爱及其所不爱，不仁者以其所不爱及其所爱。”

公孙丑曰：“何谓也？”

“梁惠王以土地之故，糜烂其民而战之。大败，将复之，恐不能胜，故驱其所爱子弟以殉之，是之谓以其所不爱及其所爱也。”

【译文】

孟子说：“梁惠王委实不仁啊！一个仁爱的人会将他施加于所爱的人的恩泽推广开去，泽被到他所不爱的人的身上，（相反，）一个薄情寡恩的人却会拿他施加于他所不爱的人的荼毒连累及他所心爱的人。"

公孙丑听了，问道："这话怎么讲呢？"

孟子答道："梁惠王为了扩张土地，把他所不爱的百姓投入战争的血海，使他们弃尸原野、肝脑涂地。吃了大败仗后，又将卷土重来，却担心百姓不肯替他卖命，所以不惜驱使他所心爱的子弟上战场去送死，这便叫作拿他施加于他所不爱的人的荼毒连累他所心爱的人。"

【原文】

孟子曰："春秋无义战[①]。彼善于此，则有之矣。征者，上伐下也，敌国不相征也。"

【注解】

①春秋无义战：春秋之时礼崩乐坏，诸侯之间因为各自利益而相互攻伐，故云。

【译文】

孟子说："春秋那个时代几乎没有合乎义的战争，（相对而言，）那次战争比这次战争好点（的情况），还是有的。（为什么说春秋没有合乎义的战争呢？因为）'征讨'这个词，是指上面的天子讨伐下面违反王命的诸侯，地位相等的国家是不得互相征伐的。"

【原文】

孟子曰："尽信《书》，则不如无《书》。吾于《武成》，取二三策而已矣[①]。仁人无敌于天下，以至仁伐至不仁，而何其血之流杵也[②]？"

【注解】

①策：古人用于书写记录、用竹简编联成的竹册。②杵：舂米的木棒。

【译文】

孟子说："完全相信《尚书》，还不如没有《尚书》。我对于《尚书》中《武成》这篇文章，只不过采用其中两三段文字罢了。一个仁德的人在天下是没有敌人的，以周武王这样仁爱的贤君，去讨伐商纣那样最不仁爱的暴君，（百姓是极其欢迎的）所以又怎么会发生血流成河，连舂米的木棒都给血河漂走的事呢？"

【原文】

孟子曰："有人曰：'我善为陈[①]，我善为战。'大罪也。国君好仁，天下无敌焉。南面而征北狄怨[②]，东面而征西夷怨，曰：'奚为后我？'武王之伐殷也，革车三百两，虎贲三千人[③]。王曰：'无畏！宁尔也，非敌百姓也。'若崩厥角稽首[④]。征之为言正也，各欲正己也，焉用战？"

【注解】

①陈：即"阵"本字。②北狄：焦循《孟子正义》本作"北夷"，朱熹《孟子集注》本作"北

狄”。③ 革车三百两，虎贲（bēn）三千人：革车，兵车。两，同“辆”。虎贲，古时用来喻指勇士、武士，此处是说猛怒如老虎的奔赴；三千人，《书序》作三百人。④ 崩：指山崩塌，这里用来形容百姓叩头的众声轰然。厥：顿。角：额角。厥角，即以额角触地，也即“顿首”“叩头”的意思。

【译文】

孟子说：“有人说，‘我善于陈兵列将摆成作战阵势，我善于打仗取胜。’这实际是该服上刑的大罪过。只要国君好行仁德，天下便没有敌手。（过去商汤大起义师，）他讨伐南方，北方的狄族便埋怨。他讨伐东方，西方的夷族同样也埋怨，他们说：‘为什么把我们搁在后面呢？’周武王去讨伐殷纣时，派出兵车三百辆、勇士三千人。武王告谕殷商的百姓道：‘别害怕！我们是来帮助你们得到安定生活的，不是来跟你们百姓作对的。’百姓们听了一齐伏在地上把额角碰着地面叩起头来，顿时像山岳崩塌似地一片响。‘征’这个字含有正的意思，（被暴君压榨虐害的各国百姓）都想匡正自己的国家，哪里又用得着战争呢？”

【原文】

孟子曰：“不信仁贤则国空虚；无礼义，则上下乱；无政事，则财用不足。”

【译文】

孟子说：“不信任有仁德有才干的人，国家便会空虚无人；国家没有礼义来定尊卑地位，上下的关系便会一片混乱；没有好的政治（来保障生产的正常进行，赋税的合理征收，）国家的财政收支便会感到不足。”

【原文】

孟子曰：“不仁而得国者，有之矣；不仁而得天下，未之有也。”

【译文】

孟子说：“不行仁德却能得到一个国家，这样的事是有的；不行仁德却能得到整个天下，这样的事是从来没有的。”

【原文】

孟子曰：“民为贵，社稷次之，君为轻。是故得乎丘民而为天子[①]，得乎天子为诸侯，得乎诸侯为大夫。诸侯危社稷，则变置。牺牲既成，粢盛既絜[②]，祭祀以时，然而旱干水溢，则变置社稷。”

得乎丘民而为天子，得乎天子为诸侯，得乎诸侯为大夫。

【注解】

① 丘民：丘，众，丘民即民

众。此处指民心。② 絜：同“洁”，干净。

【译文】

孟子说：“百姓，是最重要的，社稷其次，君主又更次要一点。所以赢得民心便可以做天子，赢得天子的心便可以做诸侯，赢得诸侯的心便可以做大夫。如果诸侯对国家有害，就改立别的人。如果牲口已经足够肥大，祭品也已经足够干净，祭祀又按时进行了，可是旱灾和水灾还是肆虐，那就得另外改立土谷之神了。”

【原文】

孟子曰：“圣人，百世之师也，伯夷、柳下惠是也。故闻伯夷之风者，顽夫廉，懦夫有立志；闻柳下惠之风者，薄夫敦，鄙夫宽。奋乎百世之上，百世之下，闻者莫不兴起也。非圣人而能若是乎——而况于亲炙之者乎？”

【译文】

孟子说：“圣人是百代人的老师，伯夷和柳下惠正是这样的人。所以在那些听到伯夷的风格和操守的人当中，即使是贪婪的人也变得廉洁了，懦弱的人也变得意志坚强了；在那些听到柳下惠的风格和操守的人当中，即使是刻薄成性的人也变得厚道了，胸襟狭隘的人也变得宽宏大度了。他们在百代之前奋发有为，百代之后，听到他们事迹的人没有不为之兴奋振作的。不是圣人能够像这样吗？——更何况对于那些同时代受他们熏陶的人呢？”

【原文】

孟子曰：“仁也者，人也。合而言之，道也。”

【译文】

孟子说：“‘仁’这个字的含义就是‘人’，把‘仁’和‘人’合起来讲，就是道。”

【原文】

孟子曰：“孔子之去鲁，曰：‘迟迟吾行也。’去父母国之道也。去齐，接淅而行。去他国之道也。”

【译文】

孟子说：“孔子离开鲁国时，说：‘我们慢慢地走吧。’这是告别母国（应取）的态度。离开齐国时，把正在淘的米漉干了就走。这是离开别国（所采

孔子去齐，接淅而行。去他国之道也。

取）的态度。”

【原文】

孟子曰：“贤者以其昭昭，使人昭昭；今以其昏昏，使人昭昭。”

【译文】

孟子说：“贤明的人教人，凭着自己的透彻明了，帮助别人也透彻明了；现在那些教人的人，就凭自己糊里糊涂的头脑，却要使别人透彻明了。”

【原文】

孟子谓高子曰：“山径之蹊间①，介然用之而成路②；为间不用，则茅塞之矣。今茅塞子之心矣。”

【注解】

①山径：山坡。蹊：鸟兽走的小路。②介然：执著、坚持的意思。用：行。

【译文】

孟子对高子说：“山坡上那些野兽走过的地方，如果人们持续地在上面走因而便成了路，只要隔一会儿不去走，茅草就会将它塞掉。现在你的心也给茅草堵塞了。”

【原文】

孟子曰：“口之于味也，目之于色也，耳之于声也，鼻之于臭也①，四肢之于安佚也，性也；有命焉，君子不谓性也。仁之于父子也，义之于君臣也，礼之于宾主也，知之于贤者也，圣人之于天道也，命也；有性焉，君子不谓命也。”

【注解】

①臭（xiù）：气味，与读chòu作为香臭之“臭”不同，杨伯峻《孟子译注》说：“上句‘味’‘色’‘声’都是中性词（不含美恶之义），但用在此处，则指‘美味’‘美色’‘乐声’，此种用法，以前诸章不乏其例。‘臭’字亦如此。‘臭’的本义是‘气味’，不论香臭都叫‘臭’，此则专指芬芳之气。正如《左传·僖公四年》的‘一薰一莸，十年尚犹有臭’的‘臭’专指恶臭一般。”

【译文】

孟子说：“口喜欢美味，眼睛喜欢美色，耳朵喜欢好听的声音，鼻子喜欢芳香的气味，四肢喜欢舒适，都是天性的嗜好；可是（能否都称心如意地得到它们，）这中间又有个命运好坏的问题，所以君子不强调天性，（不加强求。）仁对于父子，义对于君臣，礼对于宾主，知对于贤者，圣人对于天道，它们能否一一各得其宜，这是属于命运的问题，其中也有天性的作用，所以君子不把它们看成是命运的安排（以便尽力而为，希望性分所定的东西都能见诸实行）。”

《尚书》

《尚书》是中国最古的记言的历史典籍。这里的“尚”是上古的意思，也有崇尚之意，这里的“书”是公文的意思，它的性质相当于后世的档案，不是泛指图书。

尧典

【原文】

昔在帝尧，聪明文思[1]，光宅天下[2]。将逊于位，让于虞舜[3]，作《尧典》。

曰若稽古[4]，帝尧曰放勋，钦明文思安安[5]，允恭克让[6]，光被四表[7]，格于上下[8]。克明俊德[9]，以亲九族[10]。九族既睦，平章百姓[11]。百姓昭明，协和万邦。黎民于变时雍[12]。

乃命羲和[13]，钦若昊天[14]，历象日月星辰[15]，敬授人时。分命羲仲，宅隅夷[16]，曰旸谷[17]。寅宾出日[18]，平秩东作[19]。日中[20]，星鸟[21]，以殷仲春[22]。厥民析[23]，鸟兽孳尾[24]。申命羲叔，宅南交[25]。平秩南为[26]，敬致[27]。日永[28]，星火[29]，以正仲夏。厥民因[30]，鸟兽希革[31]。分命和仲，宅西，曰昧谷，寅饯纳日[32]，平秩西成[33]。宵中[34]，星虚[35]，以殷仲秋。厥民夷[36]，鸟兽毛毨[37]。申命和叔，宅朔方[38]，曰幽都，平在朔易[39]。日短[40]，星昴[41]，以正仲冬。厥民隩[42]，鸟兽氄毛[43]。帝曰：“咨[44]！汝羲暨和[45]，期三百有六旬有六日[46]，以闰月定四时，成岁。允厘百工[47]，庶绩咸熙[48]。

帝曰：“畴咨若时登庸[49]？”

放齐曰：“胤子朱启明[50]。”

帝曰：“吁！嚚讼可乎[51]？”

帝曰：“畴咨若予采[52]？”

欢兜曰：“都！共工方鸠僝功[53]。”

帝曰：“吁！静言庸违，象恭滔天[54]。”

帝曰：“咨！四岳，汤汤洪水方割，荡荡怀山襄陵，浩浩滔天。下民其咨，有能俾乂[55]？”

佥曰：“於！鲧哉[56]。”

帝曰：“吁！咈哉，方命圮族[57]。”

岳曰：“异哉！试可乃已[58]。”

帝曰，“往，钦哉[59]！”九载，绩用弗成。

帝曰："咨！四岳。朕在位七十载，汝能庸命，巽朕位[60]？"

岳曰："否德忝帝位[61]。"

曰："明明扬侧陋[62]。"

师锡帝曰："有鳏在下[63]，曰虞舜。"

帝曰："俞[64]！予闻，如何？"

岳曰："瞽子，父顽，母嚚，象傲，克谐。以孝烝烝，乂不格奸[65]。"

帝曰："我其试哉！"女于时[66]，观厥刑于二女[67]。"厘降二女于妫汭，嫔于虞[68]。

帝曰："钦哉！"

尧帝命令羲氏与和氏，恭谨制定历法。

【注解】

①文：治理天下。思：考虑事情很果断，有计谋。②宅：充满。③逊：退避。让：禅让。④曰若：发语辞，常用于追述往事的开端。稽：考察。⑤钦：恭敬。明：明察四方。安安：温和，宽容。钦、明、文、思、安安，概指尧的五德。⑥允：诚实。恭：恭谨。克：能够。让：推贤尚善。⑦被：覆盖。四表：四海之外。⑧格：到达。上下：指天地。⑨俊：才智超人。⑩九族：君主的至亲，指高祖、曾祖、祖、父、自己、子、孙、曾孙、玄孙九代。⑪平：分辨。章：彰明。百姓：百官族姓。⑫黎：众。于变：相递变化。时：善。雍：和睦。⑬羲和：羲氏与和氏，相传都是重黎的后代，世世掌管天地和四时。⑭若：顺从。昊：广大。⑮历：推算。象：取法。⑯宅：居住。隅夷：地名，相传在东海之滨。⑰旸（yáng）谷：传说中日出的地方。⑱寅：恭敬。宾：迎。⑲平秩：辨别测定。作：始。⑳日中：指春分，这一天昼夜长短相等。㉑星鸟：星名，南方朱雀七宿。㉒殷：确定。仲：每季中间的那一个月。㉓厥：其。析：分散。㉔孳尾：生育繁衍。㉕申：重，又。交：地名，指交趾。㉖有为：指农业劳动。㉗致：归来。㉘日永：指夏至，这一天白昼最长。永：长。㉙星火：火星名，东方青龙七宿之一。㉚因：就高地而居。㉛希革：羽毛稀疏。㉜饯：送行。纳日：落日。㉝西成：太阳西落的时刻。成：终。㉞宵中：指秋分，这一天昼夜长短相等。㉟星虚：星名，北方玄武七宿之一。㊱夷：平，指回到平地居住。㊲毨（xiǎn）：羽毛更生。㊳朔方：北方。㊴平：辨别。在：观察。易：改易，这里指运行。㊵日短：指冬至，这一天白昼最短。㊶星昴（mǎo）：星名，西方白虎七宿之一。㊷隩（yù）：室，这里指入室避寒。㊸氄（rǒng）毛：柔软的细毛。㊹咨：叹词。㊺暨：与。㊻期：指一周年。有：通"又"。旬：十日。㊼允：用。厘：治。百工：百官。㊽庶：众。咸：都。熙：兴。㊾畴：谁。若：顺应。登庸：升用。㊿放齐：人名，尧帝之臣。胤（yìn）：后代。朱：指尧的儿子丹朱。启明：开明，指明白政事。[51]吁：惊异之词。嚚（yín）：不说忠信的话。讼：争辩。[52]采：政事。[53]"欢兜"两句：欢兜：人名，尧帝之臣，四凶之一。都：语气词，表赞美。共工：人名，尧帝之臣，四凶之一。方：通"防"，防止。鸠：通"救"，救护。僝（zhuàn）：具有。[54]"静言"两句：静言：巧言。庸：常。违：邪僻。象恭：貌似恭敬。滔：轻慢。[55]四岳：四方诸侯之长。汤汤（shāng）：水大的样子。方：普遍。割：危害。荡荡：广大的样子。怀：包围。襄：漫过。滔天：指巨浪冲天的样子。俾：使。乂（yì）：治理。[56]"佥曰"句：佥：都。於：叹词，表赞美。鲧：尧帝之臣，夏禹的父亲。[57]"咈哉"两句：咈（fú）：违背。方命：放弃教命。圮（pǐ）：毁坏。族：族类。[58]"异

哉”两句：异：举，起用。已：用。⑲钦：敬。⑳“汝能”两句：庸：用。巽（xùn）：践：履行，升任。㉑否（pǐ）：鄙陋。忝（tiǎn）：辱，不配。㉒明明：明察贤明的人。扬：推举。侧陋：疏远隐匿，指地位卑微的人。㉓“师锡”句：师：众人。锡：提议。鳏：疾苦的人。㉔俞：对，表示肯定意义的应对副词。㉕瞽（gǔ）：瞎子，这里指舜的父亲乐官瞽瞍。顽：不依德义。象：指舜的异母弟弟。克：能够。烝烝：厚美。格：至。奸：邪恶。㉖女：嫁女。时：通“是”，指舜。㉗刑：法则。二女：指尧的两个女儿娥皇、女英。㉘厘：命令。妫（guī）：水名。汭（ruì）：河流弯曲之处，这里指舜居住的地方。嫔：嫁人为妇。

【译文】

帝尧在位时，睿智而果断，光辉普照天下。后来，帝尧想把帝位禅让给虞舜。史官据此写成《尧典》。

查考古代的旧事，可知尧帝的名字叫作放勋，他恭敬节俭，明察四方，智虑通达，待人宽厚，性格温和。他推贤让善，光辉普照四方，泽及天地。尧帝发挥大德，使亲族关系和睦。亲族之间和睦相处，他又辨明百官族姓的善恶。百官族姓的善恶辨明以后，又协调诸侯之间的关系。这样，天下百姓在相递变化之中和睦相处。

于是，尧帝命令羲氏、和氏恭谨地奉行天道，让他们推算日月星辰的运行规律，制定历法，以教导人民按照时令节气从事农业生产。尧帝又命令羲仲居住在东方的旸谷，让他恭敬地迎接日出，测定日出的时刻。昼夜长短相等，黄鸟在黄昏时出现于正南方，依照这种情况可以确定仲春时节。在这个时节，百姓开始分散于田间进行耕作，鸟兽开始生育繁殖。又命令羲叔住在南方的交趾，辨明测定太阳向南的运行规律，恭敬地迎接太阳南归。白天时间最长，火星在黄昏时出现于正南方，依照这种情况可以确定仲夏时节。在这个时节，百姓都迁居到高处，鸟兽的羽毛都稀疏了。尧帝又命令和仲住在西方一个名叫昧谷的地方，让他辨明测定日落的时刻。昼夜长短相等，虚星在黄昏时出现于正南方，依据这种情况可以确定仲秋时节。在这个时节，百姓又迁居到平地上，鸟兽长出新的羽毛。又命令和叔居住在北方一个名叫幽都的地方，让他谨慎观察太阳北行的规律。白天时间最短，昴星在黄昏时出现于天的正南，依据这种情况可以确定仲冬时节。在这个时节，百姓都躲在室内生火取暖（以躲避寒冷），鸟兽都长出了柔软细密的毛。尧帝说：“啊！羲氏与和氏啊，你们以三百六十六天为一周年，要用加闰月的办法来确定四季而构成一年。在这个基础上，明确地划分百官的职责，这样各种事情就都兴起了。”

尧帝命令和叔确定仲冬时节。

尧帝问：“谁能顺应天命，可以提升任用呢？”

放齐说：“您的儿子丹朱明白政事，可以担当重任。”

尧帝说：“唉！丹朱为人浮夸，

又喜好辩论，怎么能担此重任呢？”

尧帝问：“谁能遵循我的法度处理政务呢？”

欢兜说：“哦！共工防治水灾取得了很大的成绩，可以担当重任。”

尧帝说：“唉！共工虚情假意，为人邪僻，看似恭敬谨慎，实则连上天都敢轻慢。”

尧帝说：“啊！四方诸侯的君长啊，滔滔洪水为害人间，水势汹涌包围了大山，漫过了丘陵，浩浩荡荡，波浪滔天，百姓都在忧愁叹息，谁能治理洪水呢？”

诸侯们都说：“啊！鲧可以担此重任。”

尧帝说：“唉！不行啊，这个人违逆乖戾，常常不服从命令，危害同族。”

诸侯们说：“起用他吧，让他试一试，如果不行，就罢免他的职务。”

尧帝说：“那么你就去吧！鲧啊，你一定要谨慎行事啊！”鲧治水九年，未见成效。

尧帝说：“啊！四方诸侯的君长啊，我在位已经七十年了，你们谁能承受天命，替代我而成为天子呢？”

诸侯们说：“我们的德行鄙陋，恐难担当重任。”

尧帝说：“可以考察贵族中的贤明之人，也可以举用身份卑微的贤良之士。”

诸侯们说：“民间有一个贫苦的人，名字叫作虞舜。”

尧帝说：“啊！这人我也听说过，他的为人到底怎么样呢？”

众人回答说：“他是乐官瞽瞍的儿子，其父瞽瞍心术不正，继母爱说谎话，他的异母弟傲慢骄狂，但舜能够与他们和睦相处。因为他的品德厚美，既能很好处理与家人的关系，又不使自己沦于邪恶。”

尧帝说：“我考验考验他吧。我要把两个女儿嫁给舜，以便从女儿那里考察舜的行事准则和道德修养。于是，尧帝命令自己的两个女儿到妫水的拐弯处，嫁给虞舜为妻。

尧帝勉励道：“要恭敬地处理政事啊！”

舜典

【原文】

虞舜侧微[①]，尧闻之聪明，将使嗣位[②]，历试诸难，作《舜典》。

曰若稽古，帝舜曰重华，协于帝。浚哲文明[③]，温恭允塞[④]。玄德升闻[⑤]，乃命以位。慎徽五典[⑥]，五典克从[⑦]。纳于百揆，百揆时叙[⑧]。宾于四门，四门穆穆[⑨]。纳于大麓，烈风雷雨弗迷[⑩]。

帝曰：“格[⑪]！汝舜。询事考言[⑫]，乃言厎可绩[⑬]，三载。汝陟帝位[⑭]。”舜让于德，弗嗣。

正月上日，受终于文祖[⑮]。在璇玑玉衡，以齐七政[⑯]。肆类于上帝[⑰]，禋于六宗[⑱]，望于山川，遍于群神[⑲]。辑五瑞[⑳]，既月乃日[㉑]，觐四岳群牧，班瑞于群后[㉒]。

岁二月，东巡守，至于岱宗，柴[㉓]。望秩于山川[㉔]，肆觐东后，协时月正日[㉕]，同律度量衡[㉖]。修五礼、五玉、三帛、二生、一死贽[㉗]。如五器，卒乃复[㉘]。五月，南巡守，至于南岳，如岱礼。八月，西巡守，至于西岳，如初。十有一月，朔巡

舜帝巡视天下，考察诸侯政绩。

守，至于北岳，如西礼。归，格于艺祖，用特[29]。

五载一巡守，群后四朝。敷奏以言[30]，明试以功，车服以庸[31]。

肇十有二州[32]，封十有二山[33]，浚川。

象以典刑[34]，流宥五刑[35]，鞭作官刑，扑作教刑[36]，金作赎刑。眚灾肆赦[37]，怙终贼刑[38]。钦哉！钦哉！惟刑之恤哉[39]！

流共工于幽州，放欢兜于崇山，窜三苗于三危[40]，殛鲧于羽山[41]，四罪而天下咸服。

二十有八载，帝乃殂落[42]，百姓如丧考妣[43]。三载，四海遏密八音[44]。月正元日，舜格于文祖，询于四岳，辟四门，明四目，达四聪。

“咨，十有二牧[45]！”曰：“食哉惟时！柔远能迩[46]，惇德允元[47]，而难任人[48]，蛮夷率服。”

舜曰：“咨，四岳！有能奋庸熙帝之载[49]，使宅百揆亮采[50]，惠畴？”

佥曰：“伯禹作司空[51]。”

帝曰：“俞！咨[52]！禹，汝平水土，惟时懋哉[53]！”禹拜稽首[54]，让于稷契暨皋陶。

帝曰：“俞！汝往哉！”

帝曰：“弃，黎民阻饥[55]，汝后稷[56]，播时百谷[57]。”

帝曰：“契，百姓不亲，五品不逊[58]，汝作司徒，敬敷五教[59]，在宽。”

帝曰：“皋陶，蛮夷猾夏[60]，寇贼奸宄[61]。汝作士，五刑有服[62]，五服三就[63]，五流有宅[64]，五宅三居[65]。惟明克允[66]！”

帝曰：“畴若予工[67]？”

佥曰：“垂哉[68]！”

帝曰：“俞，咨！垂，汝共工[69]。”垂拜稽首，让于殳斨暨伯与[70]。

帝曰：“俞！往哉！汝谐[71]。”

帝曰：“畴若予上下草木鸟兽[72]？”

佥曰：“益哉[73]！”

帝曰：“俞，咨！益，汝作朕虞[74]。”益拜稽首，让于朱虎、熊罴[75]。

帝曰：“俞，往哉！汝谐。”

帝曰：“咨！四岳，有能典朕三礼[76]？”

佥曰：“伯夷。”

帝曰：“俞，咨！伯，汝作秩宗[77]。夙夜惟寅[78]，直哉惟清。”

伯拜稽首，让于夔龙[79]。

帝曰：“俞，往，钦哉！”

帝曰：“夔！命汝典乐，教胄子[80]，直而温，宽而栗[81]，刚而无虐，简而无傲。

诗言志，歌永言，声依永，律和声。八音克谐，无相夺伦[82]，神人以和。”

夔曰：“於[83]！予击石拊石[84]，百兽率舞。”

帝曰：“龙，朕堲谗说殄行[85]，震惊朕师[86]。命汝作纳言[87]，夙夜出纳朕命，惟允！”

帝曰：“咨！汝二十有二人，钦哉！惟时亮天功[88]。”

三载考绩，三考，黜陟幽明[89]，庶绩咸熙[90]，分北三苗[91]。

舜生三十征，庸二十[92]，在位五十载，陟方乃死[93]。

【注解】

①侧：隐居民间。微：出身微贱。②嗣：继承。③浚（jùn）：深远。哲：智慧。④允：确实。塞：充满。⑤玄：潜行，潜修。升闻：上闻于朝廷。⑥徽：美，善。五典：五常，即父义、母慈、兄友、弟恭、子孝五种常教。⑦克：能够。从：顺从。⑧“纳于”两句：纳：入。百揆（kuí）：百事。时叙：承顺。⑨“宾于”两句：宾：迎接宾客。穆穆：容仪敬谨。⑩“纳于”两句：大麓：官名，主管山林。迷：迷误。⑪格：呼唤之词，来。⑫询：谋划。⑬厎（zhǐ）：一定。绩：成功。⑭陟（zhì）：升，登。⑮“正月”两句：上日：吉日。受终：接受尧帝终结的帝位。文祖：尧的太庙。⑯“在璇玑”两句：在：观察。璇玑玉衡：指北斗七星。齐：排列。七政：七项政事，即祭祀、班瑞、东巡、南巡、西巡、北巡、归格艺祖。⑰肆：于是。类：祭名，是向天帝报告继承帝位之事的祭礼。⑱禋（yīn）：祭名，指洁祀。六宗：指天地与四时。⑲“望于”两句：望：祭祀山川之礼。遍：按群神的尊卑次序祭祀。⑳辑：收集。五瑞：诸侯作为信符的五种玉器。㉑既月乃日：择定吉月吉日。日和月都用作动词。㉒“觐四岳”两句：觐：朝见天子。牧：官长。班：同“颁”，分发。后：君长。㉓“至于”两句：岱宗：东岳泰山。柴：祭名，祭祀时把牺牲放在积柴上面燔烧。㉔秩：次序。㉕协：合。时：春夏秋冬四时。正：确定。㉖同：统一。律：古乐音律。度：丈尺。量：斗斛。衡：斤两。㉗五礼：公侯伯子男五等朝聘之礼。五玉：即五瑞，拿着称瑞，陈列称玉。三帛：供垫玉用的赤、黑、白三种颜色的丝织品。二生：活羊羔和雁。一死：一只死去的野鸡。贽：初次拜见时所带的礼物。㉘“如玉器”两句：如：而。五器：即上文所说的五玉。卒乃复：礼毕就归还。㉙“格于”两句：格：到。艺祖：即文祖。特：一只公牛。㉚敷：普遍。㉛庸：功劳。㉜肇（zhào）：正，指划定州界。㉝封：封土为坛而祭祀。㉞象：刻画。典：常。㉟流：流放。宥（yòu）：宽恕。五刑：指墨、劓、剕、宫、大辟五种刑罚。㊱扑：古时学校用来打人的木棍。㊲眚（shěng）：过错。肆：就。㊳怙：依仗。贼：通“则”，就。㊴恤：谨慎。㊵三苗：古国名。三危：古地名，在西部边远地区。㊶殛（jí）：流放。羽山：古地名，在东部边远之处。㊷殂（cú）落：死亡。㊸考：死去的父亲。妣：死去的母亲。㊹遏（è）：停止。密：静止。八音：金、石、丝、竹、匏、土、革、木八种音乐，这里泛指一切音乐演奏。㊺牧：州的行政长官。㊻柔：安抚。能：善。迩：近。㊼惇：厚。允：信。元：善。㊽难：拒绝。任人：奸邪的人。㊾熙：光大。载：事业。㊿宅：居。百揆：官名。亮：辅导。采：事。[51]司空：三公之一，掌管土地。[52]俞：副词，表肯定意义。咨：叹词。[53]时：通“是”，指百揆之职。懋（mào）：勉励。[54]稽首：叩头。[55]阻饥：困厄于饥。[56]后：主持。稷：官名，主管农业。[57]时：通“莳”，耕种。[58]五品：指父、母、兄、弟、子。逊：和顺。[59]“汝作”两句：司徒：官名，主管教化，三公之一。敷：施行。五教：五品之教，即父义、母慈、兄友、弟恭、子孝。[60]猾：扰乱。夏：指华夏大地。[61]寇：抢劫。贼：杀人。奸宄（guǐ）：犯法作乱的事情。[62]“汝作士”两句：士：狱官之长。服：用。[63]三就：三个处所，即野、朝、市。[64]五流：五种流刑。宅：处所。[65]三居：远近不同的三个地方。[66]明：明察。克：能够。允：信服。[67]若：善。工：官名，掌管百工

之官。㊽垂：人名。㊾共工：官名。㊿殳（shū）斨（qiāng）：人名。伯与：人名。⑪谐：同“偕”，一同。⑫上：指山陵。下：指草泽。⑬益：人名。⑭虞：掌管山林的官。⑮朱虎：人名。熊罴：人名。⑯典：主持。三礼：天神、人鬼、地示之礼。⑰秩宗：官名，掌管祭礼的仪礼。⑱夙：早晨。寅：敬。⑲夔：人名。龙：人名。⑳胄子：未成年的人。㉑栗：谨慎。㉒夺：失去。伦：理，次序。㉓於（wū）：叹词。㉔拊（fǔ）：轻轻叩击。石：石磬，乐器。㉕堲（jí）：厌恶。殄（tiǎn）：贪婪。㉖师：民众。㉗纳言：官名，帝王的代言人。㉘时：善。亮：领导。天功：天下大事。㉙黜（chù）：罢免。陟（zhì）：提升。幽：昏庸。明：贤明。㉚庶：众。熙：兴盛。㉛北：通“背”，分别。㉜“舜生”两句：征：被征召。庸：任用。㉝陟方：巡狩南方。

【译文】

虞舜隐居民间，出身微贱，尧帝听说他聪明睿智，就想让他继承帝位，多次拿棘手的事情考验他。史官根据这些情况，写成了《舜典》。

查考古代的旧事，可知舜帝的名字叫作重华，他的睿智圣明与尧帝相合。他深远的智慧，温顺谦恭的美德，溢满天地之间。他潜修品德的事迹上闻于朝廷，于是被授予官职。舜谨慎地赞美父义、母慈、兄友、弟恭、子孝五种美德，臣民都能顺从这五常之教。他又受命管理百官，百官也都能服从。他在明堂四门迎接前来朝见的四方宾客，四方宾客全都仪容整肃。舜担任守护山林的官职，即使在狂风暴雨之中也不迷失方向。

尧帝说：“来吧，舜啊！我和你谋划政事，考察你的言论，按照你的意见办事，一定会取得成功。我已经考察你三年了，你现在可以登上帝位了。”舜要把帝位让给更有德行的人，不愿就位。舜以德行不够为由推辞，不愿就位。但是尧帝还是把帝位禅让给了虞舜。

在正月的一个吉日，舜在尧的太祖宗庙接受了禅让的帝位。他观察了北斗星的运行情况，列出了七项政务。接着向上天报告继承帝位的事情，祭祀天地四时以及山川和群神。舜又聚敛诸侯的圭玉，挑选良辰吉日，接受四方诸侯君长的朝见，把圭玉颁发给他们。

这一年二月，舜到东方巡视，到了泰山，举行了柴祭，并依照地位尊卑依次祭祀了其他山川诸神，然后接受了东方诸侯国君的朝见。舜协合春夏秋冬的月份，确定了天数；统一了音律和度量衡；制定了公侯伯子男朝见的礼节，规定了各种献礼的制度。朝见结束后，舜帝便把五种瑞玉归还给诸侯。五月，舜帝到南方巡视，到达南岳，像祭祀泰山那样行礼仪。八月，舜帝到西方巡视，到了西岳，祭祀礼仪和在泰山、南岳时一样。十一月，舜帝到北方巡视，到达北岳，祭祀礼仪和在西岳时相同。舜帝回来后，到太庙祭祖，所用的祭品是一头公牛。

此后，舜每隔五年就巡视一次。各方诸侯都在四岳朝见，普遍地报告自己的政务。然后舜帝根据诸侯的政绩进行评定，论功行赏，赐给他们车马衣服。

舜帝开始划定十二个州的疆界，在十二州的名山上封土为坛，举行祭礼，并疏通了河道。

舜把五种常用刑罚的图样刻画在器物上，以警示民众，用流放的办法代替五刑以示宽大，以鞭打作为官府的刑罚，把用木条责打定为学校的刑罚，还规定可以用金来赎罪。因为过失犯罪，可以赦免；要是有所依仗而不知悔改，就要施加刑罚。慎重啊，慎重啊，使用刑罚时一定要慎重！

舜帝把共工流放到北方的幽州，把欢兜流放到南方的崇山，把三苗驱逐到西方的三危，把鲧流放到东方的羽山。这四个罪人受到了应有的惩罚，天下人都心悦诚服。

舜帝继位二十八年后，尧帝去世了，群臣和百姓像失去父母一样悲痛。三年内，全国上下停止演奏音乐，一片沉寂。三年后的正月初一，舜帝到太庙告祭，召集四方诸侯谋划政务，打开明堂的四方之门宣布政教，使四方民众看得明、听得清。

“啊，十二州的君长！”舜帝说，“农业生产不要违背农时！要安抚远方的民众，要善待近处的臣民。要厚待有德之人，信任善良之人，远离奸佞小人。这样，四方的外族都会臣服于你。”

舜帝说：“啊，四方诸侯！谁能奋发图强，光大先帝的事业，管理百官，辅佐朝廷理顺政事呢？”

众人都说：“让伯禹做司空吧。”

舜说：“好啊！”告诫禹说：“你来治理水土，希望你更要努力做好百揆的事情啊！”禹行叩拜之礼，想推让给稷、契和皋陶。

舜说：“就这样了，还是你来担当吧！”

舜说：“弃，现在民众都在忍饥挨饿，你去掌管农事，教导民众播种谷物吧。”

舜说：“契，百官之间关系不和谐，父母兄弟子女之间关系不和顺，你去担任司徒，谨慎恭敬地施行五常之教，着重教导他们做人要宽厚仁慈。”

舜说：“皋陶，外族侵扰中原，抢劫杀人，给我们制造祸端。你去处理刑狱，用五刑处置那些罪人。五刑各有使用的方法，执行五刑要在郊野、市、朝三个不同的地方。五种流放各有处所，分别流放到远近不同的三个地方。明察案情，公正处罚，就能使人信服。”

舜说：“谁能担任百工之长呢？”

都说：“垂可以。”

舜说：“好啊！”告诫垂说：“你去担任共工之职吧。”垂行了叩拜之礼，想推让给殳斨和伯与。

舜说：“就这样了，去吧！你们一起去吧。”

舜说：“谁能管理山林草泽中的草木鸟兽呢？”

都说：“益可以。”

舜说：“好吧。”告诫益说：“你做我的虞官，管理山林吧。”益行叩拜礼，想推让给朱虎、熊罴。

舜说：“好吧，去吧！你们一起去吧。”

舜说：“四方诸侯啊，谁能替我主持祭祀天神、地祇、人鬼的三礼呢？”

都说：“伯夷可以。”

舜说：“好吧，伯夷，我任命你做掌管祭祀的礼官吧，

舜帝举贤授能，任用百官。

从早到晚你都要恭敬行事，内心要正直清明。”

伯夷行叩拜礼，想推让给夔、龙。

舜说：“行了，你去吧，你要谨慎行事啊！”

舜说：“夔，任命你担任乐官，负责教导那些年轻人，要让他们正直而温和，宽厚而谨慎，刚毅而不妄为，简朴而不高傲。诗是用来表达情志的，歌所咏唱的就是表达情志的言辞，声调要根据咏唱的感情而确定，音律要合于声调。金、石、丝、竹、匏、土、革、木这八音能够和谐一致，不互相干扰。这样，人听了以后才能欢快愉悦。”

夔说：“啊！让我敲击石磬，奏起乐曲，让扮演百兽的舞队依着音乐跳舞吧！”

舜说：“龙，我厌恶谗言和暴行，因为它使我的臣民惊恐害怕。我现在任命你为纳言官，早晚传达我的旨意，上报臣民的意见，一定要真实啊！”

舜说：“好啦，你们这二十二个人，要恭谨地履行自己的职责，要好好地辅佐我完成大业啊！”

舜帝每过三年考察一次政绩，考察三次之后，就确定官员的升降。这样，远近各项事业都兴盛起来了。同时，又分别处理了流放在北部边境的三苗氏部族。

舜帝三十岁被举用，在官位二十年，在帝位五十年，巡狩南方时在途中去世。

大禹谟

【原文】

皋陶矢厥谟[1]，禹成厥功[2]，帝舜申之[3]。作《大禹》、《皋陶谟》、《益稷》。

曰若稽古，大禹曰文命[4]，敷于四海[5]，祇承于帝[6]。曰：“后克艰厥后[7]，臣克艰厥臣，政乃乂[8]，黎民敏德[9]。”

帝曰：“俞！允若兹[10]，嘉言罔攸伏[11]，野无遗贤，万邦咸宁。稽于众，舍己从人，不虐无告[12]，不废困穷，惟帝时克。”

益曰：“都[13]，帝德广运[14]，乃圣乃神[15]，乃武乃文。皇天眷命[16]，奄有四海为天下君[17]。”

禹曰：“惠迪吉[18]，从逆凶，惟影响[19]。”

益曰：“吁！戒哉！儆戒无虞[20]，罔失法度，罔游于逸，罔淫于乐[21]。任贤勿贰，去邪勿疑。疑谋勿成，百志惟熙[22]。罔违道以干百姓之誉[23]，罔咈百姓以从己之欲[24]。无怠无荒，四夷来王。”

禹曰：“於！帝念哉！德惟善政，政在养民。水、火、金、木、土、谷惟修[25]，正德、利用、厚生惟和[26]，九功惟叙[27]，九叙惟歌。戒之用休[28]，董之用威[29]，劝之以九歌，俾勿坏[30]。”

帝曰：“俞！地平天成[31]，六府三事允治，万世永赖[32]，时乃功。”

帝曰：“格[33]，汝禹！朕宅帝位三十有三载，耄期倦于勤[34]。汝惟不怠，总朕师[35]。”

禹曰：“朕德罔克，民不依。皋陶迈种德[36]，德乃降，黎民怀之[37]。帝念哉！念兹

大禹治水，功劳泽被千秋。

在兹，释兹在兹，名言兹在兹，允出兹在兹[38]，惟帝念功。”

帝曰：“皋陶，惟兹臣庶，罔或干予正[39]。汝作士，明于五刑，以弼五教[40]，期于予治[41]。刑期于无刑，民协于中[42]，时乃功，懋哉[43]。”

皋陶曰：“帝德罔愆[44]，临下以简，御众以宽。罚弗及嗣，赏延于世。宥过无大[45]，刑故无小。罪疑惟轻，功疑惟重。与其杀不辜，宁失不经[46]。好生之德[47]，洽于民心，兹用不犯于有司[48]。”

帝曰：“俾予从欲以治，四方风动[49]，惟乃之休[50]。”

帝曰：“来，禹！降水儆予[51]，成允成功，惟汝贤。克勤于邦，克俭于家，不自满假[52]，惟汝贤。汝惟不矜[53]，天下莫与汝争能。汝惟不伐[54]，天下莫与汝争功。予懋乃德，嘉乃丕绩[55]，天之历数在汝躬[56]，汝终陟元后[57]。人心惟危，道心惟微[58]，惟精惟一[59]，允执厥中。无稽之言勿听，弗询之谋勿庸。可爱非君？可畏非民？众非元后，何戴[60]？后非众，罔与守邦？钦哉！慎乃有位，敬修其可愿，四海困穷，天禄永终。惟口出好，兴戎[61]，朕言不再。”

禹曰：“枚卜功臣[62]，惟吉之从。”

帝曰：“禹！官占惟先蔽志[63]，昆命于元龟[64]。朕志先定，询谋佥同[65]，鬼神其依，龟筮协从[66]，卜不习吉[67]。”

禹拜稽首固辞[68]。

帝曰：“毋！惟汝谐[69]。”

正月朔旦[70]，受命于神宗[71]，率百官若帝之初。

帝曰：“咨，禹！惟时有苗弗率[72]，汝徂征[73]。”

禹乃会群后，誓于师曰；“济济有众[74]，咸听朕命。蠢兹有苗[75]，昏迷不恭[76]，侮慢自贤，反道败德，君子在野，小人在位。民弃不保，天降之咎[77]，肆予以尔众士，奉辞罚罪。尔尚一乃心力，其克有勋。”

三旬，苗民逆命。益赞于禹曰[78]：“惟德动天，无远弗届[79]。满招损，谦受益，时乃天道。帝初于历山[80]，往于田，日号泣于旻天[81]，于父母，负罪引慝[82]。祇载见瞽瞍[83]，夔夔斋栗[84]，瞽亦允若。至诚感神[85]，矧兹有苗[86]。”

禹拜昌言曰[87]：“俞！”班师振旅。帝乃诞敷文德[88]，舞干羽于两阶[89]，七旬有苗格[90]。

【注解】

①皋（gāo）陶（yáo）：偃姓，舜帝之臣，掌管刑狱。矢：陈述。厥（jué）：其。谟（mó）：计谋。②成：陈述。③申：重视。④文命：大禹的名字。⑤敷：治理。⑥祗（zhī）：恭敬。⑦后：

君主。克：能够。艰：看得很艰难。⑧乂（yì）：治理。⑨敏：勤勉。⑩俞：副词，表肯定。允：的确。兹：这。⑪罔（wǎng）：无，不要。攸（yōu）：所。⑫无告：无处求告的人，指鳏寡孤独者。⑬都：叹词，表赞美。⑭广：大。运：远。⑮乃：语助词。⑯眷：顾念。⑰奄：尽。⑱惠：顺。迪：道。⑲影响：影随形，响应声。⑳儆（jǐng）：戒备。虞：预料。㉑“罔游”两句：逸：放纵。淫：过分。㉒志：念虑。熙：广。㉓干：求。㉔咈（fú）：违反。㉕修：治理。㉖和：宣扬。㉗九功：水、火、金、木、土、谷，叫六府；正德、利用、厚生，叫三事。六府三事合称九功。叙：次序。㉘休：美德。㉙董：监督。㉚俾：使。㉛天：万物。㉜赖：利。㉝格：来，呼唤之语。㉞耄（mào）期：八九十岁称耄，百岁称期颐。这里指年迈。勤：辛苦。㉟总：总领。师：众人。㊱迈：勤勉。种：树立。㊲怀：归附。㊳“念兹”四句：兹：这。前一个“兹”指德，后一个“兹”指皋陶。释：通“怿”，喜悦。名言：称颂。出：推行。㊴干：冒犯。㊵“明于”两句：五刑：指墨、劓、剕、宫、大辟五种刑罚。五教：五常之教，即父义、母慈、兄友、弟恭、子孝。㊶期：当，合。㊷中：中正，公平。㊸懋（mào）：鼓励。㊹愆（qiān）：过失。㊺宥（yòu）：宽恕。无大：不论多大。㊻“与其”两句：不辜：无罪。不经：不守正道。㊼好（hào）：爱惜。㊽有司：官吏。古代每个官位都各司专职，因此称有司。㊾风动：风吹草动，比喻各方响应。㊿休：美德。51降水：洪水。52满：盈满。假：虚假，夸大。53矜（jīn）：夸耀，自以为贤。54伐：夸耀，自夸有功。55嘉：赞美。丕：大。56历数：历运之数，指帝王相承的次序。躬：自身。57陟（zhì）：升登。元：大。后：君王。58道心：合于道义的思想。微：不显露。59精：专诚。60戴：拥戴。61“惟口”两句：出好：说出善言。兴戎：引起战争。62枚卜：逐次占卜。古代用占卜的方法选官，对被选的人逐一占卜，吉者入选。63蔽：断定。64昆：后。元龟：大龟。65佥（qiān）：都。66龟筮（shì）：龟甲和蓍草，二者都是古代占卜的工具。67习：重复。68固辞：坚决推辞。69谐：适合。70朔：阴历的每月初一。71神宗：尧帝的宗庙。“神”在此表尊敬。72有苗：指三苗，古代的一个部族。“有”是名词词头，无意义。率：遵循。73徂（cú）：往。74济济：众多的样子。75蠢：骚动。76昏迷：昏暗迷惑。77咎（jiù）：灾祸。78赞：见。79届：到。80历山：指舜帝当初种田之处。81旻（mín）天：天空。82慝（tè）：邪恶。83祗（zhī）：恭敬。载：侍奉。瞽瞍：舜的父亲。84夔夔（kuí）：恐惧的样子。斋：庄敬。栗：战栗。85諴（xián）：诚信。86矧（shěn）：何况。87昌：美。88诞：大、广。敷：施行。89干：盾牌。羽：用羽毛做的舞具。90格：到，这里指归顺。

舜帝禅位于大禹。

【译文】

皋陶陈述他的谋略，大禹陈述他的功绩，舜帝对他们的言论很重视。史官记录下他们之间的谈话，写作了《大禹谟》《皋陶谟》和《益稷》。

查考往古旧事，可知大禹名叫文命，他治理四海，恭敬地秉承尧舜二帝的教导。大禹说：“君王把当好君王看成难事，臣子把当好臣子看得也不容易，政事就能得到很好的治理了，众人也会勤勉地执行德教了。”

舜帝说：“是啊！真像这样的话，那些好的言论就不会被埋没，贤德的人也不会被遗弃在民间，万国之民就都安宁了。参考众人的言论，舍弃私见而依从众人的好言论，不虐待孤苦无依的人，不嫌弃困窘贫穷的人，只有尧帝能够这样。”

益说：“啊！尧帝的德行广大而影响深远，他圣明、神妙、英武、俊美。皇天顾念授命，使他尽有四海而成为天下的君王。”

禹说：“顺从天道就吉利，依从恶道就会凶险，就像影子与形体、回声与音响的关系一样。”

伯益说：“啊！要多加戒备啊！要警戒没有预料到的事情，不要违背法则制度，不能纵情游玩，不能过分享乐。任用贤人不能有二心，除去奸邪不能迟疑。拿不准的主意不要实行，考虑各种问题应思路开阔。不要违背正道去谋求百官的赞誉，不要违背百官的意愿而满足自己的私欲。对这些不要懈怠、不要荒废，四方的异族就会归附于你，尊你为王。”

大禹说：“啊！舜帝，你好好想想伯益的这番话吧。所谓德就是能够妥善处理政务，而政务的根本在于教养民众。水、火、金、木、土、谷这六件事应该治理，使人们德行端正、物用便利、生活丰厚多彩这三件大事也应当宣扬，这九件事都应理顺次序，九件事做好后，人们就会歌颂君王的德政。要用美好的德政劝诫臣民，用严峻的刑罚督察臣民，以人们对君王的颂扬作为号召力，勉励人们，使德政不被损害。”

舜帝说：“对！水土治平，万物生长，六府三事真能办好了，对千秋万代有利，这是你的功劳。”

舜帝说：“来吧，禹！我居帝位三十三年了，年事已高，被这些辛苦的政务搞得疲惫不堪。你从不懈怠，来统领我的民众吧。”

大禹说：“我的德行还不能胜任，民众也不会依从我。皋陶勤勉树立德政，德惠下施于民，民众归从他。舜帝你要考虑啊！整天顾念德政的是皋陶，喜欢德政的是皋陶，称颂宣传德政的也是皋陶，真正能够推行德政的更是皋陶，舜帝你要想想皋陶的功劳啊。”

舜帝说：“皋陶，这些群臣众庶，没有人敢冒犯我的政事。你身为士官，精通五种刑罚，以它来辅助五常之教，合于我的治理之道。施行刑罚是希望达到没有刑罚的境地，使人民都能合于正道，这是你的功劳，你应受到鼓励啊。”

皋陶说：“舜帝你德行完美，没有过失，对臣民简约不烦，统御民众宽厚不苛刻。刑罚不株连子孙，赏赐却延及后代。宽恕过失不论罪多大，处罚故意犯罪不论罪多小。判罪时遇到可轻可重的疑难，就从轻处罚，论功时遇到可轻可重的疑难，就从重赏赐。与其杀掉无罪之人，不如失去不守正道的人。这种爱惜生灵的美德，合于人们的意愿，因此人们不冒犯官吏。”

舜帝说：“你使我如愿地治理国家，并得到四方的响应，这是你的美德。”

舜帝说：“来吧，禹！洪水昭告我们，你言行一致，完成了治水大业，这是你的贤德。你为国家能够不辞辛苦，居家生活又能节俭，不自我满足，不自我浮夸，这是你的贤德。你不自以为贤，天下没有谁与你争能。你不自夸有功，天下没有谁与你争功。我称道你的功德，赞美你的业绩，帝王承统的次序已经显应到你自己的身上，你终当升为大君王。现在人心动荡不安，合于道义的思想幽昧难明，只有精诚专一，实实在在地保持中正之道才是。没有根据的话不轻易听信，没有征询过众人的意见不轻易采纳。臣民所爱戴的不是君王吗？君王所畏惧的不是臣民吗？除了君王，民众还拥戴谁呢？除了民众，君王还与谁保卫国家？你们要谨慎啊！慎重地对待你们的职守，恭敬地从事民众愿意的事，如果四海的民众困苦贫穷，你们的禄位就要长久地终止了。人们的嘴能说出善言，也能引起战争，我不再多说了。”

大禹说：“请逐次地占卜有功的大臣，听从占卜的吉兆，让吉者继承帝位吧。”

舜帝说：“禹！用官占的方法占卜，须先断定意向，然后告诉大龟才能显示吉凶。我的志向已定，征询别人的意见也都相同。鬼神依顺，如果进行龟卜和筮占，结果也会和人意一致，况且卜筮的办法不能重复出现吉兆。”

禹跪拜叩头，坚决推辞。

舜帝说：“不必推辞了，只有你最适合继承帝位。”

正月初一的早晨，禹在尧的宗庙受命继承帝位，率领百官举行禅让大典，就像当初舜继承尧帝的帝位那样。

舜帝说：“啊，禹！三苗不遵循教命，你去征讨他们吧。”

禹就会集各路诸侯君主，告诫众人说：“众位军士，都听我的命令。蠢蠢欲动的三苗，昏暗迷惑，侮慢常法，妄自尊大，违背正道，败坏德义，贤人被排斥，小人受重用。民众抛弃他们不予保护，上天也降祸于他，所以我率领你们众人，奉行舜帝的命令去惩罚苗民这些罪人。你们应该同心协力，这样就一定能够建立功勋。”

三十天以后，苗民仍然抗拒舜帝的命令。伯益见到了大禹，说：“只有施德才可以感动上天，有了德行，无论多远的人都会来归服，自满会招致损害，谦虚会得到益处，这是天道自然规律。舜帝当初往历山耕田的时候，天天向上天号哭。对于不义的父亲和不慈的母亲，他毫无怨言，宁肯自己背负罪名，招来邪恶的名声。舜仍然恭敬地去见父亲，一副诚惶诚恐庄敬战栗的样子，父亲也的确和顺了些。至诚能感动神灵，何况这些苗民呢！”

大禹拜谢伯益的美言，说：“对！”于是撤回军队，整顿队伍。舜帝就广泛地施行文明德治，让士兵放下武器，在两阶之间拿着盾和翳跳舞。七十天以后，三苗就来归服了。

皋陶谟

【原文】

曰若稽古。皋陶曰：“允迪厥德[①]，谟明弼谐[②]。”

禹曰：“俞，如何？”

皋陶曰：“都！慎厥身，修思永[③]。惇叙九族[④]，庶明励翼[⑤]，迩可远[⑥]，在兹。”

禹拜昌言曰[⑦]：“俞！”

皋陶曰：“都！在知人，在安民[⑧]。”

禹曰：“吁！咸若时，惟帝其难之。知人则哲，能官人[⑨]。安民则惠，黎民怀之。能哲而惠，何忧乎欢兜？何迁乎有苗？何畏乎巧言令色孔壬[⑩]？”

皋陶曰：“都！亦行有九德[⑪]。亦言，其人有德，乃言曰：‘载采采[⑫]。’”

禹曰：“何？”

皋陶曰："宽而栗[13]，柔而立[14]，愿而恭[15]，乱而敬[16]，扰而毅[17]，直而温，简而廉[18]，刚而塞[19]，强而义[20]。彰厥有常吉哉[21]！

"日宣三德[22]，夙夜浚明有家[23]；日严祗敬六德[24]，亮采有邦[25]。翕受敷施[26]，九德咸事，俊乂在官[27]。百僚师师[28]，百工惟时[29]，抚于五辰[30]，庶绩其凝[31]。

皋陶和禹在舜帝面前讨论德政治国方略。

"无教逸欲，有邦兢兢业业[32]，一日二日万几[33]。无旷庶官，天工[34]，人其代之？天叙有典，敕我五典五惇哉[35]！天秩有礼，自我五礼有庸哉[36]！同寅协恭和衷哉！天命有德，五服五章哉[37]！天讨有罪，五刑五用哉！政事懋哉懋哉[38]！

"天聪明，自我民聪明；天明畏[39]，自我民明威。达于上下，敬哉有土[40]！"

皋陶曰："朕言惠可底行[41]？"

禹曰："俞！乃言底可绩[42]。"

皋陶曰："予未有知，思曰赞赞襄哉[43]。！"

【注解】

①迪：施行。②弼：辅助，这里指辅佐君王的大臣。谐：和谐。③永：永久，坚持不懈。④惇：敦厚。叙：顺从。⑤庶：众。励：勉励。翼：辅助。⑥迩：近。⑦昌：美。⑧"在知人"两句：人：指官吏。民：黎民。⑨"知人"两句：哲：明智。官：任用。⑩巧言：花言巧语。令色：讨好谄媚的神色。孔：大。壬：奸佞。⑪亦：同"迹"，检验。九德：九种美德，即下文的"宽而栗"等。⑫载：开始。采采：从事其事。⑬栗：谨慎。⑭立：特立独行。⑮愿：老实厚道。⑯乱：治，此指治理的才能。⑰扰：和顺。⑱简：简易。廉：不拘小节。⑲塞：实。⑳义：道义。㉑常吉：祥善，指九德。常，祥。㉒宣：显示。㉓浚：恭敬。明：努力。㉔严：通"俨"，矜持、庄重的样子。㉕亮：辅助。采：事务。邦：诸侯的封地。㉖翕（xī）：合。㉗俊乂：有才德的官员。才德过千人为俊，才德过百人为乂。㉘师师：互相效法。㉙百工：百官。惟：思。时：善。㉚抚：顺从。五辰：指北辰。北辰有五个星，所以称五辰。五辰位于天的中央，因此借喻国君。㉛凝：成功。㉜"无教"两句：无：通"毋"，不要。逸欲：安逸贪欲。兢兢：小心谨慎。业业：畏惧。㉝一日二日：指一天一天。万几：变化万端。㉞"无旷"两句：旷：虚设。天工：天命之事。㉟敕：告诫。㊱自：遵循。五礼：指天子、诸侯、卿大夫、士、庶民的五等礼仪。庸：经常。㊲五服：五等礼服。章：表彰。㊳"五刑"两句：五刑：墨（在脸上刻字）、劓（yì，割掉鼻子）、剕（fèi，砍断脚）、宫（阉割男性生殖器）、大辟（死刑）。懋：勤勉、努力。㊴明：表彰。畏：惩治。㊵有土：有国土的君王。㊶惠：语助词。底（zhǐ）：得到。㊷绩：成功。㊸曰：语助词。赞赞：努力辅助的样子。襄：辅佐。

【译文】

考察往古的旧事，可知皋陶和大禹曾在舜帝面前就如何实施德政的问题有过讨论。

皋陶说："切实遵循先帝的道德规范，提出英明的决策，群臣才会齐心协力地辅佐天子。"

大禹问道："对啊！那么又该怎么做呢？"

皋陶答道："啊！要谨慎地加强自身修养，多从长远考虑，用宽厚的道德使近亲九族顺从，推举众多贤人作辅弼之臣，（做这些事情时，）要由近及远，先从自身做起。"

上天规定了遵循天子、诸侯、卿大夫、士、庶民五等礼仪。

禹对这一见解表示赞同，说道："很对！"

皋陶又说："啊！治政的根本在于知人善任，安定民心。"

禹说："哦！如果都像这样，只怕就是先帝也勉为其难了啊！理解下属就显得明智，这样才能知人善任。安民要使人民得到实惠，这样才能受人拥戴，民众也会感谢并怀念他。能够知人善任，又能施惠于民，还怎么会担忧欢兜的造反叛乱呢？还怎么会迁徙流放三苗呢？还怎么会畏惧巧言令色、惑乱政纲的共工等人呢？"

皋陶说："是啊！考察人的行为，人本该有九种德行。检验一个人的言论，如果他有美德，你就该对他说：'你应该开始做点工作了。'"

禹问道："那么什么是九德呢？"

皋陶告诉他："宽仁而谨慎，温顺而有个性，诚实自持而又严肃庄重，才能出众而又恭敬踏实，和顺可亲而又果断刚毅，正直无私而又温和近人，行事简易而又不拘小节，刚正不阿而又实事求是，坚强不屈而又一心向善。彰明光大这些德行，要表彰那些具有九德的人啊！

"一个人每天能遵从其中的三种德行，并且从早到晚都能恭敬努力地依照这些规范行事，那么就可以给他封地，让他做公卿了；一个人每天严格敬遵其中的六种德行，就能承担起辅助政事的责任而成为诸侯。如果能把三德六德合起来广泛地施行，符合九德的人都授予官职，那么在位的官员就都是才能出众、德行出众的人了。百官互相效法学习，都竭尽所能处理政事，而且顺从君王，那么各项事业就会遵循正道，走向成功了。

"不要使诸侯们安逸纵欲，而要让他们兢兢业业，因为每天的情况都有所不同，充满了变化。不要闲置官位，因为官位是依照天命设置的，人们怎么可以代替上帝滥设虚职呢？上天规定了人与人之间的常法，以仁、义、礼、智、信等五种道德来诫示我们。上天规定了尊卑等级的不同礼仪，以天子、诸侯、卿大夫、士、庶民等五种礼数来让我们遵守依循。君臣之间要互敬互恭、团结协作、和睦相处啊！上天任命有德之人，根据德行大小赐与五种绣有不同纹饰的服装，以区别五种等级；上天惩罚那些犯了罪的人们，根据罪行轻重施加五种不同的刑罚。政务繁重，大家一定要勤勉啊！

"上天所听取的意见、观察的问题，都是从民众那里得来的。上天的赏罚，是以民众的好恶为依据的。因此天意和民意是相通的，一定要恭敬小心啊，有国土的君王！"

皋陶问禹："我的话都是顺应天意和民心的，可以施行了吗？"

禹答道："当然！按照您的话行事，一定能够做出成绩。"

皋陶说："其实我又有什么智慧呢？不过每天想着要努力辅佐君王施行德政罢了！"

禹贡

【原文】

禹别九州[①]，随山浚川，任土作贡[②]。

禹敷土，随山刊木，奠高山大川[③]。

冀州[④]：既载壶口，治梁及岐[⑤]。既修太原，至于岳阳[⑥]。覃怀厎绩，至于衡漳[⑦]。厥土惟白壤[⑧]，厥赋惟上上[⑨]，错[⑩]，厥田惟中中。恒、卫既从[⑪]，大陆既作[⑫]。岛夷皮服[⑬]，夹右碣石入于河[⑭]。

济、河惟兖州[⑮]：九河既道[⑯]，雷夏既泽，灉、沮会同[⑰]。桑土既蚕，是降丘宅土[⑱]。厥土黑坟，厥草惟繇，厥木惟条[⑲]。厥田惟中下，厥赋贞[⑳]，作十有三载乃同。厥贡漆丝，厥篚织文[㉑]。浮于济、漯[㉒]，达于河。

海、岱惟青州[㉓]：嵎夷既略，潍、淄其道[㉔]。厥土白坟，海滨广斥[㉕]。厥田惟上下。厥赋中上。厥贡盐絺，海物惟错[㉖]。岱畎丝、枲、铅、松、怪石[㉗]。莱夷作牧[㉘]。厥篚檿丝[㉙]。浮于汶[㉚]，达于济。

海、岱及淮惟徐州[㉛]：淮、沂其乂[㉜]，蒙、羽其艺[㉝]；大野既猪，东原厎平[㉞]。厥土赤埴坟，草木渐包[㉟]。厥田惟上中，厥赋中中。厥贡惟土五色[㊱]，羽畎夏翟，峄阳孤桐[㊲]，泗滨浮磬，淮夷蠙珠暨鱼[㊳]。厥篚玄纤缟[㊴]。浮于淮、泗，达于河[㊵]。

淮、海惟扬州[㊶]：彭蠡既猪，阳鸟攸居[㊷]。三江既入，震泽厎定[㊸]。篠簜既敷，厥草惟夭，厥木惟乔[㊹]。厥土惟涂泥[㊺]。厥田惟下下，厥赋下上，上错。厥贡惟金三品[㊻]，瑶、琨、篠、簜、齿、革、羽、毛惟木[㊼]。岛夷卉服[㊽]，厥篚织贝，厥包桔柚，锡贡[㊾]。沿于江、海，达于淮、泗。

荆及衡阳惟荆州[㊿]：江、汉朝宗于海[51]，九江孔殷[52]，沱、潜既道，云土梦作乂[53]。厥土惟涂泥，厥田惟下中，厥赋上下。厥贡羽、毛、齿、革惟金三品，杶、干、栝、柏[54]，砺、砥、砮、丹，惟菌、簵、楛[55]。三邦厎贡厥名[56]，包匦菁茅，厥篚玄纁玑组，九江纳锡大龟[57]。浮于江、沱、潜、汉，逾于洛，至于南河[58]。

荆、河惟豫州[59]：伊、洛、瀍、涧既入于河，荥波既猪[60]。导菏泽，被孟猪[61]。厥土惟壤，下土坟垆[62]。厥田惟中上，厥赋错上中。厥贡漆、枲、絺、纻，厥篚纤、纩，锡贡磬错[63]。浮于洛，达于河。

华阳、黑水惟梁州[64]：岷、嶓既艺[65]，沱、潜既道，蔡、蒙旅平，和夷厎绩[66]。厥土青黎，厥田惟下上，厥赋下中、三错[67]。厥贡璆、铁、银、镂、砮、磬、熊、罴、狐、狸。织皮、西倾因桓是来[68]。浮于潜，逾于沔，入于渭，乱于河[69]。

黑水、西河惟雍州[70]：弱水既西，泾属渭汭，漆沮既从，沣水攸同[71]。荆、岐既旅，终南、惇物，至于鸟鼠[72]，原隰厎绩[73]，至于猪野。三危既宅，三苗丕叙[74]。

厥土惟黄壤，厥田惟上上，厥赋中下。厥贡惟球、琳、琅、玕[75]。浮于积石，至于龙门、西河[76]，会于渭汭。织皮昆仑、析支、渠搜，西戎即叙[77]。

导岍及岐[78]，至于荆山，逾于河。壶口、雷首至于太岳[79]。厎柱、析城至于王屋[80]。太行、恒山至于碣石[81]，入于海。

【注解】

①别：划分。②任土：根据土地的贫瘠。贡：贡赋。③敷：分。奠：定。④冀州：禹所划分的九州之一，在今山西省、河北省南部一带。⑤“既载”两句：载：施工。壶口：山名，在今山西省吉县南。梁：山名，在今陕西省韩城县西。岐：通“歧”，山的支脉。⑥“既修”两句：太原：今山西省太原一带，位于汾水上游。岳阳：即太岳山，在今山西省霍县东，汾水流经这里。阳：山的南面。⑦“覃怀”两句：覃（tán）怀：地名，在今河南省武陟、沁阳一带。厎（zhǐ）：获得。衡：通“横”。漳：漳水，在覃怀的北边。⑧厥：其，指冀州。壤：柔土。⑨赋：赋税，指地方的土特产。上上：第一等。《禹贡》将土质和赋税分为九等，即上上、上中、上下、中上、中中、中下、下上、下中、下下。⑩错：错杂，夹杂。⑪恒：水名。卫：水名，滹沱河。从：顺着河道流入大海。⑫大陆：泽名，在今河北省巨鹿县西北。作：开始。⑬岛夷：住在海岛上的东方民族。夷：古代东方边远地区的民族。皮服：岛夷的贡品。⑭夹：接近。碣石：山名，在今河北省昌黎县。河：黄河。⑮济：水名，源出河南济源县。兖州：禹划分的九州之一，在今河北东南、山东省一带。⑯九河：黄河的九条支流，即徒骇、太史、马颊、覆釜、胡苏、简、洁、钩盘、鬲津。道：疏通。⑰“雷夏”两句：雷夏：泽名，在今山东菏泽东北。灉（yōng）：黄河的支流。沮（jù）：灉水的支流。二水今已不存在。⑱“桑土”两句：桑土：适于种植桑树的土地。降：下。宅：居住。⑲“厥土”三句：坟：肥沃。繇（yáo）：茂盛。条：长。⑳贞：下下等，第九等。㉑篚（fěi）：圆形竹器。织文：有花纹的丝织品。㉒漯（tà）：水名，黄河的支流。㉓海：今渤海。岱：泰山。青州：禹划分的九州之一，今山东半岛一带。㉔“嵎夷”两句：嵎（yú）夷：地名。略：治理。潍：水名，淄：水名。二水都在今山东境内。㉕斥：碱地。㉖“厥贡”两句：绨（chī）：细葛布。错：杂，多种多样。㉗畎：山谷。枲（xǐ）：大麻的一种，不结子。铅：锡。㉘莱夷：地名。㉙檿（yǎn）：山桑，即柞树。㉚汶：水名，源出今山东莱芜市。㉛海：指黄海。淮：淮河。徐州：禹划分的九州之一，在今江苏、安徽北部、山东南部一带。㉜沂：水名，在山东境内。乂：治理。㉝蒙：山名，在今山东蒙阴县西南。羽：山名，在今江苏省赣榆县西南。艺：种植。㉞“大野”两句：大野：指巨野泽，在今山东省巨野县。猪：同“潴”，水停聚的地方。东原：地名，在今山东省东平县一带。厎：得到。平：治理。㉟“厥土”两句：埴：粘土。包：同“苞”，丛生。㊱土五色：五色土，指青黄赤白黑五种颜色的土，五色土是古代君王分封诸侯的用品。㊲“羽畎”两句：夏：大。翟：山雉，其羽毛可做装饰品。峄（yì）：山名，在今江苏省邳县境内。孤桐：特生的桐树。㊳“泗滨”两句：泗：水名，源出今山东省泗水县。浮磬：一种可以做磬的石头。蠙珠：蚌所产的珍珠。㊴玄：黑色。纤：细绸。缟：白绢。㊵河：应为“菏”，指菏泽，菏泽水与济水相通。㊶海：指黄海。扬州：禹划分的九州之一，在今扬州一带。㊷阳鸟：南方的岛屿，古代“鸟”“岛”通用。㊸“三江”两句：三江：指岷江、汉水、彭蠡。震泽：指江苏太湖。㊹“篠簜”三句：篠（xiǎo）：小竹。簜（dàng）：大竹。夭：茂盛。乔：高大。㊺涂泥：潮湿的泥土。㊻金三品：指金、银、铜三个等级。品：等级。㊼瑶：美玉。琨：美石。齿：象牙。革：犀牛皮。羽：鸟羽。毛：旄牛尾。惟：和。㊽岛夷：东南沿海各岛的人。卉服：指蓑衣、草笠之类。卉，草。㊾“厥篚”三句：织贝：把很小的贝用线串连起来，织成巾。包：包裹。锡：与“贡”同义。㊿荆：山名，在今湖北省南漳县。衡：即湖南境内的衡山。荆州：禹划分的九州

之一，在今湖南、湖北一带。⑤1 江：指长江。汉：指汉水。朝宗：诸侯春天朝见天子叫朝，夏天朝见天子叫宗。⑤2 九江：即今洞庭湖。孔：大。殷：定。⑤3 “沱、潜”两句：沱：水名，长江的支流，在今湖北枝江县。潜：水名，长江支流，在今湖北省潜江县。云土梦：即云梦，二泽名，江南为云，江北为梦。⑤4 杶（chūn）：椿树。干：柘木，可做弓。栝（guā）：桧树。⑤5 砺：粗磨刀石。砥：细磨刀石。砮（nǔ）：石制的箭镞。丹：朱砂。箘（jùn）、簵（lù）：两种竹子。楛（hù）：木名，可做箭杆。⑤6 三邦：湖泽附近的三个诸侯国。名：名产。⑤7“包匦”三句：匦（guǐ）：杨梅。菁茅：一种带刺的茅草，可以滤酒。玄纁（xūn）：指彩色丝绸。纁：黄赤色。玑组：用丝带串起的珍珠串。玑：不圆的珍珠。组：丝带。纳锡：进贡。⑤8 “浮于”三句：浮：水运。逾：离船上岸陆行。南河：指洛阳巩县一段的黄河。⑤9 豫州：禹划分的九州之一，在黄河与湖北的荆山之间的地区。⑥0 “伊、洛”两句：伊：水名，源出今河南卢氏县。洛：水名，源出今陕西洛南县。瀍（chén）：水名，源出今河南孟津县。涧：水名，源出今河南渑池县。荥波：泽名，在今河南荥阳县。⑥1 “导菏泽”两句：导：疏通，菏泽：在今山东定陶县。被：同“陂”，修筑堤防。孟猪：泽名，在河南商丘东北。⑥2 垆：黑色硬土。⑥3“厥贡”三句：纻（zhù）：苎麻。纩（kuàng）：细棉。磬错：可以制磬的石头。错，石头，可以琢玉。⑥4 华：即华山，在陕西华阴县南。黑水：怒江。梁州：禹划分的九州之一。⑥5 岷：山名，在四川北部。艺：治理。⑥6 “蔡、蒙”两句：蔡：山名，即峨嵋山。蒙：山名，在今四川雅安北。旅：治理。和：名，即大渡河。⑥7 “厥土”三句：青：黑。黎：疏散。三错：杂出第七、第八、第九三个等级。⑥8 “厥贡”两句：璆（qiú）：美玉。镂（lòu）：可以刻镂的坚硬金属。罴：一种熊，又叫马熊。狸：野猫、山猫。织皮：指西戎之国。西倾：山名，在今甘肃与青海交界处。桓：水名，即白龙江。⑥9 “逾于”三句：沔（miǎn）：汉水的上游。渭：水名，源出甘肃渭源县。乱：横渡。⑦0 西河：在冀州西边黄河南北走向的一段。雍州：禹划分的九州之一。⑦1 “弱水”四句：弱水：即张掖河。泾：水名。渭：水名。泾水注入渭水，渭水流入黄河。属：注入。汭（ruì）：河流会合的地方。漆沮：代指洛水。沣水：水名，源出陕西省户县东南，注入渭水。同：会合。⑦2 “荆、岐”三句：荆：山名，在今陕西富平县西南。岐：山名，在陕西岐山县东北。终南：指秦岭。惇物：山名，太白山，在今陕西省郿县。鸟鼠：山名，在今甘肃省渭源县西南。⑦3 原隰（xī）：指豳（bīn）地，在今陕西省旬邑县和邠县一带。⑦4“三危”两句：三危：山名，在鸟鼠西边。丕：大。叙：顺。⑦5 球：美五。琳：美石。琅玕：像珠子一样的美玉。⑦6 “浮于”两句：积石：山名，在今青海西宁西南。龙门：山名，在今陕西韩城东北。⑦7 “织皮”两句：析支：山名，在今青海省西宁市西南。渠搜：山名。西戎：古代我国西北少数民族的总称。即：就。⑦8 岍（qiān）：山名，在今陕西陇县南。⑦9 雷首：山名，在今山西永济县。太岳：即霍太山。⑧0 底柱：即三门山，在今山西平陆县。析城：山名，在今山西阳城县西南。王屋：山名，在今山西垣曲县东。⑧1 太行：山名，在今山西、河北、河南的交界处。恒山：在今河北曲阳县西北，古称北岳。

禹开通太行山的道路。

【译文】

禹划分九州的疆界，顺着山势疏通河道，依照土地的贫瘠情况制定出贡税

禹顺着山势砍削树木作为路标。

的等级。

禹划分九州的疆界，顺着山势砍削树木作为路标，依据高山大河奠定疆域。

冀州：壶口的工程施工以后，接着便治理梁山和它的支脉。太原附近的河道也治理好了，工程一直扩展到太岳山的南面。覃怀一带的水利工程也取得了很大的成绩，又治理了横流入河的漳水。冀州的土壤白细，土质松软，这里的臣民应献出一等赋税，也可夹杂二等赋税，这里的土地属第五等。恒水、卫水已经疏通好了，其水可以流入大海，大陆泽的治理工程也开始动工了。东方的岛夷人进贡皮服时，可以先接近右边的碣石山，然后再入黄河来贡。

济水与黄河一带的区域是兖州地区：黄河下游的九条河道疏通了，雷夏泽的治理工程也完成了，澭水、沮水会合流入雷夏泽。适合种植桑树的地方都可以养蚕了，于是人民便从小土山上搬下来，住在平地上。兖州的土地又黑又肥，这里的青草生长得茂盛，树木也长得修长。这里的土地属第六等，赋税是第九等，耕种十三年后，才和其他八州的赋税相同。这里的贡品主要是漆和丝，还有盛放在竹篮子里的带有各种花纹的丝织品。进贡时，可由济水、漯水乘船顺流入黄河。

渤海与泰山之间的区域是青州：嵎夷已经得到治理，潍水与淄水的河道都已经疏通了。这里的土壤呈白色，土地肥沃，沿海的广大地区都是盐碱地。这片土地在九州中属第三等，赋税是第四等。这里的贡品是盐、细葛布和各种各样的海产品。泰山一带出产丝、大麻、锡、松和奇特美好的怪石。莱夷一带可以放牧，除了畜产品外，还要把桑丝放入筐内作为贡品运来。运送贡品的船只可以由汶水直接入济水。

黄海与泰山及淮河之间的区域是徐州：淮水和沂水都已经治理好了，蒙山和羽山一带的土地，也可以种植庄稼了。大野泽蓄水以后，东原一带的土地得以平治。这里的土壤呈红色，又粘又肥，草木也长得越来越茂盛。这里的土地属第二等，赋税是第五等。贡品有五色土、羽山山谷的大山鸡、峄山南面的桐木、泗水之滨的制磬石料、淮夷之地的蚌珠和鱼类，还有用筐盛着的纤细的黑色丝绸和白绢。进贡时船只由淮水入泗水，而后再入菏泽。

淮河与黄海之间的区域是扬州：彭蠡泽已经贮蓄了大量的水，南方岛屿上的人们也可以在上面安居了。三江之水已经顺畅地流入大海，震泽也得以治理。小竹和大竹普遍地生长起来，原野的青草生长得很茂盛，树木也都长得很高大。这里多潮湿的泥土，土地属第九等，赋税是第七等，也夹杂着第六等。其贡品是金、银、铜三种金属，还有美玉、美石、小竹、大竹、象牙、犀牛皮、鸟羽和旄牛尾、木材。沿海一带进贡草制的衣服，还要把贝锦放在筐内，把桔子和柚子打成包裹作为贡品进献给朝廷。进贡时船只沿着长江进入黄海，再转入淮河和泗水。

荆山和衡山南面之间的区域是荆州：长江和汉水像诸侯朝见天子一样向东奔流入海，洞庭湖水系形成了。沱水、潜水都已经疏通了，云梦泽一带也得到了治理。这里的土壤潮湿，土地属第八等，赋税是第三等。贡品有雉羽、旄牛尾、象牙、犀牛皮和金银铜三种金属，还有椿树、柘树、桧树、柏树，粗磨刀石、细磨刀石、制箭头的石头、丹砂以及美竹、楛树等。州内各国都贡上当地的名产；杨梅、青茅要包裹好，要把彩色的丝织品和串起的珍珠等物品放在竹筐内，一并贡来。洞庭湖还要进贡大龟。进贡时船只由长江顺流入其支流沱水、潜水、汉水，然后登岸由陆路到洛水，再由洛水进入黄河。

荆山与黄河之间的区域是豫州：伊水、洛水、瀍水、涧水都已经疏通而流入黄河了。荥波泽已经治理好了，可以储蓄大量的河水。又疏通菏泽，在孟猪泽筑建堤防。这里的土壤松软，土的底层肥沃，而且又黑又硬。这里的田地属第四等，赋税是第二等，也夹杂着第一等。贡品有漆、大麻、细葛布、苎麻，细绢和细绵要用筐子包装起来，还要进贡制磬的石料。进贡时船只由洛水直入黄河。

华山南面至怒江之间的区域是梁州：岷山和嶓冢山都已经能够种庄稼了，沱江和潜水也都疏通了。峨眉山和蒙山的治理工程也已完工，大渡河一带的治理取得了成效。这里的土壤黑而疏松，土地属第七等，赋税属第八等，也夹杂着第七等和第九等。贡品有美玉、铁、银、镂、做箭头的石头、磬、熊、罴、狐、狸等。织皮和西倾山的贡品可以沿着恒水运来。运送贡品的船只经过潜水和沔水，然后舍舟登陆，陆行至沔水，再进入渭水，然后由渭水横渡进入黄河。

黑水到西河一带之间的区域是雍州：弱水在疏通之后，便向西流去；泾水在渭水的转弯处注入渭水；漆水和沮水在疏通之后，向北流入渭水；沣水也与渭水会合。荆山和岐山的治理工程已经完工，终南山、惇物山一直到鸟鼠山都得到了治理。原隰的治理取得成效，一直到猪野泽一带都取得了很大成绩。三危山这个地方已经能够居住了，三苗人民于是得到了很好的安置。这里的土壤黄而松软，土地属第一等，赋税是第六等。贡品有美玉、美石和宝珠等。进贡时船只由积石山附近进入黄河，顺流至龙门山、西河，然后在渭河弯曲处与其他船只会合。西戎的民众居住在昆仑、析支、渠搜等地，西戎各族的百姓就能安定和顺了。

疏通了岍山和岐山的道路，一直到达荆山，越过黄河。又开通了壶口山、雷首山的道路，一直到达太岳山。还开通了厎柱山、析城山的道路，一直到达王屋山。开通了太行山、恒山的道路，一直到达碣石山，从这里就可以进入渤海了。

【原文】

西倾、朱圉、鸟鼠至于太华[①]。熊耳、外方、桐柏至于陪尾[②]。

导嶓冢至于荆山[③]。内方至于大别[④]。岷山之阳至于衡山，过九江至于敷浅原[⑤]。

导弱水至于合黎，馀波入于流沙[⑥]。

导黑水至于三危，入于南海。

导河、积石，至于龙门；南至于华阴[⑦]，东至于厎柱；又东至于孟津[⑧]；东过洛汭，至于大伾[⑨]；北过降水[⑩]，至于大陆；又北，播为九河，同为逆河[⑪]，入于海。

嶓冢导漾[⑫]，东流为汉；又东，为沧浪之水[⑬]；过三澨[⑭]，至于大别，南入于江。东，汇泽为彭蠡；东，为北江，入于海。

禹开通了西倾山的道路。

岷山导江，东别为沱[15]，又东至于澧[16]；过九江，至于东陵[17]，东迆北，会于汇[18]；东为中江[19]，入于海。

导沇水[20]，东流为济，入于河，溢为荥[21]，东出于陶丘北[22]，又东至于菏；又东北，会于汶；又北东，入于海。

导淮自桐柏，东会于泗、沂，东入于海。

导渭自鸟鼠同穴[23]，东会于沣，又东会于泾；又东过漆沮，入于河。

导洛自熊耳，东北，会于涧、瀍；又东，会于伊；又东北，入于河。

九州攸同，四隩既宅[24]，九山刊旅[25]，九川涤源[26]，九泽既陂，四海会同[27]。六府孔修[28]，庶土交正[29]，厎慎财赋[30]，咸则三壤成赋[31]。中邦锡土、姓，祗台德先，不距朕行[32]。

五百里甸服[33]。百里赋纳总，二百里纳铚，三百里纳秸服[34]，四百里粟，五百里米。

五百里侯服[35]。百里采，二百里男邦，三百里诸侯[36]。

五百里绥服[37]。三百里揆文教，二百里奋武卫[38]。

五百里要服[39]。三百里夷，二百里蔡[40]。

五百里荒服[41]。三百里蛮，二百里流[42]。

东渐于海[43]，西被于流沙，朔南暨声教讫于四海[44]。禹锡玄圭[45]，告厥成功。

【注解】

①朱圉（yǔ）：在今甘肃甘谷县。太华：即西岳华山。②熊耳：山名，在今河南卢氏县东。外方：即中岳嵩山。桐柏：山名，在今河南桐柏县。陪尾：山名，在今湖北安陆县。③嶓冢：山名，在今陕西宁强县西北。荆山：指湖北省南漳县的南条荆山。④内方：山名，在今湖北省钟祥县西南。大别：指湖北与安徽交界处的大别山。⑤敷浅原：指江西的庐山。⑥馀波：指水的下游。流沙：指居延泽一带的沙漠。⑦华阴：华山的北面。⑧孟津：地名，今河南孟津县。⑨大伾：山名，在今河南浚县西南。⑩降水：指漳、洚合流的漳水。⑪“播为”两句：播：分布。九河：指兖州一带的黄河支流。逆河：黄河分出的支流在下游又合在一起。⑫漾：水名，指汉水的上游。⑬沧浪：即汉水。⑭三澨（shì）：水名，源出湖北省京山县，东流入汉水。⑮沱：水名，长江的支流。⑯澧：水名，在今湖南省北部，流入洞庭湖。⑰东陵：地名，在今湖北省黄梅县。⑱汇：指淮河。⑲中江：指岷江。⑳沇（yǔn）：水名，济水的上游。㉑溢：水动荡奔突而出。荥：荥泽，汉代已成平地。㉒陶丘：地名，在今山东定陶县。㉓鸟鼠同穴：指鸟鼠山。㉔隩（ào）：可以定居的地方。㉕刊：削。旅：治理。㉖涤源：疏通水源。㉗四海：指九夷、八狄、七戎、六蛮。㉘六府：水火金木土谷。孔：很。修：治理。㉙交：都。正：征收。㉚厎：定。㉛则：准则。三壤：上中下三等土壤。成：定。㉜“中邦”两句：中邦：中央之邦，指九州。锡：赐。祗：敬。台（yí）：我。距：违背。㉝甸服：古代天子在领地外围，每五百里划分为一种服役地带，按远近

分为甸服、侯服、绥服、要服、荒服。甸服就是为天子治田种谷。㉞“百里”三句：纳：交纳。总：把成熟庄稼完整交出。铚：一种短镰，这里指禾穗。秸服：带稃的谷粒。㉟侯服：服侍天子。㊱“百里采”三句：采：替天子服差役。男邦：担任国家的差事。男：任。诸侯：指侦察放哨。㊲绥服：替天子做安抚之事。㊳奋武卫：奋扬武威，保卫天子。㊴要服：接受王者约束而服侍。㊵“三百里夷”两句：夷：和平相处。蔡：相约遵守法令。㊶荒服：替天子守边。荒：远。㊷“三百里蛮”两句：蛮：尊重他们的风俗，维持隶属关系。流：流动不定居，有时纳贡，有时不纳贡。㊸渐：入。㊹“西被”两句：被：及。讫：到。㊺玄圭：天青色的瑞玉。

【译文】

开通西倾山、朱圉山、鸟鼠山，一直到达太华山。接着又开通熊耳山、嵩山、桐柏山，直到陪尾山。

开通嶓冢山，一直到达南条荆山。接着开通内方山，一直到达大别山。再开通岷山之南的道路，到达衡山。接着再过洞庭湖，直到庐山。

疏导弱水，让其向西流到合黎山下，它的下游流入沙漠。

疏导黑水，让其流到三危山下，最后流入南海。

疏导黄河，从积石山开始，直到龙门山；再向南到达华山之北；再向东到达底柱山；又向东到达孟津，继续向东经过洛水弯曲处，就到了大伾山；然后折而北流，经过降水，再向前流入大陆泽；继续向北，分布为九条河道，这九个支流再汇合后注入大海。

从嶓冢山开始疏导漾水，向东流则为汉水。再向东流，便成了沧浪之水，经过三澨水，到达大别山，再向南就流入了长江。又东流汇聚为大泽，叫作彭蠡泽；自彭蠡泽再东出称为北江，最后流入大海。

从岷山开始疏导长江，向东另外分出一条支流，称为沱水；再向东到达醴水，然后流过洞庭湖，到达东陵；再自东陵东去，逶迤北流，与淮水会合，再东出称为中江，最后流入大海。

疏导沇水，向东流去称为济水，注入黄河，接着越过黄河向南溢出为荥泽；再自荥泽东出到陶丘北，再东流至于菏泽；又向东北流，与汶水会合；然后向北转向东，流入大海。

疏导淮水从桐柏山开始，向东与泗水、沂水会合，然后向东流入大海。

疏导渭水从鸟鼠山开始，向东与沣水会合，再向东与泾水会合，又向东流经漆水、沮水，然后流入黄河。

疏导洛水从熊耳山开始，向东北流，与涧水、瀍水会合；又向东会合伊水；再向东北，流入黄河。

这时九州的治理工程都已经完成了：四方的土地都可以安居了，九条山脉都治理得可以通行了，九条大河都已疏通水源了，九个湖泽都已修筑起堤防了，四海之内的进贡之道都已经畅通无阻了。六府之事都已经治理得很好了，普天之下的土地都可以征收赋税了，但必须谨慎规定财物赋税的数量和品种，这是根据土地的上中下三个等级而确定的贡赋制度。九州之内的土地都分封给了各国诸侯，并赐予他们姓氏，还告诫他们说要把敬修我的德业放在第一位，不要违背我的德教原则。

国都以外五百里的地域称为甸服。离国都一百里远的要缴纳连秆的庄稼，二百里远的要缴纳禾穗，三百里远的要缴纳带稃的谷粒，四百里远的要缴纳粗米，五百里远的要缴纳精米。

甸服以外五百里的地域称为侯服。离甸服一百里远的应该替天子服差役，二百里远的应该替国家服差役，三百里远的应当承担侦察放哨的工作。

侯服以外五百里的地域称为绥服。离侯服三百里远的要推行天子的文教，二百里远的要奋勇威武地保卫天子。

绥服以外五百里的地域称为要服。离绥服三百里远的要遵约和平相处，二百里远的要遵守天子的法令制度。

要服以外五百里的地域称为荒服。离要服三百里远的可以有自己的风俗，二百里远的是否进贡没有定制。

我们的大地东边至于大海，西边至于沙漠，无论北方还是南方，都已推行了政教法令，华夏的声威达于四海。于是帝舜赏赐给禹天青色的瑞玉，用以表彰禹所建立的巨大功业。

汤誓

【原文】

伊尹相汤伐桀，升自陑[①]，遂与桀战于鸣条之野[②]，作《汤誓》。

王曰："格尔众庶[③]，悉听朕言。非台小子，敢行称乱[④]！有夏多罪，天命殛之[⑤]。今尔有众，汝曰：'我后不恤我众[⑥]，舍我穑事，而割正夏[⑦]？'予惟闻汝众言[⑧]，夏氏有罪，予畏上帝，不敢不正。今汝其曰[⑨]：'夏罪其如台[⑩]？'夏王率遏众力，率割夏邑[⑪]。有众率怠弗协，曰：'时日曷丧[⑫]？予及汝皆亡！'夏德若兹，今朕必往。"

"尔尚辅予一人，致天之罚，予其大赉汝[⑬]！尔无不信[⑭]，朕不食言[⑮]。尔不从誓言，予则孥戮汝[⑯]，罔有攸赦[⑰]。"

【注解】

①"伊尹"两句：相（xiàng）：辅佐。桀：名履癸，禹的第十四代孙，夏的最后一个君主。陑（ér）：地名，在今陕西潼关附近。②鸣条：地名，在黄河的北面，安邑之西。③格：来。④"非台"两句：台（yí）：我。小子；对自己的谦称。称：举，发动。⑤殛（jí）：诛杀。⑥后：国君。恤：关心体贴。⑦割：通"曷"，为什么。正：征伐。⑧惟：虽然。⑨其：恐怕，表揣测的副词。⑩如台（yí）：如何。⑪"夏王"两句：率：语气助词。遏（jié）：同"竭"，尽。割：剥削。⑫时：这个。日：喻夏桀。曷：什么时候。⑬赉（lài）：赏赐。⑭无：不要。⑮食言：说话不算数。食：吞没。⑯孥：同"奴"，降为奴隶。⑰攸：所。

【译文】

伊尹辅佐商汤讨伐夏桀，从陑地北上，于是与夏桀在鸣条的郊野开战。开战之前，商汤誓师告诫将士们。史官把这段誓词记录下来，写成了《汤誓》。

汤王誓师告诫将士，讨伐夏桀。

王说："来吧，你们各位，都来听我说。不是我敢于犯上作乱！实在是因为夏王犯了许多罪行，上天命令我去讨伐他。现在你们大家或许会问：'我们的国君不关心体贴我们大家，让我们把农事抛在一边，而去征讨夏王，这是为什么呢？'我虽然明白你们的意思，但是夏桀有罪，我敬畏上帝，不敢不去征讨啊。现在你们恐怕要问：'夏桀的罪行到底怎么样呢？'夏桀耗尽了民力，剥削夏国百姓。民众懈怠涣散，对他很不友好，都咒骂他说：'你这个太阳什么时候才能坠落啊？我们宁可和你一起灭亡！'夏桀的德行败坏到这种地步，现在我一定要去讨伐消灭他。

"你们要辅佐帮助我，执行上天对夏桀的惩罚，我将大大的赏赐你们！你们不要不相信我的话，我决不会自食诺言。如果你们不听从我的告诫，我就把你们降为奴隶，或者杀掉，决不赦免你们！"

伊训

【原文】

成汤既没[1]，太甲元年，伊尹作《伊训》《肆命》《徂后》[2]。

惟元祀十有二月乙丑[3]，伊尹祠于先王[4]。奉嗣王祗见厥祖[5]，侯甸群后咸在[6]，百官总己以听冢宰[7]。伊尹乃明言烈祖之成德[8]，以训于王。

曰："呜呼！古有夏先后方懋厥德[9]，罔有天灾，山川鬼神，亦莫不宁，暨鸟兽鱼鳖咸若[10]。于其子孙弗率[11]，皇天降灾，假手于我有命，造攻自鸣条[12]，朕哉自亳。惟我商王，布昭圣武[13]，代虐以宽，兆民允怀。今王嗣厥德，罔不在初[14]，立爱惟亲，立敬惟长，始于家邦[15]，终于四海。

"呜呼！先王肇修人纪[16]，从谏弗咈，先民时若[17]。居上克明，为下克忠，与人不求备[18]，检身若不及，以至于有万邦，兹惟艰哉！

"敷求哲人，俾辅于尔后嗣，制官刑，儆于有位[19]。曰：'敢有恒舞于宫，酣歌于室，时谓巫风[20]。敢有殉于货色，恒于游畋，时谓淫风[21]。敢有侮圣言，逆忠直，远耆德，比顽童，时谓乱风[22]。惟兹三风十愆[23]，卿士有一于身，家必丧；邦君有一于身，国必亡。臣下不匡[24]，其刑墨，具训于蒙士[25]。'

"呜呼！嗣王祗厥身，念哉！圣谟洋洋[26]，嘉言孔彰。惟上帝不常，作善降之百祥，作不善降之百殃。尔惟德罔小，万邦惟庆；尔惟不德罔大，坠厥宗[27]。"

【注解】

①没（mò）：死亡。②《肆命》《徂后》：都是《尚书）的篇名，已亡佚。③祀：年。夏代叫岁，商代叫祀，周代叫年，唐虞时叫载。④祠：祭祀。先王：指汤。⑤嗣王：王位的继承人。祗（zhī）：恭敬。⑥侯甸：指侯服和甸服。参见《禹贡》。⑦总己：统领自己的官员。冢宰：周代官名，为六卿之首，又叫大宰。冢，大。宰，治。⑧烈祖：建立了功业的祖先。烈，功绩。成德：盛德。⑨先后：先王，指夏禹。⑩暨（jì）：同。若：顺遂。⑪率：遵循。⑫造：开始。⑬昭：显示。圣武：威德。⑭在：察。初：开头。⑮家：卿大夫的封地。邦：诸侯的封地。⑯肇：努力。人纪：做人的纲纪。⑰若：顺从。⑱与：结交。备：完美。⑲儆（jǐng）：告诫。⑳巫：以祈祷鬼神为职业的人。㉑“敢有”三句：殉：贪求。货：财物。游：游乐。畋（tián）：打猎。淫：邪恶。㉒“敢有侮”五句：侮：轻慢。耆（qí）德：年长有德的人。比：亲近。乱：荒乱悖理。㉓十愆（qiān）：指上述的十种罪过，即恒舞于宫、酣歌于室、贪图财货、沉迷女色、终日游乐、成天打猎、轻侮圣言、违逆忠良、疏远年长有德者、亲昵愚顽稚童。㉔匡：匡正。㉕具：详尽。蒙士：下士。㉖洋洋：美善。㉗宗：宗庙，代指国家。

【译文】

成汤死后，太甲继承了帝位。太甲元年，伊尹写作了《伊训》《肆命》《徂后》（用来教导太甲）。

太甲元年十二月乙丑日，伊尹祭祀先王成汤。他侍奉刚刚继承王位的太甲恭敬地叩拜祖先的神位，侯服、甸服的众位君长都参加了祭祀仪式，百官率领自己的官员，听从大宰伊尹的命令。伊尹于是明确地阐述成汤建功立业的盛德，来教导太甲。

伊尹说：“啊！从前夏的先王大禹努力施行德政的时候，没有发生天灾，山川的鬼神也没有不安宁的，就连鸟兽鱼鳖也都顺遂孳长。可是到了他的子孙登上帝位后，就不遵循他的德政了，上天降下灾祸，借助于我们汤王的手，从鸣条开始讨伐夏桀，从亳开始施行德政。我们的商王，显示出威武圣德，用宽仁代替暴虐，天下万民确实怀念他。当今的太甲继承其美德，不能不考虑开始的情况，树立友爱的风气要从亲近的开始，树立尊敬的风气要从尊敬长者开始。这样，从自己的封地开始施行，最终会推广到天下。

先王任用贤人，明察下情，终于拥有万邦，登上帝位。

“啊！先王努力地讲求做人的纲纪，采纳众人的谏言，顺从前贤的主张。身处高位能够明察下情，使臣下能够尽忠效力，结交别人不求全责备，反省自己唯恐比不上别人，因此终于达到拥有万邦而登上帝位，这是多么难能可贵的啊！

“汤王还广泛地寻求智者，让他们辅佐你们这样的继承人，制定惩罚官吏的刑罚来警诫做官的人。成汤说：‘胆敢在宫廷内经常纵情舞蹈，在房中放声唱歌，这叫作巫风。胆敢贪求财物、沉迷女色，经常出游打猎，这叫作淫风。胆敢轻慢圣贤的教诲，不听忠直诚劝，疏远年长有德的人，亲近愚顽稚童，这叫作乱风。这三种风气和十种罪过，卿士身上如果有一种，他的封地一定会丧失；诸侯身上如果有一种，他的国家必然会灭亡。而臣下如果不能匡正君主的过失，就要受到墨刑的惩治，还要用这些详细地教导下士。’

“啊！太甲你要谨记这些教诲，要念念不忘啊！圣人汤王的谋略完美无缺，他的教导也很明白。虽然上天赐福降灾没有不变的常规，但对行善者赐予各种吉祥，对不行善的人降下各种灾祸。你行德不管多小，天下的人都会感到庆幸；你行不善，即使不大，也会丧失你的宗庙，导致亡国。”

太甲上

【原文】

太甲既立，不明，伊尹放诸桐①。三年复归于亳②，思庸③，伊尹作《太甲》三篇。

惟嗣王不惠于阿衡④，伊尹作书曰：“先王顾諟天之明命⑤，以承上下神祇。社稷宗庙，罔不祗肃⑥。天监厥德，用集大命，抚绥万方⑦。惟尹躬克左右厥辟宅师⑧，肆嗣王丕承基绪⑨。惟尹躬先见于西邑夏⑩，自周有终。相亦惟终⑪；其后嗣王，罔克有终，相亦罔终，嗣王戒哉！祗尔厥辟，辟不辟，忝厥祖⑫。”

王惟庸罔念闻。伊尹乃言曰：“先王昧爽丕显⑬，坐以待旦。旁求俊彦⑭，启迪后人，无越厥命以自覆⑮。慎乃俭德，惟怀永图。若虞机张⑯，往省括于度则释⑰。钦厥止，率乃祖攸行，惟朕以怿⑱，万世有辞⑲。”

王未克变。伊尹曰：“兹乃不义，习与性成。予弗狎于弗顺⑳，营于桐宫㉑，密迩先王其训㉒，无俾世迷㉓。王徂桐宫居忧㉔，克终允德㉕。”

【注解】

①诸：兼词，之于。桐：桐宫，汤的葬地。②三年：继承帝位后三年。③庸：常道。④惠：顺从。阿衡：商代官名，这里指伊尹。⑤顾：注重。諟（shì）：指示代词，这。⑥祗（zhī）肃：恭敬严肃。⑦“天监”三句：监：看。用：因此。集：降下。绥：安。⑧躬：亲身。左右：帮助。辟：君主。宅师：安定众人。⑨肆：因此。丕：大。绪：功业。⑩西邑夏：夏的都城安邑在商的都城亳的西边，所以称西邑夏。⑪相（xiàng）：辅助。⑫忝（tiǎn）：辱没。⑬昧：昏暗。爽：明亮。⑭旁：普遍。俊彦：才智出众的人。⑮越：失，忘记。覆：倾覆，灭亡。⑯虞：掌管山林田猎的官。机：弓弩上的发射机关。⑰省：察看。括：箭的末端扣弦的地方。度：适度。释：放。⑱“率乃”两句：率：遵循。攸：所。怿（yì）：喜悦。⑲辞：美好的言辞，指声誉。⑳狎（xiá）：亲近。㉑营：建造。桐：地名，在今河南省虞城东北。㉒密：亲密。迩：近。㉓世：终生。㉔徂（cú）：往。居忧：替父母尊长守丧。㉕终：成。允德：诚信的美德。

【译文】

太甲继承帝位之后，昏庸无道，伊尹把他放逐到汤的墓地桐宫。太甲三年，伊尹又让太甲回到商都亳，伊尹思考常理，写作了《太甲》三篇，来教导太甲。

太甲不顺从伊尹，伊尹便训辞教导他："先王成汤重视英明的天命，顺承天地神灵的意志。对于社稷宗庙，无不恭敬严肃。上天看到汤的大德，所以降下重大的使命，使他安抚天下。我伊尹能帮助君王安定民众，所以后继的帝王才能继承了先王的基业。我从前亲眼看到，夏的先王用忠信取得成就，辅佐他的人也很有功劳；而他们的后继之王夏桀，却不能取得成就，辅佐他的人也就没有功绩了。后继的君王要以此为戒啊！要谨守君王之道，如果做君王不守君王之道，就会辱没自己的祖先。"

太甲像往常一样，仍然不听不想。伊尹就又说："先王在天没亮的时候就思考大事，坐着想到天明。他还广泛地寻求才智出众的人来辅佐他，积极地开导后人，不要忘记先祖的教导而自取灭亡。你要慎行俭约的美德，考虑长久之计。就好像虞人射箭时拉开了弓，还要看看箭尾放的地方是否合适，然后再放箭。你要看好自己的目标，遵循祖先的所作所为，如果能够这样，我会感到很高兴，你的美誉也会流传万世。"

太甲没有能够改变旧习。伊尹对众人说："太甲这样做是不义的，长此以往就习惯成性了。我不能亲近不顺从我的教导的人，要在汤王的墓地建造宫室，让他亲近先王，思考先王的训导，不致使他终生执迷不悟。太甲前往桐宫守丧，能够养成他诚信的美德。"

太甲中

【原文】

惟三祀十有二月朔[①]，伊尹以冕服奉嗣王归于亳[②]，作书曰："民非后，罔克胥匡以生[③]；后非民，罔以辟四方[④]。皇天眷佑有商[⑤]，俾嗣王克终厥德，实万世无疆之休[⑥]。"

王拜手稽首曰："予小子不明于德，自厎不类[⑦]。欲败度，纵败礼，以速戾于厥躬[⑧]。天作孽，犹可违[⑨]；自作孽，不可逭[⑩]。既往背师保之训[⑪]，弗克于厥初，尚赖匡救之德，图惟厥终。"

伊尹拜手稽首，曰："修厥身，允德协于下，惟明后。先王子惠困穷[⑫]，民服厥命，罔有不悦。并其有邦厥邻[⑬]，乃曰：'徯我后[⑭]，后来无罚。'王懋乃德，视乃烈祖，无时豫怠[⑮]。奉先思孝，接下思恭。视远惟明，听德惟聪。朕承王之休无斁[⑯]。"

【注解】

①三祀：指太甲继位的第三年。朔：每月的初一。②冕：礼帽。服：礼服。奉：迎。③胥：相互。匡：救助。④辟：君主，这里是统治的意思。⑤眷：顾念。佑：佑助。⑥休：美。⑦厎（zhǐ）：致。类：善。⑧速：招致。戾（lì）：罪过。⑨违：避免。⑩逭（huàn）：逃避。⑪师保：古代辅导和协助帝王的官，这里指伊尹。⑫子（cí）惠：慈爱。子，通"慈"。惠，爱。⑬并：连。⑭徯（xī）：等待。⑮豫：安乐。⑯斁（yì）：厌弃。

【译文】

太甲继承帝位第三年的十二月初一，伊尹带着帝王的礼帽、礼服迎接太甲回到国都亳，作书说：“人民如果没有君主，就不相互扶助而生存下去；君主没有民众，也不能统治四方。上天顾念保佑我们商族，使后继的帝王能够修成美德，这实在是千秋万代的美事。”

太甲悔过自新，伊尹从桐宫迎回太甲。

太甲跪拜叩头，说：“我不明白德行的重要，自己招致不好。多欲就败坏法度，放纵就败坏礼制，因此给自己招来了罪过。上天造成的灾祸，还能够逃避；自己造成的灾祸，则无法逃脱。以前我违背了你的教导，没有能够从一开始继承帝位就修养品德，还望依靠你匡扶救助的恩德，谋求我的好结局。”

伊尹跪拜叩头说：“修养自身，用诚信的美德协调和臣民的关系，这才是英明的君主。先王成汤对困苦贫穷的人很慈爱，民众服从他的命令，没有谁不高兴。连他周围的诸侯国，也这样说：‘等待我们的君主吧，君主来了我们就不受刑罚了。’大王你要努力加强修养品德，看看你的祖先，不要这样安乐和懒惰了。尊奉祖先，要想到孝顺；接近臣民，要想到谦恭。目光长远才算眼明，听从善言才算耳聪。如果真能这样，我将享受你的善德而不会厌弃你。”

太甲下

【原文】

伊尹申诰于王曰①：“呜呼！惟天无亲，克敬惟亲。民罔常怀②，怀于有仁。鬼神无常享③，享于克诚。天位艰哉！

“德惟治④，否德乱。与治同道，罔不兴；与乱同事，罔不亡。终始慎厥与⑤，惟明明后。

“先王惟时懋敬厥德，克配上帝⑥。今王嗣有令绪⑦，尚监兹哉⑧。若升高，必自下；若陟遐⑨，必自迩。无轻民事，惟艰⑩；无安厥位，惟危。慎终于始。有言逆于汝心，必求诸道；有言逊于汝志⑪，必求诸非道。

“呜呼！弗虑胡获⑫？弗为胡成？一人元良⑬，万邦以贞⑭。君罔以辩言乱旧政⑮，臣罔以宠利居成功⑯，邦其永孚于休⑰。”

【注解】

①申：反复。诰：告诫。②怀：归附。③享：鬼神享食祭品，此指保佑。④治：太平。⑤与：选择。⑥配：符合。⑦令：善，美好。绪：功业。⑧尚：表祈请的副词。监：看。⑨陟（zhì）：

行走。遐：远。⑩惟：思。⑪逊：恭顺。⑫胡：何，怎么。⑬一人：指天子。元：大。良：善。⑭贞：纯正。⑮辩言：巧辩之言。⑯宠利：恩宠和利禄。⑰孚：保持。

【译文】

伊尹再三告诫太甲说："啊！上天不会固定不变地亲近一个人，它亲近那些对它恭敬的人。民众不会固定地归附于一个君主，他们归附仁爱的君主。鬼神不会固定享用一个人的祭祀，它们保佑那些能诚信的人。可见，居天子之位很不容易啊！

"施行德政，天下就会太平；不行德政，天下就会大乱。采取太平之世的治理方法，没有不兴盛的，采用大乱时的治理方法，没有不灭亡的。自始至终要谨慎地选用治理措施，才是最英明的君主。

"先王成汤想到这些，才努力谦敬地修养自己的德行，使自己的所作所为能够符合上帝的意愿。现在你继承了美好的功业，希望你看到这一点啊。想要登到高处，一定要从低处开始；想要走到远处，一定要从近处起步。不要轻视民众的事情，要想到它的难处；不要安于君位，要想到它的危险。谨慎要有始有终。有些话不合你的心意，你一定要从道义上考虑衡量；有些话很顺你的心意，你一定要衡量它是否违背道义。

"啊！不思考怎么会有收获？不做事怎么会有成就？天子的德行完美无缺，天下风气就会纯正。君王不要用巧辩扰乱昔日的德政，臣民不要凭仗恩宠和利禄而居功，这样，国家将长久地保持美好的面貌。"

咸有一德

【原文】

伊尹作《咸有一德》[①]。

伊尹既复政厥辟[②]，将告归[③]，乃陈戒于德[④]。

曰："呜呼！天难谌[⑤]，命靡常。常厥德，保厥位。厥德匪常，九有以亡[⑥]。夏王弗克庸德[⑦]，慢神虐民。皇天弗保，监于万方，启迪有命，眷求一德[⑧]，俾作神主。惟尹躬暨汤，咸有一德，克享天心[⑨]，受天明命，以有九有之师，爰革夏正[⑩]。

"非天私我有商[⑪]，惟天佑于一德；非商求于下民，惟民归于一德。德惟一，动罔不吉；德二三[⑫]，动罔不凶。惟吉凶不僭在人[⑬]，惟天降灾祥在德。

"今嗣王新服厥命[⑭]，惟新厥德[⑮]。终始惟一，时乃日新。任官惟贤材，左右惟其人[⑯]。臣为上为德，为下为民[⑰]。其难其慎[⑱]，惟和惟一。德无常师[⑲]，主善为师[⑳]。善无常主，协于克一。俾万姓咸曰：'大哉！王言。'又曰：'一哉！王心'。克绥先王之禄[㉑]，永厎烝民之生[㉒]。

"呜呼！七世之庙，可以观德；万夫之长，可以观政。后非民罔使；民非后罔事[㉓]。无自广以狭人，匹夫匹妇，不获自尽[㉔]，民主罔与成厥功[㉕]。"

【注解】

①咸：都。一：纯一。②复：还给。③告：请求。归：回到自己的封地。④乃：于是。陈：陈述。于：以。⑤谌（chén）：信。⑥九有：九州。⑦庸：常。⑧眷：视。⑨享：当，适应。天心：天意。⑩爰：于是。革：更改，革除。正（zhēng）：一年的第一天。古代改朝换代，必须重新规定正朔。⑪私：偏爱。⑫二三：反复不定，不专一。⑬僭（jiàn）：差错。⑭服：担当。⑮新：更新。⑯左右：指辅佐帝王的大臣。⑰“臣为上”两句：为上：帮助君王。为德：施行德政。为下：帮助下属。为民：治理民众。⑱难：难于任用。慎：慎于听察。⑲师：师法，范例。⑳主：正，准则。㉑绥：定。禄：福禄。㉒厎：达到。烝（zhēng）：美好。㉓事：尽力，效忠。㉔自尽：尽自己的努力。㉕民主：指天子。

【译文】

伊尹作《咸有一德》。

伊尹把政权交还给太甲以后，打算请求返回自己的私邑退隐，于是陈述修德的事，用以告诫太甲。

伊尹打算退隐终老，再次劝诫太甲勤于修德。

伊尹说：“唉！上天的旨意是难以理解的，因为天命无常。君王如果能经常地修善养德，就能够使自己的地位安定。如果不能经常修德，国家就会因此灭亡。夏桀不能经常修德，慢怠神明，虐待民众。上天对此感到不安，明察天下，开导有天命的人，眷念寻求纯一之德，使他成为百神之主。只有我和成汤，都具有纯一的德行，能够适应天意，承受天命，因此拥有九州的民众。于是，更改夏的正朔，灭夏而建立了商。

“不是上天偏爱我们商族，而是上天要扶助有纯一之德的人；并不是商族向民众求助，而是民众归附具有纯德的人。德行纯一，行动起来无不吉利；德行反复无常，行动起来无不凶险。吉凶不会出现偏差是因为上天观察了人的所作所为，上天降灾赐福也是根据人的德行而定的。

“现在大王你重新担当起天子的使命，要更新自己的品德。要始终如一，坚持不懈，这样你的德行就会日日更新。任用官员要选择有德有能的人，辅佐你的大臣更应该是这样的人。大臣应该辅助君王施行德政，辅助下属治理民众。这样的人很难选到，所以要慎重考虑，必须是能与你通力合作、同心同德的人。道德没有固定不变的法则，以善为标准就可作为范例。善也没有固定不变的标准，只要能够纯一就算符合。这样就会使得人人都说：‘多么伟大啊！君王的话。’又说：‘多么纯一啊！君王的心。’这样，就能够安享先王的福禄，长久地达到使民众的生活美好。

“啊！从七代祖先的宗庙，能够看到功德；从亿万民众的首领身上，能够看到政绩。

君王没有民众就无人役使；民众没有君主就无处效忠。不要以为自己宏大而别人狭小，平民百姓如果不能尽力效忠，那么，君王就不会得到别人的辅佐而成就功业。”

盘庚上

【原文】

盘庚五迁[①]，将治亳殷[②]，民咨胥怨[③]。作《盘庚》三篇。

盘庚迁于殷。民不适有居[④]，率吁众戚出[⑤]，矢言[⑥]。曰：“我王来，既爰宅于兹[⑦]，重我民，无尽刘[⑧]。不能胥匡以生，卜稽[⑨]，曰其如台[⑩]？先王有服[⑪]，恪谨天命[⑫]。兹犹不常宁[⑬]？不常厥邑，于今五邦[⑭]！今不承于古[⑮]，罔知天之断命，矧曰其克从先王之烈[⑯]？若颠木之有由蘖[⑰]，天其永我命于兹新邑？绍复先王之大业，底绥四方[⑱]。”

盘庚告谕群臣，为避免水患，决定把国都迁往殷。

盘庚敩于民[⑲]，由乃在位以常旧服[⑳]，正法度。曰：“无或敢伏小人之攸箴[㉑]！”王命众，悉至于廷。

王若曰[㉒]：“格汝众，予告汝训汝，猷黜乃心[㉓]，无傲从康[㉔]。古我先王，亦惟图任旧人共政[㉕]。王播告之修[㉖]，不匿厥指，王用丕钦[㉗]；罔有逸言[㉘]，民用丕变。今汝聒聒[㉙]，起信险肤[㉚]，予弗知乃所讼[㉛]。

“非予自荒兹德，惟汝含德，不惕予一人[㉜]。予若观火，予亦拙谋作[㉝]，乃逸。若网在纲，有条而不紊[㉞]；若农服田，力穑乃亦有秋[㉟]。汝克黜乃心，施实德于民，至于婚友[㊱]，丕乃敢大言汝有积德[㊲]！乃不畏戎毒于远迩[㊳]，惰农自安，不昏作劳[㊴]，不服田亩，越其罔有黍稷[㊵]。

“汝不和吉言于百姓[㊶]，惟汝自生毒，乃败祸奸宄[㊷]，以自灾于厥身。乃既先恶于民[㊸]，乃奉其恫[㊹]，汝悔身何及？相时憸民[㊺]，犹胥顾于箴言，其发有逸口[㊻]，矧予制乃短长之命[㊼]？汝曷弗告朕，而胥动以浮言，恐沈于众[㊽]？若火之燎于原，不可向迩，其犹可扑灭？则惟汝众自作弗靖[㊾]，非予有咎。

“迟任有言曰[㊿]：‘人惟求旧，器非求旧，惟新。’古我先王暨乃祖乃父胥及逸勤[51]，予敢动用非罚[52]？世选尔劳[53]，予不掩尔善。兹予大享于先王[54]，尔祖其从与享之[55]。作福作灾，予亦不敢动用非德[56]。

“予告汝于难，若射之有志[57]。汝无侮老成人[58]，无弱孤有幼。各长于厥居，勉出乃力，听予一人之作猷。无有远迩，用罪伐厥死[59]，用德彰厥善。邦之臧[60]，惟汝众；邦之不臧，惟予一人有佚罚[61]。

“凡尔众，其惟致告[62]：自今至于后日，各恭尔事，齐乃位[63]，度乃口[64]。罚及尔身，弗可悔。”

【注解】

①五迁：第五次迁都。②治亳殷：应为“始宅殷”。③咨：嗟叹。胥：相。④适：往。⑤率：因此。吁：呼。戚：亲近的大臣。⑥矢：陈述。⑦爰：易，改变。兹：这里，指奄。⑧刘：杀，这里是伤害的意思。⑨稽：察考。⑩曰：语助词。其：将。如台（yí）：如何。⑪服：事。⑫恪：恭敬。谨：谨慎。⑬犹：还。常：久。⑭邦：这里指都城。⑮古：指先王恪谨天命。⑯矧（shěn）：况且。烈：功业。⑰颠：倒。由：倒下的树长出新的枝条。蘖（niè）：树木被砍伐后的残余部分长出新芽。⑱绥：安。⑲敩（xiào）：教，开导。⑳由：正。乃：其。常：遵守。旧服：旧制。㉑或：有人。伏：凭借。箴：规劝。㉒若：这样。㉓猷（yóu）：打算。黜：除去。㉔从：追求。康：安乐。㉕旧人：长期居官位的人。㉖播：布。修：施行。㉗“不匿”两句：指：通“旨”，旨意。钦：敬重。㉘逸：过错。㉙聒聒：喧嚷，指拒绝好意而自以为是。㉚起：兴起。信（shēn）：通“伸”，申说。肤：肤浅。㉛讼：争辩。㉜惕：通“施”，给予。㉝谋作：谋略和劳作。㉞“若网”两句：纲：网的总绳。紊：乱。㉟穑：收获，泛指耕作。秋：收成。㊱婚：姻亲。㊲丕乃：于是。㊳乃：如果。戎：大。毒：害。㊴昏（mǐn）：勤勉，努力去做。㊵越其：于是就。㊶和：宣布。㊷败：危败。奸：在外作恶。宄：在内作恶。㊸先：倡导。㊹奉：承受。恫：痛苦。㊺相：看。憸（xiān）民：小民。㊻逸口：错误言论。㊼制：掌握。㊽恐：恐吓。沈：通“扰”，煽动迷惑。㊾靖：善。㊿迟任：古代的贤明史官。[51]胥：相互。逸：安乐。[52]非罚：不恰当的惩罚。[53]选：数说。劳：功劳。[54]享：祭祀宗庙。祭祀天神叫祀，祭祀地祇叫祭，祭祀人鬼叫享。[55]从：跟。古代天子祭祀祖先时，也让功臣的祖先同时享受祭祀。[56]非德：不恰当的恩惠。[57]志：射箭的标识，指箭靶。[58]侮老：见人老而加以轻视。[59]罪：刑罚。死：恶。[60]臧（zāng）：善。[61]佚：过失。罚：罪过。[62]惟：思考。致：传达。告：告诫。[63]齐：正。[64]度：通“杜”，闭。

【译文】

盘庚第五次迁都，将要开始到殷地居住，百姓（不高兴，）都在叹息、埋怨。后代史官据此写了《盘庚》三篇。

盘庚决定将都城迁到殷。民众不愿去那个地方，于是呼吁一些贵戚大臣出来，请他们向盘庚陈述意见。大臣们说：“我们的君王南庚迁到这里，改换居住之所而住在奄这个地方，这是重视我们臣民，不使我们受到伤害。然而现在我们不能互相救助，以求生存，用占卜来察考一下，将怎么样呢？先王凡是处理政事，都会恭敬谨慎地遵从天命。这样，还不能保持长久的安宁吗？不能长久住在一个地方，到现在已经是第五次迁都了！现在不继承先王敬顺天命的传统，就不知道上帝将断绝我们的国运，更何况说能继承先王的事业呢？迁都之举就好像倒伏的树又长出了新枝，残留的树桩又生出嫩芽一样，（经受不住挪动，）难道上天会使我们的国运在这个新都永久延续下去吗？我们要在这里继续复兴先王的大业，使天下安定太平。”

盘庚开导臣民，又教导在位的大臣谨守旧制，整饬法度。他说：“不许有人借着小民的规劝而反对迁都！”于是，盘庚命令众人都到朝廷上来接受训诫。

盘庚这样说：“来吧！诸位，我要告诉你们一些训词，用来开导你们。我打算除去你们的私心，使你们不再放纵傲慢。从前我们的先王，也只是谋求任用旧臣共同处理政事。先王施行教令，他们从不隐瞒教令的旨意，先王因此敬重他们。他们从未说过不当的言论，因此民情发生了很大变化。今天你们在这里吵吵嚷嚷，自以为是，站出来阐述危险浮夸的言和论，我不知道你们想争辩什么。

“并不是我自己放弃了先王重用旧臣的美德，而是你们把好意包藏起来，不肯献给我。我对现在的形势像看火一样那么清楚，只是我不善于谋划和行动，这是我的失误。就像把网结在纲上，才能有条理而不紊乱；就像农民在田间劳作，只有努力耕种才有大收获。你们若是能够摒除私心，把实际的好处施给百姓，以至于亲戚朋友，那样才敢扬言自己积下大德了。如果你们不担心远近出现大灾害，而像怠惰的农民一样安逸享乐，不致力于农事，不在田间劳作，那样就不会收获黍稷了。

“你们不向民众宣布好的言论，这是你们自己种下的祸根；你们做危害天下之事，最终将会自己害自己。假如你们已经引诱人们做了坏事，你们就要勇于承受它所带来的灾祸，你们自己后悔又有什么用呢？看看这些小民吧，他们尚且在意规劝的话语，担心从自己的口中说出错误言论，何况我掌握着你们寿命的长短呢？你们为何不把反对迁都的想法直接告诉我，却用这些浮夸言论互相鼓动，恐吓煽动民众呢？这就好比大火在原野上燃烧一样，不能迎面接近它，难道还能扑灭它吗？这都是你们自己做了不好的事情，而不是我犯了过错。

“迟任说过：‘用人要用长期担任官职的旧人，用器物却不能用旧的，要用新的才好。’过去我的先王与你们的祖辈、父辈同甘共苦，我怎么敢对你们滥施刑罚呢？后世将会数说诸位的功劳，而我也不会掩盖你们的善举。现在我要祭祀先王，你们的祖先也将跟着享受祭祀。虽然我可以向你们赐福或是降灾，但是我不敢动用不恰当的赏赐或是惩罚。

“我在危难之中告诉你们，你们要像射箭的箭靶一样（不能偏离我的旨意）。你们不要轻视年老的人，也不要轻视年幼的人。你们各自领导着自己封地上的臣民，要勉励他们贡献自己的力量，依照我的计谋行事。不管是疏远的人还是亲近的人，我都要用刑罚惩治那些作恶的，用赏赐表彰那些行善的。国家治理好了，那是大家的功劳；国家治理得不好，那就是我的过错。

“你们众人，要认真考虑我的告诫之词：从今以后，各人都要恭敬谨慎地履行你们的职责，摆正你们的位置，闭上你们的嘴（不许乱说）。否则，惩罚到你们身上的时候，可千万不要后悔！”

盘庚中

【原文】

盘庚作[①]，惟涉河以民迁[②]。乃话民之弗率[③]，诞告用亶[④]。其有众咸造[⑤]，勿亵在王庭[⑥]。盘庚乃登进厥民[⑦]。

曰：“明听朕言，无荒失朕命[⑧]！呜呼！古我前后[⑨]，罔不惟民之承保。后胥戚

盘庚在即将迁都前，用诚恳的态度尽力劝告不服从迁移的民众。

鲜[10]，以不浮于天时[11]。殷降大虐[12]，先王不怀厥攸作[13]，视民利用迁[14]。汝曷弗念我古后之闻？承汝俾汝惟喜康共[15]，非汝有咎比于罚[16]。予若吁怀兹新邑，亦惟汝故，以丕从厥志。

“今予将试以汝迁，安定厥邦。汝不忧朕心之攸困[17]，乃咸大不宣乃心[18]，钦念以忱动予一人[19]。尔惟自鞠自苦[20]！若乘舟，汝弗济，臭厥载[21]。尔忱不属[22]，惟胥以沈[23]。不其或稽，自怒曷瘳[24]？汝不谋长以思乃灾，汝诞劝忧[25]。今其有今罔后[26]，汝何生在上？

“今予命汝一，无起秽以自臭[27]，恐人倚乃身，迂乃心[28]。予迓续乃命于天[29]，予岂汝威，用奉畜汝众[30]。

“予念我先神后之劳尔先[31]，予丕克羞尔[32]，用怀尔然。失于政，陈于兹[33]，高后丕乃崇降罪疾[34]，曰‘曷虐朕民？’汝万民乃不生生[35]，暨予一人猷同心，先后丕降与汝罪疾，曰：‘曷不暨朕幼孙有比[36]？’故有爽德[37]，自上其罚汝，汝罔能迪[38]。

“古我先后既劳乃祖乃父，汝共作我畜民[39]。汝有戕则在乃心[40]！我先后绥乃祖乃父[41]，乃祖乃父乃断弃汝，不救乃死。兹予有乱政同位[42]，具乃贝玉[43]。乃祖乃父丕乃告我高后曰：‘作丕刑于朕孙！’迪高后丕乃崇降弗祥[44]！

“呜呼！今予告汝：不易[45]！永敬大恤[46]，无胥绝远[47]！汝分猷念以相从[48]，各设中于乃心[49]。乃有不吉不迪[50]，颠越不恭[51]，暂遇奸宄[52]，我乃劓殄灭之[53]，无遗育[54]，无俾易种于兹新邑[55]。

“往哉生生！今予将试以汝迁，永建乃家。”

【注解】

①作：立为君。②惟：谋，考虑。涉：渡。河：特指黄河。③话：会合。率：遵循。④诞：大。亶：诚。⑤造：到。⑥勿亵：联绵词，不安的样子。⑦登：升。进：向前。⑧荒：废。失：通“佚”，轻忽的意思。⑨前后：先王。⑩胥：清楚。鲜：明白。⑪浮：罚。⑫殷：盛，大。虐：灾，这里指洪水泛滥。⑬怀：安。⑭用：以。⑮承：顺。俾：从。康：安康。共：通“拱”，稳定。⑯咎：过错。比：入。⑰困：苦。⑱宣：和顺。⑲钦：很。⑳鞠：穷困。㉑臭：朽，败。载：事。㉒属：合作。㉓胥以：相与。㉔“不其”两句：其：助词。或：克，能够。瘳（chōu）：病愈。㉕劝：乐，安于。㉖其：将。㉗起秽：扬起污秽，比喻传播谣言。㉘迂：邪。㉙迓（yà）：劝请。㉚奉：助。畜：养。㉛神后：神明的君主。劳：烦劳。㉜羞：进献。㉝陈：居处。㉞丕乃：于是就。崇：重。㉟乃：如果。生生：营生。㊱幼孙：盘庚自指。有比：亲近。㊲爽：差错。㊳迪：

逃。㊴作：为。㊵有：又。戕：残害。则：通“贼”，害。㊶绥：告诉。㊷乱政：指乱政的大臣。同位：同事，共同管理朝政。㊸乃：其。贝玉：泛指财物。㊹迪：助词。㊺易：轻率。㊻敬：同“儆”，戒。恤：忧患。㊼胥：相。绝远：隔绝疏远。㊽分：当。㊾中：和衷共济的意思。㊿乃：如果。吉：善。迪：道，正路。51越：违背。52暂：通“渐”，欺诈。遇：通“隅”，奸邪。53劓（yì）：割断。殄：灭绝。54育：通“胄”，后代。55易：延续。种：后代。

【译文】

盘庚做了天子之后，打算渡过黄河率领臣民迁移。于是，召集那些不愿迁移的百姓，恭敬诚恳地告诫他们。那些百姓都来了，惴惴不安地站立在王庭上。盘庚于是登上高处，招呼他们到前面来。

盘庚说：“你们要听清楚我所说的话，不要忽视我的命令！啊！当初我们的先王，没有不想顺承民意、安定百姓的。做君主的和做臣子的都清楚这些事，所以没有受到天帝的惩罚。当天帝降下灾祸的时候，君主居住在自己的都邑中，感到惴惴难安，于是考察民众的利益而迁移。你们怎么不想想我们先王的所做的这些事情呢？（现在我这么做，是为了）顺从你们喜欢安乐和稳定的心愿，而不是为了你们惹下灾祸而惩罚你们。我这样呼吁你们迁徙到新都，也是为了使你们躲避灾祸，并且尽力遵从先王的意愿。

“现在我打算率领你们迁移，使天下太平安定。你们不顾虑我心中的困苦，你们的心气居然如此不和顺，很想用些错误的言论来动摇我。你们自食恶果，被逼得走投无路了，就像坐在船上，却不能渡河过去，这将会坏掉大事。你们故意不和我合作，那就只有一起沉下去了。你们不和我协同一致，却在那里自怨自怒，这又有什么用处呢？你们不作长久打算，不敢面对即将发生的灾祸，你们实在是太安于忧患了。这样发展下去，将会有今天而没有明天了，那么你们还怎么在这片土地上生存下去呢？

“现在我命令你们同心同德，不要扬起污秽来败坏自己，恐怕有人想使你们的身子偏邪，使你们的心地邪恶。我向上天请求延续你们的生命，我怎么会威胁你们呢？我只是想奉养你们众位啊！

“我知道我们圣明的先王以前烦劳过你们的祖先，所以才向你们进献我的意见，以此来表达我对众位的关怀。倘若我耽误了政事，使众位长久居住在这里，先王就会重重地降下罪责，训斥我道：‘为什么虐待我的臣民？’你们四方之民如果不去谋生，不和我同心同德，先王也会对你们降下罪责，斥问你们道：‘为什么不亲近我的子孙呢？’因此，犯下过错，上天就要惩罚你们，你们是无法避免灾祸的。

“当初我的先王已经烦劳过你们的祖先和父辈，你们作为我养育的臣民，内心却充满恶念。我的先王将会把你们的所作所为告诉你们的祖先和父辈，你们的祖先和父辈一定会坚决抛弃你们，不去挽救你们死亡的命运。如今有一些乱政的大臣和我一起处理朝政，他们只知道聚敛财物。你们的祖先和父辈就告诉我的先王：‘对我们的子孙施以重刑吧！’于是先王就会重重地降下灾祸。

“啊！现在我要告诫你们：不要草率行事！要时刻警惕大的祸患，不要互相疏远！你们应当考虑顺从我，每个人的心里都要想着与我和衷共济。如果有人不做善事，不走正道，违法不恭，欺诈奸邪，任意妄为，我就要杀掉他，而且还断绝他的后嗣，不让他的后人在新都城繁衍生息。

“去吧，谋生去吧！现在我将率领你们迁徙到新都城，在那里建立你们永久的家园。”

盘庚下

【原文】

盘庚既迁，奠厥攸居[①]，乃正厥位，绥爰有众[②]。

曰："无戏怠，懋建大命[③]！今予其敷心腹肾肠[④]，历告尔百姓于朕志[⑤]。罔罪尔众，尔无共怒，协比谗言予一人[⑥]。

"古我先王，将多于前功[⑦]，适于山[⑧]。用降我凶[⑨]，德嘉绩于朕邦[⑩]。今我民用荡析离居[⑪]，罔有定极[⑫]，尔谓朕曷震动万民以迁[⑬]？肆上帝将复我高祖之德[⑭]，乱越我家[⑮]。朕及笃敬[⑯]，恭承民命，用永地于新邑。肆予冲人[⑰]，非废厥谋，吊由灵各[⑱]；非敢违卜，用宏兹贲[⑲]。

"呜呼！邦伯师长百执事之人[⑳]，尚皆隐哉[㉑]！予其懋简相尔念敬我众[㉒]。朕不肩好货[㉓]，敢恭生生[㉔]，鞠人谋人之保居，叙钦[㉕]。今我既羞告尔于朕志若否[㉖]，罔有弗钦[㉗]。无总于货宝[㉘]，生生自庸[㉙]。式敷民德[㉚]，永肩一心[㉛]。"

【注解】

①奠：定。攸：听。②绥：告诉。爰：于。众：群臣。③建：指重建家园。④敷：布。心腹肾肠：指肺腑之言。⑤历：数说。百姓：百官。志：意。⑥协比：协同一致。⑦多：光大。⑧适：往。⑨用：因此。降：减少。凶：灾祸。⑩德：升。⑪荡析：指洪水泛滥。⑫极：止。⑬震动：惊动。⑭肆：今。⑮乱：治。越：扬。⑯及：汲汲，急切的样子。笃：厚。⑰肆：所以。冲人：年幼的人，这里是盘庚自指。⑱吊：善。灵：神，指上帝。各：同"格"，指谋度。⑲宏：宏扬。贲（bì）：美。⑳邦伯：邦国之长，指诸侯。师长：众位官长。百执事：执行具体事务的众位官员。㉑尚：表祈请的副词。隐：考虑。㉒简：阅。简相：视察。相：视。念：顾念。㉓肩：任用。好：喜好。㉔恭：举用。㉕"鞠人"两句：鞠：养育。保：安。叙：次序。钦：敬。㉖若：顺同。㉗钦：顺从。㉘总：聚敛。㉙庸：功劳。㉚式：应当。㉛肩：能够。

【译文】

盘庚已经把都城迁到了殷地，安排好了所有臣民的邑里居处，这才巩固了他的帝位，然后召集群臣，在朝廷上向他们发布告诫之词。

盘庚说："不要嬉戏，也不要懒惰，要努力把重建家园的使命完成好。现在我要向众位臣子说出肺腑之言。我不是要惩罚你们，你们不要对我发怒，也不要联合起来一起诽谤我。

迁都之后，盘庚两次向诸侯重申迁都的意义。

"当初，我们的先王要发扬光

大前人的功业，于是迁到高地。因此很少遇上洪灾，他们实在是为国家立下了大功。如今我们的人民因饱受洪灾之苦而流离失所，没有安定的居所，你们却来问我：为什么惊动民众来迁都呀？这是因为上帝要复兴我们祖先的美德，发扬光大我们国家的美好传统。所以我谨慎地效法先王，恭敬地拯救民命，所以迁徙到殷地，并永久地居住在这座都邑里。现在我不是想废弃众人的意见，而是要顺从上帝的旨意。我不是想违背龟卜的预兆，而是想发扬光大上帝的美德。

"啊！诸位诸侯、官长及各级官员，你们都要好好想想自己的职责，我将认真观察你们，考察你们照顾敬重民众的情况。我绝不会任用那些贪财之人，而只任用那些帮助民众谋生的人。对于那些能够养育人民并且能够使民众安居的人，我都会依次敬重他们。现在我已把我内心的好恶告诉你们了，不要不顺从我的好恶。你们不要聚敛财富，要孜孜不倦地帮助民众谋生而各建功勋。应当施恩惠于民众，永久地做到齐心协力，共建家园。"

微子

【原文】

殷既错天命①，微子作诰父师、少师②。

微子若曰③："父师、少师，殷其弗或乱正四方④！我祖厎遂陈于上⑤，我用沈酗于酒⑥，用乱败厥德于下⑦。殷罔不小大好草窃奸宄⑧，卿士师师非度⑨。凡有罪辜，乃罔恒获⑩。小民方兴⑪，相为敌仇。今殷其沦丧，若涉大水，其无津涯⑫。殷遂丧，越至于今⑬！"

曰："父师、少师，我其发出狂⑭？吾家耄逊于荒⑮？今尔无指告⑯，予颠跻⑰，若之何其⑱？"

父师若曰："王子！天毒降灾荒殷邦⑲，方兴沈酗于酒，乃罔畏畏⑳，咈其耇长旧有位人㉑。今殷民乃攘窃神祇之牺牷牲用以容㉒，将食无灾㉓。降监殷民，用乂仇敛㉔，召敌仇不怠㉕。罪合于一，多瘠罔诏㉖。

"商今其有灾，我兴受其败㉗；商其沦丧，我罔为臣仆。诏王子出迪㉘。我旧云刻子、王子弗出㉙，我乃颠跻。自靖㉚！人自献于先王，我不顾行遁㉛。"

【主旨讲解】

《微子》是商朝败亡之前，纣王弟弟微子向王朝太师、少师请问个人如何应付的对话记录。

【注解】

①错：错乱，废弃。②父师、少师：都是官名。③若：这样。④其：恐怕，大概。或：通"克"，能够。乱：治。⑤我祖：指成汤。遂：法。陈：陈列。⑥我：我们的君王，指纣王。用：由于。沈：通"沉"，沉湎。酗：发酒疯。⑦用：因此。乱：淫乱。厥德：指成汤的美德。下：指后世。⑧小：指小民。大：指群臣。草：同"抄"，掠夺。奸宄：犯法作乱。⑨师师：众官长。非：违背。度：法度。⑩乃：却。恒：常。⑪方：并。兴：兴起。⑫津：渡口。涯：水岸。⑬越：

语首助词。今：这。⑭狂：同“往”。⑮家：住在家里。耄（mào）：年老。逊：逃避。⑯指告：指点告诉。⑰隮：坠落。⑱其：语气助词。⑲毒：深重。⑳乃：却。畏畏：害怕天威。㉑咈（fú）：违背。耇：年老。㉒攘：顺手拿取。窃：专程去偷盗。神：天神。祇：地神。牺：用于祭祀的毛色纯一的牲畜。牷：用于祭祀的纯色的整体牲畜。牲：猪、牛、羊三牲。用：祭器。容：隐藏。㉓将：拿。㉔乂：杀。仇：同“稠”，多。敛：收集赋税。㉕召：招致。怠：宽缓。㉖瘠：疾苦。诏：告。㉗兴：起。败：灾祸。㉘诏：劝告。迪：逃。㉙旧：久。刻子：指箕子，纣的叔父，因劝谏纣王而被囚禁。㉚靖：谋划，打算。㉛遁：逃亡。

【译文】

殷商背弃天命，微子作诰词，与父师、少师商量对策。

微子这样说道：“父师、少师，大概我们殷商是不能治理好天下了。我们的高祖成汤制定的法度在先，而现在纣王却因为纵酒酗酒，败坏了高祖的美德。殷商的大小臣民无不劫夺偷盗，作奸犯科，官员们都不遵行法度。凡是有罪的人，往往都得不到惩治。小民们起来反抗，与我们相互敌视。现在殷商恐怕将要灭亡了，这就好像渡河时找不到渡口一样。殷商背弃天命，竟然到了现在这种地步了！”

微子接着说：“父师、少师，我是出走逃亡呢，还是在家里终老而退避荒野呢？现在你们不指点告诉我，真要是到了殷商灭亡的时候，我该怎么办啊！”

父师这样说道：“王子啊！上天向我们殷商降下大祸，要荒废我们的国家，而国君和大臣们却沉溺于酒中，丝毫不畏惧上天的威严，违背德高望重的旧臣的教诲。现在殷商的臣民居然盗窃祭祀天地神灵的各种贡品、祭器，把它们藏匿起来，或是拿出来使用，或是拿出来吃，都没有受到惩罚。上天监护着殷商的百姓，而君王却大肆杀戮、横征暴敛，招致民怨也不肯放松。这些罪行都集中在国君一人身上，众多的受害者痛苦不堪却无处申诉。

“殷商如果现在发生灾祸，我们都要蒙受灾难；殷商如果灭亡了，我们不能去做别人的奴隶。我奉劝王子你还是逃出去吧。我早就说过，箕子、王子如果不出逃，我们国家就要彻底灭亡了。你还是自己做决断吧！人人都要对先王的事业作出贡献，我不再考虑了，我马上就要出走了。”

纣继承帝位后荒淫无度，微子规劝无用，向父师请教去留。

《诗经》

《诗经》是我国古代第一部诗歌总集，作品产生的时代，上起西周初年（约公元前11世纪），下迄春秋中叶（约公元前7世纪）。是中国优秀传统文化中的核心经典之一。

关雎

【原文】

关关雎鸠[①]，在河之洲[②]。窈窕淑女[③]，君子好逑[④]。

参差荇菜[⑤]，左右流之[⑥]。窈窕淑女，寤寐求之[⑦]。

求之不得，寤寐思服[⑧]。悠哉悠哉[⑨]，辗转反侧[⑩]。

参差荇菜，左右采之。窈窕淑女，琴瑟友之[⑪]。

参差荇菜，左右芼之[⑫]。窈窕淑女，钟鼓乐之[⑬]。

【注解】

①关关：水鸟相互和答的鸣声。雎（jū）鸠（jiū）：水鸟名，即鱼鹰。相传这种鸟情意专一。②河：黄河。③窈（yǎo）窕（tiǎo）：幽静美丽的样子。淑：好，善。④逑（qiú）：配偶。⑤参（cēn）差（cī）：长短不齐的样子。荇（xìng）菜：一种水生植物，可以采来做菜吃。⑥流：顺水之流而摘取。⑦寤（wù）：睡醒。寐（mèi）：睡着。⑧思服：思念。⑨悠哉：思虑深长的样子。哉：语气词，相当于"啊""呀"。⑩辗转反侧：在床上翻来覆去睡不着。⑪友：动词，亲近。⑫芼（mào）：摘取。⑬乐：使动用法，使……乐，使……高兴。

【译文】

"关关……关关"彼此鸣叫相应和的一对雎鸠，栖宿在黄河中一方小洲上。娴静美丽的好姑娘，正是与君子相配的好对象。

长短不齐的荇菜，顺着水势时左时右地去采摘它。娴静美丽的好姑娘，睁开眼或在睡梦里，心里都念着她。

追求她却不能得到她，睁眼时或在睡梦里不能停止对她的思念。那么深长的深长的思念啊，翻来覆去不能成眠。

长短不齐的荇菜，顺着水势时左时右地将它采摘。娴静美丽的好姑娘，必能琴瑟和鸣相亲相爱。

长短不齐的荇菜，左右选择才去摘取。娴静美丽的好姑娘，敲钟打鼓地将你迎娶。

葛覃

【原文】

葛之覃兮[①]，施于中谷[②]，维叶萋萋[③]。黄鸟于飞[④]，集于灌木，其鸣喈喈[⑤]。

葛之覃兮，施于中谷，维叶莫莫[⑥]。是刈是濩[⑦]，为絺为绤[⑧]，服之无斁[⑨]。

言告师氏[⑩]，言告言归。薄污我私[⑪]，薄浣我衣[⑫]。害浣害否[⑬]，归宁父母[⑭]。

【注解】

①葛：多年生植物，茎皮可织布，也称葛麻。覃（tán）：蔓延生长。②施（yì）：蔓延，伸展。中谷：即“谷中”。③维：发语词，无实义。萋萋：草木茂盛的样子。④于：语助词。⑤喈喈（jiē）：象声词，形容鸟的叫声。⑥莫莫：茂密的样子。⑦是：助词，表示并列的两个动作。刈（yì）：用刀割。濩（huò）：在水中煮。⑧为（wéi）：做。絺（chī）：细葛布。绤（xì）：粗葛布。⑨斁（yì）：厌恶，讨厌。⑩言：发语词。师氏：女管家。⑪薄：发语词。污：去污，清洗。私：内衣，穿在里面的衣服。⑫浣（huàn）：洗。衣：礼服，外衣。⑬害：通“曷”，哪些，什么。否：不要。⑭归宁：古代已婚女子回娘家省亲叫归宁。

【译文】

葛藤长又长，枝条伸展到山谷，叶儿繁茂。黄鸟翻飞，落在灌木丛，欢快地鸣叫，叽叽啾啾。

葛藤长又长，枝条伸展到山谷，叶儿繁茂。忙割忙煮，葛布有细也有粗，人人穿上都舒服。

告诉女师，我想告假回家。搓洗我的衣衫，清洗我的礼服。哪些要洗哪些不要洗，我急着回家看我的父母。

葛之覃兮，施于中谷。

桃夭

【原文】

桃之夭夭[①]，灼灼其华[②]。之子于归[③]，宜其室家[④]。

桃之夭夭，有蕡其实[⑤]。之子于归，宜其家室。

桃之夭夭，其叶蓁蓁[⑥]。之子于归，宜其家人。

【注解】

①夭夭（yāo）：娇嫩而茂盛的样子。②灼灼（zhuó）：花朵开得火红鲜艳的样子。华：同“花”。③之：指示代词，这，这个。子：女子，姑娘。于：往。归：女子出嫁，后世就用“于归”指出嫁。④宜：和顺。使动用法，使……和顺。室家：家庭。以下“家室”“家人”同义。⑤有：助词，放在形容词的前面。有蕡：同“蕡蕡”（fén），指桃子又圆又大将成熟、红白相间的样子。⑥蓁蓁（zhēn）：叶子茂密的样子。

【译文】

桃树多么繁茂，盛开着鲜花朵朵。这个姑娘出嫁了，她的家庭定会和顺美满。

桃树多么繁茂，垂挂着果实累累。这个姑娘出嫁了，她的家庭定会和顺美满。

桃树多么繁茂，桃叶儿郁郁葱葱。这个姑娘出嫁了，她的家庭定会和顺美满。

绿衣

【原文】

绿兮衣兮，绿衣黄里[①]。心之忧矣，曷维其已[②]！

绿兮衣兮，绿衣黄裳[③]。心之忧矣，曷维其亡[④]！

绿兮丝兮，女所治兮[⑤]。我思古人[⑥]，俾无訧兮[⑦]！

絺兮绤兮[⑧]，凄其以风[⑨]。我思古人，实获我心[⑩]！

【注解】

①衣：外衣。里：内衣。②曷：何时，怎么。维：语气词。已：停止。③裳：下衣。④亡：同“忘”。⑤女：同“汝”，你。治：制，纺织。⑥古：通“故”，离世，故去。⑦俾：使，让。訧（yóu）：过失，失误。⑧絺（chī）：细葛布。绤（xì）：粗葛布。⑨凄：寒冷。其：形容词词尾，“……的样子”。以：因为。⑩实：实在，确实。获：得。

【译文】

绿色的衣服啊，绿上衣黄衬里。心中的忧伤，何时才能终止！

绿色的衣服啊，绿上衣黄裙裳。心中的忧伤，何时才能消亡！

绿色的丝啊，是你亲手纺出。我思念故人，使我避免了多少过错！

粗粗细细葛布衣，穿上身凉风习习。我思念故人，实在合我的心意！

绿兮丝兮，女所治兮。

式微

【原文】

式微式微①，胡不归②？微君之故③，胡为乎中露④？

式微式微，胡不归？微君之躬⑤，胡为乎泥中？

【注解】

①式：发语词。微：天黑。②胡：为什么。③微：非，若非，要不是。君：这里指统治者。故：原故。④中露：露水中。⑤躬：身，自身。

【译文】

天色愈来愈黑，为什么还不回家？若不是主子的事，怎么会身沾露水？

天色愈来愈黑，为什么还不回家？若不是为了主子的贵体，怎么会在泥水中受苦？

静女

【原文】

静女其姝①，俟我于城隅②。爱而不见③，搔首踟蹰④。

静女其娈⑤，贻我彤管⑥。彤管有炜⑦，说怿女美⑧。

自牧归荑⑨，洵美且异⑩。匪女之为美，美人之贻。

【注解】

①静女：同“淑女”，文静娴雅的女子。姝（shū）：美丽，美好。②俟（sì）：等候，等待。隅（yú）：角落。③爱：通“薆”，躲藏，隐藏。④搔首：用手挠头。踟（chí）蹰（chú）：来回走动，走来走去。⑤娈（luán）：美丽，漂亮。⑥贻（yí）：赠送。彤（tóng）：红色。彤管：象征一片赤心和火样的热情。⑦有：助词。炜：红色鲜明，有光泽的样子。⑧说：同“悦”。怿（yì）：喜。说怿：喜爱。女：同“汝”，你。⑨牧：牧场，郊外。归（kuì）：通“馈”，赠送。荑（tí）：草名，白茅。古代常以白茅来象征婚媾。以白茅相赠，是一种求爱的表示。⑩洵（xún）：确实，真的。异：奇异。

【译文】

文静的姑娘多么美丽，约我等候在城门角。故意藏起来不让我看见，急得我挠头又徘徊。

文静的姑娘多么漂亮，送给我一个红管。红管亮闪闪，我真喜欢它的美。

从郊外回来送给我白茅，白茅实在美得出奇。并不是茅草有多好看，只因为是美人送的。

淇奥

【原文】

瞻彼淇奥[①]，绿竹猗猗[②]。有匪君子[③]，如切如磋，如琢如磨[④]。瑟兮僩兮[⑤]，赫兮咺兮[⑥]。有匪君子，终不可谖兮[⑦]！

瞻彼淇奥，绿竹青青[⑧]。有匪君子，充耳琇莹[⑨]，会弁如星[⑩]。瑟兮僩兮，赫兮咺兮。有匪君子，终不可谖兮。

瞻彼淇奥，绿竹如箦[⑪]。有匪君子，如金如锡，如圭如璧[⑫]。宽兮绰兮[⑬]，猗重较兮[⑭]。善戏谑兮，不为虐兮[⑮]。

【注解】

①瞻：向前看，眺望。淇：淇水。卫国水名。奥（yù）：通“隩”，河岸弯曲的地方。②猗猗（yī）：长而美的样子。③有：助词。匪：通“斐”，有文采。④如切如磋，如琢如磨：雕刻骨器叫切，雕刻象牙叫磋，雕刻翠玉叫琢，雕刻美玉叫磨。以上两句用以形容人文采美好，治学修身、精益求精。⑤瑟：庄重的样子。僩（xiàn）：威武的样子。⑥赫：光明磊落。咺（xuǎn）：显著，盛大的样子。⑦谖（xuān）：忘记。⑧青青（jīng）：同“菁菁”，草木茂盛的样子。⑨充耳：古代冠冕上悬垂于耳际的饰物。琇（xiù）：像玉的美石。⑩会（kuài）：皮帽缝合的地方。弁（biàn）：古代成年男子戴的一种帽子。⑪箦（zé）：竹席。⑫圭（guī）：用作凭信的玉，形状上圆下方。璧（bì）：平而圆，中心有孔的玉。⑬宽：宽宏，宽厚。绰（chuò）：温和、柔和。⑭猗（yǐ）：同“倚”，依靠。较：古代车厢上的曲钩，可做扶手。⑮虐：以言语伤人。

【译文】

眺望那淇水弯曲处，翠绿的竹子修长。文质彬彬的君子，有如象牙经过切磋，有如美玉经过琢磨。他仪表庄重，威风凛凛。他光明磊落，威仪显著，叫人永远难忘怀。

眺望那淇水弯曲处，翠绿的竹子葱葱。文质彬彬的君子，充耳垂美玉晶莹，帽上玉亮如明星。他仪表庄重，威风凛凛。他光明磊落，威仪显著，叫人永远难忘怀。

眺望那淇水弯曲处，翠绿的竹子密如席。文质彬彬的君子，有如赤金白锡，有如方圭圆璧。他胸怀宽广性情温和，你看他登车凭依。他幽默风趣，善于说笑，但待人平易不刻薄。

硕人

【原文】

硕人其颀[①]，衣锦褧衣[②]。齐侯之子[③]，卫侯之妻[④]，东宫之妹[⑤]，邢侯之姨[⑥]，谭公维私[⑦]。

手如柔荑[⑧]，肤如凝脂[⑨]。领如蝤蛴[⑩]，齿如瓠犀[⑪]。螓首蛾眉[⑫]，巧笑倩兮[⑬]，美目盼兮⑭。

硕人敖敖⑮，说于农郊⑯。四牡有骄⑰，朱帻镳镳⑱，翟茀以朝⑲。大夫夙退⑳，无使君劳㉑。

河水洋洋㉒，北流活活㉓。施罛涉涉㉔，鳣鲔发发㉕，葭菼揭揭㉖。庶姜孽孽㉗，庶士有朅㉘。

【注解】

①颀：修长的样子。古代不论男女，皆以高大修长为美。②褧（jiǒng）衣：麻布做的外衣。女子出嫁途中穿，用来遮蔽尘土。③齐侯：指齐庄公。子：女儿。④卫侯：卫庄公。⑤东宫：古代国君的太子住在东宫，所以东宫成了太子的代称。此指齐国太子得臣。⑥邢：国名。姨：妻的姊妹。⑦谭：国名。维：是。私：姐妹的丈夫。⑧荑：白茅的嫩芽。⑨凝脂：凝结的脂肪。⑩领：脖子。蝤（qiú）蛴（qí）：天牛的幼虫，体长，圆而白嫩。⑪瓠（hù）犀（xī）：葫芽的子，洁白整齐。⑫螓（qín）：虫名，似蝉而小，额头宽广方正。⑬倩：口颊间美好的样子。⑭盼：眼神黑白分明，流动有神的样子。⑮敖敖：身体苗条的样子。⑯说（shuì）：停车休息。农郊：城郊。庄姜出嫁时先在都城近郊歇息。⑰牡（mǔ）：驾车的雄马。骄：高大、雄壮的样子。⑱朱帻（fén）：系在马口衔铁的红绸。镳镳（biāo）：鲜明的样子。⑲翟（dí）茀（fū）：用山鸡彩色羽毛装饰的车子。朝：朝见。⑳夙：早。㉑劳：辛苦。㉒洋洋：水势浩大的样子。㉓活活（guō）：流水声。㉔施：设置。罛（gū）：渔网。施罛：撒渔网。涉涉（huò）：渔网入水的声音。㉕鳣（zhān）：黄鱼。鲔（wěi）：鳝鱼。发发（bō）：鱼尾摆动、击水的声音。㉖葭（jiā）：芦苇。菼（tǎn）：荻苇。揭揭（jiē）：细长的样子。㉗庶：众。庶姜：指随嫁的众女。孽孽（niè）：服饰华丽的样子。㉘庶士：指随从的众人。朅（qiè）：英武健壮的样子。

【译文】

高个儿美人身材修长，麻纱罩衫披在锦衣上。她是齐侯的女儿，卫侯的娇妻。齐国太子的胞妹，邢侯的小姨，谭国国君是她的姐夫。

手指纤纤如嫩荑，皮肤白润如凝脂。脖子雪白柔长如蝤蛴，牙齿洁白整齐有如葫芦子。螓一样方正的前额还有弯弯蛾眉，一笑酒窝显妩媚，秋水般的眼波顾盼有情。

高个儿美人身材苗条，停下车马歇息在城郊。驾车的四马高大矫健，马嚼子的红绸随风飘飘，乘坐饰满雉羽的华车去上朝。大臣们早早告退，以免国君太辛劳。

河水浩浩荡荡，滔滔奔流向北方。撒下渔网呼呼作响，黄鱼鳝鱼蹦跳乱闯，芦苇荻花细细长长。陪嫁的姑娘颀长美丽，护送的武士威武雄壮。

氓

【原文】

氓之蚩蚩①，抱布贸丝②。匪来贸丝③，来即我谋。送子涉淇，至于顿丘④。匪我愆期⑤，子无良媒。将子无怒⑥，秋以为期⑦。

乘彼垝垣⑧，以望复关⑨。不见复关，泣涕涟涟。既见复关，载笑载言⑩。尔

既见复关，载笑载言。

卜尔筮[11]，体无咎言。以尔车来，以我贿迁。

桑之未落，其叶沃若[12]。于嗟鸠兮，无食桑葚。于嗟女兮，无与士耽！士之耽兮，犹可说也[13]。女之耽兮，不可说也！

桑之落矣，其黄而陨[14]。自我徂尔[15]，三岁食贫。淇水汤汤[16]，渐车帷裳[17]。女也不爽，士贰其行[18]。士也罔极[19]，二三其德！

三岁为妇，靡室劳矣。夙兴夜寐，靡有朝矣。言既遂矣，至于暴矣。兄弟不知，咥其笑矣[20]。静言思之[21]，躬自悼矣[22]。

及尔偕老[23]，老使我怨。淇则有岸，隰则有泮[24]。总角之宴[25]，言笑晏晏[26]。信誓旦旦，不思其反。反是不思，亦已焉哉！

【注解】

①氓（méng）：诗中男子的代称。蚩蚩（chī）：憨厚的样子，或同“嗤嗤”，笑嘻嘻的样子。②布：古货币名。贸：买，交易。拿钱来买丝。一说“布”作“布匹”。以布匹换取丝，是以物换物。③匪：同“非”，不是。④顿丘：卫国地名。今河南清丰县西南。⑤愆（qiān）：拖延，耽误。愆期：约期而失信。⑥将（qiāng）：愿，请。⑦秋以为期：即“以秋为期”。⑧乘：登上。垝（guǐ）：毁坏，倒塌。垣（yuán）：墙。⑨复关：地名，氓所居住的地方。⑩载：语助词。载笑载言：又说又笑。⑪尔：你。卜：用火灼龟甲，根据裂纹来判定吉凶。筮（shì）：用蓍（shī）草依法排比成卦卜筮，以判吉凶。⑫其：代词，桑。沃若：润泽、茂盛的样子。⑬说：通“脱”，解脱，摆脱。⑭陨（yǔn）：坠落。⑮徂（cú）：往，到。徂尔：嫁给你。⑯汤汤（shāng）：水势很大的样子。⑰渐：浸湿。帷裳：车上的帷帐。写女子被弃后，渡淇水回去的情形。⑱贰：有二心，不专一。⑲罔：无。极：准则。罔极：没有准则，行为不端。⑳咥（xì）：嘻笑的样子。带有讥讽的意味。㉑静言：冷静地。㉒躬：自身。悼：悲伤。㉓及：和，与。尔：你。㉔隰（xí）：低湿的地方。泮（pàn）：岸边。㉕总角：古人未成年时将头发束成丫状角髻。宴：欢乐。㉖晏晏：相处和悦融洽的样子。

【译文】

农家小伙笑嘻嘻，抱着布来换我的蚕丝。不是有心换丝，借机找我商量婚事。送他过淇水，送到顿丘才告辞。不是我拖延婚期，是你没有找个好媒人。请你不要生我气，约定秋天作为婚期。

登上那破败的墙垣，眺望我思念的复关。不见我的复关，伤心泪儿涟涟。见到我的复关，又笑又说心欢畅。你去占卦问卜，卦象没有不吉的话。驾着你的车来，搬迁我的嫁妆。

桑树叶儿未落，桑叶又嫩又润。唉，斑鸠，别贪吃那桑葚。唉，女人，不可与男人迷恋。男人迷恋，还可以解脱。女人迷恋，就无法自拔。

桑树叶儿落下，枯黄憔悴任飘零。自从我嫁到你家，三年来吃苦受穷。淇河水奔流荡荡，浸湿了车上的帷帐。我做妻子并没有过错，男人你却反复无常。男人变化无常性，三心二意坏德行。

做你妻子三年，家务辛劳没有不干。早起晚睡，天天如此，干也干不完。家业有成已安定，就变得粗暴无礼。兄弟们不知真相，嘻嘻讥笑再加嘲讪。静静细想，独自伤心悲叹。

曾经发誓，与你白头到老，这样的偕老使我怨恨。淇水虽宽有堤岸，沼泽虽阔有边涯。回想少年未嫁时，你说我笑温雅无间。誓言说得响亮，却不料如今翻脸变冤家。违背的誓言不愿再想，从今与你一刀两断！

木瓜

【原文】

投我以木瓜[①]，报之以琼琚[②]。匪报也[③]，永以为好也。

投我以木桃，报之以琼瑶[④]。匪报也，永以为好也。

投我以木李，报之以琼玖[⑤]。匪报也，永以为好也。

【注解】

①投：抛，投赠。木瓜：一种落叶灌木。古代风俗，以瓜果之类为男女定情信物。②报：报答，回赠。琼（qióng）：美玉美石的通称。琚（jū）：佩玉。③匪：通“非”。④瑶：美玉。⑤玖（jiǔ）：黑色的玉。琼玖：泛指美玉。

【译文】

你送我一个木瓜，我回送你一枚佩玉。这不只是回赠，而是为了永远相好。

你送我一个桃子，我回送你一块美石。这不只是回赠，而是为了永远相好。

你送我一个李子，我回送你黑色美玉。这不只是回赠，而是为了永远相好。

黍离

【原文】

彼黍离离[①]，彼稷之苗[②]。行迈靡靡[③]，中心摇摇。知我者谓我心忧，不知我者谓我何求。悠悠苍天，此何人哉？

彼黍离离，彼稷之穗。行迈靡靡，中心如醉。知我者谓我心忧，不知我者谓我何求。悠悠苍天，此何人哉！

彼黍离离，彼稷之实。行迈靡靡，中心如噎。知我者谓我心忧，不知我者谓我何求。悠悠苍天，此何人哉！

【注解】

①彼：指示代词，那、那个。黍（shǔ）：黍子，一种农作物，籽实去皮后叫黄米。离离：排

知我者谓我心忧，不知我者谓我何求。

列成行，整齐繁密的样子。② 稷（jì）：谷子，一种农作物，籽去皮后叫小米。③ 行迈：行走不止。一说，迈为远行。靡靡：步行缓慢的样子。

【译文】

那黍子生长满田畴，那谷子抽苗绿油油。我举步迟迟，因为心中彷徨愁闷。理解我的人说我心中忧愁，不理解我的人说我有什么贪求。悠悠苍天啊，是谁害得我要离家走？

那黍子生长满田畴，那谷子抽穗垂下头。我举步迟迟，心中忧闷如醉。理解我的人说我心中忧愁，不理解我的人说我有什么贪求。悠悠苍天啊，是谁害得我要离家走？

那黍子生长满田畴，那谷子结实不胜收。我举步迟迟，心中哽塞郁闷。理解我的人说我心中忧愁，不理解我的人说我有什么贪求。悠悠苍天啊，是谁害得我要离家走？

君子于役

【原文】

君子于役[①]，不知其期[②]。曷至哉[③]？鸡栖于埘[④]，日之夕矣[⑤]，羊牛下来。君子于役，如之何勿思[⑥]！

君子于役，不日不月[⑦]。曷其有佸[⑧]？鸡栖于桀[⑨]，日之夕矣，羊牛下括[⑩]。君子于役，苟无饥渴[⑪]？

【注解】

①君子：古代妻子对丈夫的敬称。于：去，往。役：古代徭役。②期：服役的期限。③曷（hé）：何，何时。④埘（shí）：在墙上挖洞或砌泥筑成的鸡窝。⑤夕：指傍晚时分。“鸡栖于埘”、“羊牛下来”尚有定时，而服役的人却没有归期。⑥如之何：怎么。⑦不日不月：没有定期。⑧有（yòu）：又，重新。佸（huó）：相会，团聚。⑨桀（jié）：亦作“榤”，指木桩，或以木桩支架起来的鸡棚。⑩括：来，到。⑪苟：句首语气词，表希望，或许，也许。

【译文】

丈夫去服役，不知道他的归期。他什么时候才能回来？鸡儿回窝，太阳也要落西山，羊牛都下了山坡。丈夫去服役，叫我怎能不苦苦思念？

丈夫去服役，没日没月，何时才能相聚？鸡儿回窝，太阳也要落西山，羊牛都下了山坡。丈夫去服役，是否受到饥渴折磨？

采葛

【原文】

彼采葛兮，一日不见，如三月兮！
彼采萧兮，一日不见，如三秋兮！
彼采艾兮，一日不见，如三岁兮！

【译文】

那采葛的姑娘，一天不见，像隔了三月不相见！
那采萧的姑娘，一天不见，像隔了三季不相见！
那采艾的姑娘，一天不见，像隔了三年不相见！

风雨

【原文】

风雨凄凄[①]，鸡鸣喈喈[②]。既见君子[③]，云胡不夷[④]？
风雨潇潇[⑤]，鸡鸣胶胶[⑥]。既见君子，云胡不瘳[⑦]！
风雨如晦[⑧]，鸡鸣不已[⑨]。既见君子，云胡不喜！

【注解】

①凄凄：寒凉，阴冷。②喈喈：鸡叫的声音。③既：终于。④云胡：为何，为什么。夷：平静。⑤潇潇（xiāo）：风雨急骤的样子。⑥胶胶：鸡叫的声音。⑦瘳（chōu）：病愈。⑧晦（huì）：

昏暗。⑨已：停止。

【译文】

风雨交加阴又冷，鸡鸣喈喈报五更。丈夫已经回家来，心情为何不平静？
疾风骤雨冷潇潇，鸡叫咯咯报天明。丈夫已经回家来，心病为何不痊愈？
凄风冷雨天地昏，雄鸡报晓不停歇。丈夫已经回家来，心中为何不高兴？

子衿

【原文】

青青子衿①，悠悠我心②。纵我不往，子宁不嗣音③？
青青子佩④，悠悠我思。纵我不往，子宁不来？
挑兮达兮⑤，在城阙兮⑥。一日不见，如三月兮！

【注解】

①衿（jīn）：衣领。②悠悠：思念不已的样子。③宁：岂，难道。嗣（sì）：继续。音：音信。嗣音：即保持联系。④佩：指身上佩玉石的绶带。⑤挑：跳跃。达：放恣。《毛传》："挑达，往来相见貌。"⑥阙（què）：城门两边的高台。

【译文】

青青的是你衣领的颜色，悠悠思念的是我的心。即使我不去看你，你为何不捎个音信？
青青的是你佩带的颜色，悠悠的是我的思念。即使我不去看你，你为何不来？
走来走去，心神不宁，在城门边的高台里。只有一天没见面，好像隔了三个月！

出其东门

【原文】

出其东门，有女如云①。虽则如云，匪我思存②。缟衣綦巾③，聊乐我员④。
出其闉阇⑤，有女如荼⑥。虽则如荼，匪我思且⑦。缟衣茹藘⑧，聊可与娱。

【注解】

①如云：形容众多。②思存：思念，念念不忘。③缟（gǎo）衣：白衣。綦（qí）巾：浅绿色的佩巾。④聊：且。乐：使动用法，使……乐。员：同"云"，语气词。⑤闉（yīn）阇（dū）：古代城门外层的半环形城墙，用以掩护城门，又名曲城。⑥荼（tú）：茅草的白花，盛开时浓茂美丽。如荼：形容女子美丽。⑦且（jū）：语气词。⑧茹（yú）藘（lú）：植物名，即茜草，其根

可作红色染料，这里借指红色头巾。

【译文】

出那东门，女子多如云。虽然多如云，不是我的意中人。素衣青佩巾，喜欢又相亲。

出那曲城门，女子美如花。虽然美如花，不是我的意中人。素衣红佩巾，与她同欢乐。

野有蔓草

【原文】

野有蔓草[①]，零露漙兮[②]。有美一人，清扬婉兮[③]。邂逅相遇[④]，适我愿兮[⑤]。

野有蔓草，零露瀼瀼[⑥]。有美一人，婉如清扬[⑦]。邂逅相遇，与子偕臧[⑧]。

有美一人，清扬婉兮。

【注解】

①蔓：蔓延。②零：落。露：露水。漙（tuán）：露水多的样子。③清扬：形容眉清目秀。婉：美好柔媚的样子。④邂逅：不期而遇。⑤适：适合、符合。愿：心愿。⑥瀼瀼（ráng）：露水大的样子。⑦如：而。⑧偕：一起。臧：善，美。一说通“藏”，指藏到幽僻的地方。

【译文】

蔓草青青，长在旷野里。晶莹剔透，露珠滴滴。美丽姑娘，眉清目秀，温柔多情。偶于路上巧相遇，情意相投合我愿。

蔓草青青，长在旷野里。晶莹剔透，露珠串串。美丽姑娘，眉清目秀，温柔多情。不期而会巧相遇，情投意合两心欢。

伐檀

【原文】

坎坎伐檀兮[①]，置之河之干兮[②]，河水清且涟猗[③]。不稼不穑[④]，胡取禾三百廛兮[⑤]？不狩不猎[⑥]，胡瞻尔庭有县貆兮[⑦]？彼君子兮[⑧]，不素餐兮[⑨]！

坎坎伐辐兮[⑩]，置之河之侧兮[⑪]，河水清且直猗[⑫]。不稼不穑，胡取禾三百亿兮[13]？不狩不猎，胡瞻尔庭有县特兮[14]？彼君子兮，不素食兮！

坎坎伐轮兮[15]，置之河之漘兮[16]，河水清且沦猗[17]。不稼不穑，胡取禾三百囷兮[18]？不狩不猎，胡瞻尔庭有县鹑兮[19]？彼君子兮，不素飧兮[20]！

【注解】

①坎坎：伐木声。檀：檀树。此树木质坚韧，可以造车。②置：放。之：代词，它。指檀木。后一个“之”是结构助词。干：岸。③且：而且。涟（lián）：风吹水面所起的波纹。猗：同“兮”，表示感叹语气。④稼（jià）：耕种。穑（sè）：收获。稼穑：指农业劳动。⑤胡：为什么。禾：百谷的通称。三百：形容很多，不是确数。廛（chán）：一百亩，古代一个成年男子耕种的田。⑥狩（shòu）：冬天打猎。猎：夜间打猎。统称狩猎为打猎。⑦瞻：看，瞧。庭：院子。县：同“悬”，悬挂。貆（huān）：一种像狐狸的小兽，即獾猪。⑧彼：那，那些。⑨素：白白地。素餐：白吃饭。此为反语。⑩辐：车轮中辏集于中心的直木、辐条。⑪侧：旁边，一边。⑫直：平。⑬亿：周代以十万为亿，指禾把的数目。这里泛指多。⑭特：三岁的兽，大野兽。⑮轮：车轮。⑯漘（chún）：水边，岸。⑰沦（lún）：小而圆的波纹。⑱囷（qūn）：圆形的谷仓。⑲鹑：鸟名，即鹌鹑。这里泛指飞禽。⑳飧（sūn）：熟食。泛指吃饭。

【译文】

砍伐檀树叮当响，把它置于河岸上，河水清清起波纹。你们既不播种又不收割，为什么拿走三百家的庄稼？不出狩又不打猎，为什么院子里挂獾猪？那些“君子”呀，可不白吃饭哪！

砍伐车辐叮当响，把它置于河边上，河水清清不见波澜。你们既不播种又不收割，为什么拿走三百捆的庄稼？不出狩又不打猎，为什么院子里挂大兽？那些“君子”呀，可不白吃饭哪！

砍伐车轮叮当响，把它置于河水边，河水清清旋起波纹。你们既不播种又不收割，为什么拿走三百囤的庄稼？不出狩又不打猎，为什么院子里挂鹌鹑？那些“君子”呀，可不白吃饭哪！

硕鼠

【原文】

硕鼠硕鼠[1]，无食我黍[2]！三岁贯女[3]，莫我肯顾[4]。逝将去女[5]，适彼乐土[6]。乐土乐土[7]，爰得我所[8]！

硕鼠硕鼠，无食我麦！三岁贯女，莫我肯德[9]。逝将去女，适彼乐国。乐国乐国，爰得我直[10]！

硕鼠硕鼠，无食我苗。三岁贯女，莫我肯劳[11]。逝将去女，适彼乐郊。乐郊乐郊，谁之永号[12]！

【注解】

①硕（shuò）鼠：硕借作“鼫”，鼫鼠即田鼠，喜食谷物。②黍：黍子。③三岁：泛指多年。贯：侍奉，服伺。女：同“汝”，你。④莫我肯顾：即“莫肯顾我”。下面“莫我肯德”“莫我肯劳”均同。莫：不。顾：念及，顾及。⑤逝：通“誓”，发誓。将：将要。去：离去，走开。⑥适：到，往。⑦乐土：作者理想中享有自由平等的安乐地方。以下“乐国”“乐郊”同。⑧爰（yuán）：乃，就，便。所：处所，指可以安居的地方。⑨德：感德，感激，恩惠。⑩直：通“值”，价值，代价。⑪劳：慰劳，体恤。⑫永号：长叹，长吁。

【译文】

大老鼠呀大老鼠，不要吃我的黄黍。多少年辛苦侍奉你，我的生活你不顾。如今我们誓将离开，去寻找那理想的乐土。乐土呀乐土，是我们的安居处！

大老鼠呀大老鼠，不要吃我的麦子。多少年辛苦侍奉你，你却从不对我施恩惠。如今我们誓将离开，去寻找那理想的乐国。乐国呀乐国，劳动价值归自己！

大老鼠呀大老鼠，不要吃我的禾苗。多少年辛苦侍奉你，你却从不慰劳我，如今我们誓将离开，去寻找那理想的乐郊。乐郊呀乐郊，谁还会长哭哀号！

蒹葭

【原文】

蒹葭苍苍[①]，白露为霜。所谓伊人[②]，在水一方[③]。溯洄从之[④]，道阻且长[⑤]。溯游从之[⑥]，宛在水中央[⑦]。

蒹葭凄凄[⑧]，白露未晞[⑨]。所谓伊人，在水之湄[⑩]。溯洄从之，道阻且跻[⑪]。溯游从之，宛在水中坻[⑫]。

蒹葭采采[⑬]，白露未已[⑭]。所谓伊人，在水之涘[⑮]。溯洄从之，道阻且右[⑯]。溯游从之，宛在水中沚[⑰]。

【注解】

①蒹（jiān）：又称荻，细长的水草。葭（jiā）：初生的芦苇。苍苍：芦苇入秋后，颜色深青，茂盛鲜明的样子。②谓：说。伊：指示代词，那，那个。③方：通“旁”。边，侧。④溯（sù）：逆着水流的方向行走。洄（huí）：弯曲盘旋的水道。从：追随，追寻，寻求。⑤阻：险阻，阻碍。⑥溯游：顺流而下。⑦宛：宛然，仿佛，好像。⑧凄凄：湿润的样子。⑨晞（xī）：干，晒干。⑩湄（méi）：水草交接的地方，水边，也即是岸边。⑪跻（jī）：地势高起。⑫坻（chí）：水中小沙洲。⑬采采：众多稠密的样子。⑭已：止。⑮涘（sì）：水边。⑯右：迂回，曲折。⑰沚（zhǐ）：水中小洲，小沙滩。

【译文】

细长的荻苇青苍苍，白露凝成冰霜。我思念的人啊，在水的那一边。逆着河流追寻她，道路崎岖而漫长。顺着流水追寻她，她好像在水的中央。

细长的荻苇萋萋生，露水还没晒干。我思念的人啊，在河的岸边。逆着河流追寻她，道路崎岖而高险。顺着流水追寻她，她仿佛在水中沙洲上。

细长的荻苇密密长，露水还没有消失。我思念的人啊，在河的水边。逆着河流追寻她，道路崎岖而曲折。顺着流水追寻她，她仿佛在水中沙滩上。

七月

【原文】

七月流火[①]，九月授衣[②]。一之日觱发[③]，二之日栗烈[④]。无衣无褐[⑤]，何以卒岁[⑥]？三之日于耜[⑦]，四之日举趾[⑧]。同我妇子，馌彼南亩[⑨]，田畯至喜[⑩]。

三之日于耜，四之日举趾。

七月流火，九月授衣。春日载阳[⑪]，有鸣仓庚[⑫]。女执懿筐[⑬]，遵彼微行[⑭]，爰求柔桑[⑮]。春日迟迟[⑯]，采蘩祁祁[⑰]。女心伤悲，殆及公子同归[⑱]。

七月流火，八月萑苇[⑲]。蚕月条桑[⑳]，取彼斧斨[㉑]。以伐远扬[㉒]，猗彼女桑[㉓]。七月鸣鵙[㉔]，八月载绩[㉕]。载玄载黄[㉖]，我朱孔阳[㉗]，为公子裳。

【注解】

①七月：夏历七月。流：向下行。火：星名，又名“大火”“心宿”，是天蝎星座中最亮的一颗星。每年夏历五月，火星出现在正南方，六月以后，渐偏西，七月里便向西行沉下去，天气渐渐寒冷。②授衣：将缝制冬衣的工作交给女工。③一之日：夏历十一月，也即周历正月。周历以夏历十一月为正月。以下“二之日”“三之日”“四之日”，以此类推。觱（bì）发（bō）：风寒冷。④栗烈：同“凛冽”，空气寒冷。⑤褐：麻织短衣，无袖。⑥卒：终了。⑦于：修理。耜（sì）：农具，犁的一种，用来耕地翻土。⑧举趾：抬脚，下田耕种。⑨馌（yè）：送饭。南亩：泛指田地。⑩田畯（jùn）：掌管农事的官。⑪载：开始。阳：温暖，暖和。⑫仓庚：黄莺。⑬懿（yì）筐：深筐。⑭遵：顺着，沿着。微行：小路。⑮爰：于是。⑯迟迟：缓缓，形容春季日长。⑰蘩（fán）：白蒿，养蚕用。祁祁：众多的样子。⑱殆：将，只怕。及：与。同归：指被公子强行带走。⑲萑（huán）苇：芦苇一类的草，可以制作蚕箔。此作动词，指收割萑苇。⑳蚕月：即夏历三月，这是养蚕的月份。条：动词，修剪。㉑斧斨（qiāng）：斧类工具（椭圆的叫斧，方的叫斨）。㉒远扬：指长得太长太高的桑枝。㉓猗：借作“掎”，拉。女桑：嫩桑叶。㉔鵙（jué）：鸟名，又名“伯劳”“子规”“杜鹃”。㉕载：则，始。绩：织麻。㉖玄：黑而带红色。㉗孔：非常。阳：鲜明。

【译文】

七月火星偏西方，九月女工制冬衣。十一月北风呼呼吹，十二月寒气凛冽刺骨。粗布衣服都没有，如何熬过寒冬期？正月里修理锄犁，二月份下田犁地。耕作和妻子儿女一起，饭菜送到田地，农官看到满心欢喜。

七月火星偏西方，九月女工制冬衣。春天太阳暖洋洋，黄莺对对婉转啼。姑娘手提深竹筐，沿着那小路在行走，采呀采那嫩桑叶。春天日子渐渐长，采蒿的姑娘闹嚷嚷。姑娘心中暗悲伤，怕公子强邀一同归。

七月火星偏西方，八月收割芦苇。三月修剪桑树，取来那把斧头，砍掉又高又长的枝条。七月伯劳树上唱，八月纺麻织布忙。染色有黑又有黄，我的红布最鲜艳，为那公子做衣裳。

【原文】

四月秀葽[①]，五月鸣蜩[②]。八月其获[③]，十月陨萚[④]。一之日于貉[⑤]，取彼狐狸，为公子裘。二之日其同[⑥]，载缵武功[⑦]，言私其豵[⑧]，献豜[⑨]于公。

七月食瓜。

五月斯螽动股[⑩]，六月莎鸡振羽[⑪]。七月在野，八月在宇，九月在户，十月蟋蟀，入我床下[⑫]。穹窒熏鼠[⑬]，塞向墐户[⑭]。嗟我妇子，曰为改岁[⑮]，入此室处。

六月食郁及薁[⑯]，七月亨葵及菽[⑰]。八月剥枣[⑱]，十月获稻，为此春酒[⑲]，以介眉寿[⑳]。七月食瓜，八月断壶[㉑]，九月叔苴[㉒]。采荼薪樗[㉓]，食我农夫[㉔]。

【注解】

①秀：植物不开花而结实叫“秀”。葽（yāo）：药草名，今名“远志”。②蜩（tiáo）：蝉。③获：收获庄稼。④陨：落下。萚（tuò）：草木的落叶。⑤于：猎取。貉（hè）：兽名。似狐狸，毛深厚温暖。⑥同：会合，指聚众打猎。⑦缵（zuǎn）：继续。武功：武事。此处指田猎，古时田猎也属于军事演习。⑧言：语助词。私：私人占有。豵（zōng）：一岁的小猪。此指小兽。⑨豜（jiān）：三岁的大猪，此指大兽。⑩斯螽：虫名，即蚱蜢。动股：相传斯螽以两股相切发声。⑪莎（suō）鸡：虫名，即纺织娘。振羽：两翼鼓动发声。⑫“七月在野”五句：此四句写蟋蟀由远而近，由室外躲进室内过冬。⑬穹（qióng）：空隙，孔洞。窒：堵塞。⑭向：朝北的窗子。墐（jìn）：用泥涂抹。户：门。⑮改岁：过年，更改一岁。⑯郁：一种李子。薁（yù）：野葡萄。⑰亨：“烹”本字，煮。葵：蔬菜名，又名冬苋菜。菽（shū）：大豆黄豆一类。⑱剥：通“扑”，敲打。⑲春酒：冬日酿酒，春日始成，所以叫“春酒”。⑳介：祈求。眉寿：长寿。长寿的人生有长眉，故称。㉑断：摘取。壶：葫芦之类。㉒叔：拾取。苴（jū）：

青麻子，可食。㉓荼（tú）：一种苦菜。薪：采薪，用作动词。樗（chū）：臭椿。㉔食（sì）：养活。

【译文】

四月远志结子囊，五月知了声声唱。八月庄稼要收割，十月落叶随风扬。十一月捕貉子，剥取狐狸皮，好给公子做皮衣。十二月大伙儿聚一起，继续打猎练武忙。猎到小兽归自己，大兽献到公堂里。

五月蚱蜢弹腿鸣，六月纺织娘振羽叫。七月蟋蟀野外鸣，八月屋檐底下唱，九月进到屋门里，十月钻到我床下。打扫垃圾熏老鼠，塞住北窗，泥抹门缝来御寒。可怜我的妻子儿女，眼看就要过年关，挤进这破屋居住。

六月里，吃那郁李和葡萄，七月里，烹煮冬葵和大豆。八月把那枣儿打，十月收割稻米香。将它酿成好春酒，祝贺老爷寿命长。七月吃瓜，八月摘葫芦，九月拾取青麻。采摘苦菜又砍柴，养活咱们农家人。

【原文】

九月筑场圃①，十月纳禾稼②。黍稷重穋③，禾麻菽麦④。嗟我农夫，我稼既同⑤，上入执宫功⑥。昼尔于茅⑦，宵尔索绹⑧。亟其乘屋⑨，其始播百谷。

二之日凿冰冲冲⑩，三之日纳于凌阴⑪。四之日其蚤⑫，献羔祭韭⑬。九月肃霜⑭，十月涤场⑮。朋酒斯飨⑯，曰杀羔羊。跻彼公堂⑰，称彼兕觥⑱，万寿无疆！

【注解】

①筑场圃：把菜园修筑为打谷场。古时场圃同地轮用，春夏为圃，秋冬平整筑实为场。②纳：收进谷仓。禾稼：五谷的通称。③黍稷重穋：都是谷物。黍：黍子，性粘。稷：高粱，性不粘。重：早种晚熟的谷。穋：晚种早熟的谷。④禾：此处专指小米。⑤同：收齐集中。⑥上：通“尚”，还要。执：执行，负担。宫功：修建宫室之事。⑦尔：语助词。于茅：去割茅草。⑧索绹：用手搓绳。绹（táo）：绳子。⑨亟：同“急”，赶快。乘屋：爬上屋顶修缮房屋。⑩冲冲：凿冰的声音。⑪凌阴：冰窖。⑫蚤：“早”的古字。⑬献羔祭韭：古代一种祭祀仪式，仲春二月，在取冰之时，以羔羊和韭菜祭司寒之神。⑭霜：同“爽”。肃霜：天高气爽。⑮涤场：打扫场圃。⑯朋酒：两樽酒。斯：语中助词。飨（xiǎng）：同“享”，享用。⑰跻（jī）：登上。公堂：古代的公共场所。⑱称：举杯敬酒。兕（sì）觥（gōng）：兕牛角制成的酒器。

【译文】

九月里筑好打谷场，十月粮食进谷仓。黍子、高粱、早晚谷、米、麻、豆、麦都入仓。可叹我农家人，庄稼收完，又要服役修宫房。白天出外割茅草，夜晚搓绳长又长。急急忙忙盖屋顶，开春又忙种庄稼。

腊月凿冰咚咚响，正月里送进冰窖藏。二月早取冰祭寒神，献上韭菜和羊羔。九月天高气又爽，十月清扫打谷场。两樽美酒共品尝，宰杀肥美小羔羊。登上公堂，举起那牛角杯，同声高祝“万寿无疆”！

鹿鸣

【原文】

呦呦鹿鸣[1]，食野之苹[2]。我有嘉宾[3]，鼓瑟吹笙[4]。吹笙鼓簧[5]，承筐是将[6]。人之好我[7]，示我周行[8]。

呦呦鹿鸣，食野之蒿[9]。我有嘉宾，德音孔昭[10]。视民不恌[11]，君子是则是傚[12]。我有旨酒[13]，嘉宾式燕以敖[14]。

呦呦鹿鸣，食野之芩[15]。我有嘉宾，鼓瑟鼓琴[16]。鼓瑟鼓琴，和乐且湛[17]。我有旨酒，以燕乐嘉宾之心。

【注解】

①呦呦（yōu）：鹿鸣叫的声音。②苹：草名，一说为蒿草，一说为马帚，即北方的扫帚菜。③嘉宾：贵宾、佳客。④瑟：古代弹拨乐器。笙（shēng）：古代的一种簧管乐器。⑤簧（huáng）：笙中之簧叶。鼓簧：指吹笙，鼓动簧叶而发声。⑥承：奉（"捧"之古体）。筐：指盛币帛之竹筐。承筐：指主人命奴仆捧出盛币帛的竹筐。将：送。⑦好（hào）：爱护。⑧示：指示。周行（háng）：大道，正道。⑨蒿（hāo）：青蒿。⑩德音：好品德，美名。孔：很。昭：明。孔昭：很显著。⑪视：古"示"字。恌（tiāo）：轻浮，不正派。不恌，指正派厚道。⑫君子：指有道德修养有学问的人。则：准则。傚（xiào）：效仿。⑬旨：美，甘。旨酒：美酒。⑭式：语助词。燕：同"宴"，宴会。敖：即"遨"字，游乐，逍遥。⑮芩（qín）：草名，蒿草之类。⑯琴：古代弹拨乐器名。古人往往以琴瑟喻夫妇或友人情谊和谐。⑰湛（chén）：同"沈"，深。

【译文】

群鹿呦呦鸣叫，来吃田野青苹。我有佳客贵宾来啊，弹瑟又吹笙。吹笙吹笙，鼓簧鼓簧，捧出盈筐币帛，来赠我那尊贵的客人啊！贵宾对我无限厚爱，教我道理最欢喜。

群鹿呦呦鸣叫，来吃田野青蒿。我有佳客贵宾来啊，品德高尚有美名。示范人们不可轻佻，君子学习好典型。我有琼浆美酒，贵宾就请畅饮逍遥吧！

群鹿呦呦鸣叫，来吃田野芩草。我有佳客贵宾来啊，弹瑟弹琴来助兴。弹瑟又弹琴，宾主和乐又尽兴。我有琼浆美酒，贵宾沉醉乐开怀。

采薇

【原文】

采薇采薇[1]，薇亦作止[2]。曰归曰归，岁亦莫止[3]。靡室靡家[4]，玁狁之故[5]。不遑启居[6]，玁狁之故。采薇采薇，薇亦柔止[7]。曰归曰归，心亦忧止。忧心烈烈[8]，载饥载渴[9]。我戍未定[10]，靡使归聘[11]！采薇采薇，薇亦刚止[12]。曰归曰归，岁亦阳止[13]。王事靡盬[14]，不遑启处[15]。忧心孔疚[16]，我行不来[17]！彼尔维何[18]？维常之华[19]。彼路斯何[20]？君子之车。戎车既驾[21]，四牡业业[22]。岂敢定居，一月三捷[23]！驾彼四牡，四牡骙骙[24]。君子所依[25]，小人所腓[26]。四牡翼翼[27]，象弭鱼服[28]。岂不日戒，猃狁孔棘[29]！昔我往矣[30]，杨柳依依[31]。今我来思[32]，雨雪霏霏[33]。行道迟迟，载渴载饥。我心伤悲，莫知我哀！

【注解】

①薇：即野豌豆苗，可以食用。②作：初生。止：语助词。③莫：古“暮”字。④靡：无。⑤猃（xiǎn）狁（yǔn）：我国北方的少数民族。西周时称猃狁，春秋时称北狄，战国以后称匈奴。⑥遑（huáng）：暇。启：跪坐。居：安坐。古人席地而坐，两膝着席，跪坐时腰板伸直，臀都跟足跟离开；安坐时臀部贴在足跟上。⑦柔：幼嫩。⑧烈烈：火势猛烈的样子，这里指忧心如焚。⑨载：又。⑩戍：戍守，指驻守的地方。⑪使：使者。聘：问候。归聘：带回问候家人的音信。⑫刚：粗硬。指薇菜将老，茎叶变粗变硬。⑬阳：阴历十月。⑭靡盬：没有止境。盬（gǔ）：停止。⑮启处：与上文“启居”同义。⑯孔：非常。疚：痛苦。⑰来：返回，归来。⑱尔：同“尔”，花盛开的样子。维何：是什么。⑲常：通“棠”，棠棣。华：古“花”字。⑳路：同“辂（lù）”，古代的一种大车。斯何：同“维何”。㉑戎车：兵车，战车。㉒牡：雄马。业业：高大健壮的样子。㉓捷：通“接”，即接战。㉔骙骙（kuí）：强壮的样子。㉕依：乘。㉖腓（féi）：蔽护，掩护。㉗翼翼：行列整齐的样子。㉘弭（mǐ）：弓的两头缚弦的地方。象弭：用象牙镶饰的弓。鱼服：用鱼皮做的箭袋。服：通“箙”，箭袋。㉙棘：同“急”。㉚昔：过去。㉛依依：柳条随风摇曳飘拂的样子。㉜思：语助词。㉝雨（yù）：降落，散落。霏霏：大雪纷飞的样子。

【译文】

采薇菜呀采薇菜，薇菜新芽已长大。回家乡呀回家乡，已盼到年终岁尾。抛弃亲人离家园，只因匈奴来侵犯；跪不宁来坐不安，只因匈奴来侵犯。采薇菜呀采薇菜，薇菜柔嫩刚发芽。回家乡呀回家乡，心里忧愁多牵挂。忧心如同被火焚，又饥又渴真苦煞。防地调动难定下，无法给家人捎音信！采薇菜呀采薇菜，薇茎渐渐长硬。回家乡啊回家乡，又到十月“小阳春”。王室差事无休无止，想要休息没闲暇。心中充满忧愁伤痛，远征在外难归还！那绚丽耀眼的是什么？那是棠棣的花朵。高大的马车属于谁？那是将军的战车。驾起兵车要出战，四匹雄马矫健齐奔腾。边地怎敢图安居？一月要争几回胜！驾着那四匹雄马，什么车儿高又大？将军乘坐在车中，小兵掩护也靠它。四匹马步调一致，象牙弓配着鱼皮箭袋。哪有一天不戒备？匈奴实在太猖狂！回想我当初出征时，杨柳依依随风吹。如今回来路途中，雪花纷纷飘落下。我行路艰难慢慢走，又饥又渴真劳累。满心伤感满腔悲，却没有人知道我的哀痛！

昔我往矣，杨柳依依。今我来思，雨雪霏霏。

蓼莪

【原文】

哀哀父母，生我劬劳。

蓼蓼者莪[①]，匪莪伊蒿[②]。哀哀父母，生我劬劳[③]。

蓼蓼者莪，匪莪伊蔚[④]。哀哀父母，生我劳瘁[⑤]。

瓶之罄矣[⑥]，维罍之耻[⑦]。鲜民之生[⑧]，不如死之久矣！无父何怙[⑨]？无母何恃？出则衔恤[⑩]，入则靡至。

父兮生我，母兮鞠我[⑪]。拊我畜我[⑫]，长我育我，顾我复我[⑬]，出入腹我[⑭]。欲报之德，昊天罔极[⑮]！

南山烈烈[⑯]，飘风发发[⑰]。民莫不穀[⑱]，我独何害？

南山律律[⑲]，飘风弗弗[⑳]。民莫不穀，我独不卒[㉑]！

【注解】

① 蓼蓼（lù）：长大的样子。莪（é）：植物名，即莪蒿，多年生草本植物，生在水田里，叶嫩时可食。② 蒿：即蒿子，有青蒿、白蒿等数种，这里比喻贱草。③ 劬（qú）：辛苦、痛苦。④ 蔚（wèi）：蒿的一种，又名牡蒿。⑤ 瘁（cuì）：憔悴。⑥ 罄：尽，空。⑦ 罍：器具名，古代用之盛酒或盛水的大容器，比瓶大，有方、圆二种。⑧ 鲜（xiǎn）：孤苦，穷困。⑨ 怙（hù）：依仗。⑩ 恤：忧愁。⑪ 鞠（jū）：养育。⑫ 拊：同“抚”，抚摸。畜（xù）：爱。⑬ 顾：照管。复：指出门后父母对他的挂念。⑭ 腹：怀抱。⑮ 罔：无。极：准则。⑯ 烈烈：山高险阻的样子。⑰ 飘风：暴风。发发：迅疾貌。⑱ 穀：赡养。⑲ 律律：山势高耸突起的样子。⑳ 弗弗：大风扬尘的样子。㉑ 卒：送终，指终养父母。

【译文】

莪蒿长得长又高，不是美莪是青蒿。可怜我的父母亲，生我养我多辛劳。

莪蒿长得长又肥，不是美莪是牡蒿。可怜我的父母亲，生我养我身憔悴。

小瓶子里空荡荡，酒瓶应当感羞耻。穷苦孤儿活在世，不如老早就去死。没有父亲依靠谁？没有母亲依仗谁？出门离家含悲伤，进门回家犹未归。

爹呀是你生下我，娘呀是你养育我。抚养我啊教育我，照顾我啊惦记我，出出进进抱着我。欲想报答爹娘恩，老天无端降灾祸。

南山险峻路难行，天旋地转风暴狂。别人都能养爹娘，为何独我遭此难？

南山高耸登攀难，天昏地暗尘飞扬。别人都能养爹娘，我独难为父母送终。

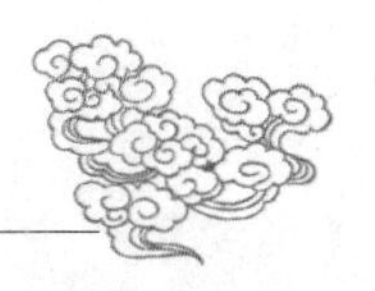

《左传》

《左传》是我国第一部叙事详备的编年体史书。它主要依据鲁国国君的世系，记录了从鲁隐公元年（公元前722年）至鲁哀公二十七年（公元前468年）二百五十四年间，发生在周王朝和各主要诸侯国之间的历史事件。在书末还附有鲁悼公十四年（公元前453年）晋国韩、魏、赵三家攻灭智伯之事。

至于《左传》的作者，相传是鲁国的史官左丘明，但自唐以后学者多有争议，现在一般认为，《左传》的作者应该是战国早期某个熟悉列国史料的人。

郑伯克段于鄢

【原文】

初，郑武公娶于申，曰武姜[①]。生庄公及共叔段。庄公寤生[②]，惊姜氏，故名曰寤生，遂恶之。爱共叔段，欲立之。亟请于武公[③]，公弗许。

及庄公即位，为之请制[④]。公曰："制，岩邑也[⑤]，虢叔死焉[⑥]，他邑唯命。"请京[⑦]，使居之，谓之京城大叔。

祭仲曰[⑧]："都城过百雉[⑨]，国之害也。先王之制，大都不过参国之一[⑩]，中五之一，小九之一。今京不度，非制也，君将不堪。"公曰："姜氏欲之，焉辟害[⑪]？"对曰："姜氏何厌之有！不如早为之所，无使滋蔓。蔓，难图也。蔓草犹不可除，况君之宠弟乎？"公曰："多行不义必自毙，子姑待之。"

既而，大叔命西鄙[⑫]、北鄙贰于己[⑬]。公子吕曰[⑭]："国不堪贰，君将若之何？欲与大叔，臣请事之；若弗与，则请除之，无生民心。"公曰："无庸[⑮]，将自及。"大叔又收贰以为己邑，至于廪延[⑯]。子封曰："可矣，厚将得众。"公曰："不义不昵，厚将崩。"

大叔完聚[⑰]，缮甲兵，具卒乘，将袭郑，夫人将启之[⑱]。公闻其期，曰："可矣！"命子封帅车二百乘以伐京。京叛大叔段，段入于鄢。公伐诸鄢。五月辛丑，大叔出奔共。

书曰："郑伯克段于鄢。"段不弟，故不言弟[⑲]；如二君，故曰克；称郑伯，讥失教也，谓之郑志。不言出奔，难之也。

遂置姜氏于城颍，而誓之曰："不及黄泉，无相见也。"既而悔之。颍考叔为颍谷封人，闻之，有献于公。公赐之食，食舍肉。公问之，对曰："小人有母，皆尝小人之食矣。未尝君之羹，请以遗之。"公曰："尔有母遗，繄我独无[20]！"颍考叔曰："敢问何谓也？"公语之故，且告之悔。对曰："君何患焉！若阙地及泉[21]，隧而相见[22]，其谁曰不然？"公从之。公入而赋："大隧之中，其乐也融融！"姜出而赋："大隧之外，其乐也泄泄[23]。"遂为母子如初。

君子曰："颍考叔，纯孝也。爱其母，施及庄公[24]。《诗》曰：'孝子不匮[25]，永锡尔类[26]。'其是之谓乎！"

【注解】

①武姜："武"是丈夫的谥号，"姜"是娘家的姓氏。②寤生：难产。③亟（qì）：屡次。④制：郑国地名，在今河南荥阳西。⑤岩邑：险要的城邑。⑥虢叔：东虢国国君。⑦京：郑国地名，在今河南荥阳东南。⑧祭仲：郑国大夫，字足。⑨雉：古代计算城墙长度的单位，长三丈，高一丈，为一雉。⑩参国之一：国都的三分之一。⑪辟：通"避"。⑫鄙：边界的城镇。⑬贰：双方共有。⑭公子吕：郑国大夫。⑮庸：用。⑯廪延：郑国地名，在今河南延津北。⑰完聚：指修治城郭、集结兵力。⑱启之：指开城门做内应。⑲弟（tì）：通"悌"。指对兄长敬爱顺从。⑳繄（yì）：句首语气词。㉑阙：通"掘"。㉒隧：掘地而成隧道。㉓泄泄（xiè）：形容快乐的样子。㉔施（shī）：扩展。㉕匮（kuì）：匮乏，断绝。㉖锡：推及，影响。

【译文】

当初郑武公从申国娶来妻子，就是后来的武姜，生了庄公和共叔段。庄公出生时难产，惊吓了姜氏，因而给庄公取名为"寤生"，并且厌恶他。姜氏喜爱共叔段，想立其为储君，屡次请求武公，武公都不答应。

郑伯克段于鄢。

等到庄公即位，姜氏为共叔段请求制邑。庄公说："制是险要之地，虢叔曾死在那里。别的地方听您吩咐。"姜氏于是为共叔段请求京邑，庄公便让共叔段居住在了那里，称为京城太叔（"大"通"太"）。

祭仲说："城墙边长超过三百丈，就是国家的祸害。先王的制度：大都市城墙，长不超过国都城墙的三分之一；中等城市不超过五分之一；小城市不超过九分之一。如今京邑太大，不合制度，您将受不了。"庄公说："姜氏要这样，如何躲避祸害呢？"回答说："姜氏怎会满足？不如早作打算，不要使其滋长蔓延。一旦滋生成长起来就难以对付了。蔓延的草还难得清除，何况您被宠爱的弟弟呢？"庄公说："不义之事做多了必然会自取灭亡，你姑且等着罢！"

不久，太叔命令西部和北部边境的一些地方一方面听从庄公，一方面听从自己。公子吕说："国家不能忍受这样两面受命，您打算怎么办？如果您想将王位让给太叔，我就请求去侍奉他；如果您不想让位给他，就请您除掉他，不要使人民有二心。”庄公说：“用不着，他会自取其祸的。”太叔又进一步把西鄙、北鄙二地据为己有，还延伸到廪延。公子吕对庄公说：“行了，他羽翼已丰，会得到更多拥戴者。”庄公说：“他对君王不义，不顾手足之情，势力雄厚，反而会垮掉。”

太叔巩固城防，聚积粮草，修缮军备，准备兵士战车，打算偷袭庄公，姜氏也作为内应，想替他开启城门。庄公听到他举兵的日期，说：“可以了！”于是命令公子吕率战车二百辆讨伐京城。京城民众反叛了太叔。太叔逃往鄢邑。庄公又命令讨伐鄢邑。五月二十三日，太叔逃往共国。

《春秋》上说：“郑伯克段于鄢。”共叔段不顾兄弟情谊，所以不用“弟”字；交战双方好像两个国君，所以用“克”字。称庄公为“郑伯”是讥讽他对弟弟不加管教，也符合郑国人民的意思。而不写太叔“出奔”，是责难庄公有杀弟的动机。

庄公把姜氏安置在城颍，发誓说：“不到黄泉，不再相见！”不久又后悔。颍考叔是颍谷的地方官，听说这事，便来到国都，说是有礼献与庄公。庄公赐宴，吃饭时，颍考叔把肉放在一旁不吃。庄公问他原因，他回答说：“我有老母，我的食物她都尝遍了，却没尝过您的菜肴，我想留给她尝尝。”庄公说：“你有母亲可以孝敬，唯独我却没有。”颍考叔说：“敢问这是什么意思？”庄公告诉他其中的缘故，并且讲出自己的悔意。颍考叔回答说：“君王有什么好忧虑的！若掘地见泉，在隧道里相见，谁能有非议？”庄公依从了他的办法。庄公进入隧道，唱道：“大隧之中，其乐融融。”姜氏从隧道中出来，唱道：“大隧之外，心情愉快。”于是母子又和好如初了。

君子说：“颍考叔的孝顺是纯正的。他孝敬爱戴自己的母亲，又用这样的孝敬和爱戴影响了庄公。《诗经》上说：‘孝子之心不尽不竭，会推及影响到他的族类。’说的就是颍考叔这样的人吧！”

曹刿论战

【原文】

齐师伐我[①]。公将战。曹刿请见[②]。其乡人曰：“肉食者谋之，又何间焉？”刿曰：“肉食者鄙[③]，未能远谋。”乃入见。

问：“何以战？”公曰：“衣食所安，弗敢专也[④]，必以分人。”对曰：“小惠未遍，民弗从也。”公曰：“牺牲玉帛[⑤]，弗敢加也，必以信。”对曰：“小信未孚[⑥]，神弗福也。”公曰：“小大之狱，虽不能察，必以情。”对曰：“忠之属也[⑦]，可以一战。战则请从。”

公与之乘。战于长勺[⑧]。公将鼓之，刿曰：“未可。”齐人三鼓，刿曰：“可矣！”齐师败绩。公将驰之。刿曰：“未可。”下视其辙，登轼而望之[⑨]，曰：“可矣。”遂逐齐师。既克，公问其故。对曰：“夫战，勇气也。一鼓作气，再而衰，三而竭。彼竭我盈，故克之。夫大国，难测也，惧有伏焉。吾视其辙乱，望其旗靡[⑩]，故逐之。”

【注解】

①我：指鲁国。②曹刿（guì）：人名，鲁国人。③鄙：目光短浅。④专：独自享用。⑤牺牲：指古代供祭祀用的猪、牛、羊等牲畜。玉帛：玉器和丝织品。⑥孚：为人所信服。⑦属：类。⑧长勺：鲁地名，在今山东莱芜东北。⑨轼：古代车厢前面供人手扶的横木。⑩靡：倒下。

曹刿论战。

【译文】

鲁庄公十年春，齐国军队前来攻打鲁国，庄公准备迎击。曹刿请求进见。他的同乡说："大官们会来谋划的，你又何必参与呢？"曹刿说："大官们见识短浅，不能深谋远虑。"于是进见。

（曹刿）问庄公凭什么来作战。庄公说："衣着吃食的享受，不敢独自享用，必然分给别人。"曹刿对答道："小恩小惠不能遍及百姓，百姓是不会跟从您的。"庄公说："祭祀用的牛羊玉帛，从不敢虚报，必说实话。"曹刿说："小的诚实不能使神灵信任，神灵是不会赐福的。"庄公说："大大小小的诉讼官司，虽不能一一明察，但一定做到合情合理。"曹刿答道："这属于为百姓尽心办事的行为，可以凭这个条件打一仗。作战时请让我跟随您一起去。"

庄公和他同乘一辆兵车。（鲁军）与齐军交战于长勺。庄公将要击鼓进军，曹刿说："不可。"齐军击鼓三次之后，曹刿说："可以击鼓进军了。"齐军大败。庄公又要下令追击，曹刿说："不可。"他下车看了齐军战车的轮迹，又登上车前的横木瞭望齐军撤退的情况，这才说："可以了。"于是对齐军进行 追击。战胜以后，庄公问他其中的缘故。曹刿回答说："作战靠的是勇气。击第一通鼓的时候军队的士气便振作了起来；击第二通鼓的时候士气开始减弱；等到击第三通鼓的时候，士气就枯竭了。敌人的士气枯竭而我军的士气旺盛，所以能够战胜他们。大国难于捉摸，恐怕藏有伏兵。我看到他们战车的轮迹杂乱，望见他们的旗子倒下了，确实是在败退，所以才下令追击他们。"

子鱼论战

【原文】

楚人伐宋以救郑。宋公将战，大司马固谏曰[①]："天之弃商久矣[②]，君将兴之，弗可赦也已。"弗听。

及楚人战于泓[③]。宋人既成列，楚人未既济，司马曰："彼众我寡，及其未既济也，请击之。"公曰："不可。"既济而未成列，又以告。公曰："未可。"既陈而后击之，宋师败绩。公伤股，门官歼焉[④]。

国人皆咎公。公曰："君子不重伤[⑤]，不禽二毛[⑥]。古之为军也，不以阻隘也。寡人虽亡国之余，不鼓不成列。”子鱼曰：“君未知战。勍敌之人[7]，隘而不列，天赞我也。阻而鼓之，不亦可乎？犹有惧焉。且今之勍者，皆吾敌也。虽及胡耇[8]，获则取之，何有于二毛？明耻教战，求杀敌也。伤未及死，如何勿重？若爱重伤，则如勿伤；爱其二毛，则如服焉。三军以利用也，金鼓以声气也。利而用之，阻隘可也。声盛致志，鼓儳可也[9]。”

【注解】

①大司马：掌管军政的官员。②天之弃商久矣：宋国是商朝的后裔。③泓（hóng）：即泓水名，在今河南柘城西北。④门官：指国君的卫队。⑤重（chóng）伤：再一次伤害。⑥禽：通“擒”。二毛：指头发花白的人。⑦勍（qíng）敌：强劲有力的敌人。⑧胡耇（gǒu）：老人。⑨儳（chán）：不整齐。

【译文】

楚国攻打宋国来救援郑国。宋襄公将要应战，大司马公孙固劝谏说：“上天抛弃我商国已经很久了，主公想要复兴，这是上天都不肯宽恕的。”宋襄公不听。

宋军与楚军战于泓水。宋军已经摆好阵势，楚军还没有全部渡河。司马子鱼说：“敌众我寡，趁他们没有完全渡河，请下令攻击他们。”宋襄公说：“不行。”当楚军已经全部渡河，但尚未摆好阵势，司马子鱼又请求攻击。宋襄公说：“不行。”等楚军摆好了阵势，然后才开始攻击，结果宋军大败，宋襄公大腿受伤，卫队也被歼灭了。

楚、宋泓之战。

宋国人都埋怨宋襄公。宋襄公说：“君子不伤害已经受伤的人，不捉拿头发花白的人。古人作战，不在隘口处阻击敌人。我虽然是已然亡国的商朝的后代，但也不会攻击没有摆好阵势的敌人。”子鱼说：“主公并不懂得战争。强大的敌人，因为地形的狭窄而摆不开阵势，这是上天在帮助我们，这时候对其加以拦截然后攻击他们，不也是可以的吗？就算是这样还怕不能取胜。况且今天这些强悍的楚兵，都是我们的敌人；即使是碰到老人，捉住了就把他抓回来，何况只是头发花白的人！对士兵讲明耻辱，教导作战，是为了杀死敌人。敌人受了伤但还没有死，为什么不能再次攻击使其毙命？如果是因为怜悯那些受伤的人而不想再次加以伤害，那还不如开始就不要击伤他。同情年长的敌人，还不如向他们投降。用兵讲求抓住有利的条件和时机，那么即使是在险阻隘口的地方打击敌人，也是应该的；锣鼓响亮是为了振作士气，那么攻击没有摆开阵势的敌人也是可以的。”

烛之武退秦师

【原文】

晋侯、秦伯围郑，以其无礼于晋，且贰于楚也。晋军函陵[①]，秦军氾南[②]。佚之狐言于郑伯曰[③]："国危矣！若使烛之武见秦君，师必退。"公从之。辞曰："臣之壮也，犹不如人；今老矣，无能为也已。"公曰："吾不能早用子，今急而求子，是寡人之过也。然郑亡，子亦有不利焉！"许之。

夜缒而出[④]。见秦伯曰："秦、晋围郑，郑既知亡矣。若郑亡而有益于君，敢以烦执事[⑤]。越国以鄙远，君知其难也。焉用亡郑以陪邻？邻之厚，君之薄也[⑥]。若舍郑以为东道主，行李之往来[⑦]，共其乏困[⑧]，君亦无所害。且君尝为晋君赐矣，许君焦、瑕，朝济而夕设版焉，君之所知也。夫晋，何厌之有？既东封郑[⑨]，又欲肆其西封。若不阙秦[⑩]，将焉取之？阙秦以利晋，唯君图之。"

秦伯说[⑪]，与郑人盟，使杞子、逢孙、杨孙戍之[⑫]，乃还。子犯请击之[⑬]。公曰："不可。微夫人之力不及此[⑭]。因人之力而敝之[⑮]，不仁；失其所与[⑯]，不知[⑰]；以乱易整，不武。吾其还也。"亦去之。

【注解】

①函陵：地名，在今河南新郑市北。②氾（fàn）南：氾水之南。③佚之狐：人名，郑大夫。④缒（zhuì）：系在绳上放下去。⑤执事：指代秦穆公。⑥薄：削弱。⑦行李：外交使者。⑧共：通"供"。⑨封：疆界。⑩阙：损害。⑪说：通"悦"。⑫杞子、逢孙、杨孙：三人都是秦国大夫。⑬子犯：晋国大夫。⑭微：非。夫人：指秦穆公。⑮敝：损害。⑯所与：盟国。⑰知：通"智"。

【译文】

晋文公和秦穆公联合围攻郑国，因为郑国曾对晋文公无礼，并且对晋国有二心，暗地里依附了楚国。晋军驻扎在函陵，秦军驻扎在氾南。佚之狐对郑文公说："郑国处于危险之中，如果能派烛之武去见秦穆公，那么前来征讨的军队一定能撤走。"郑伯听从了他的建议。可是烛之武却推辞说："臣壮年的时候，尚且不如别人；现在老了，做不成什么了。"郑文公说："我没有能及早地任用你，如今形势危急才来求你，这是我的过错。然而郑国灭亡了，对你也有不利的地方啊！"烛之武于是答应了。

当天夜里，（郑人）用绳子将烛之武从城上吊下去。（烛之武）进见秦穆公说："秦国和晋国前来围攻郑国，郑国已经知道要灭亡了。如果郑国的灭亡对您有好处，那就烦劳您手下的人把郑国灭掉。隔着别国而想把远方的土地作为自己的领土，您知道这是难以办到的，何必要灭掉郑国而增加邻邦晋国的土地呢？邻邦的国力雄厚了，您的国力也就相对削弱了。假如放弃灭郑的打算而让其作为您东方路上的主人，秦国使者往来，郑国可以供给他们所缺乏的东西，对您也没有什么害处。况且您曾有恩于晋君，他答应过把焦、瑕二地给您作为报答，然而，他早上渡河回到了晋国，晚上就在那里修起了城墙，这您是知道的。晋国哪有满足的时候？等它在东边把疆土扩大到了郑国，就会想扩张西边的疆土。如果不侵损秦国，如何能取得土地？秦国受损而晋国受益，请您仔细斟酌吧。”

秦穆公听了很高兴，就与郑国订立了盟约，并派杞子、逢孙、杨孙驻守郑国，自己率领大军回国去了。子犯请求晋文公下令攻击秦军。晋文公说：“不行。假如没有那个人的支持，我到不了今天。借助了别人的力量而又去损害他，这是不仁；失掉自己的同盟国，这是不智；以混乱代替联合一致，这是不武。我们还是回去吧！”于是晋军也撤离了郑国。

蹇叔哭师

【原文】

杞子自郑使告于秦曰①：“郑人使我掌其北门之管，若潜师以来，国可得也。”穆公访诸蹇叔②。蹇叔曰：“劳师以袭远，非所闻也。师劳力竭，远主备之，无乃不可乎？师之所为，郑必知之。勤而无所，必有悖心③。且行千里，其谁不知？”公辞焉。召孟明、西乞、白乙④，使出师于东门之外。蹇叔哭之，曰：“孟子，吾见师之出而不见其入也！”公使谓之曰：“尔何知？中寿⑤，尔墓之木拱矣！”

蹇叔之子与师，哭而送之，曰：“晋人御师必于殽⑥。殽有二陵焉：其南陵，夏后皋之墓也⑦；其北陵，文王之所辟风雨也。必死是间，余收尔骨焉。”秦师遂东。

【注解】

① 杞子：秦国大夫。② 蹇（jiǎn）叔：秦国大夫。③ 悖心：怨恨之心。④ 孟明、西乞、白乙：三人都是秦国的将领。⑤ 中寿：七八十岁上下。⑥ 殽（yáo）：通“崤”，山名，在今河南洛宁县西北。⑦ 夏后皋：夏代天子，名皋。

【译文】

秦国大夫杞子从郑国派人告诉秦国说：“郑国人让我掌管他们国都北门的钥匙，如果偷偷派兵前来，郑国唾手可得。”秦穆公为此访问蹇叔。蹇叔说：“劳动军队去袭击远方的国家，我没有听说过。军队辛劳，精疲力竭，远方国家的君主又有所防备，这样做恐怕不行吧？我们军队的举动，郑国必定会知道。使军队辛苦奔波而无所得，军队一定会产生叛逆的念头。再说行军千里，谁会不知道？”秦穆公拒绝接受他的意见，召见了孟明视、西乞术和白乙丙，让他们从东门外出兵伐郑。蹇叔哭着送他们说：“孟明啊，我看着大军出发却看不见他们回来了！”秦穆公派人对蹇叔说：“你知道什么！如果你只活到六七十岁就死了的话，现在你坟上的树该长到两手合抱粗了！”

蹇叔的儿子在军队里，蹇叔哭着送儿子说：“晋国人必定在崤山抗击我军。崤有两座山头：南面的山头是夏后皋的坟墓，北面的山头是周文王避风雨的地方。你们一定会战死在这两座山头之间，我就在那里收你的尸骨吧！”秦国军队接着就向东进发了。

史部

《战国策》

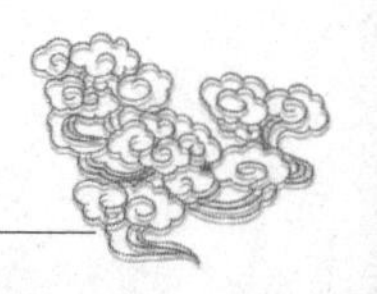

《战国策》，又称《国策》，是一部记载战国时代各国史事的重要实录，记录了上至春秋、下至秦并六国约二百四十余年的历史，它同时也是战国时期游说之士、纵横家的策谋和传说的汇编。《战国策》的作者已无从考，西汉末年经刘向辑录整理，以国别为基础，以时间为顺序，成书三十三篇。

苏秦以连横说秦

【原文】

苏秦始将连横说秦惠王[①]，曰："大王之国，西有巴、蜀、汉中之利[②]，北有胡貉、代马之用[③]，南有巫山、黔中之限[④]，东有殽、函之固[⑤]。田肥美，民殷富，战车万乘，奋击百万，沃野千里，蓄积饶多，地势形便，此所谓天府，天下之雄国也。以大王之贤，士民之众，车骑之用，兵法之教，可以并诸侯，吞天下，称帝而治。愿大王少留意，臣请奏其效！"

秦王曰："寡人闻之：毛羽不丰满者，不可以高飞；文章不成者，不可以诛罚；道德不厚者，不可以使民；政教不顺者，不可以烦大臣。今先生俨然不远千里而庭教之，愿以异日。"

苏秦曰："臣固疑大王之不能用也。昔者神农伐补遂[⑥]，黄帝伐涿鹿而禽蚩尤，尧伐驩兜[⑦]，舜伐三苗，禹伐共工，汤伐有夏，文王伐崇，武王伐纣，齐桓任战而霸天下。由此观之，恶有不战者乎？古者使车毂击驰[⑧]，言语相结，天下为一；约从连横，兵革不藏。文士并饬，诸侯乱惑，万端俱起，不可胜理。科条既备，民多伪态。书策稠浊，百姓不足。上下相愁，民无所聊。明言章理，兵甲愈起；辩言伟服，战攻不息；繁称文辞，天下不治；舌敝耳聋，不见成功；行义约信，天下不亲。于是乃废文任武，厚养死士，缀甲厉兵，效胜于战场。夫徒处而致利，安坐而广地，虽古五帝、三王、五霸，明主贤君，常欲坐而致之，其势不能，故以战续之。宽则两军相攻，迫则杖戟相撞，然后可建大功。是故兵胜于外，义强于内；威立于上，民服于下。今欲并天下，凌万乘，诎敌国[⑨]，制海内，子元元[⑩]，臣诸侯，非兵不可！今之嗣主，忽于至道，皆惛于教，乱于治，迷于言，惑于语，沉于辩，溺于辞。以此论之，王固不能行也。"

说秦王书十上，而说不行。黑貂之裘敝，黄金百斤尽，资用乏绝，去秦而归。

羸縢履屩[11]，负书担囊，形容枯槁，面目黧黑[12]，状有愧色。归至家，妻不下纴[13]，嫂不为炊，父母不与言。苏秦喟然叹曰：“妻不以我为夫，嫂不以我为叔，父母不以我为子，是皆秦之罪也。”乃夜发书，陈箧数十，得太公《阴符》之谋，伏而诵之，简练以为揣摩。读书欲睡，引锥自刺其股，血流至足。曰：“安有说人主不能出其金玉锦绣，取卿相之尊者乎？”期年，揣摩成，曰：“此真可以说当世之君矣。”

苏秦以连横说秦。

于是乃摩燕乌集阙，见说赵王于华屋之下，抵掌而谈[14]。赵王大说，封为武安君，受相印。革车百乘，锦绣千纯[15]，白璧百双，黄金万镒[16]，以随其后，约从散横，以抑强秦。故苏秦相于赵，而关不通。

当此之时，天下之大，万民之众，王侯之威，谋臣之权，皆欲决于苏秦之策。不费斗粮，未烦一兵，未战一士，未绝一弦，未折一矢，诸侯相亲，贤于兄弟。夫贤人任而天下服，一人用而天下从。故曰：“式于政，不式于勇；式于廊庙之内，不式于四境之外。”当秦之隆，黄金万镒为用，转毂连骑，炫煌于道，山东之国，从风而服，使赵大重。

且夫苏秦，特穷巷掘门、桑户棬枢之士耳[17]，伏轼撙衔[18]，横历天下，庭说诸侯之主，杜左右之口，天下莫之伉。

将说楚王，路过洛阳，父母闻之，清宫除道，张乐设饮，郊迎三十里；妻侧目而视，侧耳而听；嫂蛇行匍伏，四拜自跪而谢。苏秦曰：“嫂！何前倨而后卑也？”嫂曰：“以季子之位尊而多金。”苏秦曰：“嗟乎！贫穷则父母不子，富贵则亲戚畏惧，人生世上，势位富厚，盖可忽乎哉？”

【注解】

①苏秦：人名，字季子，战国时著名的纵横家。连横：战国时，随从强国去进攻其他弱国，称为连横。战国后期，秦最强大，连横就指这些国家中的某几国跟从秦国去进攻其他国家。②巴：今四川东部地区。蜀：今四川西部地区。③胡貉（hé）：指北方少数民族地区出产的貉皮。代马：指今山西、河北北部出产的马。④黔中：地名，在今湖南常德。⑤殽：殽山。函：函谷关。⑥神农：传说中教人农耕、亲尝百草的远古帝王。⑦驩（huān）兜：尧的臣子，为人狠恶，不畏风雨禽兽。⑧车毂（gǔ）：车轮中心有洞可以插轴的部分。⑨诎（qū）：通“屈”。⑩元元：平民，老百姓。⑪羸：通“累”，缠绕。縢：绑腿。屩（jué）：草鞋。⑫黧（lí）：黑中带黄的颜色。⑬纴（rèn）：织布帛的丝缕，此指织机。⑭抵掌：拍手。⑮纯：匹，束。⑯镒：古代的重量单位，二十两或二十四两为一镒。⑰掘门：掘墙为门。棬（quān）枢：用曲木做门轴。⑱撙（zǔn）衔：控制马勒，让马驯服。

【译文】

苏秦起初用连横的策略游说秦惠王，说：“大王的国家，西边有巴、蜀、汉中的富饶物产，北面有胡貉、代马可以使用，南方有巫山、黔中为屏障，东边有崤山、函谷关这样坚固的关塞，田地肥美，百姓殷实富足，还有兵车万辆、勇士百万、沃野千里，加之储备充足、地势险峻，便于攻守。这正是人们所说的肥美险固、物产饶多的天然府库，天下的强国啊！凭借大王的贤明、百姓的众多、车马的功用、兵法的教授，一定可以兼并诸侯，统一天下，称帝而治。我希望大王对此稍加留意，请允许我奏明这样做的成效吧。”

秦惠王说：“寡人听说过，羽毛长得不丰满，便不能高飞；法令条文不完备，就难以施行诛罚；道德不深厚，就不能够役使百姓；政治教化不合理，就不可以烦劳大臣。现在先生不远千里，郑重庄严地在宫廷上指教我，但我希望您还是改日再谈吧！”

苏秦回答说：“我本来就疑惑您是否能采用我的主张。过去，神农氏讨伐补遂，黄帝讨伐涿鹿而擒获蚩尤，唐尧讨伐驩兜，虞舜讨伐三苗，夏禹讨伐共工，商汤讨伐夏桀，周文王讨伐崇侯虎，周武王讨伐商纣王，齐桓公用武力称霸天下。由此看来，哪有不凭借武力的呢？古时各国使臣的车驾往来奔驰，车毂相击，互相之间用言语结交，使天下为一体；但结果或者合纵，或者连横，兵革甲胄也并未因此藏起。辩士们都巧饰辞令，说得各国诸侯昏乱迷惑，各种事端层出不穷，不胜治理。规章制度虽已完备，人民的虚假欺诈行为却日益增多；国家法令琐碎混乱，百姓被搅得更加贫穷。君臣上下皆为此发愁，百姓无所依靠。冠冕堂皇的道理讲得愈多，战争反而愈加频繁；盛装打扮、巧言善辩的辩士愈多，诸侯间的战争就愈发不能停息；繁征博引的文辞愈多，天下愈是治理不好；说者唇焦口燥，听者耳朵都快聋了，看不出一点成效；施行仁义，诚信相约，天下却愈发不相亲善。于是诸侯废文用武，以优厚的待遇供养敢死之士，制作铠甲，磨砺兵器，要在战场上争取胜利。如果空坐而能获得利益，安居而能扩大土地，即使是古代的五帝、三王、五霸和明主贤君，他们虽然也常想安坐而获得利益，然而在天下的大势下也不可能办到！所以跟着就依靠武力来完成大业。如果地域宽阔，就两军对攻；倘若地势狭窄，就短兵相接。只有这样，才可能建立伟大的功业。所以只有对外用兵取得了胜利，对内实行仁政才能强劲有力；只有在上树立了君王的威信，在下才能使百姓服从。当今之世，如果想兼并天下，凌驾于大国之上，威慑敌国，控制海内，抚有百姓，臣服诸侯，就非用武力不可！现在继承君位的人，忽视了这个重要的道理，一个个政教不明、治理混乱，被辩士们的花言巧语迷惑，沉溺在繁琐的言辞中不能自拔。这样看来，大王本来就不能采纳我的主张啊。”

苏秦以锥刺股刻苦攻读。

苏秦向秦王上书有十次，可是他的主张终未被采纳。他的黑貂袍破了，带来的百斤黄金也用完了，以至用度缺乏，只得离秦归家。他绑着裹腿，穿着草鞋，背着书籍，挑着行李，形容憔悴，脸色黑黄，面带羞愧。回到家里，妻子不下织机迎接，嫂子不为他做饭，父母不和他说话。苏秦长叹一声说：“妻子不把我当丈夫，嫂嫂不把我当小叔子，父母不把我当儿子，这都是我的罪过啊！”于是他连夜清检书籍，摆开了几十只书箱，找到姜太公的兵书《阴符经》，立即伏案诵读，选择要点，反复揣摩领会。有时读书读得昏昏欲睡，他就用铁锥刺自己的大腿，以至血流到脚上。他说："哪有去游说君主而不能使其拿出金玉锦缎，取得卿相的高贵地位的呢？"一年以后，他终于钻研成功，便说："这次真的可以去游说当今的君主了。"

于是他便以燕乌集阙般的说辞，在华丽的殿堂上觐见赵王，两人谈得拍起手来，十分投机。赵王很高兴，封苏秦为武安君，授予他相印，并赐给他兵车百辆、锦缎千匹、白璧百双、黄金万镒，跟在他的后面，去联合六国，拆散连横，以抑制强大的秦国。因此苏秦做赵国的相国时，秦国与六国断绝了来往。

这期间，天下如此广大，百姓如此众多，王侯们如此威严，谋臣们如此善用权术，却都要取决于苏秦的策略。没有花费一斗粮食，没有用一兵一卒，没有一个人参加战争，不曾断过一根弓弦，不曾折过一支箭，就能使六国相互亲睦，胜于兄弟。贤人在位而天下归服，一人得用而天下顺从，所以说："要在政治上用力气，而不要在武力上用力气；要在朝廷决策上用力气，而不在国境外用力气。"当苏秦得意显耀之时，二十万两黄金归他使用，随从车骑络绎不绝，道路上仪仗闪耀，崤山以东的六国，一时间皆听从苏秦的指挥，从而使赵国在诸侯中的地位大大提高。

而苏秦只不过是一位住在陋巷中挖墙洞为门、以桑木为门板、以曲木为门轴的贫寒困苦的士人罢了，但他却坐车骑马，神气十足地周游天下，在朝廷之上游说各国君主，使国君左右的人无话可说，天下没有能与之相比的人了。

苏秦将要去游说楚王的时候，途经洛阳，他的父母闻讯，赶忙张罗打扫住处，清洁道路，并且演奏音乐，备办酒席，到郊外三十里去迎接。苏秦来到后，他的妻子不敢正视，只是偷偷地察言观色，侧着耳朵恭敬地听他讲话。他的嫂嫂伏身在地，像蛇一样匍匐而行，四次跪拜谢罪。苏秦说："嫂嫂，为什么你以前那么傲慢而现在又如此谦卑了呢？"嫂嫂答道："因为弟弟现在地位显贵而且金钱很多啊！"苏秦叹道："唉！一个人贫穷时，连父母也不把他当儿子看待；等到他富贵了，就是亲戚也都畏惧他。看来人生在世，对于权势富贵，怎么可以忽视呢？"

邹忌讽齐王纳谏

【原文】

邹忌修八尺有余[①]，而形貌昳丽[②]。朝服衣冠，窥镜，谓其妻曰："我孰与城北徐公美？"其妻曰："君美甚，徐公何能及君也！"城北徐公，齐国之美丽者也。忌不自信，而复问其妾曰："吾孰与徐公美？"妾曰："徐公何能及君也！"旦日，客从外来，与坐谈，问之："吾与徐公孰美？"客曰："徐公不若君之美也。"

明日，徐公来。熟视之，自以为不如；窥镜而自视，又弗如远甚。暮，寝而思之，曰："吾妻之美我者，私我也；妾之美我者，畏我也；客之美我者，欲有求于我也。"

于是入朝见威王，曰："臣诚知不如徐公美。臣之妻私臣，臣之妾畏臣，臣之客欲有求于臣，皆以美于徐公。今齐地方千里，百二十城，宫妇左右莫不私王，朝廷之臣莫不畏王，四境之内莫不有求于王。由此观之，王之蔽甚矣！”

王曰：“善。”乃下令：“群臣吏民，能面刺寡人之过者，受上赏；上书谏寡人者，受中赏；能谤议于市朝，闻寡人之耳者，受下赏。”令初下，群臣进谏，门庭若市；数月之后，时时而间进[3]；期年之后，虽欲言，无可进者。燕、赵、韩、魏闻之，皆朝于齐。此所谓战胜于朝廷。

【注解】

①邹忌：战国时齐人，又名驺忌子。修：长。②昳（yì）丽：神采焕发，容貌美丽。③间：断断续续。

【译文】

邹忌身高八尺有余，体形、容貌潇洒漂亮。有一天早上，他穿戴好衣帽，照着镜子，对他的妻子说：“我跟城北的徐公相比谁漂亮？”他的妻子说：“您漂亮极了，徐公怎能和您相比呀！”城北的徐公，是齐国的美男子。邹忌不相信自己比他漂亮，就又问他的妾说：“我和徐公谁更漂亮？”他的妾说：“徐公哪里比得上您呢！”第二天，有位客人从外面来，邹忌跟他坐着交谈，问他说：“我和徐公谁更漂亮？”客人说：“徐公不如您漂亮啊。”

又过了一天，徐公来了，邹忌端详了许久，自认为不如他漂亮；再次照着镜子看自己，更觉得自己差得很远。晚上躺在床上反复思考这件事，说：“妻子赞美我，是因为偏爱我；妾赞美我，是因为害怕我；客人赞美我，是因为有求于我。”

于是上朝去见齐威王，说：“我的确知道自己不如徐公漂亮。可是，我的妻子偏爱我，我的妾怕我，我的客人有求于我，都说我比徐公漂亮。如今齐国领土方圆千里，城池一百二十座，后妃们和左右近臣没有不偏爱大王的，朝廷上的臣子没有不害怕大王的，全国没有谁不有求于大王的，由此看来，您受的蒙蔽一定是非常厉害的！”

威王说：“说得不错！”于是下令：“群臣、官吏和百姓，能够当面指责我的过错的，得头等奖赏；上书劝谏我的，得中等奖赏；能够在公共场所或朝堂上指摘我的过失并让我听到的，得下等奖赏。”命令刚下达的时候，许多大臣都来进言劝谏，门庭若市；几个月后，还有人断断续续地进言劝谏；一年以后，即使有人想进言劝谏，也没有什么可说的了。燕国、赵国、韩国、魏国听说了这件事，都到齐国来朝拜。这就是人们说的在朝廷上征服了别的国家。

冯谖客孟尝君

【原文】

齐人有冯谖者[1]，贫乏不能自存，使人属孟尝君[2]，愿寄食门下。孟尝君曰[3]：“客何好？”曰：“客无好也。”曰：“客何能？”曰：“客无能也。”孟尝君笑而受之，曰：“诺。”

左右以君贱之也，食以草具。居有顷，倚柱弹其剑，歌曰：“长铗归来乎[4]！食无鱼。”左右以告。孟尝君曰：“食之，比门下之客。”居有顷，复弹其铗，歌曰：“长铗归来乎！出无车。”左右皆笑之，以告。孟尝君曰：“为之驾，比门下之车客！”于是乘其车，揭其剑，过其友曰：“孟尝君客我。”后有顷，复弹其剑铗，歌曰：“长铗归来乎！无以为家。”左右皆恶之，以为贪而不知足。孟尝君问：“冯公有亲乎？”对曰：“有老母。”孟尝君使人给其食用，无使乏。于是冯谖不复歌。

冯谖弹其剑。

后孟尝君出记，问门下诸客：“谁习计会，能为文收责于薛者乎？”冯谖署曰：“能。”孟尝君怪之，曰：“此谁也？”左右曰：“乃歌夫‘长铗归来’者也。”孟尝君笑曰：“客果有能也，吾负之，未尝见也。”请而见之，谢曰：“文倦于事，愦于忧[⑤]，而性懦愚，沉于国家之事，开罪于先生。先生不羞，乃有意欲为收责于薛乎[⑥]？”冯谖曰：“愿之。”于是约车治装，载券契而行，辞曰：“责毕收，以何市而反？”孟尝君曰：“视吾家所寡有者。”

驱而之薛，使吏召诸民当偿者，悉来合券。券遍合，起，矫命以责赐诸民，因烧其券，民称万岁。

长驱到齐，晨而求见。孟尝君怪其疾也，衣冠而见之，曰：“责毕收乎？来何疾也？”曰：“收毕矣。”“以何市而反？”冯谖曰：“君云‘视吾家所寡有者’，臣窃计，君宫中积珍宝，狗马实外厩，美人充下陈；君家所寡有者，以义耳！窃以为君市义。”孟尝君曰：“市义奈何？”曰：“今君有区区之薛，不拊爱子其民[⑦]，因而贾利之。臣窃矫君命，以责赐诸民，因烧其券，民称万岁。乃臣所以为君市义也。”孟尝君不说，曰：“诺，先生休矣！”

后期年，齐王谓孟尝君曰：“寡人不敢以先王之臣为臣！”孟尝君就国于薛，未至百里，民扶老携幼，迎君道中，终日。孟尝君顾谓冯谖：“先生所为文市义者，乃今日见之！”

冯谖曰：“狡兔有三窟，仅得免其死耳。今有一窟，未得高枕而卧也。请为君复凿二窟。”孟尝君予车五十乘，金五百斤。西游于梁，谓梁王曰：“齐放其大臣孟尝君于诸侯，先迎之者，富而兵强。”于是梁王虚上位，以故相为上将军，遣使者黄金千斤、车百乘，往聘孟尝君。冯谖先驱，诫孟尝君曰：“千金，重币也；百乘，显使也。齐其闻之矣。”梁使三反，孟尝君固辞不往也。

齐王闻之，君臣恐惧，遣太傅赍黄金千斤[⑧]，文车二驷[⑨]，服剑一，封书谢孟尝君曰：“寡人不祥，被于宗庙之祟[⑩]，沉于谄谀之臣[⑪]，开罪于君。寡人不足为也，愿君顾先王之宗庙，姑反国统万人乎！”冯谖诫孟尝君曰：“愿请先王之祭器，立宗庙于薛。”庙成，还报孟尝君曰：“三窟已就，君姑高枕为乐矣。”

孟尝君为相数十年，无纤介之祸者，冯谖之计也。

【注解】

①冯谖：孟尝君的门客。②属：同“嘱”，嘱托。③孟尝君：姓田名文，曾任齐国相国。他与魏国的信陵君、赵国的平原君、楚国的春申君因广聚人才、礼贤下士而被合称为“战国四君子”。④铗（jiá）：剑柄。⑤愦（kuì）：昏乱。⑥责：债务。⑦拊：通“抚”。⑧赍（jī）：持物赠人。⑨驷：套着四匹马的车。⑩祟：灾祸。⑪谄（chǎn）谀（yú）：阿谀奉承。

【译文】

齐国有个叫冯谖的，因贫困而过不下去了，便托人介绍给孟尝君，希望能在孟尝君门下寄居吃饭。孟尝君问：“客人有什么爱好？”回答道：“没有什么爱好。”孟尝君又问：“客人有什么能耐？”回答道：“没有什么能耐。”孟尝君笑着同意了，说：“好吧。”

孟尝君的随从们因为主人不把冯谖当回事，便给他吃些粗劣食物。住了一段时间，冯谖靠着柱子，弹着他的剑，唱道：“长剑啊，咱们回去吧，吃饭没有鱼！”左右的人把这事告诉了孟尝君，孟尝君说：“给他鱼吃，照吃鱼的门客那样款待他。”住了一段时间，冯谖又弹起了他的剑，唱道：“长剑啊，咱们回去吧，出门没有车！”左右的人都耻笑他，又把这事告诉了孟尝君。孟尝君说：“给他车马，照有车的门客那样对待他。”于是，冯谖乘着车，举着他的剑，去访问他的朋友，说：“孟尝君把我当客人看待。”过了一段时间，冯谖又弹起了他的剑，唱道：“长剑啊，咱们回去吧，没有什么可以养家糊口啊！”左右的人都厌恶他了，觉得他贪得无厌。孟尝君问道：“冯先生有亲人吗？”左右的人回答说：“有个老母亲。”孟尝君派人供给她吃用，不让她觉得缺少什么。于是冯谖就不再唱歌了。

后来，孟尝君发出一个文告，问门下的各位客人：“谁擅长算账收钱，能替我到薛地去收债呢？”冯谖签上名，说：“我行。”孟尝君看了，感到奇怪，问：“这是谁呀？”左右的人回答道：“就是唱‘长剑啊，咱们回去吧’的那个人。”孟尝君笑道：“客人果然有些能耐，我怠慢了他，还没和他见过面呢！”于是把冯谖请来见面，向他道歉说：“我被这些琐事缠扰得疲惫不堪，因为忧虑而感到心意烦乱，再加上生性懦弱愚笨，陷在国事中无法脱身，因此得罪了先生。先生不以为是羞辱，真的有意为我到薛地去收债吗？”冯谖回答：“愿意前往。”于是准备车马，收拾行装，装上债券契据准备出发。辞行的时候问孟尝君：“收债完毕之后，买些什么东西回来？”孟尝君说：“您看我家里缺什么就买什么吧。”

冯谖驱车到了薛地，派官吏招来应该还债的百姓，悉数核对债券。等债券全部核对完毕，冯谖假传孟尝君的命令，把债款都赏赐给了百姓，因而烧掉了债券，百姓齐声欢呼万岁。

冯谖马不停蹄地赶回齐国，大清早就去求见孟尝君。孟尝君对他这么快就回来了感到奇怪，穿戴整齐后去见他，问道：“债都收完了？怎么这么快就回来了？”冯谖回答道：“收完了。”“买了些什么回来？”冯谖回答道：“您说‘看我家里缺什么就买什么’，我私下里盘算，您的府里堆满了珍宝，猎狗骏马挤满了牲口棚，美丽的女子站满了堂下；您府里所缺少的东西，只是仁义啊！我自作主张为您买回了仁义。”孟尝君问：“买义？这是怎么一回事？”冯谖说：“现在您拥有这个小小的薛地，不把那里的百姓当成自己的子女一并爱护，还在他们身上做生意牟利。我自作主张假传您的命令，把债款都赏给了百姓，因而烧掉了债券，百姓们都欢呼万岁，这就是我为您买义的做法。”孟尝君听了很不高兴，说：“哦，先生，算了吧！”

过了一年，齐王对孟尝君说：“我不敢以先王用过的大臣作为自己的臣下。”孟尝君只好前往他的封邑薛地。走到离薛地还有一百多里的地方，百姓们扶老携幼，在大道上迎接孟尝君，整整一天的时间。孟尝君回头对冯谖说：“先生为我买回的仁义，今天才见到！”

冯谖说：“聪明的兔子有三个洞穴，仅仅可以免去一死。现在您只有一个洞穴，还不能高枕无忧。请让我为您再去建造两个洞穴吧。”孟尝君给了他五十辆车、五百斤黄金，西去梁国游说。冯谖对梁王说：“齐王把他的大臣孟尝君放逐到诸侯国去了，首先迎接到他的国家就会国富兵强。”梁王于是空出相国的位子，让以前的相国做了上将军，派遣使者带着千斤黄金、百辆车子去请孟尝君。冯谖抢先驱车回到薛，提醒孟尝君说：“黄金一千斤，是很贵重的聘礼；车一百辆，说明使者的等级很高。齐王大概已经听说了吧。”梁国的使者往返了三次，孟尝君都坚决推辞，不肯前往赴任。

齐王听到这些情况，君臣上下都很恐慌，于是派太傅送来了黄金千斤、彩车两辆、佩剑一把，并且写了一封信向孟尝君道歉，信上说：“我真是很不幸，遭受祖宗降下的灾祸，又为那些阿谀奉承的小人所迷惑，得罪了您。我是不值一提的，只希望您念在先王宗庙的份上，暂且回到齐国来统帅广大百姓吧！”冯谖又提醒孟尝君说：“希望您向齐王请求先王的祭器，在薛地建立宗庙。”宗庙建成了，冯谖回来向孟尝君报告说：“三个洞穴都已经建造完成，您暂且可以高枕无忧，过快乐的日子了。”

孟尝君在齐国为相几十年，没遭受一点灾祸，全是因为冯谖的计谋啊！

触龙说赵太后

【原文】

赵太后新用事[①]，秦急攻之，赵氏求救于齐。齐曰：“必以长安君为质[②]，兵乃出。”太后不肯，大臣强谏。太后明谓左右：“有复言令长安君为质者，老妇必唾其面！”

左师触龙愿见，太后盛气而揖之[③]。入而徐趋，至而自谢，曰：“老臣病足，曾不能疾走，不得见久矣，窃自恕，恐太后玉体之有所郄也[④]，故愿望见。”太后曰：“老妇恃辇而行。”曰：“日食饮得无衰乎？”曰：“恃鬻耳[⑤]。”曰：“老臣今者殊不欲食，乃自强步，日三四里，少益嗜食，和于身。”曰：“老妇不能。”太后之色少解。

触龙劝谏赵太后。

左师公曰：“老臣贱息舒祺，最少，不肖。

而臣衰，窃爱怜之，愿令得补黑衣之数，以卫王宫。没死以闻[⑥]！”太后曰：“敬诺。年几何矣？”对曰：“十五岁矣。虽少，愿及未填沟壑而托之[⑦]。”太后曰：“丈夫亦爱怜其少子乎？”对曰：“甚于妇人。”太后曰：“妇人异甚！”对曰：“老臣窃以为媪之爱燕后[⑧]，贤于长安君。”曰：“君过矣，不若长安君之甚！”

左师公曰：“父母之爱子，则为之计深远。媪之送燕后也，持其踵为之泣[⑨]，念悲其远也，亦哀之矣。已行，非弗思也，祭祀必祝之，祝曰：‘必勿使反！’岂非计久长，有子孙相继为王也哉？”太后曰：“然。”

左师公曰：“今三世以前，至于赵之为赵，赵王之子孙侯者，其继有在者乎？”曰：“无有。”曰：“微独赵，诸侯有在者乎？”曰：“老妇不闻也。”“此其近者祸及身，远者及其子孙。岂人主之子孙则必不善哉？位尊而无功，奉厚而无劳[⑩]，而挟重器多也。今媪尊长安君之位，而封以膏腴之地，多予之重器，而不及今令有功于国；一旦山陵崩，长安君何以自托于赵？老臣以媪为长安君计短也，故以为其爱不若燕后。”太后曰：“诺，恣君之所使之[⑪]。”于是为长安君约车百乘，质于齐。齐兵乃出。

子义闻之，曰：“人主之子也，骨肉之亲也，犹不能恃无功之尊、无劳之奉，而守金玉之重也，而况人臣乎！”

【注解】

①赵太后：即赵威后，惠文王之妻。惠文王死后，因为其子孝成王年幼，所以由赵威后辅佐执政。②长安君：赵威后幼子的封号。③揖：应作“胥”，“胥”同“须”，等待。④郄（xì）：身体不舒适。⑤鬻：通“粥”。⑥没死：冒死。⑦填沟壑：指死。⑧媪（ǎo）：对老年妇女的称呼。燕后：赵威后的女儿，嫁给燕王为妻。⑨踵（zhǒng）：脚后跟。⑩奉：通“俸”，即俸禄。⑪恣（zì）：听任。

【译文】

赵太后刚刚执政，秦国就加紧攻赵，赵国向齐国求救。齐国说：“一定要用长安君作为人质，才派兵。”赵太后不肯答应，大臣们极力劝说，太后明确地对左右的人说：“有再来说将长安君作为人质的，我就要把唾沫啐在他的脸上！”

左师触龙要求进见太后，太后气冲冲地等着他。触龙进门之后，缓慢地小步向前走着，到了太后跟前主动谢罪说：“老臣的脚有毛病，竟不能快步走，好久没有见到太后了，只好私下里宽恕自己，但恐怕太后御体欠安，所以想来看看您。”太后说：“老身也只是靠着辇车才能行动。”触龙又问：“太后每日的饮食该没减少吧？”太后说：“不过吃点稀饭罢了。”触龙说：“老臣近来特别不想吃东西，自己勉强散散步，每天走三四里，才稍稍增加了一些食欲，身体也安适了些。”太后说：“老身可做不到。”这时候太后脸上的怒色稍稍缓和了一些。

触龙又说：“老臣的贱子舒祺，年纪最小，不成器得很，而我已经衰老了，心里很疼爱他，希望能让他补一名黑衣侍卫，来保卫王宫。我特地冒死来向您禀告。”太后回答说：“好吧。他多大年纪了？”触龙回答道：“十五岁了。虽说还小，我却希望趁我没死把他托付给您。”太后问：“男人也爱他的小儿子吗？”触龙答道：“比女人疼爱得还要厉害。”太后答道：“女人疼爱得更厉害！”触龙说：“我私下认为您对燕后的疼爱超过了长安君。”太后道：“您说错了，不像疼爱长安君那么厉害。”

触龙说：“父母疼爱自己的孩子，总要替他们做长远的打算。您送燕后出嫁的时候，握着她的脚跟，为她哭泣，为她远嫁而悲伤，这实在是令人哀痛的事情。燕后走了，并不是就不想念她了，可是祭祀时为她祝福，却说：‘千万别让她回来！’您这样做难道不是为长远打算，希望她的子孙能相继成为燕王吗？”太后答道：“是这样啊。”

触龙又说：“从现在上推三代，一直推到赵国刚刚开始建国的时候，历代赵王的子孙受封为侯的，他们的继承人还有存在的吗？”太后答道：“没有。”触龙又问：“不只是赵国，其他诸侯国里有相继为侯的吗？”太后说：“我还没听说过。”触龙说道：“这大概就是，近的祸患落到自己身上，远的灾祸会累及子孙。难道国君的子孙一定都不好吗？只是因为他们地位尊贵，而无功于国；俸禄优厚，而无劳绩，却拥有大量的贵重财宝。现在您使长安君地位尊贵，又分封给他肥沃的土地，赐给他很多宝物，而不让他趁早有功于国，有朝一日您不在了，长安君凭什么在赵国立身呢？老臣认为您没有替长安君做长远的打算呀，所以认为您对他的疼爱不如对燕后。”太后听完了说：“好吧，任凭您指派他吧。”于是为长安君准备了一百辆车子，到齐国做了人质。齐国的军队这才出动。

子义听到了这件事，说：“国君的孩子，是国君的亲骨肉，尚且不能依靠没有功勋的尊贵地位、没有劳绩的丰厚俸禄来守住金玉宝器，更何况是做臣子的呢！”

鲁仲连义不帝秦

【原文】

秦围赵之邯郸[①]。魏安釐王使将军晋鄙救赵[②]。畏秦，止于荡阴[③]，不进。

魏王使客将军辛垣衍间入邯郸[④]，因平原君谓赵王曰[⑤]：“秦所以急围赵者，前与齐闵王争强为帝，已而复归帝，以齐故。今齐闵王益弱，方今唯秦雄天下。此非必贪邯郸，其意欲求为帝。赵诚发使尊秦昭王为帝，秦必喜，罢兵去。”平原君犹豫未有所决。

此时鲁仲连适游赵[⑥]，会秦围赵，闻魏将欲令赵尊秦为帝，乃见平原君，曰：“事将奈何矣？”平原君曰：“胜也何敢言事？百万之众折于外，今又内围邯郸而不去。魏王使客将军辛垣衍令赵帝秦，今其人在是。胜也何敢言事？”鲁连曰：“始吾以君为天下之贤公子也，吾乃今然后知君非天下之贤公子也。梁客辛垣衍安在？吾请为君责而归之。”平原君曰：“胜请召而见之于先生。”

平原君遂见辛垣衍，曰：“东国有鲁连先生，其人在此，胜请为绍介，而见之于将军。”辛垣衍曰：“吾闻鲁连先生，齐国之高士也。衍，人臣也，使事有职，吾不愿见鲁连先生也。”平原君曰：“胜已泄之矣。”辛垣衍许诺。

鲁连见辛垣衍而无言。辛垣衍曰：“吾视居此围城之中者，皆有求于平原君者也。今吾视先生之玉貌，非有求于平原君者，曷为久居此围城之中而不去也？”鲁连曰："世以鲍焦无从容而死者，皆非也。今众人不知，则为一身。彼秦者，弃礼义而上首功之国也，权使其士，虏使其民。彼则肆然而为帝，过而遂正于天下，则连有赴东海而死耳，吾不忍为之民也！所为见将军者，欲以助赵也。"辛垣衍曰："先生助之奈何？"鲁连曰："吾将使梁及燕助之，齐楚固助之矣。"辛垣衍曰："燕则吾请以从矣。若乃梁，则吾乃梁人也，先生恶能使梁助之耶？"鲁连曰："梁未睹秦称帝之害故也；使梁睹秦称帝之害，则必助赵矣。"辛垣衍曰："秦称帝之害将奈何？"鲁仲连曰："昔齐威王尝为仁义矣，率天下诸侯而朝周。周贫且微，诸侯莫朝，而齐独朝之。居岁余，周烈王崩，诸侯皆吊，齐后往。周怒，赴于齐曰：'天崩地坼[⑦]，天子下席，东藩之臣田婴齐后至，则斫之！'威王勃然怒曰：'叱嗟！而母，婢也！'卒为天下笑。故生则朝周，死则叱之，诚不忍其求也。彼天子固然，其无足怪！"

辛垣衍曰："先生独未见夫仆乎？十人而从一人者，宁力不胜、智不若耶？畏之也。"鲁仲连曰："然，梁之比于秦，若仆邪？"辛垣衍曰："然。"鲁仲连曰："然则吾将使秦王烹醢梁王[⑧]！"辛垣衍怏然不说，曰："嘻！亦太甚矣，先生之言也！先生又恶能使秦烹醢梁王？"鲁仲连曰："固也！待吾言之：昔者，鬼侯、鄂侯、文王，纣之三公也。鬼侯有子而好，故入之于纣，纣以为恶，醢鬼侯。鄂侯争之急，辩之疾，故脯鄂侯[⑨]。文王闻之，喟然而叹，故拘之于牖里之库百日[⑩]，而欲令之死。曷为与人俱称帝王，卒就脯醢之地也？

"齐闵王将之鲁，夷维子执策而从，谓鲁人曰：'子将何以待吾君？'鲁人曰：'吾将以十太牢待子之君。'夷维子曰：'子安取礼而来待吾君？彼吾君者，天子也。天子巡狩，诸侯避舍，纳筦键[⑪]，摄衽抱几，视膳于堂下。天子已食，退而听朝也。'鲁人投其籥[⑫]，不果纳，不得入于鲁。将之薛[⑬]，假涂于邹[⑭]。当是时，邹君死，闵王欲入吊，夷维子谓邹之孤曰[⑮]：'天子吊，主人必将倍殡柩，设北面于南方，然后天子南面吊也。'邹之群臣曰：'必若此，吾将伏剑而死。'故不敢入于邹。邹、鲁之臣，生则不得事养，死则不得饭含，然且欲行天子之礼于邹、鲁之臣，不果纳。今秦万乘之国，梁亦万乘之国，交有称王之名。睹其一战而胜，欲从而帝之，是使三晋之大臣[⑯]，不如邹、鲁之仆妾也。

鲁仲连慷慨陈词。

"且秦无已而帝，则且变易诸侯之大臣。彼将夺其所谓不肖，而予其所谓贤；夺其所憎，而予其所爱。彼又将使其子女谗妾为诸侯妃姬，处梁之宫，梁王安得晏然而已乎？而将军又何以得故宠乎？”于是辛垣衍起，再拜，谢曰：“始以先生为庸人，吾乃今日而知先生为天下之士也！吾请去，不敢复言帝秦。”

秦将闻之，为却军五十里。适会公子无忌夺晋鄙军以救赵击秦，秦军引而去。

于是平原君欲封鲁仲连。鲁仲连辞让者三，终不肯受。平原乃置酒，酒酣，起，前，以千金为鲁连寿。鲁连笑曰：“所贵于天下之士者，为人排患释难、解纷乱而无所取也。即有所取者，是商贾之人也，仲连不忍为也。”遂辞平原君而去，终身不复见。

【注解】

①邯郸：赵国都城，在今河北邯郸。②魏安釐（xī）王：魏国国君。晋鄙：魏国大将。③荡阴：在今河南汤阴，当时是赵魏两国交界处。④客将军：原籍不是魏国而在魏国做将军，故称。⑤平原君：赵孝成王之叔，名胜，封平原君。⑥鲁仲连：齐国的高士。⑦天崩地坼（chè）：天崩地陷，指周烈王死。⑧醢（hǎi）：古代一种酷刑，将人剁成肉酱。⑨脯（fǔ）：古代把人做成肉干的酷刑。⑩牖（yǒu）里：地名，在今河南汤阴北。⑪筦（guǎn）键：钥匙和锁。⑫籥（yuè）：通“钥”。⑬薛：国名，在今山东藤县东南。⑭涂：通“途”。⑮邹之孤：指邹国的新君。⑯三晋：这里指韩、赵、魏三国。

【译文】

秦国包围了赵国都城邯郸。魏安釐王派将军晋鄙救援赵国。晋鄙畏惧秦军，所以魏军驻扎在荡阴，不敢前进。

安釐王又派出了一位客籍将军辛垣衍秘密潜入邯郸，通过平原君对赵王说：“秦国之所以急着围攻赵国，是因为以前秦王和齐闵王争强称帝，后来秦昭王撤销帝号，是由于齐国撤销帝号的缘故。如今齐国日渐衰弱，只有秦国能称雄于天下。秦国此次出兵不一定是贪图邯郸之地，其真正目的是想要称帝。如果赵国真能派出使者表示拥戴秦昭王为帝，秦国肯定会很高兴，这样就会撤兵而去。”平原君听了犹豫不决。

此时鲁仲连恰巧在赵国游历，正赶上秦军围困赵国，听说魏国想要让赵国拥戴秦王称帝，就去见平原君说：“这件事情您打算怎么办？”平原君回答说：“我赵胜怎么还敢谈论这件事情？百万大军挫败在外，如今秦军又深入赵国，围困邯郸而不撤兵。魏王派客籍将军辛垣衍来令赵国拥戴秦王称帝，现在这个人就在邯郸，我怎么还敢谈论这件事情？”鲁仲连说：“以前我一直以为您是天下的贤明公子，今天才知道您并不是天下的贤明公子。那魏国的客人辛垣衍在哪里？我请求为您去当面斥责他，叫他回去。”平原君说：“那我就把他叫来见先生吧。”

平原君于是去见辛垣衍，说：“齐国有位鲁仲连先生，他现在正在这里，就让我作为介绍人，让他来见见将军吧。”辛垣衍说：“我听说鲁仲连先生是齐国的高士，而我辛垣衍，是魏王的臣子，此次出使担负有重要的职责，我不想见鲁仲连先生。”平原君说：“我已经把你在这里的消息泄露给他了。”辛垣衍不得已，答应去见鲁仲连。

鲁仲连见到辛垣衍后，没有说话。辛垣衍说：“我观察居住在这个被围之城中的人，都是有求于平原君的。今天我观先生的仪容相貌，不像是有求于平原君的人，为什么久留在这个围城之中而不离开呢？”鲁仲连说：“世上那些认为鲍焦是因为心胸不开阔而死的人，都是认识上有误的。现在很多人不了解鲍焦的死因，认为他是为了一己私利而死的。那秦国，是一个抛弃礼义、崇尚战功的国家，以权术驾驭其群臣，像奴隶一样役使它的百姓。如果让秦国肆无忌惮地称了帝，甚至要统治整个天下，那么我鲁仲连只有跳东海自杀了，我不能容忍做它的顺民。我之所以要见将军，是想要帮助赵国。”辛垣衍问：“先生将如何帮助赵国呢？”鲁仲连说：“我想要让魏国和燕国帮助赵国，而齐国、楚国本来就在帮助它。”辛垣衍说：“至于燕国，我愿意相信您能说动他们，使其助赵。至于魏国，我就是刚从魏国来的，先生怎么能使魏国帮助赵国呢？”鲁仲连回答说：“那是因为魏国还没有看到秦国称帝的害处；如果让魏国看清秦国称帝的害处，那么它一定会帮助赵国的！”辛垣衍又问道：“秦国称帝的害处将会是什么样子？”鲁仲连说：“昔日齐威王曾施行仁义之政，率领天下诸侯去朝见周天子。当时的周王室贫穷而且衰微，诸侯们都不去朝见，唯独齐国去朝见。过了一年多，周烈王死了，各诸侯国都去吊唁，齐国去得晚了。周室恼怒，向齐国报丧说：‘天子驾崩，如同天地塌陷，新天子都要睡在草席上亲自守丧，而东方的藩臣田婴齐竟然迟到，应该杀掉才是。’齐威王勃然大怒，骂道：‘呸！你母亲也不过是个奴婢！’这件事最后成了天下的笑柄。齐威王在周天子活着的时候去朝见他，死后却辱骂他，实在是由于忍受不了周室的苛求啊。天子本来就如此，这也并没有什么可奇怪的。”

辛垣衍说：“先生难道没有见过那些奴仆吗？十个仆人跟从一个主子，难道是力气和智慧都胜不过吗？只是由于惧怕罢了。”鲁仲连问：“这样说来，秦国和魏国的关系就是主仆关系了？”辛垣衍回答说：“是这样的。”鲁仲连说：“既然如此，那么我将让秦王烹煮魏王，将魏王剁成肉酱！”辛垣衍很不高兴地说：“呵呵！先生您的话太过分了，您又怎能让秦王烹煮魏王，将其剁成肉酱呢？”鲁仲连说：“当然可以，等我讲给您听：从前，鬼侯、鄂侯、文王是商的三公。鬼侯有个女儿长得漂亮，所以就把她进献给商纣王，而纣王却认为她丑陋，就把鬼侯剁成肉酱。鄂侯因为此事极力诤谏，因此被纣王杀死还制成了肉干。文王听说后，喟然长叹，纣王因此又把文王囚禁在牖里的库房中一百天，还打算将他置于死地。为什么和别人一样地称帝，最后却落到被人剁成肉酱、制成肉干的下场呢？

“齐闵王准备去鲁国，夷维子拿着马鞭随行，他问鲁国人：‘你们打算如何接待我们的国君呢？’鲁国人回答：‘我们准备用十太牢的礼节来接待贵国国君。’夷维子说：‘你们怎么能用这样的礼节来接待我们的国君呢？我们的国君是天子，天子巡视四方，诸侯要离开自己的宫殿，到别处避居，还要交纳钥匙，提起衣襟，亲自捧着几案，到堂下照看天子的饭食。等天子吃完饭，诸侯才能告退去处理政务。’鲁国人听到这话，立刻闭关上锁，拒不接纳。闵王不能进入鲁国，又准备到薛国去，于是向邹国借路通过。正逢邹国国君新死，闵王想入城吊丧，夷维子就对邹君的遗孤说：‘天子来吊丧，主人一定要把灵柩移到相反的方位，在南边设立朝北的灵堂，然后让天子面向南祭吊。’邹国的大臣们说：‘如果一定要这样的话，我们情愿伏剑自杀。’所以，齐闵王没敢进入邹国。鲁国和邹国的臣子在君主生前不能侍奉供养，君主死后又不能为其口中放米含珠，然而闵王想要他们对其行天子之礼时，他们却不肯接受。现在秦国是拥有万辆兵车的大国，魏国也是拥有万辆兵车的大国，彼此都有称王的名分，仅仅看到秦国打了一次胜仗，就要顺从它，拥戴它称帝，这是使三晋的大臣还不如邹、鲁二国的奴仆姬妾啊！

“况且秦王如果称帝，就会马上更换各诸侯国的大臣。他们将撤换他们认为不像样的人，把职务授予他们认为贤能的人；他们将撤换他们所憎恨的人，把职务授予他们喜欢的人。他们还会把他们的女儿和谗佞的女人姬妾都充入诸侯的后宫，这样的女人进入魏王的王宫，魏王还能平安地过日子吗？而将军您又怎么能得到像原来那样的宠信呢？”于是辛垣衍站起身来，向鲁仲连拜了两拜，道歉说：“起初我还以为先生是个平庸之辈，如今我才知道先生确实是天下的高士呀！我请求离开这里，不敢再提及尊秦为帝的事了。”

秦国的将领听说这件事后，将军队撤退了五十里。恰巧这时魏国的公子无忌夺取了晋鄙的兵权，率领军队前来援救赵国，进攻秦军。秦军就撤回去了。

于是平原君想封赏鲁仲连。鲁仲连再三辞让，始终不肯接受。平原君就设酒宴款待他。当酒正喝到兴头上时，平原君起身上前，用千金向鲁仲连祝寿。鲁仲连笑着说：“天下之士所看重的，是为人排忧解难、消除纷乱而不收取任何报酬。如果要收取报酬，那就和商人没有什么区别了，鲁仲连不忍做这样的事。”于是辞别平原君而去，终身没有再来见他。

唐雎不辱使命

【原文】

秦王使人谓安陵君曰[①]：“寡人欲以五百里之地易安陵，安陵君其许寡人！”安陵君曰：“大王加惠，以大易小，甚善。虽然，受地于先王，愿终守之，弗敢易。”秦王不说[②]。安陵君因使唐雎使于秦。

秦王谓唐雎曰：“寡人以五百里之地易安陵，安陵君不听寡人，何也？且秦灭韩亡魏，而君以五十里之地存者，以君为长者，故不错意也[③]。今吾以十倍之地，请广于君，而君逆寡人者，轻寡人与？”唐雎对曰：“否，非若是也。安陵君受地于先王而守之，虽千里不敢易也，岂直五百里哉？”

唐雎对秦王。

秦王怫然怒[④]，谓唐雎曰：“公亦尝闻天子之怒乎？”唐雎对曰：“臣未尝闻也。”秦王曰：“天子之怒，伏尸百万，流血千里。”唐雎曰：“大王尝闻布衣之怒乎？”秦王曰：“布衣之怒，亦免冠徒跣[⑤]，以头抢地耳[⑥]。”唐雎曰：“此庸夫之怒也，非士之怒也。夫专诸之刺王僚也⑦，彗星袭月；聂政之刺韩傀也⑧，白虹贯日；要离之刺庆忌也⑨，苍鹰击于殿上。此三子皆布衣之士也，怀怒未发，休祲降于天⑩，与臣而将四矣。若士必怒，伏尸二人，流血五步，天下缟素⑪，今日是也！”挺剑而起。

秦王色挠⑫，长跪而谢之曰⑬：“先生坐，何至于此！寡人谕矣⑭。夫韩、魏灭亡，而安陵以五十里之地存者，徒以有先生也。”

【注解】

①秦王：即秦始皇嬴政。安陵君：安陵国的国君。②说：通“悦”，高兴。③错意：通“措意”，放在心上。④怫（fèi）然：愤怒的样子。⑤徒跣（xiǎn）：光着脚。⑥抢（qiāng）：撞。⑦专诸：春秋时吴国的勇士，曾经为吴国的公子光刺杀了吴王僚。⑧聂政：战国时魏国人，曾经为韩大夫严仲子刺杀了韩相韩傀（guī）。⑨要离：春秋时吴国的勇士，曾经为吴王阖闾刺杀了吴王僚之子庆忌。⑩休：吉兆。祲（jìn）：不祥之兆。⑪缟（gǎo）素：指丧服。⑫挠：屈服。⑬长跪：两膝着地，臀部离开足跟，直身而跪。⑭谕：通“喻”，明白。

【译文】

秦王嬴政派人转告安陵君说：“我打算用方圆五百里的土地交换安陵，安陵君应该会答应我吧！”安陵君说：“承蒙大王施予恩惠，用大块土地交换小块土地，这太好了。虽然如此，但我从先王那里接受了这块封地，愿意终生守护它，不敢拿它交换。”秦王知道了很不高兴。安陵君因此派唐雎出使秦国。

秦王对唐雎说：“我用五百里的土地去换安陵，安陵君不听从我，这是为什么？况且秦国灭了韩国和魏国，然而安陵君却凭借方圆五十里的土地生存下来，是因为我把安陵君当作忠厚的长者，所以没有放在心上。现在我用十倍于安陵的土地，想要使安陵君的领土得到扩大，他却违背我的意愿，是轻视我吗？”唐雎回答说：“不，不是这样的。安陵君从先王那里接受了封地而守着它，即使是方圆千里的土地也不敢拿去交换，何况是五百里的土地呢？”

秦王非常愤怒，对唐雎说：“您听说过天子发怒吗？”唐雎回答说：“我未曾听说过。”秦王说：“天子发怒，将使百万尸首倒下、血流千里。”唐雎说：“大王听说过平民发怒吗？”秦王说：“平民发怒，不过是摘掉帽子，赤着脚，用头撞地罢了。”唐雎说：“这是平庸之辈发怒，不是士人发怒。当年专诸刺杀吴王僚的时候，彗星的光芒冲击了月亮；聂政刺杀韩傀的时候，白虹穿过太阳；要离刺杀庆忌的时候，苍鹰在宫殿上空搏斗。这三个人都是出身平民的士人，心里怀着的怒气还没爆发出来，上天就降下了吉凶的征兆，现在，专诸、聂政、要离同我一起，将要成为四个人了。如果有胆识之士真的发怒，横在地上的尸首不过是两个人，血只流五步远，可是天下之人就要穿白戴孝了，今天就要发生这样的情况！”于是拔出宝剑站了起来。

秦王的脸色颓丧，挺直上身跪着向唐雎道歉说：“先生请坐，何至于这样呢！我明白了。为什么韩国、魏国灭亡，然而安陵却凭借五十里的土地还能够生存下来，只是因为有先生啊。”

李斯谏逐客书

【原文】

秦宗室大臣皆言秦王曰[①]："诸侯人来事秦者，大抵为其主游间于秦耳，请一切逐客。"李斯议亦在逐中。

斯乃上书曰："臣闻吏议逐客，窃以为过矣。

"昔穆公求士，西取由余于戎[②]，东得百里奚于宛[③]，迎蹇叔于宋[④]，求丕豹、公孙支于晋[⑤]。此五子者，不产于秦，而穆公用之，并国二十，遂霸西戎。孝公用商鞅之法[⑥]，移风易俗，民以殷盛，国以富强，百姓乐用，诸侯亲服，获楚、魏之师，举地千里，至今治强。惠王用张仪之计，拔三川之地，西并巴、蜀，北收上郡[⑦]，南取汉中，包九夷[⑧]，制鄢、郢[⑨]，东据成皋之险[⑩]，割膏腴之壤[⑪]，遂散六国之从，使之西面事秦，功施到今。昭王得范雎[⑫]，废穰侯[⑬]，逐华阳[⑭]，强公室，杜私门，蚕食诸侯，使秦成帝业。此四君者，皆以客之功。由此观之，客何负于秦哉！向使四君却客而不内，疏士而不用，是使国无富利之实，而秦无强大之名也。

"今陛下致昆山之玉，有随和之宝，垂明月之珠，服太阿之剑，乘纤离之马，建翠凤之旗，树灵鼍之鼓[⑮]。此数宝者，秦不生一焉，而陛下说之[⑯]，何也？必秦国之所生然后可，则是夜光之璧不饰朝廷，犀象之器不为玩好，郑魏之女不充后宫，而骏马駃騠不实外厩[⑰]；江南金锡不为用，西蜀丹青不为采。所以饰后宫、充下陈、娱心意、说耳目者，必出于秦然后可，则是宛珠之簪、傅玑之珥、阿缟之衣、锦绣

李斯向秦始皇上谏逐客书。

之饰[18]，不进于前；而随俗雅化、佳冶窈窕赵女不立于侧也。夫击瓮叩缶，弹筝搏髀[19]，而歌呼呜呜、快耳目者，真秦之声也；郑卫桑间[20]，韶虞武象者，异国之乐也。今弃击瓮而就郑卫，退弹筝而取韶虞，若是者何也？快意当前，适观而已矣。今取人则不然，不问可否，不论曲直，非秦者去，为客者逐。然则是所重者在乎色乐珠玉，而所轻者在乎人民也。此非所以跨海内、制诸侯之术也。

"臣闻地广者粟多，国大者人众，兵强则士勇。是以泰山不让土壤，故能成其大；河海不择细流，故能就其深；王者不却众庶，故能明其德。是以地无四方，民无异国，四时充美，鬼神降福，此五帝三王之所以无敌也。今乃弃黔首以资敌国[21]，却宾客以业诸侯，使天下之士退而不敢西向，裹足不入秦，此所谓'藉寇兵而赍盗粮'者也[22]。

"夫物不产于秦，可宝者多；士不产于秦，而愿忠者众。今逐客以资敌国，损民以益仇，内自虚而外树怨于诸侯，求国之无危，不可得也。"

秦王乃除逐客之令，复李斯官。

【注解】

①秦王：即秦始皇嬴政。②由余：春秋时晋国人，逃亡到戎地，戎王命他出使秦国，被秦穆公看中。后来秦穆公设计离间戎王和由余，使之归秦，在他的帮助之下称霸西戎。③百里奚：曾经沦为奴隶，后秦穆公用五张羊皮将他赎出，成为秦国的大夫。④蹇叔：百里奚的朋友，后经百里奚推荐，成为秦国的上大夫。⑤丕豹：晋国人，后被秦穆公任命为秦国的将领。公孙支：字子桑，游于晋，后入秦国成为穆公的谋臣。⑥商鞅：姓公孙，名鞅。曾经辅佐秦孝公变法，使秦国强盛起来。⑦上郡：魏地，郡城在今陕西榆林东南。⑧九夷：指巴蜀和楚国南阳一带的少数民族。⑨鄢（yān）：楚国别都，在今湖北宜城。郢（yǐng）：楚国国都，故址在今湖北江陵北。⑩成皋：亦名虎牢关，即今河南荥阳的虎牢。⑪膏腴（yú）：肥沃。⑫范雎：魏国人，因出使齐国时被诬为私自受赏而获罪，后逃往秦国，受到秦昭王的赏识，成为秦国相国。⑬穰侯：即魏冉，秦昭王母宣太后的弟弟，曾为秦相，专权三十年。⑭华阳：即华阳君，秦昭王母宣太后的弟弟，因宣太后的关系而专权。⑮灵鼍（tuó）：鳄鱼。⑯说：通"悦"。⑰駃（jué）騠（tí）：良马名。⑱傅：附着。珥（ěr）：古时的珠玉耳饰。阿缟：齐国东阿出产的白色丝织品。⑲髀（bì）：大腿。⑳桑间：卫国濮水边上的一个地名。㉑黔首：百姓。㉒赍（jī）：赠送。

【译文】

秦国的宗室大臣都对秦王说："各诸侯国来侍奉秦国的人，大都是替他们各自的君主游说和离间秦国的，请把所有的客卿一律驱逐出境。"李斯也在被驱逐的行列里。

李斯于是上书秦王说："臣听说官吏们正在计议要驱逐客卿，臣私下里认为这是错误的。

"从前穆公访求贤才，从西戎争取到由余，从东边的宛得到百里奚，自宋国迎来蹇叔，从晋国招来丕豹、公孙支。这五位贤人都不是秦国人，可是穆公重用他们，因此吞并了二十个国家，于是称霸西戎。孝公施行商鞅的新法，移风易俗，人民生活因此殷实富足，国家也因此富裕强大起来，百姓乐于为国效命，各国诸侯也都亲近或臣服于秦国，后来秦国击败了楚、魏两国的军队，占领了上千里的土地，直到今天还是安定而强盛。惠王采用张仪的连横之计，攻占了三川地区，向西吞并了巴蜀，向北收得了上郡，向南攻取了汉中，兼并了许多蛮夷部族，控制了楚国的鄢、郢两都，向东占据了险要的成皋，割取了大量的肥沃土地，于是拆散了六国的合纵盟约，使他们面向西边侍奉秦国，功业一直延续到现在。昭王得到范雎，免去了穰侯，驱逐了华阳君，加强了秦王室的统治，制服了豪门贵族的势力，逐步吞并了各诸侯国，使秦国完成了统一天下的大业。这四位国君的成就，都是凭借了客卿的功劳。从这些事实来看，客卿有什么对不起秦国的地方呢！假使从前这四位君主拒绝客卿而不予接纳，疏远贤才而不任用，这样就会使秦国无法拥有雄厚富裕的实力，而且也不会有强大的威名。

秦始皇像。

“现在陛下获得了昆山的美玉，拥有了隋侯珠及和氏璧，悬挂着明月宝珠，佩戴着太阿宝剑，骑着纤离的骏马，林立着翠凤羽毛装饰的旗帜，竖起了鼍皮大鼓。这几件宝物没有一样是产自秦国的，但陛下却喜爱它们，这是为什么呢？如果一定要秦国出产的才可以使用，那么夜光之璧就不能装饰在朝堂之上，犀角、象牙制造的器皿就不能成为玩赏之物，郑国、魏国的美女就不会充满您的后宫，骏马就不会养在您的马厩之中，江南的金、锡就不能用来制作器物，西蜀的丹青就不能用来增添色彩。假如用来装饰后宫、充作姬妾、娱乐心意、快活耳目的东西，一定要秦国出产的才可以，那么，镶着宛珠的簪子、嵌着珠玑的耳环、东阿的丝绸衣服、刺绣华美的装饰，就都不能呈献到君王面前；而衣着时尚、装扮文雅、容貌娇艳、体态美好的赵国美女，也不能侍立在君王身边了。敲瓮击缶、弹筝拍腿，呜呜地唱着歌以娱乐耳目的，才是真正的秦国音乐；而郑国、卫国和桑间的新调，韶、虞、武、象之类的乐曲，都是外地的音乐。现在秦国抛弃敲瓮击缶的音乐而改听卫国、郑国的音乐，舍弃弹筝而采用韶、虞之乐，这样做是为什么呢？还不是因为令人快意的食物已摆在眼前，适合美观动听的要求罢了。如今用人却不是这个样子，不问是否合宜，不论是非曲直，只要不是秦国人就得离开，凡是外来的客卿就要驱逐出境，这样做，就可知秦国所重视的是美色、音乐、珠宝，而所轻视的却是人才，这实在不是用来统一天下、控制诸侯的方法啊！

“我听说，土地广阔，粮食就会充足；国家强大，人口就会众多；装备精良，士兵就一定勇猛。因此，泰山不舍弃任何土壤，所以能成就它的高大；河海不嫌弃各种支流，所以能成就它的深邃；帝王不拒绝任何臣民，所以能显示出他们的恩德。因此，土地不论东西南北，民众不分本国、外国，四季都丰实美好，鬼神都来降福，这就是五帝三王无敌于天下的原因。现在秦国竟然抛弃人民来帮助敌国，排斥客卿以成就其他诸侯，使得天下的贤才退避而不敢前来西方，停下脚步而不愿再入秦国，这就叫作‘借武器给敌人，送粮食给强盗’啊！

“物品虽不是秦国出产的，可是珍贵的很多；人才虽不是在秦国出生的，可是愿意效忠者不少。如今驱逐客卿去帮助敌国，损害民众而增加敌人的实力，对内削弱了自己的国家，对外则和各诸侯结怨，这样下去，希望秦国不发生危机，也是不可能的啊！”

秦王于是废除了逐客令，恢复了李斯的官职。

《国语》

《国语》是我国最早的国别体史书，记载了周穆王十二年（公元前990年）至周贞定王十六年（公元前453年）五百余年间，周、鲁、齐、晋、郑、楚、吴、越八国的一些史事，共21卷。《国语》并不是自始至终系统性地记载历史，而是有重点地记载若干重大事件，与《左传》不同，它详于记言而略于记事。《国语》的文笔较为浅显，将人物言论和人物性格表现得惟妙惟肖，文章结构疏密相间、错落有致，具有很高的文学价值和史学价值。《国语》的作者历来说法不一，司马迁认为是左丘明；现在一般的看法是，《国语》的成书有一个过程，最初是左丘明记诵列国史事，后经列国史官改编、润色而成。

祭公谏征犬戎

【原文】

穆王将征犬戎[①]，祭公谋父谏曰[②]：“不可。先王耀德不观兵。夫兵，戢而时动，动则威。观则玩，玩则无震。是故周文公之《颂》曰[③]：‘载戢干戈，载櫜弓矢[④]。我求懿德，肆于时夏。允王保之。’先王之于民也，茂正其德而厚其性[⑤]，阜其财求而利其器用；明利害之乡，以文修之，使务利而避害，怀德而畏威，故能保世以滋大。

“昔我先世后稷[⑥]，以服事虞夏。及夏之衰也，弃稷弗务。我先王不窋用失其官[⑦]，而自窜于戎、翟之间[⑧]。不敢怠业，时序其德，纂修其绪[⑨]，修其训典，朝夕恪勤，守以惇笃，奉以忠信，奕世载德，不忝前人[⑩]。至于武王，昭前之光明而加之以慈和，事神保民，莫不欣喜。商王帝辛[⑪]，大恶于民，庶民弗忍，欣戴武王，以致戎于商牧。是先王非务武也，勤恤民隐而除其害也。

“夫先王之制：邦内甸服[⑫]，邦外侯服[⑬]，侯、卫宾服[⑭]，蛮、夷要服[⑮]，戎、翟荒服[⑯]。甸服者祭，侯服者祀，宾服者享，要服者贡，荒服者王。日祭，月祀，时享，岁贡，终王，先王之训也。有不祭，则修意；有不祀，则修言；有不享，则修文；有不贡，则修名；有不王，则修德；序成而有不至；则修刑。于是乎有刑不祭，伐不祀，征不享，让不贡，告不王。于是乎有刑罚之辟，有攻伐之兵，有征讨之备，有威让之令，有文告之辞。布令陈辞而又不至，则又增修于德，无勤民于远。是以近无不听，远无不服。

“今自大毕、伯仕之终也，犬戎氏以其职来王，天子曰：‘予必以不享征之，且观之兵。’其无乃废先王之训而王几顿乎[17]？吾闻夫犬戎树惇[18]，能帅旧德而守终纯固[19]，其有以御我矣！”

王不听，遂征之，得四白狼、四白鹿以归。自是荒服者不至。

【注解】

①犬戎：我国古代西北戎人的一支。②祭（zhài）公谋父：周穆王的大臣。③周文公：周公姬旦，“文”是他的谥号。④橐（gāo）：收藏弓箭盔甲的器具。⑤茂：勉励。⑥后稷：周的始祖，因为曾掌管农事，所以也称为后稷。⑦不窋（zhú）：弃的后代。⑧翟：通“狄”。⑨纂：同“缵”，继续。⑩忝（tiǎn）：玷污。⑪帝辛：商纣王，名辛。⑫甸服：离王城五百里的区域。⑬侯服：甸服外五百里的区域。⑭宾服：侯服外五百里的区域。⑮要服：宾服外五百里的区域。⑯荒服：要服外五百里的区域。⑰几顿：几乎废弃。⑱树惇（dūn）：立性敦厚。⑲纯固：专一。

【译文】

周穆王打算征讨犬戎，祭公谋父劝阻说：“不可以。先王历来发扬德治，不炫耀武力。军队在平时应该保存实力，在适当的时候动用，一旦动用就要显出威势。炫耀等于滥用，滥用便没有了威慑力。所以周文公作《颂》说：‘收起干戈，藏起弓箭。我追求美好的德行，施行于华夏。相信我王定能保有天命！’先王对于百姓，勉励他们端正品德，使他们性情纯厚，丰富他们的财物，便利他们的器用；使他们了解利害之所在，再用礼法道德教导，使他们从事有利的事情而避免有害的事情，使他们感怀德治而又惧怕君王的威严，所以能够使先王的事业世代相传并且变得强大。

“过去我们的祖先后稷做了主管农业的官员，服侍虞、夏两朝。到夏朝衰败的时候，废除了农官，我祖不窋因此失掉官职，逃到西北少数民族中。但他对农业仍然不敢怠慢，时常宣扬祖先的美德，继续奉行他的事业，修明教化制度，早晚恭敬勤劳，保持惇厚诚恳，奉行忠实守信的原则，不窋的后世子孙一直保持着这些良好的品德，并不曾辱没前人。到武王的时候，他发扬前人光明磊落的德行，再加上慈爱和善，侍奉神明，保养百姓，没有人不为之喜悦的。商纣王对百姓极为暴虐，百姓不能忍受，都乐于拥护武王，就有了商郊的牧野之战。这不是武王崇尚武力，他是怜恤百姓之苦而为他们除掉祸害啊。

祭公谏征犬戎。

“先王的制度是：王都近郊叫甸服，城郊以外叫侯服，侯服以外叫宾服，蛮夷地区叫要服，戎、狄所居之地叫荒服。甸服的诸侯要参加天子对父亲、祖父的祭祀，侯服的诸侯要参加天子对高祖、曾祖的祭祀，宾服的君长要贡献周王始祖的祭物，要服的君长则要贡献周王对远祖以及天地之神的祭物，荒服的首领则要来朝见天子。祭祀祖父、父亲，是每天一次；祭祀曾祖、高祖，是每月一次；祭祀始祖，是每季一次；祭祀远祖、神灵，是每年一次；入朝见天子，是终身一次。这是先王的遗训。有不来日祭的，天子就应该检查自己的思想；有不来月祭的，天子就应该检查自己的言语；有不来季祭的，天子就应该搞好政令教化；有不来岁贡的，天子就应该修正尊卑名号；有不来朝见的，天子就应该检查自己的德行。依次检查完了，如果还有不来朝见的，就检查刑法。因此用刑法惩治不祭的，用军队讨伐不祀的，命令诸侯征剿不享的，派遣使者责备不贡的，写好文辞向天下通告那些不来朝见的。这样，就有了处罚的条例、攻伐的军队、征讨的准备、斥责的命令和告谕的文辞。如果命令文辞发出了还不来，就重新检查并修明自己的道德，不要劳动百姓在辽远地域作战。所以，近处的诸侯没有不听从的，远处诸侯没有不归服的。

"现今自从大毕、伯仕两位犬戎君主死后，犬戎君长已经按照'荒服者王'的职分来朝见天子。您却说：'我要用不享的罪名来征讨他，而且要让他看看我们的武备军队。'这不是违反祖先的遗训而招致衰败吗？我听说犬戎的君长树立了淳厚的德行，能够遵循他先代的德行，一直坚守不移，他凭着这些就有理由、有能力抗拒我们。"

穆王不听，去征讨犬戎，只得了四只白狼、四只白鹿回来。从此荒服诸侯不再来朝见天子。

召公谏厉王止谤

【原文】

厉王虐，国人谤王。召公告曰[①]："民不堪命矣！"王怒，得卫巫[②]，使监谤者，以告，则杀之。国人莫敢言，道路以目。

召公谏厉王止谤。

王喜，告召公曰："吾能弭谤矣[③]，乃不敢言。"召公曰："是鄣之也！防民之口，甚于防川。川壅而溃，伤人必多，民亦如之。是故为川者，决之使导；为民者，宣之使言[④]。故天子听政，使公卿至于列士献诗，瞽献曲[⑤]，史献书，师箴，瞍赋[⑥]，矇诵[⑦]，百工谏，庶人传语，近臣尽规，亲戚补察，瞽、史教诲，耆、艾修之[⑧]，而后王斟酌焉，是以事行而不悖。

"民之有口也，犹土之有山川也，财用于是乎出；犹其有原隰衍沃也[⑨]，衣食于是乎生。口之宣言也，善败于是乎兴。行善而备败，所以阜财用衣食者也。夫民虑之于心而宣之于口，成而行之，胡可壅也？若壅其口，其与能几何？"

王弗听，于是国人莫敢出言，三年，乃流王于彘[⑩]。

【注解】

①召（shào）公：姬姓，名虎，周王卿士。②卫巫：卫国的巫师。③弭（mǐ）：消除。④宣：

开导。⑤瞽：盲人。⑥瞍：眼中无瞳仁的盲人。⑦矇：有瞳仁而看不见东西的盲人。⑧耆、艾：古时称六十岁的人为耆，五十岁的人为艾，这里是指德高望重的长者。⑨隰（xí）：低湿的地方。衍：低而平坦之地。⑩彘（zhì）：晋地，在今山西霍州市。

【译文】

周厉王暴虐无道，国都里的人指责他的过失。召公告诉厉王说："百姓受不了你的政令了。"周厉王很恼怒，找来一个卫国的巫师，监察指责自己的人，只要巫师来报告，厉王就将被告发的人杀掉。国都里的人于是都不敢说话了，在道路上碰见，彼此只用眼神示意。

厉王很高兴，对召公说："我能够消除谤言了，他们不敢说话了。"召公说："这是堵住了百姓的嘴呀！不让百姓说话，比堵截江河水流还要危险。河流被堵塞，最终会造成堤坝崩溃，被伤害的人一定很多，禁止人们的言论也是这样。所以治理水患的人，会疏浚水道以使水流畅通无阻；治理国家的人，应该开导百姓，让他们敢于讲话。所以天子处理政事时，让公卿大夫到下层官员都可以进献讽谏的诗歌，让盲艺人进献反映民意的歌曲，让史官进献可资借鉴的史书，让乐师进献规劝天子的箴言，让瞍者背诵，让矇者吟咏，让各种艺人工匠向天子进谏，一般百姓的意见则间接地传达给天子，亲近的大臣要尽规劝国君的责任，和国君同宗的大臣要弥补国君的过失并监督国君的行为，乐师和史官要用乐曲和史书来对国君进行教诲，朝中老臣要对天子进行劝诫，然后由天子亲自斟酌裁决，从而使自己的行事不与常理相违背。

"百姓有嘴，就像土地上有山与河流，财富由此产生；就像其上有原野沼泽，衣食皆从中出。让百姓知无不言，国家政事的好坏就能从他们的言论中反映出来。推行百姓认为是好的东西，防范百姓认为是坏的东西，这正是使衣食财富增多的好办法。百姓在心中思考，然后用言论表达出来，反复思虑成熟后便付诸行动，怎么能堵住他们的嘴呢？如果堵住了百姓的嘴，那又能堵塞多久呢？"

厉王不听召公的劝告，国都里没人敢讲话。三年后，大家就把厉王流放到了彘地。

单子知陈必亡

【原文】

定王使单襄公聘于宋[①]，遂假道于陈，以聘于楚。火朝觌矣[②]，道茀不可行也[③]，候不在疆[④]，司空不视涂[⑤]，泽不陂，川不梁，野有庾积[⑥]，场功未毕[⑦]，道无列树，垦田若蓺[⑧]，膳宰不致饩[⑨]，司里不授馆[⑩]，国无寄寓，县无旅舍，民将筑台于夏氏[⑪]。及陈，陈灵公与孔宁、仪行父南冠以如夏氏，留宾弗见。

单子归，告王曰："陈侯不有大咎，国必亡。"王曰："何故？"对曰："夫辰角见而雨毕[⑫]，天根见而水涸[⑬]，本见而草木节解，驷见而陨霜[⑭]，火见而清风戒寒。故先王之教曰：'雨毕而除道，水涸而成梁，草木节解而备藏，陨霜而冬裘具，清风至而修城郭宫室。'故《夏令》曰：'九月除道，十月成梁。'其时儆曰：'收而场功，偫而畚挶[⑮]，营室之中[⑯]，土功其始。火之初见，期于司里。'此先王之所以不用财贿，而广施德于天下者也。今陈国，火朝觌矣，而道路若塞，野场若弃，泽不陂障，川无舟梁，是废先王之教也。

“周制有之曰：‘列树以表道，立鄙食以守路。国有郊牧，疆有寓望，薮有圃草[17]，囿有林池，所以御灾也。其余无非谷土，民无悬耜[18]，野无奥草。不夺农时，不蔑民功，有优无匮，有逸无罢。国有班事，县有序民。’今陈国道路不可知，田在草间，功成而不收，民罢于逸乐，是弃先王之法制也。

“周之《秩官》有之曰：‘敌国宾至，关尹以告[19]，行理以节逆之，候人为导，卿出郊劳，门尹除门，宗祝执祀[20]，司里授馆，司徒具徒[21]，司空视涂，司寇诘奸[22]，虞人入材[23]，甸人积薪[24]，火师监燎，水师监濯[25]，膳宰致飧，廪人献饩[26]，司马陈刍[27]，工人展车，百官各以物至，宾入如归。是故小大莫不怀爱。其贵国之宾至，则以班加一等，益虔。至于王使，则皆官正莅事，上卿监之。若王巡守，则君亲监之。’今虽朝也不才，有分族于周，承王命以为过宾于陈，而司事莫至，是蔑先王之官也。”

“先王之令有之曰：‘天道赏善而罚淫。故凡我造国，无从匪彝[28]，无即慆淫[29]；各守尔典，以承天休[30]。’今陈侯不念胤续之常[31]，弃其伉俪妃嫔，而帅其卿佐以淫于夏氏，不亦渎姓矣乎？陈，我大姬之后也[32]，弃衮冕而南冠以出[33]，不亦简彝乎？是又犯先王之令也。

“昔先王之教，茂帅其德也，犹恐陨越[34]；若废其教而弃其制，蔑其官而犯其令，将何以守国？居大国之间而无此四者，其能久乎？”

六年，单子如楚。八年，陈侯杀于夏氏。九年，楚子入陈。

【注解】

①单襄公：名朝，也称单子，周定王的卿士。②火：古星名，又叫商。觌（dí）：见。③茀（fú）：荒芜。④候：候人，主管迎送来往的小官。⑤司空：古代中央政府中掌管工程的长官。涂：通“途”。⑥庾（yǔ）：露天的谷堆。⑦场功：指收割庄稼。⑧蓺（yì）：茅芽。⑨饩（xì）：粮食或草料。⑩司里：主管房屋的官员。⑪夏氏：指陈国大夫夏征舒家。⑫辰角：即角宿，寒露节的早晨出现。⑬天根：氐宿的别名，寒露节后五日出现。⑭驷：房宿。⑮偫（zhì）：备办。畚（běn）挶（jū）：盛土和抬土的器具。⑯营室：室宿，夏历十月黄昏时，出现在正南方。⑰薮（sǒu）：洼地。圃草：茂盛的草。⑱耜（sì）：古代农具名。⑲关尹：古代把守关门的官员。⑳宗祝：主管祭祀等礼仪的官员。㉑司徒：掌管土地、人口等事务的官员。㉒司寇：掌管刑狱、纠察的官员。㉓虞人：主管山泽的官员。㉔甸人：主管柴薪的官员。㉕水师：管水的官员。㉖廪人：古代管理粮仓的官员。㉗司马：主管养马的官吏。刍（chú）：喂牲畜的饲料。㉘匪彝（yí）：违背常规。㉙慆（tāo）：怠惰。㉚休：吉祥，吉庆。㉛胤续：继嗣。㉜大姬：周武王的女儿。㉝衮冕：古代帝王与上公的礼服和礼冠。㉞陨越：喻败绩、失职。

【译文】

周定王派单襄公去宋国访问，于是向陈国借道，以便访问楚国。这时候，已经是商星在早晨升起的夏正十月了。进入陈国，看到野草塞路，难以通行。迎送宾客的官员不在边境，主管路政的司空不巡视道路，湖泊不设堤坝，江河不设桥梁，田野有露天堆集的谷物，农场的农事也是还没有做完就被搁置在一边，道路两边没有树木，已经开垦的田地却像荒草地，膳夫不向宾客供应粮食，司里不把宾客接进客馆，国都里没有旅店，老百姓要去替夏氏修筑楼台。到了陈国国都，陈灵公和大夫孔宁、仪行父头戴着楚国的帽子前往夏姬家，把宾客丢在一边不接见。

单襄公返回周朝，向周定王报告说："陈侯本人即使没有大的过错，他的国家也一定会灭亡。"定王说："为什么？"回答说："角星出现，雨水就快要停了；天根星出现，河中的水便要干涸了；氐星出现，草木便要凋落了；房星出现，就要有寒霜降落下来；商星出现，凉风便预告寒冷的到来。所以先王教导说：'雨水停了就清理道路，河水干涸了就修好桥梁，草木凋落了就开始储备粮食，寒霜下降了就要置办好冬衣，凉风吹来了就修葺城郭和宫室。'所以《夏令》上说：'九月清理道路，十月建成桥梁。'到时还要告诫百姓说：'收拾好你们的农活，准备好你们盛土抬土的用具，定星出现在中天的时候，土木工程就要开始；火星开始出现在天空中的时候，就到司里那里集合。'这就是先王之所以能不浪费财物却广布恩德于天下人的缘故。现在的陈国，商星已经在早晨升起，而道路还被野草堵塞，田野、禾场都无人问津，水泽不设堤坝，江河上没有船只和桥梁，这是废弃先王的教导啊。

"周朝的制度上说：'排列树木来标识道路的远近，在偏远的地方提供饮食给往来的行人。京都的郊外有牧场，边境上有客舍和迎接客人的人，洼地里长有茂盛的草，园囿里有树木和池塘，这些都是用来防御灾害的。其余的地方无不是庄稼地，农家没有农具闲挂着，野外没有深草。不要耽误农时，不要浪费人民的劳力，这样才能使人民生活富足而不困乏，安定而不疲劳。都城的劳役有一定的安排，乡村里的人们有秩序地服役。'现在的陈国，道路通向何方无从知晓，农田处于杂草中间，庄稼熟了没人收割，百姓为了陈侯的淫乐而精疲力竭。这是废弃了先王的法制呀。

"周朝的《秩官》上这样说：'对等国家的宾客到来，关尹要上报国君，行理拿着符节去迎接，候人负责引导宾客，卿士出城去慰劳，门尹打扫门庭，宗伯和大祝陪同宾客进行祭祀，里宰安排住处，司徒调派仆役，司空巡察道路，司寇盘查奸盗，虞人供应木材，甸人堆积柴火，火师监管门庭的火烛，水师督察盥洗诸事，膳宰送上熟食，廪人献上谷米，司马拿出喂牲口的草料，工匠检修客人的车辆，各种官吏都按照自己的职责来供应物品，宾客来了，如同回到了自己的家一样。因此宾客不论身份高低，没有不感激盛情的。若是尊贵国家的宾客到来，就派高一等的官员去款待，态度更加恭敬。若是天子的使臣到来，那就派各部门长官亲自照看接待事宜，派上卿加以监督。若是天子来巡视，那就由国君亲自监督照管接待事宜。'我单朝虽然没什么才能，但也是周室王族中的一员，我奉天子之命借路经过陈国，陈国的相关官员却没有一人出面迎接，这是蔑视先王的官员啊。

"先王的训令中曾说：'天道奖赏善良，惩罚荒淫。所以凡是我们创建的国家，不许有人从事非法的事情，不应该有人走上懒惰荒淫的道路，你们要各自遵守自己的法度，以此来接受上天的赐福。'现在陈侯不考虑继嗣的常法，抛弃他的妃嫔，率领大臣到夏家淫乐，这不是亵渎他祖上的姓么？陈是我武王的女儿大姬的后代，陈侯扔掉礼服礼帽而戴着楚国的帽子外出，这不是有违常理吗？这也是违犯先王的训令呀。

"从前先王的教令，全力遵行，还怕坠落跌倒；假若废止他的教导，丢掉他的制度，轻视他的官员，违反他的教令，这将如何保住自己的国家呢？处在大国中间，却没有这四种东西，难道还能长久存在吗？"

周定王六年，单襄公到楚国。八年，陈侯为夏氏所杀。九年，楚庄王攻入陈国。

《史记》

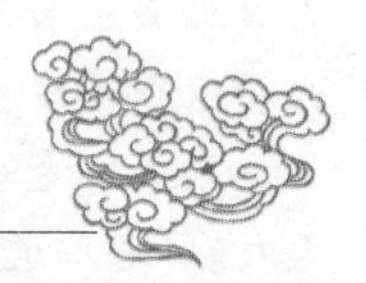

《史记》原名《太史公书》，是我国第一部通史，它记载了上至传说中的黄帝、下至汉武帝太初年间约二千四百年的历史，并开创了纪传体和书表的编写体例。全书包括十二本纪、十表、八书、三十世家、七十列传，共一百三十篇，全面而深刻地反映了我国古代的社会面貌。《史记》同时也是一部优秀的文学作品，它融合了司马迁深挚浪漫的情感和对自身遭遇的不平之气，叙事剪裁有致、繁简得当，行文洒脱流畅、波澜起伏，塑造历史人物形象血肉丰满、惟妙惟肖，具有巨大的艺术感染力。

五帝本纪赞

【原文】

太史公曰[①]：学者多称五帝，尚矣[②]。然《尚书》独载尧以来，而百家言黄帝，其文不雅驯[③]，荐绅先生难言之。孔子所传《宰予问五帝德》及《帝系姓》，儒者或不传。余尝西至空峒[④]，北过涿鹿[⑤]，东渐于海，南浮江淮矣，至长老皆各往往称黄帝、尧、舜之处，风教固殊焉。总之，不离古文者近是。予观《春秋》、《国语》，其发明《五帝德》、《帝系姓》章矣，顾弟弗深考[⑥]，其所表见皆不虚[⑦]。《书》缺有间矣，其轶乃时时见于他说[⑧]。非好学深思，心知其意，固难为浅见寡闻道也。余并论次，择其言尤雅者，故著为本纪书首。

【注解】

①太史公：司马迁自称。②尚：久远。③雅驯：正确可信。④空峒：山名，在今甘肃平凉西。⑤涿鹿：山名，在今河北涿鹿东南。⑥顾弟：只是。弟，通“第”。⑦见：通“现”。⑧轶：通“佚”，散失。

【译文】

太史公说：读书的人常称道五帝，由来已久了。但是，《尚书》只记载了尧以后的事情，诸子百家虽然都提到了黄帝，但他们的记述往往并不准确，文辞也不优美，所以士大夫们很难说清楚。孔子传下来的《宰予问五帝德》和《帝系姓》，儒生中有人（认为并非出自圣人之手而）不加传习。我曾经西到空峒山，北过涿鹿山，东至大海，南渡长江和淮河，所到之处，年长的人往往都各自称说是黄帝、尧、舜曾经所到之处，但这些地方的风俗教化原本彼此不同。总的来说，那些不背离古代文字记录的说法比较接近史实。我看《春秋》、《国语》，它们对《五帝德》和《帝系姓》的阐发是很明白的，只不过儒生们没有深入考察罢了，那《五帝德》和《帝系姓》中反映的情况其实都是真实的。《尚书》早就残缺不全了，可是它所散失的内容常常能在其他著作中见到。除非是好学深思，从内心领悟了书中的意思，（否则）这些书中的内容本来就难以对见识浅薄、孤陋寡闻的人说清楚。我把五帝的资料综合起来，加以论定编排，选择其中记载最为正确可信的内容，写成《五帝本纪》，作为全书的开头。

项羽本纪赞

【原文】

太史公曰：吾闻之周生曰“舜目盖重瞳子”，又闻项羽亦重瞳子。羽岂其苗裔邪①？何兴之暴也②！夫秦失其政，陈涉首难③，豪杰蜂起，相与并争，不可胜数。然羽非有尺寸，乘势起陇亩之中，三年，遂将五诸侯灭秦，分裂天下而封王侯，政由羽出，号为“霸王”。位虽不终，近古以来，未尝有也。及羽背关怀楚，放逐义帝而自立④，怨王侯叛己，难矣。自矜功伐，奋其私智而不师古，谓霸王之业，欲以力征经营天下，五年，卒亡其国，身死东城，尚不觉寤⑤，而不自责，过矣。乃引“天亡我，非用兵之罪也”，岂不谬哉！

【注解】

①苗裔：后代子孙。②暴：突然，迅猛。③陈涉：即陈胜。秦末农民起义领袖。④义帝：楚怀王的孙子熊心，项羽的叔父项梁起兵时立他为楚王，项羽灭秦后尊他为义帝。⑤寤：通“悟”。

【译文】

太史公说：我听周生说，“舜的眼睛是双瞳仁”，又听说项羽也是双瞳仁。项羽莫非是舜的后代？他的崛起是何其迅猛啊！当秦国统治昏聩无道的时候，陈涉是第一个向秦国发难的，随后天下的豪杰便蜂拥而起，群雄逐鹿，参与争夺天下的人，多得数也数不清。项羽没有一尺一寸的地盘，只是趁势从民间崛起，只三年的时间就率领五国诸侯将秦国灭亡了。他分割天下的土地以分封王侯，

项羽乌江自刎。

一切政令都由他颁布，号称“霸王”。他的霸主地位虽然没有维持多久，但他的功业，也是近古以来未曾有过的了。等到项羽放弃了关中之地，怀恋楚地（而回到楚国故地建都），放逐了义帝而自立为王，这时又埋怨诸侯王公们背叛自己，他的处境，实际上已经是很艰难的了。他自认为功高盖世，战绩卓著，只知道按个人的想法行事而不从前人的经验教训中求取胜败兴亡之道，一心沉醉于霸王之业，而想要凭借武力统治天下，只有五年的时间，终于使国家灭亡了。直到他自己死在东城还不觉悟，不肯反省自责，这实在是过错啊！他却说：“是天要亡我，并不是我用兵的过错。”这岂不是太荒唐了吗！

孔子世家赞

【原文】

太史公曰：《诗》有之：“高山仰止，景行行止①。”虽不能至，然心乡往之②。余读孔氏书，想见其为人。适鲁③，观仲尼庙堂、车服、礼器；诸生以时习礼其家，余低回留之，不能去云。天下君王至于贤人众矣，当时则荣，没则已焉。孔子布衣，传十余世，学者宗之。自天子王侯，中国言六艺者折中于夫子④，可谓至圣矣！

孔子像。

【注解】

①景行：宽广的大道。②乡：通“向”。③适：到。④六艺：即《诗》、《书》、《礼》、《乐》、《易》、《春秋》。折中：取正，调节，使之适中。夫子：孔子。

【译文】

太史公说：《诗经》中有这样的话：“高高的山岳，为人所瞻仰；宽广的大道，人们沿着它前进。”虽然我无法到达那种境界，可是内心却一直向往着。每当我读着孔子的著作，脑子里便推想他是怎样一个人。我到过鲁国的故地，参观过孔子的庙堂、车驾、衣服和礼器；儒生们现在还是按时在孔子的家庙中演习礼仪，我徘徊流连，久久不能离去。天下的君王乃至贤人可谓是很多了，但他们大都是在世的时候兴盛一时，死后就湮没无闻了。孔子虽然是布衣之士，但他的学说已经流传了十几代，读书人都尊崇他。自天子、王侯起，中国讲六艺的人都以孔子的学说为标准，孔子真可以说是至高无上的圣人啊！

外戚世家序

【原文】

自古受命帝王及继体守文之君，非独内德茂也，盖亦有外戚之助焉。夏之兴也以涂山①，而桀之放也以妺喜；殷之兴也以有娀②，纣之杀也嬖妲己③；周之兴也以姜原及大任④，而幽王之禽也淫于褒姒⑤。故《易》基《乾》、《坤》，《诗》始《关雎》，《书》美釐降⑥，《春秋》讥不亲迎。夫妇之际，人道之大伦也。礼之用，唯婚姻为兢兢⑦。夫乐调而四时和；阴阳之变，万物之统也。可不慎与？人能弘道，无如命何。甚哉，妃匹之爱⑧！君不能得之于臣，父不能得之于子，况卑下乎！既驩合矣，或不能成子姓；能成子姓矣，或不能要其终，岂非命也哉？孔子罕称命，盖难言之也。非通幽明之变，恶能识乎性命哉？

【注解】

①涂山：指涂山氏，相传夏禹娶了涂山氏的女子。②有娀（sōng）：古国名，传说有娀女子简狄生下了商始祖契。③嬖（bì）：宠爱。妲己：商纣的宠妃。④姜原：帝喾的妃子。大任：周文王的母亲。⑤禽：通“擒”。褒姒：周幽王的宠妃，幽王为了取悦她而烽火戏诸侯，后犬戎入侵，幽王被杀，褒姒被掳走。⑥釐（lí）降：指尧亲自办理两个女儿的婚事。⑦兢兢：小心谨慎的样子。⑧妃：通“配”。

【译文】

自古以来，受命于天的帝王以及那些继承先人政体和遵守先人成法的君主，不仅仅是因为他们自身的德行美好，大概还因为他们得到了外戚的帮助。夏朝的兴起是因为夏禹娶了涂山氏为妻，而夏桀的流放则是因为他宠爱妺喜；商朝的兴起是因为其祖先娶了有娀氏为妻，而纣王被诛杀则是因为他宠爱妲己；周朝的兴起是因为其祖先娶了姜原和太任为妻，而周幽王被擒杀则是因为他为了褒姒而胡作非为。所以《易经》的根基是《乾》、《坤》两卦，《诗经》以《关雎》作为它的第一篇，《尚书》赞美尧亲自料理女儿的婚事，《春秋》则讥讽男子不亲自迎亲。夫妇的关系，是人的各种道德礼仪规范中最重要的伦理。礼法的应用，唯独在婚姻方面特别慎重。音乐协调便能四时和谐；阴阳的变化，是万物生长繁衍的根本。这是可以不慎重对待的吗？一个人能够弘扬道德，但他对天命却无可奈何。极深啊，夫妻之间的情爱！这样的爱，君主不能从臣子那里得到，父亲不能从儿子那里得到，何况是地位卑下的人呢！夫妻之间既已相爱而结合，有的不能生育子嗣；能够生育子嗣的，有的还不能求得好的终结，难道不是命运所致吗？孔子很少谈论天命，大概是因为很难把天命讲清楚吧。假如不通晓阴阳的变化，又怎能够认清人的本性与命运呢？

《汉书》

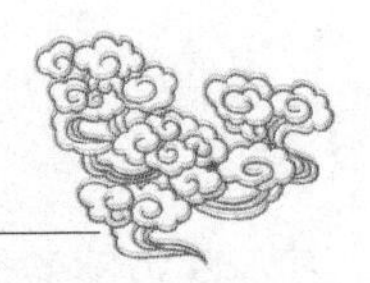

《汉书》是《史记》之后又一部重要的纪传体史书，为东汉班固所撰写。全书包括十二纪、八表、十志、七十列传，共一百篇，记载自汉高祖元年（公元前206年）到王莽地皇四年（23年）二百二十九年的历史。因为《汉书》是奉诏而作，虽然组织严密、结构整饬、典雅规范，但不像《史记》那样富于情感，文字也不如《史记》那样生动感人，缺乏《史记》那样的个性、风采和强烈的批判精神。

高帝求贤诏

【原文】

盖闻王者莫高于周文，伯者莫高于齐桓：皆待贤人而成名。今天下贤者智能，岂特古之人乎？患在人主不交故也，士奚由进？今吾以天之灵、贤士大夫定有天下，以为一家。欲其长久，世世奉宗庙亡绝也。贤人已与我共平之矣，而不与吾共安利之，可乎？贤士大夫有肯从我游者，吾能尊显之。布告天下，使明知朕意。御史大夫昌下相国，相国酂侯下诸侯王[①]，御史中执法下郡守。其有意称明德者，必身劝，为之驾，遣诣相国府，署行、义、年[②]。有而弗言，觉，免。年老癃病[③]，勿遣。

高帝求贤诏

【注解】

①酂（zàn）侯：指萧何。②署：题写。行：事迹。义：通“仪”，相貌。③癃（lóng）：身体衰弱，病情严重。

【译文】

听说行王道的没有能超过周文王的，做霸主的没有能超过齐桓公的：他们都是依靠贤人的辅佐才成就了功业。如今谈起天下贤人的智慧和才能，难道只有古人才有吗？应当忧虑的只在于做人君的不去和他们交往，贤士们又怎能被任用呢？现在我靠上天的佑助以及贤士大夫们的辅佐平定了天下，把天下统一成了一家。我想要使国家能得到长治久安，使宗庙的香火不断，世世代代都能得到奉祀。贤士们已和我一起平定了天下，却不跟我一起享受太平，能行吗？贤士大夫们有愿意跟从我治理天下的，我能使他们显贵。因此布告天下，使大家明白我的意思。这诏书由御史大夫周昌下传给相国，相国酂侯萧何将它下达给诸侯王，御史中丞将它下达给各郡的郡守。那些确实具有才德的士人，地方官一定要亲自去劝说，并为他驾车，送到京师相国府，登记被举荐者的品行、容貌和年龄。地方上有贤才而郡守不荐举的，发现后就免除他的官职。年老有病的，不必遣送。

文帝议佐百姓诏

【原文】

间者[①]，数年比不登，又有水旱疾疫之灾，朕甚忧之。愚而不明，未达其咎。意者，朕之政有所失，而行有过与？乃天道有不顺，地利或不得，人事多失和，鬼神废不享与？何以致此？将百官之奉养或费，无用之事或多与？何其民食之寡乏也？夫度田非益寡，而计民未加益，以口量地，其于古犹有余，而食之甚不足者，其咎安在？无乃百姓之从事于末，以害农者蕃，为酒醪以靡谷者多[②]，六畜之食焉者众与？细大之义，吾未能得其中，其与丞相、列侯、吏二千石、博士议之[③]。有可以佐百姓者，率意远思，无有所隐。

【注解】

①间：近来。②醪（láo）：浊酒。③博士：掌管书籍文献的官员。

【译文】

近几年接连农事歉收，又有水灾、旱灾、瘟疫等灾害，对此我很忧虑。我因为愚钝不明，还没有找到灾害的由来，自己思忖：是不是我在治理朝政上有所失误，行为上有过错呢？还是因为天道有不顺的时候，地利有不能完全被利用的地方，人们相处行事常常丧失和气，鬼神因为祭祀遭到废弃而不能享用供品的缘故呢？为什么会这样呢？是百官的俸养过高，无用的事情办得过多了吗？为什么百姓的粮食竟这样缺乏呢？计量显示的土地并不比以前少，而人口却没有增加多少；按人口分配土地，比古时候还要多出一些，而粮食却很匮乏，造成这种情况的原因到底在哪里？是不是百姓中从事工商业而妨害农业的人增多了，酿酒所费的稻谷增多了，牲畜吃掉的粮食也增多了呢？这些大大小小的原因，我还没能知晓其中的症结所在，希望跟丞相、列侯、俸禄二千石的官吏和博士们讨论这事，有可以帮助百姓改变现状的意见，就坦率地讲出来，不要有所保留。

《后汉书》

《后汉书》由南朝宋范晔撰写，九十卷，其中包括纪十卷、传八十卷。现存于书中的志三十卷，是西晋司马彪撰。北宋真宗乾兴元年（1022年）合刊为一书，共一百二十卷，记载了东汉光武帝至汉献帝近二百年的历史，属于纪传体史书。

光武帝临淄劳耿弇

【原文】

车驾至临淄，自劳军，群臣大会。帝谓弇曰[①]："昔韩信破历下以开基，今将军攻祝阿以发迹[②]。此皆齐之西界，功足相方[③]。而韩信袭击已降，将军独拔勍敌[④]，其功乃难于信也。又田横烹郦生[⑤]，及田横降，高帝诏卫尉不听为仇。张步前亦杀伏隆[⑥]，若步来归命，吾当诏大司徒释其怨[⑦]，又事尤相类也。将军前在南阳建此大策，常以为落落难合，有志者事竟成也！"

【注解】

①弇（yǎn）：指耿弇，字伯昭。他随刘秀起兵，后被封为建威大将军。②祝阿（ē）：地名，在今山东历城西南。③方：比拟。④勍（qíng）敌：劲敌。⑤田横：齐国贵族。⑥张步：西汉末年齐地较大的军阀。⑦大司徒：官名，相当于汉初的丞相。

【译文】

光武帝来到临淄，亲自慰劳军队，群臣都会集于此。光武帝对耿弇说："从前韩信因攻破历下而开创了汉家的基业，现在将军你攻占了祝阿而建立功勋，历下和祝阿都是齐国的西界，你的功绩可以与韩信相比。但是韩信袭击的是已经投降了的齐军，将军却独力战胜了强大的对手，取得这样的功绩就比韩信要困难了。再者，田横烹杀了郦生，等到田横投降的时候，高帝诏告卫尉郦商不要把田横当作仇人。张步从前也曾杀死伏隆，如果张步前来归降，我也要下诏给大司徒伏湛，要他消除仇怨，这件事情又尤其相似。将军早在南阳的时候就提出了这个伟大的策略，我常常以为不切实际而难以实现，如今看来，真是有志者事竟成啊！"

《资治通鉴》

《资治通鉴》是中国第一部编年体通史，上起周威烈王二十三年（公元前 403 年），下至后周显德六年（959 年），囊括了十六朝，一千三百多年的史事，并按朝代分为十六纪。内容涵盖了政治、军事、民族、经济、文化、人物评价等多个方面。

三家分晋

【原文】

周威烈王二十三年（公元前 403 年）①

初命晋大夫魏斯、赵籍、韩虔为诸侯②。

今晋大夫暴蔑其君，剖分晋国，天子既不能讨，又宠秩之，使列于诸侯，是区区之名分复不能守而并弃之也。先王之礼于斯尽矣！

周威烈王姬午分封晋国大夫魏斯、赵籍、韩虔为诸侯国君。

或者以为当是之时，周室微弱，三晋强盛，虽欲勿许，其可得乎！是大不然。夫三晋虽强，苟不顾天下之诛而犯义侵礼，则不请于天子而自立矣。不请于天子而自立，则为悖逆之臣，天下苟有桓、文之君，必奉礼义而征之。今请于天子而天子许之，是受天子之命而为诸侯也，谁得而讨之！故三晋之列于诸侯，非三晋之坏礼，乃天子自坏之也③。

【注解】

①周威烈王：亦称周威王，名午，周考王之子，公元前 425 年　前 402 年在位。②初命晋大夫魏斯、赵籍、韩虔为诸侯：魏的祖先与周同姓，其苗裔始封于魏，到了魏舒，为晋正卿，历经三世传到魏斯这一代。赵的祖先为造父后，到了赵盾这一代为晋正卿。韩的祖先出于周武王，到了韩虔这一代六世皆为晋正卿。魏、赵、韩三家几代既是晋大夫，又是周的陪臣。周朝已经衰败，

一个称霸的大国——晋国国君作为盟主，应“以尊王室”，所以周朝封晋国国君为伯。魏斯、赵籍、韩虔三卿三分晋国，按照此时周朝的王法是当诛杀的。而此时，周威烈王不但不诛杀他们，反而分封这三家为诸侯，是鼓励褒奖犯奸乱臣。所以，胡三省作注说：“通鉴始于此，其所以谨名分欤！”③坏：毁；自怀，自毁。

【译文】

周威烈王二十三年（戊寅，公元前403年）

周威烈王姬午首次分封晋国大夫魏斯、赵籍、韩虔为诸侯国君。

这时晋国的三家大夫欺凌藐视国君，瓜分了晋国，作为天子的周王不仅不派兵征讨，反而还对他们加封赐爵，使他们列位于诸侯国君之中，这样做的结果，导致周王朝仅有的一点名分也守不住，而全部放弃了。周朝先王创下的礼教到此丧失殆尽！

有人认为当时周王室已经衰微了，而晋国三家强盛起来，就算周王不想承认他们，又怎么能做得到呢！这种说法是完全错误的。晋国三家虽然强悍，但如果他们打算不顾天下的指责公然侵犯礼义的话，就不会来请求周天子的批准，而是去自立为君了。不向天子请封而自立为国君，那就是叛逆之臣，天下如果有像齐桓公、晋文公那样的贤德诸侯，一定会尊奉周朝的礼义对他们进行征讨。现在晋国三家向天子请封，天子又批准了，他们就是奉天子之命而成为诸侯的，谁又能对他们加以讨伐呢！所以，晋国三家大夫僭位成为诸侯，不是晋国三家破坏了礼教，而是周天子自己毁坏了周朝的礼教啊！

【原文】

初，智宣子将以瑶为后[①]。智果曰：“不如宵也。瑶之贤于人者五，其不逮者一也。美鬓长大则贤[②]，射御足力则贤，伎艺毕给则贤，巧文辩慧则贤，强毅果敢则贤；如是而甚不仁。夫以其五贤陵人而以不仁行之，其谁能待之？若果立瑶也，智宗必灭。”弗听，智果别族于太史[③]，为辅氏。

智果向智宣子建议立智宵不立智瑶。

赵简子之子，长曰伯鲁，幼曰无恤。将置后，不知所立，乃书训戒之辞于二简，以授二子曰：“谨识之！”三年而问之，伯鲁不能举其辞；求其简，已失之矣。问无恤，诵其辞甚习；求其简，出诸袖中而奏之。于是简子以无恤为贤，立以为后。

【注解】

①瑶：即荀瑶，又称知襄子、知瑶（智瑶），后世多称知伯（智伯）、知伯瑶（智伯瑶），由于智氏出于荀氏，故《左传》又称之荀瑶。姬姓，知（智）氏。中国春秋时期晋国卿大夫，智氏

家族领主，于公元前 475 年在晋国执政，此后欲灭同列卿位的赵、魏、韩三家并取代晋国。公元前 455 年，智氏与魏、韩共同对赵氏发动晋阳之战。此后赵襄子派人向魏、韩陈说利害，魏、韩因而与赵氏联合反攻智氏，智伯被赵襄子擒杀，智氏就此衰落。② 美鬓：通鉴俗传写者多作“美须”。胡三省注作“美鬓”。③ 别族：从智氏宗族分出，另立族姓。

【译文】

当初，智宣子准备立智伯为继承人，族人智果说：“立智伯不如立智宵好。因为智伯比别人贤能的地方有五点，不如别人的地方有一点。他留有美髯，身材高大，是一贤；擅长射箭，驾车有力，是二贤；技能出众，才艺超群，是三贤；巧言善辩，文辞优美，是四贤；坚强刚毅，果断勇敢，是五贤。虽然他有如此的贤能，但唯独没有仁德之心。如果他运用这五种贤能去驾驭别人，而用不仁之心去做恶事，谁能拥戴他呢？如果立智伯为继承人，智氏宗族必定要遭灭门之灾。”智宣子不听智果的劝告。智果为了避灾，便向太史请求脱离智族姓氏，另立为辅氏。

赵国大夫赵简子的大儿子叫伯鲁，小儿子叫无恤。赵简子将要确立继承人，却不知道立哪一个好，于是他把日常训诫之言刻写在两块竹简上，分别交给两个儿子，并嘱咐道：“用心记住上面的这些话！”过了三年，赵简子叫来两个儿子，问他们竹简上的内容，大儿子伯鲁说不出来；让他拿出竹简，却早已丢失了。赵简子又问小儿子无恤，无恤熟练地将竹简上的话背出来；问他竹简在哪儿，他立即从袖中取出来奉上。通过这件事，赵简子认为无恤贤能，便立他为继承人。

【原文】

简子使尹铎为晋阳，请曰：“以为茧丝呼[①]？抑为保障乎[②]？”简子曰：“保障哉！”尹铎损其户数。简子谓无恤曰：“晋国有难，而无以尹铎为少，无以晋阳为远，必以为归。”

及智宣子卒，智襄子为政，与韩康子、魏桓子宴于蓝台。智伯戏康子而侮段规[③]。智国闻之，谏曰：“主不备难，难必至矣！”智伯曰：“难将由我。我不为难，谁敢兴之！”对曰：“不然。《夏书》有之曰：‘一人三失[④]，怨岂在明，不见是图。’夫君子能勤小物，故无大患。今主一宴而耻人之君相，又弗备，曰‘不敢兴难’，无乃不可乎！蚋、蚁、蜂、虿[⑤]，皆能害人，况君相乎！”弗听。

【注解】

① 茧丝：指敛取人民的财物像抽丝一样，不抽尽就不停止。② 保障：指待民宽厚、少敛取财物，犹如筑堡为屏障一样。③ 智伯：或作“知伯”。④ 三：多的意思。⑤ 虿：蛇、蝎类的毒虫的古称。

【译文】

赵简子派尹铎去治理晋阳，尹铎请示说：“您是打算让我去抽丝剥茧般地搜刮财富呢，还是去爱护那里的人民把那里建为一道使国家安全的屏障呢？”赵简子说：“建为一道使国家安全的屏障。”尹铎到了晋阳，便去整理户籍，减少交税的户数，减轻百姓的负担。赵简子对儿子无恤说："晋国如果有祸乱，你不要嫌尹铎的地位低，不要怕晋阳路途遥远，一定要以他那里作为依靠。"

智宣子去世后，智伯继位执掌国政，一天，他与韩康子、魏桓子在蓝台饮宴。宴席间，智伯戏弄韩康子，又羞辱了他的国相段规。智伯的家臣智国听说此事，便劝谏道："主公，您不加提防，灾祸就一定会降临啊！"智伯说："别人的生死祸福都取决于我。我不给他们降灾祸就算不错了，谁还敢威胁我！"智国说："并不像您所说的那样。《夏书》上有这样的话说：'一个人多次犯错误，结下的仇怨岂能在明处，应该在它没有表现出来时就谨慎提防。'贤德的人只有在小事上谨慎戒备，才能避免招来大祸。现在主公在一次宴会上就得罪了人家的国君和国相，事后又不加戒备，还说：'谁敢对我兴风作浪！'没有什么是不可能的，蚊子、蚂蚁、蜜蜂、蝎子是小虫子，却都能害人，何况是国君、国相呢！"智伯不听。

【原文】

智伯请地于韩康子①，康子欲弗与。段规曰："智伯好利而愎，不与，将伐我；不如与之。彼狃于得地②，必请于他人；他人不与，必向之以兵③，然后我得免于患而待事之变矣④。"康子曰："善。"使使者致万家之邑于智伯。智伯悦。又求地于魏桓子⑤，桓子欲弗与。任章曰："何故弗与？"桓子曰："无故索地，故弗与。"任章曰："无故索地，诸大夫必惧；吾与之地，智伯必骄。彼骄而轻敌，此惧而相亲⑥；以相亲之兵待轻敌之人，智氏之命必不长矣。《周书》曰⑦：'将欲败之，必姑辅之。将欲取之，必姑与之。⑧'主不如与之，以骄智伯⑨，然后可以择交而图智氏矣⑩，奈何独以吾为智氏质乎！⑪"桓子曰："善。"复与之万家之邑一。

【注解】

①请：求，要求。韩康子：名虎。晋六卿之一。②狃：因袭，拘泥。③向之以兵：对他使用武力。④后：有的版本"后"作"则"。⑤魏桓子：名驹。晋六卿之一。⑥此：指"诸大夫"。相亲：互相团结。⑦《周书》：此书已佚。⑧"将欲败之"四句：败：击败，打败。姑：暂且。⑨骄智伯：使智伯骄。⑩择交：选择联盟。图：谋。⑪奈何：为什么。质：箭靶子，目标。

【译文】

智伯逼韩康子割地，韩康子不想给他。段规说："智伯好利又任性，如果不给，他就会讨伐我们；不如答应他。他得到了土地会更加狂妄，一定会再向别人索要；别人不给，他必定会向对方实施武力，这样我们就可以免于祸患而等待事态的变化了。"韩康子说："好。"于是派使者把一处有万户人家的城邑送给智伯。智伯很高兴。他又向魏桓子索取土地，魏桓子不想给。任章说："为什么不给呢？"魏桓子说："无故索取土地，所以不给。"任章说："智伯无故索取土地，各个大夫必然恐惧；我们给了土地，智伯必然更加骄傲。他这样就会轻敌，我们因恐惧就会相互团结起来；用团结的军队来攻打轻敌的智伯，智氏的命数长不了了！《周书》上说：'想要打败它，一定要暂且帮助它。想要得到它，一定要暂时给予它。'主公不如先答应智伯的要求，以助长他的骄横，然后我们可以选择盟友共同对付智氏，又何必我们一家现在去激怒他遭受出头鸟的打击呢！"

魏桓子说："好。"于是也把一块万户人口的土地割让给智伯。

【原文】

智伯又求蔡、皋狼之地于赵襄子[①]，襄子弗与。智伯怒，帅韩、魏之甲以攻赵氏。襄子将出，曰："吾何走乎？"从者曰："长子近，且城厚完。[②]"襄子曰："民罢力以完之[③]，又毙死以守之[④]，其谁与我！"从者曰："邯郸之仓库实[⑤]。"襄子曰："浚民之膏泽以实之[⑥]，又因而杀之，其谁与我！其晋阳乎[⑦]，先主之所属也[⑧]，尹铎之所宽也[⑨]，民必和矣[⑩]。"乃走晋阳。

【注解】

①蔡：公元前447年，楚已灭蔡。"蔡"，当作"蔺"。蔺，故城在今山西离石县西。皋狼：故城在离石县西北。赵襄子：名无恤。晋六卿之一。②"长子近"两句：长子：今山西长子县。完：完整。③罢力：精疲力竭。罢：通"疲"。④毙死以守之：即以死守之。毙，死。⑤仓：藏谷之处。库：古时国家藏宝物、车马、兵甲之处。⑥浚：榨取。⑦其晋阳乎：还是去晋阳吧。其，表决定的语气。⑧先主：指襄子之父赵简子。属：叮嘱。⑨尹铎之所宽也：尹铎在晋阳待民宽厚。⑩和：响应，拥护。

【译文】

赵襄子前往晋阳。

智伯又向赵襄子要求割让蔡、皋狼两个地方。赵襄子拒绝了他。智伯大怒，遂率韩、魏两家的兵马一起去攻打赵氏。赵襄子准备逃跑，问道："我到哪里去呢？"随从的人说："长子城离这里近，而且城墙坚厚完整。"赵襄子说："百姓用尽了气力才修好城墙，现在又要他们舍生入死地为我坚守，这时候谁能和我同心！"随从的人说："邯郸城里的仓库充实，可以到那里去。"赵襄子说："从老百姓那里搜刮粮食来充实仓库，又要使他们受战争之灾，有谁会来支持我！还是投奔晋阳去吧，那是先主嘱托过的地方，尹铎又待民宽厚，城里的百姓一定会和我们同舟共济的。"于是前往晋阳。

【原文】

三家以国人围而灌之，城不浸者三版；沉灶产蛙，民无叛意。智伯行水[①]，魏桓子御，韩康子骖乘[②]。智伯曰："吾乃今知水可以亡人国也。"桓子肘康子，康子履桓子之跗[③]，以汾水可以灌安邑，绛水可以灌平阳也[④]。𫄨疵谓智伯曰[⑤]："韩、魏必反矣。"智伯曰："子何以知之？"疵曰："以人事知之。夫从韩、魏之兵以攻赵[⑥]，赵亡，难必及韩、魏矣。今约胜赵而三分其地，城不没者三版，人马相食，城降有日⑦，而二子无喜志⑧，有忧色，是非反而何⑨？”明日，智伯以絺疵之言告二子，二子曰：“此夫谗人欲为赵氏游说，使主疑于二家而懈于攻赵氏也。不然，夫二家岂不利朝夕分赵氏之田，而欲为危难不可成之事乎！”二子出，絺疵入曰：“主何以臣之言告二子也？”智伯曰：“子何以知之？”对曰：“臣见其视臣端而趋疾⑩，知臣得其情故也。”智伯不悛⑪。絺疵请使于齐⑫。

【注解】

①行水：察看水势。行，巡视、视察。②魏桓子御，韩康子骖乘：魏桓子在前居中驾车，韩康子在后为陪乘。骖（cān）乘：又作“参乘”，陪乘或陪乘的人。③“桓子肘”两句：肘：用肘触。此用作动词。履：踩。跗（fū）：脚。魏桓子、韩康子不敢明言，双方以肘、足相触，暗通其意。④汾水可以灌安邑，绛水可以灌平阳：“汾水”、“绛水”，当互易。汾水，流经平阳。平阳，韩康子邑，故城在今山西临汾县南。绛水，即涑水，流经安邑。安邑，魏桓子邑，故城在今山西夏县西北。⑤絺疵：晋之公族。⑥从：率领。⑦有日：指日可待。⑧志：意。⑨非反而何：不是背叛又是什么。而，则。⑩视臣端：眼睛直勾勾地看着我发愣。趋疾：很快就走过去了。⑪悛：悔改。⑫絺疵请使于齐：絺疵因不被智伯信任，故请求使齐以避祸。

【译文】

智伯、韩康子、魏桓子三家围住晋阳，并引晋水灌城，城墙没有被水浸没的地方只有三版；城中百姓的锅灶泡在水中，青蛙四处乱跳，但百姓都没有叛变的念头。一天，智伯巡视水势，魏桓子为他驾车，韩康子站在右边护卫。智伯说：“我今天才知道水可以让人亡国啊！”听到这话，魏桓子用臂肘碰了一下韩康子，韩康子也会意地踩了一下魏桓子的脚背，因为用汾水可以灌魏国都城安邑，用绛水可以灌韩国都城平阳。事后，智家的谋士絺疵对智伯说：“韩魏两家要反叛了！”智伯说：“你是怎么知道的？”絺疵说：“这是以人的常理推断出来的。我们联合韩、魏两家的军队攻打赵氏，一旦赵氏灭亡，随后灾难必然会降临到韩、魏两家。现在我们约定灭掉赵家后三家分割其地，晋阳城只剩三版没有淹没，城内宰马为食，指日就会降服。然而韩、魏二子并不欣喜，反倒面有忧色，这不是想反叛又是什么？”第二天，智伯把絺疵的话告诉了韩康子、魏桓子二人，二人说：“这一定是离间小人要替赵氏游说，使主公您对我们韩、魏二家产生怀疑而放松对赵氏的进攻。不然的话，我们二家难道对眼前就可分得的赵氏土地不感兴趣，反要去干那危险万分必不可成的事情吗？”二人出去了，絺疵进来说：“主公为什么把臣下的话告诉他们二人呢？”智伯惊奇地反问道：“你怎么知道的？”絺疵回答说：“我见他们神色慌张地看了我一眼就匆忙离去，因为他们知道我

智家的谋士絺疵对智伯说：韩魏两家要反叛了。

看穿了他们的心思，所以会有这种表现。”智伯仍不悔悟。于是絺疵请求让他出使齐国，以避大祸。

【原文】

赵襄子使张孟谈潜出见二子[①]，曰：“臣闻唇亡则齿寒[②]。今智伯帅韩、魏以攻赵，赵亡则韩、魏为之次矣。”二子曰：“我心知其然也；恐事未遂而谋泄[③]，则祸立至矣[④]。”张孟谈曰：“谋出二主之口，入臣之耳，何伤也！”二子乃潜与张孟谈约，为之期日而遣之[⑤]。襄子夜使人杀守堤之吏，而决水灌智伯军。智伯军救水而乱，韩、魏翼而击之[⑥]，襄子将卒犯其前[⑦]，大败智伯之众，遂杀智伯，尽灭智氏之族[⑧]。唯辅果在[⑨]。

【注解】

①张孟谈：赵襄子家臣。潜：秘密。②唇亡则齿寒：古谚语。见《左传》僖公五年传。③遂：成。④立：必定。⑤期日：约定日期。遣之：送回张孟谈。⑥翼而击之：左右夹击。⑦将：带领。犯：进攻。⑧灭智氏之族：将智氏族人全部诛灭。⑨辅果：即智果。因不被智伯信任，乃从智氏家族分出，另立门户，姓辅氏。

【译文】

赵襄子派张孟谈秘密出城去见韩、魏二子，对二人说：“臣听说唇亡则齿寒。现在智伯率领韩、魏两家来围攻赵家，赵氏灭亡以后，就该轮到你们两家了。”韩康子、魏桓子二人说：“我们也知道会这样，只是怕事情还未发动，计谋就泄露出去，那样就要大祸临头了。”张孟谈道：“计谋出自二位主公之口，只有我一人听见，有什么可担心的呢？”于是韩、魏二人便秘密地和张孟谈商议，约定好起事的日子便送他回城了。这天夜里，赵襄子派人出城杀了智氏守堤的官吏，使大水决口倒灌智伯军营。智伯的军队被水淹，顿时乱作一团，韩、魏两军乘机从两侧出击，赵襄子率领士卒从正面杀过去，大败智伯军，趁势杀死智伯，又将智家族人尽行诛灭。只有智果一家因改姓辅氏得以幸免。

【原文】

臣光曰：智伯之亡也，才胜德也。夫才与德异，而世俗莫之能辨，通谓之贤，此其所以失人也。夫聪察强毅之谓才，正直中和之谓德。才者，德之资也；德者，才之帅也。云梦之竹，天下之劲也；然而不矫揉[①]，不羽括[②]，则不能以入坚。棠谿之金，天下之利也；然而不镕范，不砥砺，则不能以击强。是故才德全尽谓之“圣人”，才德兼亡谓之“愚人”；德胜才谓之“君子”，才胜德谓之“小人”。凡取人之术，苟不得圣人、君子而与之，与其得小人，不若得愚人。何则？君子挟才以为善，小人挟才以为恶。挟才以为善者，善无不至矣；挟才以为恶者，恶亦无不至矣。愚者虽欲为不善，智不能周，力不能胜，譬如乳狗搏人，人得而制之。小人智足以遂其奸，勇足以决其暴，是虎而翼者也，其为害岂不多哉！夫德者人之所严，而才者人之所爱；爱者易亲，严者易疏，是以察者多蔽于才而遗于德。自古昔以来，国之乱臣，家之败子，才有馀而德不足，以至于颠覆者多矣，岂特智伯哉！故为国为家者苟能审于才德之分而知所先后，又何失人之足患哉！

【注解】

①矫揉：矫正；整饬。矫，使曲的变直；揉，使直的变曲。②羽括：锻炼，磨砺。《孔子家语·子路初见》："括而羽之，镞而砺之，其人之不亦深乎！"括，箭的末端。

【译文】

臣司马光认为，智伯的灭亡，在于他才胜过德。才与德是不同的，而世俗之人往往把二者分辨不清，把二者一概而论，认为是贤明，于是就看错了人。所谓才，是指聪明、明察、刚强、坚毅；所谓德，是指正直、公道、平和待人。才，是德的辅助；德，是才的统帅。云梦地方的竹子，天下都称为刚劲，然而如果不矫正其曲，不配上羽毛箭镞，就不能成为利箭穿透坚物。谿棠地方出产的金属，是天下最尖锐的，然而如果不经熔烧铸造，不锻打出锋，就不能作为兵器击穿硬甲。所以，德才兼备的人才能称之为"圣人"；无德无才的人称之为"愚人"；德胜过才的人称之为"君子"；才胜过德的人称之为"小人"。选取人才的方法，如果找不到圣人、君子而委任，与其选择小人，不如选择愚人。为什么这样说呢？因为君子持有才干是把它用到善事上；而小人持有才干是用来作恶的。持有才干做善事的人，能处处行善；而凭借才干作恶的人，无恶不作了。愚人即使想作恶，因为智慧不济，能力不胜任，就好像小狗扑人，人还能制服它。而小人却有足够的阴谋诡计来发挥邪恶，又有足够的能力来逞凶施暴，智慧对他来说就如给恶虎添了翅膀，危害之大可想而知了！有德的人令人尊敬，有才能的人让人喜爱；对喜爱的人容易宠信专任，对尊敬的人容易疏远，所以察选人才者经常被人的才干所蒙蔽而忘了考察他的品德。自古至今，国家的乱臣奸佞，家族的败家浪子，因为才能有余而德行不足，导致家国覆亡的多了，又岂止智伯一个人呢！所以，治国治家的人如果能审察才与德两种不同的标准，知道选择的先后顺序，又何患失去人才呢！

【原文】

三家分智氏之田①。赵襄子漆智伯之头②，以为饮器。智伯之臣豫让欲为之报仇，乃诈为刑人，挟匕首，入襄子宫中涂厕。襄子如厕心动，索之，获豫让。左右欲杀之，襄子曰："智伯死无后，而此人欲为报仇，真义士也，吾谨避之耳。"乃舍之。豫让又漆身为癞，吞炭为哑。行乞于市，其妻不识也。行见其友，其友识之，为之泣曰："以子之才，臣事赵孟，必得近幸。子乃为所欲为，顾不易邪？何乃自苦如此？求以报仇，不亦难乎！"豫让曰："既已委质为臣③，而又求杀之，是二心也。凡吾所为者，极难耳。然所以为此者，将以愧天下后世之为人臣怀二心者也。"襄子出，豫让伏于桥下。襄子至桥，马惊；索之，得豫让，遂杀之。

【注解】

①三家：指原来晋国的韩、赵、魏三家。周威烈王二十三年（公元前403年），韩、赵、魏三家共同出兵消灭了智氏，周天子只好承认三家的诸侯地位。自此，中国的历史进入了战国时代。这段故事是在周威烈王二十三年之前发生的，司马光在这里追述魏、赵、韩分晋之前的故事，用

以阐述自己基本的历史观。② 漆：名词作动词，用漆涂到物体上。③ 委质：臣服、归附。

【译文】

赵襄子杀死智伯。

韩、赵、魏三家分了智氏的田地。赵襄子还把智伯的头颅涂上漆，当作自己的饮酒器具。智伯的家臣豫让想为主公报仇，就假扮为受过刑罚做苦工的人，怀揣匕首，混进赵襄子宫中打扫厕所。赵襄子在上厕所的时候，心里忽然感到一阵不安，就下令搜查，抓获了豫让。赵襄子的左右随从都想杀死豫让，赵襄子却说："智伯死了，又没有什么后人，而此人还要为他报仇，真是一个义士，我小心躲避他就好了。"然后把豫让释放了。豫让又把自己的全身涂上漆，好像得了癞病一般，还吞下火炭使声音变得嘶哑。他在集市上乞讨，就连他的结发妻子见面也认不出来。豫让走到一位朋友面前，朋友认出他后大吃一惊，流着泪对他说："以你的才干，如果投靠赵家，一定会得到重用，那时会有机会接近他。到时候你想做什么，还不是易如反掌吗？何苦自残形体以至于此呢？用这种方式来报仇，不是太难了吗？"豫让说："如果我已经委身做赵家的臣子，而又找机会去刺杀他，这是对他怀有二心。我也知道现在这种做法，要报仇是极困难的。然而之所以还要这样做，是要后世那些为人臣子而心怀不忠的人感到羞愧。"有一天，赵襄子乘车出行，豫让就埋伏在他必经的桥下。赵襄子到了桥前，所骑的马突然受惊；于是下令搜索，捕获豫让，就杀了他。

【原文】

襄子为伯鲁之不立也，有子五人，不肯置后。封伯鲁之子于代，曰代成君，早卒；立其子浣为赵氏后。襄子卒，弟桓子逐浣而自立；一年卒。赵氏之人曰："桓子立非襄主意。"乃共杀其子，复迎浣而立之，是为献子。献子生籍，是为烈侯。魏斯者[①]，魏桓子之孙也，是为文侯。韩康子生武子；武子生虔，是为景侯。

韩借师于魏以伐赵，文侯曰："寡人与赵，兄弟也，不敢闻命。"赵借师于魏以伐韩，文侯应之亦然。二国皆怒而去。已而知文侯以讲于己也[②]，皆朝于魏。魏于是始大于三晋，诸侯莫能与之争[③]。

【注解】

① 魏斯：即魏文侯，中国战国时期魏国的建立者。姬姓，魏氏，名斯，一曰都。公元前 445 年，继魏桓子即位。他在位时礼贤下士，师事儒门子弟子夏、田子方、段干木等人，任用李悝、翟璜为相，乐羊、吴起为将。这些出身于小贵族或平民的士人开始在政治、军事方面发挥作用，

标志着世族政治为官僚政治所代替。② 讲：和解。③ 诸侯莫能与之争：晋在春秋时代是举足轻重的强国，三分之后，魏国是晋国的主要继承者。战国初年，魏文侯、魏武侯时期，魏国是七国中的强国。

【译文】

赵襄子因为赵简子没有立哥哥伯鲁为继承人，自己虽然有五个儿子，也不肯立为继承人。他封赵伯鲁的儿子于代国，称代成君，代成君早逝；又立其子赵浣为赵家的继承人。赵襄子死后，弟弟赵桓子驱逐了赵浣自立为国君；继位一年也死了。赵家的族人说："赵桓子做国君本来就不是赵襄子的主意。"大家一起杀死了赵桓子的儿子，再次迎回了赵浣，拥立为国君，即赵献子。赵献子生子名赵籍，就是赵烈侯。魏斯，是魏桓子的孙子，就是魏文侯。韩康子生子名韩武子；武子又生韩虔，被封为韩景侯。

韩国向魏国借兵攻打赵国，魏文侯说："我和赵国情同手足，我不能答应你。"赵国向魏国借兵攻击韩国，魏文侯也用同样的话拒绝了。韩、赵两国使者都怒气冲冲地离去。事后，两国得知魏文侯的外交政策，是为了使两国和解，于是都开始向魏国朝贡。魏国于是开始成为魏、赵、韩三国之首，其他诸侯国都不能跟它争锋。

荆轲刺秦

【原文】

太子闻卫人荆轲之贤[①]，卑辞厚礼而请见之。谓轲曰："今秦已虏韩王，又举兵南伐楚，北临赵。赵不能支秦，则祸必至于燕。燕小弱，数困于兵，何足以当秦！诸侯服秦，莫敢合从[②]。丹之私计愚，以为诚得天下之勇士使于秦，劫秦王，使悉反诸侯侵地，若曹沫之与齐桓公[③]，则大善矣；则不可，因而刺杀之，彼大将擅兵于外而内有乱，则君臣相疑，以其间，诸侯得合从，其破秦必矣。唯荆卿留意焉！"荆轲许之。于是舍荆卿于上舍，太子日造门下[④]，所以奉养荆轲，无所不至。及王翦灭赵，太子闻之惧，欲遣荆轲行。荆轲曰："今行而无信，则秦未可亲也。诚得樊将军首与燕督亢之地图[⑤]，奉献秦王，秦王必说见臣[⑥]，臣乃有以报。"太子曰："樊将军穷困来归丹，丹不忍也！"荆轲乃私见樊於期曰："秦之遇将军，可谓深矣，父母宗族皆为戮没！今闻购将军首，金千斤，邑万家，将奈何？"於期太息流涕曰："计将安出？"荆卿曰："愿得将军之首以献秦王，秦王必喜而见臣，臣左手把其袖，右手揕其胸[⑦]，则将军之仇报而燕见陵之愧除矣！"樊於期曰："此臣之日夜切齿腐心也！"遂自刎[⑧]。太子闻之，奔往伏哭，然已无奈何，遂以函盛其首[⑨]。太子豫求天下之利匕首，使工以药焠之[⑩]，以试人，血濡缕[⑪]，人无不立死者。乃装为遣荆轲，以燕勇士秦舞阳为之副，使入秦。

【注解】

① 荆轲：战国末期卫人，好读书击剑，卫人称为"庆卿"，后到燕国，被当地人称为荆卿。

由燕国田光推荐给太子丹，拜为上卿。公元前227年，荆轲带燕督亢地图和樊於期首级，前往秦国进献。秦王大喜，在咸阳宫隆重召见。献图时，图穷匕首现，刺秦王不中，被杀。② 合从：即"合纵"，泛指联合。③ 曹沫之与齐桓公：曹沫，鲁国人。齐桓公和鲁会盟，曹沫劫持齐桓公，逼迫他答应尽数归还侵夺鲁国的土地。④ 造：到。⑤ 督亢：今河北涿州东南有督亢陂，其附近定兴、新城、固安诸县一带即战国燕督亢，是燕国的膏腴之地。⑥ 说：同"悦"。⑦ 揕：刺。⑧ 自刎：割颈自杀。⑨ 函：匣子。这里作动词用，指用盒子装上。⑩ 焠：浸染。⑪ 濡缕：沾湿一缕。形容沾湿范围极小，引申指力量微弱。

【译文】

太子丹听说卫国人荆轲贤能，便携带厚礼，以谦卑的言词请求见他。太子丹对荆轲说："现在秦国已经俘虏了韩王，又乘势举兵向南进攻楚国，向北逼近赵国；赵国无力对付秦国，那么灾难就要降临到燕国头上了。燕国又小又弱，多次被战争拖累，哪里还能抵挡得住秦国啊！各诸侯国都屈服于秦国，没有哪个国家再敢合纵抗秦了。我个人的计策很愚鲁，认为如果能获得一位天下勇猛的勇士，让他前往秦国，劫持秦王，迫使秦王将兼并来的土地还给各国，就像曹沫当年逼迫齐桓公归还鲁国丧失的领土一样，如此当然是最好的了；假如不行的话，便乘机杀了秦王。到那时，秦国的大将拥兵在外，而国内发生动乱，那么君臣之间一定会相互猜疑，趁此时机，各国如果能够合纵抗秦，就一定可以打败秦国。希望你留心这件事情啊！"荆轲答应了太子丹。于是，太子丹安排荆轲住进上等客舍，他天天亲往舍中探望，凡是能够供给荆轲的东西，没有不送到的。等到秦将王翦灭了赵国，太子丹听说后非常害怕，便想送荆轲出行。荆轲说："我现在前往秦国，但是没有令秦人信任我的理由，不一定能接近秦王。倘若能得到樊将军的头颅和燕国督亢的地图，把它们献给秦王，秦王必定很高兴召见我，那时我才能刺杀他来回报您。"太子丹说："樊将军在穷途末路时投奔我，我不忍心杀他啊！"于是，荆轲私下里去见樊於期说："秦国对待你，可以说是残酷至极了，你的父母、宗族都被诛杀或没收为官奴！现在听说秦国悬赏黄金千斤、万户封地来买你的头颅，你打算怎么办呢？"樊於期流泪叹息道："能想出什么办法呢？"荆轲说："希望能得到你的头颅献给秦王，秦王见此一定高兴而召见我，那时我左手拉住他的袖子，右手持匕首刺他的胸膛，那么你的大仇就可以得报，而且燕国遭受的耻辱也可以消除了！"樊於期说："这正是我日夜渴望实现的事情！"于是，樊於期拔剑自刎。太子丹听说后，急奔而来，伏在尸体上痛哭，但已经无可奈何了，于是就用匣子装起樊於期的头颅。太子丹已预先找到了天下最锋利的匕首，命令工匠把匕首烧红浸入毒药中，又用这染毒的匕首试刺人，只渗出一丝血，没有不立即死去的。于是准备行装送荆轲出发，又派燕国的勇士秦舞阳做他的助手，让二人作为使者前往秦国。

【原文】

始皇帝下二十年（甲戌，公元前227年）

荆轲至咸阳[①]，因王宠臣蒙嘉卑辞以求见，王大喜，朝服，设九宾而见之[②]。荆轲奉图以进于王，图穷而匕首见[③]，因把王袖而揕之；未至身，王惊起，袖绝。荆轲逐王，王环柱而走。群臣皆愕，卒起不意[④]，尽失其度。而秦法，群臣侍殿上者不得操尺寸之兵[⑤]，左右以手共搏之，且曰："王负剑[⑥]！"负剑，王遂拔以击荆轲，断其左股[⑦]。荆轲废，乃引匕首擿王[⑧]，中铜柱。自知事不就，骂曰："事所以不成者，以欲生劫之，必得约契以报太子也！”遂体解荆轲以徇[⑨]。王于是大怒，益发兵诣赵，就王翦以伐燕[⑩]，与燕师、代师战于易水之西，大破之。

荆轲追逐刺杀秦王，秦王绕着柱子奔跑。

【注解】

①咸阳：秦国都城，今陕西咸阳。②九宾：为古代宾礼中最隆重的礼仪，主要有九个迎宾赞礼的官员延迎上殿。③图穷而匕首见：地图打开到最后，里面藏着的匕首露了出来。图，地图。穷，尽。见，同“现”。④卒：同“猝”。⑤兵：武器。⑥负：背。⑦股：腿。⑧擿：投掷。⑨徇：示众。⑩王翦：秦著名将领，在秦始皇统一六国的战争中立有大功。荆轲事件之后，秦王派王翦攻打燕国，在易水西击破燕军主力，逼迫燕王逃到辽东，平定了燕蓟。

【译文】

始皇帝下二十年（甲戌，公元前227年）

荆轲到达秦国都城咸阳，通过秦王的宠臣蒙嘉，用谦卑的言词求见秦王；秦王非常高兴，穿上朝会时穿的礼服，安排朝会大典接见荆轲。荆轲捧着地图进献给秦王，图卷全部展开后，匕首现了出来，荆轲乘机抓住秦王的袍袖，举起匕首刺向秦王；没等荆轲近身，秦王已惊恐地跃起，挣断袍袖。荆柯随即追逐秦王，秦王绕着柱子奔跑。这时，殿上的群臣都大吃一惊，事发突然，群臣全都失去了常态。秦国法律规定，在殿上的侍从、群臣不得携带任何武器，众人只好徒手上前搏击荆轲，并喊道：“大王把剑推到背上去！”于是秦王将剑推到背上，随即拔出剑来回击荆轲，砍断了他的左大腿。荆轲肢体受伤，就把匕首向秦王投了过去，却击中了铜柱。荆轲知道行刺之事已经无法完成，就大骂道：“此事所以不能成功，只是想活捉你，迫使你订立契约，归还所兼并的土地，以此来报答燕太子！”于是，荆轲被分尸示众。秦王为此勃然大怒，增派军队到赵国，同王翦的大军攻打燕国，秦军在易水以西与燕军和代王的军队会战，大败燕、代军。

四面楚歌

【原文】

汉太祖高皇帝三年（丁酉，公元前204年）

汉王谓陈平曰[①]：“天下纷纷，何时定乎？”陈平曰：“项王骨鲠之臣[②]，亚父、钟离昧、龙且、周殷之属[③]，不过数人耳。大王诚能捐数万斤金[④]，行反间[⑤]，间其君臣，以疑其心；项王为人，意忌信谗，必内相诛，汉因举兵而攻之，破楚必矣。”汉王曰：“善！”乃出黄金四万斤与平，恣所为[6]，不问其出入。平多以金纵反间于楚军，宣言：“诸将钟离昧等为项王将，功多矣，然而终不得裂地而王，欲与汉为一，以灭项氏而分王其地。”项王果意不信钟离昧等。

【注解】

①陈平：刘邦谋臣。足智多谋，锐意进取，屡以奇计辅佐刘邦定天下，汉初被封为曲逆侯。汉文帝时，曾升为右丞相，后改任左丞相。②骨鲠之臣：忠直敢于直言进谏的属下。③亚父：即范增，项羽的主要谋士，被尊称为“亚父”。钟离昧：楚王项羽的大将。龙且、周殷：均为项羽的大将。④捐：舍弃。⑤间：离间。⑥恣：放纵，没有拘束。

【译文】

汉太祖高皇帝三年（丁酉，公元前204年）

汉王刘邦对陈平说：“天下纷扰混乱，什么时候才能太平呢？”陈平说：“项王身边正直忠心的臣子，亚父、钟离昧、龙且、周殷这些人，只不过几个而已。大王如果能拿出数万斤金，行反间计，离间他们君臣，让他们互生疑心；项王为人，易于猜忌，易听信谗言，这样一来，君臣之间起了疑心，他们内部必定互相残杀，我们借机发兵去攻打他们，一定能够击败楚军。”汉王说：“好！”便拿出黄金四万斤交给陈平，任由他自己掌握，不过问他使用的情况。陈平用许多黄金在楚军中进行离间活动，扬言说：“各位将领如钟离昧等，他们为项王领兵打仗，立了那么多功劳，然而却终究不能分得一块土地而称王，现在他们要跟汉联合，消灭项氏，瓜分楚国的土地，各自称王。”项王果然有所猜忌，不再信任钟离昧等人。

【原文】

夏，四月，楚围汉王于荥阳[1]，急；汉王请和，割荥阳以西者为汉。亚父劝羽急攻荥阳；汉王患之[2]。项羽使使至汉，陈平使为大牢具[3]。举进，见楚使，即佯惊曰：“吾以为亚父使，乃项王使！”复持去，更以恶草具进楚使[4]。楚使归，具以报项王；项王果大疑亚父。亚父欲急攻下荥阳城，项王不信，不肯听。亚父闻项王疑之，乃怒曰：“天下事大定矣，君王自为之，愿请骸骨归[5]！”未至彭城[6]，疽发背而死[7]。

【注解】

①荥阳：今河南荥阳西。②患：担心，担忧。③大牢具：即太牢具。盛牲的食具叫牢，大的叫太牢，太牢盛牛、羊、豕三牲，因此宴会或祭祀时并用三牲也称为太牢。这里指用丰盛的酒食款待。④恶草具：粗糙简陋的待客食具。⑤请骸骨：请求退休。⑥彭城：今江苏徐州。⑦疽：指毒疮。

【译文】

夏季，四月，楚军在荥阳包围了汉王，形势紧急；刘邦向项羽请求议和，将荥阳以西地区划为汉。亚父范增劝项羽急攻荥阳，汉王十分担心。项羽派使者到刘邦处，陈平准备了丰盛的酒食，命人端去款待楚国的使者，一见楚使，就假装吃惊地说："我以为是亚父的使者，原来是项王派来的！"又让人把东西端走，改换成粗劣的酒食送给楚使食用。楚使回去后把这些情况如实禀报给项王，项王果然对亚父起了疑心。亚父急着要攻下荥阳城，项王不信任他，不肯听他的建议。亚父闻听项王对他有疑心，于是怒气冲冲地说："天下大局已定，君王好自为之，请让老臣告老还乡吧。"范增还未到彭城，就因背上的毒疮发作死去。

范增向项羽请求告老还乡。

【原文】

五月，将军纪信言于汉王曰[1]："事急矣！臣请诳楚[2]，王可以间出。"于是陈平夜出女子东门二千馀人，楚因四面击之。纪信乃乘王车，黄屋，左纛[3]，曰："食尽，汉王降。"楚皆呼万岁，之城东观。以故汉王得与数十骑出西门遁去，令韩王信与周苛、魏豹、枞公守荥阳。羽见纪信，问："汉王安在？"曰："已出去矣。"羽烧杀信。周苛、枞公相谓曰："反国之王，难与守城！"因杀魏豹。

【注解】

①纪信：刘邦手下将领，在"楚汉之争"中保护刘邦有功。②诳：欺骗。③纛：古时军队或仪仗队的大旗。

【译文】

五月，将军纪信对汉王说："势态紧急！请让臣用计策迷惑一下楚军，您可以趁机离开荥阳城。"于是陈平在夜里将二千多名女子放出城东门，楚军即刻便从四面围击她们。纪信于是乘汉王的车，车上张黄盖，左边竖着汉王的旗帜，驶到楚军面前，说道："我军的粮食已经吃光了，汉王前来乞降。"楚人都呼"万岁"，涌到城东来围观。汉王借此机会带着数十骑从西门出城逃走，令韩王信与周苛、魏豹、枞公守荥阳。项羽见到纪信，问："汉王在哪里？"纪信回答道："已经出城走了。"项羽烧死了纪信。周苛、枞公商议说："背叛汉国的君王魏豹，很难让人和他一道守城！"于是杀了魏豹。

【原文】

汉高帝四年八月

项羽自知少助；食尽，韩信又进兵击楚[1]，羽患之。汉遣侯公说羽请太公[2]。羽乃与汉约，中分天下，割洪沟以西为汉[3]，以东为楚。九月，楚归太公、吕后，引兵解而东归。汉王欲西归，张良、陈平说曰："汉有天下太半，而诸侯皆附；楚兵疲食尽，此天亡之时也。今释弗击[④]，此所谓‘养虎自遗患’也[⑤]。”汉王从之。

【注解】

①韩信：刘邦大将，汉初著名军事家。②太公：汉王刘邦的父亲。③洪沟：即鸿沟。古代最早沟通黄河和淮河的人工运河。西汉时期又称狼汤渠。④释：放弃。⑤养虎自遗患：留着老虎不除掉，就会成为后患。比喻纵容坏人坏事，留下后患。

【译文】

高帝四年八月

项羽自知楚军缺乏援助，粮草即将用尽，韩信又进兵击楚，项羽心中非常忧虑。汉王派侯公见项羽，劝说他放回太公。于是项羽和汉王约定，平分天下，洪沟以西划归汉，鸿沟以东划归楚。九月，项羽放了太公和吕后，带兵解阵东行归去。汉王打算西归关中，张良、陈平劝阻说：“汉已拥有大半个天下，诸侯也都前来归附；楚兵疲惫不堪，粮草将尽，这是上天让我们灭楚的最好时机。今天放走楚军而不去追击，这就是所谓的‘饲养猛虎给自己留下后患’呀。”汉王听从了他们的建议。

【原文】

太祖高皇帝中五年（已亥，公元前202年）

冬，十月，汉王追项羽至固陵[①]，与齐王信、魏相国越期会击楚[②]；信、越不至，楚击汉军，大破之。汉王复坚壁自守，谓张良曰：“诸侯不从，奈何？”对曰：“楚兵且破[③]，二人未有分地，其不至固宜；君王能与共天下，可立致也[④]。齐王信之立，非君王意，信亦不自坚；彭越本定梁地，始，君王以魏豹故拜越为相国[⑤]；今豹死，越亦望王，而君王不早定。今能取睢阳以北至谷城皆以王彭越[⑥]，从陈以东傅海与韩王信[⑦]。信家在楚，其意欲复得故邑。能出捐此地以许两人，使各自为战，则楚易破也。”汉王从之。于是韩信、彭越皆引兵来。

【注解】

①固陵：古地名，今河南淮阳西北。②齐王信：即韩信，时为齐王。魏相国越：即彭越，汉初著名将领。拜魏相国，又被封为梁王。③且：将要，快要。④致：招引，引来。⑤魏豹：六国时魏国的公子。⑥睢阳：今河南商丘南。谷城：今山东东阿。⑦陈：陈州，相当于今河南周口地区。

【译文】

汉高帝五年（已亥，公元前202年）

冬季，十月，汉王追击项羽到了固陵，与齐王韩信、魏相国彭越约定日期合击楚军。但是韩信、彭越的军队没有来，楚军攻打汉军，汉军大败。汉王只好重新坚固营垒加强防守，并对张良说：“诸侯不听我的，怎么办？”张良答道：“楚军即将被打败，而韩信、彭越二人没有分封到明确的土地，他们不按约期前来会合是必然的。君王如果能与他们一起共分天下，就可以立即把他们召来。齐王韩信的封立，不是您的本意，韩信自己也不放心。彭越平定了梁地，当初，您因为魏豹的缘故封彭越为魏国相国；现在魏豹死了，彭越也在等着您封他为王，但您却不早作决定。现在，您可以把从睢阳以北到谷城的土地都封给彭越，把从陈县以东到沿海一带的区域封给齐王韩信。韩信的家乡在楚地，他的本意是想要得到自己故乡的土地。假如您答应分割这些土地给他们二人，让他们各自为自己的利益而战，那么楚军就很容易攻破了。”汉王听从了张良的建议。于是韩信、彭越都率军前来。

【原文】

十一月，刘贾南渡淮，围寿春，遣人诱楚大司马周殷。殷畔楚，以舒屠六，举九江兵迎黥布，并行屠城父，随刘贾皆会。

十二月，项王至垓下[①]，兵少，食尽，与汉战不胜，入壁；汉军及诸侯兵围之数重。项王夜闻汉军四面皆楚歌，乃大惊曰：“汉皆已得楚乎？是何楚人之多也！”则夜起，饮帐中，悲歌慷慨，泣数行下；左右皆泣，莫能仰视。于是项王乘其骏马名骓[②]，麾下壮士骑从者八百馀人[③]，直夜，溃围南出驰走。平明[④]，汉军乃觉之，令骑将灌婴以五千骑追之[⑤]。项王渡淮，骑能属者才百馀人[⑥]。至阴陵[⑦]，迷失道，问一田父，田父绐曰“左”。左，乃陷大泽中，以故汉追及之。

【注解】

① 垓下：古地名，在今安徽灵璧东南。② 骓：毛色青白相杂的马。③ 麾下：指将帅的部下。④ 平明：天刚亮的时候。⑤ 灌婴：汉初名将。⑥ 属：连接，跟着。⑦ 阴陵：春秋楚邑。为项羽兵败后迷失道处，汉时置县。故城在今安徽定远西北。

【译文】

十一月，刘邦的堂兄刘贾南渡淮河，包围了寿春，派人去诱降楚国的大司马周殷。周殷即反叛楚国，用舒地的兵力屠灭了六县，并调发九江的部队迎接黥布，一同去屠灭了城父县，接着随同刘贾等人一齐会合。

十二月，项王到了垓下，兵少粮尽，与汉军交战未能取胜，便退守营垒；这时汉军和诸侯的军队将项王的军营重重包围起来。项王夜里听见汉军阵营中到处传唱楚歌，于是惊问道：“汉军已经得到所有楚国的土地了吗？怎么楚人这么多！”项王便连夜起身，在帐中饮酒，慷慨悲歌，泪下数行；身边的人也都哭泣，不忍心抬头看他。于是项王骑上他的骏马骓，带领八百多名壮士骑从，当夜突围往南奔驰。天大亮时，汉军才发觉，便命令骑将灌婴率五千骑兵追击。项王渡过淮河的时候，相随的骑兵能跟得上他的才一百多人。项羽一行人到阴陵时迷

项羽一行人到阴陵时迷了路，向一农夫问路，农夫骗他们说“向左”。

了路，便向一农夫问路，农夫骗他们说“向左”。项羽等向左走，却陷入大沼泽地中，汉军因此追上了他们。

【原文】

项王乃复引兵而东，至东城[①]，乃有二十八骑；汉骑追者数千人。项王自度不得脱，谓其骑曰：“吾起兵至今，八岁矣；身七十馀战，未尝败北，遂霸有天下。然今卒困于此，此天之亡我，非战之罪也！今日固决死，愿为诸君快战，必溃围，斩将，刈旗[②]，三胜之，令诸君知天亡我，非战之罪也。”乃分其骑以为四队，四乡。汉军围之数重。项王谓其骑曰：“吾为公取彼一将。”令四面骑驰下，期山东为三处。于是项王大呼驰下，汉军皆披靡[③]，遂斩汉一将。是时，郎中骑杨喜追项王[④]，项王瞋目而叱之[⑤]，喜人马俱惊，辟易数里[⑥]。项王与其骑会为三处，汉军不知项王所在，乃分军为三，复围之。项王乃驰，复斩汉一都尉[⑦]，杀数十百人；复聚其骑，亡其两骑耳。乃谓其骑曰：“何如？”骑皆伏曰：“如大王言！”

【注解】

① 东城：今安徽定远东南。② 刈旗：砍断敌旗。刈，砍断。③ 披靡：草木随风倒伏，比喻军队溃败。④ 郎中骑：骑兵禁卫官。当时的武职名称。⑤ 瞋目：睁大眼睛。叱：大声责骂。⑥ 辟易：惊慌地退避，避开。⑦ 都尉：武官名。始置于战国，位略低于将军。秦时设郡，掌郡内军事。西汉时为郡守之辅佐，掌全郡军事。

【译文】

项王于是领兵继续向东走，到东城，相随的只有二十八个骑兵了；而汉军骑兵追逐前来的有几千人。项王估计不能脱身，便对他的骑兵们说：“我从起兵到现在，已经八年了，身经七十多次战斗，不曾失败过，这才霸有天下。但是今天最终被困在这里，这是上天要灭亡我啊，不是我用兵有什么过错！今天定要一决生死，愿为你们痛快地打一仗，一定突出重围，斩杀敌将，拔取敌旗，接连三次取胜，让你们知道这是天要亡我，不是我用兵的过错。”于是分二十八骑为四队，向四个方向冲杀。汉军将他们重重包围。项王对他的骑兵们说：“看我为你们斩杀他一员将领！”命令骑士们从四面奔驰而下，约定在山的东边分三处会合。于是项王大声呼喝着策马飞奔而下，汉军随即都溃败散乱，项王就斩杀了一员汉将。这时，郎中骑杨喜追击项王，项王瞪着双眼厉声呵叱他，杨喜人马都受到惊吓，退避了好几里地。项王与他的骑兵们分三处会合，汉军不知道项王究竟在哪里，于是分兵三路，又把他们包围起来。项王随即奔驰冲杀，又斩杀了汉军的一名都尉，杀死汉军近百人，重新聚拢他的骑兵，至此仅仅损失了两名骑士。项王就对他的骑兵们说：“怎么样？”骑兵们都敬服地说：“正如大王所说。”

【原文】

于是项王欲东渡乌江[①]，乌江亭长舣船待[②]，谓项王曰：“江东虽小，地方千里，众数十万人，亦足王也。愿大王急渡！今独臣有船，汉军至，无以渡。”项王笑曰：“天之亡我，我何渡为！且籍与江东子弟八千人渡江而西，今无一人还；纵江东父

项羽策马飞奔杀入汉阵，汉军随即都溃败散乱。

兄怜而王我，我何面目见之！纵彼不言，籍独不愧于心乎！”乃以所乘骓马赐亭长，令骑皆下马步行，持短兵接战。独籍所杀汉军数百人，身亦被十馀创。顾见汉骑司马吕马童[3]，曰：“若非吾故人乎？”马童面之，指示中郎骑王翳曰：“此项王也。”项王乃曰：“吾闻汉购我头千金，邑万户；吾为若德[4]。”乃自刎而死。王翳取其头；馀骑相蹂践争项王[5]，相杀者数十人；最其后，杨喜、吕马童及郎中吕胜、杨武各得其一体；五人共会其体，皆是，故分其户，封五人皆为列侯[6]。

【注解】

①乌江：在安徽和县境内。②亭长：秦汉时每十里为一亭，设亭长一人，掌治安、诉讼等事。舣船：使船靠岸。③骑司马：项羽自建立郡国后采用的新的军事官职。④德：情义，恩惠。⑤蹂践：踩踏。⑥列侯：爵位名。秦制爵分二十级，彻侯位最高。汉承秦制，为避汉武帝刘彻讳，改彻侯为通侯，或称列侯。

【译文】

这时项王想东渡乌江，乌江亭长把船停在岸边等着他，并对项王说：“江东虽然狭小，土地方圆千里，民众几十万人，却也足够用以称王的了。望大王赶快渡江！现在只有我有船，汉军即使追到，也无法过江。”项王笑着说：“上天要灭亡我，我还要渡江做什么！况且我与江东子弟八千人渡江西征，如今没有一人回去；纵使江东父兄怜惜我，仍然视我为王，可我又有何面目去见他们！即便他们不说什么，难道我就无愧于心吗！”于是把自己所骑的骓送给了亭长，命令他的骑兵都下马步行，手持短兵器迎战。仅项王一人就杀死汉军几百人，项王自己也身受十多处伤。项王回头看见汉军骑司马吕马童，就说：“你不是我的老朋友吗？”吕马童看到了，指给中郎骑王翳说：“这就是项王！”项王便说道：“我听说汉王以千金悬赏我的头颅，分给享用万户赋税的封地，我就把这份好处留给故人吧。”于是自刎而死。王翳取下项王的头颅。其余的骑兵相互践踏争抢项王的躯体，互相残杀的有几十个人。到了最后，杨喜、吕马童和郎中吕胜、杨武各夺得项王的一部分肢体。五个人把项王的肢体拼凑到一起，都对得上，在封赏时，将悬赏的封地分为五份，五人都被封为列侯。

【原文】

楚地悉定，独鲁不下；汉王引天下兵欲屠之。至其城下，犹闻弦诵之声；为其守礼义之国，为主死节，乃持项王头以示鲁父兄，鲁乃降。汉王以鲁公礼葬项王于谷城[1]，亲为发哀，哭之而去。诸项氏枝属皆不诛。封项伯等四人皆为列侯，赐姓刘氏；诸民略在楚者皆归之。

【注解】

① 谷城：宋白曰：宋州谷熟县，古谷城也。一说位于山东省西南部。楚汉战争时，东平一带曾是项羽的根据地，驻扎着项羽的后方精锐部队，故项羽死后葬此。《皇览》中亦载“县（谷城）东十五里有项羽冢”。墓原有封土，高10米左右，直径100米，墓前原有碑刻四方，汉柏数株。后代名士多有前来凭吊者，如清代进士德清人俞樾在《项王墓》诗中有“已置头颅生赠客，还留魂魄战死神”之句。

【译文】

楚地全部平定了，唯独鲁县仍不投降。汉王刘邦率领天下的兵马，打算灭它。大军抵达城下，仍然能听到城中礼乐弦诵的声音；由于鲁县是信守礼义的故国，为自己的君主尽忠守节，汉军便拿出项羽的头颅给鲁县的父老看，鲁县父老这才投降。汉王用葬鲁公的礼仪把项羽葬在谷城，并亲自为项羽发丧举哀，哭了一阵后离去。对项羽的家族亲属都不杀害，还把项伯等四人都封为列侯，赐他们姓刘，将过去被掳掠到楚国来的百姓们都交给他们统治。

赤壁之战

【原文】

初[①]，鲁肃闻刘表卒，言于孙权曰：“荆州与国邻接[②]，江山险固，沃野万里，士民殷富，若据而有之，此帝王之资也。今刘表新亡，二子不协，军中诸将，各有彼此[③]。刘备天下枭雄，与操有隙，寄寓于表[④]，表恶其能而不能用也[⑤]。若备与彼协心，上下齐同，则宜抚安[⑥]，与结盟好[⑦]；如有离违，宜别图之，以济大事[⑧]。肃请得奉命吊表二子，并慰劳其军中用事者[⑨]，及说备使抚表众，同心一意，共治曹操[⑩]，备必喜而从命。如其克谐[⑪]，天下可定也。今不速往，恐为操所先[⑫]。”权即遣肃行。

【注解】

① 初：当初。② 国：指孙权割据的地区。邻接：（土地）相连接。③ 各有彼此：有向着那边的，有向着这边的（指有拥护刘琦的，有拥护刘琮的）。④ 寄寓：寄居。⑤ 恶其能：畏惧他的才能。⑥“若备”三句：若……则……：如果……就……。彼：指荆州方面的人。抚安：抚慰。⑦ 盟好：友好同盟。⑧ 济：成，成功。大事：即上文说的“据而有之”。⑨ 用事者：掌权的人。⑩ 治：对付。⑪ 克谐：能办妥，能成功。克，能。⑫ 为……所先：被……占了先。

【译文】

当初，鲁肃听说刘表死了，便对孙权说：“荆州与我国接邻，地理形势险要坚固，土地肥沃广阔，人口繁多，百姓殷实富足，如能占据这个地方，就有了创建帝王大业的资本。现在刘表刚死，他的两个儿子不和，军队里的将领们，有的拥戴刘琦，有的拥戴刘琮。刘备是天下的英雄，与曹操有怨仇，现寄居在刘表那里，刘表嫉妒他的才能而不能重用他。如果刘备和刘表的部下们同心协力、上下一致，就应当安抚他们，与他们结成友好同盟；如果他们彼此离心离德，我们就应另作打算，以成就我们的大事。我请求能奉您的命令去吊慰刘表的两个儿子，并慰劳军中掌权的人，同时劝说刘备安抚刘表的部下，同心一意，共同对付曹操，刘备一定很高兴，并且会听从我的意见。如果这件事能够成功，那么天下大局便可以定了。现在不赶快去，恐怕就要被曹操占了先。”孙权即刻派鲁肃前往荆州。

【原文】

到夏口闻操已向荆州[①]，晨夜兼道，比至南郡[②]，而琮已降，备南走，肃径迎之，与备会于当阳长坂[③]。肃宣权旨[④]，论天下事势，致殷勤之意[⑤]。且问备曰：“豫州今欲何至[⑥]？”备曰：“与苍梧太守吴巨有旧[⑦]，欲往投之。”肃曰：“孙讨虏聪明仁惠[⑧]，敬贤礼士，江表英豪[⑨]，咸归附之，已据有六郡[⑩]，兵精粮多，足以立事。今为君计，莫若遣腹心自结于东[⑪]，以共济世业。而欲投吴巨，巨是凡人，偏在远郡，行将为人所并[⑫]，岂足托乎[⑬]！”备甚悦。肃又谓诸葛亮曰：“我，子瑜友也。”即共定交。子瑜者，亮兄瑾也，避乱江东，为孙权长史[⑭]。备用肃计，进住鄂县之樊口[⑮]。

鲁肃日夜兼程，赶到南郡。

【注解】

①夏口：夏水注入处。今湖北武昌市。②比：及，等到。南郡：荆州属下的一个郡（郡治在今湖北江陵县）。③当阳长坂：今湖北省当阳县长坂坡。④宣权旨：传达孙权的意旨。⑤殷勤之意：深厚而恳切的希望。⑥豫州：指刘备。刘备曾任豫州刺史，故称。⑦苍梧：郡名，郡治在今广西梧州市。有旧：有交情。⑧孙讨虏：指孙权，孙权曾被汉朝封为讨虏将军，故称。⑨江表：江外，指长江以南地方。⑩六郡：会稽郡、吴郡、豫章郡、庐江郡、丹阳郡和新都郡（今江苏、浙江、江西等省一带）。⑪莫若：不如。腹心：心腹之人，即亲信。自结：主动交结。东：指孙权政权。⑫行将：将要。⑬岂足托乎：哪里可以托靠呢。⑭长史：官名。⑮鄂县：今湖北鄂城县。樊口：在鄂城县西北。

【译文】

到了夏口，鲁肃听说曹操已经向荆州进发，于是日夜兼程，等他赶到南郡，刘琮已经投降曹操，刘备往南逃跑，鲁肃直接去迎刘备，和刘备在当阳县长坂坡相会。鲁肃向刘备传达了孙权的意思，和刘备讨论天下形势，并向刘备表达了深厚而恳切的希望。鲁肃又问刘备说：“刘豫州现在打算去哪里？”刘备说：“我与苍梧太守吴巨是老交情，打算前去投奔他。”鲁肃说：“孙将军英明仁慈，尊敬贤才，礼遇士人，江东的英雄豪杰全都来归顺、依附他，现在已经占有六个郡，兵精粮广，足以成就大业。现在我替您打算，不如派遣亲信主动去结好东吴，以共建大业。眼下您却打算投奔吴巨，吴巨是个平庸的人，又地处偏远的苍梧郡，将来很快会被人吞并，他怎么能够依靠呢？”刘备听后很高兴。鲁肃又对诸葛亮说：“我是子瑜的朋友。”于是两个人随即交了朋友。子瑜，就是诸葛亮的兄长诸葛瑾，他在江东避乱，成为孙权的长史。刘备采纳鲁肃的计策，率兵进驻鄂县的樊口。

【原文】

曹操自江陵将顺江东下①。诸葛亮谓刘备曰：“事急矣，请奉命求救于孙将军。”遂与鲁肃俱诣孙权②。亮见权于柴桑③，说权曰：“海内大乱，将军起兵江东④，刘豫州收众汉南，与曹操共争天下。今操芟夷大难⑤，略已平矣，遂破荆州，威震四海。英雄无用武之地，故豫州遁逃至此，愿将军量力而处之⑥！若能以吴、越之众，与中国抗衡，不如早与之绝；若不能，何不按兵束甲⑦，北面而事之⑧！今将军外托服从之名而内怀犹豫之计⑨，事急而不断，祸至无日矣。”权曰：“苟如君言⑩，刘豫州何不遂事之乎？”亮曰：“田横⑪，齐之壮士耳，犹守义不辱；况刘豫州王室之胄，英才盖世，众士慕仰，若水之归海。若事之不济⑫，此乃天也，安能复为之下乎⑬！”权勃然曰：“吾不能举全吴之地，十万之众，受制于人。吾计决矣！非刘豫州莫可以当曹操者；然豫州新败之后，安能抗此难乎？”亮曰：“豫州军虽败于长坂，今战士还者及关羽水军精甲万人，刘琦合江夏战士亦不下万人⑭。曹操之众，远来疲敝，闻追豫州，轻骑一日一夜行三百馀里，此所谓‘强弩之末势不能穿鲁缟’者也。故《兵法》忌之，曰：‘必蹶上将军⑮’。且北方之人，不习水战；又，荆州之民附操者，逼兵势耳⑯，非心服也。今将军诚能命猛将统兵数万⑰，与豫州协规同力⑱，破操军必矣。操军破，必北还；如此，则荆、吴之势强，鼎足之形成矣。成败之机⑲，在于今日！”权大悦，与其群下谋之。

【注解】

①江陵：今湖北江陵县。②诣：到……去。③柴桑：县名，今江西九江市。④江东：长江下游南岸一带。⑤芟夷大难：铲除削平大患。⑥处之：对付这种情况。⑦按兵束甲：停止使用武器，收拾起铠甲。⑧北面而事之：投降曹操。北面，面向北，即降服。封建时代君主面南而坐，臣子面北而趋。事，侍奉。⑨外托服从之名：表面上假托服从曹操的名义。⑩苟：假使。⑪田横：战国时齐国贵族。秦亡后自立为齐王。刘邦即帝位，田横和部下五百人逃入海岛。刘邦派人召他，在前往洛阳的路上田横自杀，坚决不归附汉朝。⑫事：指与曹操抗衡，争夺天下。⑬复为之下：再做他的属下。⑭江夏：荆州属下的一个郡，郡治在今湖北麻城南。刘琦时为江夏太守。⑮必蹶上将军：一定会使大将受挫。⑯逼兵势：被武力所迫。⑰诚：果真，假如。⑱协规：共同规划合谋。⑲机：关键。

【译文】

曹操从江陵将要顺江东下。诸葛亮对刘备说：“事情紧急，请让我奉命去向孙将军求救。”于是与鲁肃一起去见孙权。诸葛亮在柴桑见到孙权，劝孙权说：“天下大乱，将

鲁肃和刘备讨论天下形势。

军在江东起兵，刘豫州在汉南招收兵马，一齐跟曹操争夺天下。如今曹操将大的祸患已铲除削平，大致已经平定北方了，接着南下攻破荆州，威势震动天下。在曹操大军面前，英雄没有施展的地方，所以刘豫州避逃到这里，希望将军估量自己的实力来对付这个局面！如果将军能以吴越的人力、物力与曹操对抗，不如早点和他断绝关系；如果不能，那么就放下武器、收拾铠甲，向曹操面北投降称臣！现在，将军外表上服从曹操，而内心犹豫不决，局势危急而不能决断，大祸马上就要临头了。”孙权说：“假若像你所说的，刘豫州为什么不向曹操投降呢？”诸葛亮说：“田横，不过是齐国的一个壮士而已，还能恪守节义不受屈辱；何况刘豫州是汉王室的后代，英明才智盖世无双，众人敬仰倾慕他，就像水归入大海一样。如果事情不成功，这是天意，怎能再居于曹操之下呢？”孙权勃然大怒，说：“我不能拿全东吴的土地和十万将士拱手奉送，去受曹操控制。我的主意打定了！除了刘豫州就没有人可以来抵挡曹操了；可是刘豫州在刚刚打了败仗之后，怎么能抗得住曹操的强大攻势呢？”诸葛亮说：“刘豫州的军队虽然在长坂坡打了败仗，现在归队的士兵加上关羽率领的精锐水兵还有一万人，刘琦收拢江夏的战士也不下万人。曹操的军马，远道而来已疲惫不堪，听说追逐刘豫州时，轻装的骑兵一日一夜跑三百多里，这就是所谓‘强弓射出的箭到了尽头，连鲁国的薄绢也穿不透’啊。所以《兵法》上忌讳这样做，说‘一定会使主帅遭到挫败’。何况北方人不习惯水上作战；还有，荆州的民众所以归附曹操，是一时被曹操的威势所逼，不是发自内心的顺服。现在，将军如果能派一员虎将统领几万人马，和刘豫州共同规划、同心协力，攻破曹军是必然的。曹操的军队被打败，势必会退回到北方；这样荆州、东吴方面的势力就会强大，三国鼎立的局势就会出现。成败的关键，就在今天！”孙权听了十分高兴，便同部下们商讨这件事。

【原文】

是时，曹操遗权书曰：“近者奉辞伐罪，旌麾南指，刘琮束手。今治水军八十万众，方与将军会猎于吴。”权以示臣下，莫不响震失色。长史张昭等曰：“曹公，豺虎也，挟天子以征四方，动以朝廷为辞；今日拒之，事更不顺①。且将军大势可以拒操者，长江也；今操得荆州，奄有其地②，刘表治水军，蒙冲斗舰乃以千数③，操悉浮于沿江④，兼有步兵，水陆俱下，此为长江之险已与我共之矣，而势力众寡又不可论。愚谓大计不如迎之。”鲁肃独不言。权起更衣，肃追于宇下。权知其意，执肃手曰：“卿欲何言？”肃曰：“向察众人之议⑤，专欲误将军，不足与图大事。今肃可迎操耳⑥，如将军不可也。何以言之？今肃迎操⑦，操当以肃还付乡党，品其名位，犹不失下曹从事⑧，乘犊车，从吏卒，交游士林，累官故不失州郡也⑨。将军迎操，欲安所归乎？愿早定大计，莫用众人之议也！”权叹息曰：“诸人持议，甚失孤望。今卿廓开大计，正与孤同。”

【注解】

① 不顺：不顺于理。② 奄有：全部占有。③ 蒙冲：蒙着生牛皮用来冲锋的快速战艇。斗舰：大的战船。④ 悉浮于沿江：全部把它们布置在江边。⑤ 向：刚才。察：细致深刻地观察。⑥ 今：至于。⑦ 今：如果。⑧ 下曹从事：下级官吏。曹，官府中分科办事的单位。从事，州郡的属吏。⑨ 累官：逐步升迁。累，逐步积累。故：仍旧。不失州郡：不失做州郡的长官。

【译文】

这个时候，曹操派人给孙权送来一封信，信上说："近来我奉朝廷命令讨伐有罪的人，军旗指向南方，刘琮束手投降。现在训练水军八十万之多，正要和将军共同在东吴打猎。"孙权把这封信拿给众人看，没有不吓得变了脸色的。长史张昭等人说："曹操是豺虎豹，他挟持皇帝来征讨天下，动不动就拿朝廷的名义来发布命令；如果和他对抗，事情更为不利。况且将军凭借抗曹的有利地形，不过是一条长江；如今曹操得到了荆州，完全占有了那里，刘表组建的水军，大小战船多到以千艘来计算，曹操将这些战船全部布置在沿江一带，又加上步兵，水路陆路一齐进攻，这样一来，已经和我方共同占有长江天险了，至于军事力量悬殊又不可相提并论。我认为不如投降曹操。"只有鲁肃一个人沉默不语。孙权起身上厕所，鲁肃追到屋檐下，孙权知道他的来意，拉着鲁肃的手说："你想说什么？"鲁肃说："刚才我细致地观察了大家的议论，觉得他们只是想贻误将军，实在不值得和他们谋划大事。现在，像我鲁肃这样的人可以投降曹操，而像将军您却不可以。这话怎么说呢？如果我鲁肃迎顺曹操，曹操会把我送还乡里，让父老去品评，以确定我的名位，还能在大官下面讨个小差事，出去仍可坐牛车，带几个吏卒，和士大夫们往来，然后积累资历逐渐擢升官职，仍可以做到不低于州郡一级的长官。将军您一旦投降了曹操，将会得到一个什么样的结局呢？希望您早定大计，不要听那些人的！"孙权叹息道："这些人所持的议论，很让我失望。现在您阐明利害，正和我的想法一样。"

【原文】

时周瑜受使至番阳，肃劝权召瑜还。瑜至，谓权曰："操虽托名汉相，其实汉贼也。将军以神武雄才[①]，兼仗父兄之烈[②]，割据江东，地方数千里[③]，兵精足用，英雄乐业[④]，当横行天下，为汉家除残去秽[⑤]；况操自送死，而可迎之邪！请为将军筹之：今北土未平，马超、韩遂尚在关西，为操后患；而操舍鞍马[⑥]，仗舟楫[⑦]，与吴、越争衡，今又盛寒，马无藁草[⑧]；驱中国士众远涉江湖之间，不习水土，必生疾病。此数者用兵之患也，而操皆冒行之。将军禽操，宜在今日。瑜请得精兵数万人，进住夏口，保为将军破之！"权曰："老贼欲废汉自立久矣，徒忌二袁、吕布、刘表与孤耳。今数雄已灭，惟孤尚存。孤与老贼势不两立，君言当击，甚与孤合，此天以君授孤也。"因拔刀斫前奏案曰[⑨]："诸将吏敢复有言当迎操者，与此案同！"乃罢会。

【注解】

① 神武：非凡的军事才干。② 烈：功业。③ 地方：土地方圆。④ 乐业：乐于为国建功立业。

⑤除残去秽：除掉残暴污秽（之人）。⑥鞍马：这里指骑兵。⑦仗舟楫：凭借舟船。楫，船桨。⑧藁草：喂牲口的饲料。⑨斫：砍。前奏案：面前放置奏章文书的几案。

【译文】

当时周瑜奉命到番阳，鲁肃建议孙权召周瑜回来。周瑜到了后，对孙权说："曹操虽然在名义上是汉朝丞相，实际上是汉朝的奸贼。将军凭着武功和英雄的才能，同时继有父兄的功业，拥有江东，方圆几千里，军队精良、物资充足，英雄豪杰愿意为国家效力，正应当驰骋于天下，替汉朝除去残暴、邪恶之人；何况曹操自己前来送死，怎么可以迎顺他呢？请允许我为将军筹划这件事：现在北方并未完全平定，马超、韩遂还在函谷关以西，他们是曹操的后患；曹操又舍弃骑兵，依仗舟船来和我东吴争高下，现在正值严冬，战马没有草料，驱赶中原的士兵们远来跋涉在江南的多水地带，不服水土，一定会生病。这几件事都是用兵的禁忌，而曹操都冒失地干了。将军捉拿曹操，应当就在眼下。请您拨给我几万精兵，让我进驻夏口，一定为将军击败曹操！"孙权说："曹操那老贼想要废除汉朝自立为帝已经很久了，只是顾忌袁绍、袁术、吕布、刘表与我而已。现在那几位豪杰已被消灭，只有我还幸存。我和老贼势不两立，你说应当抗击曹操，很合我的心意，这是天意要把你交给我啊。"于是拔刀砍断面前放奏章的几案，说："各位武将文官有谁敢再说应当迎顺曹操的，和这几案一样！"于是宣布散会。

孙权拔刀砍断面前放奏章的几案表示抗曹的决心。

【原文】

是夜，瑜复见权曰："诸人徒见操书言水步八十万而各恐慑，不复料其虚实，便开此议[①]，甚无谓也[②]。今以实校之：彼所将中国人不过十五六万，且已久疲；所得表众亦极七八万耳，尚怀狐疑。夫以疲病之卒御狐疑之众，众数虽多，甚未足畏。瑜得精兵五万，自足制之[③]，愿将军勿虑！"权抚其背曰："公瑾，卿言至此，甚合孤心。子布、元表诸人[④]，各顾妻子，挟持私虑[⑤]，深失所望；独卿与子敬与孤同耳，此天以卿二人赞孤也。五万兵难卒合，已选三万人，船粮战具俱办。卿与子敬、程公便在前发，孤当续发人众，多载资粮，为卿后援。卿能办之者诚决[⑥]，邂逅不如意，便还就孤，孤当与孟德决之。"遂以周瑜、程普为左右督，将兵与备并力逆操；以鲁肃为赞军校尉，助画方略[⑦]。

【注解】

①开：发。此议：投降的议论。②甚无谓也：很没有道理。③自足：完全可以。制：制伏。④子布：张昭的字。元表：当是"文表"之误。秦松，字文表。⑤挟持私虑：带着个人打算。⑥卿能办之者诚决：假如你能对付得了曹操，那就应当和他决胜。⑦助画：协助筹划。方略：策略。

【译文】

这天夜里，周瑜再次见孙权说："众人只见曹操信上说水军步兵八十万，就感到害怕，不再考虑他们的真实情况，便发出投降的议论，很没道理。现在按实际情况查核一下，曹操所率领的中原士兵不过十五六万，而且早已疲惫不堪；新收编的刘表水军最多也只有七八万，还三心二意。曹操用疲惫染病的士兵，驱使犹豫动摇的军队，人数虽多，却并没有什么可怕的。请拨给我精兵五万，我就可以制伏曹军，希望将军不必多虑！"孙权拍着周瑜的背说："公瑾，你说得这样忠心、恳切，很合我的心意。子布、元表这些人，他们只顾念各自的妻子儿女，带有个人的打算，使我非常失望；只有你和子敬与我同心，这是苍天让你们二人来辅助我啊！五万兵难在短时间内集合起来，我已选好三万人，船只、粮草及武器都已办齐。你与子敬、程公先行，我会陆续调兵遣将，多多运载物资、粮食，做你的后援。假如你能对付得了曹操，就同他决战，万一遇到意外，就撤回来靠近我，我当和孟德决一死战。"于是，孙权任命周瑜、程普为左右都督，率兵与刘备齐心协力迎击曹操；任命鲁肃为赞军校尉，协助谋划作战的策略。

【原文】

刘备在樊口，日遣逻吏于水次候望权军。吏望见瑜船，驰往白备①，备遣人慰劳之。瑜曰："有军任，不可得委署②；傥能屈威③，诚副其所望④。"备乃乘单舸往见瑜问曰⑤："今拒曹公，深为得计。战卒有几⑥？"瑜曰："三万人。"备曰："恨少。"瑜曰："此自足用，豫州但观瑜破之⑦。"备欲呼鲁肃等共会语，瑜曰："受命不得妄委署；若欲见子敬，可别过之⑧。"备深愧喜⑨。

【注解】

①白：报告。②委署：托人代行职务。指离开岗位。③傥：同"倘"，倘若，假如。屈威：委屈尊威。④诚：确实，真的。副：符合。⑤单舸：单独一条船。⑥战卒：作战的士卒。有几：有多少。⑦但：只管。⑧可别过之：可以另外去访他。⑨愧喜：又惭愧又高兴。

【译文】

刘备驻扎在樊口，每天派巡逻的官吏在江边眺望等候孙权军队的到来。官吏望见周瑜的船队，便飞马赶回营地禀告刘备，刘备马上派人前去慰劳他们。周瑜对慰劳的人说："我有军务在身，不便托他人代行职务；倘若刘豫州能屈尊前来，真的是我所希望的。"刘备便单独坐船去会见周瑜，问道："现在抗拒曹操，是十分正确的决策。您有多少人马？"周瑜回答说："三万人马。"刘备说："可惜太少了。"周瑜说："这完全够用，豫州您只管看我击破曹军。"刘备想叫上鲁肃等人来一起会面交谈，周瑜说："鲁肃等有军务在身，不便委托他人代理；如果您想见子敬，可以另外去看他。"刘备深感惭愧，又十分高兴。

【原文】

进，与操遇于赤壁。

时操军众，已有疾疫。初一交战，操军不利，引次江北。瑜等在南岸，瑜部将黄盖曰:“今寇众我寡，难与持之。操军方连船舰，首尾相接，可烧而走也[①]。”乃取蒙冲斗舰十艘，载燥荻、枯柴[②]，灌油其中，裹以帷幕，上建旌旗[③]，豫备走舸[④]，系于其尾。先以书遗操，诈云欲降。时东南风急，盖以十舰最著前[⑤]，中江举帆，馀船以次俱进。操军吏士皆出营立观，指言盖降。去北军二里馀[⑥]，同时发火，火烈风猛，船往如箭，烧尽北船，延及岸上营落。顷之[⑦]，烟炎张天[⑧]，人马烧溺死者甚众。瑜等率轻锐继其后，雷鼓大震[⑨]，北军大坏[⑩]。操引军从华容道步走[⑪]，遇泥泞，道不通，天又大风，悉使羸兵负草填之[⑫]，骑乃得过。羸兵为人马所蹈藉[⑬]，陷泥中，死者甚众。刘备、周瑜水陆并进，追操至南郡。时操军兼以饥疫，死者太半[⑭]。操乃留征南将军曹仁、横野将军徐晃守江陵，折冲将军乐进守襄阳[⑮]，引军北还。

【注解】

①走：使败走。②燥荻、枯柴：干燥的芦荻、木柴。③建：设立。④走舸：轻快小船。这是准备放火后乘坐的。⑤最著前：排在最前边。⑥去北军：离曹军。⑦顷之：一会儿。⑧烟炎张天：火焰浓烟布满天空。炎，同“焰”。张，布满。⑨雷：同“擂”。⑩大坏：彻底溃败。⑪华容道：通往华容县的道路。步走：从陆路逃跑。⑫羸：弱。负：背。⑬蹈藉：践踏。⑭太半：过半。⑮征南、横野、折冲：都是将军名。曹仁、徐晃、乐进：都是曹操手下的名将。襄阳：今湖北省襄樊市。

【译文】

孙刘联军向前推进，在赤壁与曹军相遇。

这时曹操军中已经发生了传染病。刚一交战，曹军就失利，于是曹操率军马退到长江北岸驻扎。周瑜的军马驻扎在南岸，周瑜部下的将领黄盖提议道:“目前敌众我寡，很难和他们持久对峙。曹军正好把战船连接在一起，首尾相接，如用火烧战船，就可以打退曹兵。”于是调集十只大小战船，装载干芦荻、枯柴草，在里边灌了油，外面用蓬布包裹起来，上面竖立起黄盖的旗帜，还准备了轻快小船，系在大船的尾部。黄盖先派人送信给曹操，假称准备去投降。当时正值东南风来势很急，黄盖把十只战船排在最前头，到了江中升起船帆，其余的船只按次序一起前进。曹军将士都出营站在那里观看，指着来船说黄盖来投降了。距离曹操军队二里多远时，各船同时点火，风势猛，火势大，船像箭一般飞驰，把北岸曹军的战船全都烧尽，火势还蔓延到岸上的军营。霎时间，火焰浓烟满天，曹军人马烧死的、淹死的很多。周瑜等率领轻装的精锐部队随后进击，擂起战鼓震天动地，奋勇向前，曹军大败。曹操带领着败兵从华容道陆路逃跑，遇上雨后道路泥泞，不便行走，天又刮起大风，曹操命令疲弱的士兵全部背草填路，骑兵才得以通过。疲弱的士兵被人马践踏，陷在泥坑中，死了很多。刘备、周瑜水陆一齐前进，追赶曹军到了南郡。这时，曹军饥饿，又有传染病，死了将近大半。于是曹操留下征南将军曹仁、横野将军徐晃把守江陵，折冲将军乐进把守襄阳，自己带领其余人马退回北方。

子部

《孙子兵法》

《孙子兵法》是世界公认的现存最古老的军事理论著作，共分 13 篇，总计 5900 余字，被人们尊奉为“兵经”、“百世谈兵之祖”。历代兵学家、军事家甚至政治家无不从中汲取养料，曹操、唐太宗、宋仁宗、王阳明、张居正等都曾力主学习此书。美国的国防大学、西点军校、海空军指挥学院等都把《孙子兵法》列为战略学和军事理论的必读书。

【原文】

孙子曰：兵者[①]，国之大事，死生之地，存亡之道，不可不察也。

故经之以五事[②]，校之以计而索其情[③]：一曰道，二曰天，三曰地，四曰将，五曰法。道者，令民与上同意也[④]，故可以与之死，可以与之生，而不畏危。天者，阴阳、寒暑、时制也[⑤]。地者，远近、险易、广狭、死生也[⑥]。将者，智、信、仁、勇、严也[⑦]。法者，曲制、官道、主用也[⑧]。凡此五者，将莫不闻[⑨]，知之者胜，不知者不胜。

故校之以计而索其情，曰：主孰有道？将孰有能？天地孰得？法令孰行？兵众孰强？士卒孰练？赏罚孰明？吾以此知胜负矣。

将听吾计[⑩]，用之必胜，留之；将不听吾计，用之必败，去之。

计利以听[⑪]，乃为之势，以佐其外[⑫]。势者，因利而制权也[⑬]。

【注解】

①兵：原指兵器。这里指战争。②经之以五事：指从道、天、地、将、法这五个方面对制胜的条件和因素进行分析研究。经，度量、衡量。③校（jiào）之以计而索其情：衡量敌对双方的各种条件，从中探求战争胜负的情形。校，通“较”，衡量、比较。计，指下文“主孰有道”等“七计”。④令民与上同意：使民众与国君的意志相一致。⑤阴阳：指昼夜、晴雨等天时气象的变化。寒暑：指寒冷、炎热等气温的波动。时制：指四季时令的更替。⑥远近、险易、广狭、死生：指路程的远近、地势的险阻或平坦、作战场地的宽阔或狭窄、地形是否有利于攻守进退。⑦智、信、仁、勇、严：指将帅的才能智谋、赏罚有信、爱护部属、勇敢果断、纪律严明等条件。⑧曲制：指有关军队组织编制等方面的制度。官道：指有关各级将官的职责区分、统辖管理等方面的制度。主用：指有关各种军需物资后勤保障的制度。主，掌管。用，物资费用。⑨闻：知道、了解。⑩将听吾计：有两种解释，一说“将”是“听”的助动词，表示假设；一说“将”指将领。这里取第一种解释。⑪计利以听：指有利的计策已经被采纳。计，这里指战争决策。以，同“已”。听，听从、采纳。⑫佐：辅助。⑬因利而制权：根据利害得失而掌握战场的主动权。

【译文】

孙子说：战争，是国家的大事，它关系到生死存亡，是不可以不详加考察和研究的。

所以，要从以下五个方面分析研究，从计谋上加以衡量，并从中探求战争胜负的情形：一是道，二是天，三是地，四是将，五是法。道，是使民众与君主的意志相一致，所以可以使民众与国君一同赴死，一同相养相生，而不会畏惧危险。天，是指阴阳、寒暑、四时的更替变化。地，是指征战路途的远近，地形的险阻与平坦，作战场地的广阔与狭窄以及哪里是死地、哪里是生地等。将，是指将帅是否足智多谋，是否赏罚有信，是否爱护部属，是否勇敢果断，是否军纪严明。法，是指军队的组织编制、各级将官的职责区分、军需物资的供应管理等制度规定。凡属这五个方面的情况，将领们没有不知道的。只有充分地了解，才能获胜；否则，就不能取胜。

孙子曰：兵者，国之大事，死生之地，存亡之道，不可不察也。

所以，要从以下七个方面对敌我双方的情况进行研究分析，从中探求战争胜负的情形，包括：哪一方的君主更正义？哪一方的将领更有才能？哪一方占据了更多的天时地利条件？哪一方的法令能够更加切实地贯彻执行？哪一方的兵力更为强大？哪一方的士卒更加训练有素？哪一方的赏罚更加公正严明？我们根据这些，就可以推知谁胜谁负了。

如果能听从我的计谋，用兵就一定能够胜利，我就留在这里；如果不能听从我的计谋，用兵就必定会失败，我就离开这里。

有利的计策已经被采纳，还要设法造势，以辅助作战的进行。所谓“势”，就是根据对敌我双方利害得失的把握而掌握主动权。

【原文】

兵者，诡道也①。故能而示之不能②，用而示之不用，近而示之远③，远而示之近；利而诱之，乱而取之，实而备之，强而避之，怒而挠之④，卑而骄之⑤，佚而劳之⑥，亲而离之，攻其无备，出其不意。此兵家之胜⑦，不可先传也⑧。

夫未战而庙算胜者⑨，得算多也⑩；未战而庙算不胜者，得算少也。多算胜，少算不胜，而况于无算乎！吾以此观之，胜负见矣⑪。

【注解】

①兵者，诡道也：用兵打仗是一种诡诈、谲变的行为。诡，诡诈、奇诡。②能而示之不能：意即能打却故意装作不能打，能守却故意装作不能守。示，显示、假装。③近而示之远：本来要从近处进攻，故意装作要从远处进攻。④怒而挠之：意即对于暴躁易怒的敌将，要用挑逗的办法激怒他，使其失去理智，轻举妄动。挠，挑逗。⑤卑而骄之：意即对于卑视我方的敌人，应设法

使其变得骄傲自大，然后伺机将其击破。⑥佚而劳之：意即对于休整充分的敌人，要设法使其疲劳。佚，通“逸”。⑦胜：奥妙。⑧不可先传：指不可事先进行传授，意即只能在战争中根据实际情况加以灵活运用。⑨庙算：古时候出师作战之前，一般要在庙堂里举行会议，商议谋划作战方略，分析战争的利害得失，预测战争胜负，这就叫作“庙算”。⑩得算多：指具备很多取胜的条件。算，计数用的筹码，这里引申指获胜的条件。⑪胜负见矣：胜负的结果显而易见。见，通“现”，显现。

【译文】

用兵打仗是一种诡诈之术。所以，能打却装作不能打；能攻而装作不能攻；要打近处，却装作要在远处行动；要打远处，却装作要在近处行动。敌人贪利，就用利引诱它；敌人混乱，就乘机攻击它；敌人实力雄厚，就要注意防备它；敌人实力强劲，就暂时避开它的锋芒；敌人冲动易怒，就要设法骚扰激怒它；敌人卑视我方，就要设法使其变得骄傲自大；敌人休整充分，就要设法使它疲困；敌人内部团结，就要设法离间它；要在敌人没有防备的地方发动攻击，要在它意料不到的时候采取行动。这是兵家取胜的奥妙所在，（其中的深意必须在实践中方能体会）是无法事先传授的。

凡是在开战之前就预计能够取胜的，是因为筹划周密，胜利条件多；开战之前就预计不能取胜的，是因为筹划不周，胜利条件少。筹划周密、条件具备就能取胜，筹划不周、条件缺乏就不能取胜，更何况根本不筹划、没有任何胜利条件呢？我们依据这些来观察，胜负的结果也就很明显了。

【原文】

孙子曰：凡用兵之法，驰车千驷[①]，革车千乘[②]，带甲十万[③]，千里馈粮[④]；则内外之费[⑤]，宾客之用[⑥]，胶漆之材[⑦]，车甲之奉[⑧]，日费千金，然后十万之师举矣[⑨]。

凡用兵之法，驰车千驷，革车千乘。

其用战也胜[⑩]，久则钝兵挫锐，攻城则力屈[⑪]，久暴师则国用不足[⑫]。夫钝兵挫锐、屈力殚货[⑬]，则诸侯乘其弊而起[⑭]，虽有智者，不能善其后矣。故兵闻拙速，未睹巧之久也[⑮]。夫兵久而国利者，未之有也。故不尽知用兵之害者，则不能尽知用兵之利也。

【注解】

①驰车千驷（sì）：战车千辆。驰车，快速轻便的战车。驰，奔走。驷，原指同一车套四匹马，这里作量词，即辆。②革车千乘（shèng）：重车千辆。革车，又叫守车、重车，是专门用于运送粮食和器械的辎重车辆。乘，辆。③带甲：穿戴盔甲的士兵，这里泛指军队。④千里馈粮：

辗转千里运送粮食。馈粮，运送粮食。馈，供应、运送。⑤内外：这里泛指前方和后方。⑥宾客之用：指与各诸侯国使节往来所花的费用。⑦胶漆之材：指制作和维修作战器械所需的物资材料。胶漆，是制作、保养弓矢器械的材料。⑧车甲之奉：指保养、补充武器装备的开销。车甲，车辆盔甲。奉，同"俸"，费用、花销。⑨举：出动。⑩用战也胜：指在战争耗费巨大的情况下用兵，就要求速战速胜。⑪力屈：力量耗尽。屈，竭尽、穷尽。⑫久暴师则国用不足：军队长期在外作战，国家的经济就会发生困难。暴，暴露。⑬屈力殚（dān）货：力量耗尽，财力枯竭。殚，枯竭。货，财货、财力。⑭弊：疲困，危机。⑮巧：巧妙，工巧。

【译文】

孙子说：大凡用兵，其规律是要出动轻型战车千辆、辎重车千辆、军队十万，还要跋涉千里运送粮食。那么前后方的用度，接待使节来宾的开支，胶、漆一类作战物资的供应，保养、补充武器装备的花销，每天的耗费多达上千金，然后十万大军才能出动。

用这样庞大的军队去作战，就要求速战速胜，时间一久就会使军队疲惫、锐气挫伤；攻城会使力量消耗殆尽；军队长期在外作战，会造成国家财力的紧张。军队疲惫、锐气挫伤、国力耗尽、财力枯竭，那么其他诸侯就会乘此发兵进攻，到那时，即使足智多谋的人，也无法收拾残局。所以，在用兵上只听说过有讲究战术简单而追求速胜的，没见过有讲究战术技巧而将战争拖得很久的。战事旷日持久而对国家有利的情形，从来就没有过。所以，不能完全了解用兵害处的人，也就不能完全了解用兵的益处。

【原文】

善用兵者，役不再籍[①]，粮不三载[②]；取用于国[③]，因粮于敌[④]，故军食可足也。

国之贫于师者远输[⑤]，远输则百姓贫。近于师者贵卖[⑥]，贵卖则百姓财竭，财竭则急于丘役[⑦]。力屈、财殚，中原内虚于家[⑧]。百姓之费，十去其七；公家之费，破车罢马[⑨]，甲胄矢弩[⑩]，戟楯蔽橹[⑪]，丘牛大车[⑫]，十去其六。

故智将务食于敌，食敌一钟[⑬]，当吾二十钟；萁秆一石[⑭]，当吾二十石。

故杀敌者，怒也；取敌之利者，货也[⑮]。故车战得车十乘已上，赏其先得者，而更其旌旗。车杂而乘之，卒善而养之，是谓胜敌而益强。

故兵贵胜，不贵久。

故知兵之将，生民之司命[⑯]，国家安危之主也[⑰]。

【注解】

①籍：本指名册，这里作动词，指征集兵员。②载：运输、运送。③取用于国：指武器装备等从国内取用。④因：依靠。⑤国之贫于师者远输：因为用兵而导致贫困的国家，远途运输是一个重要的原因。师，军队。⑥贵卖：意思是物价飞涨。⑦急：这里有加重的意思。丘役：军赋。丘，古代地方行政区划单位，一丘为一百二十八家。⑧中原内虚于家：国内百姓的家因为远途运输而变得贫困、空虚。中原，这里泛指国内。⑨破车：战车破损。罢（pí）马：战马疲敝。罢，同"疲"。⑩甲胄（zhòu）矢弩：泛指装备战具。甲，铠甲。胄，头盔。矢，箭。⑪戟（jǐ）楯（dùn）蔽橹（lǔ）：泛指各种攻防兵器。戟，古代一种兵器的名称。楯，同"盾"。蔽橹，攻城时用作屏蔽的大盾牌。⑫丘牛大车：指辎重车辆。丘牛，从兵役中征集来的牛。⑬钟：容量单位，每钟相当于六十四斗。⑭萁（qí）秆：泛指牛、马等牲畜的饲料。萁，同"萁"，豆秸。秆，禾茎。

石（dàn）：古代容量单位，三十斤为一钧，四钧为一石，即一百二十斤为一石。⑮取敌之利者，货也：想要使军队勇于夺取敌人的财物，就要先用财货来奖赏士卒。利，财物。货，财货，这里指用财货进行犒赏，以调动官兵杀敌的积极性。⑯生民：泛指民众。司命：星宿名，传说主死亡，这里喻指命运的主宰。⑰主：主宰。

【译文】

善于用兵的人，不一再征集兵员，不多次运送粮草；武器装备等从国内取得，粮草则在敌国解决，这样，军队的粮食供应就得到满足了。

国家之所以会因为用兵而变得贫困，远途运输是重要原因，远途运输就会使百姓陷于贫困。邻近军队的地区物价飞涨，物价飞涨就会使百姓财力枯竭，百姓财力枯竭，就更加急迫地征收赋税。国力耗尽，财政枯竭，国内就会家家空虚。百姓的财力，将会耗去十分之七；政府的财力，由于车辆破损、战马疲惫，装备、兵器、战具的补充以及辎重车辆的征调，要耗去十分之六。

所以，明智的将帅务求在敌国就地解决粮食的供给问题。消耗敌国一钟粮食，相当于从本国运送二十钟粮食；消耗敌国一石饲料，相当于从本国运送二十石饲料。

要想使士兵奋勇杀敌，就要激发他们同仇敌忾的勇气；要想夺取敌人的物资，就要用财货奖赏士卒。因此在车战中，缴获战车十辆以上，要奖赏最先夺得战车的士兵，并且更换战车上的旗帜，混入自己的战车编队之中。对于俘虏，要善待和供养他们。这就是所谓战胜敌人而使自己的力量更加强大。

所以用兵贵在速胜，而不宜旷日持久。

所以精通用兵之道的将帅，是民众命运的掌握者，是国家安危的主宰者。

【原文】

孙子曰：凡用兵之法，全国为上，破国次之①；全军为上，破军次之；全旅为上，破旅次之；全卒为上，破卒次之；全伍为上，破伍次之②。是故百战百胜，非善之善者也③；不战而屈人之兵，善之善者也。

故上兵伐谋④，其次伐交⑤，其次伐兵⑥，其下攻城。

攻城之法为不得已。修橹轒辒⑦，具器械，三月而后成，距闉⑧，又三月而后已。将不胜其忿而蚁附之⑨，杀士三分之一而城不拔者，此攻之灾也。

故善用兵者，屈人之兵而非战也⑩，拔人之城而非攻也，毁人之国而非久也，必以全争于天下，故兵不顿而利可全⑪，此谋攻之法也。

故用兵之法，十则围之⑫，五则攻之，倍则分之，敌则能战之⑬，少则能逃之，不若则能避之⑭。故小敌之坚，大敌之擒也⑮。

【注解】

①全国为上，破国次之：以自己实力为后盾，完整地使敌方降服为上策；而通过战争，攻破敌方城池则稍逊一筹。全，全部、完整。国，春秋时主要指都城，有时也包括外城及周围地区。②伍：都是古代军队的编制单位。旧说一万二千五百人为军，五百人为旅，百人为卒，五人为伍。不过，春秋以后，各诸侯国军队编制不完全一样。③非善之善者也：不是好中最好的。④上

兵伐谋：用兵的最高境界是用谋略战胜敌人。上兵，上乘的用兵之法。伐谋，以谋略攻敌赢得胜利。伐，进攻、攻打。谋，谋略。⑤伐交：指通过外交途径，分化瓦解敌人的盟友，巩固扩大自己的同盟，使敌人陷入孤立的境地，最后不得不屈服。⑥伐兵：以武力战胜敌人。⑦修橹轒（fén）辒（wēn）：制造大盾和攻城用的四轮大车。修，制作、制造。橹，这里指藤革等材料制的大盾牌。辒，攻城用的四轮大车，是以桃木制成，外蒙生牛皮，可以容纳十余人。⑧距闉（yīn）：指为攻城做准备而堆积的高出城墙的土山。闉，同"堙"，土山。⑨蚁附之：指士兵像蚂蚁一样爬梯攻城。⑩非战：指不用交战的办法，而用"伐谋"、"伐交"等方法迫使敌人屈服。⑪顿：同"钝"，这里是疲惫、挫折的意思。⑫十则围之：有十倍于敌人的兵力，就要四面包围他。⑬敌则能战之：指同敌人兵力相等时，要设法战胜敌人。敌，这里指兵力相当、势均力敌。⑭不若则能避之：指当各方面条件均不如敌人时，要设法避免与敌交战。⑮小敌之坚，大敌之擒：力量弱小的军队，如果一味固守硬拼，就会为强大的敌人所俘虏。

【译文】

孙子说：大凡用兵的指导法则，使敌国完整地降服为上策，击破它就次一等；使敌军完整地降服为上策，击破它就次一等；使敌人全旅完整地降服是上策，击破它就次一等；使敌人全卒完整地降服为上策，击破它就次一等；使敌人全伍完整地降服为上策，击破它就次一等。因此，百战百胜，还不算是高明中的高明；不出战就能使敌人屈服的，才是高明中的高明。

全国为上。

所以，用兵的上策是用谋略来战胜敌人，其次是在外交上封锁、孤立敌人，再次是直接出兵击败敌人，下策是攻打敌人的城池。

选择攻城是迫不得已的办法。建造攻城用的大盾和四轮大车，准备攻城的器械，费时三个月的工夫才能完成。而构筑攻城用的土山，又要花费三个月才能完成。如果主将不能控制自己愤怒焦急的情绪而驱使士兵们像蚂蚁一般爬梯攻城，士兵伤亡了三分之一，而城池未能攻克，这就是攻城所带来的灾难。

所以，善于用兵的人，使敌军屈服不是靠交战，夺取敌人的城池不是靠强攻，灭亡敌人的国家不是靠久战。一定要用全胜的谋略争胜于天下。这样，军队不会劳累疲惫，又能取得完满的胜利。这就是以谋略攻取敌人的法则。

所以，用兵的法则，拥有十倍于敌人的兵力就包围敌人；拥有五倍于敌人的兵力，就主动进攻；拥有两倍于敌人的兵力就设法分割敌人；兵力同敌人相当的，要设法战胜敌人；兵力少于敌人的，要设法摆脱敌人；各方面条件均不如敌人的，要设法避开敌人的锋芒。因此，弱小的军队如果一味固守硬拼，就会成为强大敌人的俘虏。

【原文】

君患于军者三。

夫将者，国之辅也①。辅周则国必强，辅隙则国必弱②。

故君之所以患于军者三③：不知军之不可以进而谓之进④，不知军之不可以退而谓之退，是谓縻军⑤。不知三军之事而同三军之政者⑥，则军士惑矣。不知三军之权而同三军之任⑦，则军士疑矣。三军既惑且疑，则诸侯之难至矣，是谓乱军引胜⑧。

故知胜有五：知可以战与不可以战者胜；识众寡之用者胜；上下同欲者胜⑨；以虞待不虞者胜⑩；将能而君不御者胜⑪。此五者，知胜之道也。

故曰：知彼知己者，百战不殆⑫；不知彼而知己，一胜一负；不知彼，不知己，每战必殆。

【注解】

①辅：辅助，这里引申为助手。②隙：缺陷、漏洞。③患：危害。④谓：告诉，这里是命令的意思。⑤是谓縻（mí）军：这叫作束缚军队。縻军，束缚军队，使军队不能相机而动。縻，束缚、羁縻。⑥同：共，这里是参与、干预的意思。政：这里指军队的行政。⑦权：权变、权谋。任：统率、指挥。⑧引：引导、导致。⑨同欲：同心、齐心。⑩以虞待不虞者胜：指自己在有准备的情况下对付没有准备的敌人就能获胜。虞，有准备。⑪御：驾御，这里是牵制、干预的意思。⑫殆（dài）：危险，失败。

【译文】

将帅，是国君的助手。如果辅助周密得力，国家就必定强盛；如果辅助上有缺失疏漏，国家就必定衰弱。

国君可能对军队产生危害的情况有三种：不知道军队不能前进而强令军队前进，不知道军队不能后退而强令军队后退，这叫作束缚军队；不懂得军中事务而去干预军队的行政，就会使将士们产生迷惑；不懂得军事上的权谋机变而去干涉军队的指挥，就会使将士们产生疑虑。军队既迷惑又心存疑虑，那么其他诸侯乘机进攻的灾难就随之来临了，这就叫作扰乱自己的军队而导致敌人的胜利。

所以，能够预知胜利的情况有五种：知道什么情况下可以打，什么情况下不能打的，能够取得胜利；懂得根据兵力多寡而采取不同战法的，能够取得胜利；上下一心的，能够取得胜利；事先有所准备来对付事先没有准备的，能够取得胜利；将帅贤能而国君不掣肘的，能够取得胜利。这五条，就是预知胜利的方法。

所以说，既了解敌人，又了解自己的，百战百胜；不了解敌人而了解自己的，胜负参半；既不了解敌人，又不了解自己的，每战必败。

【原文】

孙子曰：昔之善战者，先为不可胜①，以待敌之可胜②。不可胜在己，可胜在敌。故善战者，能为不可胜，不能使敌之可胜。故曰：胜可知而不可为③。

不可胜者，守也；可胜者，攻也。守则不足，攻则有余④。善守者，藏于九地之下；善攻者，动于九天之上⑤，故能自保而全胜也。

见胜不过众人之所知⑥，非善之善者也；战胜而天下曰善，非善之善者也。故举秋毫不为多力⑦，见日月不为明目，闻雷霆不为聪耳⑧。古之所谓善战者，胜于易胜者也。故善战者之胜也，无智名，无勇功。故其战胜不忒⑨，不忒者，其所措必胜⑩，胜已败者也。故善战者，立于不败之地，而不失敌之败也。是故胜兵先胜而后求战，败兵先战而后求胜⑪。善用兵者，修道而保法，故能为胜败之政⑫。

兵法：一曰度⑬，二曰量⑭，三曰数⑮，四曰称⑯，五曰胜。地生度，度生量，量生数，数生称，称生胜。故胜兵若以镒称铢⑰，败兵若以铢称镒。胜者之战民也，若决积水于千仞之谿者，形也。

【注解】

① 先为不可胜：先创造条件，使敌人不能战胜自己。为，造就、创造。不可胜，指我方不致被敌人打败。② 待：等待、寻找、捕捉。③ 胜可知而不可为：指胜利是可以预知的，但敌人是否会出现破绽从而被己方击败，则不是己方所能决定的。④ 守则不足，攻则有余：采取防守的办法，是因为自身的力量处于劣势；采取进攻的办法，是因为自身的力量处于优势。⑤ 九地、九天：九地极言深不可测，九天极言高不可测。⑥ 见：预见。不过：不超过。知：认识。⑦ 秋毫：用来比喻最轻微的事物。⑧ 闻雷霆不为聪耳：能够听到雷霆声算不上耳朵灵敏。聪，指听觉灵敏。⑨ 不忒（tè）：意思是无疑误，确有把握。忒，失误，差错。⑩ 措：筹措、措置。⑪ 求胜：希求胜利，这里含有希望侥幸取胜的意思。⑫ 政：主其事叫作“政”，这里引申指决定、主宰。⑬ 度：度量土地幅员。 ⑭ 量：容量，这里指战场容量。⑮ 数：数量，指计算兵员的多寡。⑯ 称：权衡，这里指双方力量的对比。⑰ 镒（yì）、铢（zhū）：都是古代的重量单位。一镒为二十四两，一两为二十四铢。这里用来比喻两军实力的悬殊。

【译文】

孙子说：从前善于用兵的人，先创造条件使自己不被敌人战胜，然后等待可以战胜敌人的时机。不被敌人战胜的主动权掌握在自己手里，能否战胜敌人则取决于敌人是否留下可趁之隙。所以，擅长作战的人，能（创造条件）使自己不被战胜，而不能保证敌人一定为己所战胜。所以说，胜利可以预见而不可强求。

不能战胜敌人的时候，就要加强防守；能战胜敌人的时候，就应该发起进攻。防守是因为取胜条件不足，进攻是因为取胜条件有余。善于防守的人，就像深藏于地下（而使敌人无从下手）；善于进攻的人，就像从九天之上发动攻击（而使敌人无从逃避）。如此，就能自我保全，从而大获全胜。

对胜利的预见不超过一般人的见识，不算高明中的高明；因为战胜而被天下人说好，不算高明中的高明。这就像能举起秋毫的不算力大，能看见日月的不算眼明，能听到雷霆之声的不算耳聪一样。古时候所说的善战之人，都是战胜那些容易战胜的敌人。

所以那些善战之人即使胜利了，也不会留下智慧的名声，不会表现为勇武的战功。他们取得胜利是毫无疑问的。之所以毫无疑问，是因为他们所采取的作战方略和部署是合理的，战胜的是已经处于失败地位的敌人。所以善战之人，总是确保自己立于不败之地，而又不放过任何击败敌人的机会。因此，胜利的军队总是先从各方面寻求战胜敌人的条件，然后与之交战；失败的军队总是先与敌人交战，然后才希求侥幸获胜。善于用兵的人，能够从各方面修治“先胜”之道，确保“自保而全胜”的法度，因而能掌握战争胜负的决定权。

兵法上用五条法则来估计胜利的可能性：一是“度”，二是“量”，三是“数”，四是“称”，五是“胜”。根据战场地形的实际情况，作出利用地形的判断；根据对战场地形的判断，计算出战场容量的大小；根据战场容量的大小，计算出双方兵力的多寡；根据双方兵力的多寡，判断出双方军事实力的强弱；根据双方军事实力的强弱，判断出作战的胜负。所以，胜利的军队（对失败的军队），就好像以镒称铢（那样居于绝对优势的地位）；失败的军队（对胜利的军队），就好像以铢称镒（那样居于绝对劣势的地位）。胜利者在指挥军队作战时，就像决开了千仞之上的溪水（那样势不可挡），这就是所谓的“形”。

【原文】

孙子曰：凡治众如治寡①，分数是也②；斗众如斗寡③，形名是也④；三军之众，可使必受敌而无败者⑤，奇正是也⑥；兵之所加，如以碫投卵者⑦，虚实是也⑧。

凡战者，以正合⑨，以奇胜。故善出奇者，无穷如天地，不竭如江河。终而复始，日月是也。死而复生，四时是也。声不过五，五声之变⑩，不可胜听也。色不过五，五色之变⑪，不可胜观也。味不过五，五味之变⑫，不可胜尝也。战势不过奇正，奇正之变，不可胜穷也。奇正相生⑬，如循环之无端⑭，孰能穷之⑮？

【注解】

①治众如治寡：管理人数众多的部队就如管理人数很少的部队一样。治，治理、管理。②分数：把整体分为若干部分，这里指军队的组织编制。③斗众：指挥人数众多的军队作战。④形名：指古时军队使用的旌旗、金鼓等指挥工具，这里引申为指挥。古代战场上投入的兵力多，分布面积很广，加上通讯不发达，临阵对敌时，将士们无从知道主帅的指挥意图和信息，所以主帅便用高举的旗帜来让将士明白何时前进或后退等，用金鼓来节制将士进行或结束战斗。形，指旌旗。名，指金鼓。⑤必受敌：一旦遭受敌人进攻。必，一旦。⑥奇正：指古代军队作战的变法和常法，常法为“正”，变法为“奇”。含义甚广，简单来说，就是指常规战术和灵活变换的战术。⑦碫（duàn）：磨刀石，泛指石块。⑧虚实：指强弱、劳逸、众寡、真伪等，这里是以强击弱、以实击虚之意。⑨合：会合、交战。⑩五声：我国古代将宫、商、角、徵、羽五个基本音阶称为五声。⑪五色：我国古代以青、赤、黄、白、黑五种颜色为正色。⑫五味：指甜、酸、苦、辣、咸五种味道。⑬奇正相生：奇正之间相互依存、转化。⑭循环之无端：指奇正变化转换，循环不止，永无尽头。循，顺着。环，圆环。无端，无始无终。⑮穷：穷尽。之：代指奇正相生变化。

【译文】

孙子说：要想做到管理人数众多的军队像管理人数少的军队一样，靠的是好的组织编制；要想做到指挥人数众多的军队作战如同指挥人数少的军队作战一样，靠的是指挥号令的有力贯彻；要想使三军将士，即使受到敌人的攻击也不会溃败，要靠“奇、正”运用得当；要想使军队进攻敌人如同以石击卵一般，靠的是“以实击虚”的战略战术运用得当。

大凡作战，都是以正兵当敌，以奇兵取胜。所以，善于出奇制胜的人，其战法变化就如天地那样无穷无尽，如江河那样永不枯竭。终而复始，就像日月此起彼落；死而复生，就像四季交替更迭。声音不过是宫、商、角、徵、羽，然而这五个音阶的组合变化，却产生了听不胜听的音调；颜色的正色不过是青、赤、黄、白、黑，然而这五种颜色的配合变化，却产生了看不胜看的色彩；味道不过是酸、甜、苦、辣、咸，然而五种味道的调配变化，却产生了尝不胜尝的味道。战势，不过奇、正两种，然而这奇与正的变化，却无穷无尽。奇、正的变化，就像顺着圆环行走，没有起点和终点，谁能穷尽它呢？

【原文】

激水之疾[1]，至于漂石者，势也；鸷鸟之疾[2]，至于毁折者，节也[3]。是故善战者，其势险，其节短。势如彍弩[4]，节如发机[5]。

纷纷纭纭，斗乱而不可乱也[6]；浑浑沌沌，形圆而不可败也[7]。乱生于治，怯生于勇，弱生于强[8]。治乱，数也[9]；勇怯，势也；强弱，形也。故善动敌者，形之，敌必从之[10]；予之，敌必取之。以利动之，以卒待之[11]。

激水之疾，至于漂石者。

【注解】

①激水之疾：指湍急的水流以飞快的速度奔泻。疾，急速。②鸷（zhì）鸟：凶猛的鸟，如鹰、雕等。③节：节奏。④彍（guō）弩：指张满待发的弓弩彍。彍，把弓弩张满。⑤发机：触发弩机的机纽，将弩箭突然射出。机，弩机，古代兵器，“弩”的机件，类似于今天枪上的扳机。⑥斗乱：指在混乱的状态下作战。⑦形圆：指摆成圆阵，保持态势，部署周密，首尾连贯，与敌作战时应付自如。⑧乱生于治，怯生于勇，弱生于强：关于这句话有两种解释：一说，在一定条件下，“乱”可以由“治”产生，“怯”可以由“勇”产生，“弱”可以由“强”产生。一说，军队要装作“乱”，本身必须“治”；要装作“怯”，本身必须“勇”；要装作“弱”，本身必须“强”。这里取第一种解释。⑨治乱，数也：军队的治与乱，是由组织编制是否有序决定的。数，指军队的组织编制，即前面所说的“分数”。⑩形之，敌必从之：指用假象去迷惑敌人，敌人必定会判断失误而上当。形，即示形，将伪装的形态展示给敌人。⑪以利动之，以卒待之：指用小利引诱调动敌人，用伏兵等待敌人并一举将其击破。

【译文】

湍急的流水以飞快的速度奔泻，以致能把石块漂移，这是由于它强大的水势；猛禽从空中突然疾速俯冲下来，以致能使目标毁折，这是由于它节奏迅猛。因此，善于指挥作战的人，他所造成的态势是险峻的，他的行动节奏是短促的。这种态势，就像张满弓弩；这种节奏，就像扣发弩机。

旌旗纷乱，人马混杂，在混乱的情形下作战，要能使自己的军队整齐不乱；在战局模糊不清、势态混沌不明的情况下作战，要部署周密而能应付四面八方的情况，保持态势让自己立于不败之地。在一定条件下，严整可以转化为混乱，勇敢可以转化为怯懦，强大可以转化为弱小。军队的严整与混乱，是由组织编制是否有序决定的；勇敢与怯懦，是由军队所处的态势决定的；强大与弱小，是由实力决定的。所以，善于调动敌人的人，制造假象来迷惑敌人，敌人一定会被他调动；给敌人一些小利，敌人一定会前来夺取。用利益来引诱调动敌人，再埋伏士兵伺机打击它。

【原文】

故善战者，求之于势，不责于人[①]，故能择人而任势[②]。任势者，其战人也[③]，如转木石。木石之性，安则静[④]，危则动[⑤]，方则止，圆则行。故善战人之势，如转圆石于千仞之山者，势也[⑥]。

如转圆石于千仞之山。

【注解】

①不责于人：不苛求部属。责，苛求。②择人而任势：挑选适当的人才，充分利用形势。任，任用、利用。③战人：指挥将士作战。与《形篇》中“战民”的意义相同。④安：安稳，这里指地势平坦。⑤危：高峻、危险，这里指地势高峻陡峭。⑥势：指在“形”（军事实力）的基础上，发挥将帅的主观能动性，所造成的有利的军事态势和强大的冲击力量。

【译文】

所以，善于指挥作战的人，所寻求的是可以利用的“势”，而不会苛求部属，因而能选到合适的人去利用有利的形势。能够利用有利形势的人，他指挥将士作战，就像转动木头和石头那样。木头和石头的本性，放在平坦的地方就静止，放在高峻陡峭的地方就滚动；方形的木石就容易静止不动，圆形的木石就容易滚动。所以善于指挥作战的人所造成的有利态势，就如同把圆石从千仞的高山上推下来（那样不可阻挡），这就是所谓的“势”。

【原文】

孙子曰：凡先处战地而待敌者佚[①]，后处战地而趋战者劳[②]。故善战者，致人而不致于人[3]。能使敌人自至者，利之也；能使敌人不得至者，害之也。故敌佚能劳之，饱能饥之，安能动之。

出其所不趋[4]，趋其所不意。行千里而不劳者，行于无人之地也。攻而必取者，攻其所不守也；守而必固者，守其所不攻也。故善攻者，敌不知其所守；善守者，敌不知其所攻。微乎微乎[5]，至于无形，神乎神乎，至于无声，故能为敌之司命。

进而不可御者，冲其虚也；退而不可追者，速而不可及也。故我欲战，敌虽高垒深沟，不得不与我战者，攻其所必救也；我不欲战，画地而守之，敌不得与我战者，乖其所之也[6]。

故形人而我无形[7]，则我专而敌分；我专为一，敌分为十，是以十攻其一也，则我众而敌寡；能以众击寡者，则吾之所与战者约矣[8]。吾所与战之地不可知，不可知，则敌所备者多；敌所备者多，则吾所与战者寡矣。故备前则后寡，备后则前寡，备左则右寡，备右则左寡，无所不备，则无所不寡。寡者，备人者也；众者，使人备己者也。

【注解】

①凡先处战地而待敌者佚：指在作战的时候，如果能率先占据阵地，就能使自己处于主动地位，以逸待劳。处，占据。佚，通“逸”，安逸、从容。②后处战地而趋战者劳：指在作战的时候，如果后来占据战地，仓促应战，就会疲劳被动。趋战，这里指仓促应战。趋，奔赴。③致人而不致于人：调动敌人而不为敌人所调动。致，招致、引来。④出其所不趋：出兵要指向敌人无法救援的地方，即击其空虚。出，出击。不，这里当“无法”、“无从”讲。⑤微：微妙。⑥乖其所之：指调动敌人，把它引向别的地方去。乖，违背、背离，这里有改变、调动的意思。之，往、去。⑦形人而我无形：指使敌人现形而我方隐蔽真形。形人，使敌人现形。我无形，即我无形迹。⑧能以众击寡者，则吾之所与战者约矣：能够以众击寡，那么我想要攻击的敌人必定弱小有限，难有作为。约，少而弱。

【译文】

孙子说：凡是先占据战地而等待敌人前来的就从容主动，后到达战地而且仓猝应战的就疲劳被动。所以，善于指挥作战的人，能调动敌人而不为敌人所调动。能使敌人自己自投罗网的，是用利益引诱它的结果；敌人不肯前来，是因为它感受到了威胁。所以，敌人休整得好，就要使它疲劳；敌人粮草充足，就要使它饥饿；敌军驻扎安稳，就要使它移动。

出兵要指向敌人无法救援的地方，行动于敌人意料不到的方向。部队行军千里而不觉得疲困，是因为行进在没有敌人防守的区域里。只要发起进攻就必然能够夺取，是因为攻击的是敌人没有防守的地方；只要防守就必然固若金汤，是因为防守的是敌人不敢进攻或不宜进攻的地方。所以，善于进攻的人，能使敌人不知道该怎样防守；善于防守的人，能使敌人不知道该如何进攻。微妙啊，微妙到看不出一点形迹；神奇啊，神奇到听不见一点声息。因此能够成为敌人命运的主宰。

想要进攻，敌人就无法抵御，因为攻击的是敌人防备虚弱的地方；想要撤退，敌人就无法追击，因为行动速度让敌人追赶不及。所以，我如果想交战，敌人即使据守深沟高垒，也不得不出来与我交战，这是因为我攻击的是敌人必须援救的地方；我如果不想交战，即使只是在地上画了座城池进行防守，敌人也无法与我交战，这是因为我诱使敌人改变了进攻方向。

所以，要设法使敌人暴露形迹而使我军不露痕迹，那么我就可以集中兵力，而敌人不得不分散兵力处处防备。我将力量集中于一处，敌人的力量却要分散于十处，这样，我以十倍的力量去攻击它，从而造成我众而敌寡的局面；能做到以众击寡，与我正面交战的敌人就会减少。我所要进攻的地方敌人无法得知，无法得知，敌人需要防备的地方就会很多；敌人需要防备的地方多了，我所要进攻并与之交战的敌人就会相对减少。所以，防备了前面，后面的兵力就会减弱；防备了后面，前面的兵力就会减弱；防备了左翼，右翼的兵力就会减弱；防备了右翼，左翼的兵力就会减弱；处处防备，就会处处兵力薄弱。兵力之所以处处薄弱，是由于处处防备的缘故；兵力之所以强大，是迫使敌人分兵防备我们的结果。

【原文】

故知战之地，知战之日，则可千里而会战。不知战地，不知战日，则左不能救右，右不能救左，前不能救后，后不能救前，而况远者数十里，近者数里乎？以吾度之①，越人之兵虽多，亦奚益于胜败哉②？故曰：胜可为也。敌虽众，可使无斗。

故策之而知得失之计③，作之而知动静之理④，形之而知死生之地⑤，角之而知有余不足之处⑥。故形兵之极，至于无形；无形，则深间不能窥⑦，智者不能谋。因形而错胜于众⑧，众不能知；人皆知我所以胜之形⑨，而莫知吾所以制胜之形。故其战胜不复⑩，而应形于无穷。

夫兵形象水⑪，水之形，避高而趋下；兵之形，避实而击虚。水因地而制流，兵因敌而制胜。故兵无常势，水无常形；能因敌变化而取胜者，谓之神。故五行无常胜⑫，四时无常位⑬，日有短长，月有死生⑭。

【注解】

①度（duó）：忖度、推测、推断。②越人之兵虽多，亦奚益于胜败哉：指越国军队虽然人数众多，然而不懂得众寡分合的运用，对战争的胜败又有什么帮助呢？奚，疑问词，何、岂。益，补益、帮助。③策：筹算，策度。得失之计：指敌人计谋的优劣得失。④作：兴起，这里是挑动的意思。动静之理：指敌人的行动规律。⑤死生之地：指敌人的优势所在或薄弱致命环节。⑥角：较量，这里指进行试探性进攻。⑦深间不能窥：指即使有深藏的间谍，也无法探知我方的真实情况。窥，偷看。⑧错胜于众：指将胜利摆在众人面前。错，同“措”，放置。⑨形：形态，这里指作战的方式方法。⑩战胜不复：获胜的方法不重复，意思是作战方法机动灵活。⑪兵形：用兵的规律。⑫五行无常胜：指金、木、水、火、土五种元素相生相克而没有定数。古人认为，金、木、水、火、土是构成万物的基本元素，它们彼此间是“相生相胜”的关系。所谓“相生”，即木生火，火生土，土生金，金生水，水生木。所谓“相胜”，又叫“相克”，指金克木，木克土，土克水，水克火，火克金。⑬四时无常位：指春、夏、秋、冬四季推移变化永无止息。四时，四季。常位，指一定的位置。⑭日有短长，月有死生：指白昼因季节变化而有长短的变化，月亮因循环而有盈亏的变化。日，这里指白昼。死生，这里指盈亏晦明的月相变化。

故知战之地，知战之日。

【译文】

所以，能够预知交战的地点，能够预知交战的日期，那么即使相隔千里也可以前去与敌人交战。如果不能预知交战的地点，不能预知交战的日期，就会导致左军救不了右军，右军救不了左军，前军救不了后军，后军救不了前军，何况远的多达几十里，近的也要相隔几里呢？据我分析，越国的士兵虽多，可是对决定战争的胜败又有什么帮助呢？所以说，胜利是可以争取的。敌人虽然众多，但可以使它无法与我交战。

所以，要通过分析筹算来推知敌人作战计划的优劣得失；要通过调动敌人来了解敌人的活动规律；要通过佯动示形的方式来探明敌人生死命脉之所在；要通过试探性的进攻来掌握敌人兵力的虚实强弱。所以，佯动示形以诱敌的战术运用到极至，就进入了“无形”的境界。没有了形迹，即使有深藏的间谍，也无法窥知我方的真实动向；即使是老谋深算的敌人，也想不出对付我方的计策。即使把根据具体情况灵活运用战术而取得的胜利摆在众人面前，众人还是看不出其中的奥妙所在。人们都知道我军取胜的战略战术，却不知道我军所用战术必然克敌制胜的奥妙。因为每一次取胜所采用的方法都不是简单的重复，而是针对不同的情况灵活运用、变化无穷。

用兵的规律就像水。水流动的规律，是避开高处而流向低处；用兵打仗的规律，是避开敌人的坚实之处而攻击其虚弱的地方。水根据地势的高低而不断改变其流向，用兵则要根据敌情来制定不同的取胜方法。所以，用兵打仗没有固定不变的方式方法，就像水流没有一成不变的形态一样。能够根据敌情的变化而灵活取胜的，就可以叫作“用兵如神”了。五行相生相克而没有定数，四季交替更迭而没有一定的位置，白昼有短有长，月亮有缺有圆（用兵的规律和自然现象一样，永远处于变化之中）。

【原文】

孙子曰：凡用兵之法，将受命于君，合军聚众①，交和而舍②，莫难于军争③。军争之难者，以迂为直，以患为利④。故迂其途，而诱之以利，后人发，先人至，此知迂直之计者也。

故军争为利，军争为危[5]。举军而争利，则不及；委军而争利，则辎重捐[6]。是故卷甲而趋[7]，日夜不处，倍道兼行[8]，百里而争利，则擒三将军[9]，劲者先，疲者后，其法十一而至[10]；五十里而争利，则蹶上将军[11]，其法半至；三十里而争利，则三分之二至。是故军无辎重则亡，无粮食则亡，无委积则亡[12]。

故不知诸侯之谋者，不能豫交[13]，不知山林、险阻、沮泽之形者[14]，不能行军，不用乡导者[15]，不能得地利。

【注解】

①合军聚众：指聚集民众，组成军队。合，聚集、聚结。②交和而舍：指两军剑拔弩张对垒而处。交，接，接触。和，即“和门”，指军门。③军争：两军争夺制胜的条件。④以迂为直，以患为利：指以迂回曲折的途径达到近直的目的，化不利为有利。迂，迂回、曲折。患，祸患、不利。⑤军争为利，军争为危：指军争是为了使形势对自己有利，但军争也是一件危险的事情。⑥委军而争利，则辎重捐：如果放弃笨重的物资器械而去争利，那么装备辎重将会遭受损失。委军，指丢弃笨重物资器械，轻装前进。委，丢弃、舍弃。辎重，指行军时运输部队携带的物资，包括军用器械、营具、粮秣、被服等。捐，损失。⑦卷甲而趋：指卷起铠甲急速行进的意思。甲，铠甲。趋，快速前进。⑧倍道兼行：以加倍的速度昼夜不停地连续行军。倍道，行程加倍。兼行，昼夜不停地连续行军。⑨三将军：指上、中、下三军主帅。⑩十一而至：指部队仅有十分之一的兵力到位。⑪五十里而争利，则蹶（jué）上将军：奔赴五十里而争利，则前军将领很可能遭受挫败。蹶，失败、挫败。⑫无委积则亡：指军队没有物资储备作补充，就无法生存。委积，泛指物资储备。⑬不知诸侯之谋者，不能豫交：不知道诸侯列国的意图谋划的，不宜与其结交。⑭沮（jǔ）泽：水草丛生的沼泽地带。⑮乡导：即向导。

【译文】

孙子说：大凡用兵的法则，将帅接受国君的命令，从聚集民众结成军队，到开赴前线与敌人对阵，这期间最困难的事情莫过于与敌人争夺制胜的条件。争夺制胜条件最困难的地方，又在于如何以迂回曲折的方法达到近直的目的、如何化不利因素为有利因素。所以，要使敌人的路途变得迂曲，用小利引诱误导敌人，这样，即使自己比敌人后出发，也能先敌人而到达。如此就算是掌握了“迂”与“直”的道理。

所以，争夺制胜条件是为了使形势对自己有利，但争夺制胜条件也常常是一件危险的事情。如果以整支军队去争利，往往因为行动迟缓而无法按时到达预定地点；如果放弃笨重的物资而去争利，辎重就会被丢下。因此，卷起铠甲急速行进，日夜不停，速度加倍地连续行军，赶到百里以外去与敌人争利，三军将帅很可能为敌人所擒，

以迂为直。

强健的士兵先到达，疲困的士兵远远地落在了后面，这样的做法常常导致只有十分之一的兵力能够如期到达；奔行五十里去与敌人争利，前锋部队的将领很可能遭受挫败，这样的做法常常导致只有半数的兵力能够如期到达；奔行三十里去与敌人争利，只有三分之二的兵力能够如期到达。须知军队没有辎重就会遭受失败，没有粮食就不能生存，没有物资储备就无以为继。

所以，不了解诸侯列国战略意图的，不能与其结交；不熟悉山林、险阻、沼泽等地形的，不能率众行军；不使用向导的，就不能得到地利。

【原文】

故兵以诈立①，以利动，以分合为变者也②；故其疾如风③，其徐如林④，侵掠如火，不动如山，难知如阴⑤，动如雷震；掠乡分众⑥，廓地分利⑦，悬权而动⑧。先知迂直之计者胜。此军争之法也。

《军政》曰⑨："言不相闻，故为金鼓；视不相见，故为旌旗。"夫金鼓旌旗者，所以一人之耳目也；人即专一，则勇者不得独进，怯者不得独退，此用众之法也。故夜战多火鼓，昼战多旌旗，所以变人之耳目也⑩。

故三军可夺气⑪，将军可夺心⑫。是故朝气锐，昼气惰，暮气归。故善用兵者，避其锐气，击其惰归⑬，此治气者也。以治待乱，以静待哗，此治心者也。以近待远，以佚待劳，以饱待饥，此治力者也。无邀正正之旗⑭，勿击堂堂之陈⑮，此治变者也。

故用兵之法，高陵勿向⑯，背丘勿逆⑰，佯北勿从⑱，锐卒勿攻⑲，饵兵勿食⑳，归师勿遏㉑，围师必阙㉒，穷寇勿迫㉓。此用兵之法也。

【注解】

①兵以诈立：指用兵打仗应当以诡诈多变取胜。②以分合为变：指用兵打仗应当视不同情况而灵活处置兵力。③其疾如风：指军队行动快速如风。④其徐如林：指军队行动缓慢时，犹如严整的森林。徐，缓慢。⑤难知如阴：指军队隐蔽时，犹如阴云遮天。⑥掠乡分众：指分兵数路，掠夺敌国乡邑。⑦廓地分利：指应当开疆拓土，扩大战地，分兵占领扼守有利地形。廓，通"扩"，开拓、扩展。⑧悬权而动：指权衡敌我形势，相机而动。⑨《军政》：古兵书名。⑩变人之耳目：指根据不同情况变换指挥信号，以便适应士卒的视听能力，即让士兵的耳朵和眼睛更容易察觉下达的命令。变，适应。⑪夺气：指挫伤士气。夺，剥夺，这里指打击、挫伤。⑫夺心：指动摇将军的决心。古人在用兵时，很重视扰乱和动摇敌将的决心。⑬避其锐气，击其惰归：避开敌军的锐气，等到敌军怠惰疲惫、士气低落时进行攻击。⑭无邀正正之旗：指不要正面迎击旗帜整齐、部署周密的敌人。邀，迎击、截击。⑮勿击堂堂之陈（zhèn）：指不要攻击士气旺盛、阵容严整的敌人。陈，古"阵"字。⑯高陵勿向：如果敌人已经占据高地，就不要去进攻它。陵，山陵。向，这里是仰攻的意思。⑰背丘勿逆：如果敌人背倚丘陵险阻，就不要正面迎击它。背，背靠、倚靠。逆，这里是迎击的意思。⑱佯北勿从：敌人如果是伪装败退，就不要追击。佯，假装。北，败北。⑲锐卒：锐气正盛的部队。⑳饵兵：诱兵，用来诱敌的小部队。㉑归师勿遏：敌军如果正在向其本国撤退，就不要去阻截它。遏，阻止、拦阻。㉒围师必阙（quē）：指在包围伏击敌人时，应当留出缺口，避免敌人走投无路而作困兽之斗。阙，通"缺"。㉓穷寇勿迫：已经陷入绝境的敌人，不要过分逼迫它。

【译文】

用兵打仗是建立在诡诈多变的基础上的，任何举措都要根据是否对自己有利来决定，分散或集中兵力要根据情况而灵活变化。所以，军队急速行进时要快速如疾风，缓慢行进时要严整如密林；攻击敌人时要迅猛如烈火，原地待命时要岿然如山岳；隐蔽时要像阴云蔽日，行动时要势如雷霆。掠夺敌国的乡邑，要分兵多路进行；开拓疆土，要分兵扼守有利地形；要先权衡利害得失，然后相机而动。先懂得了“迂”与“直”的道理的就能胜利，这就是争夺制胜条件的原则。

《军政》中说：“用语言指挥听不到，因而使用锣鼓指挥；用动作指挥看不清，因而就使用旌旗指挥。”金鼓和旌旗，是用来统一军队作战行动的。全军上下的行动已然统一，勇猛的士兵就不会贸然单独前进，怯懦的士兵也不会擅自单独后退，这就是指挥众人作战的方法。所以夜间指挥作战多用火光和锣鼓，白天指挥作战多用旌旗，这样做都是为了适应士卒的视听能力。

对于敌人的军队，可以设法使其士气低落；对于敌人的将领，可以设法动摇他的心志。因此，军队的士气在初战时饱满旺盛，经过一段时间后就会逐渐怠惰低落，最后就会彻底衰竭。所以善于用兵的人，要设法避开敌人的锐气，等它怠惰疲惫、士气消沉的时候再去攻击，这是掌握士气的方法。以我军的严整来对待敌军的混乱，以我军的镇静来对待敌军的哗恐，这是掌握军心的方法。以我军靠近战场的优势来对待敌军远道而来的劣势，以我军的从容休整来对待敌军的奔走疲劳，以我军的粮草充足来对待敌人的饥肠辘辘，这是掌握军队战斗力的方法。不截击旗帜整齐、部署周密的敌人，不攻击士气旺盛、阵容严整的敌人，这是掌握灵活机变的方法。

所以，用兵的法则是：敌人占据高地，就不要去仰攻；敌人背靠丘陵险阻，就不要从正面进攻；敌人假装败退，就不要跟踪追击；对敌人的精锐部队，不要主动与之交锋；对敌人诱我进攻的部队，不要去理睬；对正在撤退回国的敌人，不要加以阻截；包围伏击敌军时，一定要留出缺口；对陷入绝境的敌人，不要过分逼迫。这些都是用兵的法则。

【原文】

孙子曰：凡用兵之法，将受命于君，合军聚众。圮地无舍[①]，衢地交合[②]，绝地无留[③]，围地则谋[④]，死地则战[⑤]；塗有所不由[⑥]，军有所不击，城有所不攻，地有所不争，君命有所不受。

故将通于九变之地利者[⑦]，知用兵矣；将不通于九变之利者，虽知地形，不能得地之利矣。治兵不知九变之术[⑧]，虽知五利[⑨]，不能得人之用矣。

是故智者之虑，必杂于利害[⑩]，杂于利而务可信也[⑪]；杂于害而患可解也[⑫]。

是故屈诸侯者以害[⑬]，役诸侯者以业[⑭]，趋诸侯者以利[⑮]。

故用兵之法，无恃其不来，恃吾有以待也；无恃其不攻，恃吾有所不可攻也。

故将有五危：必死[⑯]，可杀也；必生[⑰]，可虏也；忿速[⑱]，可侮也；廉洁[⑲]，可辱也；爱民，可烦也。凡此五者，将之过也，用兵之灾也。覆军杀将，必以五危，不可不察也。

【注解】

①圮（pǐ）地无舍：不可在难以通行的山林、险阻、沼泽等地宿营。圮地，难于通行的地区。圮，毁坏、倒塌。舍，止，这里指宿营。②衢（qú）地：四通八达的地区。衢，四通八达。交合：结交邻国以为后援。③绝地：指交通困难、水草粮食缺乏、部队难以生存的地区。④围地：指地形四面险阻、出入通路狭窄的地区。⑤死地：指不经过死战就无法生存的地区。⑥塗：通"途"，道路。⑦九变：多变之意，这里指作战中的各种机变，即在军事行动中，要根据不同情况灵活运用一般原则，做到应变自如，而不要墨守陈规。⑧九变之术：指与"九变"相关的具体手段和方法。⑨五利：指上文中的"塗有所不由，军有所不击，城有所不攻，地有所不争，君命有所不受"。⑩杂于利害：兼顾到利益和害处两个方面。杂，搀杂，这里引申为兼顾。⑪信：通"伸"，伸行、发展。⑫杂于害而患可解：指在不利的情况下，考虑到有利的方面，祸患就可以解除。⑬屈诸侯者以害：指用诸侯所害怕的事情去迫使他们屈服。⑭役：役使，这里指役使诸侯为己效力。业：指危险的事情。⑮趋诸侯者以利：关于这句话有两种解释：一说指用小利引诱调动诸侯，使其疲于奔走；一说指以利益引诱诸侯，使其追随归附自己。这里选择后一种解释。⑯必死：这里指有勇无谋，只知死拼。⑰必生：这里指贪生怕死，临阵畏怯。⑱忿（fèn）速：这里指急躁易怒。忿，忿怒。⑲廉洁：这里指洁身清廉，自矜名节。

【译文】

孙子说：大凡用兵的法则，主将接受了国君的命令，就开始征集民众，组织军队。军队行进时，不可在"圮地"上宿营；在"衢地"上应该结交邻国；不可在"绝地"上停留；遇到"围地"要有所防范和谋划；陷入"死地"时要殊死奋战。有的道路不要通过，有的敌军不要攻击，有的城池不要攻占，有的地方不要争夺，即使是国君的命令，不适合的也可以不执行。

将有五危。

所以，将帅如果能够通晓各种机变的利弊并加以灵活运用，就是懂得用兵了；将帅如果不能够通晓各种机变的利弊，即使知道地形情况，也不能获得地利之便。指挥军队而不知道各种机变的方法，即使知道"五利"（即圮、衢、绝、围、死），也不能充分发挥军队的作用。

因此，明智的将帅考虑问题，必定同时兼顾利与害两个方面。在有利的情况下考虑到不利的方面，所做的事情就一定能够成功；在不利的情况下考虑到有利的方面，祸患就可以解除了。

因此，要想迫使诸侯屈服，就要用其最害怕的事情去威胁他们；要想役使诸侯为己效力，就要用危险的事情去烦扰他们；要想使诸侯归附自己，就要用利益去引诱他们。

所以，用兵的法则是，不要寄希望于敌人不来，而要依靠自己做好充分的准备；不要寄希望于敌人不进攻，而要依靠自己拥有使敌人无法进攻的力量。

将帅有五种致命的弱点：一味死战硬拼，就可能被敌人诱杀；贪生怕死，就可能被敌人俘虏；急躁易怒，就可能因为敌人的侮辱而轻举妄动；一味廉洁好名，就可能因为敌人的毁谤而丧失理智；一味仁慈爱民，就可能因为烦扰过多而不得安宁。这五点是将帅易犯的过错，是用兵的灾难。军队的覆灭、将帅的被杀，原因必定是出于这五点，做将帅的人不可不慎重考虑啊。

【原文】

孙子曰：凡处军相敌①：绝山依谷②，视生处高③，战隆无登④，此处山之军也。绝水必远水⑤；客绝水而来⑥，勿迎之于水内，令半济而击之，利⑦；欲战者，无附于水而迎客⑧；视生处高，无迎水流⑨，此处水上之军也。绝斥泽⑩，惟亟去无留⑪；若交军于斥泽之中，必依水草而背众树，此处斥泽之军也。平陆处易而右背高⑫，前死后生⑬，此处平陆之军也。凡此四军之利⑭，黄帝之所以胜四帝也⑮。

应当在居高向阳的地方安营。

凡军好高而恶下⑯，贵阳而贱阴⑰，养生而处实⑱，军无百疾，是谓必胜。丘陵堤防，必处其阳而右背之。此兵之利，地之助也⑲。上雨，水沫至，欲涉者，待其定也。

凡地有绝涧、天井、天牢、天罗、天陷、天隙⑳，必亟去之，勿近也。吾远之，敌近之；吾迎之，敌背之。军行有险阻、潢井葭苇㉑、山林蘙荟者㉒，必谨复索之㉓，此伏奸之所处也。

【注解】

①处军：指行军作战中，在各种不同的地形条件下，军队行军、作战、驻扎诸方面的处置方法。处，处置、部署。相敌：指观察判断敌情。相，观察。②绝：横渡、穿越。③视生处高：居高向阳。视生，向阳。④战隆无登：指在高地上与敌人作战，不宜自下而上仰攻。隆，高地。登，攀登。⑤绝水必远水：横渡江河，要驻扎在离河流稍远的地方，这样才有进退回旋的余地。⑥客：这里指敌军。⑦勿迎之于水内，令半济而击之，利：不要在敌军刚到水边时就迎击，而应该乘敌军渡河渡到一半时发起攻击。这时敌首尾不接，行列混乱，攻击容易取胜。迎，迎击。水内，水边。半济，渡过一半。济，渡。⑧附：靠近。⑨无迎水流：不要逆着水流在敌军的下游布阵或驻扎，以防敌军投毒、顺流来攻或是决堤淹我军。迎，逆。⑩绝斥泽：通过盐碱沼泽地带。斥，盐碱地。泽，沼泽地。⑪惟亟去无留：指遇到盐碱沼泽地带，应当迅速离开，不可停留驻军。惟亟去，指应该迅速离开。惟，宜。亟，急、迅速。去，离开、离去。⑫平陆处易而右背高：指遇到开阔地带，应该选择在平坦之处安营扎寨，最好把军队置于高地前，以高地为倚托。平陆，平原

地带。易，平坦。右背高，指军队要背靠高地以为依托。右，上的意思，古时以右为上。⑬ 前死后生：前低后高。死，这里是低的意思。生，这里是高的意思。⑭ 四军：指前文所述的山、水、斥泽、平陆四种地形条件下的处军原则。⑮ 黄帝之所以胜四帝也：这就是黄帝能战胜四方部族首领的缘由。传说黄帝曾败炎帝于阪泉，诛蚩尤于涿鹿，北逐獯鬻，统一了黄河流域。四帝，四方之帝，即四方部落联盟的首领，一般指炎帝、蚩尤等人。⑯ 好（hào）高而恶（wù）下：喜欢高处而厌恶低下的地方。⑰ 贵阳而贱阴：重视向阳之处而轻视阴湿地带。贵，重视。阳，向阳干燥的地方。贱，轻视。阴，背阴潮湿的地方。⑱ 养生：指物产丰富、便于生活的地方。实：坚实，这里指地势高的地方。⑲ 地之助：指得自地形的辅助。⑳ 绝涧：指两岸陡峭、溪谷深峻、水流其间的地形。天井：指四周高峻、中间低洼的地形。天牢：指高山环绕、易进难出的地形。牢，牢狱。天罗：指草深林密，荆棘丛生，军队进入后如同陷入罗网中难以摆脱的地形。罗，罗网。天陷：指地势低洼、道路泥泞、车马易陷的地形。陷，陷阱。天隙：指两山相向、涧道狭窄、难于通行的谷地。㉑ 潢（huáng）井葭（jiā）苇：指长满芦苇的低洼地带。潢井，积水低洼之地。潢，积水池；井，指内涝积水、洼陷之地。葭苇，芦苇，这里泛指水草丛聚之地。㉒ 山林蘙（yì）荟（huì）：指草木长得很繁茂的山林地带。蘙荟，草木长得很茂盛。㉓ 必谨复索之：必须谨慎、反复地搜索。复，反复。索，寻找、搜索。

【译文】

孙子说：凡是部署军队和观察敌情，都应该注意，通过山地时，要沿着低谷行进；安营扎寨时，要选择居高向阳之地；如果敌人占据了高地，千万不可仰攻，这些是在山地行军布阵的法则。横渡江河之后，应当驻扎在离江河稍远的地方；如果敌军渡河来战，不要在河中迎击，而要等它渡水渡到一半时予以攻击，这样最有利；要想同敌人决战，就不要在紧靠水边的地方迎击敌人；应当在居高向阳的地方安营，切勿迎着水流布阵或驻扎，这些是在江河地带行军布阵的法则。通过盐碱沼泽地带时，应当迅速离开，不可停留；若是在盐碱沼泽地带遭遇敌人，务必使军队靠近水草而背倚树林，这些是在盐碱沼泽地带行军布阵的法则。在开阔的平原地带驻军，要选择地势平坦的地方，最好背靠高处，造成前低后高的态势，这些是在平原地带行军布阵的法则。以上四种行军布阵原则所带来的好处，是黄帝能战胜“四帝”的原因所在。

凡是驻军，总是喜欢高地而厌恶低洼的地方；总是看重干燥向阳的地方而轻视阴冷潮湿的地方；最好是驻扎在物产丰富、便于生活的地方，将士们才不会生出各种疾病，这是军队必胜的重要保证。在丘陵、堤防地带，必须驻扎在向阳的一面，而且要背靠着它。这些都是对行军布阵有利的措施，是地形地势对军队的辅助。河流上游下雨涨水，水沫漂来，洪水将至，若想涉水渡河，一定要等到水势平稳以后再渡，以防山洪暴发。

凡是遇上“绝涧”、“天井”、“天牢”、“天罗”、“天陷”、“天隙”这些地形，必须迅速离开，不要靠近。我军要远离它，而让敌军接近它；我军要面向它，而让敌军背靠它。行军过程中遇到险阻、积水低洼之地、水草丛聚之地、山林茂密以及草木繁盛的地方，必须谨慎地、反复地搜索，因为这些区域都是敌人容易设下伏兵和隐藏奸细的地方。

【原文】

敌近而静者，恃其险也；远而挑战者，欲人之进也；其所居易者，利也①。众树动者，来也；众草多障者，疑也②；鸟起者，伏也；兽骇者，覆也③。尘高而锐者，车来也；卑而广者，徒来也[④]；散而条达者，樵采也[⑤]；少而往来者，营军也[⑥]。辞卑而益备者[⑦]，进也；辞强而进驱者，退也[⑧]；轻车先出居其侧者，陈也；无约而请和者，谋也；奔走而陈兵车者，期也[⑨]；半进半退者，诱也。杖而立者[⑩]，饥也；汲而先饮者，渴也；见利而不进者，劳也。鸟集者，虚也；夜呼者，恐也；军扰者，将不重也；旌旗动者，乱也；吏怒者，倦也；粟马肉食[⑪]，军无悬缻[⑫]，不返其舍者，穷寇也。谆谆翕翕[⑬]，徐与人言者，失众也；数赏者，窘也[⑭]；数罚者，困也[⑮]；先暴而后畏其众者，不精之至也[⑯]；来委谢者，欲休息也[⑰]。

兵怒而相迎，久而不合，又不相去，必谨察之。兵非益多也[⑱]，惟无武进[⑲]，足以并力、料敌、取人而已[⑳]；夫惟无虑而易敌者[㉑]，必擒于人。

卒未亲附而罚之则不服[㉒]，不服则难用也；卒已亲附而罚不行，则不可用也。故令之以文，齐之以武[㉓]，是谓必取[㉔]。令素行以教其民[㉕]，则民服；令不素行以教其民，则民不服。令素行者，与众相得也[㉖]。

【注解】

①其所居易者，利也：指敌军之所以不扼守险要而驻扎在平地上，一定有它的好处和用意。②众草多障者，疑也：在杂草丛生的地方设有许多遮障物，这是敌人企图迷惑我军。③兽骇者，覆也：野兽受惊奔窜，这是敌军大举来袭。覆，覆盖。④徒：步兵。⑤散而条达者，樵采也：飞尘分散而细长，时断时续。这是敌人在砍薪伐柴。条达，指飞尘分散断续的样子。⑥营军：准备安营的敌军。⑦辞卑而益备：指敌人派来的使者言词谦卑，暗中却加紧备战。辞，同“词”，言词。⑧辞强而进驱者，退也：敌人派来的使者言词强硬，并摆出进逼的姿态，这往往是撤退的征兆。⑨期：期求，这里指期求与我军交战。⑩杖而立：倚仗手中兵器而站立。杖，扶、依仗。⑪粟马肉食：指敌军用粮食喂战马，杀牲口吃。⑫军无悬缻（fǒu）：指军队收拾炊具。缻，同“缶”，汲水用的瓦罐，泛指炊具。⑬谆淳翕翕（xī）：士卒聚在一起低声议论。谆谆，叮咛。翕翕，聚合。⑭数赏者，窘也：敌军一再犒赏士卒，这往往说明敌人已经没有办法了。⑮数罚者，困也：敌军一再处罚士卒，这往往说明其已经陷入困境。⑯先暴而后畏其众者，不精之至也：将帅先对士卒凶暴，后来又惧怕士卒，这太不精明了。精，精明。⑰来委谢者，欲休息也：敌方托词派使者来谈判，是想休战。委谢，指敌方托词派使者来谈判。委，托、借。谢，告、语。休息，这里指休兵息战。⑱兵非益多：兵力不是越多越好。⑲惟无武进：只是不要恃武冒进。武进，恃勇轻进，即冒进。⑳足以并力、料敌、取人而已：指能做到集中兵力、正确判断敌情、争取人心以便使部下全心效力就可以了。并力，合力，这里指集中兵力。料敌，分析判断敌情。取人，善于争取人心。㉑无虑而易敌：没有深谋远虑而又轻敌妄动。易，轻视。㉒亲附：亲近依附。㉓令之以文，齐之以武：指用政治、道义来教育士卒，用军纪、军法来约束管理士卒。文，这里指政治、道义。武，这里指军纪、军法。㉔必取：必胜。取，取胜。㉕素行：平素认真施行。素，平素、一贯。民：这里指士卒。㉖令素行者，与众相得也：指军令平素能够顺利执行，是因为军队统帅同兵卒之间相处融洽、相互信任。相得，相投合，即相互信任。得，亲和。

【译文】

敌军离我军很近而仍保持镇静的，这是仗着它占据了险要的地形；敌军离我军很远而前来挑战的，是想引诱我军进入圈套；敌军之所以（不扼守险要而）居于平地，一定是因为有利可图。林中树木摇动，一定是敌军正向我军袭来；草丛中多设遮蔽物，一定

判明敌情，得到部下的信任和全心效力，足够了。

是敌人布下疑阵想迷惑我军；鸟儿惊起，是因为下面设有伏兵；野兽受惊奔逃，是因为敌军大举来袭；飞尘又高又尖，这是敌人的战车驰来；飞尘低而宽广，这是敌人的步兵向我军开来；飞尘断续分散，这是敌人在砍柴（并拖往营中）；飞尘稀薄而时起时落，这是敌人正准备安营扎寨。敌方使者言词谦卑而暗中加紧战备的，是要向我军发起进攻；敌方使者言词强硬而敌军又向我军驱驰进逼的，是在准备撤退；敌人先出动轻型战车并且部署在侧翼的，是在布列阵势；敌人没有事先约定就突然来请和的，其中必定有阴谋；敌人（频繁调动）往来奔走，并且已经摆开兵车列阵的，是想要与我军交战；敌军半进半退（往复徘徊）的，是想要引诱我军上前。敌兵倚仗手中的兵器才能站立的，是因为饥饿；敌兵从井中打上水就争相饮用的，是因为（缺水）干渴；敌人见到利益而不进兵的，是因为疲劳过度；敌营上有飞鸟停集的，说明已是空营；敌营夜间有人惊呼叫喊的，说明其心中恐惧；敌营惊扰纷乱的，说明敌将没有威严；敌营旌旗胡乱摇动的，说明其队伍已经混乱；敌人官吏急躁易怒的，说明其已经疲倦；敌人用粮食喂马，杀牲口吃，收拾炊具，部队不返回其营寨的，是准备拼死一搏；士卒聚在一起低声议论，敌将低声下气同部下讲话的，是已经失去人心；敌将一再犒赏部属的，说明已经无计可施；敌将一再惩罚部属的，说明已经陷入困境；将帅先对士卒暴虐而后又畏惧士卒的，说明他不精明了；敌人托词派使者来请求谈判的，是想休兵息战。

敌军盛怒而与我军对阵，却久不交战，又不离去，必须谨慎地观察它的意图。兵力并非越多越好，只要不轻敌冒进，并能集中兵力，判明敌情，得到部下的信任和全心效力，也就足够了。只有那些不懂得深思熟虑而又狂妄轻敌的人，才必然会成为敌人的俘虏。

士卒还没有亲附自己就贸然处罚他们，那他们就不会真心顺服；不真心顺服，就难以使用他们去打仗了。士卒对自己已经亲近依附，但仍不执行军纪军法，这样也不能让他们去打仗。所以，要用“文”的手段来教育士卒，用“武”的方法来管理士卒，这样的军队打起仗来必能取胜。平素能严格贯彻命令、教育士卒，士卒就会养成服从的习惯；平素不能严格贯彻命令、教育士卒，士卒就会养成不服从的习惯。平素的命令能顺利贯彻执行，这是将帅与士卒之间关系融洽（相互取得了信任）的缘故。

【原文】

孙子曰：地形有通者[①]，有挂者[②]，有支者[③]，有隘者[④]，有险者[⑤]，有远者[⑥]。我可以往，彼可以来，曰通；通形者，先居高阳，利粮道，以战则利。可以往，难以返，曰挂；挂形者，敌无备，出而胜之；敌若有备，出而不胜，难以返，不利。我出而不利，彼出而不利，曰支；支形者，敌虽利我，我无出也；引而去之[⑦]，令敌半出而击之，利。隘形者，我先居之，必盈之以待敌[8]；若敌先居之，盈而勿从，不盈而从之。险形者，我先居之，必居高阳以待敌；若敌先居之，引而去之，勿从也。远形者，势均，难以挑战，战而不利。凡此六者，地之道也[9]；将之至任，不可不察也。

故兵有走者[10]，有弛者[11]，有陷者[12]，有崩者[13]，有乱者，有北者。凡此六者，非天之灾，将之过也。夫势均，以一击十，曰走。卒强吏弱，曰驰。吏强卒弱，曰陷。大吏怒而不服[14]，遇敌怼而自战[15]，将不知其能，曰崩。将弱不严，教道不明[16]，吏卒无常[17]，陈兵纵横[18]，曰乱。将不能料敌，以少合众，以弱击强，兵无选锋[19]，曰北。凡此六者，败之道也；将之至任，不可不察也。

【注解】

① 通者：这里指广阔平坦，四通八达，我军可以去、敌人也可以来的地区。通，通达。② 挂者：这里指前平后险、易入难出的地区。挂，悬挂、牵碍。③ 支者：这里指敌对双方皆可据险对峙，不易发动进攻的地区。支，支撑、支持。④ 隘者：狭窄之地，这里指两山之间狭窄的通谷。⑤ 险者：险要之地。⑥ 远者：这里指敌我相距很远。⑦ 引：引导、率领。⑧ 必盈之以待敌：一定要动用充足的兵力堵住隘口，以对付来犯的敌军。盈，满、充足。⑨ 地之道：关于利用地形的原则。⑩ 兵：这里指败兵。⑪ 驰：涣散、松懈，这里指将官软弱无能、队伍涣散。⑫ 陷：陷没，这里指虽然将官勇猛顽强，但士卒没有战斗力，导致将官孤身奋战，力不能支，最终陷于失败。⑬ 崩：土崩瓦解，比喻溃败。⑭ 大吏怒而不服：小将（部将）怨怒，不服从指挥。⑮ 怼（duì）：怨恨。⑯ 教道：指对部下的训练、教育。⑰ 常：指常法，法纪。⑱ 陈：同“阵”。⑲ 选锋：挑选勇敢善战的士卒组成的精锐部队。

【译文】

孙子说：地形可分为通、挂、支、隘、险、远六种。凡是我军可以去，敌军可以来的，叫作“通”。在这种地形条件下作战，应该抢先占领地势高而向阳的地方，并保证粮草运输畅通无阻，这样作战就有利。凡是可以前往，但难以后退的，叫作“挂”。在这种地形条件下作战，如果敌人没有防备，就可以突然出击从而战胜它；如果敌人已经有了防备，出击了却不能取胜，而又难以退回，这样对我军就会很不利。我军出击不利，敌军出击也不利的地形，叫作“支”。在这种地形条件下作战，即使敌人以利益来引诱我军，我军也不能出击，最好是佯装引军撤退，诱使敌人出击，待它出动到一半的时候，我军突然发起攻击，这样就会对我军有利。在“隘”这种地形条件下作战，我军若能抢先占领，就要用重兵封锁

我可以往，彼可以来，曰通。

隘口，等待敌人的到来。如果敌人已经抢先占领隘口，并用重兵防守，我军就不要去攻打；如果敌人没有用重兵封锁隘口，就迅速攻取它。在“险”这种地形条件下作战，若是我军抢先将其占领，那就必须控制那些地势高而向阳的地方，等待敌人的到来；若是敌人抢先将其占领，那就应该引军撤退，不要去进攻。在“远”这种地形条件下作战，敌我双方势均力敌，不宜挑战；若是勉强求战，会对我军产生不利影响。以上六点，均是利用地形作战的原则，是将帅的重要责任之所在，不可不认真考察研究。

导致军队作战失败的情况可以分为走、弛、陷、崩、乱、北六种。凡是属于这六种情况的，都不是上天降下的灾祸，而是由于将帅的过失造成的。在敌我双方势均力敌的情况下，以一击十（而导致失败）的，叫作“走”。士卒强悍、将官懦弱（而导致失败）的，叫作“弛”。将官强悍、士卒懦弱（而导致失败）的，叫作“陷”。部将对主将有所怨怒，不服从指挥，遇到敌人意气用事，擅自出战，主将不了解他的能力（而导致失败）的，叫作“崩”。主将软弱缺乏威严，训练教育军队方法不得当，官兵都不守规矩，布阵列兵杂乱无章（而导致失败）的，叫作“乱”。主将不能正确判断敌情，以少击多、以弱攻强，又没有精锐部队作为中坚力量（而导致失败）的，叫作“北”。以上六点，均是导致军队败亡的原因，是将帅的重要责任，不可不认真考察研究。

【原文】

夫地形者，兵之助也。料敌制胜，计险阨远近①，上将之道也②。知此而用战者必胜，不知此而用战者必败。故战道必胜③，主曰无战，必战可也；战道不胜，主曰必战，无战可也。故进不求名，退不避罪，唯人是保④，而利合于主⑤，国之宝也。

视卒如婴儿，故可与之赴深谿⑥；视卒如爱子，故可与之俱死。厚而不能使⑦，爱而不能令⑧，乱而不能治，譬若骄子，不可用也⑨。

知吾卒之可以击，而不知敌之不可击，胜之半也；知敌之可击，而不知吾卒之不可以击，胜之半也；知敌之可击，知吾卒之可以击，而不知地形之不可以战，胜之半也。故知兵者⑩，动而不迷，举而不穷⑪。故曰：知彼知己，胜乃不殆；知天知地，胜乃不穷。

【注解】

①险阨（è）：这里是指地势的险易情况。阨，通“厄”，险要之处。②上将：这里指主将。③战道：指战场实情。④唯人是保：指对个人的处境毫不在意，只求保全民众和士卒。人，指士卒、民众。⑤利合于主：符合国君的利益。主，指国君。⑥深谿：极深的溪涧，这里比喻危险地带。谿，同“溪”。⑦厚：厚养、优待。⑧爱而不能令：对士卒只知溺爱而不能令使。爱，溺爱。令，令使、使用。⑨譬若骄子，不可用也：此句指为将者，仅施仁爱而没有威严，只会使士卒成为骄子而不能使用。⑩知兵者：指真正懂得用兵的将帅。⑪举而不穷：变化无穷使敌人难以捉摸。举，措施。

【译文】

地形是用兵打仗取得胜利的辅助条件。正确判断敌情，掌握制胜的主动权，研究地形的险易，计算道路的远近，这些都是高明的将帅能够取胜的方法。掌握了这些方法而应用于指挥作战就必定能够胜利，不掌握这些方法而去指挥作战就必定会失败。所以，如果根据战场实情进行分析，有着必胜把握的，即使国君主张不要打，坚决去打也是可以的；如果根据战场实情进行分析，没有必胜把握的，即使国君主张一定要打，不打也是可以的。进不谋求战胜的功名，退不回避违抗君命的罪责，只求使民众和士卒得以保全，行动符合国君的利益，这样的将帅才算是国家的宝贵财富。

将帅对待士卒如同爱护婴儿，那么士卒就会与他共赴艰险；将帅对待士卒如同爱护自己的儿子，那么士卒就会与他同生共死。对士卒过分宽厚就无法使用他们，过分溺爱就无法命令他们，管理混乱松懈就无法约束治理他们，这样的军队就好像娇生惯养的孩子，是不能用来打仗的。

只了解自己的军队有能力去攻击敌人，而不了解敌人不可以攻击，取胜的可能性只有一半；只了解敌人能够被击败，而不了解（时机尚未成熟）自己的军队还不宜去攻击敌人，取胜的可能性也只有一半；知道敌人能够被击败，并且知道（时机已经成熟）我军可以前去攻打它，但不了解地形条件不利于作战，取胜的可能性仍然只有一半。所以，真正懂得用兵的将帅，行动时不会迷惑，采取的战略战术变化无穷。所以说，了解自己，了解敌人，就能常胜不败；了解天时，了解地利，胜利就可以永无穷尽。

【原文】

孙子曰：用兵之法，有散地[①]，有轻地[②]，有争地[③]，有交地[④]，有衢地，有重地[⑤]，有圮地，有围地，有死地。诸侯自战其地，为散地。入人之地而不深者，为轻地。我得则利，彼得亦利者，为争地。我可以往，彼可以来者，为交地。诸侯之地三属[⑥]，先至而得天下之众者，为衢地。入人之地深，背城邑多者，为重地。行山林、险阻、沮泽，凡难行之道者，为圮地。所由入者隘，所从归者迂，彼寡可以击吾之众者，为围地。疾战则存，不疾战则亡者，为死地。是故散地则无战，轻地则无止[⑦]，争地则无攻[⑧]，交地则无绝[⑨]，衢地则合交[⑩]，重地则掠[⑪]，圮地则行，围地则谋，死地则战。

孙子曰：用兵之法，有散地，有轻地。

所谓古之善用兵者，能使敌人前后不相及，众寡不相恃[⑫]，贵贱不相救[⑬]，上下不相收[⑭]，卒离而不集，兵合而不齐。合于利而动，不合于利而止。敢问："敌众整而将来，待之若何？"曰："先夺其所爱[⑮]，则听矣。"兵之情主速，乘人之不及，由不虞之道[⑯]，攻其所不戒也。

凡为客之道[⑰]，深入则专[⑱]，主人不克[⑲]；掠于饶野[⑳]，三军足食；谨养而勿劳，并气积力[㉑]；运兵计谋，为不可测。投之无所往[㉒]，死且不北，死焉不得[㉓]，士人尽力。兵士甚陷则不惧，无所往则固[㉔]，深入则拘[㉕]，不得已则斗。是故其兵不修而戒[26]，不求而得，不约而亲，不令而信。禁祥去疑[27]，至死无所之。

吾士无余财，非恶货也；无余命，非恶寿也[28]。令发之日，士卒坐者涕沾襟[29]，偃卧者涕交颐[30]。投之无所往者，诸刿之勇也[31]。

故善用兵者，譬如率然[32]；率然者，常山之蛇也[33]。击其首则尾至，击其尾则首至，击其中则首尾俱至。敢问："兵可使如率然乎？"曰："可。"夫吴人与越人相恶也，当其同舟而济，遇风，其相救也如左右手。是故方马埋轮，未足恃也[34]；齐勇若一，政之道也[35]；刚柔皆得，地之理也[36]。故善用兵者，携手若使一人[37]，不得已也。

【注解】

①散地：指诸侯在自己的领地内同敌人作战，其士卒在危急时很容易逃散的地区。②轻地：指军队进入敌境不深，士卒离本土不远，危急时易于轻返的地区。③争地：指我军占领有利、敌军占领也有利的地区。④交地：指道路纵横、地势平坦、交通便利的地区。交，纵横交叉。⑤重地：指进入敌境已深，隔着很多敌国城邑的地区。⑥三属（zhǔ）：指敌我与其他诸侯国毗邻的地区。属，连接、毗邻。⑦无止：不要停留。止，停留。⑧争地则无攻：指双方必争的要害地区，应该先于敌人占领，若是敌人已抢先占领，则不宜强攻。⑨交地则无绝：指在交地上部署军队，各部之间应保持联系，互相策应，不可断绝。绝，断绝。⑩衢地则合交：指在衢地上应加强外交活动，结交诸侯作盟友，以作为己方后援。合交，结交。⑪重地则掠：指深入敌方腹地，后方运输补给困难，要掠夺敌人的粮食，就地解决军队的补给问题。掠，掠取、夺取。⑫众寡不相恃：指大部队与小部队之间不能互相依靠、协同。⑬贵贱不相救：指军官和士兵之间不能相互救援。⑭收：聚集、收拢。⑮先夺其所爱：首先攻取敌人所必救的要害之处。爱，比喻敌人最关键、最重要的地方。⑯由不虞之道：要走敌人不易料到的道路。由，经过、通过。虞，料想，预料。⑰为客之道：指离开本土进入敌境作战的基本原则。客，这里指离开本土进入敌境作战的军队。⑱专：专心一意，这里指深入敌国重地，士卒没有退路，只能死战。⑲主人不克：指在本国作战的军队，无法战胜客军。主人，指在本国作战的军队、被进攻的一方。克，战胜。⑳掠于饶野：掠夺敌方富饶田野上的庄稼。㉑并：合，引申为集中、保持。㉒投之无所往：把部队置于无路可走的绝境。投，投放、投置。㉓死焉不得：指士卒连死都不怕，还有什么做不到呢。㉔固：牢固，这里指军心稳定。㉕拘：拘束、束缚。㉖不修而戒：士卒不待督促整治，就懂得加强戒备。修，整治。㉗禁祥去疑：禁止迷信活动，消除疑虑和谣言。祥，吉凶的预兆，这里指占卜之类的迷信活动。㉘吾士无余财，非恶货也；无余命，非恶寿也：我军士卒没有多余的钱财，这并不是他们厌恶财货；没有多余的性命（却拼死作战），这并不是他们不想活下去。恶，厌恶。寿，寿命。㉙士卒坐者涕沾襟：坐着的士卒热泪沾满了衣襟。涕，眼泪。襟，衣襟。㉚偃卧者涕交颐：躺着的士卒泪流满面。偃，仰倒。颐，面颊。㉛诸刿（guì）之勇：像专诸、曹刿那样英勇无畏。诸，专诸，春秋时吴国的勇士。公元前515年，吴公子光（即后来的吴王阖闾）要杀吴王僚自立，于是设宴招待僚。席上，专诸用暗藏在鱼腹中的剑刺死了吴王僚，自己也当场被杀。刿，曹刿，春秋时期鲁国的武士。鲁君与齐君在柯地（今山东东阿）会盟时，他持剑劫持齐桓公，迫使其当场订立盟约，归还齐国所侵占的鲁国土地。㉜率然：古代传说中的一种蛇。㉝常山：即恒山。㉞方马埋轮，未足恃也：把马并排地系在一起，把车轮埋起来，想以这种方式来稳定军队，是靠不住的。方，并列，这里是系在一起的意思。㉟齐勇若一，政之道也：要想使士卒齐心协力、奋勇杀敌，靠的是组织指挥得法。㊱刚柔皆得，地之理也：使强者和弱者都能尽其力，在于恰当地利用地形。刚柔，这里指强弱。㊲携手：这里是带领、统率的意思。

【译文】

孙子说：按用兵的规律，可以将战地分为散地、轻地、争地、交地、衢地、重地、圮地、围地、死地九种。诸侯在自己的领地上与敌作战，这样的地区叫作“散地”；进入敌境但尚未深入敌人腹地，这样的地区叫作“轻地”；我方得到就对己有利，敌方得到就对敌有利的地区，叫作“争地”；我军可以前往，敌军可以前来的地区，叫作“交地”；同几个诸侯国毗邻，先到的就可以结交诸侯并取得援助的地区，叫作“衢地”；深入敌国腹地，隔着很多敌国城邑的地区，称为“重地”；山林、险阻、沼泽等行军困难的地区，叫作“圮地”；进入的道路狭窄险要，退归的道路迂回曲折，敌人以少数兵力就能击败我众多兵力的地区，叫作“围地”；迅猛奋战则能生存，不迅猛奋战就灭亡的地区，叫作“死地”。因此，处于散地则不宜作战；处于轻地则不可停留；遇上争地则要先于敌人占领，如果敌人已经占领，就不宜强攻；遇上交地则（要相互策应）不要断绝联络；进入衢地则应结交诸侯以为己援；深入重地则应掠取粮草物资；遇上圮地则要迅速通过；陷入围地则应运用智谋，防止被困；陷入死地则要迅猛奋战，死里求生。

古时候善于用兵的人，能够使敌人的部队首尾不能相顾，主力与小部队不能相互依靠，将官与士兵之间不能相互救援，上下之间（相互隔断）无法收拢，士卒溃散而不能集中，士卒即使集合起来也是阵形混乱。在对我军有利的情况下就行动，在对我军不利的情况下就停止。请问：“如果敌军众多而且阵容齐整地向我军发起进攻，该如何对付它呢？”答曰：“首先夺取敌人的要害之处，这样，它就不得不听凭我军的摆布了。”用兵之道贵在神速，乘敌人措手不及的时候，走敌人意料不到的道路，攻击敌人没有戒备的地方。

大凡进入敌国作战的基本原则是：深入敌境则军心专一，在本土作战的敌军便无法战胜我；掠夺敌人富饶田野上的庄稼，使全军给养充足；精心地养护士卒，不要使他们疲劳，保持士气，积蓄力量；部署兵力，计算谋划，使敌人无法揣测我军的意图。将军队置于无路可走的绝境，士卒们就会宁死而不败退；士卒们既然连死都不怕了，就没有人不尽力作战。士兵们深陷危险的境地，就会无所畏惧；无路可走，军心就会稳固；深入敌境，军心就不会涣散；遇到迫不得已的情况，就会殊死战斗。因此，在这样的情况下，军队无须整饬就懂得加强戒备，不待要求就能完成任务，不待约束就能亲密协作，不待下令就会遵守纪律。禁止迷信，消除士卒的疑惑，他们就会至死也不退避。

我军士卒没有多余的钱财，这并不是他们厌恶财货；豁出性命去作战，这并不是他们不想长寿。命令下达之日，坐着的士卒热泪沾满了衣襟；躺着的士卒泪流满面。将军队置于无路可走的绝境，士兵们就会像专诸、曹刿一样勇猛无畏。

所以，善于用兵的人，能使部队像率然一样（自我策应）。所谓“率然”，是常山的一种蛇，攻击它的头部，尾部就会来救援；攻击它的尾部，头部就会来救援；攻击它的中部，头尾都会来救援。试问：“可以使部队像率然一样吗？”答曰：“可以。”吴国人与越国人虽然互相仇视，但是当他们同船渡河而遭遇风浪时，他们互相救助（配合默契）犹如一个人的左手和右手。因此，想用把马匹系在一起、掩埋车轮的办法来控制军队，是靠不住的；要使全军齐心协力奋勇无畏如同一人，就要靠指挥驾驭有方；要使强弱不同的士卒都能充分发挥作用，就要靠将帅恰当地利用地形。所以善于用兵的人，统率三军如同使用一人，这是由于将军队置于不得已的境地而形成的。

【原文】

将军之事，静以幽[①]，正以治[②]。能愚士卒之耳目，使之无知。易其事，革其谋[③]，使人无识；易其居，迂其途，使人不得虑。帅与之期[④]，如登高而去其梯。帅与之深入诸侯之地，而发其机[⑤]，焚舟破釜，若驱群羊，驱而往，驱而来，莫知所之。聚三军之众，投之于险，此谓将军之事也。九地之变，屈伸之利，人情之理，不可不察。

凡为客之道，深则专，浅则散[⑥]。去国越境而师者，绝地也；四达者，衢地也；入深者，重地也；入浅者，轻地也；背固前隘者[⑦]，围地也；无所往者，死地也。是故散地，吾将一其志；轻地，吾将使之属[⑧]；争地，吾将趋其后[⑨]；交地，吾将谨其守；衢地，吾将固其结[⑩]；重地，吾将继其食[⑪]；圮地，吾将进其涂；围地，吾将塞其阙[⑫]；死地，吾将示之以不活[⑬]。故兵之情，围则御[⑭]，不得已则斗，过则从[⑮]。

是故不知诸侯之谋者，不能预交[⑯]；不知山林、险阻、沮泽之形者，不能行军；不用乡导者，不能得地利。四五者，不知一，非霸王之兵也。夫霸王之兵，伐大国，则其众不得聚；威加于敌，则其交不得合。是故不争天下之交[⑰]，不养天下之权[⑱]，信己之私[⑲]，威加于敌，故其城可拔，其国可隳[⑳]。

施无法之赏[㉑]，悬无政之令[㉒]；犯三军之众[㉓]，若使一人。犯之以事，勿告以言[㉔]，犯之以利，勿告以害[㉕]。投之亡地然后存，陷之死地然后生。夫众陷于害，然后能为胜败。故为兵之事，在于顺详敌之意[㉖]，并敌一向，千里杀将，此谓巧能成事者也。

是故政举之日，夷关折符，无通其使[㉗]，厉于廊庙之上[㉘]，以诛其事[㉙]。敌人开阖，必亟入之[㉚]。先其所爱，微与之期[㉛]。践墨随敌[㉜]，以决战事。是故始如处女，敌人开户；后如脱兔，敌不及拒[㉝]。

是故政举之日，夷关折符。

【注解】

①静：沉着冷静。幽：幽深。②正：严肃公正。治：不乱。③易：改变。革：变更。④帅与之期：将帅使部队约期赴战，即将帅赋予部队具体的战斗任务。期，约定时间。⑤机：弩机。⑥深则专，浅则散：指在敌国境内作战，深入则军心专一，浅进则军心涣散。⑦背固前隘：指背后地势险要，前面道路狭隘，进退容易受制于敌的地区。⑧使之属（zhǔ）：使军队的部署相连接。属，连接、连续。⑨争地，吾将趋其后：在争地作战，我们要迅速进兵到争地的后面。⑩衢地，吾将固其结：遇上衢地，我们要巩固与诸侯国的结盟。结，这里指结交诸侯。⑪继其食：补充军粮，保障供给。继，继续，引申为保障、保持。⑫塞其阙（quē）：堵塞缺口，意在迫使士兵拼死

作战。阙，缺口。⑬ 示之以不活：指向将士表示死战到底的决心。⑭ 围则御：被包围就会奋起抵御。⑮ 过则从：指士卒陷入危险的境地，就会听从指挥。过，这里指身陷危境。⑯ 预：通“与”。⑰ 不争天下之交：不必争着同别的国家结交。⑱ 不养天下之权：不必在别的国家培植自己的权势。⑲ 信：信从，这里指依靠。私：这里指自己的力量。⑳ 隳（huī）：毁坏、摧毁。㉑ 施无法之赏：施行超出惯例的奖赏。㉒ 悬：悬挂，这里指颁发。㉓ 犯：这里指驱使、使用。㉔ 犯之以事，勿告以言：只驱使士卒去做事，而不告诉他们这样做的意图。㉕ 犯之以利，勿告以害：驱使士卒完成某项任务时，只告诉他们有利的一面，而不告诉他们危险的一面。㉖ 详：通“佯”。㉗政举之日，夷关折符，无通其使：决定战争行动之日，要封锁关口，废除通行凭证，阻止与敌国使节的外交往来。政举之日，指决定战争行动的时候，即战争前夕。政，这里指战争行动。举，实施，决定。夷，这里指封锁。折，折断，这里可理解为废除。符，泛指通行凭证。古时用木、竹、铜等做成牌子，上书图文，分为两半，作为传达命令、调兵遣将和通行关界的凭证。使，使节。㉘厉：通“砺”，这里是反复计议的意思。廊庙：即庙堂，指最高决策机构。㉙诛：治，这里是谋划决定的意思。㉚敌人开阖（hé），必亟入之：敌人出现疏失空隙，己方必须迅速趁虚而入。敌人开阖，指敌人有隙可乘。阖，门扇，这里比喻敌方的空隙。亟，急。㉛微：无。期：这里指约期交战。㉜践墨随敌：指实行战略计划要随敌情而变化。践，实行。墨，墨线，这里指战略计划、部署。㉝始如处女，敌人开户；后如脱兔，敌不及拒：开始时要如处女般柔弱沉静，使敌人放松戒备；随后要如逃脱追捕时的兔子般迅速敏捷，使敌人来不及抗拒。

【译文】

统率军队这种事情，要沉着冷静以使思虑深远，严肃公正以使队伍井然有序。要蒙蔽士卒的视听，使他们对军事行动一无所知；要经常变更战法，不断改变谋略，使人无法识破；要经常改换驻地，故意迂回绕道，使人们无法推测我方的意图。将帅赋予军队具体的作战任务，要像让人登高后而撤掉梯子一样，使其有进无退。将帅与军队一同深入诸侯国土，要像触发弩机射出弩箭一样，使其一往直前。要焚烧船只，打破锅子，破釜沉舟（以示死战的决心），驱使士卒要如驱赶羊群一般，赶过去、赶过来，使他们不知道要前往何处。聚集全军将士，将他们置于危险的境地（迫使他们拼死奋战），这就是统率军队作战的要务。根据地形的变化而灵活采取应对措施，根据战争态势的发展而采取相应的屈伸、进退战略，掌握全军将士在不同情况下的心理状态，这些都是将帅不能不认真考察和研究的。

施无法之赏。

大凡在敌国境内作战的基本规律是：深入敌境，军心就会变得专一；进入敌境不深，军心就容易涣散。离开本国，越过边境而进入敌国作战的地区，叫作“绝地”；四通八达的地区叫作“衢地”；深入敌国腹地的地区叫作“重地”；在敌国境内，但尚未到达其纵深的地区叫作“轻地”；背后有阻险而前方狭隘的地区叫作“围地”；无路可走的地区叫作“死地”。因此，在散地，我方就要使全军上下意志统一；在轻地，我方就要使军队前后连接、互相策应；在争地，我方就要使后续部队迅速跟进；在交地，我方要谨慎防守；在衢地，我方要巩固与诸侯国的结盟；在重地，我方要保障粮草的供给；在圮地，我方要争取尽快通过；陷入围地，我方要堵塞缺口；陷入死地，我方要向众将士表示死战到底的决心。所以，士卒的心理变化情况是：受到包围就会奋起抵御，迫不得已就会拼死战斗，身处险境就会听从指挥。

因此，不了解诸侯的计谋和策略的，就不能预先与之结交；不熟悉山林、险阻、沼泽等地形的，就不能行军；不使用向导的，就不能获得地利之助。对于九地之利害，有一样不了解的，都不算是能称王争霸的军队。能称王争霸的军队，攻伐大国，能使其来不及动员民众、集结军队；威力加于敌人头上，能使其无法与别国结交。因此，（拥有这样的军队）就不必争着与别的诸侯国结交，也不必在各诸侯国培植自己的势力，只要依靠自己的力量，把威力加在敌人头上，就可以夺取敌人的城邑，摧毁敌人的国家。

施行超出惯例的奖赏，颁布打破常规的号令，这样就能做到指挥全军如同指挥一个人一样。驱使士卒去做事，而不告诉他们这样做的意图；只告诉他们有利的一面，而不告诉他们危险的一面。将士卒置于危险的境地，然后才能保存；使士卒陷入死地，然后才可以死里求生。军队陷于险境，然后才能（凭借自己的积极和主动）争取胜利。所以，指挥作战这种事，在于弄清敌人的意图，（一旦时机成熟便）集中兵力指向敌人的一点，千里奔袭，擒杀敌将。这就是所谓的巧妙运筹能够成就大事。

因此，在决定战争行动的时候，就要封锁关口，废除通行凭证，停止与敌国的外交往来，要在庙堂上反复计议，以谋划制定战略决策。一旦发现敌人有隙可乘，就要迅速发兵趁虚而入。首先攻取敌人最关键的地方，不要轻易与敌人约期决战。实施战略部署的时候要根据敌情的变化而不断作出调整，以求得战争的胜利。因此，战争开始时要表现得像处女般柔弱沉静，诱使敌人放松戒备；然后要像逃脱追捕时的兔子那样迅速敏捷，使敌人措手不及，无法抵抗。

【原文】

孙子曰：凡火攻有五：一曰火人①，二曰火积，三曰火辎②，四曰火库，五曰火队③。行火必有因④，烟火必素具⑤。发火有时，起火有日。时者，天之燥也；日者，月在箕、壁、翼、轸也⑥，凡此四宿者⑦，风起之日也。

凡火攻，必因五火之变而应之⑧。火发于内，则早应之于外。火发兵静者，待而勿攻，极其火力，可从而从之⑨，不可从而止。火可发于外，无待于内，以时发之。火发上风，无攻下风。昼风久，夜风止。凡军必知有五火之变，以数守之⑩。

故以火佐攻者明⑪，以水佐攻者强。水可以绝，不可以夺⑫。

夫战胜攻取，而不修其功者凶⑬，命曰费留⑭。故曰：明主虑之，良将修之。非利不动，非得不用⑮，非危不战。主不可以怒而兴师，将不可以愠而致战⑯。合于利而动，不合于利而止。怒可以复喜，愠可以复悦，亡国不可以复存，死者不可以复生。故明君慎之，良将警之，此安国全军之道也。

【注解】

① 火人：指焚烧敌军人马。② 火辎：指焚烧敌军辎重。③ 火队（suì）：指焚烧敌人的运输设施。队，通“隧”，指运输设施。④ 因：条件。⑤ 烟火必素具：生火用的器材必须平时就准备妥当。烟火，指生火用的器具、燃料等物。素，平素、经常。具，准备。⑥ 箕、壁、翼、轸：中国古代星宿名，是二十八宿中的四宿。⑦ 四宿：即箕、壁、翼、轸四个星宿。古代认为月亮运行到达这四个星宿位置时多风。⑧ 应：策应。⑨ 从：跟从，这里指进攻。⑩ 数：指前文所说的“发火有时，起火有日”等火攻条件。⑪ 明：这里指效果显著。⑫ 夺：剥夺，这里指焚毁敌人的物资器械。⑬ 修：修治，引申为巩固。⑭ 命：明命。费留：即白费。留，通“流”。⑮ 非得不用：不能取胜就不要用兵。得，得胜、取胜。用，用兵。⑯ 愠（yùn）：怨愤、恼怒。

【译文】

孙子说：火攻的方式有五种：一是火烧敌军人马，二是焚烧敌军粮草，三是焚烧敌军辎重，四是火烧敌军仓库，五是火烧敌军的运输设施。实施火攻必须具备一定的条件，生火器材平时就要准备妥当。放火要选择适当的时候，起火要选择有利的日期。所谓适当的时候，是指天气干燥；所谓有利的日期，是指月亮行经箕、壁、翼、轸这四个星宿的位置，凡是月亮行经这四宿的位置时，就是起风的日子。

凡是用火攻，必须根据上述五种火攻所引起的变化，灵活部属兵力加以策应。在敌营内部放火，就要早早派兵在敌营外进行策应。火已燃起而敌军依然保持镇静的，就应等待观察，切勿贸然发起攻击，等到火势最猛烈的时候，根据情况，可以进攻就进攻，不可以进攻就要停止。火也可以在敌营外燃放，那样就不必等待内应，只要时机成熟就可以放火。在上风放火时，不可从下风进攻。白天风刮得久了，夜晚就容易停止。军队必须懂得这五种火攻方法的变化运用，等火攻的条件具备时，再来实施。

用火来辅助军队进攻，效果非常显著；用水来辅助军队进攻，攻势可以得到加强。水可以将敌军分割开来，但不能焚毁敌人的军需物资。

大凡打了胜仗，攻取了土地、城池，而不能及时巩固胜利的，会非常凶险，这种情况叫作“费留”。所以说，英明的君主要慎重考虑这个问题，贤良的将帅要严肃处理这个问题。不是对国家有利的，就不要采取行动；没有取胜的把握，就不要用兵；不到危急关头，就不要轻易开战。君主不可以因为一时的恼怒而兴兵打仗，将帅不可以因为一时的愤怒而贸然出战。符合国家利益的才可以行动，不符合国家利益的就要停止。恼怒了还可以重新欢喜起来，愤怒了还可以重新高兴起来，但是国家灭亡了就不复存在了，人死了也不能复生。所以，英明的君主对于战争应该十分慎重，贤良的将帅对于战争应该时刻保持警惕，这是安定国家、保全军队的根本之道。

【原文】

孙子曰：凡兴师十万，出征千里，百姓之费，公家之奉①，日费千金；内外骚动，怠于道路，不得操事者②，七十万家③。相守数年④，以争一日之胜，而爱爵禄百金，不知敌之情者，不仁之至也，非人之将也，非主之佐也，非胜之主也。

故明君贤将，所以动而胜人⑤，成功出于众者，先知也⑥。先知者，不可取于鬼神⑦，不可象于事⑧，不可验于度⑨，必取于人，知敌之情者也。

用间有五。

故用间有五：有因间[10]，有内间，有反间，有死间，有生间。五间俱起，莫知其道[11]，是谓神纪[12]，人君之宝也。因间者，因其乡人而用之[13]。内间者，因其官人而用之[14]。反间者，因其敌间而用之。死间者，为诳事于外[15]，令吾间知之，而传于敌间也。生间者，反报也[16]。

故三军之事，莫亲于间[17]，赏莫厚于间，事莫密于间[18]。非圣智不能用间[19]，非仁义不能使间[20]，非微妙不能得间之实[21]。微哉！微哉！无所不用间也。间事未发，而先闻者，间与所告者皆死。

凡军之所欲击，城之所欲攻，人之所欲杀，必先知其守将、左右、谒者、门者、舍人之姓名[22]，令吾间必索知之。

必索敌人之间来间我者，因而利之，导而舍之[23]，故反间可得而用也。因是而知之，故乡间、内间可得而使也。因是而知之，故死间为诳事，可使告敌。因是而知之，故生间可使如期。五间之事，主必知之，知之必在于反间，故反间不可不厚也。

昔殷之兴也，伊挚在夏[24]；周之兴也，吕牙在殷[25]。故惟明君贤将，能以上智为间者[26]，必成大功。此兵之要，三军之所恃而动也。

【注解】

①奉：同“俸”。②操事：这里指操作农事。③七十万家：指出兵打仗，要有大量民众承受繁重的徭役、赋税，而不能正常地从事生产劳动。④相守：相持。⑤动：举动。⑥先知：这里指事先知道敌人的情况。⑦取于鬼神：指用祈祷、祭祀鬼神和占卜等办法去取得（敌情）。⑧象：相类。⑨不可验于度：指不能用日月星辰运行的位置来验证敌情。验，验证、应验。度，度数，这里指日月星辰运行的度数（即位置）。⑩因间：即本篇下文所说的“乡间”——依赖与敌人的乡亲关系来直接获取情报，或利用与敌军官兵的同乡关系打入敌营，从事间谍活动以获取情报。⑪道：途径、规律。⑫纪：即道。⑬因：凭借、根据。⑭官人：这里指敌国官吏。⑮为诳（kuáng）事于外：假装泄露机密，故意向外散布虚假消息，以欺骗、迷惑敌人。诳，迷惑、欺骗。⑯反：通“返”。⑰三军之事，莫亲于间：军队中没有比间谍更为亲信的了。⑱密：秘密、机密。⑲圣智：才智超群。⑳非仁义不能使间：指如果吝惜爵禄、金钱，不能真诚对待间谍，就不能使其乐于效命。㉑非微妙不能得间之实：不是用心精细、手段巧妙的将领，不能获得间谍的真实情报。实，这里指实情。㉒守将：指主管将领。左右：指守将身边的亲信。谒者：指负责传达通报的官吏。门者：指负责守门的官吏。舍人：指守将的门客幕僚。㉓导：引导、诱导。舍：释放。㉔伊挚：即伊尹。他原本是夏桀之臣，商汤用他为相，灭了夏桀，建立了商（又称殷）。㉕吕牙：即姜子牙，俗称姜太公。他原本为殷纣王之臣，周武王姬发在他的辅佐下，打败了纣王，建立了周朝。㉖上智：指具有很高智谋的人。

【译文】

孙子说：凡是出兵十万，千里征战，百姓的耗费、公家的开支，每天都要花费千金；国内局势动荡不安，民众（为战事所迫而）疲惫于道路，不能从事耕作劳动的，多达七十万家。交战双方相持数年，是为了有朝一日赢得胜利，如果因为吝惜爵禄和区区百金钱（而不肯重用间谍），以致不能了解敌情而遭受失败，是不仁到了极点，（这种人）不配做统率三军的将领，不配做君主的助手；这样的国君，不是能打胜仗的好国君。

所以，英明的君主和贤良的将帅，之所以一行动就能战胜敌人，而成就超出于众人之上，是因为他们能够事先了解敌情。事先了解敌情，不能用求神问鬼的方式来获取，不能用相似的事情作类比，不能根据日月星辰运行的位置去进行验证，而是从了解敌情的人那里获取。

使用间谍的方式分为五种：因间、内间、反间、死间、生间。同时使用这五种间谍，能使敌人无从知道我方用间的规律（从而无以应对），这是神秘莫测的道理，是国君克敌制胜的法宝。所谓“因间”，是指利用敌人的同乡做间谍。所谓“内间”，是指利用敌方的官吏做间谍。所谓“反间”，是指收买或利用敌方的间谍为我方所用。所谓“死间”，是指故意散布虚假情报，并通过我方间谍把情报传达给敌方间谍，使敌人上当受骗（然而敌人一旦发现上当，我方间谍往往难逃一死）。所谓“生间”，是指派往敌方侦察而能活着回来报告敌情的人。

所以军队中的亲信，没有比间谍更为亲信的了，奖赏没有比间谍更为优厚的了，事情没有比间谍所做的更为机密的了。不是才智超群的人不能使用间谍；不是仁慈慷慨的人不能使用间谍；不是谋虑精细、手段巧妙的人不能获得间谍所提供的真实情报。微妙啊！微妙啊！无时无处不可以用间。用间的计谋尚未施行，而秘密已经先行泄露的，那么间谍和知道机密的人都要处死。

凡是想要攻打的敌方军队，想要攻占的敌方城邑，想要刺杀的敌方人员，都必须先了解主管将领、左右亲信、负责传达通报的官员、守门官吏以及门客幕僚的姓名，命令我方间谍一定要将这些情况侦察清楚。

必须查出敌方派来刺探我方情报的间谍，根据具体情况对其加以利用和收买，诱导他，再放他回去，这样，策反的间谍就可以为我方所用了。通过反间得知了敌情，乡间、内间也就可以为我方所用了。通过反间得知了敌情，就可以通过死间来散布虚假情报给敌人了。通过反间得知敌情，所以生间就可以按照预定时间返回报告敌情了。这五种间谍的使用，国君都必须懂得，懂得的关键在于如何使用反间。所以，对于反间不可不给予优厚的待遇。

内间。

昔日殷商的兴起，是由于重用了在夏为臣的伊尹；周朝的兴起，是由于重用了在殷为官的姜子牙。所以，只有英明的君主和贤能的将帅，能任用智慧高超的人充当间谍，必定能成就巨大的功业。这是用兵的关键所在，是整个军队采取行动所依赖的东西。

《鬼谷子》

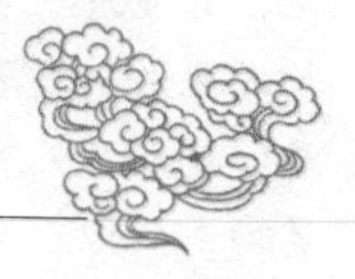

《鬼谷子》着重于实践的方法，具有极完整的领导统御、智谋策略体系，堪称“中国第一奇书”，它以谋略为主，兼通军事，也是我国历史上第一部在充分探索人的心理特征和心理活动规律的基础上，论述劝谏、建议、协商、谈判和一般交际技巧的书。

捭阖第一

【原文】

粤若稽古①，圣人之在天地间也②，为众生之先③，观阴阳之开阖以名命物④，知存亡之门户⑤。筹策万类之终始，达人心之理，见变化之朕焉⑥，而守司其门户。故圣人之在天下也，自古及今，其道一也⑦。变化无穷，各有所归⑧。或阴或阳，或柔或刚，或开或闭，或弛或张。是故圣人一守司其门户，审察其先后⑨，度权量能⑩，校其伎巧短长⑪。

【注解】

①粤：句首语气助词，表庄重。若：顺，沿着。此指上溯。稽：考也，考察。意为按着一定的规律考察历史。②圣人：《鬼谷子》中出现的“圣人”有两种含义，一种指古代的有所贡献、有所创见的大智大勇之人，一种指当代精于纵横权术的游说辩士，与儒家所说的“圣人”有别。此句中的“圣人”是指前一种含义。③众生：万物生灵。此特指民众。先：先知先觉，能够预测事物发展动向、掌握事物发展规律的人。④命物：所谓“阳开以生物，阴阖以成物。生成既著，须立名以命之也”，即抓住事物本质，表述事物的名称和性质。⑤存亡之门户：指世上万事万物生成、发展、灭亡的关键所在。⑥朕：征兆，迹象。即可以观测到的事物发展的征兆。⑦其道一也：即言自古至今，圣人的做法、目的都是一样的。⑧各有所归：“变化无穷，然有条而不紊，故曰各有所归。”即言事物的发展变化都有一定规律可以遵循。⑨先后：此指事物的发展过程。⑩权：权变。此指事物可以变化、可让人施术变动其发展方向的成分。能：能力。此指事物保持自己的不变性，从而按自己的固定轨迹运行的能力。⑪伎巧：即技巧。伎，古通“技”，技巧，此指事物的应变能力。

【译文】

我们看看上古时代的历史，可以知道古代那些大智大勇的圣者生活在人世间，之所以成为芸芸众生先知先觉的导师，是因为他们能观测世界上万事万物阴阳两类现象的变化，并能进一步了解事物存亡的关键因素，给它们立一个确定的名号，还能够洞晓万事万物的生成、发展、灭亡的关键。他们追溯世界上万事万物的历史过程，预测它们未来的结局，洞察世人的心理特征，观察世上事物、人事变化的征兆，从而把握事物发展变化的关键。所以，从古至今，处在天地间的圣智之人在社会上立身处世，遵循的规律都是一样的。由此可见，世间的事物虽然变化无穷、纷纭万端，但它们都有各自的变化规律：或以阴为主导，或以阳为主导；或以柔为特征，或以刚为特征；或以开放为特点，或以闭抑为特点；或松弛不固，或紧张难入。所以，圣智之人在处理世间事物时，总会发现事物的发展规律，把握住事物的关键，并考察事物的发展过程，研究事物的可变性和不变性，还要把握住事物应变能力的强弱，再比较技巧方面的长处和短处，有的放矢地处理问题。

【原文】

夫贤不肖、智愚、勇怯、仁义有差①，乃可捭，乃可阖，乃可进，乃可退，乃可贱，乃可贵，无为以牧之②。审定有无③，以其实虚④，随其嗜欲以见其志意⑤。微排其所言而捭反之⑥，以求其实，贵得其指⑦。阖而捭之，以求其利。或开而示之⑧，或阖而闭之⑨。开而示之者，同其情也；阖而闭之者，异其诚也⑩。可与不可，审明其计谋，以原其同异⑪。离合有守⑫，先从其志⑬。即欲捭之贵周⑭，即欲阖之贵密⑮。周密之贵微⑯，而与道相追⑰。捭之者，料其情也⑱；阖之者，结其诚也⑲。皆见其权衡轻重⑳，乃为之度数㉑，圣人因而为之虑。其不中权衡度数，圣人因而自为之虑㉒。故捭者，或捭而出之，或捭而内之㉓。阖者，或阖而取之，或阖而去之。

【注解】

①有差：有差别，各有不同。②无为：指无为之道。《鬼谷子》所说的“无为之道”与老庄的清静无为之道不同，它是指顺应自然之性而拨动之、因势而利导之的一种处世之道。牧：治理，处理。以牧：用来掌握。③有无：有无之数。此指世人的品质底细。④以：因，依据，凭着。⑤见：通“现”，发现。⑥微：暗中。排：排察。⑦指：同“旨”，意指旨意、主旨。⑧示：启示，启发。此指启发对方让他敞开思想。⑨闭：闭藏。此指使对方控制感情。⑩异：与“同其情”之“同”为互词。同其情，即考察对方感情上与我们的同异点。异其诚，即考察对方诚意如何。⑪原：追源，考察。⑫离合有守：认识有差距。离合，原指二人相离或相逢，此指认识差距。守，原指各据一方，此指有距离。⑬从：同“纵”，纵容、放纵。从，纵古今字。⑭贵：以……为贵，此处意为“首先要”、“关键是”。⑮密：与上句之“周”为互词，皆周密之意。⑯微：微暗，不露声色。⑰道：此指阴阳之道，即变动阴阳，因势利导而处理事情的方法。追：相随，相合。⑱料：考察，估量。⑲结：“谓系束。”系束，即控制、掌握之意。⑳权衡轻重：此指处理事情的谋略与措施。权，秤锤。衡，秤。权衡可以称物，引申为处理事情的方法和措施。㉑度数：度量，准则。㉒自为之虑：此指自己另外谋划决策。㉓内：接纳，吸收。内，纳古今字。

【译文】

世人中有贤良的人，有不肖的人；有聪明的人，有愚蠢的人；有的人勇敢，有的人怯懦；有仁人君子，有苟且小人……总之，每个人之间是有差别的，人的品行千差万别，素质千模百样。所以，要针对不同的人品素质，采取不同的应对措施。对某些人可以开导，对某些人可以压抑使其保持冷静；对某些人可以擢用，对某些人可以黜退；可以让某些人富贵，可以使某些人贫贱。总之一句话，要顺应人们的不同天性去分别对待他们，加以控制掌握。要起用一个人，首先要摸清他的品质如何，摸清他的真假虚实，考察他是否有真才实学。要投其所好，通过他的嗜欲愿望，去分析他的志向意图，并且要暗中观察他的言语，适当地贬抑他说的话，再加以发言责难，从而探查到他内心的真实世界和真实意图，以明了他的性格主流。即对他使用捭阖之术，来达到我们的目的；当切实把握住对方言行的实质后，可以稍作沉默让对方畅所欲言，从而探求他的利益所在，有时可以表示赞同，有时应该缄默表示异议。敞开言论是为了博取对方的信任，从而让对方对我们一吐衷肠。缄默表示异议是为了考察对方的诚意。考察什么可用、什么不可用，要查明他的谋略计划的优劣以及同我们的谋略计划的差距大小。若同我们的谋略计划距离较大，先纵容他，让他照自己的意志去办而我们要守住自己的意图。就是说，使用捭阖之术，离不开暗中谋划。当然，这种谋划要周密，考虑要周详。如果要综合归纳问题，最重要的是处世缜密，要合乎规律和道理，行事要微暗，要不露声色。这样做，就与阴阳之道暗合无隙了。对人使用捭阖之术，或开启引导他，估量出他的情怀；或压抑控制他，摸准他的诚心，还要知道他的谋略措施。掌握了这三件事，我们就可以区别对待了。如果他的品行可用，对我们真诚，并且没有二心，他的谋略措施得当，与我们距离较小，合乎我们的准则，我们就可以擢用他，帮他完善谋略措施；如果对方品行低劣，对我们不忠，而且谋略措施失当，与我们距离较大，不合我们的准则，我们便抛开他，自己另作谋划，重新决策。总之，对人使用捭阖之术时，或者开导他帮他完善决策，或启发他让他吐露决策以便被我们吸取；或启发他以便于我们顺利起用他，或抑制他抛弃他不用。这就是捭阖之道。

【原文】

捭阖者，天地之道①。捭阖者，以变动阴阳②，四时开闭③，以化万物。纵横反出④，反覆反忤⑤，必由此矣。捭阖者，道之大化⑥，说之变也⑦，必豫审其变化⑧。吉凶大命系焉⑨。口者，心之门户也⑩。心者，神之主也⑪。志意、喜欲、思虑、智谋，皆由门户出入⑫。故关之以捭阖⑬，制之以出入⑭。捭之者，开也，言也，阳也。阖之者，闭也，默也，阴也。阴阳其和，终始其义⑮。故言长生、安乐、富贵、尊荣、显名、爱好、财利、得意、喜欲，为阳，曰始⑯。故言死亡、忧患、贫贱、苦辱、弃损、亡利、失意、有害、刑戮、诛罚，为阴，曰终⑰。诸言法阳之类者，皆曰始，言善以始其事⑱。诸言法阴之类者，皆曰终，言恶以终其谋⑲。捭阖之道，以阴阳试之⑳。故与阳言者依崇高㉑，与阴言者依卑小㉒。以下求小㉓，以高求大㉔。由此言之，无所不出㉕，无所不入㉖，无所不可。可以说人，可以说家㉗，可以说国㉘，可以说天下。

懂得了捭阖之术，就可以游说天下。

【注解】

①天地之道：即阴阳之道。天为阳，地为阴。②变动阴阳：意为使事物内部对立的各方面发生变化。③四时：春夏秋冬四季。此指自然秩序。开闭：即捭阖。④纵横反出：即阴阳的具体表现。纵与横，反（返）与出，都是对立的事物，可用阴阳来区分。⑤反覆反忤：亦为阴阳的具体表现。⑥道之大化：阴阳之道的关键所在。⑦说之变：指游说中的某些变化。⑧豫：预先。豫、预古通。⑨吉凶：此指游说成功或失败。大命：此指游说目的。⑩心：指内心思想。⑪主：主使，主持。⑫出入：此指表现、表述。⑬关：此指控制。⑭制：制约。⑮阴阳其和，终始其义：终事始事的要义所在，是明了阴阳调和之理。⑯故言长生……曰始：始为乾，乾为阳。始即初始，出发点，引申为人生行动的目的所在。即言上述长生、安乐、富贵等事物都是人生所追求的东西。⑰故言死亡……曰终：终，穷也。穷急困窘，是人所不欲，是人生的忌讳。⑱善：此指善言。善言为阳。⑲恶：此指恶言。恶言为阴。⑳阴阳：此指阴言和阳言。㉑崇高：崇高之言，即上述阳言。㉒卑小：卑下之言，即上述阴言。㉓下：卑下的阴言。小：此指小人。㉔高：崇高的阳言。大：此指君子。㉕出：此指被策士、说客们启发。㉖入：此指听从游说策士的话。㉗家：原指大夫采邑。此指封有采邑的大夫。㉘国：此指据有一国的诸侯。

【译文】

捭阖之术，是万物运行的一条普遍法则，是各种事物运动、发展、变化的规律。“捭阖”就是变动阴阳，干扰自然顺序，就是用开闭之法去促使万事万物变化转化；事物的离返和复归，都是由于开合的变化而引起的。纵和横、返和出、反和覆、反与忤，都是事物阴阳的具体表现，都可以用阴阳来区别、说明它们。反过来讲，使用捭阖之术使事物转化，正是阴阳之道的关键所在，是大道的外化。游说过程中的一变一化，都出自捭阖之术，所以要预先审知捭阖之术的阴阳法则，这是游说能否成功、游说目的能否达到的关键。人嘴，是表达内心思想的机关。内心思想，又是由人的神气来主使的。志向与意愿，喜好与欲求，思念和焦虑，智慧和谋略，都是由嘴这个机关表露出来的。所以，应该用捭阖之术来调控人嘴，应该用开闭之法来调整人嘴。使用捭术，就是让对方开口，让对方说话，开启、言谈，属于阳刚，这就是阳道。使用阖术，就是让对方闭口，让对方沉默，闭合、缄默，属于阴柔，这就是阴道。懂得了阴道和阳道的交替使用，就能够懂得“终”和“始”的意义了。我们把长生、安乐、富贵、尊荣、显名、爱好、财利、得意、喜欲等归为阳类事物，把它们称作人生向往。我们把死亡、忧患、贫贱、苦辱、弃损、亡利、失意、有害、刑戮、诛罚等归为阴类事物，把它们称作人生忌讳。言说的内容凡事属于“阳道”的一派，可以叫作“人生向往型语言”，是说可以用这类美好的语言去说动对方进行某事，以谈论积极的因素、振奋人心的方面来开始游说鼓动的主题。那些效仿、涉及上述阴类事物的说辞，可以叫作“人生忌讳型语言”，是说可以用这类令人厌恶的语言和消极不利的因素去威胁对方中止他的阴谋。游说中运用捭阖之术时，关于开放和封闭的规律都要从阴阳两方面来试验，把握住对方的内心，以确定对方是喜欢阴言还是喜欢阳言。与处于阳势、内心积极的人论谈时以使用涉及上述阳类事物的崇高语言为主，从大处入手选择大道理来引导对方；与喜欢阴言的人论谈时以使用涉及上述阴类事物的卑下语言为主，从小处入手，用琐细卑微的内容，用具体细小的事例来引导对方。这样，我们用卑下的阴言去打动小人，用崇高的阳言去说服君子。因此可以说，用捭阖之术去游说，就没有探测不到的真情，就没有不听从我们决策的人，就没有不能说服的人。用捭阖之术去游说，可以说动每个人，可以说动每个有封地的大夫，可以说动每个诸侯国的君主，可以说动天下的霸主。

【原文】

为小无内[①]，为大无外[②]。益损、去就、倍反，皆以阴阳御其事[③]。阳动而行，阴止而藏。阳动而出，阴隐而入。阳还终阴[④]，阴极反阳。以阳动者，德相生也[⑤]。以阴静者，形相成也[⑥]。以阳求阴[⑦]，包以德也[⑧]。以阴结阳[⑨]，施以力也[⑩]。阴阳相求[⑪]，由捭阖也。此天地阴阳之道，而说人之法也。为万事之先[⑫]，是谓圆方之门户[⑬]。

【注解】

①无：通“毋”，不要。②“为小”两句：这两句表现了《鬼谷子》处理事情时的辩证思想。③益损……御其事：所谓“以道相成曰益，以事相贼曰损，义乖曰去，志同曰就，去而遂绝曰倍，去而复来曰反。凡此不出阴阳之情，故曰皆以阴阳御其事。”④还：还返，再生。⑤德：内在本质，自身规律。⑥形：外在形态。⑦求：寻求，达到。⑧包：包容，规范。⑨结：连接，引申为辅加、辅助。⑩施以力：施以外力，由外去影响内。⑪相求：互相需求，相互辅助。⑫先：此指既定法则。⑬圆方：此指世上的有形事物和无形事件。圆，以喻无形。方，以喻有形。

【译文】

任何事情无论小至极点，还是大至无穷，捭阖之术都可以应用。从小处入手处理问题时，不要光盯着事情的内部，要进入无限微妙的境界；从大处着眼处理问题时，不要仅仅注意事情的外部，还要有辩证观点和全局眼光，进入无限广大的境界。事情的损害和补益，人的离去和接近，道的背离和归属等等行为，都是在阴阳的变化中运行的。阳道以动为特征，故以进取为主要表现形式；阴道以静止为特征，故以闭藏为主要表现形式。阳动必然显现，阴止必然潜藏。阳道超过了极限就成为阴道，阴道超过了极限就变为阳道。用阳道去拨动事物，是为了让它按自身规律发展；用阴道去安定事物，是为了让它巩固自己的形态。用阳道去统括阴道，就要用内部规律去规范外在形态；用阴道去辅佐阳道，就要用外在形态去影响内在本质。阴阳相辅相成，互为其用，集中体现在捭阖之术上。这就是天地自然界以及人世社会中的阴阳之道，这就是游说人主的根本原则。捭阖阴阳之道，是万事万物的既定法则，是一切有形之物和无形之事的关键，是天地间解决万事万物的钥匙。

反应第二

【原文】

古之大化者[①]，乃与无形俱生[②]。反以观往[③]，覆以验来[④]；反以知古，覆以知今；反以知彼，覆以知己。动静虚实之理[⑤]，不合于今，反古而求之。事有反而得覆者[⑥]，圣人之意也，不可不察。

【注解】

①大化：天地万物的造化。②无形：“道也。”此指自然界和人世社会的基本规律。③往：历

史。④来：未来之事。⑤动静：代指世间的一切事件。虚实：代指世界上一切物质。⑥事有反而得覆者：意指世上一切事理都可以反复推求。

【译文】

古代以大道教化众生的圣人，之所以能与无形共生共存，是自然界物化的规律。大道无处不在，一以贯之。我们可用大道去了解历史，从而获得历史的经验教训，以面对、解决当前所遇到的情况。用大道也可以去推求未来。我们可以用大道去了解世界上这类、那类等一切事物，观察旁人，不仅可以洞察了解对方，而且可以知道自己为人处世的得失，观人而观己，认识自我。如果人的言行举止、思想常常出现不合常理的反常现象，就能根据周围的情况以及以往的经验进行推究，才能把握它。世间万事万物的道理，在今天找不到比证的，都可以从历史中获取。大道一体，古今一致，任何事物都可以反复地比证考察，这就是圣人的本意，我们不可以不去仔细研究。

古代圣人能以大道教化众生，能与无形共生共存是因为掌握了自然界物化的规律。

【原文】

人言者，动也；己默者，静也。因其言①，听其辞。言有不合者②，反而求之③，其应必出④。言有象⑤，事有比⑥，其有象比，以观其次⑦。象者象其事⑧，比者比其辞也。以无形求有声⑨。若钓语合事⑩，得人实也。其犹张罝网而取兽也⑪。多张其会而司之⑫，道合其事⑬，彼自出之，此钓人之网也。常持其网驱之。

【注解】

①因：循，顺着。②不合：前后矛盾。③反：反问，反诘。④应：应声。出：露出（真情）。⑤象：形象。此指言辞中涉及的事物形象。⑥比：并列，类比。此指同类事物。⑦次：后，后边。此指言辞背后隐藏的意图。⑧此句与下句，疑后人注文误人正文者。⑨无形：即上边所说的“静”。⑩钓语：在交谈时引出对方的话头。⑪罝：即捕兔子的网。⑫会：指兽常出没的地方。司：即伺。⑬道：此指我们发出的反诘辞。

【译文】

就动静原理而论，别人在侃侃而谈，是处于动态的；我们静默听辞，是处于静态的。别人动我们静，别人说我们听，正是以静制动。根据别人说的话就可以了解他言辞中所包含的主张和心意。若发现了他言辞中前后矛盾或不合情理的地方，马上反问他，使对方的矛盾谬误出现，从而逼使他在应声回答中再度思量，露出真情。只要我们静观静听，就可以体味出他言辞中包容的事物形象，就可以了解他谈的事物中涉及的其他同类事物，我们就可以通过这些事物形象和同类事物去考察它们背后所隐藏的谈话者的意图。象，这里是指言辞中事物的外在形貌。比，这里是指言语可以用打比喻作修辞，从而可以借助逻辑修辞等“无形”的技巧方法来阐明具体的事理。我们就这样用静默去探求别人言辞中的隐含意图，就好像用饵钓鱼一样，用静默和反诘去钓别人的言辞，通过钓得的言辞去判断他的决策，以掌握对方真情。又像多张网等待猎兽那样，多设一些网在他们经常出没的地方来让它们自投罗网。多用反诘语去多方试探，一旦试探对了路，钓语与对方的心事相符，对方心底的真实感受和思想就会自然流露出来，这就是网人真情的网啊！应常用这样的钓人方法去掌握别人。

【原文】

其不言无比，乃为之变[①]。以象动之[②]，以报其心[③]，见其情，随而牧之[④]。已反往，彼覆来[⑤]，言有象比，因而定基[⑥]。重之袭之[⑦]，反之覆之，万事不失其辞。圣人所诱愚智，事皆不疑[⑧]。故善反听者[⑨]，乃变鬼神以得其情[⑩]。其变当也[⑪]，而牧之审也。牧之不审，得情不明，得情不明，定基不审。变象比，必有反辞，以还听之[⑫]。欲闻其声反默[⑬]，欲张反敛，欲高反下，欲取反与[⑭]。欲开情者[⑮]，象而比之，以牧其辞。同声相呼，实理同归[⑯]。或因此，或因彼，或以事上[⑰]，或以牧下[⑱]。此听真伪、知同异、得其情诈也。动作言默，与此出入。喜怒由此，以见其式[⑲]。皆以先定为之法则[⑳]。以反求覆，观其所托[㉑]，故用此者。己欲平静[㉒]，以听其辞，察其事，论万物，别雄雌。虽非其事，见微知类[㉓]。若探人而居其内[㉔]，量其能射其意[㉕]，符应不失[㉖]，如螣蛇之所指[㉗]，若羿之引矢[㉘]。

【注解】

① 其不言……为之变：如果对方不接我们的话茬，不回答我们的反问时，就要改换办法。② 象：设象，我们做出某种表象。③ 报：即应和。④ 牧：即考察、察知。⑤ 己反往，彼覆来：指我们设象，对方应和，这样反复多次。⑥ 定基：此指掌握对方意向的主流。⑦ 袭：重复。⑧ 圣人……不疑：尹知章曰：“圣人诱愚则闭藏，以知其诚；诱智则拨动，以尽其情，咸得其实，故事皆不疑也。”（尹知章《鬼谷子注》）⑨ 反听：指发出信息去引诱对方，从反馈回的信息中测得对方真情。⑩ 变鬼神：鬼神善变。变鬼神，言多般变化。⑪ 当：即上所言“道合其事”，手法的变换碰准了对方心意。⑫“心有反辞”两句：反辞：反诘语。还听：即反听。按：这里讲的是一种揣情中的“反引法”。⑬ 默：沉默。⑭ 与：给予。按：这里讲的方法，表现了作者的辩证观点。⑮ 开情：让对方吐露心声。⑯ 同声……同归：与对方心里产生共鸣，使他引我们为知己，从而吐露真实情况。⑰ 事上：此指从谈话开始处考察对方意图。⑱ 牧下：此指从谈话结尾处入手审察对方意图。⑲ 式：样式。⑳ 先定：既定准则。㉑ 托：此指寄托在言辞中的真情。㉒ 欲：要。㉓ 虽非……知类：尹知章曰：“谓所言之事，虽非时要，然观此可以知微，故曰见微知类。”（尹知章《鬼谷子注》）㉔ 内：内心。㉕ 射：猜测。㉖ 符应：某种事物产生和某种现象发生，必然引起另一种事物产生和另一种现象发生，古代称作符应。㉗螣蛇之所指：螣蛇，传说中一种能兴云作雾的神蛇，六朝术士用青龙、白虎、朱雀、玄武、螣蛇、勾陈六神以占算，谓螣蛇所指，祸福不差。㉘羿：是古代传说中的善射者。

【译文】

其不言无比，乃为之变。

如果对方不接我们的话茬，不回答我们的反问时，就要改换办法。我们做出某些表象用形象的手段去打动他，迎合他的心意，使他透露真情，我们随之掌握他的意图。通过设象、使对方应和这样多次反复，我们终于掌握住对方言辞中的事物表象和同类事物，就可以因此而抓住对方意向的主流。这样多次重复，双方你来我往不断地交谈下去，在说话中就有了比较和譬喻，因此就能确定说服对方的基本策略和基本观点了。继而反复地推敲琢磨，反复地试探、诘问、观察、重复验证以使表达的语言准确无误，任何事情都可以从对方言辞里侦知。圣智之士用这种方法去对付智者、愚者，任何真情都可以测得而无疑惑。所以，自古那些发挥主观能动性去主动探查对方的人，以及那些从反面听取别人的言论，变换着手法去探知对方的情怀，从而刺探到对方的实情。他们随机应变，对对手的控制也很周密。如果控制不周密，得到的情况不明了，心里的底数就不实，就不能明知对方的主导意图。这种情况下，我们就必须变换手法使对方言辞中的象、比信息改变，要会说反话，以便观察对方的反应。变换着言辞去反诘他，让他回答，然后收集反馈回的信息。另外，还可使用“反引法”，就是说，我们想要听到对方讲话，自己反而用沉默来逗引他；想让对方张口讲，自己反而闭口不语；想让对方情绪高涨以夸夸其谈，自己反而低沉；想从对方那儿得到点什么，自己就先给予他点什么。又可用“正引法”：想要让对方吐露心声，就自己先设表象去引动他，设法让他讲话，让他对我们随声应和，引为知己而开情吐意。我们或者顺着他的这番话去探测他，或者顺着他的那番话去探测他；或者从他的话端顺势考察，或者从他的话尾逆推考察。所有这些，都是辨别真话假话，分析性质同异，分辨真相假相的方法。对方的动作、言语、口气，都可以用这个方法去考察；对方的一喜一怒，都可以用这些方法去发掘原因。这些方法，都是探测别人的既定准则，是考察别人的依据。要在反复探求中，去观察对方言辞中寄托着的真情，就要用这些准则和依据。总之，我们要平心静气地去听别人的言辞，去细心地考察其言辞中涉及的事件，去考辨其他一切事物，去辨别事物性质，分析事理，议论万物，辨别真伪。运用此法，即使从对方言辞中的次要事件里，也可通过其中的细微征兆，探索出其中隐含的真情实意。运用这些方法去探测别人就好像钻到他心中探测一样，可以准确地估计出他的能力，可以准确地猜测出他的本意。这种估计和猜测必然像“符应现象”那样不失其意，就好比是螣蛇所指祸福不差、后羿张弓射箭一样准确无误，必定能从对方言辞中探出真情实意。

【原文】

故知之始己，自知而后知人也。其相知也[①]，若比目之鱼[②]；其见形也[③]，若光之与影[④]。其察言也不失，若磁石之取针[⑤]，如舌之取燔骨[⑥]。其与人也微[⑦]，其见情也疾[⑧]，如阴与阳[⑨]，如圆与方[⑩]。未见形，圆以道之[⑪]；既见形，方以事之[⑫]。进退左右[⑬]，以是司之。己不先定，牧人不正[⑭]。事用不巧[⑮]，是谓忘情失道[⑯]；己先审定以牧人[⑰]，策而无形容[⑱]，莫见其门[⑲]，是谓天神[⑳]。

【注解】

①相知：此指了解别人。②比目之鱼：古人谓比目鱼相并而行。③见：出现。现古今字。④光之与影：光一亮，影便出现。⑤磁石之取针：即磁与铁相吸。起源于先秦。⑥燔骨：烤烂的骨头肉。燔，烧，烤。⑦微：微少。⑧疾：迅速。⑨阴与阳：阴与阳无处不在。⑩圆与方：无规矩不能成圆方。⑪圆：此指圆活的方法。⑫方：此指一定的规矩。⑬进退左右：代指我们的一切行动，所做的一切事情。⑭牧：考察。⑮事用不巧：指忘记了上边说的“圆以道之”。⑯忘情：不合实际情况。失道：抓不住本质。⑰审：此指审察别人的准则。⑱策：决策，计划。⑲门：门径，要害。⑳天神：天神无形无容，难测难知。

【译文】

所以，了解别人的最好方法是从了解自己开始，人是有共性的，了解了自己，就可以了解别人了。若能这样做，我们了解别人，就像比目鱼相并而行那样一丝不差；我们掌握别人的言辞，就像声音与回响那样随声而得；他自己现出形意，就像光和影子那样，光一亮影子就出现。用这种方法去探查别人的言辞，就会不失厘毫地掌握到他的真意，就像磁石吸铁针那样，又像舌头舔取烤熟的骨肉那样，轻易地一察即得。与人交谈时，自己首先掌握好分寸，察言观色又不显山露水，迅速敏捷地捕捉到对方的内心起伏，情感变化。若我们用此法去探查人，那么我们发出很少的信息量，对方马上就会很快地向我们敞开胸怀。这种探查人的方法，就像阴与阳无处不在那样，无事、无人不可用，又像画圆画方要有规和矩那样有一定的规则。即当对方形迹未显时，我们要用圆通灵活的手法去引导他；当对方形迹已显时，我们又用直率陈言、坦诚对待、开诚布公、方正处之。无论是向前，还是退后，无论是向左还是向右，达成何种目的，任何行动都可以用这种规则去掌握。这样，我们必须预先制定一些考察人的准则，审定自己是否有成见，我们就能正确地去衡量他人。但是，我们在使用此法时又不可忘记了它那圆活的一面，否则就会不合实情，丧失真谛。总之，我们运用这种方法，按照预先制定的考察别人的准则去考察他的决策、计划，就会无形无容，让对方摸不透、抓不着，而觉得我们像天神那般难测难知。

内揵第三

【原文】

君臣上下之事，有远而亲，近而疏，就之不用[①]，去之反求。日进前而不御[②]，遥闻声而相思。事皆有内揵[③]，素结本始[④]。或结以道德，或结以党友[⑤]，或结以财货，或结以采色[⑥]。用其意[⑦]，欲入则入[⑧]，欲出则出[⑨]；欲亲则亲，欲疏则疏；欲就则就，欲去则去，欲求则求[⑩]，欲思则思[⑪]。若蚨母之从其子也[⑫]，出无间[⑬]，入无朕[14]，独往独来，莫之能止。内者[15]，进说辞；揵者，揵所谋也。

欲说者，务隐度[16]；计事者，务循顺[17]。阴虑可否[18]，明言得失[19]，以御其志[20]。方来应时[21]，以合其谋[22]。详思来揵[23]，往应时当也[24]。夫内有不合者[25]，不可施行也。乃揣切时宜[26]，从便所为[27]，以变求其变[28]。以求内者[29]，若管取揵[30]。言往者[31]，先顺辞也[32]；说来者[33]，以变言也[34]。善变者，审知地势[35]，乃通于天[36]；以化四时[37]，使鬼神[38]；合于阴阳，而牧人民[39]。见其谋事[40]，知其志意。事有不合者[41]，有所未知也[42]。合而不结者[43]，阳亲而阴疏[44]。事有不合者，圣人不为谋也[45]。

故远而亲者，有阴德也[46]；近而疏者，志不合也。就而不用者，策不得也[47]；去而反求者，事中来也[48]。日进前而不御者，施不合也[49]；遥闻声而相思者，合于谋以待决事也[50]。故曰："不见其类而为之者[51]，见逆[52]；不得其情而说之者，见非。"

【注解】

①就：靠近，凑上去。②御：指君主信用。③内揵：此指内心联结。④素结本始：即本始于素结，本源于平时的交结。⑤党友：结党联友。⑥采色：指容色，阿谀奉迎之态。⑦用其意：指迎合君主心意。⑧入：入政，参与政事。⑨出：指出世，不参与政事。⑩求：使动用法，使求，让君主诏求。⑪思：使动用法，使思，让君主思念。⑫蚨母：即青蚨。古代巫术以为青蚨之母与子的血可以相互吸引，用母血和子血涂在铜钱上，两铜钱也可以互相吸引。⑬间：间隙。⑭朕：形迹。⑮内：即被君主接纳。⑯隐度：暗中揣度。⑰循顺：沿着，顺从。⑱阴虑：暗中考虑。⑲明言：公开讲。⑳御其志：指迎合君主心意。㉑方来应时：谓以道术来进，必应时宜，以合会君谋也。㉒其：君主。㉓来揵：前来进举的计谋。揵，举也。此指进献谋略。㉔往应时当：既迎合君意又合形势。㉕内：此指决策内的某部分。㉖切：切摩，切磋。㉗从便所为：指便利实施。㉘其：指我们的决策。㉙内：此处同"纳"。㉚管：钥匙。揵：通"键"，锁。㉛言往者：讲历史。㉜顺辞：顺从君主心意的言辞。㉝说来者：讨论未来。㉞变言：有变通余地的话。㉟地势：指地理形势。㊱通于天：指明于天道。㊲化四时：指改变自然顺序。㊳使鬼神：掌握变化。神鬼善变。㊴人民：疑当作"人心"，指君主心意。㊵谋事：指处理事务。㊶事有不合：决策不合君心。㊷知：了解、掌握。㊸结：两心相结。此指认可、执行我们的决策。㊹阳：此指表面。阴：此指内心。㊺谋：此指谋划、计划。㊻德：通得，得君心。㊼得：此指得君心。㊽事中来：这种情况是由决策引起的。㊾施：措施，此指解决问题的决策。㊿合于谋：计谋相合。51不见……为之：指不被君主宠信却代为决策。52见逆：被排斥。

【译文】

君臣上下的关系中，有的距离很远反而关系密切，有的距离很近却关系疏远；有的留在身边反而得不到起用，有的离开了反而被诏求；有的天天活动在君主面前却不得信用，有的被君主远远听到名声便朝思暮想。这些都表明了人与人之间的关系以及上下相交的事情是与内心相知的因素有关，本源于平素中的交结。凡是事物的内部都有交结，君臣交结，有的以道德交结，有的以党友交结，有的以财物交结，有的以容色交结。只要摸准了君主心意，善于迎合其意，想入政就能入政，想出世就能出世；想亲近君主就能亲近，想疏远就能疏远；想靠近君主就能靠近，想离开就离开；想让君主诏求就能得到诏求，想让君主思念就能让君主思念。就像青蚨母子之血涂钱可以相互招引一样，可

巧妙处理君臣上下关系要懂得运用内揵之术。

以把君主吸引得无间无隙，就可以在宫廷中独往独来，没有谁能够阻止我们。这就是内揵。所谓“内”，就是利用说辞以取得君主的接纳、宠信；所谓“揵”，就是独擅为君主决策的大权。

为达此目的，想去游说君主时就必须暗中揣度君主心意，事之可否，心之合否，时之便否；出谋划策时也必须顺应君主意愿。暗中考虑我们的决策是否符合时宜，公开讲清此决策的得失优劣，以迎合君心。就是说，我们的决策必须选择适当的时机，使计谋与对方的心意易于契合。必须让君主觉得我们进献的决策既合形势又合他意。否则，若其中有不合君意之处，这决策就难以付诸实践。若出现这种情况，就要重新揣摩形势需要，以便利君主实施为出发点，去改变决策。让君主接受变更后的决策，就像用钥匙开锁那样，极易打开对方的心锁。另外，要注意，同君主谈历史事件时，要用“烦辞”，即充分肯定君主所作所为；但讨论未来事件时，却要用“变言”，即讲些有变通余地的话。运用自如地改变决策的人，必须审知地理形势，明于天道，又有改变固有顺序、善于应变的能力，并能合于阴阳变化规律，从而再去考察君主心意，观察他需要处理的事务，掌握他的意愿志向。就是说，若我们的决策不合君意，那是因为君主的某种心意、某些情况我们还没有掌握起来；若表面上同意我们的决策但实际上并不施行，是因为君主表面上同我们亲近了但实际上却疏远得很；若决策不合君意，圣智之人也难以将决策付诸实践。

由此而论，身远反而关系亲密，是因为能暗中迎合君主心意；身近反而关系疏远，是因为与君主意气不合；凑近前去得不到进用，是因为决策不得君心；离去的反被诏求，是因为智谋合乎君意；天天在君前却不被信任，是因为计谋、规划不合君心；被君主远远听到名声而朝思暮想，是因为计谋与君主暗合，君主等待他前来磋商大事。所以说，没有得到君主宠信就进献计策，必被斥退；不了解君主心意就去游说，必定不能实现目的。

【原文】

得其情，乃制其术①。此用可出可入②，可揵可开③。故圣人立事④，以此先知而揵万物⑤。由夫道德、仁义、礼乐、忠信、计谋⑥，先取《诗》《书》⑦，混说损益⑧，议论去就⑨。欲合者用内⑩，欲去者用外⑪，外内者必明道数⑫，揣策来事⑬，见疑决之⑭。策而无失计⑮，立功建德⑯。治名人产业⑰，曰：揵而内合⑱。上暗不治，下乱不寤⑲，揵而反之⑳。内自得而外不留㉑，说而飞之㉒。若命自来，己迎而御之㉓。若欲去之，因危与之㉔。环转因化㉕，莫知所为，退为大仪㉖。

【注解】

①术：此指君主决策。②此用：即“用此”。③开：此指与君主脱离关系，与“揵”相对而

言。④ 立事：谋事，决策。⑤ 先知：先了解情况，先掌握信息。⑥ 由：循顺。⑦《诗》:《诗经》，当时称《诗三百》。《书》:《尚书》。⑧ 混说：此指笼统地说。⑨ 议论：此指内心盘算。⑩ 内：指上边论述的向君主取宠的方法。⑪ 外：指不向君主苟合取宠。⑫ 道数：道理。⑬ 策：通测。⑭ 决：决策。⑮ 策：此指对付君主的计策。⑯ 建德：此指立基业。⑰ 治名人产业：治名，代指整顿朝纲。人产业，代指治理民众。⑱ 内合：与君意相合。⑲ 上暗……不寤：君主在位不理朝政、奸臣当道不治民众。⑳ 捷而反之：指我们举荐的计谋必不合君心。㉑ 内自得而外不留：自视甚高、听不进外人意见。㉒ 飞：飞扬，赞扬。㉓ 御之：指控制君主。㉔ 危：读为诡。诡即诡计，权变之术。㉕ 环转因化：指依据不同类型的君主、根据不同的政治情况变换我们的方法去应付。㉖ 仪：法，秘诀。

【译文】

要掌握君主的心意、决策等情况，从而推知对方的心意和主张，然后才能控制他的行动措施。只要了解情况，依据实际确定方法，去推行自己的主张，我们就可以入政、出世自由，就可以事君或离去随意了。所以，圣智之士谋事决策，都是凭着先掌握信息而控制万物，进而顺合道德、仁义、礼乐、忠信、计谋的种种规范。对于君主的决策，我们可以先取《诗经》、《尚书》中的教诲为之论证，笼统地说些添添减减的修改意见，再综合利弊得失，同时在内心里衡量一下此决策与我方决策的差距大小，以决定离去还是留下。要想与人合作，就要把力量用在内部；若要离开，力量就放在外面。处理内外大事，必须明晓一定的理论和方法，必须具备预测能力和决疑能力。只有我们在这些方面没有失误，我们才能成功地站住脚，从而建立功业和积累德政。若遇到可以凭依的明主，我们就帮他整顿朝政、治理民众，然后谋划些合君主心意的有成效的决策。这叫作内部安宁，团结一致。若碰上君主在位不理朝政、奸臣当道不治民众的情况，我们谋划的决策就不可能适合当权者的口味。若遇到自视甚高、听不进外人意见的刚愎自用的暴君，那我们要先迎合他，再逐步劝说他。在这种情况下，我们若被君主诏用，就先迎合他的心意而后设法逐步改变他；若觉得某位君主不堪凭依而想离他而去时，就先应对他再设法离去。要依据我们面临的情况来决定我们的策略，变换我们的手法，让旁人摸不透、难知情，这就是保全自我、进退自如的大法则了。

抵巇第四

【原文】

物有自然，事有合离①。有近而不可见②，有远而可知。近而不可见者，不察其辞也③，远而可知者，反往以验来也④。

【注解】

① 合离：此指分合规律。② 见：察知。③ 辞：通异，异点，此指事物、事件本身的特点。④ 反往以验来：社会事件的历史考察法。反往，考察事件的历史成因、历史过程。验来，以历史过程比证今天的发展，以掌握其规律。

能对远在天边的事物了若指掌，是因为对它的历史和现状做了深入研究。

【译文】

世间事物都有自己本身的存在规律，事情都有它们自然聚合分离循环往复的道理。但对这些属性和规律，有的近在身边却难以看透，有的远在天边却了若指掌。近在身边难以看透，那是由于不察对方虚实的缘故；远在天边却了若指掌，是因为对它的历史和现状做了深入研究，用经验来推论将来的缘故。

【原文】

巇者，罅也[①]。罅者，涧也[②]。涧者，成大隙也。巇始有眹[③]，可抵而塞[④]，可抵而却，可抵而息，可抵而匿，可抵而得[⑤]。此谓抵巇之理也。事之危也[⑥]，圣人知之，独保其用[⑦]，因化说事[⑧]，通达计谋，以识细微[⑨]。经起秋毫之末[⑩]，挥之于太山之本[⑪]。

【注解】

①罅（xià）：缝隙，指小缝。②涧：此指中缝。③眹：通“朕”，兆迹，迹象。④抵：挡，引申为治理。⑤可抵而却……而得：微缝刚刚出现兆迹时，可以治理它、堵塞它，控制住它的发展，甚至可以让它恢复原状。⑥危：危险的征兆。⑦保：恃，凭借。⑧说事：此指议论此事，思量此事。⑨细微：此指产生罅隙的微小原因。⑩秋毫：秋日羊毫，以喻细微。⑪太山：即泰山，以喻大而坚固的物体。

【译文】

所谓“巇”就是“隙”，微隙不管，就会发展成小缝；小缝不治，就会发展成中

所谓“巇”就是“隙”，微隙不管，就会发展成小缝。

缝；中缝不堵，就会发展成大缝，而使器物破毁。微缝刚刚出现兆迹时，可以治理它、堵塞它，控制住它的发展，甚至可以让它恢复原状。这就是抵巇之术堵塞缝隙的一条基本原理。依此可见，事物变坏的兆迹刚刚出现时，圣智之士就能洞察一切，而且能独当一面地发挥应有的功用，他追寻它变化的踪迹并暗中思量琢磨，分析事物之间的联系，通盘筹划，以找到产生微隙的原因，从而加以预防。事物常常如此，由于毫毛般微小的原因，发展下去，也能毁掉泰山般大而坚固的物体。

【原文】

其施外，兆萌牙蘖之谋①，皆由抵巇。抵巇之隙②，为道术用③。天下纷错④，士无明主，公侯无道德，则小人谗贼⑤；贤人不用，圣人窜匿，贪利诈伪者作；君臣相惑，土崩瓦解而相伐射⑥；父子离散，乖乱反目，是谓萌芽巇罅。圣人见萌芽巇罅，则抵之以法⑦。世可以治则抵而塞之⑧，不可治则抵而得之⑨。或抵如此。或抵如彼。或抵反之，或抵覆之。五帝之政⑩，抵而塞之，三王之事⑪，抵而得之。诸侯相抵⑫，不可胜数。当此之时⑬，能抵为右⑭。

【注解】

①“其施外”两句：施：即扩展。牙：小芽。牙，芽古今字。②抵：此处意为打、击。③道术：此指游说处世权术。④错：乱。⑤谗贼：进谗言加害于人。⑥射：射箭，引申为战斗。⑦法：法则。⑧塞：堵塞缝隙。⑨得：自得天下。⑩五帝之政：指像黄帝、颛顼、帝喾、尧、舜那样的德政。相传五帝时行禅让之法。五帝，一说为伏羲、神农、黄帝、尧、舜，一说为少昊、颛顼、高辛、尧、舜。⑪三王之事：指像禹、汤、文王那样的政事，夏、商、周三代皆以征伐得天下。⑫诸侯相抵：指各国诸侯互相攻伐。抵，击也。⑬当此之时：指战国时期。⑭右：上。古礼尚右，以右为上。

【译文】

那些使缝隙萌生并扩而大之的种种谋略，也都是由抵巇的原理生发出来的。从缝隙入手解决问题，是策士游说处世权术的实用手法。天下纷乱，朝廷没有明君，公侯权臣丧失仁德，于是小人谗害圣贤，贤者得不到进用，圣人逃避浊世，贪婪奸邪之徒兴起作乱，君臣互相欺骗迷惑，天下土崩瓦解、四分五裂，百姓相互攻伐、民不聊生。父子离散不合，反目为仇，骨肉分离，夫妻反目。这也叫“萌芽”“裂痕”，即国家大乱，社会政治混乱。圣智之士见到这种情况，就会采取相应的手段应付这种局面。圣人若认为世道还可以挽救，就采取措施弥补世道漏洞，对反叛者加以抵制消灭；若感到世道已发展到不可挽救的程度，就循其缝隙，打烂旧世界，重建新世界。或用这种手法治世，或用那种手法治世；或把世道反过来，或让世道恢复本来面目。总之，若遇到像五帝那样的德政，就用抵巇之术帮其弥补漏洞；若遇到像三王那样的征伐之世，就用抵巇手法取代它。当今之世，诸侯互相攻击，战争事件不可胜数，当天下混乱时，能抵抗对手的人被视为尊者能人。这就要充分利用我们的抵巇之术。

【原文】

自天地之合离①、终始②，必有巇隙，不可不察也。察之以捭阖，能用此道③，圣人也。圣人者，天地之使也④。世无可抵⑤，则深隐而待时⑥；时有可抵，则为之谋。此道可以上合⑦，可以检下⑧。能因能循⑨，为天地守神⑩。

【注解】

①天地之合离：指混沌初开，天地生成之时。②终始：指事物发展变化的全过程。③此道：指抵巇之术。④天地之使：指圣人能发现、掌握自然规律和社会规律而言。⑤无可抵：没有可以抵击的缝隙，指清平盛世。⑥时：时机，指世道出现缝隙之时。⑦上合：谓抵而塞之，助时为治。⑧检下：即言自已得天下。⑨因：亦循也，遵循。⑩天地守神：为天地守神位，指郊天祀地。唯帝王才有权郊天祭地，故此代指得帝王之位。

【译文】

自从天地生成以来，任何事的发展变化过程中必然会出现缝隙，这是我们不可不留心观察的。用捭阖之术去明察世道，又能运用这种抵巇之术去解决问题的，就是圣人了。所谓圣人，是能够发现并掌握自然规律和社会规律的人。假如生逢盛世，没有缝隙可以利用，就深深隐藏起来等待时机。一旦有缝隙可利用的时机到来，就用抵巇之术进行谋划。抵巇这种方法，可以抵塞缝隙，帮助圣君治理天下；也可以抵击缝隙，重建一个新世界。如果能够遵循这种方法去处世，就能博得帝王之位。

飞钳第五

【原文】

凡度权量能，所以征远来近①。立势而制事②，必先察同异，别是非之语③，见内外之辞④，知有无之数⑤，决安危之计，定亲疏之事⑥。然后乃权量之，其有隐括⑦，乃可征，乃可求，乃可用。引钩钳之辞⑧，飞而钳之⑨；钩钳之语⑩，其说辞也，乍同乍异⑪。其不可善者⑫，或先征之而后重累⑬；或先重以累而后毁之。或以重累为毁，或以毁为重累。其用或称财货、琦玮、珠玉、璧帛、采色以事之，或量能立势以钩之，或伺候见涧而钳之，其事用抵巇。

【注解】

①征远来近：征召远近之贤者使他们都来。②立势而制事：制造有利形势，干一番大事业。

③是非之语：此指与自己观点的同异。④内外之辞：即真假之语。⑤有无之数：指有无权谋韬略。⑥亲疏之事：指人才使用，确定哪些人可亲近重用、哪些人须疏远黜斥。⑦隐括：即檃栝，亦作案括，本指矫直竹木的器具，引申为对我们有所匡正补益。⑧钩钳之辞：引诱对方心中的实情并加以钳制。⑨飞：飞誉。⑩语：即辞也。⑪乍同乍异：或大开大启，或大闭大抑。⑫不可善：用钩钳之辞不能控制的人。⑬累：忧患，危难。重累，即以忧患胁迫。

【译文】

凡是考察全变能力，对人审度权谋、衡量才能，是为了让远近贤士前来为己所用。随后应确定情感的意向，要想创造形势、干一番大事业，必须先察知自己的死党有多少，他们的观点与自己的观点是否完全一致，他们是否说真心话、是否有高超的权谋韬略，还要制定图谋大事的计谋，排比自己的队伍决定可重用的人物，安排好人事之后，再权衡形势而谋图大事。对于那些可以匡正裨补我们决策的人，才可以征求，才可以使用。应对他们使用钩持钳制词句，飞扬赞誉而钳制住他们，使他们为我们所用。和对方交谈时，可以用一些话语引诱对方讲出内心所想。钩持钳制之类的语言，作为游说词句来说，或大开大启，或大闭大抑，也是用捭阖之术来驾驭。对于那些用钩钳之辞不能控制的人，就用"重累术"制服他。或者先把他招来，重用试探，而后用忧患、危难之事对他们进行反复试探；或者首先对他们进行反复试探，然后再对他们进行攻击加以诋毁。想要重用某些人时，或者先赏赐财物、珠宝、玉石、白璧和美丽的东西，以便对他们进行试探；或者通过衡量才能创造态势，来吸引他们；或者通过寻找漏洞来控制对方，在这个过程中要动用抵巇之术。

【原文】

将欲用之于天下[①]，必度权量能，见天时之盛衰，制地形之广狭，阻险之难易[②]，人民货财之多少[③]，诸侯之交孰亲孰疏，孰爱孰憎[④]。心意之虑怀[⑤]，审其意[⑥]，知其所好恶，乃就说其所重，以飞钳之辞，钩其所好，乃以钳求之[⑦]。用之于人[⑧]，则量智能，权材力，料气势[⑨]，为之枢机[⑩]。以迎之随之[⑪]，以钳和之[⑫]，以意宣之[⑬]，此飞钳之缀也[⑭]。用之于人，则空往而实来[⑮]，缀而不失[⑯]，以究其辞[⑰]，可钳而从[⑱]，可钳而横[⑲]；可引而东[⑳]，可引而西，可引而南，可引而北；可引而反[㉑]，可引而覆[㉒]。虽覆能复[㉓]，不失其度[㉔]。

【注解】

①用之于天下：意指施展政治抱负，对君主用飞钳法。②阻（jū）险（xiǎn）：山川险要之处。阻，同"岨"，带土的石山。③人民货财：此指军事实力和经济实力。先秦时按户数征兵，国内人口多，兵员就多。④诸侯……孰憎：指外交局势，它是战国时期政治形势中的重要方面。⑤心意之虑怀：指君主关心的问题。⑥审其意：审察君主心意。⑦以钳求之：以飞钳之术钳制君主让他执行策士们的决策。⑧人：此指君主以外的其他人。⑨气势：指人的气度。它是战国时选用策士的重要标准之一。⑩枢机：关键。即上所言财货、宝石等喜好。⑪迎：迎合。随：附和。⑫和：指双方调和。⑬宣：宣导，开导，启发。⑭缀：连结。⑮空往而实来：用赞扬、称颂手段去赞誉对方，使彼此之间能够相互沟通，对我们敞开心扉，然后利用对方弱点把对方牢牢控制住。⑯缀而不失：与对方连结而不分离，此指牢牢控制对方。⑰究：一查到底。⑱从：纵。从，

纵古今字。纵，指合纵，即联合众多弱国以对付一强国。⑲横：指连横，即两个强国联合起来对付其他弱国。⑳引：导引。㉑反：一反旧策略，抛开旧盟友。㉒覆：恢复旧方针，与旧盟友言归于好。㉓复：恢复。㉔度：一定准则。

【译文】

假如要将飞钳之术向天下推行，去游说君主时，一定要先审度这位君主的权谋，衡量他的才能，观察天时是否宜于我们行动，审察地形宽窄、险阻难易是否对我们有利，看这个国家军事、经济实力如何，看这个国家盟友有多少以及国际上的联盟是否对这个国家有利，还要知道这位君主最关心的是什么，还要了解这位君主的好恶。摸准君主的心意，了解了他喜欢什么、讨厌什么，然后前去游说他最关心的事情，并用飞钳之辞诱出他的喜好，再用“钳”的方法把他控制住。若要对君主以外的人用飞钳术，就要先衡量对方的智力才干，权衡他的才气能力，度量对方的势力，审度一下他的气度仪表，抓住他的喜好弱点，用飞钳术与之周旋，使双方相互适应、协调，再以积极的态度去激励他，去开导、启发他，这就是用飞钳之术的妙用。总之，对人使用飞箝之术时，要先用赞扬、称颂手段去赞誉对方，使彼此之间能够相互沟通，而不至于失去好机会，使他引我们为知己，对我们敞开心扉。这样就可以实现合纵，也可以实现连横；可以引而向东，也可以引而向西；可以引而向南，也可以引而向北；可以引而返还，也可以引而复去。虽然如此，还是要小心谨慎，不可丧失其节度。

忤合第六

【原文】

凡趋合倍反[①]，计有适合[②]。化转环属[③]，各有形势[④]。反覆相求，因事为制[⑤]。是以圣人居天地之间，立身御世[⑥]，施教扬声明名也[⑦]，必因事物之会[⑧]，观天时之宜，因之，所多所少[⑨]，以此先知之，与之转化[⑩]。世无常贵[⑪]，事无常师。圣人无常与[⑫]，无不与；无所听，无不听。成于事而合于计谋[⑬]，与之为主[⑭]。合于彼而离于此，计谋不两忠[⑮]，必有反忤[⑯]。反于是，忤于彼；忤于此，反于彼，其术也。

凡趋合倍反，计有适合。

【注解】

①趋合：快步凑上去迎合。趋，小跑。倍反：转过身返回来。

倍，通“背”。反，返回。反，返古今字。② 适合：适应现实而合于实情。③ 化转环属：事物发展变化像圆环一样连接循环。属，连。④ 形势：具体背景和现实状况。⑤ 制：制事立计。⑥ 御世：处世，处理政治事务。⑦ 施教：实施教化，教化百姓。明名：显名。⑧ 会：时机，机会。此指世间事物凑到一起的时机。⑨ 所多所少：此指对自己的相应决策进行损益。⑩ 转化：谓转变以从化也。⑪ 世无常贵：世上没有能保持永久富贵的人。此句包含了深刻的辩证观点。⑫ 常与：衡定参与。⑬ 成于事：对事情有成效、能成功的计谋。合于计谋：指与自己谋划暗合。⑭ 与之为主：做它的主人。此指吸收别人决策中的合理因素。⑮ 不两忠：不能两方面都效忠。⑯ 反忤：合与背。反，同“返”。

【译文】

大凡凑上前去迎合人，或者转过身来离开他，都必须有适合当时情况的妙计。事物的发展变化，既像圆环一样循环连接，又在每一发展阶段上有自己的具体情况和变换方式。作为纵横策士来说，应该反复探求事物的连续性和独立性，抓住不同事物的特点，依据不同的事实情况制定不同的决策，寻求最佳的方案。所以，圣智之人在天地之间立身处世，治理世事，教化百姓，扩大影响，传扬名声，必定依据事物聚散的不同时机，抓准最适宜的天时，并依据它们的损益变化来修改自己的决策，依据它们发展的变化来调整自己的策略方针。世上没有永远显贵的事物，没有永恒的师长和榜样，做事也并非必定要效法某某，世上一切事物都在发展变化着。圣人也不是每件具体事情都参与，但又可以说没有一件事不参与，因为他为人们制定了解决问题的基本模式；圣人看上去对什么事情都不打听，但又什么事情都明了，因为他掌握了世间事物的基本规律。我们明白了世间事物的变化原理和圣人的做法，因而对于那些可成大事而且与我们决策相合的君主，就可以代他主持国家大计。凡是计谋，不可能同时忠于两个对立的君主，合乎一方的意愿，就要违背另一方的意愿；违背另一方的意愿，才能合乎这一方的意愿。这就是反忤之道。

【原文】

用之于天下，必量天下而与之①；用之于国，必量国而与之；用之于家，必量家而与之；用之于身②，必量身材能气势而与之。大小进退③，其用一也④。必先谋虑计定⑤，而后行之以飞箝之术。古之善背向者⑥，乃协四海⑦，包诸侯⑧，忤合之地而化转之⑨，然后求合。故伊尹五就汤⑩，五就桀⑪，而不能有所明，然后合于汤；吕尚三就文王⑫，三入殷⑬，而不能有所明，然后合于文王。此知天命之钳⑭，故归之不疑也。

【注解】

① 与：施予，实施。② 身：个人。③ 大小：指上述天下、国、家、个人。④ 一：基本规律一样。⑤ 谋虑：谋划，思虑。⑥ 背向：即忤合。背，背离，即忤。向，趋向，即合。⑦ 协：合同。⑧ 包：包举。⑨ 忤合之：对他们使用忤合之道。⑩ 伊尹：商初名相，名挚。汤：商朝开国君主。⑪ 桀：夏末暴君，名履癸。⑫ 吕尚：姜齐始祖。钓于渭水，遇文王，相语，文王大悦，拜为军师。是周代开国勋臣。文王：姓姬名昌，周武王父，为武王灭商奠定了基础。⑬ 入殷：指入于殷纣王。⑭ 天命之钳：天命所归。古人认为朝代兴衰是天意，天意归谁，谁便兴盛。

【译文】

如果把反忤之道应用于天下，必定衡量天下情况制定措施；如果把反忤之道应用到一个诸侯国，必定依据诸侯国的情况来制定措施；如果把反忤之道应用到大夫封地，必定衡量封地内的实际情况来制定措施；如果把反忤之道应用到一个人身上，必定衡量这个人的才智、能力、气度来制定措施。无论范围大小，不论有进攻之计还是退却之策，反忤之道的应用都有一定的规律。必定先做好周密考虑，先制定好措施，再用飞钳之道来作为补充手段。古代善于实施忤合之道的人，能够驾驭四海之内的各家势力，控制包容各家诸侯，对他们实施忤合之道，并且依据实际情况的变化来改变措施，然后用此道来求得合于明主。所以，伊尹曾经五次归附商汤、五次归附夏桀以探天命所归，最终才决心臣服商汤王；吕尚曾三次依附周文王、三次依附殷纣王探天命所归，最终臣服于周文王而被拜为军师。他们最终都能认识到天命所归的明主，所以毫不犹豫地归附他们。

【原文】

非至圣达奥①，不能御世；非劳心苦思，不能原事②；不悉心见情③，不能成名；材质不惠④，不能用兵；忠实无真⑤，不能知人。故忤合之道，已必自度材能知睿，量长短远近孰不如⑥。乃可以进，乃可以退，乃可以纵，乃可以横。

【注解】

①达奥：穷达隐曲事理。奥，隐奥。②原：追溯，考察渊源。③悉心：用上全部精力。④惠：同“慧”，聪颖。⑤无：通“务”，务必。⑥孰：谁。

【译文】

作为一个纵横家，如果不具备圣人那样高尚的品德，以及超人的智慧，不能通晓事物深层的奥妙，就不能立身处世、治理天下。如果不能费尽心思地去思索，就不能究察事物本原。不能用尽心力去考察事物真情，就不能成就名业。如果个人才能气质不佳、颖悟聪慧不够，就不能筹划军事谋略。如果一味忠诚真心对人，就不能真正了解别人。所以，运用忤合之道，一定要估计一下自己的才能智慧，衡量一下自己的长处和短处，看哪些方面别人不如自己，然后度量他人的优劣长短，分析在远近范围内有哪些有志之士，自己还有哪些地方不如别人。只有做到知己知彼，才能达到随心所欲，既可以进攻，也可以退守；既可以合纵，又可以连横，这样，才可以参与纵横捭阖的政治角逐。

揣篇第七

【原文】

古之善用天下者①，必量天下之权而揣诸侯之情②。量权不审③，不知强弱轻重之称④；揣情不审，不知隐匿变化之动静⑤。

【注解】

①善用：善于使用。此指善于处理天下事情。②量：衡量。权：此指政治情势变化。③审：

缜密谨慎。④称：相当，相符。引申为与实际情况相符的信息。⑤动静：此指动态信息。

善于揣测君王之心，才能不处于危惧之地。

【译文】

古时候，那些善于处理天下纠纷进而操纵天下局势的人，必定能准确地把握天下政治形势的变化，必定善于揣测诸侯国君主的心性意向。如果不能缜密细致地把握天下形势的变化、权衡利害，就不知道哪个诸侯国真正强大、哪个诸侯国确实弱小；就不能真正了解哪个诸侯国在国际外交中举足轻重、哪个诸侯国处在无所谓的位置。如果不能准确地把握诸侯国君的心性意向，就不能真正掌握那些隐秘微暗的信息和瞬息万变的世情。

【原文】

何谓量权？曰：度于大小[①]，谋于众寡[②]，称货财有无之数[③]，料人民多少[④]，饶乏有余不足几何[⑤]；辨地形之险易，孰利孰害；谋虑孰长孰短；揆君臣之亲疏[⑥]，孰贤孰不肖；与宾客之智慧[⑦]，孰少孰多；观天时之祸福，孰吉孰凶；诸侯之交[⑧]，孰用孰不用[⑨]；百姓之心，去就变化，孰安孰危，孰好孰憎，反侧孰辩[⑩]。能知此者，是谓量权。

【注解】

①大小：指国土。②众寡：指国民。③称：此指衡量。④料：估算。人民多少：古时征兵按户出兵，人民多即兵员多，反之则少。⑤饶乏……几何：指民众财力情况。⑥揆（kuí）：推测揣度。⑦宾客：此指门客。战国时期的政治家，争相养门客以备用。⑧交：交际，引为联盟。⑨用：可用，危难相济。⑩反侧：反过来覆过去。此指民心背向。辩：通“便”，此指对哪方有利。

【译文】

怎样才叫权衡得失呢？就是说，要衡量国土的大小，要考虑国民的多少；要衡量国家经济实力强弱；要估算国民户数有多少，他们的财力、贫富情况怎样；要考察一国的山川地貌的险要与平易，利于自己固守还是利于敌方进攻；考察某个国家是否有真正的善谋之士；要推断某个国家中君臣关系怎样，君主是否英明，臣子是否贤能；要推断某个国家中客卿、门客中有多少智识之士；要观测天象运行的变化对哪方有利，对哪方有害；要考察诸侯间的结盟关系，是否真能危难相济；要考察民心向背，是否能赢得民心，什么是百姓喜好的、什么是百姓厌恶的；民心的变化对谁有利，反叛是否会发生。在准确把握上述事态的发展变化之后，才能把握天下政治形势的变化。

【原文】

揣情者，必以其甚喜之时[①]，往而极其欲也[②]，其有欲也，不能隐其情；必以其甚惧之时，往而极其恶也[③]，其有恶也，不能隐其情，情欲必出其变[④]。感动而不知其变者[⑤]，乃且错其人[⑥]，勿与语而更问其所亲[⑦]，知其所安[⑧]。夫情变于内者，形见于外[⑨]。故常必以其见者，而知其隐者。此所以谓测深揣情[⑩]。

【注解】

①其：此指人主。②极：尽，尽力使其欲望全部倾吐出。③恶：厌恶、害怕之事。④变：此指变态。⑤感动：感情变动，即上述“甚喜”、“甚惧”。⑥错：放开。⑦其所亲：所亲近的人。⑧安：此指心意所在。⑨见：通“现”，现古今字。⑩测深：探测内心深处。

【译文】

所谓揣度情理，必定要选择人主极端高兴、喜悦的时候，这时前去游说，要想办法施加影响使他的情感达到极点，极力引导他尽情吐露自己的欲望。在他吐露欲望的时候，情绪极高，我们就能探测到他的真情。或者选择在人主十分怀疑、戒惧的时候，前去游说，极力引导他倾吐出厌恶、害怕之事。在他倾吐这些真心话的时候，我们就能探测到他的真实情怀。真心情意必定是在他的情感发生极端变化的时候不自觉地表现出来。若碰到那种在情感发生极端变化时也不表露真情的人，就暂且丢开正事不与他深谈，而另外去询问他所亲近的人，了解他的意图所在，可以知道他安身立命不露神色的依据。一般说来，内心感情发生剧烈变化，一般是会通过人的外在形貌表现出来的。所以，通常情况下，我们都是依据对方外在举止行貌的变化去揣测他内在隐藏的真情实意，这就叫作探测人的内心深处而揣度人的情意。

【原文】

故计国事者[①]，则当审权量；说人主，则当审揣情；谋虑情欲必出于此[②]。乃可贵，乃可贱；乃可重，乃可轻；乃可利，乃可害；乃可成，乃可败。其数一也[③]。故虽有先王之道[④]，圣智之谋，非揣情，隐匿无可索之[⑤]。此谋之大本也[⑥]，而说之法也。常有事于人[⑦]，人莫能先[⑧]，先事而生[⑨]，此最难为。故曰揣情最难守司[⑩]，言必时有谋虑[⑪]。故观蜎飞蠕动[⑫]，无不有利害，可以生事[⑬]。变生事者，几之势也[⑭]。此揣情饰言成文章[⑮]，而后论之也。

【注解】

①计：合计，筹划。②谋虑：计谋打算。③数：方法，对策。④先王之道：古代贤王的治理经验。⑤索：寻求。⑥本：根本。⑦有事：指策划、实施行动。⑧先：指先于自己的策划和行动而察觉。⑨生：指预测揣情，获得信息。⑩守司：把握。⑪时：窥伺，暗中审察。⑫蜎（yuān）飞蠕动：蚊子飞行，虫子爬动。蜎，此指蚊子。蠕，绦虫、蛔虫等动物。⑬生事：发生事端。此指有目的的行动。⑭几之势：事端刚起时的形势。几，几微，引申为事物初起。⑮饰言：修饰言辞。文章：文采。此指言辞富于条理，有煽动性。

【译文】

所以说，那些筹划国家大事的人应当审察形势、掌握信息，而那些游说人主的人则应当注重全面、详尽的揣度人主的心意欲望，了解人主的心性品行。可以说，决策措施的筹划也好，人主真情的探测也好，都是出于这种揣情术，以此为出发点。掌握了这种技巧，就可以富贵，可以取高位，可以获利益，可以得成功；不能掌握这种技巧，就可能贫贱，可能不被重用，可能受祸害，可能失败。其关键所在，就看能否掌握这种揣情术。因此说，即使有古代贤王的治世经验，有圣智之士的周密策划，如果没有揣情之术，便不能真正懂得这些经验的奥秘，就不能有效地实施这些策划。由此可见，揣情术真是策划事物的基本条件，是游说的法宝啊！常常是这样，就要在某个人身上发生重大变故了，但这个人并不能预先测知。在事情发生前便能测知将要发生的事件进程，这是最难做到的。所以说，揣情术的精髓是最难把握的，我们必须学会从对方的言辞中窥探他的决策和策略。你看那蚊子的飞动和虫子的蠕动，无一不是为利害所驱使，无一不是趋利避害的有目的的行为。能在变化中掌主动权的人，都善于掌握事物初起时的形势而拨动之。这就要求我们掌握揣情术，善于修饰言辞，使说辞有条理、有煽动性，而后再采取有目的的行动，达到我们的目的。

摩篇第八

【原文】

摩者，揣之术也。内符者①，揣之主也②。用之有道③，其道必隐④。微摩之⑤，以其所欲，测而探之，内符必应。其所应也，必有为之⑥。故微而去之，是谓塞窌匿端⑦，隐貌逃情，而人不知，故能成其事而无患⑧。摩之在此，符应在彼⑨，从而用之，事无不可。古之善摩者⑩，如操钩而临深渊，饵而投之⑪，必得鱼焉。故曰主事日成而人不知⑫，主兵日胜而人不畏也。圣人谋之于阴⑬，故曰神⑭；成之于阳⑮，故曰明⑯。所谓主事日成者，积德也⑰；而民安之不知其所以利；积善也⑱，民道之⑲，不知其所以然，而天下比之神明也。主兵日胜者，常战于不争不费⑳，而民不知所以服，不知所以畏，而天下比之神明。

【注解】

①内符：符于内，即某些外在事物现象必有决策者的内在心理原因。②主：主旨。③道：此指基本规律，一定的准则。④隐：隐暗，暗中行事。⑤微：暗地里。⑥为之：此指表面行为。⑦塞窌（jiào）匿端：堵住洞口，藏起事头。此指把自己的想法和目的隐藏起来，琢磨透了别人还不让别人察觉。窌，方形地窖。⑧患：祸害。⑨符应：符合响应。此指由于我们揣摩而发觉的对方相应的外在表现。⑩古之善摩者：古代那些擅长使用摩意术的人。⑪饵：把鱼饵别在鱼钩上。⑫主事：此指主持国家经济、政治大事。⑬阴：暗中，背地里。⑭神：神妙。⑮阳：公开。⑯明：事情办成。⑰积德：积累德行。此指对民众有好处的德政措施一个接一个。⑱积善：积累善事。此指“战于不争”，消弭战祸。⑲道之：顺着这条路走。⑳战于不争：即用计谋权术

消弭战祸。不费：指不用战争开支。

【译文】

智者谋算世事，皆不动声色暗中揣度，静待时机，出奇不意，功效卓著。

所谓“摩”，是与揣情紧密相连的一种预测术。琢磨那些外在表象的内在原因，是揣情的主要目的。摩意术在使用时要遵循一条基本原则，就是必须在秘密中进行，不被人察觉。暗地里对人实施摩意术，顺着对方的欲望去探测他的内心世界，适当地揣测、体会，某些表象的内在因素必会表露出来，为我们所掌握。他的这种表露，必然有外在的表象行为。这就是“摩意”的作用了。我们掌握了外在信息和内在心理之后，就要把自己隐藏起来，消除痕迹，以免被对方察觉，这就是所谓的堵住洞口、藏起事头。对方不知道我们对他实施摩意术并且已经从外到内都掌握了他，故对我们无所戒备，我们就可以在毫无阻力的情况下达到目的而且不留后遗症。这样，办成了事情，却不会留下祸患。我们对他实施摩意术，他必然有所反应而被我们掌握心意欲望等内在心理因素。我们把察得的这些信息运用到决策中，用到行动中，所以就没有办不成的事情。古代那些擅长使用摩意术的人，就像渔翁拿着钓竿到深渊边去，钩上鱼饵投下钓钩，无需声张，悄然等待，必然钓上鱼来一样，定能把握对方。所以说，掌握了摩意术而主持国家政治、经济大事，就会一天比一天取得更大的成效而不被人察觉；主持国家军事大事，就会一天比一天取得更大的胜利而不被人发觉故而不畏惧我们。圣智之人谋划决策什么行动，总是在隐秘之中进行的，像神道般玄妙，所以称作“神”；成事在明处，昭然若揭，都显现在光天化日之下，所以叫作“明”。所谓主持政治、经济大事一天比一天取得成效，就是积累德政，让人民安于德政环境中，习以为常而不知为什么获取了利益和好处；所谓主持军事大事一天比一天取得胜利，就是积累善行，而人民便顺着我们造就的这条道路天天走下去，却并不知道长久处在这种和平安定环境中的原因。因此，普天之下的人们都把这样的圣智之士称作“神明”。所谓主持军事大事一天比一天取得胜利，是说经常把战争消灭在萌芽状态，使国家不用花费战争开支，使人民不知不觉地顺服、不知不觉地畏惧还不知道为什么顺服、为什么畏惧，因此，普天下人就把使用摩意术的圣智之士称作“神明”。

【原文】

其摩者，有以平[①]，有以正，有以喜，有以怒，有以名，有以行，有以廉，有以信，有以利，有以卑[②]。平者，静也[③]；正者，宜也[④]；喜者，悦也[⑤]；怒者，动也[⑥]；名者，发也[⑦]；行者，成也。廉者，洁也[⑧]；信者，期也[⑨]；利者，求也[⑩]；卑者，谄也[⑪]。故圣人所以独用者，众人皆有之[⑫]。然无成功者，其用之非也[⑬]。故谋莫难于周密，说莫难于悉听[⑭]，事莫难于必成。此三者，唯圣人然后能任之。故谋必欲周密，必择其所与通者说也[⑮]，故曰或结而无隙也[⑯]。夫事成必合于数[⑰]，故曰道数与时相偶者也[⑱]。说者听必合于情[⑲]，故曰情合者听。故物归类[⑳]，抱薪趋火[㉑]，燥者先燃[㉒]；平地注水，湿者先濡[㉓]。此物类相应[㉔]，于势譬犹是也[㉕]。此言内符之应外摩也如是。故曰摩之以其类焉[㉖]，有不相应者乃摩之以其欲焉；有不听者，故曰独行之道[㉗]。夫几者不晚[㉘]，成而不拘[㉙]，久而化成。

【注解】

①平：平和。此指用平和的态度对待摩意者。②卑：卑下。此指用卑下谄媚的态度对待摩意者。③静：此指以静为特征。④宜：适宜，相宜。此指中正平和。⑤悦：喜悦。此指沾沾自喜。⑥动：动怒。⑦发：扬，张扬。⑧洁：洁身自好。⑨期：与人相约。此指承诺必行。⑩求：贪求。⑪谄：谄谀。⑫故圣人……有之：意谓圣智之士使用的手法，都是取之于众人，从众人身上总结出来的。⑬用之非：用之非其道，没用到关键处。⑭悉听：全听。此指全被接受。⑮通者：相通的人。此指感情相通、智谋层次相近的人。⑯结而无隙：此指二人合计的决策没有间隙。⑰数：通"术"，此指权术。⑱时：天时，时机。⑲说、听：让人听从你的游说。⑳归类：以类相从。㉑趋：小跑。此指扔向（火中）。㉒燃：燃烧。㉓濡：沾湿，浸湿。㉔物类相应：同类事、物互相应和。㉕势：形势，势态。此指摩意的局势。㉖摩之以其类焉：此指用相同的感情，设身处地地去考虑别人。㉗独行之道：策士们独自掌握的秘术。即上所言"圣人所独用"者。㉘几：时机。此指善于掌握时机。㉙拘：拘持，此指居功为已有。

【译文】

在实施"摩意"时，有的用平和的态度对待我们，有的用正直的态度对待我们，有的表现出喜悦之色，有的勃然大怒，有的让我们觉得他很重名声，有的让我们觉得他重视实行，有的让我们觉得他很廉正，有的让我们觉得他守信用，有的让我们察觉到他贪图利益，有的表现得卑下谦恭。应该明白，平和就是指宁静，平和的人做事外静而内深思。正直的人做事往往中正平和。喜悦的人，悦功易足，往往满足于现状。容易愤怒的人，性情火暴易动怒，做事多草率。重视名利的人，喜欢搞形式，以光大自己的名声。重视行为的人，埋头苦干，期于必成，往往忽视借用别人力量。廉正之人，洁身自好，做事时注重为自己开脱。重信之人，一诺千金，做事多无诡诈。贪利之人，追求小利，易被收买。卑下小人，谄谀奸诈，做事反复无常。上述手法，都是圣智之士十分明了并暗中使用的手法，都是从众人身上吸取总结而来的，但众人运用这些手法却难以奏效，是因为他们不像圣人那样能用到点子上，该用什么手段就用什么手段。所以说，谋划策略，最难做到的是周密无隙；游说别人，最难做到的是让别人完全听从自己；主持事情，最难做到的是只许成功、不允许失败。这三种境界，只有那些掌握了摩意之术的圣人们才能够达到。所以说，要使计谋周密，一定要选择那些智谋水准与自己相近的人一起谋划，这就叫作双方互补而做出了没有漏洞的决策，从而无懈可击；做事要想成功，必须有适当的方法。所以说只有客观规律、行动方法与时机三者相合，相互依附，功业才能到达成功；游说时想要让别人完全听从你的意见，就要揣摩准别人的情意，这就叫作两情相合而别人必定听从、采纳。世间万事万物都有各自的属性，故而人们常说，抱起柴草扔进火中，干的先被点燃；平地浇上水，湿的地方先把水吸引过去，这些现象就是各类相同的事物必有相同的性质相适应。对于情势，以此类推，其他事物也是一样的。我们运用摩意术时也是这样，想让别人的内心情意应和你的摩意而表现出来，你也要保持与他同样的感情和表情。所以说，用以类相从的态度去摩意，哪有对方不应和的情况？顺从他的心意去琢磨他、游说他，哪有不听从的呢？这就是我们策士们的秘术。掌握了这种秘术，善抓时机，成事无所谓早晚。功成事就而不自持自喜，天长日久我们定能化育天下，实现自己的理想抱负。

权篇第九

【原文】

说客必能审时度势，言辞机巧，利动人心。

说者，说之也；说之者，资之也①。饰言者②，假之也③，假之者，益损也④；应对者⑤，利辞也⑥，利辞者，轻论也⑦；成义者⑧，明之也⑨，明之者，符验也⑩。言或反覆，欲相却也⑪。难言者⑫，却论也⑬，却论者，钓几也⑭。佞言者，谄而干忠⑮；谀言者⑯，博而干智；平言者，决而干勇，戚言者⑰，权而干信；静言者⑱，反而干胜。先意承欲者⑲，谄也；繁称文辞者⑳，博也；纵舍不疑者㉑，决也；策选进谋者㉒，权也；他分不足以窒非者㉓，反也。

【注解】

①资：此指借助。②饰言：修饰言辞。③假：借。④益损：增减。⑤应对：回答别人的提问和诘难。⑥利辞：便利之辞。⑦轻论：简洁明快的论说。⑧成义：阐述一种主张。⑨明之：使对方明了。⑩符验：用事例验证说明。⑪却：使对方疑虑打消。却，退。⑫难言：诘难之言。⑬却论：反驳对方言论。⑭钓几：善于把握住时机。几，同“机”。⑮“佞言”两句：佞言：谄佞之言。干：求，博取。⑯谀言：阿谀奉迎之言。⑰戚言：亲近之言。⑱静言：诤谏之言。静，诤古通。⑲意：胸臆，此指别人心愿。⑳繁：繁富。㉑纵舍：前进和止息。纵，深入。㉒策选进谋：帮人主分析进献计谋的优劣。㉓他分不足：对方的缺陷。窒非：扼住对方的缺点、弱点不放。

【译文】

所谓游说，就是劝说、说服别人。说服别人，就是要资助人，而资助人则先要为他人所接受。文饰说辞、辩辞，必须假借修饰和逻辑的手段来旁敲侧击，晓谕对方，使对方领悟而达到说服人的目的。假借，就是为了强化语言的感染力量，弱化避开对方的心理障碍。回答对方疑问和诘难，必须让便利的词句脱口而出。便利的词句，就是简洁明快的言辞。使自己接应对方的话题能对答如流，从而说服对方。申说主张的言辞，是为了使对方明了我们的本意。要让对方明了我们的本意，必须用事例来加以说明。言辞或有反复使用的情况，都是为了让对方打消疑虑。诘难的言辞，是为了驳倒对方的言论。想要驳倒对方，必须善于掌握反诘的时机。反驳的言论是为了诱使对方暴露深层隐藏的思想。这是说辩的一般常识。下边我们再来谈说辞。设置谄佞的说辞，要预先知道对方的难题，出谋划策解决这些难题，是为了博取忠心耿耿的名声。设置阿谀奉迎的说辞，要博采事例来论证对方决策的可行性，从而博取智慧的美名。成就事业即论证自己的主张可行的说辞，必须果敢气壮，让对方觉得我们大勇善断而信服。套近乎的说辞，要善于替对方权衡各种决策的优劣，以取信于对方。诤谏的说辞，要敢于、善于反驳对方，博取胜利，摸准了对方的心理顺着对方的欲望去游说，就是谄佞。博采事例来做充分论证，就是博证。筹划运用谋略，就是权谋；进退果断，该说则说，该止则止，就是决断。替对方分析各方进献的策略，就是权衡。抓住对方的说辩缺陷而攻击对方言辞中的不足，就是善于反击。

【原文】

故口者，机关也，所以关闭情意也①；耳目者，心之佐助也②，所以窥奸邪③。故曰参调而应④，利道而动⑤。故繁言而不乱⑥，翱翔而不迷⑦，变易而不危者⑧，睹要得理⑨。故无目者，不可以示以五色⑩；无耳者，不可告以五音⑪。故不可以往者⑫，无所开之也⑬；不可以来者⑭，无所受之也⑮。物有不通者⑯，圣人故不事也。古人有言曰：“口可以食，不可以言。”言者，有讳忌也⑰；众口铄金⑱，言有曲故也⑲。人之情，出言则欲听⑳，举事则欲成。是故智者不用其所短㉑，而用愚人之所长；不用其所拙㉒，而用愚人之所工㉓，故不困也㉔。言其有利者㉕，从其所长也；言其有害者㉖，避其所短也。故介虫之捍也㉗，必以坚厚㉘；螫虫之动也㉙，必以毒螫。故禽兽知用其长，而谈者亦知其用而用也㉚。

利用对手的短处，抓住问题的要害，双管齐下，令其接受自己的观点。

【注解】

①关闭情意：控制心情和真意。②心：古人以心代指大脑。③窥：窥视。④参调而应：此指口、耳、目三种器官互相配合，协同工作。⑤利道：向有利于自己的方面引导。道，通“导”。

⑥ 繁言：用各种言辞从各方面论说。⑦ 翱翔：飞鸟盘旋。此指说辩中忽东忽西，各方论说。⑧ 变易：多次改换说辞。危：读为“诡”。⑨ 睹要得理：观测中抓住了要点，说辩中掌握了法则。⑩ 五色：青、赤、白、黑、黄五种颜色。此泛指外界事物。⑪ 五音：宫、商、角、徵、羽五种音阶。此泛指各种声音。⑫ 不可以往：不值得前去（游说）。⑬ 开：开启，开导。⑭ 不可以来：不值得到那里（游说）。⑮ 受：接受。⑯ 通：通达，通窍。⑰ 讳忌：避讳。⑱ 众口铄金：指舆论威力大。⑲ 曲故：私曲之故。曲，此指传说中改变原内容。⑳ 欲听：想要让人听从。㉑ 其所短：他自己的短处。㉒ 拙：不擅长的一面。㉓ 工：精巧。㉔ 困：穷窘。㉕ 言其有利：讨论怎样对自己有利。㉖ 害：此指避害。㉗介虫：有甲壳的动物。介，甲。捍：卫。㉘坚厚：此指厚甲坚壳。㉙螫（shì）虫：有毒蜇的动物。螫，蜇。㉚知其用：知道自己可以发挥的长处。

【译文】

所以说，嘴是人心的一个机关，是用来倾吐和遮蔽内心情意的。耳朵和眼睛，是大脑思维的辅助器官，是用来窥探、发现奸邪事物的。因此，应该把口、耳、目这三者调动起来，互相配合，相互应和，以引导说辩局势朝着利于自己的方向发展。一般来说，虽有繁琐的语言但思路不乱，虽有翱翔之物但并不迷惑人，一会儿东一会儿西地说辩而不失主旨，变换说辩手段但并非诡谲难知，都是因为充分发挥了口、耳、眼的作用，使它们相互配合，因而在揣测中抓住了对方问题的要害、在说辩中掌握了既定原则的缘故，抓住言论的要害、掌握游说的真理。所以说，对色彩不敏锐的人不能给他欣赏色彩斑斓的画作，听觉不够敏感的人，不要和他谈论音乐的变化。像这样的人主，只因为他蒙昧暗滞，不值得我们前去游说，所以无法开导他们；像这样的不值得我们去游说的人主，只因为对方过于浅薄，他们也无法接受我们的意见。像这般不开窍的人和事，就是那些圣智之士也不去打主意。除此之外，都可以用我们的嘴将其说动。所以古人常说：嘴可以用来吃饭，不能用来乱说，说话就会触犯忌讳。众口一词，可以把金子般坚固的事物说破，这是因为说话中有邪曲的缘故。言辞的威力多么大啊！人之常情，只要自己说的话，希望别人听从，只要筹办事情就希望能够取得成功。我们想要游说成功，就要学会借用别人的力量。聪明人不用自己的短处，而去利用他人的长处；不用自己不擅长的地方，而去利用他人的技巧之处，这样做到避己所短、用人之长，这样做起事来永远顺利。我们常讨论怎样做对自己有利，就是要发挥自己的长处；讨论怎样才能避害，就是要避开自己的短处。那些有甲壳的动物保护自己，一定是用自己坚厚的甲壳；那些有毒蜇的动物进攻别人，一定是发挥自己的毒蜇的威力。禽兽都知道利用自己的长处，我们游说策士更应该懂得如何利用自己的优势了。

【原文】

故曰辞言有五[①]：曰病、曰恐、曰忧、曰怒、曰喜。病者，感衰气而不神也[②]；恐者，肠绝而无主也[③]；忧者，闭塞而不泄也[④]；怒者，妄动而不治也[⑤]；喜者，宣散而无要也[⑥]。此五者，精则用之[⑦]，利则行之[⑧]。故与智者言，依于博[⑨]；与博者言，依于辨[⑩]；与辨者言，依于要[⑪]，与贵者言，依于势[⑫]；与富者言，依于高[⑬]；与贫者言，依于利；与贱者言，依于谦；与勇者言，依于敢[⑭]；与愚者言，依于锐[⑮]。此其术也，而人常反之。是故与智者言，将以此明之[⑯]；与不智者言，将以此教之，而甚难为也。故言多类[⑰]，事多变。故终日言不失其类而事不乱[⑱]。

终日不变而不失其主[19]。故智贵不忘[20]。听贵聪，智贵明，辞贵奇。

【注解】

①辞言：不被接受之言。②病者……神也：尹知章曰：“病者恍惚，故气衰而言不神也。”③肠绝：形容极端害怕。④闭塞：此指情思不通。泄：此指畅达。⑤治：此指有条理。⑥要：要点。⑦精：精通。⑧利：有利。⑨博：渊博，博闻多识。⑩辨：辨同异而使之条理化。⑪要：要领。⑫势：气势，势态。⑬高：通“豪”，豪气。富者骄人，故以豪气待之。⑭敢：果敢。⑮锐：锐利。此指一竿子插到底，明言利害。⑯明之：使他明白，启发他。⑰类：类别。⑱不失其类：不偏离某类言辞的原则。事不乱：论事有条不紊。⑲主：主旨，主题。⑳忘：遗忘。

【译文】

所以说，在言辞中有五种失常的情态，均需在言谈中避免，力求情绪稳定。这五种状态即病态之言，惊恐之言，忧怨之言，愤怒之言，喜悦之言。一般来说，病态之言，就像病人气力不足那样没有神气，神态恍惚，精神不足，有衰竭之气，是气势不足的言辞。惊恐之言，是指心存恐惧，断肠而致失去理智，思维紊乱，失去主意的言辞。忧郁之言，就像人愁思不通那样不畅达，关闭阻塞，心情沉重压抑，思路不畅，不能宣泄，是寡言少语的言辞。愤怒之言，就像人怒火攻心胡撞乱动那样没有条理，情绪激烈，言多狂悖，语失条理的言辞。喜悦之言，就像人得意忘形不知所为那样没有要点，轻浮不庄，话语松散而无重点，是抓不住要领的语言。这五种处于失去控制状态的言辞，只有精通其妙用的人在特定场合才可以使用它们，才可以发挥它们的特殊作用而利于己方。为了便于达意，增强说服力，以引起对方的情感反应，就必须以巧妙的情感表态去强化说服的效果。一般说来，游说有智谋的人要靠博识多见的言辞，以显示自身的博学，游说博闻多见的人要靠条理明辨的言辞，游说明辨事理的人要言辞中要点明确，游说高贵的人要言辞中有气势，要以高雅潇洒为原则，游说富人时谈话豪气冲天，游说贫穷的人要以利引诱，游说低贱的人要靠我们谈话时态度谦恭，游说勇士要表情果敢，游说愚蠢的人要把利害讲得明明白白。这就是游说之术。但是，不少人却常常背道而驰。他们跟聪明人交谈时，就用这些方法去阐述道理；跟愚蠢者谈话时却用这些方法去教导他，这就很难达到游说目的了。由上论可见，言谈因为说服对象的不同而有多种方法，事物也有多种的变化。整日说辩但偏离不了各种言辞的原则，言谈的宗旨也不作变化，所以智慧的可贵之处在于不会思维紊乱。终日这样说辩又偏离不

游说之术旨在语言能够变通却又万变不离其宗。

了主题，这就是掌握了说辩术的智识之士。耳朵听事在于聪明，头脑思考在于明辨，说辞、辩辞在于新奇。这样才能雄辩天下，说服他人。

谋篇第十

【原文】

凡谋有道①，必得其所因②，以求其情。审得其情，乃立三仪③。三仪者：曰上，曰中，曰下，参以立焉④，以生奇⑤。奇不知其所壅⑥，始于古之所从⑦。故郑人之取玉也，载司南之车⑧，为其不惑也。夫度材量能，揣情者，亦事之司南也。故同情而相亲者⑨，其俱成者也⑩；同欲而相疏者，其偏害者也。同恶而相亲者⑪，其俱害者也⑫；同恶而相疏者，其偏害者也。故相益则亲⑬，相损则疏，其数行也⑭，此所以察异同之分也⑮。故墙坏于其隙⑯，木毁于有节⑰，斯盖其分也⑱。故变生事⑲，事生谋，谋生计，计生议⑳，议生说，说生进，进生退，退生制㉑。因以制于事。故百事一道而百度一数也㉒。

【注解】

①道：原则，规律。②所因：所缘发、所产生的原因。③三仪：三种境界。仪，法度，标准。④参：参照，参验。⑤奇：奇计。⑥壅：壅塞，阻挡。⑦始于古之所从：遵从古人就开始使用的方法。⑧司南之车：古人用磁石指南原理制成的确定方位的仪器。⑨同情：感情、欲望相同。⑩俱成：共同成功。⑪恶：厌恶，设法避开。⑫俱害：同受害。⑬相益：共同得利。益，加。⑭数：规则，道理。⑮分：分别，区分。⑯隙：裂缝。⑰节：节疤。⑱分（fèn）：职分，名分，引申为自身规律，固有准则。⑲变：变化，运动。⑳议：议论，讨论。㉑制：控制，制世策略。㉒度：节度，规则。

【译文】

凡是给人家谋划事情，进行谋略的规划，都要查明事情的原委，遵循一定的规则，即首先要追寻所面临的问题的起因，进而探求事物发展过程特别是实际情况。掌握了这些情况，才可以制定三种策略。所谓三种策略，就是上策、中策、下策。将这三种策略互相参验、互补互取，就能想出解决问题的良策奇谋来。真正的良策奇谋是无所阻挡、无往而不胜的。这种设计奇谋的方法并非我们创造，是古人曾实施过的。据说，郑国人到山里去采玉石，必定带着指方向的司南车，是为了不迷失方向。忖度称量实施计谋之人的才干能力，掌握各种相关因素，抓第一手材料，也是因事立计的"指南车"。立计中还要注意人的因素，欲望相同的人做事之后能够仍旧保持亲密关系，是因为他们都取得了成功，都获取了利益；欲望相同而事后却疏远了的人，是因为他们中只有一方取得了成功，获取了利益。一同想避免某种结局而事后仍能保持亲密关系的人，是因为他们同样受到伤害，同样遭受损失；一同想避免某种结局但事后关系疏远了的人，是因为他们中只有一方受到了伤害，遭受了损失。所以，共同获取利益就能保持亲密关系，使一方遭受损失必然导致疏远，任何事情的道理都是这样。用这种道理去考察人们的相亲相疏，其原因必定也是如此。所以说，墙体崩坏都是从缝隙开始的，木材断折都是从有节的地方开始的，这大概就是所说的自然规律吧！所以在策划计谋时要考虑内部各方面的利益，调动各方面的积极性。要知道，新事物、新情况，都是由旧事物的发展变化才产生出来的。为解决新情况、新问题才产生了谋略。由谋略再产生出实施计划。实施计划一定要交给大家讨论、议论，听取各方意见，考虑各方利益。讨论、议论中必定产生新的说法、新的计划。综合新旧计划，制定进退有节、回旋有余的实施措施，去处理问题，去解决问题。任何事情的处理方式都是这样，任何计谋的产生程式都是如此。

【原文】

夫仁人轻货①，不可诱以利，可使出费②；勇士轻难③，不可惧以患④，可使据危⑤；智者达于数⑥，明于理，不可欺以不诚，可示以道理，可使立功，是三才也⑦。故愚者易蔽也，不肖者易惧也，贪者易诱也，是因事而裁之⑧。故为强者，积于弱也；为直者，积于曲也⑨；有余者，积于不足也。此其道术行也⑩。故外亲而内疏者，说内；内亲而外疏者，说外。故因其疑以变之，因其见以然之⑪，因其说以要之⑫，因其势以成之，因其恶以权之⑬，因其患以斥之⑭。摩而恐之⑮，高而动之，微而证之⑯，符而应之⑰，壅而塞之⑱，乱而惑之⑲，是谓计谋。

【注解】

①货：财物。②费：费用，策士游说经费。③难：患难，祸事。④患：祸患，忧患。⑤危：危难之地。⑥数：机数，权术。⑦三才：三种人才。指上述仁人、勇士、智者。⑧裁：制裁，处理。⑨为直……曲也：大直若曲，故积曲可以为直。⑩此其道术行也：这就是上边所说的计谋的运用。⑪然：承认，附和。⑫要：抽绎出要点。⑬恶（wù）：厌恶。权：权变，变通。⑭斥：除，除去，舍弃。⑮恐：恫吓。⑯微：微暗。⑰符：内符，由外在表象推测出的内心想法。⑱壅：壅闭。⑲惑：迷惑。

【译文】

一般来说，仁德君子视钱财如粪土，所以不可以用钱财去引诱他，但可以让他为我们提供财货。勇敢的斗士不畏惧祸难，所以不可以用灾患去吓唬他，倒可以让他担当危险的责任。智识之人通达机数，明于大道，不可以用欺骗的手段对待他，倒可以用大道理来晓谕他，让他为我们做事，从而建功立业。这三种人就是仁人、勇士、智者，我们称之为“三才”。相反，愚蠢者可以用欺骗手段蒙蔽他，不肖之徒可以用恐吓手段威胁他，贪婪者可以用金钱去利诱他，应该因人因事而使用不同手段。弱者善用权术、善借人力就可以变为强者，隐曲的手法用熟练了可以让人看作是直率手段，积累不足可以变为有余，这就是计谋权术的运用。由此而论及游说，游说对象外表上与我们亲善而内心却相当疏远，我们就应当运用计谋去打动他的内心，要消除对方对我们的疑虑。游说对象内心赞同我们而外表上装作冷淡，我们就应当运用权术去进行游说。可以根据对方所疑惑的问题，来改变自己的游说内容。要使内外俱亲，就要依据对方的疑点，顺着对方的见解来肯定他、鼓励他；改变我们的计谋，依据对方所见所闻肯定某些东西，依据对方的言谈总结出实施要点，依据对方势力强弱去成就事业，依据对方的好恶改变我们的计谋，依据对方的忧惧舍弃决策中的某些部分。取得其信任后，就要设法控制对方。琢磨他的心意，分析形势的高危使他震动，把他暗中的活动摆在光天化日之下，由外表推测出他内心的想法而设计相应的对策，以隔绝他的视听，闭塞他的耳目，打乱他的思维，迷惑他的理智，进而完全控制他，这就是人们所说的计谋了。

【原文】

计谋之用，公不如私①，私不如结②，结比而无隙者也③。正不如奇④，奇流而不止者也⑤。故说人主者，必与之言奇⑥；说人臣者，必与之言私⑦。其身内，其言外者疏⑧；其身外，其言深者危⑨。无以人之所不欲而强之于人⑩，无以人之所不知而教之于人⑪。人之有好也⑫，学而顺之；人之有恶也，避而讳之⑬。故阴道而阳取之⑭。故去之者从之⑮，从之者乘之⑯。貌者，不美又不恶，故至情托焉⑰。

未成之事须暗中谋划，结成联盟，私下达成。

【注解】

①私：私室，引申为私下里。②结：结盟，指二人计议。③结比：结盟。比，并。④奇：即适合解决这一问题的出人意料的计谋。⑤奇流而不止：奇计一用，像流水那般难以被对方阻止。⑥言奇：讨论治国奇计。⑦言私：讨论切身利益。⑧疏：被疏远。⑨危：遭受危难。⑩强：强加。⑪教：教导，告诉。⑫好：喜欲，嗜欲。⑬讳：讳忌，避讳。⑭故阴道而阳取之：这就叫作暗地里使手段而公开获取利益。⑮去之：使之去，让他离开。从之：放纵他。从，“纵”，古今字。⑯乘：驾驭，制伏。⑰貌者……托焉：我们的外貌要表现得中正平和，让别人交心于我们，依靠我们。

【译文】

说到策划、实施计谋，在大庭广众之下谋划不如在私室中谋划，在私室中谋划不如二人结盟谋划，结成巩固的联盟，别人就无机可乘了。说人说事中，运用常法不如运用出人意料的奇妙谋略。因为，出人意料的奇妙谋略是变化无穷的，实施起来就像流水一般，使对手无法阻挡。游说人主时，要注意与他谋划这样的奇计。但游说人臣时，首先申说的是他个人的切身利益。你身在某一决策圈内，却把机密、计谋泄露到圈外去，必定被疏远。你身在某决策圈外，却过多地议论决策圈内的事，必定会有危险降临到你头上。你不要把别人不想做的事、不想解决的问题，强加在别人头上，去游说他做这事、解决这问题。你也不要把别人所不可理解的道理去告诉他、开导他。如果发现别人有什么嗜欲，你要想办法迎合他，投其所好，顺着去做。别人有讨厌的事，你就极力避开，极力避讳。要用不易为人察觉的手法来达到说服的目的。这就叫作暗地里使手段而公开获取利益。想要排斥某个人，先放纵他，让他看到自己的思维行动所产生的不良后果，然后利用这个机会，顺理成章地除掉他。你自己要中正平和、不善不恶，这样别人才敢把真心交给你，把自己托付给你了，这些都是使用计谋时应该注意的事项。

【原文】

可知者，可用也；不可知者，谋者所不用也。故曰事贵制人①，而不贵见制于人。制人者，握权也②；见制于人者，制命也③。故圣人之道阴④，愚人之道阳⑤。智者事易⑥，而不智者事难⑦。以此观之，亡不可以为存⑧，而危不可以为安。然而无为而贵智矣⑨。智用于众人之所不能知，而能用于众人之所不能见。既用，见可⑩，否择事而为之，所以自为也⑪；见不可，择事而为之，所以为人也⑫。故先王之道阴。言有之曰：天地之化⑬，在高与深，圣人之制道，在隐与匿⑭。非独忠信仁义也，中正而已矣⑮。道理达于此之义，则可与语。由能得此⑯，则可以谷远近之义⑰。

能够了解、掌握的人才可以使用。不能了解、掌握的人，善于谋划的人是不用的。

【注解】

①制人：控制别人。②握权：掌握了主动权。③制命：此指被控制了命运。④阴：此指隐暗不露。⑤阳：公开做事。⑥事易：做事容易。⑦事难：做事难。⑧不可以为存：不能设法让它存在。⑨无为：此指无为而处世。智者道阴，暗中用计，表面无为。⑩见可：看到可以（进行）。⑪自为：自己做。⑫为人：让人去做。⑬化：化生（万物）。⑭隐与匿：隐藏不露。⑮中正：中正平和，不过分加害于人。⑯由能得此：假如能够掌握这种道理的人。⑰谷：养育。

【译文】

能够了解、掌握的人，才可以使用他们。不能了解、掌握的人，善于谋划的人是不用他们的。所以说，做事贵在控制别人，而千万不可被人控制。控制住别人，你就掌握了主动权。被别人控制，你的命运就掌握在别人手中了。由此而论，圣智之人总是低调行事，愚蠢的人才在明处咋咋呼呼。因而圣智之人做起事来就容易，愚蠢的人做起事来就难。由此可见，注定要灭亡的事物是无法挽回失败而让它继续存在的；他们造成的危急局势也无法转危为安。圣智之人做事表面上好似没有什么道理，实际上暗中早已使足了智谋。用智，就要用在一般人不知道的地方，就要用在一般人看不到的地方。运用计谋时，若可以成功，就选取一些事自己去做；若不能成功，就选取一些事让别人去做。所以说古代的君王都是隐秘而行事治世的。常言道：天地化生万物，在于其高大与深厚；圣智之人处世的诀窍，就在于他们善用隐藏不露的手段。圣智之人处世决不被忠信仁义等戒条束缚手脚，只不过做事不要太过分罢了，其主要是维护不偏不倚、适中的正道而已。能够明白这种道理的人，策士们才值得与他议事。能够掌握这种道理的人，策士们才可以和他策划各种计谋，远近的人都可以得到教化。

决篇第十一

【原文】

凡决物①，必托于疑者②，善其用福③，恶其有患④。善至于诱也⑤，终无惑偏⑥。有利焉，去其利则不受也⑦，奇之所托⑧。若有利于善者，隐托于恶⑨，则不受矣，致疏远。故其有使失利者，有使离害者⑩，此事之失。

【注解】

①决物：决断事情。②疑者：此指决疑者。③善其用福：以其用有福为善，喜欢你做出的决策给他带来好处。④恶：厌恶，讨厌。⑤诱：诱导对方透露出真情。⑥惑偏：迷惑和偏颇。⑦不受：指决疑的委托者不接受你的决策。⑧奇之所托：以所托为奇，奇怪当时为什么找你决疑。⑨于善者隐托于恶：把使他喜欢的决策寄托在使他厌恶的形式中，即所做决策实质上对他有利而表面上对他有害。⑩离：通“罹”，遭受。

【译文】

凡是为他人决断事情，一定是因为受托于有了疑惑的人。一般来说，人们喜欢做出的决断给他带来好处，不希望决断失误而招致祸患。因此，决疑的人要善于诱导对方，使他讲出自己的真实心愿和一切情况，以消除我们的迷惑和偏见，才能加以判断，做出令他满意的决策。决策必须给对方带来利益，否则，没有这种利益他就不会接受我们的决策，就会后悔当初委托我们来决策。另外，做出的决策确实能给他带来好处，但你若把这种利益隐藏在对他不利的表面形式中，他也不会接受你的决策，彼此的关系也会疏远。所以说，替人决策时，若这种决策不会给对方带来利益，甚至会使对方遭到损害，就是一种失误的决策。

【原文】

圣人所以能成其事者，有五：有以阳德之者①，有以阴贼之者②，有以信诚之者③，有以蔽匿之者④，有以平素之者⑤。阳励于一言⑥，阴励于二言⑦，平素、枢机以用⑧。四者，微而施之⑨。于是度之往事⑩，验之来事⑪，参之平素⑫，可则决之。王公大人之事也，危而美名者⑬，可则决之；不用费力而易成者，可则决之；

用力犯勤苦[14]，然不得已而为之者，可则决之；去患者[15]，可则决之；从福者，可则决之。

【注解】

① 以阳德之：用表面手段去感化对方。② 以阴贼之：用阴暗手段去残害他。③ 以信诚之：以信用与对方结成真诚联盟。④ 以蔽匿之：用假言蒙蔽对方。蔽，蒙蔽，此指虚假情况。匿，藏，引申为蒙蔽、迷惑。⑤ 以平素之：用平常手段按一般的程式解决问题。⑥ 阳励于一言：阳德手段以始终如一为追求目标。励，尹曰："勉也。"引申为追求的目标。一言，一种言论，此指言行前后一致。⑦ 阴励于二言：阴贼手段以真真假假为特征。二言，两种言论，此指前后言行不一，真假难辨。⑧ 平素：平时，平常。枢机：关键，引申为特殊手段。⑨ 微：暗中。⑩ 度（duó）：推度，度量。往事：历史。⑪ 来事：将来，未来之事。此指事物的发展前景。⑫ 参：参验。平素：平常。此指目前情况、形势。⑬ 危而美名：虽然危险，但可以用来博取美好名声。⑭ 犯勤苦：做出艰苦努力。犯，触犯，劳用。⑮ 去：除去，除掉。

【译文】

圣智之人之所以成就事情的手段有五种因素：有的用表面手段感化、怀柔，有的暗使手段加害对方，有的作出诚信的姿态与对方结成真诚的联盟而借用对方力量，有的用蒙蔽手段迷惑对方，有的却用一般的手段按平常方法解决问题。使用"阳德"手段时要前后如一，要讲信誉，言行必果。使用"阴贼"手段时却要真真假假，令人摸不透我们的真意千方百计地使人受骗。平常手段再加上关键时刻运用的"信诚""蔽匿"手段和阴、阳两手，这四种手段在暗地里交互运用，一般问题都可解决。于是，在决断事情之时，可以通过过去的经验来衡量，以未来事情的发展趋势、征兆来验证，用平素的现实状态来参考佐证。如果可以实行的话，就做出决断。给王公大臣谋划事情，如果那事情高雅而能获得美好的声誉，虽然有危险因素，但我们可以用来博取美名，就做出决断。不用耗费大的气力精力就容易获得成功的，若可实施，就做出决断。用精力、气力太大，需要做出艰苦努力，但又非做不可的，若可实施，就做出决断。能除去祸患，若可实施，就做出决断。能得到好处，追求幸福的事情，只要能实施，就做出决断。

【原文】

故夫决情定疑，万事之基[1]，以正治乱，决成败，难为者。故先王乃用蓍龟者[2]，以自决也。

【注解】

① 基：根基，基础。此指解决问题的起点。② 蓍龟：蓍草和龟卜。蓍，多年生草本植物，古人用其茎占卜，称作蓍草之筮。

【译文】

所以，决断事情，解决疑难，是解决任何问题的起点。可以用它来整顿朝纲、治理百姓，也可以用它来决定成败、断决疑难，这是非常难做到的事情。所以，即使是圣明的上古皇帝，用也要蓍草筮和龟甲卜来占卜，从而帮助他们自己做出正确的决断。

符言第十二

【原文】

安徐正静[①]，其被节先定[②]，善与而不静[③]；虚心平意以待倾损[④]。右主位[⑤]。

君主应当安定从容，公正稳重。

【注解】

①徐：徐缓，沉住气。正：正色。②被：皮。节：节点，引申为原则。③与：给予，参与。④倾损：倒运失败。倾，倒毁。⑤右：以上。古人自右向左竖写，故综括以上内容时言“右”。主位：主位术，指某人居某位置时应有的容态。

【译文】

君主能够做到安定从容，正色详静，稳重、温和、公正，可通融问题和原则。问题分得清，就显得醇厚，具有君主风度。要善于居位静观，不缠身于具体事务，不过多指手画脚，心平气静坐待桀骜之臣自认失败。以上讲的是如何保持君位。

【原文】

目贵明，耳贵聪，心贵智[①]。以天下之目视者[②]，则无不见；以天下之耳听者，则无不闻；以天下之心思虑者，则无不知。辐辏并进[③]，则明不可塞[④]。右主明。

【注解】

①智：智慧。此指产生智谋。②以天下之目视：用天下人的眼睛去看。此指善于调动大家的积极性去观察。③辐辏并进：此指集中众人之力。辐辏，指车辐集中于车轴。④明：此指圣明。

【译文】

眼睛最重要的是明亮，耳朵最重要的是灵敏，心灵最重要的是有智慧。人君若能利用天下人的眼睛去观察，就没有看不到的事物；如果能利用天下人的耳朵去探听，就没有听不到的事情；如果能利用天下人的心智去思考，就没有想不通的事情。如果能像车辐集中于车轴那样集中起众人的智慧和力量，发挥他们的聪明才智，君主的圣明就没有什么能够遮蔽了，以上讲的是如何保持明察。

【原文】

德之术曰：勿望而拒之①。许之则防守②；拒之则闭塞③。高山仰之可极④，深渊度之可测⑤，神明之德术正静⑥，其莫之极。右主德。

一国之君，当气度从容，言行中正，明察秋毫，集思广益。

【注解】

①勿望而拒之：不要看到别人（进谏）就拒绝。意为广纳众议。②防守：此指增加我方守卫力量。③闭塞：此指妨害视听。④高山……可极：意谓博听众议可至高山之巅。⑤深渊……可测：意谓博采众议可达深渊之底。⑥正静：严正祥静。

【译文】

君主倾听的关键，是广采众论，不拒绝任何意见。允许别人提意见，就会增强对方的参与意识，众心成城，增强我方力量；反之，拒绝别人提意见，就闭塞了自己的视听。应让臣下觉得你像只可仰视而不可逾越的高山那样，像深不可测的深渊那样，难揣底细而乖乖吐出真言。神明之位，德术之正静，在前逢迎看不到，在后跟随也看不到，严正详静的容色对待众人进谏。这样，就没有人能比得上我们。以上讲的是采言纳谏。

【原文】

用赏贵信①，用刑贵正②。赏赐贵信，必验耳目之所闻见，其所不闻见者，莫不暗化矣③。诚畅于天下神明④，而况奸者干君。右主赏。

【注解】

①信：信用。②正：平正，正当。③暗化：暗自感化而不敢冒功邀赏。④诚：诚信，信用。畅：畅达。神明：此指幽暗之处。

【译文】

实行奖赏时，最重要的是恪守信用。实行惩罚时，最重要的是公正合理。赏赐贵信，就是说要赏赐某人某事，必将其功绩查验确实。这样一来，那些无法查验的事端，当事人也会主动地如实报告了。君主如果能把这种诚信畅达于天下，那么连神明也会来佑护。赏罚得当，就会明清如水，更何况那些干求君主的奸邪之徒，哪能查不出呢！以上讲的是赏罚必信。

【原文】

一曰天之①，二曰地之，三曰人之。四方上下，左右前后，荧惑之处安在②。

右主问。

【注解】

① 一曰天之：意指调查天道天时。② 荧惑：受人迷惑。

【译文】

君主的询问范围，包括天时、地利和人和三个方面。调查天时、天道，调查地时、地利，调查人世、社会。东西南北、上方下方、左右前后都问遍，哪里还会有受人迷惑的地方呢？以上讲的是君主应多方咨询。

【原文】

心为九窍之治[①]，君为五官之长[②]。为善者，君与之赏；为非者，君与之罚。君因其所以求[③]，因与之，则不劳[④]。圣人用之，故能赏之[⑤]。因之循理[⑥]，固能久长[⑦]。右主因[⑧]。

【注解】

① 九窍：耳、目、鼻各两窍，口、前阴、肛门各一窍，共九窍。此泛指身体器官。治：统治，职掌。② 五官：此泛指文武百官。③ 因：循顺，依据。④ 劳：劳顿，劳苦。此指缠身于事务中。⑤ 赏：疑为“掌”之形讹。掌，职掌，此指掌管（百官）。⑥ 循理：遵循一定规矩和一定法度。⑦ 固：故。⑧ 因：因循，因臣之所求而驱使之。

【译文】

心是身体各部器官的主宰，君主是文武百官的首领。对于那些做了好事的臣属，君主就赏赐他们；对于那些做了坏事的臣属，君主就惩罚他们。君主依据臣属的政绩来任用，斟酌真实情况给予赏赐，这样就不会劳神。使用他们，让他们立功，而后满足他们的要求，赐以官爵禄位，所以自己就不会陷于具体事务中。圣明的君主运用这种方法，所以能掌管百官。根据他们的要求封赏并于赏赐时依据一定的法度，所以能够维持长久统治。以上讲的是君主应该依法治国治民。

【原文】

人主不可不周[①]。人主不周，则群臣生乱。家于其无常也[②]，内外不通[③]，安知所闻。开闭不善[④]，不见原也[⑤]。右主周。

【注解】

① 周：周密。此指加强保密措施。② 无常：别人摸不到头脑。③ 内外：宫内宫外。④ 开：开泄密之门。此指故意放风以制造假象。善：得其法。⑤ 原：源头。

【译文】

君主做事不可不注意周密。君主做事不能加强保密措施，群臣就会发生动乱。君主做事前应该寂然平静，让圈外人摸不到头脑，宫内外不能沟通消息，机密还能从哪里泄露？保密措施和故意放风不得要领，泄露了机密还不知从哪儿泄露的。以上讲的是君主应该通达人情事理。

【原文】

一曰长目[①]，二曰飞耳[②]，三曰树明[③]。明知千里之外，隐微之中[④]，是谓洞天下奸[⑤]。莫不暗变[⑥]。右主恭[⑦]。

【注解】

①长目：千里眼。此指在远处安插耳目。②飞耳：顺风耳。此指建立特殊通讯渠道，飞传消息。③树明：建立使隐暗处的小动作敞于光天化日之下的制度，指建立举报制度。树，建。④隐微：暗处，背地里。⑤洞：洞察，明察。⑥暗变：暗中收敛、顺从。⑦恭：检验，弹劾。

【译文】

君主用臣还要采取三种措施，一是设置千里眼，二是设置顺风耳，即在边远地区安插耳目，监督边官，并设置特殊的通讯渠道飞速传递消息；三是建立举报制度使近臣的小动作公开。这样，边官外臣的一举一动，内宫近臣的暗中动作，便在君主的掌握之中了，这就叫作洞察天下奸情。这样一来，内臣外臣都会小心翼翼，收起不轨想法。以上是讲正视听、开言路的重要性。

【原文】

循名而为[①]，实安而完。名实相生[②]，反相为情[③]。故曰：名当则生于实[④]，实生于理[⑤]，理生于名实之德[⑥]，德生于和[⑦]，和生于当。右主名[⑧]。

【注解】

①循：顺，依照。②相生：相互化生，相依相存。③反相：反复循环。④当：适当，恰当。⑤理：道理。此指对事物的正确认识。⑥德：通“得”，相得，相当。⑦和：吻合。⑧名：此指循名责实、按官查职的用臣术。

【译文】

依据客观事物的名称去考察事物实际，按客观事物的实际确定事物名称。名称是从实际中派生的，客观实际产生出事物名称。二者互相循环、互为表里，这本是事物常情。所以说，适当的名称产生于客观事物，对于客观事物实际的把握取决于人们对客观事物的正确认识，对于客观事物取得正确认识，是对客观事物作出了符合实际的表述。这种对客观事物的实际的表述，在于我们的认识与客观事物吻合。这种认识与实际的吻合，在于我们运用了恰当的方法。以上是讲君主应该懂得名副其实的重要性。

《老子》

《老子》是中国第一部完整的哲学著作，是道家思想的重要来源，开创了中国古代哲学本体论的学说。在《老子》中，老子用“道”来解释宇宙万物，将道看作万物的本源。德国哲学家尼采将《老子》形容成一个永不枯竭且满载宝藏的井泉，认为只要“放下水桶，便唾手可得”。

道经

【原文】

道可道[①]，非常道[②]；名可名，非常名[③]。无，名天地之始[④]；有，名万物之母[⑤]。故常无，欲以观其妙；常有，欲以观其徼[⑥]。此两者，同出而异名，同谓之玄[⑦]。玄之又玄，众妙之门。

道可道，非常道；名可名，非常名。

【注解】

① 道：构成宇宙的实体与动力。② 道：用语言表达出来。③ 常：恒久不变。④ 名：这里指道的名称，文化思想。⑤ 名：用语言表达出来。⑥ 徼（jiào）：通“窍”，踪迹的意思。⑦ 玄：幽昧深远。

【译文】

可以用语言表达出来的道，就不是永恒不变的“道”；可以用语言表达出来的名，就不是永恒不变的“名”。无，是天地的开端；有，是万物的根源。所以，常从“无”中观察天地的奥妙；常从“有”中寻找万物的踪迹。有和无，只不过是同一来源的不同名称罢了。有和无都是幽昧深远的，它们是一切变化的总门。

【原文】

天下皆知美之为美，斯恶已[①]；皆知善之为善，斯不善已。有无相生，难易相成，长短相形，高下相倾，音声相和[②]，前后相随，恒也。是以圣人处无为之事[③]，行不言之教；万物作而弗始[④]，生而弗有，为而弗恃[⑤]，功成而弗居。夫唯弗居，是以不去。

万物作而弗始，生而弗有。

【注解】

①已：语气词，可译为“了”。②音声：古代音和声是有区别的。单调的、无节奏的叫“声”，复杂的、有节奏的叫“音”。③是以：疑为后人所加。本章的前八句是老子的相对论，后八句是老子的政治论，文意不相连。圣人：老子理想中的“与道同体”的人物，他与儒家圣人有很大不同，是“有道的人”。④始：管理、干涉的意思。⑤恃（shì）：依赖，依靠。

【译文】

天下的人都知道美之所以为美，丑的观念也就出来了；都知道善之所以为善，恶的观念也就产生了。“有”和“无”互相对立而产生，困难和容易互相矛盾而促成，长和短互相比较才形成，高和下互相对照才有分别，音和声由于对立才显得和谐动听，前和后彼此排列才有顺序，这是永远如此的。因此，有道的人用“无为”的法则来对待世事，用“不言”的方式施行教化；让万物兴起而不加倡导，生养万物而不据为己有；抚育万物但不自恃己能，立下了功勋而不自我夸耀。正因为他不居功，所以他的功绩就不会失去。

【原文】

不尚贤[①]，使民不争，不贵难得之货，使民不为盗；不见可欲，使民心不乱。是以圣人之治，虚其心，实其腹，弱其志，强其骨。常使民无知无欲，使夫智者不敢为也。为无为，则无不治。

【注解】

①尚：推崇。

【译文】

不推崇贤能之才，使人民不争名夺位；不以奇珍异宝为贵重之物，使人民不做偷盗的坏事；不炫耀可贪的事物，使人民不产生邪恶、动乱的念头。因此，有道的人治理天下的方法，是要净化人民的心灵，满足人民的温饱，减损人民争名夺利的心志，强健人民的体魄。要常使人民没有伪诈的心志，没有争名夺利的欲念。使那些智巧之人也不敢肆意妄为，以无为的态度去处理政事，就没有治理不好的。

【原文】

道冲①，而用之或不盈②。渊兮，似万物之宗③。（挫其锐，解其纷，和其光，同其尘。）湛兮，似或存④。吾不知谁之子，象帝之先⑤。

【注解】

①冲：虚而不满的意思。②盈：满的意思，引申为尽。③兮：语气词，可译为“啊”。④湛（zhàn）：没有、虚无的意思。⑤帝之先：天帝的祖先，形容其出现之早。

【译文】

大道是空虚无形的，但它发生作用时却永无止境。它如深渊一样广大，像世间万物的宗主。（它不显露锋芒，解除世间的纷乱，收敛它的光耀，混同它于尘世。）它看起来幽隐虚无却又实际存在。我不知道它是从哪里产生出来的，好像在天帝之前就已经有了。

【原文】

天地不仁①，以万物为刍狗②；圣人不仁，以百姓为刍狗。天地之间，其犹橐籥乎③？虚而不屈，动而愈出。多言数穷④，不如守中⑤。

【注解】

①仁：仁爱、仁慈。②刍（chú）狗：用野草扎成的狗，古人祭祀时用，用后即扔。刍，野草。③橐（tuó）籥（yuè）：古代的风箱。④数：通“速”。⑤中：适中的意思。

圣人不仁，以百姓为刍狗。

【译文】

天地无所谓仁爱，对待万物像对待祭祀时草扎的小狗一样，任凭万物自然生长；有道的人无所谓仁爱，对待百姓也如同对待刍狗一样，任凭百姓自己发展。天和地之间，不就像一个风箱吗？虽然中空但永无穷尽，越鼓动风量便愈多，生生不息。政令名目繁多反而会加速国家的败亡，不如保持虚静。

【原文】

谷神不死①，是谓玄牝②。玄牝之门，是谓天地根③。绵绵若存④，用之不勤⑤。

【注解】

①谷：形容虚空。神：形容不测的变化。②玄牝（pìn）：象征深远而看不见的生育万物的总根源，这里用以形容“道”的不可思议的生殖力。牝，生殖。③是谓：这叫作。④绵绵：冥冥无形象，连续不断的样子。⑤不勤：不劳倦，不穷竭。勤，尽。

【译文】

虚空不定的变化是永不停歇的，这就是生育万物的神秘莫测的总根源。微妙的生母之门，就是天地生成的根源。它绵绵不绝地存在着，作用无穷无尽。

【原文】

天长地久。天地所以能长且久者，以其不自生①，故能长生。是以圣人后其身而身先，外其身而身存。非以其无私，故能成其私②。

【注解】

①以：因为。②私：在这里指个人利益。

【译文】

天地永远都存在。天地所以能长久，是因为它不是为了自己而生存，所以才永远都存在。因此，有道的人凡事都让别人占先，反而能赢得爱戴；凡事把自身的安危置之度外，生命反而能得以保全。这不正是因为他不自私，反而能够成就自身吗？

【原文】

上善若水①。水善利万物而不争，处众人之所恶②，故几于道③。居善地④，心善渊⑤，与善仁，言善信，政善治⑥，事善能，动善时。夫唯不争，故无尤⑦。

居善地。

【注解】

①上善：最高等的善。若：像。②处：停留、居住之意。③几（jī）：作“接近”解。④地：低下、卑下的意思。⑤渊：深的意思。⑥政：行政的意思。⑦尤：怨咎。

【译文】

最高的善就像水一样，水善于滋润万物却不与其争短长。它总是停留在众人不愿去的低洼之地，这种品德，最接近于“道”。上善的人总是甘居卑下的环境，心胸善于保持沉静而深远博大，待人善于相助、真诚可亲，说话善于信守诺言，为政善于治理，办事善于发挥所长，行动善于把握时机。正因为有不争的美德，所以才不会出现过失、招来怨咎。

【原文】

持而盈之①，不如其已②；揣而锐之③，不可长保。金玉满堂，莫之能守④；富贵而骄⑤，自遗其咎⑥。功遂身退，天之道也。

【注解】

①盈：满的意思。②已：动词，停止的意思。③揣：捶打，敲打的意思。④莫：代词，没有谁的意思。⑤而：这一章三个“而”，均为连词，“而且”、“并且”的意思。⑥咎（jiù）：灾祸的意思。

【译文】

保持盈满的状态，不如适可而止。捶打得既尖又利的铁器，就不能长久保持锋利。纵然金玉堆满房屋，谁也不能长久守住。富贵而又骄纵，定会给自己带来祸害。功成名就之时，要含藏收敛、急流勇退，这才符合自然运行的规律。

【原文】

载营魄抱一[①]，能无离乎？专气致柔[②]，能如婴儿乎？涤除玄鉴[③]，能无疵乎？爱民治国，能无为乎？天门开阖[④]，能为雌乎？明白四达，能无知乎[⑤]？生之畜之[⑥]。生而不有，为而不恃，长而不宰，是谓“玄德”[⑦]。

【注解】

①营魄：即魂魄。魂属灵，魄属血，在此连用，指灵肉相连。抱一：合抱为一。②专气：志气专一。致柔：调合到柔和的境地。③涤除：清除。玄览：形容心地如宽广的明镜。玄，形容人心的深邃灵妙。鉴，镜子。④天门：这里指耳目口鼻等感官。阖（hé）：关闭。⑤无知：即不用智谋。知，作“智”讲。⑥生之畜之：使它生，使它繁殖。⑦玄德：极大极深远的“德”。

【译文】

灵魂与肉体融为一体，能永不分离吗？聚集精气达到柔和，能像初生的婴儿一样吗？洗尽思想上的尘垢，能让心地宽广得如一尘不染的明镜吗？热爱百姓，按照道的法则来治国，能保持“无为”的境地吗？口鼻自然地开闭，呼吸吐纳，能安安静静的吗？通达四方，能不玩弄权术和心机吗？生养抚育了万物却并不据为己有，为世间立下了卓越功勋但并不自恃有功，滋养了万物但并不居于主宰地位，这就是最高深的“德”。

【原文】

三十辐共一毂[①]，当其无，有车之用。埏埴以为器[②]，当其无，有器之用。凿户牖以为室[③]，当其无[④]，有室之用。故有之以为利，无之以为用。

【注解】

①辐：车轮上的直棍，有如自行车的钢丝。三十辐，是一个车轮直棍的数目。毂（gǔ）：即车轮中心穿车轴的圆木，北方叫它“车头”。②埏（yán）埴（zhí）：即用陶土做成饮食的器皿。埏，借为“挻”，即挻土；埴，陶土。③牖（yǒu）：窗户。④无：这一章三个“无”，均作“空虚”解。

【译文】

三十根辐穿在车头，中间必须留出空，才能装上车轴，使车轮有转动的作用。踩打泥土做陶器，器皿中间必须留出空，器皿才能发挥盛放物品的作用。建造房屋，有了门窗四壁中空的地方，房屋才能有居住的作用。所以，“有”给人便利，“无”发挥了它的作用。

【原文】

五色令人目盲，五音令人耳聋，五味令人口爽[①]，驰骋畋猎[②]，令人心发狂，难得之货，令人行妨[③]。是以圣人为腹不为目[④]，故去彼取此[⑤]。

【注解】

①爽：指口腔味觉发生毛病。②畋：打猎。③妨：本指妨碍、损害的意思，这里特指盗窃、掠夺之类行为。④腹：是指内在自我。目：指外在自我或感觉世界。⑤彼：指外。此：指内。

【译文】

五光十色、绚丽多姿的颜色，容易使人眼花缭乱；纷繁嘈杂的音调，容易使人耳朵受到伤害；香馥芬芳、浓郁可口的食物，容易败坏人的口味；放马飞驰醉心狩猎，容易使人心情放荡发狂；稀奇珍贵的货物，容易使人失去操守，犯下偷窃的行为。因此，圣人只求三餐温饱，不追逐声色犬马的外在诱惑。所以，应该抛去外物的引诱来确保安足纯朴的生活。

【原文】

宠辱若惊[①]，贵大患若身。何谓宠辱若惊？宠为下，得之若惊，失之若惊，是谓宠辱若惊。何谓贵大患若身？吾所以有大患者[②]，为吾有身，及吾无身，吾有何患。故贵以身为天下，若可寄天下。爱以身为天下，若可托天下。

【注解】

①若：作“乃”字或“则”字讲。②所以：可译为“……的原因”。

【译文】

得到宠爱或遭受耻辱，都像是受到惊吓一样。重视大患，就好像重视自己的身体一样。什么叫作“宠辱若惊”？宠爱是卑下的，得到它会感到心惊不安，失去它也会惊恐万分。这就叫宠辱若惊。什么叫作“贵大患若身”？我之所以会有祸患，是因为我有这个身体；倘若没有了我的躯体，我还有什么祸患呢？所以，把天下看得和自己的生命一样宝贵的人，才可以把天下的重担交付与他；爱天下和爱自己的生命一样的人，才可以把天下的责任托付与他。

【原文】

视之不见，名曰夷[①]；听之不闻，名曰希[②]；搏之不得，名曰微[③]。此三者不可致诘[④]，故混而为一[⑤]。其上不皦[⑥]？其下不昧[⑦]，绳绳兮不可名[⑧]，复归于无物。是谓无状之状，无物之象，是谓惚恍[⑨]。迎之不见其首，随之不见其后。执古之道[⑩]，以御今之有[⑪]。能知古始[⑫]，是谓道纪[⑬]。

【注解】

①夷：看不见。②希：听不到。③微：摸不着。“夷”、“希”、“微”三字均形容感官所不能把捉的“道”。④诘（jié）：追。⑤一：即“道”。⑥皦（jiǎo）：光亮，光明。⑦昧（mèi）：昏暗，阴暗。⑧绳绳（mǐn mǐn）：渺茫、不清楚。⑨惚恍：闪烁不定的样子。⑩古之道：就是太初的大道。⑪有：指世上万事万物。⑫古始：就是宇宙的原始或“道”的开端。⑬道纪：“道”的纲纪。纪，准则，法度。

【译文】

听之不闻，名曰希。

怎么看也看不见，我们把它叫作“夷”；怎么听也听不到，我们把它叫作“希”；怎么摸也摸不着，我们把它叫作“微”。这三者难以区分开来，它们原本就是混沌一体的。其上面并不显得明亮，其下面也不显得昏暗，绵延不绝而又不可名状，又总要回到看不见物体的虚无状态。没有形状的形状，没有具体物象的形象，这就叫作“惚恍”。从前方去接近它，看不见它的头；从后面去追赶它，看不见它的尾。根据早已存在的“道”的运行规律，来考察现在的具体事物，我们就能了解宇宙的原始，这就叫作道的规律。

【原文】

古之善为士者[①]，微妙玄通，深不可识。夫唯不可识，故强为之容[②]；豫兮若冬涉川[③]；犹兮若畏四邻[④]；俨兮其若客；涣兮其若凌释；敦兮其若朴；旷兮其若谷；混兮其若浊；澹兮其若海；飂兮若无止。孰能浊以静之徐清。孰能安以动之徐生。保此道者，不欲盈。夫唯不盈，故能蔽而新成[⑤]。

【注解】

①士：懂得“道”，行为符合道之法则的人。②容：形容，描述之意。③豫：兽名，性多疑，每有行动，踟躇不敢行，这里用以形容行为之瞻前顾后。④犹：兽名，其特点与“豫”相似。⑤敝：通“蔽”。

【译文】

古时那些善于行“道”的人，见解微妙而且深刻玄远，不是一般人所能了解的。正因为他们深藏不露无法了解，所以只好勉强用下面一些比喻来将其描述：他们小心谨慎啊，就像冬天赤脚涉水过河时那样逡巡不前；他们警觉戒备啊，就好像居于强邻的包围之中，不得不时时警惕万分；他们拘谨严肃啊，就像在做客一样；他们融合可亲啊，就好像正在消融的冰；他们醇厚质朴啊，就像没有雕琢过的原木；他们旷远豁达啊，就像空旷的山谷一样；他们浑厚宽容啊，就像浑浑浊浊的江河大流一样。谁能在动荡中静止下来，在安静中慢慢变得澄清？谁能在安定中变动起来，使其慢慢显出生机？保持上述道的要义的人，不肯自满。正因为他们从不自满，所以能够去故更新。

【原文】

致虚极，守静笃①。万物并作，吾以观复。夫物芸芸各复归其根②。归根曰静③，静曰复命。复命曰常④，知常曰明。不知常，妄作凶。知常容⑤，容乃公，公乃全，全乃天⑥，天乃道，道乃久，没身不殆⑦。

【注解】

①笃（dǔ）：极度、顶点。②芸芸：纷杂茂盛，常用来形容草木的繁盛。③根：即事物的根本。④常：万物运动与变化中的不变的律则。⑤容：包容、宽容。⑥天：自然界的天。⑦没身：终身。

【译文】

使心灵空明虚寂到极点，使生活的清静达到极致。在万物都蓬勃生长的时候，我从中仔细观察它们生死循环的道理。天下万物虽然纷纷芸芸，但最终都将回复到它们的本根。返回本根就叫“静”，静叫作复归本性。复归本性是万物运动与变化中不变的律则，认识和了解万物运动与变化都依循着循环往复的律则，叫作“明”。不了解这个不变的律则，轻举妄动就会有凶险。了解了这个不变的律则的人，就能做到宽容；做到了宽容就能坦然大公，坦然大公才能无不周遍；无不周遍才符合自然，符合自然才能符合于“道”，体道而行才能长久，终身可免于危殆。

【原文】

太上①，下知有之；其次，亲而誉之。其次，畏之。其次，侮之。信不足焉，有不信焉。悠兮其贵言②。功成事遂③，百姓皆谓：我自然。

【注解】

①太上：最上等的。②贵言：珍惜言辞，即很少发号施令。③事遂：把事情做好了。

【译文】

最好的统治者，人民根本感觉不到他的存在；较次一等的，百姓亲近而称誉他；再次一等的，百姓畏惧疏远他；更差一等的，百姓辱骂进而打倒他。统治者的信用不足，人民自然不会相信他。最好的统治者悠闲自在而不随意发号施令。等到事情办成功了，百姓都会

太上，下知有之。

感到“我们本来就是这样的”。

【原文】

大道废，有仁义；慧智出，有大伪；六亲不和，有孝慈；国家昏乱，有忠臣。

【译文】

大道被抛弃了，才彰显出仁义。智巧出现了，才会产生虚伪狡诈。父子、兄弟、夫妻不和的时候，才会显出孝慈；国家昏乱的时候，才会出现忠臣。

【原文】

绝圣弃智①，民利百倍；绝仁弃义，民复孝慈；绝巧弃利，盗贼无有；此三者以为文不足②。故令有所属，见素抱朴，少私寡欲，绝学无忧。

【注解】

①圣：此处是指一种智能而言，不同于“圣人”的圣。②文：文饰，浮文。

【译文】

抛却聪明和智巧，人民可以得到百倍的好处；杜绝仁慈，抛弃道义，人民才会恢复孝慈的本性；抛弃取巧和获利，就不会有盗贼产生。“圣智、仁义、巧利”这三者全是巧饰，不足以治理天下。所以要让人民的思想有所归属。保持纯洁质朴的本性，减少私欲杂念，抛弃“圣智礼法”的学问，就没有忧患了。

【原文】

唯之与阿①，相去几何②？善之与恶，相去若何？人之所畏，不可不畏。荒兮③，其未央哉④！众人熙熙⑤，如享太牢⑥，如春登台。我独泊兮⑦，其未兆⑧；沌沌兮⑨，如婴儿之未孩⑩；儽儽兮⑪，若无所归。众人皆有余，而我独若遗。我愚人之心也哉！俗人昭昭，我独昏昏。俗人察察⑫，我独闷闷⑬。澹兮其若海⑭，飂兮若无止⑮。众人皆有以⑯，而我独顽且鄙。我独异于人，而贵食母。

【注解】

①唯：诚恳的应诺声。阿：逢迎的应对声音。②几何：多少。③荒兮：无边无际，形容其大。④央：完结的意思。⑤熙熙：快乐的样子。⑥太牢：古代帝王祭祀时丰盛的筵席（有牛、羊、猪）。⑦泊兮：浑朴、淡泊的意思。⑧兆：征兆，迹象的意思。⑨沌沌（dùn）：不清楚。⑩孩：婴儿的笑声。⑪儽儽：疲倦的样子。儽，通“累”。⑫察察：苛刻之意。⑬闷闷：昏浊，不清楚的意思。⑭澹（dàn）：辽阔、辽远的意思。⑮飂（liáo）：狂暴的风。⑯以：在这里作“用”字解。也有“能耐”之意。

【译文】

应诺和呵斥，相差有多远？美好和丑恶，相差有多远？别人所畏惧的，自己也不可不畏惧。精神领域开阔啊，好像没有尽头的样子。众人欣喜若狂，就像参加盛大的宴会享受丰盛的筵席，又像春和日丽之时登上高台观赏仲春的美景。而我却独自淡泊宁静，无动于衷。混混沌沌啊，有如初生的婴儿连笑也不会笑。疲倦闲散啊，或像长途跋涉的游子还没有归宿。众人的东西多得用不完，我却什么也没有。我真是愚人心肠啊，混沌无知。当别人都光耀自炫的时候，只有我昏昏昧昧；当别人都精明灵巧的时候，只有我无所识别。茫茫无边啊，像辽阔的大海没有止境；汹涌澎湃啊，如肆虐的狂风横扫万里。众人好像都很有作为，只有我显得愚昧笨拙。我和众人如此与众不同，因为我以守“道”为贵。

【原文】

孔德之容[①]，惟道是从。道之为物，惟恍惟惚[②]。惚兮恍兮，其中有象；恍兮惚兮，其中有物。窈兮冥兮[③]，其中有精；其精甚真[④]。其中有信。自今及古，其名不去，以阅众甫[⑤]。吾何以知众甫之状哉！以此。

【注解】

①孔：“大”的意思。②恍：不清楚。惚：不清楚。③窈：深远。冥（míng）：暗昧不清楚。④精：极细微的物质性实体。⑤阅：认识。甫：同“父”。

【译文】

大德的形态，是随着“道”转移的。道这个东西，是恍恍惚惚的。那样的惚惚恍恍，其中却有形象。那样的惚惚恍恍，其中却有实物。它是那样的深远暗昧，其中却有精质。这精质是非常实在的，其中有信验可凭。从现在上溯到远古，它的名字永远不会消失，依据它才能观察认识万物的起始。我怎么知道万物起始的情形呢？是从道开始认识的。

【原文】

曲则全，枉则直，洼则盈，敝则新，少则得，多则惑。是以圣人抱一为天下式[①]。不自见，故明；不自是，故彰；不自伐[②]，故有功；不自矜[③]，故长。夫唯不争，故天下莫能与之争[④]。古之所谓“曲则全”者，岂虚言哉！诚全而归之。

【注解】

①式：这里可以理解为法则。②伐：夸耀。③矜（jīn）：自高自大的意思。④莫：没有谁。

【译文】

委曲反而能得到保全，屈就反而能得到伸展，低洼反而能得到充盈，破旧反而能生新，少取反而能多得，贪多反而会产生迷惑。因此有道的人坚守这一原则作为治理天下的范式。不自我表扬，反而能显明；不自以为是，反而能是非彰明；不自吹自擂，反而能功勋卓著；不自高自大，反而能长久。正因为善于谦让不与世人相争，所以天下反而没有谁能与之争高低。古人所说的“曲则全”等话，怎么会是空话呢？它是实实在在能够达到的。

【原文】

希言自然。故飘风不终朝，骤雨不终日。孰为此者？天地。天地尚不能久，而况于人乎？故从事于道者，同于道；德者，同于德；失者，同于失。同于道者，道亦乐得之；同于德者，德亦乐得之；同于失者，失亦乐得之。信不足焉，有不信焉。

飘风不终朝，骤雨不终日。

【译文】

不言政令少扰民是合乎自然的，所以再大的狂风也刮不过一个早上，再大的暴雨也下不了一整天。谁制造的狂风暴雨呢？是天地。兴风起雨尚且不能持久，何况人呢？所以从事于道的，就同于道；从事于德的，就同于德；失道失德的，行为就是暴戾恣肆。凡是同于道的人，道也会乐于得到他；凡是同于德的人，德也乐于得到他；凡是同于失道失德的，就会得到失道失德的后果。统治者的诚信不足，人民自然不会相信他。

【原文】

企者不立①；跨者不行②；自见者不明；自是者不彰③；自伐者无功；自矜者不长④。其在道也，曰：余食赘形⑤。物或恶之，故有道者不处。

【注解】

①企：就是翘起足，用脚尖站立。②跨：加大步伐，想要快速行走。③彰：明显，显著。④长：长久。⑤赘（zhuì）：多余的。

【译文】

踮起脚跟用脚尖站立，是站不牢的。脚步跨得太大，是走不了太远的。自逞己见的，反而得不到彰明。自以为是，反而得不到显昭。自我夸耀，反而建立不了功勋。自高自大，反而不可能长久。从“道”的角度衡量，以上这些急躁炫耀的行为，可以说都是剩饭赘瘤，惹人厌恶。所以懂得道的规律的人是不会这样做的。

【原文】

有物混成，先天地生。寂兮寥兮①，独立而不改，周行而不殆②，可以为天地母③。吾不知其名，强字之曰道，强为之名曰大。大曰逝，逝曰远，远曰反。故道大，天大，地大，人亦大。域中有四大，而人居其一焉。人法地，地法天，天法道，道法自然。

【注解】

①寂：没有声音。寥：没有形体。②殆：通“怠”。③母：根本。

【译文】

有一种浑然而成的东西，在天地之前就已经产生了。它寂寂无声而又广阔无形，它独立长存而永不衰竭，周而复始地循环运行而永不停息，可以作为天地万物的根本。我不知道究竟叫它什么才好，只好叫它为“道”，我再勉强给它取个名字叫“大”。它广大无边而运行不息，运行不息而伸展遥远，伸展遥远而回归本原。所以道是伟大的，天是伟大的，地是伟大的，人也是伟大的。天地间有这四大，而人只不过是其中的一个。在这四大之中，人是效法于地的，地是效法于天的，天是效法于道的，而道则纯任自然。

【原文】

重为轻根，静为躁君①。是以君子终日行不离辎重②。虽有荣观③，燕处超然④。奈何万乘之主⑤，而以身轻天下？轻则失根⑥，躁则失君。

【注解】

①躁（zào）：这里有动的意思。②辎重：军用器械、粮草、营帐、服装等的统称。③荣观：贵族游玩享乐的地方。④燕处：安居的意思。超然：超脱外物，不陷在里面。⑤奈何：用反问的方式表示“如何”。万乘之主：一部车子叫一乘，万乘之主即指大国的君主。⑥根：本。

【译文】

稳重是轻率的根本，静定是躁动的主宰。所以有道的人终日行事仍保持慎重，就像军队行军离不开辎重一样。即使有奢华的享受，他也漠然处之，从不沉溺其中。为什么

虽有荣观，燕处超然。

有万乘之车的大国君主，还轻率躁动以治天下呢？轻率就会失去根本，躁动就会丧失主宰。

【原文】

善行无辙迹[①]；善言无瑕谪[②]；善数不用筹策[③]；善闭无关楗而不可开[④]；善结无绳约而不可解[⑤]。是以圣人常善救人，故无弃人；常善救物，故无弃物。是谓袭明[⑥]。故善人者，不善人之师；不善人者，善人之资[⑦]。不贵其师，不爱其资，虽智大迷，是谓要妙[⑧]。

【注解】

①辙迹：车子在泥土的路上走过，车轮辗过留下的痕迹。②瑕（xiá）谪（zhé）：缺点，毛病。③筹策：古代用竹制的计数的器具。④关楗：关锁门户的器具。⑤绳约：用绳子捆起来。⑥袭明：聪明不外露。袭，掩藏。⑦资：借鉴。⑧要妙：精深微妙。

【译文】

善于行走的人，不会留下痕迹；善于说话的人，不会在言语上留下任何破绽；善于计数的人，不用筹码也能计算；善于闭守的人，没有门闩别人也无法把它打开；善于捆缚的人，不用绳结别人也无法解开。所以有道的人经常善于做到人尽其才，因而他眼里绝不会有无用的人；经常善于做到物尽其用，在他眼里绝不会有无用之物。这叫作内藏的聪明智慧。所以，善人可以作为不善人的老师，不善人可以作为善人的借鉴。如果不尊重善人的指导，不珍惜不善人的借鉴作用，即使自以为绝顶聪明，其实也是大糊涂。这实在是精深微妙的道理。

【原文】

知其雄，守其雌，为天下谿[①]。为天下谿，常德不离，复归于婴儿。知其白，守其黑，为天下式[②]。为天下式，常德不忒[③]，复归于无极。知其荣，守其辱，为天下谷。为天下谷，常德乃足，复归于朴[④]。朴散则为器，圣人用之，则为官长[⑤]，故大制不割。

【注解】

①谿（xī）：沟溪，山里的小河沟。②式：这里可作“模式”、“楷式”讲。③忒（tè）：差错。④朴：素材。老子有时用“朴”来表示“道”。⑤官：管理的意思。长：首长、领导的意思。

【译文】

知道什么是雄强，却安于雌弱，甘愿做天下的溪涧。甘愿做天下的溪涧，永恒的德就不会流失，而回到婴孩般的纯真柔和的境地。深知什么是明亮，却安守暗昧，甘愿成为天下的范式。甘愿做天下的范式，永恒的德就不会出差错，而回到真朴的状态。深知什么是荣耀，却安守卑辱，甘愿做天下的川谷。甘愿做天下的川谷，永恒的德才能充足，而回到自然本初的纯真状态。真朴的道分散成为宇宙万物，有道的人沿用真朴，就会成为百官之长。所以完善的政治制度是一个体系，不可分割。

【原文】

将欲取天下而为之①，吾见其不得已②。天下神器，不可为也，不可执也。为者败之，执者失之。是以圣人无为，故无败；无执，故无失。夫物或行或随；或歔或吹③；或强或羸④；或挫或隳⑤。是以圣人去甚⑥，去奢，去泰。

【注解】

①取天下：治天下。②不得已：得不到罢了。已，罢。③或：代词，可译为“有的”或“有的人”。④羸（léi）：瘦弱。⑤隳（huī）：毁坏。⑥甚：非常的、极端的。

【译文】

想要治理天下却用强制的办法去做，我看他不能达到目的。“天下”是神圣的东西，不能凭自己的主观意愿采用强制的办法，不能加以把持。用强力施为的，一定会失败；用强力加以把持的，一定会失去。由于圣人不妄为，所以不会失败；不把持，所以不会失去。世人秉性不一，有的前行，有的后随；有的呴暖，有的吹寒；有的刚强，有的羸弱；有的安定，有的危险。因此，有道的人要去除那种极端的、奢侈的、过度的措施。

【原文】

以道佐人主者，不以兵强天下。其事好还。师之所处，荆棘生焉①。大军之后，必有凶年。善有果而已②，不敢以取强。果而勿矜，果而勿伐③，果而勿骄，果而不得已④，果而勿强。物壮则老，是谓不道，不道早已。

【注解】

①焉：兼词。②果：达到目的，取得成功。而已：罢了。③伐：夸耀功绩。④已：停止，这里可译为“死了”、“死亡”。

【译文】

按照“道”的原则辅佐君王的人，不依靠兵力来称霸天下。穷兵黩武这种事不仅不会带来好处，反而会很快遭到报应。军队到过的地方，荆棘横生。大战过后，必定会有荒年。善于用兵的人，只要达到救济危难的目的就算了，不会以兵力强大来耀武扬威。即使达到了目的，也不因此而自尊自大；即使达到了目的，也不因此而夸耀；即使达到了目的，也不因此而骄傲；即使达到了目的，也认为是不得已而为之；即使达到了目的，也不逞强。事物壮大了，就会走向衰亡，这就说明它不符合道；不符合道，就会很快走向败亡。

【原文】

夫兵者，不祥之器①，物或恶之，故有道者不处。君子居则贵左，用兵则贵右。兵者不祥之器，非君子之器，不得已而用之，恬淡为上②。胜而不美，而美之者，是乐杀人。夫乐杀人者，则不可得志于天下矣。吉事尚左，凶事尚右。偏将军居左，上将军居右。言以丧礼处之。杀人之众，以悲哀泣之③，战胜以丧礼处之。

【注解】

①之：代词，译为“它”。②恬（tián）淡为上：淡然处之为上策。恬，心神安适。③泣：“莅”字的误写，指对待、参加。

【译文】

精兵利器，实在是个不吉祥的东西，人们都厌恶它，所以有道的人绝不用它来解决问题。有道的君子平时居处就以左边为尊贵；而在打仗时便以右边为尊贵。兵器是不祥的东西，它不是有道的君子所用的东西，不到迫不得已而使用它，最好淡然处之。即使打了胜仗也不要得意洋洋，如果自以为了不起，那就是把打仗杀人当成乐事的人。而把杀人当成乐事的人，他也绝不可能得志于天下。吉庆的事情以左方为上，凶丧的事情以右方为上。打仗时，兵权小的偏将军在左边，兵权大的上将军在右边。这是说明用兵打仗要以丧礼仪式来处理。杀人太多，应该以悲哀的态度对待；打了胜仗，应该以丧礼的仪式来对待死去的人。

战胜以丧礼处之。

【原文】

道常无名、朴。虽小，天下莫能臣[①]。侯王若能守之，万物将自宾[②]。天地相合，以降甘露，民莫之令而自均。始制有名，名亦既有，夫亦将知止，知止可以不殆。譬道之在天下，犹川谷之于江海。

【注解】

①莫：没有谁。臣：使之服从。②宾：服从。

【译文】

“道”始终都是无名而质朴的状态。它虽然小得无法分辨，可是天下却没有谁能使它臣服的。诸侯君王若能遵守道的原则来治理天下，万物自然归从于他。天地间阴阳之气相合，就会降下润泽万物的甘露，人们不须指使命令它，它就自然分布均匀。万物兴作，于是产生了各种名称；各种名称已经制定了，就要有所制约；明白了各自的制约，守好本位，就没有什么危险了。道存在于天下，就像江海，一切河川溪水都流向它，使万物自然臣服。

【原文】

知人者智，自知者明。胜人者有力，自胜者强。知足者富，强行者有志。不失其所者久，死而不亡者寿。

【译文】

能够了解、认识别人的人是智慧的，能够了解、认识自己的人才是高明的。能够战胜别人的人是有力的，能够克服自身弱点的人才是刚强的。知道满足的人是富有的，努力不懈的人是有志气的。始终不离失根基的人就能够长久，肉体死了但精神永存的人才是长寿的。

德经

【原文】

上德不德，是以有德；下德不失德，是以无德。上德无为而无以为；下德无为而有以为。上仁为之而无以为；上义为之而有以为。上礼为之而莫之应，则攘臂而扔之①。故失道而后德，失德而后仁，失仁而后义，失义而后礼。夫礼者，忠信之薄，而乱之首。前识者②，道之华③，而愚之始。是以大丈夫处其厚④，不居其薄；处其实，不居其华。故去彼取此。

【注解】

①攘（rǎng）：捋起衣袖露出手臂，形容其貌粗鲁。扔：用力拉扯的动作。②前识者：有预见的人。道、德、仁、义、礼都谈到了，这里的前识者即“智”。③华：即“花”，指表面的东西。④大丈夫：不是今天说的有气魄的男子，指的是忠信守道的人，就如“圣人”。

【译文】

上德的人不表现为形式上的德，因此实际上是有德的。下德的人表现为外在的不离失德，所以实际上没有达到德。上德的人顺应自然无心作为，下德的人顺应自然而有心作为。上仁的人有所作为却出于无意，上义的人有所作为却出于有意。上礼的人有所施为而得不到回应，于是扬着胳膊，强迫别人跟随他去行动。所以，我们从这个道理可以知道，失去了道后才有德，失去德后才有仁，失去仁后才有义，失去义后才是礼。礼这个东西，是忠信不足的产物，是道、德、仁、义变得淡薄时才出现的，当然就是社会动乱的祸首了。所谓先知，不过是道的虚华表面，是愚昧的开始。因此，忠信守道的人立世，为人当敦厚而不轻薄，实在而不虚华。所以应当舍弃轻薄虚华而采取朴实敦厚。

【原文】

昔之得一者：天得一以清；地得一以宁①；神得一以灵；谷得一以盈；万物得一以生②；侯王得一以为天下贞③。其致之也，天无以清，将恐裂；地无以宁，将恐废；神无以灵，将恐歇④；谷无以盈，将恐竭；万物无以生，将恐灭；侯王无以正，将恐蹶⑤。故贵以贱为本，高以下为基。是以侯王自称孤⑥、寡⑦、不穀⑧。此非以贱为本邪？非乎？故至誉无誉。是故不欲琭琭如玉[⑨]，珞珞如石[⑩]。

【注解】

①一：这里的几个“一”，指的是“道”。②以：因此。以下几个“以”都作“因此”解。③贞：通“正”，首领。④歇：灭亡的意思。⑤蹶（jué）：跌倒。⑥孤：孤独无助的人。⑦寡：寡居之人。⑧不榖：凶恶不善的人，与孤、寡均是贱称。⑨琭琭（lù）：美而坚的样子，形容玉的华丽。⑩珞珞（luò）：坚硬粗劣的样子，形容石块的坚实。

【译文】

从来凡是得到“一”的：天得到一而清晰明亮；地得到一而安宁稳定；神得到一而灵验有效；山谷得到一而充盈有生机；万物得到一而生长发育世世不绝；诸侯和君王得到一而使天下安定。推究其理，假若天不能保持清晰明亮，恐怕就会崩裂；如果地不能保持安宁稳定，恐怕就要塌陷；假若神不能保证灵验有效，恐怕就会消失；倘使山谷不能充盈有生机，恐怕就会枯竭；要是万物不能生长繁殖，恐怕就会灭绝；若是诸侯、君王无法保持清明恬静，恐怕就会被推翻。所以，尊贵是以卑贱为根本，高是以低下为基础的。因此，君王自称为“孤”、“寡”、“不穀”，这不正是把低贱当作根本吗？难道不是这样吗？所以最高的荣誉是无须去夸赞称誉的。所以有道的人君不应追求美玉般的尊贵华丽，而应像石头那样朴质坚忍、不张扬。

【原文】

反者道之动。弱者道之用。天下万物生于有，有生于无。

【译文】

“道”的运动是循环往复的运动变化，它的作用是微妙柔弱的。天下的万物都是生于看得见的有形质，而看得见的有形质却生于看不见的无形质。

【原文】

上士闻道，勤而行之；中士闻道，若存若亡[①]；下士闻道，大笑之。不笑不足以为道。故建言有之[②]：明道若昧；进道若退；夷道若纇[③]；上德若谷；广德若不足；建德若偷[④]；质真若渝[⑤]；大白若辱；大方无隅[⑥]；大器晚成；大音希声[⑦]；大象无形；道隐无名。夫唯道，善贷且成[⑧]。

上士闻道，勤而行之。

【注解】

①亡：通“无”，没有。②建言：一说是

立言之意，一说是老子所引用的书名，也可能是谚语或歌谣。之：代词，指代下面的话。③夷：平坦。纇（lèi）：不平坦，崎岖。④建：同“健”。偷：懒惰、懈怠之意。⑤渝（yú）：空虚；有假。⑥隅：角落。⑦希：无、没有。⑧唯：只有。

【译文】

上士听到道后，必定立即勤奋去实行；中士听到道后，则将信将疑犹豫不定；下士听到道后，则会哈哈大笑。如果不被他们嘲笑，那就不足以成为“道”了。所以古时候立言的人说过这样的话：光明的道看似暗昧；前进的道好似在后退；平坦的道好似凹凸不平；崇高的德好似低下的川谷；广大的德好似有不足之处；刚健的德好似怠惰的样子；质朴纯真又好像浑浊未开；洁白无瑕的东西好似含污纳垢了一般；最方正的东西好似没有棱角；最珍贵的器物总在最后制成；最大的乐声反而听来没有声音；最大的形象反而看不见它的形状；道幽隐无声，无名无状。也只有道，善于给予万物并且辅助万物。

【原文】

道生一①，一生二②，二生三③，三生万物。万物负阴而抱阳，冲气以为和④。人之所恶⑤，唯孤、寡、不穀，而王公以为称。故物或损之而益，或益之而损。人之所教，我亦教之，强梁者不得其死，吾将以为教父。

【注解】

①一：按老子学说，“一”即道。②二：这里指对立统一的“阴”和“阳”。③三：有两种说法：一是指阳阳交合产生的第三者“和气”；二是指阴阳相合所形成的一个和谐的状态。④冲气：空虚的气。⑤恶：厌恶。

【译文】

道是独一无二的，道本身又赋有阴阳二气，阴阳二气相交而形成一种适匀的状态，天下万物都是在这种状态中产生的。万物都背阴而向阳，并且在阴阳二气的互相激荡中生成新的和谐体。人们最厌恶的就是“孤”、“寡”、“不穀”，但是王公却用来称呼自己。所以世上的事物，如果减损它有时反而会得到增加，如果增加它有时反而会得到减损。别人这样教导我，我也去这样教导别人。自逞强暴的人将不得好死，我将把它当作教人道理的宗旨。

【原文】

天下之至柔，驰骋天下之至坚。无有入无间，吾是以知无为之有益。不言之教，无为之益，天下希及之。

【译文】

天下最柔弱的东西，能腾跃穿行于天下最坚硬的东西中。空虚无形之物，能自由穿透任何没有间隙的地方。我因此懂得了“无为”的益处。这种无言的教化、无为的益处，天下很少有人能够做得到。

【原文】

名与身孰亲？身与货孰多①？得与亡孰病②？甚爱必大费③；多藏必厚亡。故知足不辱，知止不殆，可以长久。

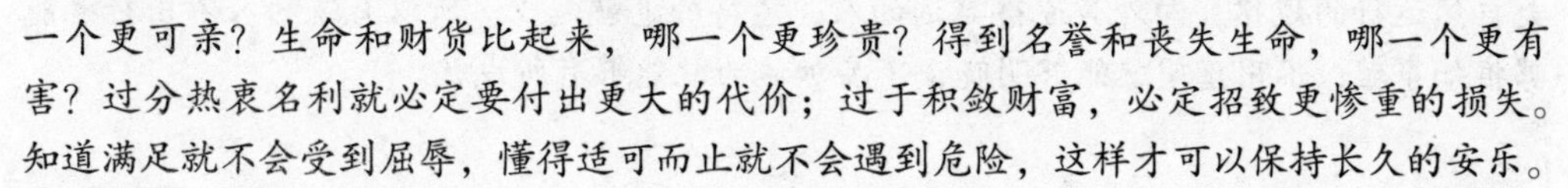

身与货孰多？

【注解】

①多：重视、尊重。②亡：失去、丢失。③爱：吝惜，舍不得。

【译文】

名誉和生命比起来，哪一个更可亲？生命和财货比起来，哪一个更珍贵？得到名誉和丧失生命，哪一个更有害？过分热衷名利就必定要付出更大的代价；过于积敛财富，必定招致更惨重的损失。知道满足就不会受到屈辱，懂得适可而止就不会遇到危险，这样才可以保持长久的安乐。

【原文】

大成若缺，其用不弊。大盈若冲，其用不穷。大直若屈，大巧若拙，大辩若讷①，大赢若绌。静胜躁，寒胜热。清静为天下正②。

【注解】

①讷：口才不好。②正：通“政”。

【译文】

天下最美好的东西似乎也有欠缺，但它的作用是不会衰竭的。天下最充实的东西好像也很空虚，但它的作用是不会穷尽的。最笔直的东西看起来好像是弯曲的，最灵巧的东西看起来好像是笨拙的，最卓越的辩才好像是不善言辞的，最大的赢利好像是亏本的。清静可以克服扰动，寒冷可以克服炎热。做到清静无为才可以统率天下。

【原文】

天下有道，却走马以粪①；天下无道，戎马生于郊。罪莫大于可欲；祸莫大于不知足；咎莫大于欲得②。故知足之足，常足矣。

【注解】

①走马：战马。原意为善跑的马。粪：通“播”，耕种。②咎（jiù）：过失，罪过。

【译文】

统治者治理天下如果遵循“道”的规律，就可以做到政治清明，民间太平安定，就能把运载的战马还给农夫去耕种。如果治理天下不合乎道，政治不清明，祸乱四起，就连怀孕的母马也要上战场。最大的罪恶莫过于放纵欲望，最大的灾祸莫过于不知满足，最大的罪过莫过于贪得无厌。所以，知道欲望有度，不贪得无厌，才能保持恒久的满足。

【原文】

不出户，知天下；不窥牖[①]，见天道。其出弥远[②]，其知弥少。是以圣人不行而知，不见而明，不为而成。

【注解】

①窥（kuī）：从孔隙看。牖（yǒu）：窗户。②弥（mí）：更加，越。

【译文】

了解大道的人不出门户一步，就能够推知天下事理；不向窗外望一望，就能够了解大自然运行的规律。向外奔逐得越远的人，懂得的也就越少。所以有道的人不出行也能够推知事理，不用窥望就能够明晓，不妄加施为就能够有所成就。

【原文】

为学日益[①]，为道日损[②]。损之又损，以至于无为。无为而无不为。取天下常以无事[③]，及其有事，不足以取天下。

【注解】

①益：作“增加”讲。②损：作“减少”讲。③取：这里是“管理”的意思。

为道日损。

【译文】

追求学问的人，知识一天比一天增加。追求大“道”的人，欲念一天比一天减少，私妄减少再减少，就达到了无为的境地。如果能够做到无为，即不妄为，就没有什么事情是做不成的了。治理天下的人要以清静无为、不扰让为治国之本，如果经常以繁苛政举骚扰民生，就不配治理国家了。

【原文】

圣人常无心，以百姓心为心。善者，吾善之；不善者，吾亦善之；德善[①]。信者，吾信之；不信者，吾亦信之；德信。圣人在天下，歙歙焉[②]，为天下浑其心[③]，百姓皆注其耳目，圣人皆孩之[④]。

【注解】

①德：通“得”。下同。②歙（xī）：这里指收敛意欲。③浑其心：使心淳朴，不用机巧。④孩：使动用法，使老百姓回到婴儿般的状态。

【译文】

有道的人是没有私心的，以百姓的心为自己的心。善良的人，我很好地对待他们；不善良的人，我也很好地对待他们，这样就可以使人人向善了。守信的人，我信任他；不守信的人，我也信任他，这样就可以使人人守信了。有道的人治理天下，会收敛个人的私欲偏见，使天下人的心思归于纯朴，百姓们皆专注于他们的视听，而有道的人使他们都回到婴孩般淳朴自然的状态。

【原文】

出生入死[①]。生之徒，十有三；死之徒，十有三；人之生，动之于死地[②]，亦十有三。夫何故？以其生生之厚[③]。盖闻善摄生者[④]，陆行不遇兕虎[⑤]，入军不被甲兵；兕无所投其角，虎无所用其爪，兵无所容其刃。夫何故？以其无死地。

【注解】

①出生入死：从生下来到死。与今天的成语“出生入死”意思不同。②动：经常。③生生：求生的意思。④摄（shè）：保养，养生。⑤兕（sì）：犀牛。

【译文】

人从生下来一直到死，长寿的有十分之三；短命而亡的有十分之三；生下后本来可以活得长久，但自己走向死路的也占十分之三。这是什么缘故呢？是因为求生太过度了，酒肉餍饱，奉养过厚了。曾听说善于养生的人，在陆地行走遇不到犀牛和猛虎，在战争中不会受到杀伤。犀牛虽凶，却对其无法施用它的角；老虎虽猛，却对其无法利用它的爪；兵刃虽锋利，却对其无法施用它的锋芒利刃。这是什么缘故呢？因为他没有进入死亡的领域。

【原文】

道生之，德畜之[1]，物形之[2]，势成之[3]。是以万物莫不尊道而贵德[4]。道之尊，德之贵，夫莫之命而常自然[5]。故道生之，德畜之；长之育之；亭之毒之[6]；养之覆之[7]。生而不有，为而不恃，长而不宰。是谓玄德[8]。

【注解】

①畜：畜养。②物：指万物本身。形：动词，表现。③势：万物生长的自然环境。④莫：没有。贵：崇尚，重视。⑤莫之命而常自然：不加以干涉，而让万物顺其自然。之，代指万物。命，支配，干涉。⑥亭之毒之：有两种解释：一是使万物安定，二是使万物成熟。这里取第二种解释。⑦覆：维护，保护。⑧玄德：深微玄妙的"德"。

【译文】

道生成了万物，德养育了万物，万物呈现出各种各样的形态，环境使万物成长起来。因此，万物没有不尊敬道而重视德的。道之所以受到尊敬，德之所以受到重视，就在于它不加干涉而顺其自然。所以，道生成了万物，德养育了万物；使万物生长发育，使万物成熟结果，使万物得到抚养和保护。（它）产生了万物却不据为已有，养育了万物却不自恃其功，导引了万物而不做万物的主宰。这才是极大极深远的"德"啊。

【原文】

天下有始，以为天下母。既得其母，以知其子[1]；既知其子，复守其母，没身不殆。塞其兑，闭其门，终身不勤[2]。开其兑，济其事，终身不救。见小曰明，守柔曰强。用其光，复归其明，无遗身殃，是为袭常[3]。

【注解】

①子：指万物，而前句的"始"、"母"则指"道"。②勤：一说为"瘽"的借用字，疾病之意，这里作"勤劳"讲，有劳扰的意思。③袭：通"习"。

【译文】

天下万物都有开始，这个始是天地万物的根源。既然知道了万物的根本，也就认识了万物；既然认识了万物，如果再谨守万物的根本，那么终身也不会发生危险了。堵塞嗜欲的孔窍，关闭欲念的心门，就可以终身没有劳烦扰心的事。打开嗜欲的孔窍，就会增添纷杂的事，使你终身不可救治。能从细微处察见事理的叫作"明"，能够守住柔弱的叫作"强"。运用外在的智慧的光，返照内在的"明"，不会给自己带来灾祸，殃及其身，这就是我们所说的延绵不绝的常"道"。

【原文】

使我介然有知[1]，行于大道，唯施是畏[2]。大道甚夷[3]，而人好径[4]。朝甚除[5]，田甚芜，仓甚虚；服文彩，带利剑，厌饮食[6]，财货有余，是谓盗夸[7]。非道也哉[8]！

【注解】

①介然：微小。②施：同“邪”。邪行，邪径。③夷：平坦。④径：邪径。⑤除：清洁，整齐。⑥厌：通“餍”字。⑦盗夸：指盗魁。⑧也哉：语气词连用，表示肯定、感叹的语气，可译为“啊”、“呀”。

【译文】

假如我稍微地有了认识，行走在大道之上，唯一担心害怕的就是走上歧途。其实大道十分平坦，可是有的人偏要舍弃大道而寻觅小路。朝廷已经非常败坏，农田也已荒芜，仓库都已空虚，还穿着华丽的衣服、佩带锋利的宝剑，精美的食物早已吃厌，搜刮侵吞了大量的财货，这就是盗魁贼首啊！其所作所为实在是不合天道啊！

【原文】

善建者不拔[①]，善抱者不脱[②]，子孙以祭祀不辍[③]。修之于身，其德乃真；修之于家，其德乃余；修之于乡，其德乃长；修之于邦，其德乃丰；修之于天下，其德乃普。故以身观身，以家观家，以乡观乡，以邦观邦，以天下观天下。吾何以知天下之然哉[④]？以此。

【注解】

①建：栽培的意思，即建立、培养。拔：动摇。②抱：此处意为保护、保卫。③辍：停止。④何以：以何，凭什么，用什么。

善建者不拔，善抱者不脱。

【译文】

善于建树的人一旦有所建树就不可拔除，善于抱持的人一旦有所抱持就不会脱掉。如果子子孙孙都能遵守“善建”、“善抱”的道理，后代的烟火就不会断绝。把这个道理贯彻付诸自身，他的德就是真实纯正的；把这个道理贯彻付诸一家，他的德就是丰盈有余的；把这个道理贯彻付诸一乡，他的德就会受到尊崇；把这个道理贯彻付诸一国，他的德就会丰盛硕大；把这个道理贯彻付诸天下，他的德就会无限普及。所以以自身的修身之道来观察他人，以自家观察他家，以自乡观察他乡，以自己的国家观察其他的国家，以自己的天下观察别人的天下。我凭借什么知道天下的情况呢？就是用的这种方法。

【原文】

含德之厚，比于赤子。毒虫不螫，猛兽不据[①]，攫鸟不搏[②]。骨弱筋柔而握固，未知牝牡之合而朘作[③]，精之至也。终日号而不嗄[④]，和之至也。知和曰常，知常曰明，益生曰祥[⑤]，心使气曰强。物壮则老，谓之不道，不道早已。

【注解】

① 据：兽爪取物之意。② 攫（jué）：用爪抓取。③ 朘（zuī）：婴孩的生殖器。④ 嗄（shà）：嗓音嘶哑。⑤ 祥：本为吉祥，这里指灾祸、不吉的意思。

【译文】

含“德”深厚的人，就好像天真无邪的婴儿。毒虫不刺他，猛兽不伤害他，巨鸟不搏击他。他的筋骨还很软弱柔嫩，但握成拳头却很牢固。他虽然不懂男女交合，但他的生殖器却常常勃起，因为他的精气充足。他即使终日号哭，而嗓子并不因此嘶哑，因为他的元气醇厚。认识醇和的道理叫作“常”，认识常叫作“明”，纵欲贪生就会引起灾祸，欲念主使精气就叫作逞强。事物过于壮盛就会走向衰老，这就叫违反了“道”的法则，不遵守常道就会很快消亡。

【原文】

知者不言，言者不知。塞其兑，闭其门；挫其锐，解其纷，和其光，同其尘，是谓玄同。故不可得而亲，不可得而疏；不可得而利，不可得而害；不可得而贵，不可得而贱。故为天下贵。

【译文】

真正有智慧的人是不向人民施加政令的，施加政令的人不是真正有智慧的人。堵塞嗜欲的孔窍，关闭欲念的心门；永远也不显露锋芒，解除俗事的纷扰，收敛他们的光耀，混同他们的尘世，这就是玄妙齐同的境界。达到“玄同”境界的人就不分亲，不分疏；不分利，不分害；不分贵，不分贱。所以为天下人所尊重。

【原文】

以正治国，以奇用兵，以无事取天下。吾何以知其然哉[①]？以此：天下多忌讳，而民弥贫；人多利器，国家滋昏[②]；人多伎巧[③]，奇物滋起[④]；法令滋彰[⑤]，盗贼多有。故圣人云："我无为，而民自化；我好静，而民自正；我无事，而民自富；我无欲，而民自朴。"

天下多忌讳，而民弥贫。

【注解】

①然：这样，如此。②滋：更加。下同。昏：乱的意思。③伎巧：技巧，即智巧。④奇物：邪事，奇事。⑤彰：明白，清楚。

【译文】

以清静无为的正道来治理国家，以奇巧诡秘的方法来用兵，以不扰害人民来治理天下。我怎么知道是这样的呢？根据在这里：天下的法禁多了，百姓就越加贫困；民众的锐利武器多了，国家就越混乱；人们的心智和机巧多了，邪风怪事就越容易发生；法律越是森严，触犯法律的人便越多。所以有道的人说："我若'无为'，百姓就会自我化育；我好静，百姓自然就会走上正道；我若无事，百姓自然富足；我无欲望，百姓自然就变得淳朴。"

【原文】

其政闷闷[①]，其民淳淳[②]；其政察察[③]，其民缺缺[④]。祸兮，福之所倚；福兮，祸之所伏。孰知其极？其无正也[⑤]。正复为奇，善复为妖。人之迷，其日固久。是以圣人方而不割[⑥]，廉而不刿[⑦]，直而不肆，光而不耀[⑧]。

【注解】

①闷闷：昏昏昧昧，含有宽厚的意思。②淳淳：忠厚淳朴。③察察：严酷。④缺缺：狡黠。⑤正：正面，与"奇"对应。⑥割：生硬，不自然。⑦廉：棱角。刿（guì）：划伤。⑧耀（yào）：过分明亮。

【译文】

治理天下以宽大为怀，百姓就会忠厚淳朴；治理天下过于严酷，百姓就会狡诈。灾祸啊，幸福就倚傍在它里面；幸福啊，灾祸就暗藏在其中。这种得失祸福循环，谁能知道它们的究竟？它们并没有一个确定的标准。正忽然转变为邪，善忽然转变为恶。世人看不透这个道理，迷惑的时间已经太久了。因此，有道的人处世方正而不显得生硬，虽有棱角也不会伤人，直率而不放肆，明亮而不耀眼。

【原文】

治人事天，莫若啬[①]。夫唯啬，是谓早服[②]；早服谓之重积德；重积德则无不克[③]；无不克则莫知其极；莫知其极，可以有国。有国之母[④]，可以长久。是谓深根固柢[⑤]，长生久视之道[⑥]。

【注解】

①啬（sè）：这里是收藏其神形而不用，以归无为之意。②早服：早准备。③克：胜任。④母：这里指“道”，比喻保国的根本之道。⑤柢（dǐ）：树木的根。⑥视：生活。

【译文】

治理百姓、养护身心，没有比爱惜精力更为重要的了。爱惜精力，万事才能早做准备；早做准备，就是厚积其德；厚积其德就没有不能胜任的事，没有不能胜任的事就无法估计他的力量；无法估计力量，他就可以担当好治理国家的重任；有了治理国家的原则和道理，国家就可以长治久安。这就是根深柢固、长生久视的道理。

【原文】

治大国，若烹小鲜[①]。以道莅天下[②]，其鬼不神[③]；非其鬼不神，其神不伤人；非其神不伤人，圣人亦不伤人。夫两不相伤，故德交归焉。

【注解】

①小鲜：小鱼。②莅（lì）：临。这里是治理的意思。③神：灵验，起作用。

【译文】

治理一个很大的国家，要像烹煎很小的鱼那样，不能时常翻动导致破碎。运用“道”的原则去治理天下，那些鬼怪就起不了作用了；不仅鬼怪起不了作用，神祇也不伤害人；不仅神祇不伤害人；圣人也不侵越人。这样，鬼神和有道的人都不伤害人，所以人们就能彼此相安无事了。

《庄子》

《庄子》分内篇、外篇、杂篇三大部分，原有五十二篇，现存三十三篇，大小寓言二百多个。其中，内篇为庄子思想的核心，有七篇；外篇十五；杂篇十一。该书包罗万象，对宇宙大道、人与自然万物的关系、生命的价值、道德的标准等，都有详细的论述。内容广博而不散杂，自始至终都围绕一套哲学观点来阐述自然、生命、政治和社会。

逍遥游

【原文】

北冥有鱼[①]，其名为鲲[②]。鲲之大，不知其几千里也。化而为鸟[③]，其名为鹏[④]。鹏之背，不知其几千里也；怒而飞[⑤]，其翼若垂天之云[⑥]。是鸟也，海运则将徙于南冥[⑦]。南冥者，天池也[⑧]。

【注解】

①北冥：即北海。冥，通“溟”，海。下文“南冥”，即南海。②鲲（kūn）：大鱼名。③化：变成。④鹏：即古“凤”字。⑤怒而飞：振翅奋飞。怒，同“努”。⑥垂天之云：犹如边陲的云。⑦海运：指海啸，海动。大海翻腾必有大风，大鹏可乘风而飞。⑧天池：天然的大池，这里指大海。

【译文】

北海有一条鱼，它的名字叫作鲲。鲲的体积巨大，不知道有几千里。变化成为鸟，它的名字叫作鹏。鹏的背，不知道有几千里；振翅奋飞，它的翅膀就像天边的云。这只鸟，海动风起时就要迁徙到南海。那南海，就是一个天然的大池。

【原文】

《齐谐》者[①]，志怪者也[②]。《谐》之言曰：“鹏之徙于南冥也，水击三千里[③]，抟扶摇而上者九万里[④]。去以六月息者也[⑤]。”野马也[⑥]，尘埃也[⑦]，生物之以息相吹也。天之苍苍[⑧]，其正色邪？其远而无所至极邪？其视下也，亦若是则已矣。

【注解】

①《齐谐》：书名。一说为人名。② 志怪：记载诙谐怪异的事物。志，记载。③ 水击：即水激，水激则波兴。④ 抟：又作“搏”，表示拍打。扶摇：海中回旋向上的飓风。⑤ 去以六月息：大鹏飞去南海时，是乘六月的大风。息，气息，天地的气息即风。一说“六月息”，指飞行六个月方才止息。⑥ 野马：浮荡于天地间的雾气，状如野马奔驰。⑦ 尘埃：浮荡于空中的灰尘。⑧ 苍苍：深蓝色。

【译文】

《齐谐》这本书，是记载怪异之事的。《齐谐》中说：“鹏在飞往南海的时候，振翼拍水，水花激起达三千里，翅膀拍打盘旋的飓风而直上九万里高空。它是乘着六月的大风而飞去的。”野马奔腾般的游气、飞扬的游尘，以及空气中活动的生物，都被风吹拂而飘动着。天空苍茫湛蓝，那是它的本色吗？它的高远是无穷无尽的吗？大鹏往下看，大概也就是这样的光景吧。

【原文】

且夫水之积也不厚①，则其负大舟也无力。覆杯水于坳堂之上②，则芥为之舟③；置杯焉则胶④，水浅而舟大也。风之积也不厚，则其负大翼也无力。故九万里，则风斯在下矣，而后乃今培风⑤；背负青天而莫之夭阏者⑥，而后乃今将图南。

【注解】

① 且夫：表示要进一步论述，起到提起下文的作用。② 坳堂：堂上的低洼处。③ 芥：小草。④ 胶：粘着。⑤ 培风：凭风，乘风。⑥ 夭阏（yù）：阻遏。夭，折。阏，塞，遏。

【译文】

水的积聚不深厚，那么负载大船就没有力量。倒一杯水在堂前低洼的地上，那么放一根小草可当船；放上一个杯子就贴地了，这是水浅而船大的缘故。风积聚的强度不够，那么它负载巨大的翅膀就没有力量。所以鹏飞九万里是因为风在它的翅膀下面，然后才乘着风力飞行，由于背负着青天而没有阻碍，然后才能图谋飞往南海。

【原文】

蜩与学鸠笑之曰①：“我决起而飞②，抢榆枋而止③，时则不至而控于地而已矣④，奚以之九万里而南为⑤？”适莽苍者⑥，三飡而反⑦，腹犹果然⑧；适百里者，宿舂粮⑨；适千里者，三月聚粮。之二虫又何知⑩！

【注解】

① 蜩（tiáo）：蝉。学鸠：斑鸠。学，一作“鸴”。② 决（jué）起：奋起而飞。③ 抢（qiāng）：撞，碰到。榆枋：两种小树名，即榆树和檀树。④ 则：或。控：投。⑤ 奚以：哪里用。之：到。⑥ 莽苍：野色苍茫的郊野。⑦ 飡：同“餐”。反：同“返”。⑧ 果然：饱的样子。⑨ 宿舂（chōng）粮：前一夜就舂捣粮食，意谓往百里者，要多准备一些食物。⑩ 之：这，此。二虫：指蜩和学鸠。鸟类称为羽虫，故学鸠也可以称为虫。

【译文】

蝉和学鸠讥笑大鹏说："我奋力而飞，碰到榆树和檀树就停下来，有时没飞上去投落到地上就是了，何必要飞九万里而往南海去呢？"到郊野去，只需带三餐的粮食而当天返回，肚子还是饱饱的；到百里以外的地方去，要准备一宿的粮食；到千里以外的地方去，要准备三个月的粮食。这两种虫鸟又怎会知道呢！

【原文】

小知不及大知[①]，小年不及大年[②]。奚以知其然也？朝菌不知晦朔[③]，蟪蛄不知春秋[④]，此小年也。楚之南有冥灵者[⑤]，以五百岁为春，五百岁为秋；上古有大椿者，以八千岁为春，八千岁为秋，此大年也。而彭祖乃今以久特闻[⑥]，众人匹之[⑦]，不亦悲乎！

上古时有大椿树，以八千年为一春，八千年为一秋。

【注解】

①知：同"智"。②年：寿命。③朝菌：朝生暮死的菌类生物。晦朔：指一个月的时光。月的最后一天为晦，每月的第一天为朔。另一说晦是黑夜，朔是白天，指一日的时光。④蟪蛄：寒蝉。因为春生夏死或夏生秋死，无法了解一年春夏秋冬四季的变化。⑤冥灵：溟海灵龟。一说为树木名。⑥彭祖：传说中有名的长寿人物，活了八百岁。⑦匹之：和他相比。匹，比。

【译文】

才智小的不如才智大的，寿命短的不如寿命长的。怎么知道是这样呢？朝菌不知道昼夜的更替，蟪蛄不知道四季的变化，这就是"小年"。楚国的南边有一只灵龟，以五百年为一个春季，五百年为一个秋季；上古时期有一棵大椿树，以八千年为一个春季，八千年为一个秋季，这就是"大年"。而彭祖到现在还以长寿闻名于世，众人都想和他相比，岂不是可悲吗！

【原文】

汤之问棘也是已[①]：汤问棘曰："上下四方有极乎？"棘曰："无极之外，复无极也。穷发之北有冥海者[②]，天池也。有鱼焉，其广数千里，未有知其修者[③]，其名为鲲。有鸟焉，其名为鹏，背若太山[④]，翼若垂天之云，抟扶摇羊角而上者九万里[⑤]，绝云气，负青天，然后图南，且适南冥也。斥鴳笑之曰[⑥]：'彼且奚适也？我腾跃而上，不过数仞而下[⑦]，翱翔蓬蒿之间，此亦飞之至也。而彼且奚适也？'"此小大之辩也[⑧]。

【注解】

①汤：商汤，商朝第一位君主。棘：即夏革，汤时贤人，汤以他为师。②穷发：不毛之地。发，毛，此处指草木。③修：长。④太山：即泰山，在今山东省泰安市北。⑤羊角：状如羊角的旋风。⑥斥鴳（yàn）：小雀，生活在小池泽中。斥，池，小泽。⑦仞（rèn）：周人以八尺为一仞。⑧辩：通“辨”，区别。

【译文】

商汤问棘也有这样的话：商汤问棘说：“上下四方有极限吗？”棘说：“无极之外，又是无极。在不毛之地的北方，有一个广漠无涯的大海，就是天然的大池。那里有一条鱼，它的宽度有几千里，没人知道它的身长，它的名字叫鲲。有一只鸟，它的名字叫鹏，鹏的脊背像泰山，翅膀像天边的云，乘着羊角般的旋风直上到九万里的高空，超绝云气，背负青天，然后向南飞翔，将要到达南海。小池泽里的小雀讥笑它说：‘它将飞到哪里去呢？我腾跃而上，不过几丈高便落下来，在蓬蒿丛中飞来飞去，这亦是飞翔的极限了，而它究竟要飞到哪里去呢？’”这就是小和大的区别。

【原文】

故夫知效一官①，行比一乡②，德合一君而征一国者③，其自视也，亦若此矣④。而宋荣子犹然笑之⑤。且举世而誉之而不加劝⑥，举世而非之而不加沮，定乎内外之分，辩乎荣辱之境，斯已矣。彼其于世未数数然也⑦。虽然，犹有未树也。夫列子御风而行⑧，泠然善也⑨，旬有五日而后反。彼于致福者，未数数然也。此虽免乎行，犹有所待者也⑩。

列子御风而行。

若夫乘天地之正⑪，而御六气之辩⑫，以游无穷者，彼且恶乎待哉⑬！

故曰：至人无己⑭，神人无功，圣人无名。

【注解】

①知效一官：才智能胜任一官之职。效，胜任。②行比一乡：行为能合乎一乡人的心愿。比，合于，合符。③而征一国者：才能可以取信一国之人。而，同“能”。征，信。④“其自视也”两句：其：指上述三种人。此，指上文蜩、学鸠、斥鴳安于一隅而沾沾自喜。⑤宋荣子：战国中期思想家宋钘（xíng）。犹然：嗤笑的样子。⑥劝：勤勉，努力。⑦数数（shuò）然：急切追求的样子。⑧列子：即列御寇，郑国人，春秋时代郑国思想家。⑨泠（líng）然：轻妙的样子。⑩有所待：有所依待。⑪正：天地的法则，亦即自然的规律。⑫六气：指阴、阳、风、雨、晦、明。辩：通“变”，变化。⑬恶（wū）乎待哉：有什么依待的呢？⑭无己：去除自我中心，没有偏执己见。

【译文】

故有些人才智能胜任一官之职，行为能合乎一乡人的心愿，德行能符合国君的心意，取得一国的信任，他们自以为不错，也就像小池泽里的小雀一样。而宋荣子嗤笑他们。宋荣子能够做到整个世界都赞誉他而他也不会更加勤勉，整个世界都非议他而他也不会沮丧。他能认定内我和外物的分别，能辨别光荣与耻辱的界限，就这样而已。他对于世俗的声誉并没有汲汲去追求。即便如此，他还有未曾树立的境界。列子乘风而行，样子轻妙极了，过了十五天才回来。他对于求福的事，并没有汲汲去追求。这样虽然可以免于步行，但还是有所依待。

如果能顺着自然的规律，把握六气的变化，以游于无穷的境域，他还有什么必须依待的呢！

所以说：至人无一己之私念，神人无功业的束缚，圣人无名声的牵累。

【原文】

尧让天下于许由[①]，曰："日月出矣，而爝火不息[②]，其于光也，不亦难乎！时雨降矣，而犹浸灌[③]，其于泽也，不亦劳乎！夫子立[④]，而天下治，而我犹尸之[⑤]，吾自视缺然[⑥]。请致天下。"

许由曰："子治天下，天下即已治也。而我犹代子，吾将为名乎？名者实之宾也[⑦]。吾将为宾乎？鹪鹩巢于深林[⑧]，不过一枝；偃鼠饮河[⑨]，不过满腹。归休乎君，予无所用天下为！庖人虽不治庖[⑩]，尸祝不越樽俎而代之矣[⑪]。"

【注解】

①许由：传说中的隐士。②爝（jué）火：火炬。③浸灌：浸润灌溉。④夫子：古时对男子的尊称，此处指许由。⑤尸：古代替死者受祭的人称"尸"，此处意为主持。⑥缺然：欠缺的样子。⑦宾：从属，附庸。⑧鹪（jiāo）鹩（liáo）：一种善筑巢的小鸟，俗名"巧妇鸟"。⑨偃鼠：即鼹鼠，田野地鼠。⑩庖人：厨师。⑪尸祝：主祭的人，因其对尸而祝，故称尸祝。樽（zūn）：酒器。俎（zǔ）：盛肉的器具。

【译文】

尧要把天下让给许由，说："日月出来了，而小火把还不熄灭，它和日月之光相比，不是很难吗！及时雨降下了，而还在挑水灌溉，对于滋润土地，岂不是徒劳吗！夫子您一在位，天下便可安定，而我还占着这个位子，我自己觉得很惭愧，请让我把天下交给您。"

许由说："您治理天下，天下已经安定了。而我还来代替您，我这是为着名吗？名是从属于实的，我为着求取从属的东西吗？小鸟在深林里筑巢，所占不过一根树枝；偃鼠到河里饮水，所需不过喝满肚子。回去吧，君主，我要天下做什么呢！厨师虽不下厨，主祭的人也不越位去代替他下厨烹调。"

【原文】

肩吾问于连叔曰[①]："吾闻言于接舆[②]，大而无当，往而不返。吾惊怖其言，犹河汉而无极也；大有径庭[③]，不近人情焉[④]。"

连叔曰："其言谓何哉？"

曰："'藐姑射之山[5]，有神人居焉，肌肤若冰雪，绰约若处子[6]；不食五谷，吸风饮露；乘云气，御飞龙，而游乎四海之外。其神凝[7]，使物不疵疠而年谷熟[8]。'吾以是狂而不信也[9]。"

连叔曰："然！瞽者无以与乎文章之观[10]，聋者无以与乎钟鼓之声。岂唯形骸有聋盲哉？夫知亦有之。是其言也，犹时女也[11]。之人也，之德也，将旁礴万物以为一[12]，世蕲乎乱[13]，孰弊弊焉以天下为事[14]！之人也，物莫之伤，大浸稽天而不溺[15]，大旱金石流、土山焦而不热。是其尘垢粃糠，将犹陶铸尧舜者也，孰肯分分然以物为事。"

宋人资章甫而适诸越[16]，越人断发文身[17]，无所用之。尧治天下之民，平海内之政，往见四子藐姑射之山[18]，汾水之阳[19]，窅然丧其天下焉[20]。

【注解】

①肩吾、连叔：传说中的古代修道之人。历史上是否真有其人，已不可考。庄子笔下的人物都经过一定的加工，或凭空杜撰，或根据史料发挥，不少历史名人都成了他阐述观点的道具。②接舆：高士传以为姓陆名通，字接舆，春秋时楚国隐者，佯狂不仕，常以耕为务。楚王知其贤，聘以重金，不受，以游山海，不知所踪。《论语》中有其言行的记载。③大有径庭：相隔太远，差别极大。径，门外面的路。庭，堂外面的地。两者远隔。④不近人情：不符人之常情。⑤姑射（yè）：古代传说中的山名。⑥绰约：轻盈柔美的样子。⑦神凝：精神凝聚专一。⑧疵（cī）疠（lì）：灾害。⑨狂：通"诳"，谎言。⑩瞽（gǔ）者：盲人，瞎子。⑪时女：时，通"是"；女，同"汝"。指肩吾。⑫旁礴：广被万物，无所不包。⑬蕲（qí）：求。乱：纷纷扰扰。⑭弊弊：辛苦忙碌的样子。⑮大浸稽天：大水滔天。稽，至。⑯资：贩卖。章甫：殷代时的一种帽子。⑰断发：剪断头发。文身：在身上刺绘花纹。⑱四子：指王倪、啮缺、被衣、许由。⑲汾水之阳：汾水的北面，指今山西临汾，其地曾为尧都。⑳窅（yǎo）然：怅然若失的样子。

【译文】

肩吾问连叔说："我听接舆说话，大而无当，说出去的话不能得到印证，我对他的话感到惊骇，其所言好像银河一般漫无边际；和常人的差别极大，不合世情。"

连叔说："他说的是什么呢？"

肩吾说："他说：'在遥远的姑射山上，有一个神人居住在那里，肌肤像冰雪一样洁白，姿容像处女一样柔美；不吃五谷，吸清风饮露水；乘着云气，驾御飞龙，遨游于四海之外。他的精神凝聚，使万物不受灾害，谷物丰熟。'我认为这是诳言而不相信。"

连叔说："当然了。无法与瞎子同赏文彩的美丽；无法与聋子同听钟鼓的乐声。岂只是形骸上有聋有瞎吗？心智上也有啊。这个话，就是指你而言的呀。那个神人，他的德行广被万物合为一体，人世喜纷扰，他怎么肯辛苦劳碌去管世间的俗事呢！他这样的人，外物伤害不了他，大水滔天而不会溺死，大旱使金石熔化、土山枯焦，而他不会感到热。他扬弃的尘垢糟糠，就可以造出尧、舜，他怎么肯纷纷扰扰以俗物为自己的事业呢。"

宋国人到越国贩卖殷冠，越国人不留头发，身刺花纹，用不着帽子。尧治理天下万民，安定海内的政事，到遥远的姑射山和汾水的北面，拜见四位得道的高士，不禁茫然而忘记自己是一国之君。

【原文】

惠子对庄子说："魏王赠我大葫芦种子。"

惠子谓庄子曰[①]："魏王贻我大瓠之种[②]，我树之成而实五石[③]，以盛水浆，其坚不能自举也；剖之以为瓢，则瓠落无所容[④]。非不呺然大也[⑤]，吾为其无用而掊之[⑥]。"

庄子曰："夫子固拙于用大矣。宋人有善为不龟手之药者[⑦]，世世以洴澼绕为事[⑧]。客闻之，请买其方以百金。聚族而谋曰：'我世世为洴澼绕，不过数金；今一朝而鬻技百金[⑨]，请与之。'客得之，以说吴王[⑩]。越有难[⑪]，吴王使之将，冬与越人水战，大败越人，裂地而封之。能不龟手，一也；或以封，或不免于洴澼绕，则所用之异也。今子有五石之瓠，何不虑以为大樽而浮乎江湖[⑫]，而忧其瓠落无所容？则夫子犹有蓬之心也夫[⑬]！"

【注解】

①惠子：姓惠名施，宋人，曾任梁惠王相，是庄子的好友，战国时思想家。②魏王：即梁惠王。贻：赠送。瓠（hù）：葫芦。③树：种植。石（dàn）：十斗，一百二十斤。④瓠落：很大的样子。无所容：指瓢太大无处可容。⑤呺（xiāo）然：空虚巨大的样子。⑥掊（pǒu）：打破。⑦龟（jūn）：皮肤因寒冷或干燥而裂开如龟纹。⑧洴（píng）澼（pì）：漂洗。绕（kuàng）：通"纩"，丝絮，棉絮。⑨鬻（yù）：出售。⑩说（shuì）：游说，用言语劝说别人信服自己。⑪难：发难，此处指越国入侵吴国。⑫虑：通"摅"，表示缚，系。大樽：古称腰舟，即将匏、瓠一类的东西缚在腰间渡水。⑬蓬之心：蓬草的心狭窄而弯曲，比喻心如蓬草那样堵塞不通。

【译文】

惠子对庄子说："魏王送给我一粒大葫芦种子，我种植长成后结的葫芦有能装下五石粮食那么大；用来盛水，它的坚固程度却承受不了自己的容量；割开它来做瓢，则瓢太大无处可容。这葫芦不是不大，我认为它没有什么用，便把它打破了。"

庄子说："你真是不善于使用大的东西呀！宋国有个人善于制造不龟裂手的药，于是利用它，他家世世代代都以漂洗丝絮为业。有个客人听说了这种药，请求用百金买他的药方。他聚合家族人商量说：'我家世世代代漂洗丝絮，只得到很少的钱；现在一旦卖出这个药方就能得到百金，就卖给他吧。'那客人得到了药方，便去游说吴王。这时越国对吴国发难，吴王就派他将兵，冬天同越人水战，大败越人，吴王分封给他土地以作为奖赏。同样一个让人不龟裂手的药方，有的因此得到封赏，有的却只是用来从事漂洗丝絮的劳动，这就是使用方法的不同。现在你有五石容量的大葫芦，何不系着当作腰舟而浮游于江湖之上，反而愁它太大无处可容呢？可见你的心还是茅塞不通呀！"

【原文】

惠子谓庄子曰：“吾有大树，人谓之樗[①]。其大本拥肿而不中绳墨[②]，其小枝卷曲而不中规矩，立之途[③]，匠者不顾。今子之言，大而无用，众所同去也。”

庄子曰：“子独不见狸狌乎[④]？卑身而伏，以侯敖者[⑤]；东西跳梁[⑥]，不辟高下[⑦]；中于机辟[⑧]，死于网罟。今夫斄牛[⑨]，其大若垂天之云。此能为大矣，而不能执鼠。今子有大树，患其无用，何不树之于无何有之乡，广莫之野，彷徨乎无为其侧[⑩]，逍遥乎寝卧其下[⑪]。不夭斤斧，物无害者，无所可用，安所困苦哉！”

【注解】

①樗（chū）：臭椿树，木质差。②大本：主干。拥：通“臃”。③塗：通“途”，路上。④狸：野猫。狌（shēng）：黄鼠狼。⑤敖者：遨翔之物，指鸡鼠之类。敖，通“遨”。⑥跳梁：跳跃。梁，通“掠”。⑦辟：同“避”。⑧机：弩机，捕兽的用具。辟：同“繴”，捕鸟的用具。⑨斄（lí）牛：即牦牛。⑩彷徨：徘徊，闲游自得。⑪逍遥：自由自在。

【译文】

惠子对庄子说：“我有一棵大树，人们叫它‘樗’。它的主干木瘤盘结而不合绳墨，它的小枝弯弯曲曲而不合规矩，生长在路上，匠人都不看它。现在你的这些言论，大而无用，大家都抛弃而去了。”

庄子说：“你没有看见猫和黄鼠狼吗？它们趴伏着身子，等待出游的小动物；东西跳跃掠夺，不避高低；常常踏中机关，死在罗网中。再看那牦牛，庞大的身躯像垂在天上的云，它的能力可做大事，但不能捉老鼠。现在你有这棵大树，发愁它没有用，何不把它种在虚寂的乡土，或广漠的旷野，随意地徘徊在树旁，悠闲自在地躺在树下。不因遭受斧头的砍伐而夭折，没有东西来伤害它，没有什么可用，又会有什么可困惑苦恼的呢！”

齐物论

【原文】

南郭子綦隐机而坐[①]，仰天而嘘[②]，荅焉似丧其耦[③]。颜成子游立侍乎前[④]，曰：“何居乎[⑤]？形固可使如槁木，而心固可使如死灰乎？今之隐机者，非昔之隐机者也。”

子綦曰：“偃，不亦善乎，而问之也[⑥]！今者吾丧我[⑦]，汝知之乎？汝闻人籁而未闻地籁[⑧]，汝闻地籁而未闻天籁夫！”

子游曰：“敢问其方[⑨]。”

子綦曰：“夫大块噫气[⑩]，其名为风。是唯无作，作则万窍怒呺[⑪]。而独不闻之翏翏乎[⑫]？山林之畏佳[⑬]，大木百围之窍穴，似鼻，似口，似耳，似枅[⑭]，似圈，似臼[⑮]，似洼者[⑯]，似污者[⑰]；激者[⑱]，謞者[⑲]，叱者，吸者，叫者，譹者[⑳]，宎者[㉑]，咬者㉒。前者唱于而随者唱喁。泠风则小和㉓，飘风则大和，厉风济则众窍为虚㉔。而独不见之调调之刁刁乎㉕？”

子游曰：“地籁则众窍是已，人籁则比竹是已㉖。敢问天籁。”

子綦曰：“夫天籁者，吹万不同，而使其自己也，咸其自取㉗，怒者其谁邪㉘！”

【注解】

①南郭子綦（qí）：子綦，人名，楚昭王的庶弟，住在城郭南端，故以此为号。隐机：倚靠着几案静坐。②嘘（xū）：缓缓地吐气。③荅（dá）焉：形体死寂的样子。耦：通“偶”，匹对，此处指精神与肉体为偶，外物与内我为偶。④颜成子游：南郭子綦的弟子，姓颜成，名偃，字子游。⑤何居：何故。居，同“故”。⑥而：同“尔”，你。⑦吾丧我：指现在得道的“真我”忘记了社会关系中的“俗我”。⑧籁：箫。人籁，指人吹箫发出的乐声。地籁：与下文的“天籁”均指天地间自然形成的音响。⑨方：术，道术。⑩大块：大地。噫（yī）气：吐气出声。⑪窍：洞穴。呺（háo）：吼叫。⑫翏翏（liáo）：大的风声。⑬畏（wēi）隹（cuī）：通“嵔崔”，形容山势高大险峻的样子。⑭枅（jī）：房柱上用以承接栋梁的方木，一般称斗拱。⑮臼（jiù）：舂米的器具，多为石制。⑯洼：池沼，指深窍。⑰污：小泥塘，指浅窍。“似鼻，似口，似耳，似枅，似圈，似臼，似洼者，似污者”，都是形容众窍各种不同的形状。⑱激者：如水激之声。⑲謞（xiào）者：如飞箭声。⑳譹者：如号哭声。㉑宎（yǎo）者：如风吹深谷的声音。㉒咬者：哀叹声。“激者，謞者，叱者，吸者，叫者，譹者，宎者，咬者”都是形容众窍发出的各种不同的声音。㉓泠（líng）风：小风。㉔厉风：烈风。济：停止。㉕调调：树枝摇动的样子。刁刁：树叶微动的样子。㉖比竹：多支竹管并列在一起而成的乐器，如箫管、笙簧之类。㉗使其自已，咸其自取：使它们自己发出千差万别的声音，乃是各种窍穴的自然状态造成的。㉘怒者其谁邪：使其怒号发声的还有谁呢。

【译文】

南郭子綦靠着几案静坐，仰头朝天缓缓地呼吸，好像忘了自我存在一样。颜成子游侍立在跟前，问道：“这是什么缘故呢？难道人的形体本来可以使它像枯槁的树木，而心神本来可以使它像死灰吗？您今天靠几静坐的神情，和往昔靠几静坐的神情不大相同啊。”

子綦说：“偃，你这个问题问得很好。今天我丢弃了以前的那个我，你知道这一点吗？你或许听说过人籁，但不一定听说过地籁；你或许听说过地籁，肯定没听说过天籁吧！”

子游说：“请问其中的道理。”

子綦说：“大地呼出的气，名字叫作风。这风不发作则已，一发作则万窍都怒号起来。你没有听过那长风呼啸的声音吗？山林高低险阻的地方，百围大树上的孔穴，有的像鼻孔，有的像嘴巴，有的像耳朵，有的像梁上的方孔，有的像牛栏猪圈，有的像舂臼，有的像深

南郭子綦靠着几案而坐，仰头呼吸。

池，有的像浅塘；（这些孔窍发出声音）有的像湍水冲激的声音，有的像飞箭声，有的像叱咤的声音，有的像呼吸的声音，有的像叫喊的声音，有的像号哭的声音，有的像风吹深谷的声音，有的像哀叹的声音。前面的风呜呜地唱着，后面的风呼呼地和着。小风则相和的声音小，大风则相和的声音大。烈风停止后，则所有的孔窍都虚空无声了。你不见草木还在摇曳晃动吗？”

子游说：“地籁是众孔窍发出的声音，人籁是竹箫所吹出的声音。请问天籁是什么呢？”

子綦说：“风吹万种孔窍发出的声音各不相同，这些声音千差万别，乃是各种窍穴的自然状态造成的，既然各种不同的声音都是由其自身决定的，那么使其怒号发声的还有谁呢？”

【原文】

大知闲闲，小知间间①；大言炎炎，小言詹詹②。其寐也魂交③，其觉也形开④，与接为构⑤，日以心斗。缦者，窖者，密者⑥。小恐惴惴⑦，大恐缦缦⑧。其发若机栝⑨，其司是非之谓也⑩；其留如诅盟⑪，其守胜之谓也；其杀若秋冬⑫，以言其日消也；其溺之所为之，不可使复之也⑬；其厌也如缄⑭，以言其老洫也⑮；近死之心，莫使复阳也⑯。喜怒哀乐，虑叹变慹⑰，姚佚启态⑱；乐出虚⑲，蒸成菌⑳。日夜相代乎前，而莫知其所萌。已乎，已乎！旦暮得此，其所由以生乎！

小智的人衰败如秋冬的景物。

【注解】

①“大知”两句：闲闲：广博闲逸的样子。间间：细加分别，此处有计较的意思。②“大言”两句：炎炎：火焰猛烈的样子，此处指气焰凌人。詹詹：喋喋不休。③魂交：精神交错，此处指睡觉多梦不宁。④形开：形体疲乏懒散，犹如身体累得散了架。⑤与接为构：与外界接触，发生交构。构，同“构”。⑥“缦者”三句：缦（màn）：通“慢”，迟缓，散漫。窖：深沉，用心难测。密：谨密，不轻易显露声色。这三句话是指世俗之人在待人接物之时的各自用心，然皆不得自在。⑦惴惴（zhuì）：忧惧不安的样子。⑧缦缦：茫然昏乱，惊魂失魄的样子。⑨机：弩上发射的机关。栝（kuò）：箭末扣弦的部位。⑩司：通“伺”，伺机。⑪其留如诅盟：形容心中藏有事不肯吐露，犹如诅咒发过盟誓一般。⑫杀：肃杀，衰败。⑬其溺之所为之，不可使复之也：沉溺于所为，无法恢复真性。⑭厌：闭藏，堵塞。缄（jiān）：捆东西的绳索。形容心灵闭塞，有如被绳索捆缚着。⑮洫：田间的水道、沟渠。老洫是指年久失修，虽有水而不流动的沟渠，此处指老朽枯竭。⑯复阳：恢复生机。⑰虑叹变慹（zhí）：忧虑、感叹、反覆、恐惧。⑱姚：轻浮躁动。佚：通“逸”，奢华放纵。启：放荡张狂。态：作态，装模作样。⑲乐出虚：乐声发自空虚的箫管。⑳蒸成菌：地气蒸发长出菌类。

【译文】

大智广博，小智偏狭。大言盛气凌人，小言争辩不休。他们睡觉时心神交错不宁，醒来后形体疲乏懒散。他们和外界接触纠缠不清，天天钩心斗角。有的散漫不经，有的用心难测，有的谨密不露声色。遇到小恐惧忧惧不安，遇到大恐惧惊魂失魄。他们发言好像放出利箭一般，这就是说在专心窥伺别人的是非来攻击。他们不发言时像赌咒发过盟誓一般，这就是在默默等待时机以守取胜。他们衰败时如秋冬的景物，这就是说他们在一天天消损。他们沉溺在自己的所作所为中，不可能恢复到原状了。他们心灵闭塞如被绳索捆缚着，这就是说他们老朽枯竭了。走向死亡道路的心灵，没法使他们恢复生机了。他们喜怒哀乐，忧虑感叹，反覆恐惧，轻浮躁动，放纵张狂，装模作态；像乐声从空虚的乐器中发出，又像地气蒸发长出菌类一样。这种情绪和心态日日夜夜在眼前更替出现，但不知道它们是怎样发生的。算了吧，算了吧！一旦知道了这些产生的道理，也就懂得了它们所以发生的根由了吧！

【原文】

非彼无我[①]，非我无所取。是亦近矣，而不知所为使。若有真宰[②]，而特不得其眹[③]。可行已信[④]；而不见其形，有情而无形[⑤]。

百骸、九窍、六藏[⑥]，赅而存焉，吾谁与为亲？汝皆说之乎？其有私焉[⑦]？如是皆有为臣妾乎？其臣妾不足以相治乎？其递相为君臣乎？其有真君存焉[⑧]？如求得其情与不得，无益损乎其真。

一受其成形，不亡以待尽。与物相刃相靡[⑨]，其行尽如驰，而莫之能止，不亦悲乎！终身役役而不见其成功[⑩]，苶然疲役而不知其所归[⑪]，可不哀邪！人谓之不死，奚益！其形化，其心与之然，可不谓大哀乎？人之生也，固若是芒乎[⑫]？其我独芒，而人亦有不芒者乎？

夫随其成心而师之[⑬]，谁独且无师乎？奚必知代而心自取者有之[⑭]？愚者与有焉。未成乎心而有是非，是今日适越而昔至也。是以无有为有。无有为有，虽有神禹，且不能知，吾独且奈何哉！

【注解】

①彼：指上述的种种情态。②真宰：身心的主宰，真我。③眹：征兆，迹象。④可行已信：可从作用上得到凭信。⑤情：实。⑥九窍：双眼、两耳、两鼻孔、口、前阴尿道和后阴肛门。藏：通“脏”。心、肝、脾、肺、肾为五脏。肾有两脏，故又合称六脏。⑦私：偏爱，偏重。⑧真君：真心，真我。⑨相靡：互相摩擦。⑩役役：劳碌奔忙的样子。⑪苶（nié）然：疲惫倦怠的样子。⑫芒：芒昧，糊涂，昏惑。⑬成心：主观成见。师：取法。⑭知代：知道事物发展的更替变化。

【译文】

没有它们（上述的种种情态）就没有我，没有我，它们也无从体现。它们和我是相近的，但不知道是由什么东西主使的。好像有真宰，而又找不着它的形迹。我们可从它的作用上得到凭信，虽然看不见它的形体，但它是真实存在而无形象的。

百骸、九窍、六脏，都完备地存在于我的身上，我和哪个最亲近呢？你都一样喜欢它们呢，还是有所偏爱呢？如果是同等看待它们，那么把它们当成臣妾吗？那臣妾之间就谁也不能统治谁吗？还是它们轮换着做君臣呢？或许有真宰存在着呢。无论是否求得真宰的实情，对它本身都是没有损减的。

人一旦禀受成形体，形体就一直存在着等待耗尽为止。人们和外物接触，相互伤害和摩擦，驰骋追逐于其中，而不能停止，不是可悲的吗！终生劳碌奔忙而不见成功，疲惫困苦而不知究竟为了什么，不是悲哀的吗！这样的人虽然不死，又有什么意思呢！人的形体逐渐消损，而心也跟它一样消损，这可不是莫大的悲哀吗？人生在世，固然就像这样昏昧吗？还是只有我一个人昏昧，而别人也有不昏昧的呢？

如果人以自己的成见作为取法的标准，那么谁没有一个标准呢？何必一定要知道事物发展的更替变化之理的智人才有呢？愚人也同样有。如果说心中还没形成成见前就已经存有是非，这就如同是今天到越国去而昨天就已经到了。这种说法是把没有看成有。如果把没有看成有，即便是神明的大禹，尚且不能弄清楚，我又有什么办法呢！

【原文】

夫言非吹也[①]，言者有言[②]，其所言者特未定也[③]。果有言邪？其未尝有言邪？其以为异于鷇音[④]，亦有辩乎[⑤]，其无辩乎？

道恶乎隐而有真伪？言恶乎隐而有是非？道恶乎往而不存？言恶乎存而不可？道隐于小成[⑥]，言隐于荣华[⑦]。故有儒墨之是非，以是其所非而非其所是[⑧]。欲是其所非而非其所是，则莫若以明[⑨]。

【注解】

① 言非吹也：言论和风吹不同，言论出于成见，风吹出于自然。② 言者有言：论者各有所说。③ 特未定：不能作为是非的标准。④ 鷇（gòu）音：雏鸟孵出时的叫声。⑤ 辩：通“辨”，辨别。⑥ 小成：片面认识所得的成果。⑦ 言隐于荣华：言论被浮华之词遮蔽。⑧ 有儒墨之是非，以是其所非而非其所是：儒墨各家的是非争辩，都以他们自己的主观成见为依据，所是的是对方的所非，所非的是对方的所是。⑨ 莫若以明：不如用明静之心去观照。

【译文】

言论不像风自然吹动，发言的人都有自己的言词，他们所说的不能作为是非的标准。他们果真有自己的言论呢，还是未曾有过自己的言论呢？他们以为所言不同于刚出壳小鸟的叫声，到底有分别呢，还是没有分别呢？

道是如何被隐蔽而有了真伪呢？言论是如何被隐蔽而有了是非呢？道去了哪里而不存在呢？言论为何存而不可呢？道被小的成就隐蔽，言论被浮华之词隐蔽。所以有了儒墨各家的是非争辩，他们各以对方所否定的为是，各以对方所肯定的为非。想要肯定对方所否定的而否定对方所肯定的，则不如用明静之心去观照事物的本然。

【原文】

物无非彼，物无非是[①]。自彼则不见，自是则知之[②]。故曰：彼出于是，是亦因彼。彼是方生之说也[③]，虽然，方生方死，方死方生[④]；方可方不可，方不可方可[⑤]。因是因非，因非因是[⑥]。是以圣人不由，而照之于天[⑦]，亦因是也。

是亦彼也，彼亦是也[⑧]。彼亦一是非，此亦一是非。果且有彼是乎哉？果且无彼是乎哉？彼是莫得其偶，谓之道枢[⑨]。枢始得其环中，以应无穷[⑩]。是亦一无穷，非亦一无穷也。故曰：莫若以明。

【注解】

①物无非彼，物无非是：事物没有不是作为他物的“彼”，事物也没有不是作为本身的“此”而存在的。也就是相互对立者都有彼此。②自彼则不见，自是则知之：从彼方则看不见此方之是，从此方则知此方之是。③彼是方生：“彼”和“此”的观念是相对而生的，相互共存的。④方生方死，方死方生：随着生就随着死，随着死就随着生。⑤方可方不可，方不可方可：有被肯定的一面就有另一面被否定，反之亦然。⑥因是因非，因非因是：有是即有非，有非即有是，是非相因而生。⑦照之于天：观照于自然。⑧是亦彼也，彼亦是也：此方可为彼方，彼方亦可为此方。意谓彼此没有区别，这是庄子万物齐一的哲学观。⑨彼是莫得其偶，谓之道枢：“彼”“此”不成匹偶，就是道的枢纽。道枢，道的枢纽、道的关键。⑩枢始得其环中，以应无穷：合乎道枢才像入得圆环的中心，可以顺应无穷的变化。

【译文】

世界上的事物没有不是“彼”的，也没有不是“此”的。从彼方则看不见此方之是，从此方则知此方之是。所以说，彼方出自此方，此方也因着彼方。彼与此是相对共生的。即便如此，事物都是随生随灭，随灭随生；有被肯定的一面就有另一面被否定，有被否定的一面就有另一面被肯定。有是即有非，有非即有是，是与非皆因对方的相互关系而产生。所以圣人不走是非对立的路子，而观照于事物的本然，这也是顺应自然的道理。

彼有一个是非，此也有一个是非。

“此”也是“彼”，“彼”也是“此”。彼有一个是非，此也有一个是非。果真有彼此之分别吗？果真无彼此之分别吗？彼与此没有对立面，就叫掌握了大道的枢要。合乎道枢才像入得圆环的中心，可以顺应无穷的变化。是的变化无穷尽，非的变化也无穷尽。所以说不如用明静之心去观照事物的本然。

【原文】

以指喻指之非指，不若以非指喻指之非指也；以马喻马之非马，不若以非马喻马之非马也[①]。天地一指也，万物一马也[②]。

可乎可，不可乎不可。道行之而成，物谓之而然。恶乎然？然于然。恶乎不然？不然于不然。恶乎可？可于可。恶乎不可？不可于不可。物固有所然，物固有所可。无物不然，无物不可。故为是举莛与楹[③]，厉与西施[④]，恢恑憰怪[⑤]，道通为一。其分也，成也[⑥]；其成也，毁也。凡物无成与毁，复通为一。

唯达者知通为一，为是不用而寓诸庸；因是已。已而不知其然，谓之道。

劳神明为一，而不知其同也，谓之朝三。何谓朝三？狙公赋芧[⑦]曰：“朝三而暮四。”众狙皆怒。曰：“然则朝四而暮三。”众狙皆悦。名实未亏而喜怒为用，亦因是也。是以圣人和之以是非而休乎天钧[⑧]，是之谓两行[⑨]。

【注解】

①“以指”四句：先秦名辩派公孙龙提出“指非指”和“白马非马”的命题。庄子不赞同公孙龙的说法，认为不如从事物本身出发来论证名与实的对立，提醒人们不要斤斤计较于彼此、是非的争辩。②天地一指也，万物一马也：天地不过就是一指，万物不过就是一马，意即天地万物同质共通。③莛（tíng）：草本植物的茎。楹：房屋的柱子。此处“莛”喻指轻易可成的事，“楹”喻指难做的事。④厉：通“疠”（lì），癞病，此处指丑女。西施：春秋时越国人，貌美。此处代指美女。⑤恢恑憰怪：千形万状之怪异。恑（guǐ），通“诡”。憰（jué），通“谲”。⑥其分也，成也：事物的分散，必定有所生成。⑦狙（jū）公：养猴的人。狙，猕猴。芧（xù）：橡子。⑧天钧：自然的均衡之道。⑨两行：二者都可行。

【译文】

用手指来说明手指不是手指，不如用不是手指的东西来说明手指不是手指；用一匹白马来说明白马不是马，不如用不是白马的东西来说明白马不是马。（就大道通观之，）天地就是一指，万物就是一马。

可以是可以，不可以是不可以。道路是人们行走而形成的，事物的称谓是人们叫出来的。为什么是这样的呢？它原本是这样的，所以人们就认为是这样的。为什么不是这样的呢？它原本不是这样的，所以人们就认为不是这样的。为什么是可以的呢？因为它原本就是可以的，所以人们就认为是可以的。为什么是不可以的呢？因为它原本就是不可以的，所以人们就认为是不可以的。事物本来有它是的地方，事物本来有它可的地方。没有什么事物不是，没有什么事物不可。所以就像草茎和房柱，丑陋的女子和美貌的西施，以及一切奇异古怪的东西，从道的观点来看都可以通而为一。事物有所分就有所成，有所成就有所毁。所以一切事物（从总体上来看）无所谓成与毁，都复归为一。

只有通达的人才知道万物通而为一的道理，因而不固执于自己的成见而寓寄于事物本身的自然规律。这就是顺应自然的道理。顺应自然而不知其所以然，这叫作“道”。

圣人保持自然均衡，物我各得其所。

（辩者们）损耗心神去求一致，而不知道万物本来就是相同的，这就是所谓“朝三”。什么叫作朝三呢？有个养猕猴的人分橡子给猕猴，说：“早上三升，晚上四升。”所有的猴子听了都很愤怒。他又说：“那么早上四升而晚上三升吧。”所有的猴子都高兴了。名与实都没有亏损而猕猴喜怒却因而不同，也是顺应猴子的心理作用罢了。所以，圣人调和是非之争而保持自然均衡，这就叫作物我两行（各得其所）。

【原文】

古之人，其知有所至矣[①]。恶乎至？有以为未始有物者，至矣，尽矣，不可以加矣。其次以为有物矣，而未始有封也[②]。其次以为有封焉，而未始有是非也。是非之彰也，道之所以亏也[③]。道之所以亏，爱之所以成[④]。果且有成与亏乎哉？果且无成与亏乎哉？有成与亏，故昭氏之鼓琴也[⑤]；无成与亏，故昭氏之不鼓琴也。昭文之鼓琴也，师旷之枝策也[⑥]，惠子之据梧也[⑦]，三子之知，几乎皆其盛者也，故载之末年[⑧]。唯其好之也，以异于彼；其好之也，欲以明之。彼非所明而明之，故以坚白之昧终[⑨]。而其子又以文之纶终[⑩]，终身无成。若是而可谓成乎？虽我无成，亦可谓成矣。若是而不可谓成乎？物与我无成也。是故滑疑之耀[⑪]，圣人之所图也[⑫]。为是不用而寓诸庸，此之谓以明。

【注解】

①至：至极，极高境界。②封：界限，疆域。③亏：亏损。④爱：偏爱，私好。⑤昭氏：姓昭，名文，善于弹琴。⑥师旷：名旷，字子野，春秋时晋平公的乐师，精通音律。枝策：举杖敲击乐器。⑦惠子：即惠施。据梧：倚靠着梧桐树。惠子善辩，累时靠着梧桐树休息。⑧载之末年：流传于后世。一说为终身从事于此。还有一说为载誉于晚年。⑨以坚白之昧终：战国时名辩的论题有"坚白同异"。当时分为两派，一派以公孙龙为代表，认为从视觉和触觉来说石头的坚硬与白色是分离的，持"离坚白"的观点。另一派以墨子为首，主张"盈坚白"，认为坚白同为石头的属性而不可分。惠施参与了争论，但文献没有记下他的观点。⑩其子：指昭文之子。纶：琴瑟的弦，指代琴。⑪滑疑之耀：迷乱人心的炫耀。⑫图：革除，摒弃。

【译文】

古时候的人，他们的智识达到了极高的境界。是怎样的极高境界呢？宇宙初始未形成万物时，认识到原始本无万物的存在，这种认识可谓深刻透彻极了，是智识的极高境界，不可以增加了。智识次一等的人，认为有万物存在，而未曾有分界限定。再次一等的人，认为事物有界限之别，而不曾有是非之别。是非之别明显了，道也因此有了亏损。道之所以有亏损，是因为偏爱产生的。天下的万事万物，果真有成和亏吗？果真无成与无亏吗？有成和亏，犹如昭文的弹琴；无成和无亏，就像昭文的不弹琴。昭文弹琴，师旷持杖击节，惠施靠在梧桐树下与人雄辩，他们三人的才智，几乎都登峰造极了，所以他们一直从业到晚年。这三个人只是各有自己的爱好，便想要以此炫异于别人，他们以自己的所好而想让别人明白了解。惠子不明白了解而非要让人明白了解，所以终身迷于"坚白论"的偏蔽。而昭文的儿子又终身从事昭文的弹琴事业，以致终身没有什么成就。像这样可以说有成就吗？那么即使是我，也算是有成就了。如果像这样不算有成就，那么万物与我都无所成就。所以迷乱人心的炫耀，是圣人所要摒弃的。所以圣人不用个人的才技辩说夸示于人，而是寄寓在事物的自然规律中，这就叫作"以明"。

【原文】

今且有言于此，不知其与是类乎？其与是不类乎？类于不类，相与为类，则与彼无以异矣。

虽然，请尝言之。有始也者①，有未始有始也者②，有未始有夫未始有始也者③。有有也者，有无也者，有未始有无也者，有未始有夫未始有无也者。俄而有无矣，而未知有无之果孰有孰无也。今我则已有谓矣，而未知吾所谓之其果有谓乎，其果无谓乎？

天下莫大于秋豪之末④，而大山为小⑤；莫寿于殇子⑥，而彭祖为夭。天地与我并生，而万物与我为一。既已为一矣，且得有言乎？既已谓之一矣，且得无言乎？一与言为二，二与一为三。自此以往，巧历不能得⑦，而况其凡乎！故自无适有，以至于三，而况自有适有乎！无适焉⑧，因是已。

【注解】

①有始也者：宇宙是有个开始的。②有未始有始也者：有未开始的开始。③有未始有夫未始有始也者：有未开始那（未开始）的开始，意谓天地之始以前之再前。④秋豪：禽兽入秋时新长出的细绒毛，喻指细微的东西。豪，通“毫”。⑤大山：即泰山。天下万物本是“无”的，秋毫和“无”比为大。天地万物是一体的，泰山只是其中一点，故是小的。⑥殇（shāng）子：夭折的婴儿。⑦巧历：善于计算的人。不能得：不能算出这个结果。⑧无适焉：不必再推算下去了。适，推算。

【译文】

现在在这里说一些话，不知这些话与其他人的是属于同一类呢，还是不属于同一类？同类与不同类，既然发了言都算是一类了，那么与其他人就没有什么分别了。

既然如此，请让我试着说说。宇宙万物有它的开始，有它未曾开始的开始，还有它未曾开始的那未曾开始的开始。宇宙万物的初始有它的“有”，有它的“无”，有它的未曾有“无”的“无”，还有它的未曾有的那未曾有的“无”。一下子产生了“有”和“无”，然而不知道这个“有”、“无”果真是不是“有”和“无”。现在我已经说了这些话，但不知道我所说的果真是说了呢，还是没有说呢？

天下没有比秋毫的末端更大的东西，而泰山却是小的。没有比夭折的婴儿更长寿的，而活了八百岁的彭祖却是短命的。天地与我并生，而万物与我同为一体。既然已经合为一体了，那还需要言论吗？既然已经说了合为一体，怎能说没有言论呢？万物一体加上我所发的言论就成了“二”，“二”再加上“一”就成了“三”。由此推算下去，精于计算的人也不能得出最后的数目，何况一般人呢？所以，从“无”到“有”，已经推至三，更何况从“有”到“有”呢！不必再推算下去了，顺应自然就是了。

【原文】

夫道未始有封，言未始有常，为是而有畛也①，请言其畛：有左有右，有伦有义，有分有辩，有竞有争，此之谓八德②。六合之外③，圣人存而不论；六合之内，圣人论而不议。春秋经世先王之志④，圣人议而不辩。故分也者，有不分也；辩也者，有不辩也。曰：何也？圣人怀之，众人辩之以相示也。故曰：辩也者，有不见也。

夫大道不称，大辩不言，大仁不仁[⑤]，大廉不嗛[⑥]，大勇不忮[⑦]。道昭而不道，言辩而不及，仁常而不周，廉清而不信[⑧]，勇忮而不成。五者无弃而几向方矣[⑨]。

故知止其所不知，至矣。孰知不言之辩，不道之道？若有能知，此之谓天府[⑩]。注焉而不满，酌焉而不竭，而不知其所由来，此之谓葆光[⑪]。

圣人虚怀若谷，不论、不议、不辩。

【注解】

①畛（zhěn）：井田沟上的小路，此处指界限、疆界。②有左有右，有伦有义，有分有辩，有竞有争，此之谓八德：这是指儒墨各家所执持的八种争论。③六合：指天地四方。因天地为上、下、东、西、南、北六方包围，故有此称。④春秋经世先王之志：一切史书乃是先王治世的记载。春秋，泛指史书。⑤大仁不仁：大仁没有偏爱。⑥大廉不嗛（qiǎn）：大廉是不谦逊的。嗛，通“谦”，谦逊。⑦大勇不忮（zhì）：大勇是不伤害的。⑧廉清而不信：廉若露了行迹就不可信。⑨五者无弃而几向方矣：能不忘这五者就几乎近于道了。⑩天府：自然的府库，形容心灵广大，可以包容一切。⑪葆光：隐藏光明而不外露。

【译文】

道不曾有过界限，言论原本是没有固定的标准，为了争一个“是”字而妄加了种种界线。请让我说说这些界线。如有左，有右，有伦序，有等级，有分别，有论辩，有竞辩，有争持，这是世俗所谓的八种才能。天地以外的事，圣人是存而不论的；天地以内的事，圣人只论述而不评议。一切古史中先王治世的记载，圣人只评议而不争辩。故天下的事理有分别，就有不分别；有辩论，就有不辩论。这是为什么呢？圣人胸怀若谷，不去争辩，众人则争辩不休而竞相夸示。所以说，凡是争辩，就有看不见的地方。

大道是不可称谓的，大辩是不用言词的，大仁是没有偏爱的，大廉是不谦逊的，大勇是不伤害人的。道一旦昭明了就不是道，言语争辩就有所不及，仁常固定在一方就不能周全，廉若露了行迹就不可信，勇有伤害到人就不能成为勇。这五者遵行不弃就几乎近于道了。

故一个人能止于他所不知的领域，就是极点了。谁知道不用言词的辩论，不用称说的道呢？假若有谁能知道，他就能称为天然的府库。往里面注入多少也不会溢满，取出多少也不会枯竭，而且不知道它来自何处，这就叫作潜藏不露的光明。

【原文】

故昔者尧问于舜曰：“我欲伐宗、脍、胥敖[①]，南面而不释然[②]。其故何也？”

舜曰：“夫三子者，犹存乎蓬艾之间[③]。若不释然[④]，何哉？昔者十日并出，万物皆照，而况德之进乎日者乎[⑤]！”

尧向舜询问自己内心不安的原因。

【注解】

①宗、脍、胥敖：三个小国名，不见经传。②不释然：芥蒂在心，耿耿于怀。③蓬艾：蓬蒿、艾草，指偏荒之地。④若：汝、你，指尧。⑤进：胜过，超过。

【译文】

从前尧问舜说：“我想讨伐宗、脍、胥敖这三个小国，临朝时总感到心里不安，这是什么原因呢？”

舜说：“这三个小国的君主，犹如生存在蓬蒿艾草中间一样。你还心绪不安，为什么呢？从前十个太阳一起出来，普照万物，何况道德的光芒更胜于太阳的光芒呢！”

【原文】

啮缺问乎王倪曰[①]：“子知物之所同是乎[②]？”

曰：“吾恶乎知之！”

“子知子之所不知邪？”

曰：“吾恶乎知之！”

“然则物无知邪？”

曰：“吾恶乎知之！虽然，尝试言之。庸讵知吾所谓知之非不知邪[③]？庸讵知吾所谓不知之非知邪？且吾尝试问乎汝：民湿寝则腰疾偏死[④]，鳝然乎哉？木处则惴栗恂惧[⑤]，猨猴然乎哉[⑥]？三者孰知正处？民食刍豢[⑦]，麋鹿食荐[⑧]，蝍蛆甘带[⑨]，鸱鸦耆鼠[⑩]，四者孰知正味？猿猵狙以为雌[⑪]，麋与鹿交，鳝与鱼游。毛嫱、西施[⑫]，人之所美也；鱼见之深入，鸟见之高飞，麋鹿见之决骤[⑬]。四者孰知天下之正色哉？自我观之，仁义之端，是非之塗，樊然淆乱[⑭]，吾恶能知其辩！”

啮缺曰：“子不知利害，则至人固不知利害乎？”

王倪曰：“至人神矣！大泽焚而不能热，河汉沍而不能寒[⑮]，疾雷破山而不能伤，飘风振海而不能惊。若然者，乘云气，骑日月，而游乎四海之外。死生无变于己，而况利害之端乎！”

【注解】

①啮（niè）缺、王倪：皆为虚拟人物。②所同是：所共同认可的标准。③庸讵（jù）：何以，怎么，哪里。④偏死：半身不遂。⑤惴（zhuì）栗：害怕发抖的样子。恂（xún）：害怕。⑥猨（yuán）：同“猿”。⑦刍（chú）豢（huàn）：用草喂养的叫作刍，指牛羊；用谷子喂养的叫作豢，指狗猪。⑧荐（jiàn）：甘草，美草。⑨蝍（jí）蛆（jū）：蜈蚣。带：蛇。⑩鸱（chī）：猫头鹰。耆（shì）：通“嗜”，喜欢吃，好吃。⑪猵（biān）狙（jū）：猕猴的一种，似猿。⑫毛嫱（qiáng）：古代美女，一说为越王的美姬。⑬决骤：疾速奔跑。⑭樊然淆乱：纷然错乱。⑮河汉：黄河和汉水。沍（hù）：

冻结。

【译文】

啮缺问王倪说："你知道万物有共同的标准吗？"

王倪说："我怎么知道呢！"

"你知道你所不知道的事物吗？"

"我怎么知道呢！"

"那么万物就无法知道了吗？"

王倪说："我怎么知道呢！即便如此，我还是试着说说：怎么知道我所说的'知道'不是'不知道'呢？怎么知道我所说的'不知道'不是'知道'呢？且让我问问你：人睡在潮湿的地方就会腰生疾病而半身不遂，泥鳅会这样吗？人在高树上就会惊怕不安，猿猴会这样吗？这三者谁知道住在什么地方才是最合适的呢？人吃家畜的肉，麋鹿吃草，蜈蚣爱吃蛇，猫头鹰和乌鸦喜欢吃老鼠，这五者谁知道吃什么东西才是最美味的呢？雌猿和猵狙成为配偶，麋与鹿交配，泥鳅和鱼交尾。毛嫱、西施，人们认为是最美的女子；但鱼见了她们会潜入水底，鸟见了她们会飞向高空，麋鹿见了她们会疾速奔跑；这四者谁知道什么美色才是天下真正的美色呢？依我看来，仁义的端倪，是非的途径，纷然错乱，我怎么能知道它们之间的分别呢？"

啮缺说："你不知道利与害，难道至人也不知道利与害吗？"

王倪说："至人神妙极了！山泽燃烧而不能使他感到热，黄河和汉水都封冻了而不能使他感到冷，疾雷震裂了山岳而不能使他身体受到伤残，狂风掀起海浪而不能使他感到震惊。像这样的至人，乘着云雾，骑着日月，而遨游于四海之外。生和死的变化都不能影响到他，何况利害这类事呢！"

【原文】

瞿鹊子问乎长梧子曰[①]："吾闻诸夫子[②]：'圣人不从事于务，不就利，不违害，不喜求，不缘道[③]；无谓有谓[④]，有谓无谓[⑤]，而游乎尘垢之外。'夫子以为孟浪之言[⑥]，而我以为妙道之行也。吾子以为奚若[⑦]？"

长梧子曰："是黄帝之所听荧也[⑧]，而丘也何足以知之！且汝亦大早计，见卵而求时夜[⑨]，见弹而求鸮炙[⑩]。

"予尝为女妄言之，女以妄听之奚？旁日月[⑪]，挟宇宙，为其吻合[⑫]，置其滑涽[⑬]，以隶相尊[⑭]。众人役役，圣人愚芚[⑮]，参万岁而一成纯[⑯]。万物尽然，而以是相蕴。

"予恶乎知说生之非惑邪！予恶乎知恶死之非弱丧而不知归者邪[⑰]！丽之姬[⑱]，艾封人之子也[⑲]，晋国之始得之也，涕泣沾襟；及其至于王所，与王同筐床，食刍豢，而后悔其泣也[⑳]。予恶乎知夫死者不悔其始之蕲生乎！

"梦饮酒者，旦而哭泣；梦哭泣者，旦而田猎。方其梦也，不知其梦也。梦之中又占其梦焉，觉而后知其梦也。且有大觉而后知此其大梦也。而愚者自以为觉，窃窃然知之[㉑]。君乎，牧乎[㉒]，固哉！丘也与女，皆梦也；予谓女梦，亦梦也。是其言也，其名为吊诡[㉓]。万世之后而一遇大圣，知其解者，是旦暮遇之也。"

【注解】

① 瞿鹊子、长梧子：皆为杜撰的人物名。② 夫子：指孔子。孔子名丘，为先秦儒家学派的创始人。③ 不缘道：无行道之迹（林希逸说）。不践迹而行道（释德清说）。④ 无谓有谓：没有说什么如同说了什么。⑤ 有谓无谓：说了话如同没有说。⑥ 孟浪：不着边际，荒诞不切实际。⑦ 奚（xī）若：怎样，如何。⑧ 听荧：听了感到疑惑。⑨ 卵：指鸡蛋。时夜：司夜。五更时鸡鸣报晓，故古人称鸡为司夜。⑩ 鸮（xiāo）炙：烤鸮鸟肉。⑪ 旁：通"傍"，依傍。⑫ 为其吻合：与宇宙万物合一，与《逍遥游》中"旁礴万物以为一"的意思相同。⑬ 置其滑涽（hūn）：任其淆乱纷杂而不顾。⑭ 以隶相尊：视下贱为同样尊贵，亦即把世俗上的尊卑看作是一样的。⑮ 愚芚（chūn）：浑然无知的样子。⑯ 参万岁而一成纯：糅合古今事物为一体却精纯不杂。参，糅合。万岁，古今事物。⑰ 弱丧：自幼流浪异乡。⑱ 丽之姬：丽戎国的美女，即骊姬，晋献公的夫人。⑲ 艾封人：在艾地戍守封疆的人。⑳ "晋国"六句：《左传·庄公二十八》记载，晋献公伐丽戎，得丽姬，立以为夫人。㉑ 窃窃然：明察的样子。㉒ 牧：养马人，此处指卑贱之人。㉓ 吊诡：怪异，荒诞。

【译文】

瞿鹊子问长梧子说："我听孔夫子说过：'圣人不去做尘世间的事情，不谋利益，不逃避危害，不喜追求，不拘泥于道。没有说等于说了，说了又等于没有说，而心神遨游于尘世之外。'孔夫子认为这些是轻率不当的言论，而我认为是通往美妙大道的途径。您认为怎么样呢？"

长梧子说："这些话黄帝听了都疑惑不解，孔丘又怎么能理解呢？而且你也太求之过急了，就像见到鸡蛋就想得到报晓的鸡、见到弹丸就想烤吃鸮鸟肉。

"我姑且对你说说，你也姑且听听，怎么样？圣人同日月并明，怀抱着宇宙，与天地万物混合为一体，任其淆乱纷杂而不顾，把世俗上的尊贵卑贱看作是一样的。众人忙忙碌碌，圣人则大智若愚，糅合古今事物为一体却精纯不杂。万物都是如此，而互相蕴含着归于精纯浑朴之中。

"我怎么知道贪生不是迷惑呢！我怎么知道怕死不是像自幼流浪在外而不知归家那样呢！丽姬是艾地戍守封疆人的女儿。晋国刚得到她的时候，她哭得泪水湿透了衣襟；等她到了晋国的王宫，与国君同睡一床，同食美味的肉食，才后悔当初不该哭泣。我怎么能知道死了的人不后悔当初的贪生呢！

"梦中饮酒作乐的人，早上醒来或许会遇到不如意的事而哭泣；梦中哭泣的人，早上醒来后或许去打猎为欢。当人在梦中，不知道是在做梦。有时在梦中又做着梦，醒后才知道是做梦。只有彻底觉醒了的人才知道人生犹如一场大梦。而愚昧的人自以为清醒，显出明察的样子，似乎什么都知道。什么国君呀、臣仆呀，孔丘真是固执浅陋极了！孔丘和你，都在做梦；我说你在做梦，也是在做梦。这些言论，可以称作奇谈怪论。万年以后遇到一位大圣人，能了然这些道理，如同早晚遇着的一样。"

【原文】

"既使我与若辩矣[①]，若胜我，我不若胜，若果是也，我果非也邪？我胜若，若不吾胜，我果是也，而果非也邪？其或是也，其或非也邪？其俱是也，其俱非也邪？我与若不能相知也，则人固受黮暗[②]，吾谁使正之？使同乎若者正之，既与若同矣，恶能正之！使同乎我与若者正之？既同乎我与若矣，恶能正之！使异乎我与

瞿鹊子和长梧子讨论评判是非对错的标准。

若者正之？既异乎我与若矣，恶能正之！使同乎我与若者正之？既同乎我与若矣，恶能正之！然则我与若与人俱不能相知也，而待彼也邪？”

【注解】

①我与若：我和你。我，长梧子自称。若，汝、你。②黮（dǎn）暗：昏暗不明。

【译文】

“假使我与你辩论，你胜了我，我没有胜你，你就果然对、我就果然错吗？我胜了你，你没有胜我，我就果然对、你就果然错吗？我们两人中有一人对，有一人错呢，还是我们两人都对，或者都错呢？我和你都不知道，而他人本来都有偏见。我让谁来评判是非呢？如果请与你观点相同的人来评判，既然他和你观点相同，怎么评判呢？如果请与我观点相同的人来评判，既然他和我的观点相同，怎么评判呢？如果让不同于我和你的观点的人来评判，既然观点不同于我和你，怎么能评判呢？如果让观点与我和你相同的人评判，既然他的观点与我和你相同了，怎么能评判呢？那么我和你及他人都不能评判谁是谁非了，还等待谁来评判呢？”

【原文】

“化声之相待①，若其不相待。和之以天倪，因之以曼衍②，所以穷年也。何谓和之以天倪③？曰：是不是，然不然。是若果是也，则是之异乎不是也，亦无辩；然若果然也，则然之异乎不然也亦无辩。忘年忘义④，振于无竟⑤，故寓诸无竟。”

【注解】

①化声之相待：是非之辩互相对立而成。②曼衍：自在变化，不拘常规。③天倪：自然的

分际。④忘年忘义：忘记生死，忘记仁义。⑤振于无竟：遨游于无穷的境地，与上文“游乎尘垢之外”的意思相同。竟，通“境”。

【译文】

“是是非非变化的声音是互相对立而成的，若要使它们不相对立，就要用自然之道来调和，顺应其自在的变化，以此享尽天年。什么叫作用自然之道来调和天地万物呢？‘是’也是‘不是’，‘然’也是‘不然’。‘是’若果真是‘是’，就和‘不是’有区别，这样也就不须辩论了；‘然’若果真是‘然’，就和‘不然’有区别，这样也就不须辩论了。忘掉生死年岁，忘掉是非仁义，遨游于无穷的境地，由此也就能寄寓于这无穷的境地。”

【原文】

罔两问景曰[①]：“曩子行[②]，今子止；曩子坐，今子起，何其无特操与[③]？”

景曰：“吾有待而然者邪？吾所待又有待而然者邪？吾待蛇蚹蜩翼邪[④]？恶识所以然！恶识所以不然！”

【注解】

①罔两：影子的影子。景：古“影”字，影子。②曩（nǎng）：从前。③特操：独立的操守，即自己的独立性。④蛇蚹：蛇腹下的鳞皮。蜩翼：蝉翅。

【译文】

罔两问影子说：“刚才你行走，现在你停下；刚才你坐着，现在你起来，你怎么这样没有独立的操守呢？”

影子说：“我是有所待才这样吗？我所待的事物又有所待才这样的吗？我所待的就像蛇凭借腹下的鳞皮而行，蝉凭借翅膀而飞吗？我怎能知道为什么会这样！怎能知道为什么不会这样！”

【原文】

昔者庄周梦为胡蝶，栩栩然胡蝶也[①]，自喻适志与[②]！不知周也。俄然觉，则蘧蘧然周也[③]。不知周之梦为胡蝶与，胡蝶之梦为周与？周与胡蝶，则必有分矣。此之谓物化[④]。

【注解】

①栩栩（xǔ）然：翩翩飞舞的样子。②喻：觉得。适志：合乎心意，快意。与：通“欤”，语尾助词。③蘧蘧（qú）然：僵直卧着的样子。④物化：意为物我的界限消失，物与我融而为一。

【译文】

从前庄周梦见自己变成了蝴蝶，翩翩飞舞的一只蝴蝶，自我感觉快意极了，不知道自己是庄周了。忽然醒了，自己分明是僵直卧在床上的庄周。不知道是庄周做梦化为蝴蝶呢，还是蝴蝶梦中化为庄周呢？庄周与蝴蝶，必定是有分别的。这种物我的转变就叫作“物化”。

集部

《楚辞》

战国时代以屈原为代表的楚国人创作的诗歌，它是《诗经》三百篇后的一种新诗。西汉刘向整理古籍，把屈原、宋玉以及汉代效仿屈原辞赋的作家淮南小山、东方朔、王褒和他本人的作品共十六篇汇编成集，题名《楚辞》。东汉时王逸为《楚辞》作注，加进了自已写的一篇《九思》，使篇目增加到十七篇，这就是流传到现在的《楚辞》本子。《楚辞》对后世文学影响深远，我国诗歌史上常以“风”、“骚”并称，“风”指《诗经》，“骚”即指《楚辞》。《古文观止》中收录的《卜居》、《宋玉对楚王问》两篇较为特殊，因为它们不能算诗歌而只能算散文，两篇作品的口吻都是第三者的记录而非作者本人的叙述，所以现在多认为它们的作者并非屈原或宋玉本人。

卜 居

【原文】

屈原既放，三年不得复见。竭知尽忠，而蔽障于谗；心烦虑乱，不知所从。乃往见太卜郑詹尹[①]，曰：“余有所疑，愿因先生决之。”詹尹乃端策拂龟[②]，曰：“君将何以教之？”

屈原曰：“吾宁悃悃款款[③]，朴以忠乎？将送往劳来，斯无穷乎？宁诛锄草茅[④]，以力耕乎？将游大人以成名乎？宁正言不讳以危身乎？将从俗富贵以媮生乎？宁超然高举以保真乎？将哫訾栗斯[⑤]，喔咿嚅唲[⑥]，以事妇人乎[⑦]？宁廉洁正直以自清乎？将突梯滑稽，如脂如韦[⑧]，以絜楹乎[⑨]？宁昂昂若千里之驹乎？将泛泛若水中之凫，与波上下，偷以全吾躯乎？宁与骐骥亢轭乎？将随驽马之迹乎？宁与黄鹄比翼乎？将与鸡鹜争食乎？此孰吉孰凶？何去何从？世混浊而不清：蝉翼为重，千钧为轻；黄钟毁弃[⑩]，瓦釜雷鸣；谗人高张，贤士无名。吁嗟默默兮，谁知吾之廉贞！”

詹尹乃释策而谢曰：“夫尺有所短，寸有所长；物有所不足，智有所不明；数有所不逮，神有所不通。用君之心，行君之意。龟策诚不能知此事。”

【注解】

①太卜：卜官之长。②策：占卜用的蓍（shī）草。龟：占卜用的龟壳。③悃悃（kǔn）款款：诚恳真挚的样子。④诛：铲除。⑤哫（zú）訾（zī）：阿谀奉承的样子。栗（lì）斯：小心奉承、献

媚的样子。⑥喔（wō）咿（yī）嚅（rú）唲（ér）：强颜欢笑的样子。⑦妇人：指郑袖，楚怀王的宠妃。⑧脂：脂膏。韦：熟牛皮。⑨絜（xié）：用绳度量围长。楹（yíng）：柱子。⑩黄钟：乐器名。

屈原与郑詹尹

【译文】

屈原遭放逐后，三年没有再见到楚怀王。他竭尽才智来报效国家，忠贞不二，却受到谗佞之人的压制；他心烦意乱，不知如何是好。于是去见太卜郑詹尹，对他说："我心中有些疑惑的事情，想请先生为我决断。"詹尹连忙摆正筮草，拂净龟壳，问道："不知您有何见教？"

屈原说："我是应该宁肯诚恳真挚，纯朴而且忠实呢，还是应该迎来送往，忙于世俗的应酬，力求不陷于穷困呢？是应该宁肯除掉杂草，尽力耕作呢，还是应该终日奔走于显贵之间，以成就威望名声呢？是应该宁肯直言不讳，因而招致危险呢，还是应该流于世俗，屈从于富贵而苟且偷生呢？是应该宁肯超脱尘俗，洁身自好，保持自己的本性呢，还是阿谀奉承，强颜欢笑，去逢迎那个妇人呢？是应该宁肯廉洁正直，以此来使自己的身心洁净呢，还是应该虚伪圆滑，像脂膏和熟牛皮那样没有骨气地围着别人转呢？是应该宁肯昂首独行，像日行千里的骏马呢，还是应该浮游不定，如同水中的野鸭，随波上下以求苟且保全自己呢？是应该宁肯与千里马并驾齐驱呢，还是应该随着劣马的蹄迹亦步亦趋呢？是应该同天鹅比翼高飞呢，还是应该和鸡鸭一起争夺食物呢？这些，哪个吉利、哪个凶险？我到底应该何去何从？世道混浊不清，把蝉翼说成是重的，把千钧说成是轻的；黄钟被毁弃，陶锅反倒发出雷鸣般的响声；谗佞之人发达显扬，贤者却默默无闻。唉，还有什么可说的呢，有谁知道我廉正忠贞！"

詹尹于是放下筮草，辞谢说："尺有所短，寸有所长；事物总会有所不足，智者也有迷惑不解的时候；占卜有预料不到的地方，神明也有不能洞察的地方。坚持您的本心，行使您的本愿吧。灵龟和蓍草实在是不能知道这些事情。"

宋玉对楚王问

【原文】

楚襄王问于宋玉曰："先生其有遗行与？何士民众庶不誉之甚也？"

宋玉对曰："唯，然。有之。愿大王宽其罪，使得毕其辞。

"客有歌于郢中者，其始曰《下里》、《巴人》①，国中属而和者数千人②；其为《阳阿》、《薤露》③，国中属而和者数百人；其为《阳春》、《白雪》④，国中属而和者不过数十人；引商刻羽，杂以流徵，国中属而和者不过数人而已。是其曲弥高，其和弥寡。

“故鸟有凤而鱼有鲲[5]。凤凰上击九千里，绝云霓，负苍天，足乱浮云，翱翔乎杳冥之上；夫蕃篱之鷃[6]，岂能与之料天地之高哉！鲲鱼朝发昆仑之墟，暴鬐于碣石[7]，暮宿于孟诸[8]；夫尺泽之鲵[9]，岂能与之量江海之大哉！

“故非独鸟有凤而鱼有鲲也，士亦有之。夫圣人瑰意琦行，超然独处，世俗之民，又安知臣之所为哉？”

【注解】

①《下里》、《巴人》：楚国的通俗音乐。②属（zhǔ）：接续。③《阳阿》、《薤（xiè）露》：楚国比较高雅的音乐。④《阳春》、《白雪》：楚国的高雅音乐。⑤鲲（kūn）：传说中的大鱼。⑥鷃（yàn）：一种小鸟。⑦碣石：碣石山，在今河北昌黎北。⑧孟诸：古泽名，在今河南商丘东北。⑨鲵（ní）：小鱼。

【译文】

楚襄王问宋玉说：“先生大概有不检点的行为吧？不然士人百姓们何以对你如此不满呢？”

宋玉回答说：“是的，是这样。有这种事情，希望大王宽恕我的罪过，让我把话说完。

“有位客人在郢都城里唱歌，起初他唱《下里》、《巴人》，城中跟着应和的有数千人；后来唱《阳阿》、《薤露》，城中跟着应和的有数百人；等到唱《阳春》、《白雪》，城中跟着应和的只有数十人了；最后他引用商声，刻画羽声，再夹杂以流动的徵声相和成调，城中跟着应和的不过几个人而已。这样看来，所唱的曲子越是高妙，能相应和的人也就越少。

“所以鸟类中有凤而鱼类中有鲲。凤凰振翅高飞而上九千里之霄汉，凌驾于白云彩虹之上，背负苍天，双足搅乱浮云，翱翔在高邈的太空中；那落在篱笆之上的鷃雀，怎能和它一起去了解天地的高远呢！鲲鱼清晨从昆仑山脚出发，中午在渤海边的碣石山上晒脊背，夜晚就已经栖宿在孟诸的大泽里了；那浅水塘中的小鲵，怎能和它一样测算江海的宽广呢？

宋玉对楚王问。

“所以不只是鸟类中有凤、鱼类中有鲲，士人中也有杰出的英才。圣人有超越常人的思想和行为，超然物外，悠然独处，世俗的人又怎能理解我的作为呢？”

唐诗

唐诗是我国优秀的文学遗产之一，也是世界文学宝库中的一颗璀璨的明珠。尽管它产生的年代距今已有一千多年，但是作为中国传统文化瑰宝，唐诗的成就和影响是无可比拟的。唐代“童子解吟长恨曲，胡儿能唱《琵琶篇》”；今天的儿童也能背诵“春眠不觉晓”，或“床前明月光”。唐诗之所以如此深入民心，归根结底在于它永恒的艺术魅力。

回乡偶书 / 贺知章

少小离家老大回，乡音无改鬓毛衰①。
儿童相见不相识，笑问客从何处来？

【注解】

①衰：稀少。

【赏析】

唐天宝三载（744年），贺知章辞掉朝廷官位，返归故乡越州永兴（今浙江萧山）。当时，他已经八十六岁，离开故乡已经有五十余年了。诗人少年离家考取功名时充满远大抱负，雄姿英发，但再次返乡时却已鬓发斑白，人生暮年。看到故乡物是人非，诗人心头不禁涌出万般慨叹，因此写下本诗，表达了年华易逝、尘世沧桑的慨叹。本诗是难得的感怀佳作。《回乡偶书》中的“偶”字，不仅是说作本诗的偶然，还吐露出本诗的诗情源于生活、发于内心。

在前两句的描写中，诗人身处故乡熟悉而又陌生的环境中，一路走来，心情复杂，难以平静：当初离开故乡时，青春年少、风姿勃发；今朝返乡，鬓毛已斑白稀疏，不由得感慨万千。第一句，诗人以“少小离家”和“老大回”的对比，总括出自己几十年客居他乡的情况，暗露自己因“老大”而伤感的情绪。第二句，诗人用“鬓毛衰”承接上句，具体描写自己的衰老之态，并用未变的“乡音”衬托已变的“鬓毛”，暗含“我未忘故乡，故乡是否还记得我”的疑问，为下面两句写儿童因不认识而发问打下了伏笔。

诗的后面两句，诗人由描写充满慨叹的自我画像，转为描写富有戏剧性的儿童含笑发问的场面。“笑问客从何处来”一句，在儿童看来，仅是简单的一问，语尽则意尽；在诗人心中，却是一个沉重的打击，引出了他不尽的慨叹。诗人年老体衰及反主为宾的哀伤，全都蕴含在这看似平常的一句问话中了。整首诗就在这“有问无答”处悄悄结束。而诗句之外的含义却像空谷余音、哀伤婉转，久久萦绕不去。

就整首诗来看，前两句还算平淡，后两句，诗人却急转笔锋，另辟新境，写得十分巧妙：虽然抒写哀伤之情，却借助欢乐的场景来展现；虽然为了写自己，却通过写儿童来体现。而且，诗中所写的儿童发问的场景又非常富有生活趣味。就算读者不被诗人多年客居他乡、如今年老体衰的感伤所感染，也必定会被这一别有情趣的生活场景所感动。

登幽州台歌[①]/ 陈子昂

前不见古人，后不见来者。
念天地之悠悠，独怆然而涕下。

【注解】

① 幽州台：战国时燕昭王为招纳天下贤才而筑的高台。

【赏析】

本诗为诗人登幽州台抒怀之作。幽州台，即蓟北楼，又名燕台，史传为燕昭王为招揽人才而筑的黄金台。这首诗感慨深沉，语言苍劲奔放，可谓千古绝唱。后人评价陈子昂只此一诗足以令其流芳百世、名传千古。

陈子昂具有过人的政治见识和政治才能，他直言敢谏，但却不被武则天采纳，屡受打击，心情郁郁悲愤，并曾一度因“逆党”株连而入狱。他不仅不能实现政治抱负，反而受到排挤，因此万般苦闷。当他登上幽州台远眺时，想到古时的君臣风光无比，自己却一生坎坷，顿时感到生不逢时，一股悲切之情油然而生。他忍不住潸然泪下，随即以“山河依旧，人物不同”来表达自己的不满，抒发了壮志难酬、没有知音、孤单无助的悲愤。

从内容上看，前两句，诗人俯仰古今，写出了时间的绵长。第三句，诗人凭楼眺望，写出了空间的辽阔。第四句，诗人描绘了自己孤单寂寞、悲哀苦闷的情绪。全诗拓开一片广阔无垠的时空。这无垠的时空与诗人茕茕孑立的身影两相映照，分外动人。本诗境界辽远、意境绵长，反映了诗人的高尚情操。从艺术手法上看，一句与二句、三句与四句各自形成鲜明的对比，将本诗的情感表达得更为强烈。这首诗虽然短小，但大气磅礴，意蕴深远，感情丰富，语言凝练，句式长短不一，音节变化多端，为不可多得的佳作。

夜归鹿门山歌 / 孟浩然

山寺钟鸣昼已昏，渔梁渡头争渡喧[①]。
人随沙岸向江村，余亦乘舟归鹿门。
鹿门月照开烟树，忽到庞公栖隐处。
岩扉松径长寂寥，惟有幽人自来去[②]。

【注解】

① 渔梁：在襄阳东，离鹿门很近。《水经注·沔水注》载，“沔水中有渔梁洲，庞德公所居”。② 幽人：隐居之人，此指作者自己。

【赏析】

孟浩然家在襄阳城郊的岘山附近，汉江西岸。鹿门山则在汉江东岸，与岘山隔江相望，距离不远。汉末著名隐士庞德公因拒征而举家隐居鹿门山，从此鹿门山就成了隐逸胜地。孟浩然早先一直隐居于岘山南园的家里，四十岁赴长安谋仕不遇，遍游吴、越，数年后还乡，一心追随庞德公的行迹，在鹿门山寻一住处，故而题曰“夜归鹿门”，旨在标明这首诗是在歌咏归隐的情怀志趣。鹿门，山名，在今湖北省襄樊市。

前两句写傍晚江行见闻。诗人听着山寺传来黄昏报时的钟响，望见渡口人们抢渡回家的喧闹。这悠扬的钟声和嘈杂的人声，显出山寺之静和世俗之喧。两相对照，唤起读者联想，使诗人在船上闲望沉思的神情及潇洒超脱的风姿如在眼前。

三、四句写世人回家，而诗人离家前往鹿门。两样心情，两种归途，表现了诗人深谙隐逸之趣，悠然自得。

五、六句写诗人夜登鹿门山山路，在庞德公隐居之处，体会到隐逸之妙。“鹿门月照开烟树”，月光洒射山树带来朦胧的美感，令人陶醉。诗人似乎不知不觉之间就来到归隐之地，然后恍然大悟：原来庞德公就隐居在这里啊！这微妙的感受，亲切的体验，表现出深深的隐逸情趣和意境。诗人为大自然所融化，以至于忘乎所以。

最后两句描写“庞公栖隐处”的境况，点破隐逸的真谛。这“幽人”是庞德公和诗人的结合，因为诗人彻底领悟了隐逸之趣和真谛所在：在这个天地里，诗人与尘世隔绝，唯以山林为伴，却也有别样情趣。

本诗歌咏了清高隐逸的情怀志趣，感情真挚平淡，却尤见其美，读来颇像一则随笔素描的山水小记。但它的主题其实是抒写诗人清高隐逸的情怀志趣。诗中所写的从日落黄昏到月悬夜空，从汉江舟行到鹿门山途，实质上就是从尘杂世俗到寂寥自然的隐逸道路。

春晓 / 孟浩然

春眠不觉晓，处处闻啼鸟。
夜来风雨声，花落知多少。

【赏析】

这是一首仅仅二十字的惜春小诗，是诗人隐居在鹿门山时所作。本诗抒发了诗人晨起所感，处处表现了诗人爱春、惜春的心情，意境优美深远。春眠初醒，闻啼鸟而喜春，又忆及夜间风雨，担心吹落春花……初读似觉平淡无奇，再读便觉诗中另有天地。诗人抓住春晨生活的一个片段，以自己一觉醒来后瞬间的所听、所感为切入点，用极少的笔墨描绘了一幅清新明媚的春之晨景。

本诗在时间的跨越上，以及情感的细微变化上，都非常富有情趣，读来令人回味无穷。全诗语言明白晓畅，读起来朗朗上口，同时不失优美的韵致，情景交融，意味隽永，超凡脱俗，为五言绝句中之上上作，千百年来一直为人们所喜爱和传诵。

月下独酌 / 李白

花间一壶酒，独酌无相亲。
举杯邀明月，对影成三人。
月既不解饮，影徒随我身。
暂伴月将影①，行乐须及春②。
我歌月徘徊，我舞影零乱。
醒时同交欢，醉后各分散。
永结无情游③，相期邈云汉④。

【注解】

①将：和。②及：趁着。③无情：忘情。④云汉：天河、银河。

【赏析】

这是《月下独酌》四首中的第一首，表现了李白借酒浇愁的孤独苦闷心理。当时，唐朝开始败落，李林甫及其同党排除异己，把持朝政。李白性格孤傲，又“非廊庙器”，自然遭到排挤。但他身为封建士大夫，既无法改变现状，也没有其他前途可言，只好用饮酒、赏月打发时光，排遣心中孤寂苦闷。于是，有了这首诗。

本诗分为三个部分。头四句是第一部分，描写了人、月、影相伴对饮的画面。花间月下，“独酌无相亲”的诗人十分寂寞，于是将明月和自己的影子拉来，三“人”对酌。从一人到三“人”，场面仿佛热闹起来，但其实更加突显出诗人的孤独。

第五句到第八句是第二部分。诗人由月、影引发议论，点明“行乐须及春”的主旨。“月既不解饮，影徒随我身”：明月和影子毕竟不能喝酒，它们的陪伴其实是徒劳的。诗人只是暂借月、影为伴，在迷醉的春夜及时行乐。诗人的孤单寥落、苦中作乐跃然纸上。

最后六句是第三部分。诗人慢慢醉了，酒意大发，边歌边舞。歌时，月亮仿佛在徘徊聆听；舞时，影子似乎在摇摆共舞。但是，当诗人一醉不起，月亮与影子就马上各自分开。诗人想和“月”“影”真诚地缔结“永结无情游，相期邈云汉”之约，但它们毕竟“皆是无情物”，诗人的孤独苦闷溢于言表。

本诗用动写静，用热闹写孤寂，产生了强烈的艺术效果，既表现了诗人空有才华的寂寞，也表现了他孤傲不羁的性格。

将进酒 / 李白

君不见，黄河之水天上来，奔流到海不复回。
君不见，高堂明镜悲白发，朝如青丝暮成雪。
人生得意须尽欢，莫使金樽空对月。
天生我材必有用，千金散尽还复来。
烹羊宰牛且为乐，会须一饮三百杯①。
岑夫子，丹丘生②，将进酒，杯莫停。
与君歌一曲，请君为我倾耳听。
钟鼓馔玉何足贵③，但愿长醉不愿醒。
古来圣贤皆寂寞，唯有饮者留其名。
陈王昔时宴平乐④，斗酒十千恣欢谑⑤。
主人何为言少钱，径须沽取对君酌⑥。
五花马⑦，千金裘⑧，呼儿将出换美酒，与尔同销万古愁。

【注解】

①会须：正应当。②岑夫子、丹丘生：指岑勋和元丹丘。二人都是李白的朋友。③钟鼓馔玉：泛指豪门的奢华生活。钟鼓：指富贵人家宴会时使用的乐器。馔玉：精美的饭食。④陈王：指曹操之子曹植，曹植曾被封为陈王。⑤恣（zì）：尽情。⑥径：直接地。⑦五花马：毛色呈五种花纹的良马。⑧千金裘：价值千金的皮衣。

【赏析】

全诗融入了李白自长安放还以来胸中的诸多感慨，真实反映了他当时复杂而矛盾的思想感情，不但有对于时光易逝、人生苦短的慨叹，有对于人生应当及时行乐、放情言欢的强调，也有“天生我材必有用”的自我肯定，以及对于“古来圣贤皆寂寞”的悲愤。这种种情感与愁绪的宣泄都是围绕“酒”字展开，诗人在酒中找到了解脱苦闷的方法，满腔的激愤也终于在此畅饮时刻得以喷薄而出。从他这种无所节制、恣意纵情的豪饮当中，我们能够深深感受到他内心难以言状的无奈和痛苦，并且为他哀而不伤、悲而能壮的洒脱情怀所打动。

白雪歌送武判官归京 / 岑参

北风卷地白草折，胡天八月即飞雪。
忽如一夜春风来，千树万树梨花开。
散入珠帘湿罗幕，狐裘不暖锦衾薄①。
将军角弓不得控，都护铁衣冷难着②。
瀚海阑干百丈冰③，愁云惨淡万里凝。
中军置酒饮归客④，胡琴琵琶与羌笛。
纷纷暮雪下辕门，风掣红旗冻不翻⑤。
轮台东门送君去，去时雪满天山路⑥。
山回路转不见君，雪上空留马行处。

【注解】

①衾（qīn）：被子。②着（zhuó）：穿。③瀚海：大沙漠。阑干：纵横貌。④中军：此指中军帐内。⑤“风掣（chè）”句：意谓红旗已然冰冻，风吹时也不再飘动。⑥天山：在今新疆境内。

【赏析】

西北边地，八月飞雪，雪降有如一夜春风忽起，吹得万树枝头梨花绽放。

边地的雪纷纷扬扬，雪花飘入珠帘，浸湿了罗幕，那份冰冻寒冷，让狐裘不暖、锦被嫌薄，将军拉不开擅长的强弓，都护难以穿上护身的铠甲。无垠瀚漠，纵横的是百丈坚冰，天色惨淡，凝结着万里愁云。

就是在这样的一天，作者的朋友武判官将要返京，大家为他在中军帐置酒饯行。在胡琴、琵琶与羌笛的合奏声中，他们依依惜别，难分难舍，直至傍晚雪势又盛。

作者于轮台东门送别武判官，他看到皑皑白雪早把山路覆盖，心中不禁为友人的前程担忧。当友人的身影终于消失在这雪暮的山回路转之中，他空望着雪地上友人远走的行迹，久久不肯离去……

望岳 / 杜甫

岱宗夫如何①？齐鲁青未了。
造化钟神秀②，阴阳割昏晓。
荡胸生曾云③，决眦入归鸟④。
会当凌绝顶⑤，一览众山小。

【注解】

①岱宗：对泰山的尊称。②钟：赋予，集中。③曾：同“层”，重叠。④“决眦”句：意指山高鸟小，远望飞鸟，几乎要睁裂眼眶。决：裂开。眦（zì）：眼角。⑤会当：终当。

【赏析】

本诗约作于开元二十四年（736年），是诗人现存诗中创作年代最早的一首。《望岳》共有三首，分别歌咏了东岳泰山、南岳衡山和西岳华山。本诗是诗人第一次游历齐赵登泰山时所作。当时诗人站在五岳之尊的泰山之巅，心中涌现出无限感慨，于是挥笔写下了这首传世佳作。全诗朝气蓬勃，意蕴深远。

诗的前六句实写泰山之景。

前两句紧扣一个“望”字。第一句以设问的形式，写出了诗人初见泰山时的兴奋、惊叹和仰慕之情。第二句是以距离之远来烘托泰山之高。泰山南面鲁，北面齐，但是远在齐鲁两国国境之外就能望见，可见其高。“青未了”意思是说苍翠山色绵延无际。这句诗既写出了泰山周围的地理风貌，也突出了泰山山脉绵延的特点。

三、四句描绘诗人从近处看到的泰山，具体展现了泰山的秀丽之色和巍峨之态。“造化钟神秀”是说大自然好像对泰山情有独钟。一个“钟”字，将大自然拟人化，写得格外有情，好像大自然将灵秀之气全部赋予了泰山。“阴阳割昏晓”是写泰山极高，阳面和阴面判若晨昏。其中“割”字用得极妙，形象地刻画出泰山雄奇险峻的特点。

五、六句写诗人细望泰山所见之景。只见山中云雾弥漫，令人心怀激荡。由“归鸟”可知，当时已是傍晚，而诗人还在入神赏望。这两句从侧面体现出了泰山之美。

七、八句写诗人望泰山时的感受。“会当凌绝顶，一览众山小”两句诗，抒发了诗人不畏困难、敢于攀登绝顶的雄心壮志，表现出一种昂扬向上、积极进取的精神。这两句诗千百年来一直广为传诵，时至今日，依然具有普遍的激励意义。

全诗以“望”字统摄全篇，结构紧密，意境开阔，情景交融，形象鲜明，同时又不失雄浑的气势。

登高 / 杜甫

风急天高猿啸哀，渚清沙白鸟飞回[①]。
无边落木萧萧下，不尽长江滚滚来。
万里悲秋常作客，百年多病独登台[②]。
艰难苦恨繁霜鬓[③]，潦倒新停浊酒杯[④]。

【注解】

①渚：水中的小洲。回：回旋。②百年：一生。③繁霜鬓：两鬓白发日增。④“潦倒”句：这时杜甫正困顿多病而戒酒。

【赏析】

这首诗是杜甫于大历二年（767年）秋寄寓夔州时所作。诗人描绘了自己登高时所见的秋江之景，借此抒发了自己独自在外漂泊、孤苦无依的愁苦之情。本诗被称为“古今七言律诗之冠”。

首联围绕夔州的特定环境，写登高所见景象。夔州向以猿多著称，峡口更以风大闻名。秋日天高气爽，这里却猎猎多风。诗人登上高处，峡中不断传来“猿啸”之声，使人不禁想到“空谷传响，哀转久绝”之语。颔联集中描写了夔州秋天凄清肃杀、空旷辽阔的景色。诗人仰望苍茫无边、萧萧而下的木叶；俯视奔流不息、滚滚而来的江水，借景抒情，表达了自己凄苦的情怀。“无边”与“不尽”，“萧萧”与“滚滚”不仅对仗工整，而且放大了落叶、江水的阵势，将枯叶飘落时窸索的声音，江水奔流时光汹涌的情状描写得惟妙惟肖。首联和颔联描写秋景却未着一个“秋”字，直到颈联，诗人才通过“万里悲秋常作客”一句，明确点出了“秋”字。诗人“独登台”，目睹眼前苍凉萧索的秋景，不禁联想到自己漂泊异乡，年老多病，孤独无助的凄惨处境，于是顿生无限悲愁。最后，诗人将这深深的悲愁“归罪于”秋，认为是这秋景使自己如此悲伤，于是说“万里悲秋”。“常作客”说明诗人常年在外漂泊，居无定所。“百年”在这里指人到暮年。首联、颔联、颈联给人一种“飞扬震动”的感觉，而尾联突然以“软冷收之”。诗人这种写法，更使人感到一种深深的悲凉、凄惨之情。

统观全诗，前四句为写景，后四句为抒情。首联就像一幅工笔画一样，将眼前的具体景物从形、声、色、态等各方面进行描绘；颔联则像一幅写意画，将秋天肃杀的气氛渲染得淋漓尽致；颈联从时间、空间两方面进行叙述，写出了诗人漂泊在外、病苦迟暮的悲伤；尾联写诗人疾病逐日加重，终日困顿潦倒，而造成这一切的“罪魁祸首”却是艰难纷乱的世事。通过这两句，诗人将自己忧国忧民的情怀表露了出来。

登鹳雀楼①/王之涣

白日依山尽，黄河入海流。
欲穷千里目，更上一层楼。

【注解】

①鹳雀楼：在今山西永济。楼有三层，面对中条山，下临黄河。常有鹳雀停留其上，因称鹳

雀楼。

【赏析】

这首诗写诗人在登高望远中表现出来的不凡的胸襟抱负。诗句朴实简练、言浅意深，反映了盛唐时期人们昂扬向上的进取精神。鹳雀楼，唐代河中府西南城上的一座楼，因楼上常栖鹳雀，故名，在今山西省永济县蒲州镇。

本诗前两句侧重写“所见”。首句写远景，重点写山，写得景色恢弘、气象万千：诗人登楼遥望一轮落日向着楼前一望无际、连绵起伏的群山西沉，在视野的尽头冉冉而没。次句写近景，重点写水，写得景象壮观、气势磅礴：诗人目送流经楼前下方的黄河呼啸奔腾、滚滚南来，就像一条金色的丝带，飞舞在崇山峻岭之间，又在远处折而东向，流向大海。本诗后两句侧重写“所想”。“欲穷千里目”，写诗人一种无止境探求的愿望，还想看得更远，看到目力所能达到的最远处，而唯一的办法就是站得更高些，“更上一层楼”。“千里”“一层”，都是虚数，是诗人想象中纵横两方面的空间。“欲穷”“更上”中又包含了多少希望、多少憧憬。这两句诗是千古传诵的名句，既别翻新意、出人意料，又与前两句诗承接得十分自然紧密，表现了诗人向上进取的精神、旷达开阔的情怀，也道出了站得高才看得远的哲理。

相思 / 王维

红豆生南国，春来发几枝？
愿君多采撷[①]，此物最相思。

【注解】

①撷（xié）：摘。

【赏析】

本诗另题为《江上赠李龟年》，可以看出是诗人思念友人，借咏物寄托相思之情之作。

“南国”是红豆的产地，也是友人的所在地。首句“红豆生南国”因物而起兴，语句简单却形象饱满。紧接着，“春来发几枝”一句轻声发问，承接自然。诗人用问句的形式，使诗的语气变得亲切自然。在这里，诗人只问红豆不问友人，其实恰恰是借询问生长在南国的红豆来问候身在南国的友人。这一句借物传情，语浅情深，语淡情浓，耐人寻味。接下来一句，诗人寄语他人多多采摘红豆，仍然是言在此处而意在彼处。这一句表面看来，诗人只是劝友人多多采摘红豆，其实诗人是以红豆借指自己的思念，暗示自己对友人深厚的情谊；同时，这一句还隐含着诗人对友人殷殷的期盼：友人采摘红豆的时候，应该也会思念自己吧！诗人以这样含蓄隽永的方式表露内心的情怀，使诗情曲折而动人，语意深沉而绝妙。末句“此物最相思”点明题意，“相思”和第一句的“红豆”相照应，不但切合“相思子”之名，且又与相思之情相关联，具一语双关之妙。

渭城曲 / 王维

渭城朝雨浥轻尘[1]，客舍青青柳色新。
劝君更尽一杯酒，西出阳关无故人[2]。

【注解】

① 浥：润湿。② 阳关：在今甘肃敦煌西南，与玉门关一南一北，均为通西域的要隘。

【赏析】

这是一首送别友人的名作，写诗人送别友人出使安西的情景，表现了诗人家乡的风光美好、人情淳朴和诗人对故人的深厚情谊，抒写了诗人与故人惜别的怅惘感伤之情。本诗流传很广，被谱入乐曲《阳关三叠》，成为千古绝唱。安西，是唐中央政府为统辖西域地区而在龟兹城设立的安西都护府的简称，治所在今新疆库车县境。唐代时，从长安往西去，都要在渭城这里送别。渭城即秦都咸阳故城，在长安西北，渭水北岸。

诗的开头两句交代了诗人和友人分别的时间、地点和环境氛围：清晨，渭城旅舍；自东向西延伸、一望无际的驿道；驿道两旁、旅舍四周的柳树……这一切本是平淡无奇的景观，在这首诗中出现却令人顿觉风光如画、抒情意味极浓。寻其缘由，大概是因为"朝雨"在这里起了非常关键的作用。这场雨很小，仅仅能打湿尘土。此处西去的大路，往日车马飞奔，总是尘烟四起，今天却因这场"朝雨"显得干净、清新。三、四两句语意连贯，将一个最普通的送别场面写得非常感人。临别在即，千言万语却无从说起，无言的沉默只能令人更加伤感，因本诗人"劝君更尽一杯酒，西出阳关无故人（再干了这杯吧，出了阳关，可就再难见到老朋友了）"，企图打破这种沉默，也表达了他对朋友的深情厚谊。这"一杯酒"融入了诗人的全部感情，不仅有依依惜别的不舍，也有对友人即将面临处境的担忧，更有希望友人一路珍重的美好祝愿。

总之，本诗语短情长，风流蕴藉，诚挚的惜别之情更使它适合许多饯行宴席，因此后来被编入乐府，成为传唱不衰的名曲。

芙蓉楼送辛渐[1] / 王昌龄

寒雨连江夜入吴，平明送客楚山孤[2]。
洛阳亲友如相问，一片冰心在玉壶。

【注解】

① 芙蓉楼：旧址在今江苏镇江市。辛渐：王昌龄的朋友。② 平明：清晨。

【赏析】

本诗大约是在开元二十九年（741 年）以后，王昌龄在江宁（今南京市）任县丞时所写，是诗人为朋友辛渐所写的送别诗。芙蓉楼，在唐代润州城上西北，故址在今江苏镇江市。

第一句从昨夜之雨写起，为送别营造了清冷的氛围。蒙蒙的细雨笼罩着江宁，交织成一片没有边际的网。夜晚的雨增添了清寒的秋意，也渲染出离别的感伤气氛。第二句里的“平明”点出送友人的时间；“楚山孤”三个字，不仅写明了友人的去处，而且暗中表达了诗人送友人时的心情。第三、四句，诗人写的是自己，却仍与送别之意相吻合。上句一个“孤”字如同感情的引线，自然而然牵出了诗人后两句的临别叮咛之辞：“洛阳亲友如相问，一片冰心在玉壶。”诗人从清透无瑕的玉壶中捧出一颗晶莹纯洁的冰心，就比任何相思的言辞都更能表达他对亲友的深情。此外，诗人在这里也是用玉壶、冰心自喻，以表现自己高洁的品格和坚贞的信念。全诗情景交融，浑然融为一体，蕴涵着无穷的韵味。

山石 / 韩愈

山石荦确行径微①，黄昏到寺蝙蝠飞。
升堂坐阶新雨足，芭蕉叶大支子肥②。
僧言古壁佛画好，以火来照所见稀。
铺床拂席置羹饭，疏粝亦足饱我饥③。
夜深静卧百虫绝④，清月出岭光入扉。
天明独去无道路⑤，出入高下穷烟霏⑥。
山红涧碧纷烂漫，时见松枥皆十围⑦。
当流赤足踏涧石，水声激激风吹衣。
人生如此自可乐，岂必局促为人鞿。
嗟哉吾党二三子⑧，安得至老不更归。

【注解】

①荦（luò）确（què）：形容山路的险峻不平。②支子：即栀子，常绿灌木，夏季开白花，有浓香。

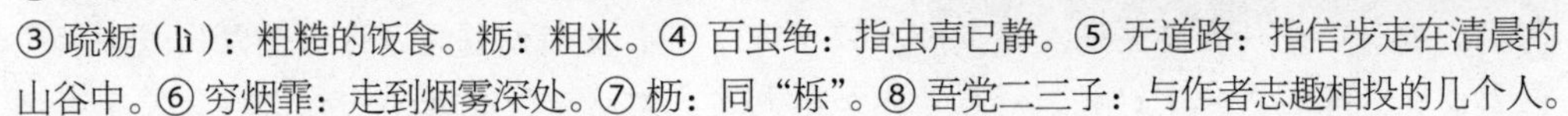

③疏粝（lì）：粗糙的饭食。粝：粗米。④百虫绝：指虫声已静。⑤无道路：指信步走在清晨的山谷中。⑥穷烟霏：走到烟雾深处。⑦枥：同“栎”。⑧吾党二三子：与作者志趣相投的几个人。

【赏析】

作者沿着崎岖不平的山间小路行走，黄昏时到达了惠林寺。新雨过后，他坐在寺堂前台阶上闲看风景，看到大叶的芭蕉、肥硕的栀子。热情的寺僧向作者推荐寺中的壁画，让他大饱眼福，又为他整理床铺、端来斋饭，虽然简陋，但作者非常满意。

山中的夜安静极了，甚至没有虫鸣，作者静卧在床上，看明月转出山岭，看门前一地的月光。第二天清晨，他又独自前往山间，饱览了火红山花、碧绿涧水的烂漫相映，领略了松树、栎树的高大挺拔，还光着脚过溪踏石，任清风穿过衣裳。

人生如此便可以快乐，作者于是不愿再去过仰人鼻息的幕僚生活，他宁愿在此，一直到老。

乌衣巷 / 刘禹锡

朱雀桥边野草花，乌衣巷口夕阳斜[①]。
旧时王谢堂前燕，飞入寻常百姓家。

【注解】

①斜：发“霞”音。

【赏析】

这是一首怀古诗，为《金陵五题》中的第二首，是刘禹锡最得意的怀古名篇之一。诗人抓住燕子自王、谢堂前飞入寻常人家的细节，描写了乌衣巷的巨大变化，并感事伤怀，抒发了深沉的今昔沧桑之感。

前两句以桥名、巷名为对，妙语天成。朱雀桥横跨在金陵秦淮河上，是由市中心通往乌衣巷的必经之路。朱雀桥同河南岸的乌衣巷，不仅地点相邻，而且都是历史上的名地。从字面上看，朱雀桥又和乌衣巷是天成的工整对仗。第一句中引人注意的是桥边杂生的“野草花”。“草花”之前加上一个“野”字，这就使景色增加了荒凉、偏僻之感。第二句中，诗人描绘“夕阳”又加上了一个“斜”字，突出了日落西山的暗淡情景。繁荣时代的乌衣巷口，应当是车马喧腾、人声鼎沸的；而今，诗人却用一点落日余晖，令乌衣巷全部笼罩在空寂、暗淡、悲凉的气氛之中。诗的后面两句，诗人忽然把笔墨转向乌衣巷上空正要回巢的飞燕，让人们顺着燕子飞翔的方向去了解，现在乌衣巷里住的已经是寻常的老百姓了。诗人还特别提到，这些飞进普通老百姓家中的燕子，就是曾在豪门世族高堂上栖居过的那些燕子。“旧时”两字，赋予燕子以历史见证人的身份。“寻常”二字，又特别强调了今日的居民是多么不同于往昔。从这两句中，我们可以清晰地听到诗人对这一变化发出的沧海桑田的无限感慨。整首诗含蓄蕴藉，意味深长。诗中意象别具匠心，感慨与议论藏而不言。

江雪 / 柳宗元

千山鸟飞绝，万径人踪灭。
孤舟蓑笠翁[①]，独钓寒江雪。

【注解】

①蓑笠翁：披蓑衣、戴斗笠的渔翁。

【赏析】

这首五言绝句，是柳宗元的代表作品之一，约作于谪居永州（今湖南零陵）期间。柳宗元被贬永州，政治的失意使他的精神上受到了很大打击。于是，他就借描写山水景物，借歌咏隐居在山水之间的逸士，来寄托自己清高而孤傲的情寂悲凉之情。全诗虽然只有二十字，但画面感极强，且情景交融，浑然一体。

本诗的构思十分精巧，诗人综合使用了对比、衬托的写作手法：以千山万径的辽阔衬托孤舟渔翁的微小；以鸟绝人无的寂灭对比渔翁垂钓的情趣；以画面的静谧、清冷衬托人物内心思绪的翻涌。

本诗的特点，首先是营造了冷峻、凄寒的艺术氛围。单纯就诗的字词来看，第三句“孤舟蓑笠翁”好像是诗人描写的重点，占了整个画面的主要位置：一个披蓑戴笠的老渔翁独坐于小舟上垂钓。这一句中的“孤”“独”两字显示出老翁的远离凡尘，及其超凡脱俗、清高孤傲的个性特点。诗人所要表达的主题在此已经显示出来，然而诗人还觉得意兴不够，便又为渔翁用心营造了一个辽阔无垠、万物无声的艺术境界：远处山峰高耸，万条小路纵横，只是山间没有一只飞鸟，路上没有一个行人。大雪带来的寒冷造就了一个白茫茫的清冷世界。这一背景清晰地衬托出老渔翁孤单、渺小的身影。在这一时刻，他的内心会是多么孤寂、凄冷啊！此处，诗人运用烘托和渲染的写作手法，着重描写老渔翁垂钓之时的天气情况及周边景致，轻描淡写，寥寥数语就营造出冷峻、凄寒的抒情氛围。

本诗的第二个特点是，生动地表现了诗人被贬永州后不甘屈从而又深感孤寂的内心状态。在“永贞革新”失败之后，柳宗元接连遭到贬谪，但仍保持着一种坚贞不屈的精神状态。他所作的“永州八记”，专门描写偏远穷困地区的风景，借文章表达思想，寄托情怀。在柳宗元的诗文中，不论是一棵草还是一株树，都反映出他极其孤寂、凄苦、落寞的心情，充分体现了他超凡脱俗、清高孤傲的个性。本诗中的老渔翁，独处凄寒、清冷的境界而依然故我，进入杳无人烟的环境仍泰然自若。他的风度、气概，以及坚贞不变的心态，难道不令人敬慕吗？

结构清晰、构思巧妙，是本诗的另一个特点。诗的题目为“江雪”，然而诗人落笔处并未点题。他先描写了千山万径的寂静和凄冷。随后，诗人突转笔锋，描写了正在孤船中垂钓的披蓑戴笠的渔翁形象。直至诗的结尾诗人才写出“寒江雪”三个字，正面点破题目。茫茫的天际，白雪覆盖的大地，这种辽远的景象十分吸引人。读到最后，倒过头来再读整首诗，读者心中就会不禁生发出一种豁然开阔明亮的感觉。

长恨歌 / 白居易

汉皇重色思倾国[①]，御宇多年求不得[②]。
杨家有女初长成，养在深闺人未识。
天生丽质难自弃，一朝选在君王侧。
回眸一笑百媚生，六宫粉黛无颜色。

春寒赐浴华清池，温泉水滑洗凝脂。
侍儿扶起娇无力，始是新承恩泽时。
云鬓花颜金步摇，芙蓉帐暖度春宵。
春宵苦短日高起，从此君王不早朝。
承欢侍宴无闲暇，春从春游夜专夜。
后宫佳丽三千人，三千宠爱在一身。
金屋妆成娇侍夜，玉楼宴罢醉和春[③]。
姊妹弟兄皆列土[④]，可怜光彩生门户。
遂令天下父母心，不重生男重生女。
骊宫高处入青云，仙乐风飘处处闻。
缓歌慢舞凝丝竹[⑤]，尽日君王看不足。
渔阳鞞鼓动地来[⑥]，惊破霓裳羽衣曲。
九重城阙烟尘生，千乘万骑西南行。
翠华摇摇行复止[⑦]，西出都门百余里。
六军不发无奈何，宛转蛾眉马前死。
花钿委地无人收[⑧]，翠翘金雀玉搔头[⑨]。
君王掩面救不得，回看血泪相和流。
黄埃散漫风萧索，云栈萦纡登剑阁[⑩]。
峨嵋山下少人行，旌旗无光日色薄。
蜀江水碧蜀山青，圣主朝朝暮暮情。
行宫见月伤心色，夜雨闻铃肠断声。
天旋地转回龙驭[⑪]，到此踌躇不能去。
马嵬坡下泥土中，不见玉颜空死处。
君臣相顾尽沾衣，东望都门信马归[⑫]。
归来池苑皆依旧，太液芙蓉未央柳[⑬]。
芙蓉如面柳如眉，对此如何不泪垂？
春风桃李花开夜，秋雨梧桐叶落时。
西宫南内多秋草，宫叶满阶红不扫。
梨园弟子白发新，椒房阿监青娥老[⑭]。
夕殿萤飞思悄然，孤灯挑尽未成眠。
迟迟钟鼓初长夜，耿耿星河欲曙天。
鸳鸯瓦冷霜华重，翡翠衾寒谁与共。
悠悠生死别经年，魂魄不曾来入梦。
临邛道士鸿都客[⑮]，能以精诚致魂魄[⑯]。
为感君王辗转思，遂教方士殷勤觅[⑰]。
排空驭气奔如电，升天入地求之遍。
上穷碧落下黄泉，两处茫茫皆不见。
忽闻海上有仙山，山在虚无缥缈间。

楼阁玲珑五云起，其中绰约多仙子。
中有一人字太真[18]，雪肤花貌参差是。
金阙西厢叩玉扃[19]，转教小玉报双成[20]。
闻道汉家天子使，九华帐里梦魂惊。
揽衣推枕起徘徊，珠箔银屏迤逦开[21]。
云鬓半偏新睡觉[22]，花冠不整下堂来。
风吹仙袂飘飖举[23]，犹似霓裳羽衣舞。
玉容寂寞泪阑干[24]，梨花一枝春带雨。
含情凝睇谢君王[25]，一别音容两渺茫。
昭阳殿里恩爱绝，蓬莱宫中日月长。
回头下望人寰处，不见长安见尘雾。
惟将旧物表深情，钿合金钗寄将去。
钗留一股合一扇，钗擘黄金合分钿[26]。
但教心似金钿坚，天上人间会相见。
临别殷勤重寄词，词中有誓两心知。
七月七日长生殿，夜半无人私语时。
在天愿作比翼鸟，在地愿为连理枝。
天长地久有时尽，此恨绵绵无绝期。

【注解】

①汉皇：指唐玄宗。②御宇：统御天下。③醉和春：醉意伴随着春意。④列土：分封领地。⑤凝丝竹：喻歌舞紧扣音乐声。⑥“渔阳”句：指安禄山在渔阳起兵叛乱。鼙（pí）鼓：中国古代军队中用的小鼓。⑦翠华：皇帝仪仗中用翠鸟羽毛作装饰的旗帜。⑧花钿（diàn）：花朵形首饰。⑨翠翘、金雀、玉搔头：均是杨妃所佩戴的钗簪。⑩云栈（zhàn）：高入云霄的栈道。剑阁：在今四川剑阁县东北大剑山、小剑山之间，为由陕入川的必经之路。⑪“天旋”句：指局势转变，玄宗还京。龙驭（yù）：皇帝的车驾。⑫信马归：任马驰骋而归。⑬太液：太液池。未央：未央宫。⑭椒房：后妃们住的地方。阿监：指宫中女官。⑮“临邛（qióng）”句：意谓来自蜀中，作客长安的道士。临邛：今四川邛崃县。鸿都：汉宫门名，此指长安。⑯致魂魄：将灵魂召来。⑰方士：有道术的人。⑱太真：杨贵妃为女道士时号太真。⑲扃（jiōng）：门户。⑳转教：指请侍女通报。小玉、双成：指太真侍女。㉑珠箔：珠帘。迤逦开：谓层层敞开。㉒新睡觉：刚睡醒。㉓袂（mèi）：衣袖。㉔阑干：形容泪水横流的样子。㉕凝睇（dì）：凝视。㉖擘（bāi）：分开。

【赏析】

白居易的《长恨歌》是古典诗歌中的不朽之作，从它问世到现在十几个世纪的漫长岁月里，始终是传唱不衰，保持着极强的生命力。作者作此歌的初衷本是“惩尤物，窒乱阶，垂于将来”（《长恨歌传》），可以说是将《长恨歌》的主题定为了“耽色误国”，然而却在写作的过程当中为李、杨二人凄美的爱情故事所裹挟，不由自主地写出了这首千古绝唱。全诗将叙事、写景、抒情三者完美地结合在一起，将一幅幅浸透人间悲喜、饱含荣枯变化的画面展现在人们面前，动情讲述了一个朝代由盛而衰的历史，一位帝王由喜而悲的爱情，旷世的爱情与流传千古的佳句同样具有无穷魅力，超越了时空的阻隔和生命的极限，最终达到一种永恒的境界。

赤壁 / 杜牧

折戟沉沙铁未销，自将磨洗认前朝。
东风不与周郎便，铜雀春深锁二乔①。

【注解】

①铜雀：即铜雀台，建安十五年曹操在邺城所建。故址在今河北临漳。因台上有楼，楼顶有一丈五尺高的铜雀而得名，为曹操晚年享乐之处。二乔：大乔、小乔，以美貌著称于世。大乔嫁给了孙策，小乔嫁给了周瑜。

【赏析】

诗人杜牧任黄州刺史期间，曾游览赤壁（即今湖北武昌西南赤矶山）这个著名的古战场，有感于东汉时代的英雄成败，抚今追昔，怀古咏叹，便作本诗。诗以地名为题，实则是怀古咏史之作。诗人借观看赤壁遗物断戟追想当年周瑜的成功是由于巧遇东风出于侥幸，不然连二乔都将为曹操所有。本诗构思精巧，含蓄地抒写了诗人怀才不遇的愤激和苦闷。

诗的前两句借一件古物来表达诗人对前朝旧事——赤壁之战的感慨。这件古物是一支折断的铁戟，被埋没在水底泥沙中六百多年，一直没有被腐蚀掉，终于被人发现。经过后人考证，确定了它是赤壁之战的遗物。这件不太起眼的破损兵器使诗人心中不禁涌出了一种"怀古之幽情"，他联想到了汉末那个天下大乱的时代，想起了那次决定了三国鼎立之势的重大战役，以及那一战中起了决定作用的人物。

三、四句是议论。在赤壁之战中，东吴主将周瑜凭借火攻，以少胜多，大胜曹军八十万。而火攻能够发挥作用，恰恰是因为战争的关键时刻刮起了强劲的东风。所以诗人评论这场大战的成败缘由，就从获胜者周瑜以及他赖以取胜的东风着笔了。又因为取胜的原因最终要归于东风，所以诗人将东风置于更重要的位子上。不过，诗人并没有正面描述东风为周瑜取胜发挥了多大作用，而是从反面论述：要是东风没有给周瑜行方便，那么赤壁之战就是另外一个结局，历史走向就会发生改变。接下来，诗人假设了曹军取胜，刘备、孙权联军失败的后果。他没有从政治、军事方面来铺陈直叙，而只是假设了两个闻名于时的美女——孙策的妻子大乔和周瑜的妻子小乔的命运。诗人认为，曹操真成了胜利者，一定会将大乔和小乔掳走，关在铜雀台（位于今河北临漳境内，古称邺，曹操曾在此修铜雀、金虎、冰井三台），供自己享乐。诗人通过"铜雀春深锁二乔"这一形象生动的诗句，以小见大，体现了他在艺术处理上的独特之处。

锦瑟 / 李商隐

锦瑟无端五十弦①，一弦一柱思华年。
庄生晓梦迷蝴蝶②，望帝春心托杜鹃③。
沧海月明珠有泪④，蓝田日暖玉生烟⑤。
此情可待成追忆，只是当时已惘然。

【注解】

①锦瑟：装饰华美的瑟。②“庄生”句：庄子曾经梦见自已化成蝴蝶翩翩起舞。③“望帝”句：相传蜀望帝杜宇死后其魂化为子规，即杜鹃鸟，鸣声凄厉哀怨，啼血方止。④“沧海”句：传说南海外鲛人，泣泪而成珠。⑤蓝田：山名，在今陕西，产美玉。

【赏析】

这首诗是李商隐的代表作，极负盛名，爱诗者无不喜吟乐道；然而，它又是最难懂的一首诗。对于本诗的主题，自宋元以来，众说纷纭，莫衷一是，有“爱情”“悼亡”“音乐”等。诗题“锦瑟”，用了起句的头二个字。旧说中有一种观点，认为这是一首咏物诗。但近来注解家似乎都主张，这首诗与瑟事无关，实是一篇借瑟以隐题的“无题”之作。从诗意来揣摩，认为本诗是诗人自伤身世之作的说法还是占主流。

首联两句，诗人以锦瑟起兴，引起对“华年”的追忆，有无限伤感之意。次句中的“一弦一柱”指一音一节，其关键在于“思华年”三字。一个“思”字，为全诗奠定了基调。

颔联中，诗人连用庄周和杜宇的典故，托故事言己情。“庄生晓梦”隐约包含着美好之意，却又是缥缈的梦境。在《寰宇记》中，子规就是杜鹃。这些与锦瑟又有什么关系呢？可能是锦瑟之妙音怨曲，引起了诗人无限的情思：往事如梦幻一般，所遭遇的不幸，无处倾诉，只好如望帝托杜鹃诉说春心。

颈联中，诗人连用传说，融情于其中，创造出了一种难以言说的完美境界。相传，珍珠是由南海鲛人（神话中的人鱼）的眼泪变成的。鲛人泣泪，颗颗成珠，是海中的奇情异景。月本天上明珠，珠似水中明月。由此皎月落于沧海之间，明珠泣于眼波之际，月、珠、泪，三位一体，在诗人笔下，构成了一个清怨的妙境。而传说盛产美玉的蓝田，经过旭日照射，会升腾起“玉气”（古人认为玉中藏有精气）。但玉气妙在只能远观，近看就消散无踪。因此，“玉生烟”是形容一种渴望不可即的处境。“珠泪”“玉烟”相互映衬，体现了诗人一种难以言表的惆怅心境。

尾联拢束全篇，明白提出“此情”二字，与首联中的“思华年”相呼应。诗人用两句话表出了几层曲折，而几层曲折又只是为了说明“此情”。“此情”到底为何情，耐人寻味。

全诗巧妙运用比喻和象征，情意含蓄、感慨深长，为难得的诗中上品。

无题 / 李商隐

昨夜星辰昨夜风，画楼西畔桂堂东。
身无彩凤双飞翼，心有灵犀一点通①。
隔座送钩春酒暖②，分曹射覆蜡灯红③。
嗟余听鼓应官去⑤，走马兰台类转蓬⑤。

【注解】

①灵犀：旧说犀牛角中有白纹如线，直通两端。②送钩：古时的一种游戏，将钩暗中传递，藏于一人手中，未猜中者罚酒。③分曹：分组。射覆：将东西放在器物下面让人猜。④鼓：更鼓。应官：办理官差。⑤兰台：即秘书省。

【赏析】

关于昨夜的记忆，最亲切的感触是闪烁的星光、温馨的和风，而在画楼西、桂堂东，作者又遭遇了最动人的邂逅。那份两情相悦的默契，让你相信即便没有彩凤的双翼，心灵间的灵犀也能冲破重重阻隔，清楚而完满地传递、表达各自的心意。

昨天晚上的欢宴，隔座送钩，分组射覆，因为有了她的存在而更觉春意融融，酒格外暖心、灯红得迷人。

在清寥的今夜回忆醉人的昨夜，作者想到她是否正身处新一轮的笑语欢歌。在不知不觉中，上差的鼓声已经敲响，他又不得不走马兰台，孤单渺小得就好像是随风飘转的飞蓬。

金缕衣 / 杜秋娘

劝君莫惜金缕衣，劝君惜取少年时。
花开堪折直须折①，莫待无花空折枝。

【注解】

①直须：就须。

【赏析】

这首诗歌流行于中唐时期。诗以浅近的语言、形象的比喻，劝告人们不要追求荣华富贵，而要爱惜光阴、珍惜青春。全诗富有哲理性，含义深远。具体诗人是谁已不可考，有的唐诗选本将其作者直接注为杜秋娘。据记载，杜秋娘是金陵人，十五岁成为李锜之妾，后因李锜谋反被送入宫中，得到宪宗宠爱。后穆宗即位，封她为皇子傅母。皇子被废后，她回到故里，穷困凄苦，无依无靠。金缕衣，当属唐代乐府新题。

一、二句句式相同，都以“劝君”开始。“惜”字两次出现，但第一句是“劝君莫惜”，第二句是“劝君惜取”，形成重复中的鲜明对比。“金缕衣”是华贵之物，诗人却“劝君莫惜”，可见还有比它更珍贵的东西，那就是“少年时”。因此诗人“劝君惜取少年时”。诗人一劝再劝君，使用对白，情意殷切。第一句否定，第二句肯定，否定第一句是为了肯定第二句，这种写法使诗歌形成了一个反复咏叹的过程，使诗歌的旋律和节奏曲折缓慢，既体现了歌曲的韵律美，又展现了楚楚动人的风韵。

三、四句构成第二次反复和咏叹，还是强调莫负好时光。从句式来看，三、四句与一、二句类似，但在表现手法上又有所差异。一、二句直抒胸臆，三、四句却用了譬喻的方式，重复之中变化可见。三、四句不似一、二句那般句式整齐，但含义是彼此呼应恰到好处的。第三句劝告对方“有花”时应如何做，第四句假设“无花”时的后果。另外诗人又以“须”字和“莫”字对立，使两句话的意思紧密地联系起来。“有花堪折直须折”从正面劝告人们珍惜光阴、及时行乐；“莫待无花空折枝”从反面说不能珍惜时光的后果，再次表达同样的意思。这两句可以看作“劝君”的继续，但语调却由缓慢变得急促、激烈，力度很强。“花”字出现两次，“折”字竟然出现了三次，形成了一种回文式的美感。诗句大胆表达了对快乐的追求、对青春的热爱，热情真挚、豪放直率，令人深受感染。此外，一系列字与字的重叠、句与句的反复，更使得诗歌朗朗上口，充满韵律美，含义也显得愈加悠远绵长。

宋词

每一个历史时期，都有一种代表文体，汉有赋，唐有诗，宋有词。词形成于唐代，经过长期的不断发展，到了宋代进入全盛时期，成为一种完全独立的文学形式。作为中国文学宝库中一颗宝贵的明珠，一千多年来，宋词一直高悬于历史的长空，闪耀着夺目的光彩。经过这许久的历史沉淀，在今天的社会里，它仍散发出巨大的艺术魅力。

渔家傲 秋思 / 范仲淹

塞下秋来风景异，衡阳雁去无留意①。四面边声连角起②。千嶂里③，长烟落日孤城闭。

浊酒一杯家万里，燕然未勒归无计④。羌管悠悠霜满地。人不寐，将军白发征夫泪。

【注解】

①衡阳雁去：古人认为大雁南飞至衡阳而止。②边声：边境上的马嘶、风号等声音。角：军中号角。③嶂：形容高险如屏障的山峦。④燕然未勒：意谓外患未平。燕然：东汉窦宪大破北匈奴后，曾登燕然山（蒙古杭爱山）刻石纪功。勒：刻。

【赏析】

这首词作于仁宗康定元年（1040年）至庆历三年（1043年）间，当时词人正在西北边塞的军中任职。

词的上半部分着重写景，景中有情。上片写塞北风光，词人通过“风景异”“衡阳雁去”“四面边声”“千嶂”“长烟落日”以及“孤城”等一系列意象的连缀勾勒出一幅当地独有的戍边图。塞北秋寒，荒芜萧索，边声连角，雁到不息，可见此地的条件是何等艰苦。词的下半部分着重抒情，沉重的乡愁，付与一杯浊酒；满腔的离恨，化作羌音悠悠。夜深人静的时候，呜咽的羌音、满地的寒霜让人心生凄凉和哀愁。主人公不能入眠，想到这些将士的心理：既想固守边塞，杀敌报效朝廷，又受乡情萦绕，挥之不去。此处暗含着词人对统治者治国政策的质疑，同时也流露出渴望保家卫国、战场杀敌的豪情。

雨霖铃 / 柳永

寒蝉凄切。对长亭晚，骤雨初歇。都门帐饮无绪[①]，留恋处、兰舟催发。执手相看泪眼，竟无语凝噎[②]。念去去、千里烟波，暮霭沉沉楚天阔。

多情自古伤离别，更那堪冷落清秋节！今宵酒醒何处？杨柳岸、晓风残月。此去经年[③]，应是良辰好景虚设。便纵有、千种风情，更与何人说？

【注解】

① 都门帐饮：意谓于京城郊外搭帐设宴饯别。② 凝噎（yē）：形容喉咙里像塞了东西，说不出话来。③ 经年：年复一年。

【赏析】

这首词作为柳永同时也是宋朝婉约词派的代表作，真切再现了情人别离时恋恋不舍、缠绵哀怨的情景，至今仍被人们反复咏唱。

上片细腻地刻画了情人诀别的场景，抒发离情别绪。一开篇，词人便用“寒蝉凄切。对长亭晚，骤雨初歇”三句点明了送别时的环境：凄清阴冷的深秋，雨后黄昏，京城外的长亭边。夜幕苍茫，大雨初停，晚蝉哀鸣，凡所见闻，处处悲凉。“都门”以下五句，顿挫有致，回环往复，把读者的同情之心都勾动起来，与词人同悲伤、同啜泣。此刻烦乱的心绪，只能用“剪不断，理还乱”来描摹了。面对即将到来的别离，珍馐美食也失去了滋味，可见两人感情之深。然而，两人正难舍难分，却无奈“兰舟催发”。此句将词人不忍离去、恋恋不舍，却又不能不离去的无奈和现实的不尽人意、残酷无情表达了出来，言简而意丰。“执手”二句又进一步描摹当时的痛苦。两人手牵手，久久相望，千言万语，已经不知该从何说起。“念去去”三句，则似奔腾的江流一泻千里一样，直抒胸臆，爽快干脆。“念”字作领，设想别后道路多么遥远。“去去”二字用得极妙，远行之人不愿走，却不得不走，想想到时越走越远，眼前只剩“千里烟波，暮霭沉沉楚天阔”的情景，就让人感到无比凄楚。虽然从表面上看，浩渺的烟波、沉沉的暮霭、辽阔的天空，都是在写景，但实际上，这些景物无不包含着浓浓的愁绪，暗示远行之人前途渺茫，一对恋人相见遥遥无期。通过这两句的承接，很自然便由上片的实写转到下片的虚写。

下片中，词人着重摹写想象中别后的凄楚情状。一开头，词人并没有着急设想别后的情景，而是宕开一笔，说“多情自

古伤离别”，通过“自古”二字，把目前自己的个别情况提升为一个广泛现象。而“更那堪、冷落清秋节”，又从普遍现象回归到自己的个别情况，强调自己与别人相比，承受了更多的痛苦。江淹的《别赋》中有“黯然销魂者唯别而已矣”之句，而本词词人正是把这种感受糅进自己的作品中，并为之赋予新意，使这种别情更“黯然销魂”。“今宵”三句接着前面的设想，进一步想象别后的孤独凄凉。远行之人独自饮酒、醉酒，酒醒后看到了“杨柳”“残月”，感受到了“晓风”。而这几处“景”却个个都表达了词人的“情”，即所谓的“用景写情”，“景语即情语”。明写杨柳依依，实则通过“柳”与“留”之谐音，暗写别时依依不舍之情；明写“晓风”，实则通过写其清冷萧索，暗写别后的孤独寒心；明写“残月”，实则通过写其破碎，暗写与恋人难以相见。通过景语写情，词作显得更加含蓄，别后之人孤独、忧伤、惆怅的心绪，也被表现得更加形象、真实，从而产生了一种独特的意境。正因如此，此句也成为了千古传诵的名句。“此去”二句继续对别后的情况进行设想，想象自己孤身一人，纵使有良辰好景，对于自己来说也是形同虚设。心中的痛苦又被加深了。最后两句顺着上面的设想继续深入，感叹就算有万种风情，也由于后会无期而不知向谁诉说，从而把离情艺术地推向高潮。

这首词遣词造句不着一丝痕迹，绘景直白自然，场面栩栩如生，起承转合优雅从容，情景交融，蕴藉深沉；笔下的各种景物莫不含情，把一腔离愁铺满天地古今。若此者，柳屯田之外，词坛又有几人！

望海潮 / 柳永

东南形胜①，三吴都会②，钱塘自古繁华。烟柳画桥，风帘翠幕，参差十万人家。云树绕堤沙，怒涛卷霜雪，天堑无涯③。市列珠玑④，户盈罗绮竞豪奢⑤。

重湖叠巘清嘉⑥，有三秋桂子，十里荷花。羌管弄晴，菱歌泛夜⑦，嬉嬉钓叟莲娃。千骑拥高牙⑧，乘醉听箫鼓，吟赏烟霞。异日图将好景⑨，归去凤池夸⑩。

【注解】

①形胜：形势重要，交通便利。②三吴：此处泛指江浙的广大地区。③天堑：天然的险阻。此处指钱塘江。④珠玑（jī）：珠宝。⑤罗绮：绫罗绸缎。⑥重湖：北宋时西湖已有里湖、外湖之分，故云。叠巘（yǎn）：层叠的山峦。⑦菱歌：采菱女子们唱的歌曲。⑧高牙：本指军前大旗，此处指高官的仪仗旗帜。⑨异日：他日。图：描绘。⑩凤池：凤凰池，此处指代朝廷。

【赏析】

既是东南地区的交通枢纽，又是三吴等地的重要都市，杭州自古以来便以繁华闻名。那轻烟笼罩的杨柳，美丽精致的画桥，各式各样的竹帘翠幕，参差错落在十万人家之间。你还能看到望之如云的树木环抱着沙堤，澎湃似怒的海潮卷起白浪，以及壮美钱塘江的无边无涯。如果走在街市，处处都是炫目的珠光宝气、锦缎光华。

谈到秀美多姿，那就一定要说说杭州的重湖群山。你可以于秋季到山中寻桂子，可以在夏季观览湖中的十里荷花；坐在西湖岸边，可以晴天听羌管，夜来听菱歌，喜看湖中的渔翁和采莲姑娘。如果有幸跟随将军的盛大仪仗出游，则可以乘醉听箫鼓，吟赏烟霞。

作者赞叹杭州的富庶美丽，他不但以文记述，更要以画描摹，以便他日前往京城时，好向同僚夸。

浣溪沙 / 晏殊

一曲新词酒一杯，去年天气旧亭台。夕阳西下几时回？

无可奈何花落去，似曾相识燕归来。小园香径独徘徊。

【赏析】

本篇为暮春伤怀之作，是晏殊最为著名的词作之一。本词描写词人因傍晚饮酒听曲引起对往事的回忆，慨叹时光流逝物是人非，惋惜春光美景不能常在。词中表露出对美好事物消逝的深深惆怅感伤，蕴涵了珍视人生的哲理。

词以“一曲新词酒一杯”开篇，写对酒听歌的境况，这潇洒安闲的状态不由得勾起“去年天气旧亭台”的回忆：去年是和今年一样的天气，还是这座“旧亭台”，一样的清歌美酒，但在这一切表象下，有些东西分明已不知不觉发生了变化。岁月悠悠流逝了，世事亦改变了，想到这些，词人不禁发出感叹：“夕阳西下几时回？”此句不仅仅是即景兴感，仅限眼前情景，还扩展到整个人生，包含对逝去时光的留恋，对美好事物难以重现的失望。夕阳西下，无法阻止，但却有再东升的时候，可流逝的时光、过去的人和事，却再也追寻不来了。词人哲理性的沉思，为本词罩上了哀伤的情调。

“无可奈何花落去，似曾相识燕归来”一联自然工丽，风韵天然，被誉为“奇偶”。这也是本词出名的原因。这一联蕴含的意境同样忧伤：花落春逝，同样是不可抗拒的自然规律，任凭怎样惋惜流连也“无可奈何”，承接上文的“夕阳西下”；但在这暮春季节中，同样还有让人欣慰的景象：那翩翩飞回的燕子不就是去年的相识吗？恰呼应上文的“几时回”。虽然花落、燕归都是眼前景，但“无可奈何”“似曾相识”却扩大了它们的内涵，使它们成为美好事物的象征。这些惋惜和欣慰交织在一起，说明某种人生哲理：虽有一些美好的事物必然会逝去并且我们无法阻止其消逝，但同时还有一些美好的事物仍会再现，生活不会变成虚无。只是那些重现不会原封不动地令美好的事物回归，不过“似曾相识”而已。“小园香径独徘徊”转回写景，词人以此结尾，含蓄而意味深长。

全词语言通俗晓畅，情中有思，笔调婉雅，语意蕴藉含蓄，耐人寻味，是宋词中脍炙人口、广为传诵的名篇。

蝶恋花 / 晏殊

槛菊愁烟兰泣露[①]，罗幕轻寒[②]，燕子双飞去。明月不谙离恨苦[③]，斜光到晓穿朱户。

昨夜西风凋碧树，独上高楼，望尽天涯路。欲寄彩笺兼尺素[④]，山长水阔知何处？

【注解】

① 槛菊：栏杆旁的菊花。② 罗幕：丝罗做的帷幕，此指屋内。③ 谙：知晓。④ 彩笺兼尺素：指书信、题诗。

【赏析】

此词为一首伤离怀远之作，词人以疏淡的笔墨、温婉的格调、谨严的章法，传达出暮秋怀人之情。

上片描写的是苑中景物，是词人清晨所见。“槛菊愁烟兰泣露”写秋晨的菊花和兰花，在词人看来，菊花笼罩着一层愁惨的烟雾，兰花上的露珠好像是它饮泣的泪珠，这一亦真亦幻的场景，透露出词人悲凉、迷离而又孤寂的心境。“罗幕轻寒，燕子双飞去”写清晨燕子穿过帘幕飞出去的情景，表面上写燕子因罗幕轻寒而飞走，实则是词人感情的写照。接下来两句借明月烘托愁苦，词人责怪“明月不谙离恨苦”，其实是嫉妒月光的皎洁，反衬出自己的悲凉。

下片写登楼望远，“昨夜西风凋碧树”写西风之凛冽，吹落绿树，为固有的凄楚气氛平添出几分落寞与萧瑟；“独上高楼”明写孤独，而“望尽”极言眺望之远，也反映出其凝神已久，但“望尽天涯路”，仍看不见所思念之人；“欲寄彩笺兼尺素”写词人想寄书传情，但却不知邮寄何处，词人以无可奈何的问句结尾，言犹未尽，让人顿生情也悠悠、恨也悠悠之感。词的下片于广远之中蕴含愁苦，西风、路远、山长、水阔，这一切景物都充满了凄楚、冷寂、荒远的气氛，很好地表达了离愁别恨的主题。

水调歌头 / 苏轼

明月几时有？把酒问青天。不知天上宫阙，今夕是何年？我欲乘风归去，又恐琼楼玉宇[①]，高处不胜寒。起舞弄清影，何似在人间[②]？

转朱阁[③]，低绮户[④]，照无眠。不应有恨，何事长向别时圆？人有悲欢离合，月有阴晴圆缺，此事古难全。但愿人长久，千里共婵娟[⑤]。

【注解】

①琼楼玉宇：指月宫，也指朝廷。②在人间：也含有出任地方官的意思。③朱阁：朱红色的楼阁。④绮户：雕花的门窗。⑤婵娟：月亮。

【赏析】

这首词作于宋神宗熙宁九年（1076年），当时苏轼在密州任太守。他与弟弟苏辙已阔别七年，再加上政事上的不顺心，又赶上丙辰年的中秋节，于是对月思人，尽抒情怀，乘醉而歌，写出了这首传颂千古的名篇。胡仔《苕溪渔隐丛话》说："中秋词自东坡《水调歌头》一出，余词尽废。"

词的上片写把酒问天，发欲升天之奇想，但又恐高处奇寒不如人间，一波三折，抒写词人由于政治失意想要超脱尘世但又热爱人间、眷恋人生的矛盾心态。下片由"人有悲欢离合，月有阴晴圆缺"慨叹人生好事难全，古今一样，进而表达"但愿人长久，千里共婵娟"的心愿，只希望人们能够永远健康长寿，即使相隔千里也能在中秋之夜共同欣赏天上的明月。这里既抒写怀念兄弟的深情以及对远方亲人的思念，也是表达一种祝福。

全词叙述跌宕起伏，情感放纵奔腾，充满浪漫主义情调，风格超旷飘逸，表现诗人开阔洒脱的胸襟和积极达观的品格。全词构思奇特，结构严谨，蕴含深广，通过对虚无缥缈的月宫仙境的幻想，表现了现实世界中自己内心的矛盾和迷茫，以及对人生的思考和认识。本词语言如行云流水，理性情趣兼有，是宋词的名作。其中的"人有悲欢离合，月有阴晴圆缺""但愿人长久，千里共婵娟"等句，是流传千古的佳句。

念奴娇 赤壁怀古 / 苏轼

大江东去，浪淘尽、千古风流人物。故垒西边，人道是、三国周郎赤壁。乱石穿空，惊涛拍岸，卷起千堆雪。江山如画，一时多少豪杰。

遥想公瑾当年，小乔初嫁了，雄姿英发。羽扇纶巾[①]，谈笑间、樯橹灰飞烟灭[②]。故国神游[③]，多情应笑我，早生华发[④]。人生如梦，一樽还酹江月[⑤]。

【注解】

①纶（guān）巾：用青丝带做的头巾。②樯橹：指曹操水军。樯：桅杆。橹：船桨。③故国：指赤壁古战场。④华发：白发。⑤酹（lèi）：将酒倒在地上以表祭奠。

【赏析】

这首词是苏轼豪放词的杰作，也是整个豪放词派中的扛鼎之作。它写于神宗元丰五年（1082年）七月，当时苏轼刚刚因"乌台诗案"受贬，退居黄州。词中，词人挥洒巨笔描绘赤壁古战场雄奇壮丽的景色，表现三国名将周瑜风流儒雅、指挥若定的大将风采，歌颂了祖国大好江山和英雄人物，也抒写了自己政治失意、老大无成的迟暮之悲。

上片以“赤壁”为主题，写雄浑之景。开篇三句总起，由景到人，人由景出，在浩荡东流的滔滔江水之后，紧跟着引出千秋万代的风流人物，笔势雄奇，气势阔大，营造出一种历史的深厚感，让人感慨系之。“故垒”两句明言借古抒怀。“人道是”，显出词人的严谨。“周郎赤壁”，既合主题，又是对下文赞美周郎的铺垫。“乱石”三句，直写赤壁的景色，苍凉雄浑，营造出一种抒怀的氛围，最后用“江山如画”衬托历代英豪的丰功伟绩。

下片写怀古之情。用“遥想”总领，起笔六句分别从多个方面描写周瑜当年的英武形象，暗示自己垂垂老矣而一事无成，充满了郁郁不得志的愤慨。“多情”两句，写自己的一生，感慨自己尚无所作为却已老之将至，大好年华全都虚度。最后两句情景交融，思接古今，看似是词人以酒祭月，表达自己对古人的缅怀之情，实则是借酒浇愁，体现出词人内心深处的无奈与苦闷。

全词气象宏阔，笔力遒劲。胡仔在《苕溪渔隐丛话前集》盛赞此词为“古今绝唱”。

水调歌头 游览 / 黄庭坚

瑶草一何碧[①]，春入武陵溪[②]。溪上桃花无数，枝上有黄鹂[③]。我欲穿花寻路，直入白云深处，浩气展虹霓。只恐花深里，红露湿人衣。

坐玉石，欹玉枕，拂金徽[④]。谪仙何处[⑤]？无人伴我白螺杯。我为灵芝仙草，不为朱唇丹脸，长啸亦何为？醉舞下山去，明月逐人归。

【注解】

①瑶草：仙草。②武陵溪：用陶渊明《桃花源记》故事。③黄鹂：黄莺。④金徽：指代古琴。⑤谪仙：指李白。李白曾被贺知章称为“谪仙人”。

【赏析】

春天来到武陵溪，看到仙草丛生，青翠欲滴。一条清亮的小溪蜿蜒其间，溪旁有桃花无数，枝上有黄鹂的婉转歌唱。作者想要穿过桃花林，寻找那通向白云深处的道路，然后敞开胸怀，让浩气化作彩虹；但却顾虑花海深深，花露会打湿衣衫。他也想坐玉石、倚玉枕、抚瑶琴，畅快地享受悠兴闲情，只可惜潇洒疏狂的谪仙已然远去，没有知音陪伴他饮酒赋诗、笑谈人生。作者说：我是灵芝仙草，孤芳自赏，不愿媚世就俗，但我也不会公然地长啸抗世。一念及此，他仿佛已然确定处世之道，于是在月光的陪伴下醉舞下山了。

鹊桥仙 / 秦观

纤云弄巧，飞星传恨，银汉迢迢暗度①。金风玉露一相逢②，便胜却人间无数。

柔情似水，佳期如梦，忍顾鹊桥归路！两情若是久长时，又岂在朝朝暮暮。

【注解】

①银汉：指银河。②金风：指秋风。

【赏析】

丝丝彩云变幻成各种图案，那是织女巧手织成的云锦；闪亮的流星飞过银河，替牛、织二星传递着离愁别恨。七月初七的夜晚，多情的乌鹊架起长桥，那秋风白露中的一次欢聚，便胜过人间的千次万次。

绵绵温情，似水般柔美；相逢的喜悦，把人带入梦境。只是那成就团圆的鹊桥，转眼间便要成为分离的归路，又让人怎忍回顾！

作者说，两人若是真诚相爱，并不一定形影不离、相伴朝朝暮暮。

青玉案 / 贺铸

凌波不过横塘路①，但目送、芳尘去。锦瑟华年谁与度②？月桥花院，琐窗朱户③，只有春知处。

飞云冉冉蘅皋暮④，彩笔新题断肠句。试问闲愁都几许？一川烟草，满城风絮，梅子黄时雨。

【注解】

①凌波：形容女子脚步轻盈，飘移如履水波。②锦瑟华年：唐李商隐《锦瑟》有："锦瑟无端五十弦，一弦一柱思华年。"③琐窗：雕刻或绘有连环形花纹的窗子。④冉冉：渐渐地。蘅皋：长满香草的高地。

【赏析】

轻盈的脚步不曾移向自己所居住的横塘，作者只得无可奈何地目送她远去，他猜想着她的青春年华会与何人一起度过，他觉得她一定住在有小桥、有鲜花、有精致房屋的庭院里，并且，只有春天才知道那庭院在哪里。

不晓得痴立了多久，但回过神来，只见飞云冉冉飘过，暮色已然苍茫。作者提起多情妙笔写下惆怅的词句，词中自问闲愁几许，还以比喻作答：如遍地春草一望无际，如满城风絮铺天彻地，如绸缪浓密、挥散不尽的梅子黄时雨。

兰陵王 柳 / 周邦彦

柳阴直，烟里丝丝弄碧。隋堤上、曾见几番[1]，拂水飘绵送行色。登临望故国[2]，谁识京华倦客？长亭路，年去岁来，应折柔条过千尺[3]。

闲寻旧踪迹，又酒趁哀弦，灯照离席。梨花榆火催寒食[4]。愁一箭风快，半篙波暖，回头迢递便数驿[5]。望人在天北。

凄恻，恨堆积！渐别浦萦回[6]，津堠岑寂[7]。斜阳冉冉春无极。念月榭携手[8]，露桥闻笛[9]。沉思前事，似梦里，泪暗滴。

【注解】

① 隋堤：汴京汴河之堤，为隋时所建，故称“隋堤”。② 故国：故乡。③ 柔条：柳枝。④ 榆火：唐制，清明取榆柳之火赐近臣，以顺阳气。⑤ 迢递：遥远。⑥ 别浦：河流入江海之处。⑦ 津堠（hòu）：渡口守望的高台。⑧ 月榭：月光遍照的亭榭。⑨ 露桥：凝结露水的小桥。

【赏析】

词为作者离开汴京时所作。汴河隋堤两岸，杨柳成行，柳丝飘拂，柳绵乱飞。这里的柳色，作者因为送别而看过很多次，这一次，轮到了送自己。他站在高处远望故乡，心中满是客子的疲惫和惆怅。默默地估算着，这堤岸因为送别而折下的柳枝，总也应该超过千尺了。

船儿启程，闲念旧时踪迹，思绪又回到了那令人难以忘怀的一夜——寒食节，在凄凄丝竹声中饮酒，在灯烛闪烁中与她告别。因为留恋着她，作者所以忧愁风顺船疾，回头之间便过数驿，伊人从此远隔。

行渐远，恨堆积，一路说不尽的迂回寂寞，举目所见，夕阳冉冉西下，春色一望无边。作者怀想着与伊人月下携手漫步，在结满露水的小桥共赏悠扬的笛声，感到往事前情恍然如梦。想着想着，泪水不知不觉地流了下来。

一剪梅 / 李清照

红藕香残玉簟秋[1]。轻解罗裳，独上兰舟。云中谁寄锦书来？雁字回时，月满西楼。

花自飘零水自流。一种相思，两处闲愁。此情无计可消除，才下眉头，却上心头。

【注解】

① 簟（diàn）：席子。

【赏析】

这是一首别离词，是词人和丈夫分离后的相思之作。

词的上半部分写词人怀远念归。开篇一句点出时令，大概在清秋时节。“红藕香残”写户外的莲藕，“玉簟秋”写室内的凉席，这两处描写都是在渲染节气。此句色彩明丽，含蓄深沉，景中含情。这一句内涵丰富，为全词营造出一种凄凉的氛围。随后五句交代词人一天的行动。“轻解罗裳”两句，写词人心事满怀，于是泛舟河上。“独上”二字，说明词人是独自一人。“云中”一句，直写相思之情。“雁字回时，月满西楼”，情景交融，营造出一种迷离的意境，使人愁绪暗生。

词的下半部分写离愁之深。“花自飘零”一句，上承前文的景物描写，下启后文的情感抒发，写落花流水之景，寓情于景，呼应上文的“红藕香残”“独上兰舟”两句。随后两句，直抒胸臆，写自己的相思之情，这里视角暗转，抒情对象不再只是词人一人，而是把其丈夫也并入其中，两人都为相思所苦，可见他们情意之深。最后三句，写相思之苦无法摆脱。词人笔法高超，“眉头”与“心头”相对应，“才下”与“却上”相对应，对仗工整，妙笔生花，把相思之情的微妙变化描绘得惟妙惟肖，感人肺腑。

声声慢 / 李清照

寻寻觅觅，冷冷清清，凄凄惨惨戚戚。乍暖还寒时候，最难将息[①]。三杯两盏淡酒，怎敌他、晚来风急。雁过也，正伤心，却是旧时相识。

满地黄花堆积，憔悴损，如今有谁堪摘？守着窗儿，独自怎生得黑？梧桐更兼细雨，到黄昏、点点滴滴。这次第[②]，怎一个愁字了得？

【注解】

①将息：将养休息。②次第：情形，景况。

【赏析】

靖康之变后，李清照经历国破、家亡、夫死，伤于人事。这时期她创作的作品再不复当年的清新可人，风格转为沉郁凄婉，主要抒写她对亡夫赵明诚的怀念和自

己孤单凄凉的景况。这首词就是通过对秋景的描绘，渲染出一种凄凉伤感的氛围，抒写了词人在漂流境遇中无限伤感、落寞的情怀。

上片以景写情，境界凄凉。七组叠词中，不见一个“愁”字，却让人读来有徘徊低迷、婉转凄楚之感，余味无穷。上片以雁过长天的仰视镜头收尾，下片则以黄花满地的俯视镜头开篇，过渡巧妙、自然。

总的看来，词人用直白的语言、铺陈的手法，融情于景，委婉含蓄地表现出了一种多侧面、多层次、深刻细腻的感情。前人评价这首词：“声声含泪，物物关情；一字一泪，满是悲愁。”非常有见地。词人不直接说愁，这愁情是在含蓄蕴和的表情方法和环境景物的烘托渲染下表现出来的，因而给读者留下了非常广阔的想象空间。

满江红 / 岳飞

怒发冲冠，凭栏处、潇潇雨歇。抬望眼，仰天长啸，壮怀激烈。三十功名尘与土，八千里路云和月。莫等闲、白了少年头，空悲切。

靖康耻[①]，犹未雪。臣子恨，何时灭？驾长车踏破、贺兰山缺[②]。壮志饥餐胡虏肉，笑谈渴饮匈奴血。待从头、收拾旧山河，朝天阙。

【注解】

① 靖康耻：指靖康二年徽、钦二帝被掳入北廷之事。② 贺兰山：在今宁夏境内，此代金人基地。

【赏析】

《满江红》是岳飞的代表作，充分反映了他抗金救宋的雄心壮志和慷慨豪迈的英雄气概。

词的上半部分抒写词人渴望建功立业的凌云壮志。“怒发冲冠”一句，以磅礴的气势开篇，随即稍顿笔锋，颇有节奏感。之后笔锋直上，转为“仰天长啸”，抒发尽忠报国的壮志豪情。然后词人借“三十功名尘与土，八千里路云和月”两句剖白心迹。这两句，把岳飞的豪情壮志表露无遗。最后三句紧承上文，是词人的自勉之语。词的下半部分引史入词，以史为鉴，以史为鞭，传达出词人杀敌报宋的决心与自信。“靖康耻，犹未雪。臣子恨，何时灭”四句，是全词的中心，交代了词人如此渴望收复山河的原因。其后的“饥餐”“渴饮”，以夸张之笔表达了词人对金人的憎恨，同时也展露出词人收复河山的信心和英勇的乐观精神。“待从头、收拾旧山河，朝天阙”，一方面表明词人对朝廷的忠诚，另一方面又体现出词人收复河山的坚定信心。

全词气势激昂，字里行间流露出一股浩然正气和英雄气概。

小重山 / 岳飞

昨夜寒蛩不住鸣[①]，惊回千里梦，已三更。起来独自绕阶行，人悄悄，帘外月胧明。

白首为功名，旧山松竹老，阻归程。欲将心事付瑶琴，知音少，弦断有谁听。

【注解】

① 蛩（qióng）：蟋蟀。

【赏析】

昨夜为蟋蟀鸣寒的声音所惊醒，“我”的梦魂从很远的地方飞回。在那三更的深夜，“我”不能继续入睡，于是起来，披衣在庭院徘徊。人们都悄然安睡，月光朦胧微明。

想起这一生白首为功名，故乡的青松翠竹也将老去吧，但“我”却身不由己，不能回到她的身边。“我”想要用琴声诉说“我”的心事，但知音稀少，就是弹断了琴弦，又有谁能明白？

钗头凤 / 陆游

红酥手[①]，黄縢酒[②]，满城春色宫墙柳。东风恶，欢情薄。一怀愁绪，几年离索。错，错，错！

春如旧，人空瘦，泪痕红浥鲛绡透[③]。桃花落，闲池阁。山盟虽在，锦书难托。莫，莫，莫！

【注解】

① 红酥手：红润白嫩的双手。② 黄縢酒：黄纸封坛的美酒。③ 浥（yì）：浸湿。鲛（jiāo）绡：丝帕。

【赏析】

这首《钗头凤》记述了陆游与表妹唐琬的一次别后重逢。唐琬是陆游的表妹，也是著名的才女。她自小与陆游青梅竹马、两小无猜，长大后结为夫妇，感情深厚。但陆母却因其误陆游求仕之心，极为厌恶唐琬，并强行拆散两人。陆游迫于母命，万般无奈，便与唐琬忍痛分离。后来，陆游依母亲的心意，另娶王氏为妻，唐琬也迫于父命嫁给同郡的赵士程。几年过后，两人在沈园相见，陆游感慨万千，忍痛挥笔写就了这首《钗头凤》，抒发了词人幽怨而又无处言说的苦痛。

上片感慨往事，下片从感慨往事回到现实。春光依旧，只是佳人空瘦，如此憔悴的形象，可见离索的几年，他们都是在痛苦折磨中度过。整首词富有极强的节奏感，声情并茂，词中未言泪，却尽带泪，未言情，情却深，其中六个叹词尤为出彩，生生把读者带入“无可奈何花落去”的悲凉意境中。

卜算子 咏梅 / 陆游

驿外断桥边，寂寞开无主。已是黄昏独自愁，更着风和雨。

无意苦争春，一任群芳妒。零落成泥碾作尘，只有香如故。

【赏析】

本篇为咏梅抒怀的名作。上片写梅花无人爱惜、受风雨欺凌的遭际。面对看似无法承受的愁苦，梅花仍然“开”！足见其倔强、顽强的秉性。下片写梅花品格的高洁。在百花盛开、争奇斗艳的时刻，它却“无意苦争春”，所以就算“群芳”有“妒心”，也“一任”它们去嫉妒吧。此处词人借梅花表现了自己的不幸遭遇，进而表达了对苟且偷安的那些人的无情鄙视。末二句“零落成泥碾作尘，只有香如故”暗含词人的不屈服、不妥协的高尚品格。全词借物言志，表现了词人清高、孤芳自赏、不慕名利，绝不同流合污的高尚品格。

青玉案 元夕 / 辛弃疾

东风夜放花千树，更吹落、星如雨。宝马雕车香满路。凤箫声动，玉壶光转①，一夜鱼龙舞。

蛾儿雪柳黄金缕②，笑语盈盈暗香去。众里寻他千百度；蓦然回首，那人却在，灯火阑珊处③。

【注解】

① 玉壶：喻月亮。② 蛾儿、雪柳、黄金缕：此三样皆为元夕时妇女们佩戴的饰物。③ 阑珊：零落。

【赏析】

本篇为元宵节记景之作。上片以生花妙笔描绘渲染元宵佳节火树银花、灯月交辉的欢腾热闹的风光。“东风夜放花千树”写元宵夜的灯光，以花喻灯，表明灯的灿烂多姿。“更吹落、星如雨”写焰火、烟花一明一灭，参差起落，洒落如星。“宝马雕车”写车马华美，“香满路”表明游人之多。“凤箫声动，玉壶光转，一夜鱼龙舞”，写的是彻夜欢腾的热闹场面。下片着意描写主人公在游人中千百回寻觅一位立于灯火零落处的自甘寂寞的孤高女子，表现了词人追求的境界之高，寓有深意。“蛾儿雪柳黄金缕，笑语盈盈暗香去”承接上片，继续描写元夜的盛况，但已转移到盛装出游的游女们身上。可在这些丽人中间却没有词人的意中人，“众里寻他千百度”极言寻觅之苦，失望之情跃然纸上。在这几近绝望的一刻，“蓦然回首”，忽然发现“那人却在，灯火阑珊处。”辛弃疾的词素以豪放著称于世，其实他的婉约词亦是曼妙无比，这首词即是最好的证明。

永遇乐　京口北固亭怀古 / 辛弃疾

千古江山，英雄无觅，孙仲谋处。舞榭歌台，风流总被、雨打风吹去①。斜阳草树，寻常巷陌，人道寄奴曾住②。想当年、金戈铁马，气吞万里如虎③。

元嘉草草，封狼居胥，赢得仓皇北顾④。四十三年，望中犹记，烽火扬州路⑤。可堪回首，佛狸祠下⑥，一片神鸦社鼓⑦。凭谁问，廉颇老矣，尚能饭否？

【注解】

①“风流”句：意谓孙仲谋英雄事业的风流余韵已在历史的风吹雨打中远去。②寄奴：南朝宋武帝刘裕小字寄奴。③“想当年”两句：刘裕曾率军北伐，先后灭掉南燕和后秦，光复洛阳、长安等地。④“元嘉”三句：是说宋文帝不能继承父亲刘裕的功业，草率派兵北伐，想要像当年汉将霍去病战胜匈奴，封狼居胥山一样荡平北方，到头来只落得仓皇北望，后悔贸然北伐带来的惨败。⑤“四十三年”三句：辛弃疾于四十三年前南归，其时扬州地区正烽火弥漫。⑥佛狸祠：北魏太武帝拓跋焘击败南朝宋军后，于长江北岸的瓜步山上所建行宫，当地百姓年年在祠下举行迎神赛会。⑦神鸦：庙里吃祭品的乌鸦。社鼓：祭祀的鼓声。

【赏析】

上阕追忆孙权、刘裕二人事迹，表达出作者对既能守成抗敌，又能进取破虏的君王的期盼。下阕引宋文帝仓促北伐而招致全败之事，提醒掌权者不可贪功冒进；通过写历史上佛狸祠的迎神赛会，表示了对江北各地沦陷已久，人民将安于他族统治的隐忧。最后得结论于欲图恢复大计，当重用老成练达之臣。

扬州慢 / 姜夔

淳熙丙申至日，予过维扬，夜雪初霁，荠麦弥望。入其城，则四顾萧条，寒水自碧。暮色渐起，戍角悲吟，予怀怆然，感慨今昔。因自度此曲，千岩老人以为有黍离之悲也。

淮左名都[①]，竹西佳处[②]，解鞍少驻初程。过春风十里[③]，尽荠麦青青[④]。自胡马窥江去后，废池乔木[⑤]，犹厌言兵。渐黄昏，清角吹寒，都在空城。

杜郎俊赏[⑥]，算而今、重到须惊。纵豆蔻词工[⑦]，青楼梦好[⑧]，难赋深情。二十四桥仍在[⑨]，波心荡，冷月无声。念桥边红药[⑩]，年年知为谁生。

【注解】

①淮左：扬州在宋代属淮南东路。古时以左指东，故云。②竹西佳处：竹西亭，扬州名胜。③春风十里：指代扬州街市，杜牧《赠别》中有，“春风十里扬州路，卷上珠帘总不如”。④荠（jì）：荠菜。⑤废池乔木：荒废的池苑和高大的树木。⑥杜郎：唐代诗人杜牧。俊赏：卓越的鉴赏力。⑦豆蔻：杜牧《赠别》诗中云：“娉娉袅袅十三余，豆蔻梢头二月初。”⑧青楼：杜牧《遣怀》中有“十年一觉扬州梦，赢得青楼薄幸名”。⑨二十四桥：杜牧《寄扬州韩绰判官》中有，“二十四桥明月夜，玉人何处教吹箫”。⑩红药：红芍药。

【赏析】

本篇为战乱后过扬州抒怀之作。

上片写战乱后扬州荒芜破败景色，以景寓情，抒写不堪回首的黍离之悲。扬州，位于淮河东部，是历史上令人神往的繁华“名都”，因此词人解鞍下马在此稍作停留。但此时的“春风十里扬州路”满目疮痍，只剩下荠菜野麦一片葱青。“胡马”蹂躏破坏的痕迹处处可见，满城都是“废池乔木”，此情此景让人“犹厌言兵”。“渐黄昏，清角吹寒，都在空城”，以景抒情，渲染了萧条的秋日气氛，渐近黄昏，凄清号角吹送寒意，弥漫了这座荒凉空城。荒凉的景象烘托出词人内心的忧愁和悲哀。

下片设想杜牧重来面对扬州荒城也会魂惊难赋深情，突出表现昔胜今衰的感伤。“二十四桥”以下结尾四句，以景抒慨，抒写词人哀时伤乱的悲怆凄楚。

全词景情交融，虚实并用，使得全词波澜起伏，余味不尽。此外，词作还善于化用前人词句入词，将杜牧的诗境，融入自己的词境，可谓匠心独运、别具一格，是众多悯时伤乱的宋词作品中的上乘之作。

元曲

近代国学大师王国维说："一代有一代之文学。"这是中国文学发展历史的一个重要特色。元曲是继唐诗、宋词之后，我国文学史上取得的又一突出成就。元曲以其作品揭露现实的深刻以及题材的广泛、语言的通俗、形式的活泼、风格的清新、描绘的生动、手法的多变，在中国古代文学艺苑中放射着夺目的光彩。

骤雨打新荷 / 元好问

绿叶阴浓，遍池亭水阁，偏趁凉多①。海榴初绽②，朵朵簇红罗。老燕携雏弄语，有高柳鸣蝉相和。骤雨过，珍珠乱撒，打遍新荷。

【注解】

① 偏趁凉多：意谓此处比别处更为清凉。② 海榴：即石榴。③ 穷通：困厄与发达。④ 尊：酒杯。

【赏析】

池亭水阁得到了高大柳树的荫庇，看上去清凉舒爽；石榴花刚刚开放，火红如锦，生意盎然。蝉儿在柳树上知了知了地叫着，好像在与那些唧唧喳喳的老燕、乳燕们相互唱和；一阵骤雨袭来，雨点打在刚出水面的荷叶上，宛如珍珠落盘，飞溅跳脱。

天净沙 秋思 / 马致远

枯藤老树昏鸦①，小桥流水人家。古道西风瘦马②。夕阳西下，断肠人在天涯。

【注解】

① 昏鸦：黄昏归巢的乌鸦。② 古道：古老的驿道。

【赏析】

一边是"枯藤老树昏鸦"的凄凉景色，一边是"小桥流水人家"的温煦氛围，而当骑在瘦马上的游子从荒郊古道上憔悴而来，两般景物分别代表的眼下境况与思归情绪便已分明。境遇如此凄凉，归心更加强烈，夕阳西下时，游子肠断，独立天涯……

山坡羊 潼关怀古 / 张养浩

峰峦如聚，波涛如怒，山河表里潼关路[①]。望西都[②]，意踌躇[③]。伤心秦汉经行处，宫阙万间都做了土。兴，百姓苦！亡，百姓苦！

【注解】

① 山河表里：指潼关西近华山，北据黄河，形势非常险要。② 西都：指长安（今西安）。③ 踌躇（chú）：此指思绪起伏。

【赏析】

来到潼关，群峰如聚，波涛如怒，形势十分险要。作者遥望古都长安，心潮起伏，感慨万千。他感慨华丽恢弘的秦宫汉阙都已灰飞烟灭，感慨眼前赤地千里、饥民遍野的凄惨景象，并由此而引发悲叹。悲叹并非为霸秦强汉转眼焦土，而是因为无论怎样改朝换代，百姓却总要罹难受苦。

哨遍 高祖还乡 / 睢景臣

[哨遍] 社长排门告示[①]，但有的差使无推故[②]。这差使不寻俗。一壁厢纳草也根[③]，一边又要差夫，索应付[④]。又是言车驾，都说是銮舆[⑤]，今日还乡故。王乡老执定瓦台盘[⑥]，赵忙郎抱着酒葫芦[⑦]。新刷来的头巾，恰糨来的绸衫[⑧]，畅好是妆幺大户[⑨]。

[耍孩儿] 瞎王留引定火乔男妇[⑩]，胡踢蹬吹笛擂鼓[⑪]。见一彪人马到庄门[⑫]，匹头里几面旗舒[⑬]。一面旗白胡阑套住个迎霜兔[⑭]，一面旗红曲连打着个毕月乌[⑮]。一面旗鸡学舞[⑯]，一面旗狗生双翅[⑰]，一面旗蛇缠葫芦[⑱]。

[五煞] 红漆了叉，银铮了斧[⑲]。甜瓜苦瓜黄金镀。明晃晃马镫枪尖上挑[⑳]，白雪雪鹅毛扇上铺。这些个乔人物，拿着些不曾见的器仗，穿着些大作怪衣服。

[四煞] 辕条上都是马[㉑]，套顶上不见驴[㉒]。黄罗伞柄天生曲[㉓]。车前八个天曹判[㉔]，车后若干递送夫[㉕]。更几个多娇女[㉖]，一般穿着，一样妆梳。

[三煞] 那大汉下的车，众人施礼数[㉗]。那大汉觑得人如无物[㉘]。众乡老展脚舒腰拜，那大汉那身着手扶[㉙]。猛可里抬头觑[㉚]，觑多时认得，险气破我胸脯。

[二煞] 你身须姓刘[㉛]，你妻须姓吕[㉜]。把你两家儿根脚从头数[㉝]：你本身做亭长耽几杯酒[㉞]，你丈人教村学读几卷书。曾在俺庄东住，也曾与我喂牛切草，拽坝扶锄[㉟]。

[一煞] 春采了桑[㊱]，冬借了俺粟，零支了米麦无重数。换田契强秤了麻三秆，还酒债偷量了豆儿斛[㊲]。有甚糊突处[㊳]？明标着册历[㊴]，见放着文书。

[尾声] 少我的钱差发内旋拨还[㊵]，欠我的粟税粮中私准除[㊶]。只道刘三谁肯把

你揪捽住[42]，白甚么改了姓更了名唤做汉高祖[43]！

【注解】

①社长：元制乡村中五十家为一社，择年高长者为社长。排门告示：即挨户通知。②但有：所有。推故：借故推托。③一壁厢：一面。纳草也根：指供给饲料。④索：须，得。⑤銮舆（yú）：指天子的车驾。⑥乡老：乡里较有地位的人物。瓦台盘：瓦制的托盘。⑦忙郎：牧童。⑧糨（jiàng）：给衣服上浆。⑨畅好是：正好是。妆幺大户：装作是有身份的阔人。⑩王留：对一般农民的通称，犹如张三、李四。火：一伙。乔男妇：不三不四的人。⑪胡踢蹬：村民的绰号。⑫一彪：一队。⑬匹头：劈头、迎头。舒：飘展。⑭“一面旗白胡阑”句：指皇帝仪仗中的月旗。胡阑：即“环”的复音。迎霜兔：指玉兔，传说月中有玉兔捣药。⑮“一面旗红曲连”句：指皇帝仪仗中的日旗。曲连：即“圈”的复音。毕月乌：指乌鸦，传说太阳中有三足乌。⑯鸡学舞：指凤旗。⑰狗生双翅：指飞虎旗。⑱蛇缠葫芦：指蟠龙旗。⑲银铮（zhēng）：镀银。⑳马镫：指镫杖，俗称“朝天镫”。㉑辕条：连接车与驾车牲口的直木。㉒套顶：当作“套项”，驾车时套在牲口脖子上的曲木。㉓“黄罗”句：即帝王仪仗中所用“曲盖”。㉔天曹判：指皇帝车驾前的导驾官。㉕递送夫：指皇帝车驾后拿着各种物品伺候的随从。㉖多娇女：指随驾的嫔妃媵嫱。㉗施礼数：行礼。㉘觑（qù）：看。㉙那身：即“挪身”。㉚猛可里：猛然。㉛须：当是。㉜“你妻”句：刘邦之妻姓吕名雉，故云。㉝根脚：即俗语中说的“老底儿”。㉞亭长：刘邦曾任泗上亭长。耽：嗜好。㉟拽坝：拉耙耕作。㊱春采了桑：意谓春天采了俺家的桑。㊲斛（hú）：旧量器，容量本为十斗，南宋后改为五斗。㊳糊突：糊涂。㊴册历：账簿。㊵差发：当官差。也可以交钱免差，称差发钱。旋：立刻。㊶私准除：暗中批准扣除。㊷刘三：刘邦又称刘季。捽（zuó）：揪，抓。㊸白甚么：平白地为什么。

【赏析】

元代文人多有关于高祖还乡的作品，其用意在于讽刺针砭当时的统治者每年劳民伤财的出行活动。此曲起头的社长排门告示，展现的是元代农村生活情景，作者并不避讳这些，更用随后的几句描写说出“高祖回乡”这件非同寻常的大事给人民带来的心身上的劳累，并且为观看高祖还乡这一幕找了一个特殊的视角——一位老乡的所见。

于是一切都变了形、走了样，旗仗中蟠龙飞虎变成了他眼中的“缠葫芦的蛇”，“生双翅的狗”，执仗中的金瓜、镫杖也变成了“甜瓜苦瓜黄金镀”，“明晃晃马镫枪上挑”，文臣武将成了“天曹判”。总之，一切对他来讲都不足为怪，好像这些都是农村常见的事物。那高高在上的皇帝在他眼中只是一位大汉，暗地里仔细观看这位大汉的长相，他是险些气炸了肺。原来这车马景从的大汉他认识，就是原来那个嗜酒贪杯、欠账不还的乡邻刘三。作者用辛辣的语言，一扫所谓“真命天子”头上的神圣光环，通过一位曾经与刘邦共事的乡民之口，对万人之主的皇上评头论足，揭露出其本来面目，于嬉笑怒骂之中完成了把皇帝拉下马、使皇帝权威扫地的神圣使命。

卖花声 怀古 / 张可久

美人自刎乌江岸，战火曾烧赤壁山，将军空老玉门关[①]。伤心秦汉，生民涂炭，读书人一声长叹。

【注解】

①“将军”句:《后汉书·班超传》中载，班超于迟暮之年上书皇帝说:“臣不敢望到酒泉郡，但愿生入玉门关。”

【赏析】

这是一首怀古之作，曲中提及的项羽兵败垓下、虞姬自刎，孙、刘联军大败曹军于赤壁，班超守卫边疆多年不得回归，看似并无甚关联，实则已将人间兴亡成败囊括其中，将逐鹿与守成之情形并举。旨在道出无论何种局面，饱受痛苦的总是广大人民，抒发出作者对此的深沉感慨和无奈之情。

阳春曲 闺怨 / 徐再思

妾身悔作商人妇，妾命当逢薄幸夫[①]。别时只说到东吴，三载余，却得广州书。

【注解】

①薄幸夫：薄情的丈夫。

【赏析】

女子后悔做了商人的妻子，她不无怨恨地说自己命中就当嫁给这样薄情的郎君。她的丈夫告别的时候只说要到东吴去做一笔生意，然而三年多过去了，她接到他自广州寄来的书信。

《四库全书》是中华传统文化的集大成之作，被誉为“中国文化的万里长城”。